U0538749

世紀心理學叢書

台灣東華書局（繁體字版）
浙江教育出版社（簡體字版）

台灣東華書局出版之《世紀心理學叢書》，除在台發行繁體字版外，並已授權浙江教育出版社以簡體字版在大陸地區發行。本叢書有版權（著作權），非經出版者或著作人之同意，本叢書之任何部分或全部，不得以任何方式抄錄發表或複印。

台灣東華書局 謹識
法律顧問蕭雄淋律師

願爲兩岸心理科學發展盡點心力
──世紀心理學叢書總序──

五年前一個虛幻的夢想，五年後竟然成爲具體的事實；此一由海峽兩岸合作出版一套心理學叢書以促進兩岸心理科學發展的心願，如今竟然得以初步實現。當此叢書問世之際，除與參與其事的朋友們分享辛苦耕耘終獲成果的喜悦之外，在回憶五年來所思所歷的一切時，我個人更是多著一份感激心情。

本於一九八九年三月，應聯合國文教組織世界師範教育協會之邀，決定出席該年度七月十七至二十二日在北京舉行的世界年會，後因故年會延期並易地舉辦而未曾成行。迄於次年六月，復應北京師範大學之邀，我與內子周慧強教授，專程赴北京與上海濟南等地訪問。在此訪問期間，除會晤多位心理學界學者先進之外，也參觀了多所著名學術機構的心理學藏書及研究教學設備。綜合訪問期間所聞所見，有兩件事令我感觸深刻：其一，當時的心理學界，經過了撥亂反正，終於跨越了禁忌，衝出了谷底，但仍處於劫後餘生的局面。在各大學從事心理科學研究與教學的學者們，雖仍舊過著清苦的生活，然卻在摧殘殆盡的心理科學廢墟上，孜孜不息地奮力重建。他們在專業精神上所表現的學術衷誠與歷史使命感，令人感佩不已。其二，當時心理科學的書籍資料甚為貧乏，高水平學術性著作之取得尤為不易；因而教師缺乏新資訊，學生難以求得新知識。在學術困境中，一心為心理科學發展竭盡心力的學者先生們，無不深具無力感與無奈感。特別是有些畢生努力，研究有成的著名心理學家，他們多年來的心血結晶若無法得以著述保存，勢將大不利於學術文化的薪火相傳。

　　返台後，心中感觸久久不得或釋。反覆思考，終於萌生如下心願：何不結合兩岸人力物力資源，由兩岸學者執筆撰寫，兩岸出版家投資合作，出版一套包括心理科學領域中各科新知且具學術水平的叢書。如此一方面可使大陸著名心理學家的心血結晶得以流傳，促使中國心理科學在承先啟後的路上繼續發展，另方面經由繁簡兩種字體印刷，在海峽兩岸同步發行，以便雙邊心理學界人士閱讀，而利於學術文化之交流。

　　顯然，此一心願近似癡人說夢；僅在一岸本已推行不易，事關兩岸必將更形困難。在計畫尚未具體化之前，我曾假訪問之便與大陸出版社負責人提及兩岸合作出版的可能。當時得到的回應是，原則可行，但先決條件是台灣方面須先向大陸出版社投資。在此情形下，只得將大陸方面合作出版事宜暫且擱置，而全心思考如何解決兩個先決問題。問題之一是如何取得台灣方面出版社的信任與支持。按初步構想，整套叢書所涵蓋的範圍，計畫包括現代心理科學領域內理論、應用、方法等各種科目。在叢書的內容與形式上力求臻於學術水平，符合國際體例，不採普通教科用書形式。在市場取向的現實情況下，一般出版社往往對純學術性書籍素缺意願，全套叢書所需百萬美元以上的投資，誰人肯做不賺錢的生意？另一問題是如何邀請大陸學者參與撰寫。按我的構想，台灣出版事業發達，也較易引進新的資訊。將來本叢書的使用對象將以大陸為主，是以叢書的作者原則也以大陸學者為優先考慮。問題是大陸的著名心理學者分散各地，他們在不同的生活環境與工作條件之下，是否對此計畫具有共識而樂於參與？

對第一個問題的解決，我必須感謝多年好友台灣東華書局負責人卓鑫淼先生。卓先生對叢書細節及經濟效益並未深切考量，只就學術價值與朋友道義的角度，欣然同意全力支持。至於尋求大陸合作出版對象一事，迨至叢書撰寫工作開始後，始由北京師範大學教授林崇德先生與杭州大學教授朱祖祥先生介紹浙江教育出版社社長曹成章先生。經聯繫後，曹先生幾乎與卓先生持同樣態度，僅憑促進中國心理科學發展和加強兩岸學術交流之理念，迅即慨允合作。這兩位出版界先進所表現的重視文化事業而不計投資報酬的出版家風範，令人敬佩之至。

至於邀請大陸作者執筆撰寫一事，正式開始是我與內子一九九一年清明節第二次北京之行。提及此事之開始，我必須感謝北京師範大學教授章志光先生。章教授在四十多年前曾在台灣師範大學求學，是高我兩屆的學長。由章教授推荐北京師範大學教授張必隱先生負責聯繫，邀請了中國科學院、北京大學及北京師範大學多位心理學界知名教授晤談；初步研議兩岸合作出版叢書之事的應行性與可行性。令人鼓舞的是，與會學者咸認此事非僅為學術界創舉，對將來全中國心理科學的發展意義深遠，而且對我所提高水平學術著作的理念，皆表贊同。當時我所提的理念，係指高水平的心理學著作應具備五個條件：(1) 在撰寫體例上必須符合心理學國際通用規範；(2) 在組織架構上必須涵蓋所屬學科最新的理論和方法；(3) 在資料選取上必須注重其權威性和時近性，且須翔實註明其來源；(4) 在撰寫取向上必須兼顧學理和實用；(5) 在內容的廣度、深度、新度三方面必須超越到目前為止國內已出版的所有同科目專書。至於執筆撰寫工作，與會學者均表示願排除困難，全力以赴。此事開始後，復承張必隱教授、林崇德教授、吉林大學車文博教授暨西南師範大學黃希庭教授等諸位先生費心多方聯繫，我與內子九次往返大陸，分赴各地著名學府訪問講學之外特專誠拜訪知名學者，邀請參與爲叢書撰稿。惟在此期間，一則因行程匆促，聯繫困難，二則因叢書學科所限，以致尚有多位傑出學者未能訪晤周遍，深有遺珠之憾。但願將來叢書範圍擴大時，能邀請更多學者參與。

　　心理科學是西方的產物，自十九世紀脫離哲學成爲一門獨立科學以來，其目的在採用科學方法研究人性並發揚人性中的優良品質，俾爲人類社會創造福祉。中國的傳統文化中，雖也蘊涵著豐富的哲學心理學思想，惟惜未能隨時代演變轉化爲現代的科學心理學理念；而二十世紀初西方心理學傳入中國之後，卻又未能受到應有的重視。在西方，包括心理學在內的社會及行爲科學是伴隨著自然科學一起發展的。從近代西方現代化發展過程的整體看，自然科學的亮麗花果，事實上是在社會及行爲科學思想的土壤中成長茁壯的；先由社會及行爲科學的發展提升了人的素質，使人的潛能與智慧得以發揮，而後才創造了現代的科學文明。回顧百餘年來中國現代化的過程，非但自始即狹隘地將"西學"之理念囿於自然科學；而且在科學教育之發展上也僅祇但求科學知識之"爲用"，從未強調科學精神之培養。因此，對自然科學發展具有滋養作用的社會科學，始終未能受到應有的重視。從清末新學制以後的近百年間，雖然心理學中若干有關科目被列入師範院校課程，且在大學中成立系所，而心理學的知識既未在國民生活中產生積極影響，心理學的功能更未在社會建設及經濟發展中發揮催化作用。國家能否現代化，人口素質因素重於物質條件。中國徒有眾多人口而欠缺優越素質，未能形成現代化動力，卻已構成社會沈重負擔。近年來兩岸不斷喊出同一口號，謂廿一世紀是中國人的世紀。中國人能否做為未來世界文化的領導者，則端視中國人能否培養出具有優秀素質的下一代而定。

　　現代的心理科學已不再純屬虛玄學理的探討，而已發展到了理論、方法、實踐三者統合的地步。在國家現代化過程中，諸如教育建設中的培育優良師資與改進學校教學、社會建設中的改良社會風氣與建立社會秩序、經濟建設中的推行科學管理與增進生產效率、政治建設中的配合民意施政與提升行政績效、生活建設中的培養良好習慣與增進身心健康等，在在均與人口素質具有密切關係，而且也都是現代心理科學中各個不同專業學科研究的主題。基於此義，本叢書的出版除促進兩岸學術交流的近程目的之外，更希望達到兩個遠程目的：其一是促進中國心理科學教育的發展，從而提升心理科學研究的水平，並普及心理科學的知識。其二是推廣心理學的應用研究，期能在中國現代化的過程中，發揮其提升人口素質進而助益各方面建設的功能。

　　出版前幾經研議，最後決定以《世紀心理學叢書》作為本叢書之名稱，用以表示其跨世紀的特殊意義。值茲叢書發行問世之際，特此謹向兩位出版社負責人、全體作者、對叢書工作曾直接或間接提供協助的人士以及台灣東華書局編審部工作同仁等，敬表謝忱。叢書之編輯印製雖力求完美，然出版之後，疏漏缺失之處仍恐難以避免，至祈學者先進不吝賜教，以匡正之。

張春興　謹識
一九九六年五月於台灣師範大學

世紀心理學叢書目錄

主編　張春興
台灣師範大學教授

心理學原理
張春興
台灣師範大學教授

中國心理學史
燕國材
上海師範大學教授

西方心理學史
車文博
吉林大學教授

精神分析心理學
沈德燦
北京大學教授

行為主義心理學
張厚粲
北京師範大學教授

人本主義心理學
車文博
吉林大學教授

認知心理學
彭聃齡
北京師範大學教授
張必隱
北京師範大學教授

發展心理學
林崇德
北京師範大學教授

人格心理學
黃希庭
西南師範大學教授

社會心理學
時蓉華
華東師範大學教授

學習心理學
張必隱
北京師範大學教授

教育心理學
張春興
台灣師範大學教授

輔導與諮商心理學
鄔佩麗
台灣師範大學教授

體育運動心理學
馬啟偉
北京體育大學教授
張力為
北京體育大學教授

犯罪心理學
羅大華
中國政法大學教授
何爲民
中央司法警官學院教授

應用心理學
劉威德
雲林科技大學副教授

工業心理學
朱祖祥
浙江大學教授

管理心理學
徐聯倉
中國科學院研究員
陳　龍
中國科學院研究員

消費者心理學
徐達光
輔仁大學副教授

實驗心理學
楊治良
華東師範大學教授

心理測量學
張厚粲
北京師範大學教授
龔耀先
湖南中南大學教授

心理與教育研究法
董　奇
北京師範大學教授
申繼亮
北京師範大學教授

發展心理學

林 崇 德

北京師範大學教授

東華書局印行

自 序

素有"東海明珠"之稱的浙東沿海重鎮——石浦鎮,是一個近年來台灣漁民在大陸的主要避風港。那裏有我刻骨難忘的童年嬉戲的夥伴,年近八旬的慈母,以及養育我的富沃土地和浩瀚大海。

作爲母親的骨肉,是母親給予我厚道的心性,勤奮的品質;作爲大海的兒子,是大海賦予我博大的胸懷,堅毅的性格;作爲炎黃子孫的後代,是中華民族的乳汁哺育我成長,教育我成人,培養我成爲一九四九年後中國的第一個"教育科學博士"。對此,我心懷感激並捫心自問:作爲一個書生,一個漁家的後代,我能貢獻給大地和母親什麼呢?竊以爲我選擇的職業是最好的回答!

我所從事的職業——教師,是世上"最偉大而神聖的事業",是"春蠶到死絲方盡"的奉獻。教書育人之餘,我傾一己之精力研究個體一生心理發展的特點和規律。窮三十多年教學與科研之學術生涯,探索個體從受精卵開始到出生、成熟、衰老的生命全程中心理發生、發展的特點和規律,樂在其中!我猶如乘一艘快艇在人類生命長河中急駛,有時順水而下,有時逆水而上;有時晴空萬里、一帆風順;有時濁浪滔天、雷電交加。穿梭往返其中,孜孜不倦地

尋覓著生命全程中心理變化的奧秘:

我曾投入嗷嗷待哺的嬰兒的研究中,爲優生、優育、優教唱過贊歌;

我曾走到幼稚園小天使的中間,爲"早期智力開發哆來咪"電視劇創作了腳本;

我喜歡背起書包上學去的兒童,爲發展小學生心理能力作過系統的研究;

我與中學生交過十多年的朋友,爲青少年的智力發展和品德成長提出了己見;

我和青年朋友朝夕相處,曾爲他們的成長付出了艱辛的勞動,業已培養了十五名發展心理學博士,四十三名碩士,其中大部分晉升爲教授和副教授;

我本人屬於中年人,從自己的切身體驗中,經常爲減輕中年人沈重而緊張的負擔而搖旗吶喊;

我尊重老年人,體貼老年人,並爲自己即將步入老年期而感驕傲,也爲自己面臨老化衰退而生惋惜。

一言以蔽之,揭示個體畢生心理發展的特點和規律,目的在於爲提高中華民族乃至全人類的人口素質貢獻自己的一份力量。此樂何極!

從六十年代伊始,我師承發展心理學泰斗朱智賢教授 (1908～1991),終於如願以償成爲他忠誠的及門弟子。朱智賢教授對我影響極深。我非常贊同恩師將發展心理學的研究對象概括爲"研究人類心理發展的規律和人類各年齡階段的心理特徵"的觀點 (1962, 1979)。這裏所謂研究的"規律",實際上是對人類發展原理的探討,而研究"各年齡階段的心理特徵"則主要是對心理發展各時期特點的揭示。在本書的寫作過程中,我把全書十章分爲兩個部分,前兩章是研究發展原理，並評價諸多心理學派關於心理發展規律的理論；後八章則系統地論述個體心理各個發展時間的特徵。當然，發展心理學研究發展心理的原理和研究各年齡階段心理特徵是相互交叉的，在本書中，這種思想亦一以貫之。例如，前兩章也涉及各年齡階段心理特徵的問題，後八章在討論每個年齡階段心理發展的特徵時，也作了一定的理論闡述。這樣的體例安排，在國際發展心理學界是常見的，而對我來說，卻是刻意安排，因為這體現了朱智賢教授和我的學術思想。

在發展心理學研究中，我主張將基礎研究和應用研究相結合，理論和實踐相結合。在我自己發展心理學的研究生涯中，一方面我從事基礎理論的研究，建立了多媒體認知發展實驗室，主持十餘項各種基礎的重大課題，並將研究的成果撰寫成論著，與朱智賢合著的《思維發展心理學》(1986) 一書，在國內外學術界獲得了一定的聲譽；另一方面，我重視中小學教育的應用研究，將自己的思維發展理論應用於提高教育質量上去，並在全國二十六省市建立了實驗點，在國內外教育界頗有影響，拙著《學習與發展》(1992) 和《教育與發展》(1998)，正是這方面成果的結晶。發展心理學的基礎研究和應用研究並重，二者缺一不可。

校閱案頭上的《發展心理學》書稿清樣，使我感慨良多；一介書生無扭轉乾坤之功；一個漁家後代無豐衣足食之力；一個學者卻應有喚起民眾之良知，提高民族素質之責任，展示最佳道路發展之設計。衷心希望拙作在這方面盡力、盡責、盡忠，這也是我的寫作初旨之一。

此外，我所以能在東華書局出版《發展心理學》，論述自己對人類心理畢生發展的看法，這應該感謝我的良師益友，台灣師範大學張春興教授。張先生長我十四歲，按國際心理學界的慣例，十至二十年算一代人，張先生是我的師長輩。然而他出於對我的信任，於一九九二年八月與張師母周慧强教授赴大陸禮賢下輩，親自向我約稿，使我十分感動，從此我倆建立了深厚的忘年交情。多年來，我親眼目睹張先生爲《世紀心理學叢書》所付出的心血與花出的艱辛。《世紀心理學叢書》的出版對未來中國心理科學的發展，意義是十分重要的。我不敢對自己參與寫作的《世紀心理學叢書》作評價，但我敢説，在中國心理學界，本世紀之內再要出這樣質量的一套心理學叢書不是太容易的。我想成果是對張先生最好的回報。台灣東華書局負責人卓鑫淼先生是中國出版界德高望重的老前輩，張春興教授向我介紹，卓先生出生於浙江省寧波市，長於上海。作爲晚輩，我也是在上海長大的寧波人，這算是緣份吧。我爲卓先生鼎力資助由繁簡兩種字體在海峽兩岸發行《世紀心理學叢書》一事而感激不已，他在兩岸文化學術交流方面所作的貢獻，我想兩岸文化學界的同仁都不會忘記的。東華書局的編輯先生、小姐們的學識、英語和文字水平令人深深的敬佩，特別是對書稿質量精益求精的做法，使我難以忘懷。我將永遠記住這些未見過面的，無名英雄的朋友。同時，在我成書的三年多時間裏，曾碰到種種困難，而家庭的支持是克服困難的最大力量。內子曹承慧副教授是我相濡以沫的賢內助，我的每一次成功，都有她過半的功勞。小兒林衆、兒媳瑞琴也爲我的書稿打字校對付出艱辛勞動。在我寫作過程中，我的賢棣們爲我提供了大量的材料，特別是董奇、申繼亮、俞國良、白學軍和辛濤五位博士更令我倍感師道之樂。謹此一併敬表謝意。

林崇德 謹識

一九九八年四月於北京師範大學

目　次

世紀心理學叢書總序 …………………………………… iii
世紀心理學叢書目錄 …………………………………… viii
自　序 …………………………………………………… xiii
目　次 …………………………………………………… xvii

第一章　緒　論

第一節　發展心理學的界說 …………………………… 3
第二節　發展心理學的發展 …………………………… 16
第三節　發展心理學的研究方法 ……………………… 29
第四節　發展心理學的進展與展望 …………………… 47
本章摘要 ………………………………………………… 62
建議參考資料 …………………………………………… 64

第二章　發展心理學理論

第一節　精神分析的心理發展觀 ……………………… 67
第二節　行為主義的心理發展觀 ……………………… 79
第三節　維果茨基的心理發展觀 ……………………… 93
第四節　皮亞傑的心理發展觀 ………………………… 99
第五節　朱智賢的心理發展觀 ………………………… 110
本章摘要 ………………………………………………… 117
建議參考資料 …………………………………………… 118

第三章　胎兒期與新生兒期的發展

第一節　胎兒期的發展 ………………………………… 121

第二節　新生兒 …………………………………………… 141
　　本章摘要 …………………………………………………… 153
　　建議參考資料 ……………………………………………… 154

第四章　嬰兒期的心理發展
　　第一節　嬰兒神經系統的發展 …………………………… 160
　　第二節　蹣跚學步與動作發展 …………………………… 165
　　第三節　嬰兒語言的發展 ………………………………… 175
　　第四節　感知運動的智慧 ………………………………… 185
　　第五節　嬰兒情緒與社會發展 …………………………… 200
　　本章摘要 …………………………………………………… 218
　　建議參考資料 ……………………………………………… 220

第五章　學齡前兒童的心理發展
　　第一節　幼稚園的小天使 ………………………………… 225
　　第二節　在遊戲的王國裏 ………………………………… 236
　　第三節　學齡前兒童言語的發展 ………………………… 250
　　第四節　前運算期幼兒的認知發展 ……………………… 257
　　第五節　學齡前兒童的社會性發展 ……………………… 265
　　本章摘要 …………………………………………………… 283
　　建議參考資料 ……………………………………………… 285

第六章　小學兒童的心理發展
　　第一節　背起書包上學去 ………………………………… 289
　　第二節　具體運算期的小學生認知 ……………………… 310
　　第三節　小學兒童的社會性發展 ………………………… 331
　　本章摘要 …………………………………………………… 357
　　建議參考資料 ……………………………………………… 359

第七章　青少年期的心理發展

第一節　青春期生理的劇變 ………………………………… 363
第二節　形式運算期中學生的認知發展 …………………… 376
第三節　中學生情緒的特徵 ………………………………… 388
第四節　青少年期的社會性發展 …………………………… 397
本章摘要 ……………………………………………………… 413
建議參考資料 ………………………………………………… 415

第八章　成人前期的心理發展

第一節　從志於學到而立之年 ……………………………… 419
第二節　成人前期認知的發展 ……………………………… 433
第三節　人生觀的成熟 ……………………………………… 446
第四節　成人前期的社會性 ………………………………… 457
本章摘要 ……………………………………………………… 472
建議參考資料 ………………………………………………… 474

第九章　成人中期的心理發展

第一節　從不惑到知天命 …………………………………… 477
第二節　成人中期的認知發展 ……………………………… 488
第三節　成人中期的家庭生活與職業 ……………………… 500
第四節　成人中期的社會性發展 …………………………… 509
本章摘要 ……………………………………………………… 520
建議參考資料 ………………………………………………… 522

第十章　成人晚期的心理發展

第一節　成人晚期的心理適應 ……………………………… 525
第二節　老年人的認知 ……………………………………… 537
第三節　老年人的社會性 …………………………………… 551

第四節　成人晚期的心理衛生……………………563
　　第五節　生命的最後階段……………………572
　　本章摘要……………………585
　　建議參考資料……………………587

參考文獻 …………………………………………589

索　引
㈠漢英對照…………………………………609
㈡英漢對照…………………………………630

第一章

緒　論

本章內容細目

第一節　發展心理學的界說
一、心理學與發展心理學　3
　(一) 心理學
　(二) 發展心理學
二、種系發展與個體發展　6
　(一) 種系心理發展
　(二) 個體心理發展
三、發展心理學的研究內容　12
　(一) 心理發展的基本原理
　(二) 生命全程心理發展的年齡特徵

第二節　發展心理學的發展
一、科學兒童心理學的誕生與演變　17
　(一) 科學兒童心理學的誕生
　(二) 兒童心理學的演變
二、從兒童發展到生命全程發展的研究　20
　(一) 霍爾將兒童心理學研究的年齡範圍擴大到青春期
　(二) 精神分析學派最先研究生命全程的發展
　(三) 生命全程發展心理學的問世
三、發展心理研究的中國化　24
　(一) 發展心理學中國化的四個階段
　(二) 發展心理學中國化的基本途徑

第三節　發展心理學的研究方法
一、發展心理學研究的特點　30
　(一) 年齡是一個特殊的自變量
　(二) 研究對象的範圍跨度大
二、發展心理學研究的原則　32
　(一) 客觀性原則
　(二) 矛盾性原則
　(三) 層次性原則
　(四) 教育性原則
　(五) 生態化原則
三、發展心理學研究的設計　36
　(一) 橫斷研究的設計
　(二) 縱向研究的設計
　(三) 系列交叉研究的設計
四、發展心理學研究的基本方法　40
　(一) 觀察法
　(二) 談話法
　(三) 臨床法
　(四) 問卷法
　(五) 心理測驗
　(六) 實驗室實驗
　(七) 自然實驗

第四節　發展心理學的進展與展望
一、發展心理學研究體制的進展　47
　(一) 研究體制的橫向整體化變化
　(二) 研究體制的縱向整體化變化
二、發展心理學研究方法的進展　52
　(一) 系統科學原理成為發展心理學研究的方法論基礎
　(二) 發展心理學研究思路的生態化取向
　(三) 研究方式的跨學科與跨文化特點
　(四) 研究方法的綜合化與研究手段的現代化
　(五) 研究結果的數量化特徵
三、對發展心理學未來的展望　58
　(一) 對發展心理學前途的看法
　(二) 發展心理學的未來走向

本章摘要
建議參考資料

所謂發展 (development)，有多種含義。一般人們理解為泛指某種事物的增長、變化和進步。在此含義上，與生長 (growth) 為同一語。但嚴格意義上，發展尤指一種持續的系列變化，特別是有機體在整個生命期的持續變化，這種變化可能是由於遺傳因素，也可能是環境或學習的結果，這種變化既可是量變也可是質變。而生長通常用於生理方面，對人類來說，生長是從卵子受精開始，直至個體或組織衰亡為止的持續過程。發展與生長兩個術語既有聯繫又有區別。成熟 (maturation) 比前兩者更為複雜，它有二層含義，其一為生理的成熟，即身體上各種器官的形態、結構和機能臻至完備狀態，生長即告停止；其二為心理成熟，包括智能的成熟、情緒的成熟和社會性的成熟三個方面。簡言之，成熟是指隨年齡的增長自然而然出現的個體身心的成長與變化，成熟排除了練習和經驗。一般說來，成熟不但確定個體發展的最大限度，同時也決定個體學習的效果和速度。但生理成熟和心理成熟並不完全一致，這就形成了個體發展的複雜性和多樣性。

人的發展指的是人類身心的生長和變化，如同一條蜿蜒的長河，時而會激起奔騰的波濤，時而會靜靜地流逝著。人的發展也會有起有伏，有激流湧進，有平靜流淌；循環往復，循規變化。人從出生後，隨著年齡的增長，心理和生理由簡單到複雜，由低級到高級由舊質到新質不斷地變化。不同年齡階段有不同的生理和心理特點。生理發展是心理發展的物質基礎，在一定程度上制約著心理發展，但生理發展不是心理發展的唯一決定因素。個體的發展除了依靠生理結構機能外，更重要的是受到社會生活條件的制約。人的心理發展作為人類發展的一個重要部分，從種系心理的演變，到個體心理的變化過程，構成了發展心理學的研究領域。

本章主要探討的是發展心理學的幾個基本理論問題：

1. 發展心理學的概念及其研究內容。
2. 種系心理發展與個體心理發展的特點，兩者的聯繫與區別。
3. 從兒童心理學到發展心理學的演變歷史。
4. 發展心理學的中國化問題。
5. 發展心理學的方法學和具體研究方法。
6. 發展心理學的目前進展與今後展望。

第一節　發展心理學的界説

　　發展心理學一詞，是在兒童心理學的基礎上產生的。雖然心理家對兒童心理學和發展心理學的看法不盡相同，但有一點是共同的，即不論是兒童心理學還是發展心理學，都是研究人的發展。

一、心理學與發展心理學

　　心理學 (psychology) 不僅是一門認識世界的科學，也是一門了解、預測和調節人的心理活動與行為的科學，對改造客觀世界和主觀世界具有重大意義。隨著社會和科學的發展，心理學研究與應用的範圍也日益擴展，形成了諸多分支學科，發展心理學就是心理學的一個分支，在心理學的大家庭中發揮著重要作用。

(一)　心理學

　　心理學是研究心理活動和行為表現的一門科學。在英文中心理學 "psychology" 一詞來源於希臘文，意思是關於靈魂的科學。隨著科學的發展，心理學對象由**靈魂** (soul) 改變為**心靈** (mind)；心理學既是對心靈的研究，或亦可稱**心靈哲學** (philosophy of mind)。19 世紀初葉，德國哲學家、教育學家赫爾巴特 (Johann Friedrich Herbart, 1776～1841) 首次提出心理學是一門獨立的科學之説。1879 年，德國心理學家馮特 (Wilhelm Wundt, 1832～1920) 在萊比錫創立了世界上第一個心理學實驗室，宣告心理學脱離哲學而成為獨立的實驗科學，並培養和建立了一支國際心理學專業隊伍。因此，在心理學發展史上，馮特被確認為近代科學心理學的創始人。

　　人在實踐活動和生活活動中，與周圍環境發生交互作用，必然會產生種種主觀活動和行為表現。這就是人的心理活動，或稱之為心理。具體地講，外界事物或體內的變化作用於人的機體或感官，經過神經系統和大腦的**信息加工** (或**訊息處理**)(information processing)，引起人對周圍事物的感覺和知覺，並注意環境變化，記憶發生過的事件，思考各類不同的問題，想像未來情景，這種感覺、知覺、注意、記憶、思維 (思考) 和想像等心理活動，就是人的認知 (cognition) 或認識 (knowing) 過程。人們有喜、怒、哀、樂、愛、惡、懼等對周圍環境的體驗，這是人的情感過程。人們根據既定目的，克服困難，做出努力，並通過行為去處理和變革客觀的現實，這是意志過程。這三個過程，簡稱知、情、意，是人的心理過程。同時，對待某個事件，不同的人會表現出不同的能力、氣質、性格、興趣、動機和價值觀等差異，這種差異既與各人的先天素質有關，也與其後天的經驗和學習有關。這就是人格 (或個性) (personality)。人的心理現象，就是指人的心理過程和人格 (或個性) 而言的。

與物理現象不同，心理現象不具形體，不能直接觀察得到，這就構成了心理科學的特殊性。正如臺灣師範大學心理學教授張春興提出的："心理學是超科學的科學" (張春興，1991)。因此，在進行心理學研究時，人們首先把注意力集中於人的外表行為 (behavior) 活動上。心理活動，不僅來源於客觀現實，來源於實踐活動，且又通過其外部行為活動，主要由動作和言語表現出來。首先，人的行為活動很明顯地要受到心理活動的支配和調節。外部行為乃是人的心理活動的直接表現，而認知、情感、意志等心理過程及整個人格 (或個性) 對行為又有很大的影響。其次，人是有意識的高等動物，人的心理非常複雜，人們可以有意識地掩飾自己的某些心理活動，甚至表現出一些與內心不符合的外部假像，說出一些與心理事實不相符合的話語。因此，當我們根據直接觀察到的行為去分析人的某種心理活動時，必須非常謹慎。第三，人的心理的複雜性與外表行為的多變性，並不能使心理活動成為神秘莫測、不可捉摸、無法研究的東西。心理現象由外界事物和體內變化引起，總會在行為活動上有所表現，而且也是有規律可循的，即使直接表現受到掩蓋，它也會間接地在其他方面有所流露。因此通過比較長的時間、全面系統地觀察或借助於儀器分析，我們仍然可以對一個人的心理有所了解。

(二) 發展心理學

心理現象的複雜性，使無數心理學家眾說紛紜，因而形成了許多派別。由於爭議的結果趨於求同存異，保留各家的合理思想，才使心理學在一百餘年內獲得迅速的發展。

心理現象的複雜性，也引起心理學家們從不同的方面展開跨學科和多學科的探討。心理學既與生物科學、技術科學相結合，又與社會科學、人文科學相結合，使心理學成為兼具自然科學和社會科學兩種屬性的邊緣科學、中間科學、模糊科學，即超科學的科學。心理現象的複雜性，又使大多數心理學家往往從一個側面去深入研究，使心理學研究範圍廣闊，分支眾多。

心理學儘管分支繁雜，但仍可從兩個角度予以分析，一是從其性質上分門別類，另一是從應用上分門別類。如果把心理活動分成不同層次，在不同水平上加以研究，心理學可以有實驗心理學、生理心理學、發展心理學、認知心理學、人格心理學、社會心理學、理論心理學等等。如果把心理學按其應用範圍加以研究，心理學可以有教育心理學、臨床心理學、工業心理學、商業心理學、醫學心理學、法律心理學、軍事心理學等等。普通心理學則是概論性的基礎理論的心理學。由此可見，發展心理學是心理學的一個分支。

發展心理學 (developmental psychology) 是研究個體從受精卵開始到出生、成熟、衰老的**生命全程** (life-span) 中，心理發生、發展的特點和規律；簡言之，就是研究個體畢生心理發展的特點和規律。人的心身在生命進程中表現出量和質兩方面的變化，且與年齡有密切的聯繫；其間既表現出連續性又表現出發展的階段性，因而形成**年齡特徵** (age characteristics)。發展心理學正是要研究各種心理活動的年齡特徵。具體地說，研究心理發展的年齡特徵範圍，應當包括兩個主要部分和四個有關方面。

兩個主要部分：一是人的認知發展的年齡特徵，它包括感覺、知覺、記憶、思維、想像等等，其中思維的年齡特徵的研究是最主要的一環；二是社會性發展的年齡特徵，包括興趣、動機、情感、價值觀、自我意識、能力、性格等等，而人格的年齡特徵的研究是最主要的一環。

為了研究生命全程或個體畢生心理發展年齡特徵的這兩個主要部分，還必須結合研究如下四個方面的問題：一是心理發展的社會生活條件和教育條件；二是生理因素的發展；三是動作和活動的發展；四是語言的發展。

人的個體發展離不開種系發展，所謂**種系心理發展** (species mental development)，指的是從動物到人類的心理演變過程。這個過程又包括兩個部分，一個是動物心理的進化過程，一個是人類心理的進化過程。前者所研究是動物心理學的內容，即研究動物心理和行為變化規律，以此研究結果來進一步揭示人的心理和行為的實質。後者所研究的是民族心理學 (主要是原始人類心理學）和個體發展心理學的內容，意指隨著人類社會的演進，人類生活和文化的不斷提高，人的心理水平也日趨發展。現代兒童的心理發展水平，遠非原始社會成人所能比擬的。這說明社會條件對人類心理發展的作用。因此，從廣義來說，發展心理學是研究種系和個體心理發生與發展的科學。狹義的發展心理學，就是**個體發展心理學** (psychology of individual development)。以下分別敘述種系心理發展和個體心理發展。

二、種系發展與個體發展

種系心理發展和個體心理發展既有聯繫，又有區別。種系心理發展，指從動物到人類心理的演變過程；個體心理發展，指人的個體從受精卵開始到出生、成熟、衰老的整個生命中，心理發生和發展的過程。兩者構成了從動物到人類心理發展的整體面貌。

（一） 種系心理發展

1. 動物心理的進化過程　心理現象主要為人類所特有，但它是在動物界長期進化的基礎上產生的。在動物進化過程中逐步出現一些心理現象，為人類心理發生和發展準備了前提條件。

對動物心理進化研究，是**動物心理學** (animal psychology) 或**比較心理學** (comparative psychology) 的主要課題。從歷史上說，最早可追溯到古希臘時期，亞理斯多德 (Aristotle, 384～322 B. C.) 在其著作《動物歷史》中提出的自然等級表，談的就是動物種系心理進化的順序。1864 年，法國生理學家弗盧朗 (Marie Jean Pierre Flourens, 1794～1867) 出版了第一本《比較心理學》，這是對動物行為進化階段研究有意義的嘗試。在動物心理進化研究中，達爾文 (Charles Darwin, 1809～1882) 做出了傑出的貢獻。他於 1872 年出版的《人類和動物的表情》一書，就是運用進化觀點對動物行為進行了比較的研究。科學心理學誕生之後，心理學家開始了許多動物智力進化方面的實驗研究，例如，迷津學習、問題解決等課題。桑代克 (Edward Lee Thorndike, 1874～1949) 的**嘗試錯誤學習** (trial and error learning)、巴甫洛夫 (Ivan Petrovich Pavlov, 1849～1936) 的**條件反射學說** (conditional reflection theory) 等，都建立在動物行為實驗研究的基礎上。20 世紀中期是動物心理學迅速發展的時期，"發展"的觀念受到了極大的重視，於是對動物心理進化問題進行了較多的研究，例如，哈洛 (Harry F. Harlow, 1905～1981) 等人對恒河猴的研究，闡明了剝奪社會經驗對後來社會化的影響。柯勒 (Wolfgang Köhler, 1887～1967) 對猩猩 (類人猿) 學習和解決問題的研究，不僅提出了**頓悟學說** (insight theory)，而且闡述了動物在行為改變和可塑性方面具有較大的潛力。在動物行為發生和發展的研究，其重點是考察行為進化和發展的因素，探討遺傳與經驗即先天和後天在動物心理發展中的作用。

動物進化標誌之一是其結構的分化，其中最主要的是**神經系統** (nervous system) 的出現，這對於種系心理發展，具有非常重要的意義。具體來說，動物神經系統的發展經歷過四個階段，於是在此基礎上，逐步產生了原始的心理。

(1) **刺激感應性階段**：原生動物是動物進化階梯中最低等的一種，例如變形蟲等一類單細胞動物，它們具有刺激感應性的各種特點，即能在一定範圍內按照環境中的變化因素與自身的生存關係來調整自己的動作。

動物界的進化是由單細胞動物發展為多細胞動物，例如：腔腸動物的水螅。這時產生一種散漫的、無意向、無中樞的網狀神經系統，儘管那時反應形式屬於刺激感應性階段，但是它們產生感覺細胞，能專門負擔反應的傳導職能。

(2) **感覺階段**：網狀神經系統進一步發展，進化到梯形神經系統。環節動物的蚯蚓就是代表。它們不但產生了頭神經節，而且出現了有彼此獨立的原生質的**神經元** (neuron)。神經元之間的聯結處叫**突觸** (synapse)，突觸式的聯繫使神經系統形成新的功能。於是動物進入了心理發展最初形式的感覺階段。這時，動物能夠回答那些起信息作用並能指導動物行為的個別刺激物或物體的個別屬性的作用。

在無脊椎動物的發展中，節肢動物如昆蟲，是進入較高級發展水平的動物。昆蟲的節狀神經系統，有其較龐大的腦神經節，並形成有相當發達和專門的受納器官，不僅使感官越來越發達，而且形成各種本能。例如螞蟻的覓食和存食本能，蜜蜂的交際本能，都成為各種習性。

(3) **知覺階段**：動物進化為脊椎動物，其神經系統有了很大的發展，各類脊椎動物的神經系統都是空心管狀。管的後端是**脊髓** (spinal cord)；管的前端有膨大部分叫做**腦泡** (brain bladder)。在發展過程中，由三個腦泡變為五個腦泡，即前腦、間腦、中腦、後腦和末腦。

低等脊椎動物，從魚類開始，發展到兩棲類，再到爬行類及鳥類，其神經系統，特別是腦的變化是比較大的。例如，爬行類，在大腦半球的背外側面出現了一層新的結構**大腦皮質** (cerebral cortex)；魚類則發展了大腦半球的腹內側面，即**紋狀體** (corpus striatum)。於是，這些脊椎動物產生了較高的分析綜合能力，使種系心理發展進入知覺階段。

隨著大腦的進化，低等脊椎動物的行為逐漸脫離感覺衝動的直接控制，到由綜合各種感覺衝動的大腦半球新皮層的複雜過程來控制，也就是由感覺過程到知覺過程，動物發展到了知覺階段，就是對周圍事物的刺激，不再只是回答其個別屬性，而是在其行為中形成了不可缺少個體的經驗，對周圍事物做出整體的反應。

(4) **思維萌芽階段**：哺乳類動物屬於高等脊椎動物，它們是由爬行類動物進化而來的。哺乳類動物種類極其繁多、分佈極廣，在生態方面的差別也極大。所以它們的心理發展水平也存在著很大的差距。在種系心理發展的研究中，最有代表意義的是靈長目的類人猿。類人猿的發展，進入了思維的萌芽階段。

類人猿有發達的大腦和大腦皮質，從外型看，與人腦相差不多，各種感官也接近人類的構造。動物心理學家通過實驗研究，發現猩猩的行為出現新的特點：①利用簡單的工具，解決問題。例如黑猩猩用石頭砸開硬殼果等。典型的研究是柯勒的黑猩猩取食物的實驗。在黑猩猩前邊放著食物，身旁放好一粗一細的兩根竿子，每根竿子都取不到食物，經過擺弄，偶然把兩根竿子接 (套) 在一起，於是，黑猩猩接好竿子，動作迅速而確切，竿子也較結實，結果取到了食物。②模仿人的動作，如拿抹布擦地，拿掃帚掃地，用勺子舀水，用茶杯喝水，甚至於"學習"人的抽烟、縫紉。③學會手勢語言。美國加特納 (Gardner & Gardner, 1969)夫婦應用聾啞人用的手勢，教會黑猩猩許多手勢，並能應用這些手勢和人們進行交際，這些手勢中包括名詞、動詞、形容詞和副詞等。普利馬克 (Premack & Premack, 1972) 利用符號語言對一隻六歲的黑猩猩作實驗，實驗內容有八種：字詞、句子、是非問題、用語言教語言、類概念、連結詞、量詞和條件關係詞，結果這隻猩猩能用塑料小片與事物建立聯繫、造句、辨別顏色、大小和形狀並建立**類概念 (或類屬概念)** (class conception)。

由此可見，哺乳類動物，尤其是靈長目哺乳類動物不僅對周圍環境有粗淺的感覺和完整的知覺，產生清晰的表象，而且能對事物與事物之間的聯繫和綜合屬性做出完整的反應，初步解決了一些問題，證明它們萌芽了思維，這種初級思維或動作思維為人類思維發展提供了生物學的準備。

2. 人類心理的進化過程

(1) **人類的進化**：人類是由動物界進化而來的。人類的動物祖先是高度發展而現已滅絕的猿類。它們和現代人猿相似，有高度靈活的運動能力，高度發展的定向探索反射和初級思維。在遠古的時候，由於地球表面的變化，森林減少，人類的動物祖先被迫由樹上生活改變為地面生活。生活條件和生活方式的改變導致人類的動物祖先的活動有進一步發展。促進人類動物祖先演變到人類有三個前提條件，一是直立行走，手的發展；二是使用工具和製造工具；三是交往需要產生語言。於是這些條件與人腦發展，與經驗傳遞，與勞動產生的相輔相成才使人類動物祖先進化為原始人。動物的進化受到生物原理或生物規律的支配，而人類的發展則受社會原理或規律的支配。所謂社會，主要指人類相互交往的產物，是各種社會關係的總和。也就是說，社會無疑是由一群人組成的，人類群體生活是建立在物質資料生產基礎上，並產生共同的習慣、心理、情操、民俗。隨著社會的發展，才由原始人發展為遠古時代的人，古代社會的人，中世紀的人，近代社會的人，直到現代社會的人。

(2) **人類心理的特點**：人類心理有一個發展的過程，原始人的思維和現代人的思維就有區別，法國社會學家列維 (Lucien Levy-Bruhl, 1857～1939) 早在 1910 年所著的《原始思維》一書中就作了詳細的論述。我們不擬深入討論這種差異，而探討人類心理的共同特性，並把這種共性歸納為如下三個特點：

①**意識的心理特性**：人類心理是有意識的。所謂**意識** (consciousness) 是指能清醒覺察、明瞭思考、具自覺行為等特徵的心理狀態，它包括意識客體和意識自我兩種類型。具體地說即是能夠清醒覺察周圍的事物的本質特點和內在聯繫；明確思考過程和方向，使認識活動具有目的性、組織性、計畫性和預計性；以及調節自身的行為，具備主觀見之於客觀的自覺能動性。當

然，意識是人的心理的高級的主要的形式，但不是唯一的形式，因為人的心理存在著意識和無意識交互作用的兩種形式。

②社會的心理特性：人類心理受著社會歷史的制約，不同的社會、不同的時代、不同的民族有其不同的心理特點。**民族心理學** (folk psychology) 就是研究原始人和現代人心理差異的一門科學。社會心理學家研究社會及文化背景下的人類心理和行為表現；例如，研究社會境遇如何影響社會知覺，社會因素如何作用於人類態度和信仰等。因此離開了人類社會和人類實踐，就談不上人類的心理。

③語言的心理特性：語言有兩個主要的功能：概括作用和調節作用。人類借助於語言，認識了周圍事物的內容，使感知、概念、記憶概括化、理性化，使情感、意志更具有調節功能。人類借助於語言，積累在世世代代的社會實踐中所形成的知識，再一代一代地傳遞下去，促進社會的文明和發展。人的有意識的心理，正是以語言為基礎的個體經驗和社會經驗的總和。

(二) 個體心理發展

1. 個體心理的發展過程　一個人出生的時候是否有心理？他的心理是怎樣產生的？在人的發展的各個年齡階段 (兒童、少年、青年、中年、老年) 中，心理又是怎樣發展變化的？它是按著什麼原理或規律發展變化的？這些發展變化在人的生活、教育和工作上具有怎樣的意義？這些都是研究個體心理的發展過程必須闡明的問題。

個體發育始於妊娠期，也就是說，個體的產生雖然複雜，但也是從單細胞開始的，不過這個單細胞却有兩個來源：一個是父源，一個是母源。這與動物中的兩性生殖是完全一樣的。人體細胞都是由一個受精卵 (合子) 細胞開始，經過一次又一次的分裂而來的。生命正是從這裏開始，其過程極為迅速。

"十月懷胎，一朝分娩"(實際上妊娠期從末次月經起算約 280 天)。新生兒出生後仍保持迅速發展的趨勢。雖然新生兒大腦皮質還未充分發揮功能，但出生時大腦低級中樞却提供了一整套行為反射，逐步出現各種感覺。

個體生理的發展，主要顯現在出生後的 12～13 年間，各種器官發生重大的結構性變化；尤其進入**青春期** (puberty) (10、11～17、18 歲) (見第六章第一節)，不僅身體外形變化巨大，內臟機能趨於健全，而且性的成熟，標誌著人體全部器官接近成熟。隨著生理的發育，在這出生後的 18 年，心理也逐漸地發展變化，心理發展可分成兩個部分：一是認知在發展，思維趨向初步成熟；二是人格在發展，趨向個性化。18 歲進入**成人期** (或**成年期**) (adulthood)，經過相當長的成人早期、成人中期 (中年期) 和成人晚期 (老年期) 的變化，身心也會持續的變化。這種生命全程或畢生發展的身心變化，構成了發展心理學各類研究的課題。發展心理學主要是研究個體一生心理發展的**趨勢**。

個體心理發展的過程，也是一個**社會化** (socialization) 的過程。社會化是個體掌握和積極再現社會經驗、社會聯繫和社會關係的過程。通過社會化，個體獲得在社會中進行正常活動所必須的品質、價值、信念以及社會所贊許的行為方式。**社會化過程** (socialization process)，正是在一定社會環境中，個體在生理和心理兩方面的發展而形成適應社會的人格並掌握社會認可的行為方式的過程。社會化過程包括學習、適應、交流，人類個體借以發展自己的社會屬性、參與社會生活的一切過程。人類在社會化過程中，學會基本生活技能，掌握社會規範，生活目標，形成社會職能，培養社會角色。其中有些過程在青少年階段可完成，即兒童青少年的社會化；有些過程則貫穿於個體的一生；即成年人的繼續社會化和再社會化。社會化過程是人類學會共同生活和彼此有效互動的過程；也是個體與社會環境互動的過程。

2. 個體心理發展與種系發展的關係　關於個體心理發展與種系發展關係的理論，最具代表性的首推 20 世紀初霍爾 (Granville Stanley Hall, 1844～1924) 的**復演論** (recapitulation theory)。19 世紀末 20 世紀初，生物進化論的影響很廣，當時在生物學中已經發現人類的胚胎發展史是動物進化過程的復演。霍爾接受了這種進化論和復演說的思想，並將其運用到個體心理發展的學說上來。他提出了應該把個體心理發展看作是一系列或多或少復演種系進化歷史的理論。

霍爾具體地分析了兒童與青少年復演種系發展的過程。其中，胎兒在胎中的發展復演了動物進化的過程 (如胎兒在一個階段是有鰓裂的，這是重復魚類的階段)。兒童期是重演了人類原始的遠古時代。人類遠古祖先的時代是一個非常長久的、非常遲滯的階段。此階段兒童知覺力敏銳，對危險及誘惑的感受極少，道德心、宗教心、同情、愛情及美的享受等理性的特質又十分幼稚，這正是表現出了遠古時代人類的特徵。

在少年期，兒童感覺敏銳而活潑，對刺激的反應是強烈而敏捷；記憶是迅速而持久，同時易於接受各種訓練和觀念。霍爾認為此時期是學習的黃金時代，強調這個時期學習的積極性在於激發自然興趣。因此，這個時期的教育，主要是練習、叮囑和組織。其方法應該是機械的、反復的、權威的和獨斷的。所有這些，都可以從中世紀甚至古代的教育上獲得啟示，所以少年期是中世紀的復演。

青年期是新生活的開始，因為從這時候起，有更高級、更完全的人性產生出來，這個時期所有開始表現的身心的特質是新穎的，其發展趨勢是急劇的和突飛猛進的。這都說明了人類祖先在某個進化階段有一個風雲變幻的時代，因此，青年期是比較新近的祖先特徵的反映。

霍爾主張對兒童青少年的教育，應考慮到個體心理發展復演種系進化的特點。例如，對於他們多少帶有一些野蠻性的本能，應該在一定範圍內讓其自由表現。原來，這種原始的經驗與行動是人類祖先迫於"生存"必要所習得的，所以對各個兒童青少年對於野蠻性行為的熱望，不要輕易地放過，而要採用有效的方法教育他。這些方法包括閱讀各種文學作品、參加各種體育活動等等。上述觀點，正是霍爾的教育思想的體現，其進步意義是非常明顯的。

霍爾的復演說的提出，引起了心理學界很大的爭議。有的加以批評，有的加以稱讚。我們認為，復演說的主要錯誤在於把個體發展史和種系發展史完全等同起來，從而引向**決定論(或預成論)** (determinism)。但是，我們也不能因此就從根本上否認個體心理發展史在一定程度上重復著動物和人類心理發展史，因為個體發展史和種系發展史存在著一定的關係。

三、發展心理學的研究內容

如前所述，發展心理學研究個體一生的心理發展。在這個生命全程的心理發展研究中，主要涉及兩個問題：一是心理發展原理或規律的理論問題，另一則是個體發展各年齡階段的心理特徵問題。

(一) 心理發展的基本原理

在人類心理發展的基本原理或規律問題上，各種心理學派別之間的爭論可以歸納為四點：第一，人類心理和行為是先天的還是後天的；第二，人類對待環境的關係是主動的還是被動的；第三，人類心理發展是分階段的還是連續的；第四，發展的終點是開放的（發展變化能持續下去）還是有最終目標的。正因為有此等爭議，於是，發展心理學的理論研究就涉及如下的三個問題：

1. 遺傳和環境在心理發展上的作用問題 先天遺傳給心理發展提供了可能性，後天的環境（包含教育）將這種可能性變為現實性。兩者相輔相成，缺一不可。因此，發展心理學要研究人類心理的先天因素，要研究自然環境、社會環境等文化背景與人類心理發展的交互作用。

2. 心理發展的外因與內因問題 在人類心理發展上，既要重視其外因，又要重視內因。人類身心發展是主動的，所以，外因要通過內因才起作用。我們既要講發展，又要強調內外因之間的關係和作用。

3. 心理不斷發展和發展階段的關係問題 人類的心理，一方面是不斷發展的，但同時又是有階段性的。應該將心理發展的連續性和發展的階段性統一起來；將相對主義的開放和理想化的終點統一起來。這樣才能科學地解釋生命全程的心理持續發展趨勢，又能探討不同年齡階段心理發展特徵。

有關人類心理發展的理論，涉及到上面提到的發展心理學研究的二個主要部分和四個有關方面的問題。也就是說，往往運用心理發展的理論去探討人格方面的發展，去探討智力方面的發展等等。例如對於人類的動機形成和人格發展，**精神分析學派** (psychoanalysis theory) 和**社會學習理論** (social learning theory) 提出了兩種截然不同的研究途徑。精神分析學派假定有個理想的成年人格，並強調發展變化的內部過程。社會學習理論則採取一個較為相對主義的開放觀點來解釋成熟及個體差異等概念，並重視行為的外在原因。**皮亞傑學派** (Piagetian school) 又稱**日內瓦學派** (Geneva school)，講發展與內外因的統一，強調智力發展要趨向一個理想化的終點。本書第二章，我們將詳細來討論國內外名家的心理發展的理論，故這裏不作整述。

（二）生命全程心理發展的年齡特徵

發展心理學不僅要研究心理發展的一般原理，而且要研究在人生不同發展階段上的特殊原理。這些原理體現為生命全程各個年齡階段的心理特徵，即各個階段所表現出來的質的特徵上面。因此，接著敘述各個年齡階段的劃分標準，及年齡特徵的研究：

1. 年齡的劃分標準 如何正確而科學地劃分心理發展的年齡階段的問題，迄今為止，還是一個遠遠沒有得到適當解決的問題。然而，它卻是發展心理學研究的一個重要內容。古代教育家和哲學家曾提出這個問題，現代發展心理學家正在深入研究。目前可見到的劃分人生階段依據的典型資料，可歸為如下幾類：

(1) **以生理發展作爲劃分標準**：例如柏曼 (Berman, 1911) 以內分泌腺作為分期標準，如胸腺時期 (幼年時期)、松果腺時期 (童年時期)、性腺時期 (青年時期)、內分泌的全盛期 (成年時期) 和內分泌缺乏時期 (老年期)。

(2) **以智力發展作爲劃分標準**：例如皮亞傑 (Jean Paul Piaget, 1896～1980) 以思維發展為基礎，他把出生到成熟心理發展分成為：感覺運動階段 (或感覺動作期) (0～2 歲)；前運算階段 (或前運思期) (2～7 歲)；具體運算階段 (或具體運思期) (7～12 歲)；形式運算階段 (或形式運思期) (12～15 歲) (詳見第二章第四節)。

(3) **以個性發展特徵爲劃分標準**：例如埃里克森 (Erikson, 1963) 以人格發展為基礎，人的心理發展可分為：信任感對懷疑感 (0～1 歲)；自主性對羞怯或疑慮 (1～3 歲)；主動對內疚 (3～6 歲)；勤奮對自卑 (6～12 歲)；同一感對同一混亂感 (12～18 歲)；親密感對孤獨感 (18～25 歲)；繁殖感對停滯感 (25～50 歲)；完善感對失望 (老年期) (詳見第二章第一節)。

(4) **以活動特點爲劃分標準**：例如艾里康寧 (Dannil Vorisovich Eliconing, 1904～1985) 和達維多夫 (Vasilee Vasilievich Davidoff, 1930～　) 把心理的初步成熟前的心理發展分為：直接的情緒性交往活動 (0～1 歲)；操弄實物活動 (1～3 歲)；遊戲活動 (3～7 歲)；基本的學習活動 (7～11 歲)；社會有益活動 (11～15 歲)；專業的學習活動 (15～18 歲)。

(5) **以生活事件爲劃分標準**：一般將成人期 (18 歲以後) 以生活事例分為：成人初期 (18～35 歲)，選擇職業、建立家庭；成人中期 (35～55 或 60 歲) 成就事業、養育子女；成人晚期 (55 或 60 歲以後) 子女長大成人並離開家庭，本人退休等。在上述三個階段的基礎上，又劃分為下列亞階段如成人早期轉折 (脫離家庭，17～22 歲)；進入成人世界 (22～28 歲)；經歷 30 歲的轉折 (28～33 歲)；安頓下來 (33～40 歲)；中年危機 (40～45 歲)；走出危機 (45～50 歲)；經歷中年期轉折 (50～55 歲)；中年期高峰 (55～60 歲)；成人晚期轉折 (60～65 歲)；成人晚期 (65 歲以後)。

我們主張在劃分人類心理發展年齡階段時，應根據身心發展趨勢，綜合地進行階段的劃分，既要看到重點，即心理發展質的特徵，又要顧及全面。

第一，人類在生理、智力、個性、教育、生活諸方面發展各有其特點，我們以身心發展的各種指標，綜合地來劃分各自的年齡階段，但同時又要看到內在的一致性。為什麼在上述各家的分期中有那麼多分期的年齡上趨於一致，例如 0～2、3 歲；2、3～7 歲；7～12 歲；12～15 歲；15～18 歲；18～25 歲；25～35 歲；35～55 或 60 歲；60 歲以上幾乎都是一致的。這不是一種巧合，而是說明身心發展確實有一些一致性的年齡階段。

第二，心理發展的年齡特徵既然是各個階段所表現出來的質的特徵，那麼這個質的特徵，涉及到上述兩個主要部分和四個有關方面。也就是說，它表現在主導的生活事件和主導活動形式；表現在智力發展水平和人格發展特點；表現在生理發育水平和語言發展水平等等。本書對心理發展的年齡階段的劃分。正是從這個基本觀點出發的。

2. 年齡特徵的研究　　發展心理學的實驗研究，主要是圍繞著心理發展的年齡特徵展開。所謂心理發展的年齡特徵，是指心理發展的各個階段所表現出來的質的特徵。具體來說，表現如下幾個方面：

(1) 個體心理的年齡特徵是心理發展各個階段中所形成的一般特徵 (帶有普遍性)、典型特徵 (具有代表性) 或本質特徵 (表示有一定的性質)。它是和年齡有關聯的。因為年齡是時間的標誌，代表一定的時期和階段。一切發展都是和時間相關聯的，當然，它又不是完全由時間決定的。發展心理學要通過實驗研究，把大量的個別的心理特徵概括出某一年齡階段心理發展的一般趨勢、典型趨勢 (或) 本質趨勢，儘管這個趨勢不能揭示這一年齡階段的一切人們的個別特點，可是它卻代表同年齡階段心理發展的整體特徵。

(2) 在一定條件下，心理發展的年齡特徵既是相對穩定的，同時又是可以隨著社會生活和教育條件等文化背景的改變而有一定程度的可變性。這是因為，年齡特徵是受許多比較穩定的因素支配的。例如，人類腦的結構和功能的發育是有一定過程的；語言的發展和知識的深淺也是有一定順序的；接受教育、求職、成就等生活事件和活動形式的變化也有一定的時間性。這就決定了人類心理發展較穩定的順序、限度和階段，但是另一方面，文化背景有差異，個體的生理、語言發展也有差異，主體活動及其人格也有差異，這就造成了年齡特徵的可變性，造成了因文化背景而引起的群體差異，因主客觀因素的區別而引起個性差異。發展心理學要通過實驗研究，把大量的個別的心理特徵概括出心理發展的主客觀條件，揭示這些條件就能為人類心理健康發展提供科學的依據。

(3) 心理現象是複雜的，所以心理發展既指心理整體的綜合發展，又指各種特殊心理現象的發展。儘管生理、語言、活動、認知和人格的發展存在著內在一致性，但也存在著各自發展的不平衡性。這是因為，一方面所有心理現象要在某個個體身上體現出來，而具有內在的聯繫；另一方面，各種心理現象又有一定質的區別。發展心理學要通過實驗研究，把大量的個別的心理特徵，先是概括出某種心理現象的發展趨勢或某種心理現象發展的年齡特徵，又要找出各種心理現象的整體特點，分析其整體心理的發展趨勢或生命全程某一階段的心理特徵。所以，發展心理學一般是以橫向聯繫為主的發展線索加以研究，研究每一個年齡階段心理發展的特徵，但又允許以某一心理現象的發展為線索進行縱向研究，例如研究認知、人格的發展等等，甚至於更細地將認知分為感覺、記憶、思維作發展的研究等等。從縱向角度探索某種心理現象在生命全程中的發展趨向。

第二節　發展心理學的發展

發展心理學的研究有一個發展的過程。如前所述，發展心理學研究個體心理發展，而在個體心理發展的研究中，兒童期 (包括青少年) 又是被研究較多的部分，這個部分構成了兒童心理學的主要內容。生命全程心理發展的研究則較晚提出。直到 20 世紀 70 年代開始，在西方特別是美國，關於個體從出生到衰老整個發展時期的心理發展的研究報告和著作越來越多，使得研究生命全程的發展心理學發展的十分迅速。

一、科學兒童心理學的誕生與演變

在西方，兒童心理學研究可以追溯到文藝復興以後的一些人本主義教育家，如誇美紐斯 (Joann Amos Comenjus, 1592～1670)、盧梭 (Jean-Jacques Rousseall, 1717～1778)、裴斯泰洛齊 (Johann Heinrich Pestalozzi, 1746～1827)、福祿貝爾 (Friedrich Wilhelm August Froebel, 1782～1852) 等人的工作。他們提出尊重兒童，了解兒童的教育思想，為兒童心理學的誕生奠定了最初的思想基礎。而達爾文的進化論思想則是直接催化了兒童發展的研究。達爾文根據長期觀察自己孩子心理發展的記錄，寫成《一個嬰兒的傳略》(Darwin, 1876) 一書，是兒童心理學早期專題研究成果之一，它對促進兒童發展的傳記法（或日記法）的研究有重要的影響。

（一）科學兒童心理學的誕生

科學兒童心理學 (scientific child psychology) 產生於 19 世紀的後半期。德國生理學家和實驗心理學普萊爾 (Wilhelm Thierry Preyer, 1842～1897) 是兒童心理學真正的創始人。

1.《兒童心理》出版 普萊爾對自己的孩子從出生到 3 歲每天都進行系統觀察，有時也進行一些實驗性的觀察，最後把這些觀察記錄整理成一部有名的著作《兒童心理》(1882)，被公認為是第一部科學的、系統的兒童心理學著作。《兒童心理》是一部完整的兒童心理學，它包括三部分：兒童的感知發展，兒童的意志（或動作）發展，兒童的理智（或語言）發展。在《兒童心理》一書中，普萊爾肯定了兒童心理研究的可能性，並系統地研究了兒童心理發展；他比較正確地闡述了遺傳、環境與教育在兒童心理發展上的作用，並旗幟鮮明地反對當時盛行的**白板說** (theory of tabula rase)（指人類出生時其心理像白板，一無所有）；他運用了系統觀察和兒童傳記的方法，開展了比較研究，對比兒童與動物的異同點，對比了兒童智力與成人，特別是有缺陷的成人智力的異同點，為比較心理學乃至發展心理學做出了不可磨滅的貢獻。

2. 普萊爾為科學兒童心理學的理由　為什麼說普萊爾是**科學兒童心理學**的奠基人呢？這是由於他的《兒童心理》問世的時間、目的和內容、方法和手段及影響這四個方面共同決定的。這四個方面，乃缺一不可。

(1) **時間**：從時間上看，《兒童心理》一書於 1882 年出第一版，1884 年出第二版，是兒童心理研究一類著作中，較早出版的一本。

(2) **目的和內容**：從寫作的目的和內容上看，普萊爾之前的學者不完全是以兒童心理發展作為科學研究的課題，即使像達爾文那樣的科學家，其研究的目的，主要是為進化論提供依據；其內容，主要也是從進化論角度來加以論述的。而普萊爾則不同，他寫書的目的則是為了研究兒童心理的特點，即將兒童的體質發育和心理發展分別加以專門的研究，他也正在從這一角度來展開他的研究內容。因此，從一開始他的《兒童心理》就是作為一個組成兒童心理學的完整體系出現的。

(3) **研究方法**：從研究的方法和手段上看，普萊爾對其孩子從出生起直到 3 歲不僅每天做有系統的觀察，而且也進行心理實驗。這些方法中有霍爾強調的使用反應時間、心理程序和證明感知覺之間關係的**內省法** (introspection)，即科學心理學的實驗研究。普萊爾把他所研究的觀察、實驗記錄整理出來，撰寫了專著，這主要是屬於兒童發展心理學的工作。

(4) **影響**：從影響上看，《兒童心理》一問世，就受到國際心理學界的重視，各國心理學家都把它看成是兒童心理學的最早的經典著作，並先後被譯為 10 幾種文字的版本，推廣於全世界，於是兒童心理學研究也隨之蓬勃地開展起來，因此，其價值是可貴的，其影響是深遠的。

3. 普萊爾工作的意義　普萊爾的研究工作，對於當前國際心理學界所開展的兒童早期心理的研究，仍然產生影響作用。普萊爾的研究對象主要是 3 歲前的兒童，在他之後發展起來的兒童心理學，研究對象逐漸擴大，在年齡上主要著重在幼兒或小學兒童，甚至也有年齡稍長者。近百年來，在兒童心理發展各個階段的研究文獻中，嬰兒時間 (0～3 歲) 由於他們的語言還不很發展，加上研究方法和技術問題，這方面的研究材料，無論從數量或質量上說，都相當貧乏。但是近年來，由於早期智力、早期經驗和早期教育問題的提出，心理或意識起源的研究興起，再加上研究技術的進步，對嬰兒或早期研究進展較快，特別是對嬰兒認知能力問題（如注視時間，動作表現，物體辨認，心率及其他生理變化等）的研究的進展更為迅速。因此從研究內容觀之，又與普萊爾當年所觀察的課題極為吻合。由此可見，普萊爾的《兒童心理》一問世，就給科學兒童心理學奠定了最初的基石。

(二) 兒童心理學的演變

西方兒童心理學的產生、形成、演變和發展，大致可分為四個階段：

1. 1882 年以前的工作 在 19 世紀後期之前為準備時期，在近代社會發展、近代自然科學發展、近代教育發展的推動下，經過許多科學家對兒童研究的促進，終於在 19 世紀後期誕生了科學的兒童心理學。

2. 從 1882 年至第一次世界大戰的研究 這段期間是西方兒童心理學的形成時期，即在歐洲和美國出現一批心理學家，開始用觀察和實驗方法來研究兒童心理發展。普萊爾是最傑出的奠基人，此外，繼普萊爾之後，有一些先驅者和開創者，如美國的霍爾（見 11 頁）、鮑德溫 (James Mark Baldwin, 1861～1934)、杜威 (John Dewey, 1859～1952)、卡特爾 (James Mckeen Cattall, 1860～1944)、法國的比奈 (Alfred Binet, 1857～1911) 和德國的施太倫 (William Louis Stern, 1871～1938，又譯斯騰或斯特恩) 等，都以他們的各種出色的成就，為這門科學的建立和發展，做出了各自的貢獻。

3. 兩次世界大戰之間的研究 這段期間是西方兒童心理學的分化和發展時期。由於整個心理學的發展，兒童心理學研究工作和著作，不論在數量或質量上，都有了飛速發展。特別是各種心理學流派，如**精神分析** (psychoanalysis)、**行為主義** (behaviorism)、**格式塔心理學**（或**完形心理學**）(Gestalt psychology) 等的影響，不同觀點與不同風格的兒童心理學著作的大量出版，專門的兒童心理學刊物的大量發行，大學裏兒童心理學專門課題的開設，各種兒童心理學研究組織的建立和各種兒童心理學家的出現，如瑞士的皮亞傑、美國的格賽爾 (Arnold Gesell, 1880～1961)、奧地利的彪勒夫婦 (Karl Bühler, 1879～1963, & Charlotte Bühler, 1893～1974) 和法國的瓦龍 (Henri Wallon, 1879～1962) 等等，說明兒童心理學已到達比較成熟的階段。

4. 第二次世界大戰後的發展 第二次世界大戰以後，是西方兒童心理學的演變和增新時期，主要表現為兩個方面，一是理論觀點的演變，原先的學派，有的影響逐漸減少了，如霍爾的復演說，施太倫的人格主義學派以及格式塔學派等等；有的雖然還有影響，但已不是舊時的內容，而是以新的姿態出現，例如，測驗研究；儘管爭議也很多，在今天的西方仍然是非常流行，量表越來越多，涉及內容範圍也越來越廣。深入探討智力與遺傳因素，使測驗研究更為完善；有的流派則公開打著革新的旗幟，直到現在還有很大的勢力，這主要是指新精神分析學派和新行為主義學派。二是在具體研究工作上的演變，特別是從 70 年代前後到最近一個時期，許多兒童心理學的課題有所進展，有所增新，不僅深入開展早期兒童心理發展的研究，而且廣泛地探討個體一生全程的發展。

二、從兒童發展到生命全程發展的研究

從**兒童心理學** (child psychology) 到一生發展的**發展心理學**有一個演變過程。

(一) 霍爾將兒童心理學研究的年齡範圍擴大到青春期

霍爾出版了《青春期：青春期心理學以及青春期與生理學、人類學、社會學、性、犯罪、宗教和教育的關係》一書 (Hall, 1904)，從這開始，確定了兒童心理學研究的年齡範圍，即兒童心理學研究兒童從出生到成熟 (青少年期到青春期) 各個階段心理發展的特徵。儘管普萊爾是兒童心理學的奠基人，但是他的《兒童心理》主要是研究學齡前的兒童，特別是嬰兒期的兒童心理特點。對較大年齡兒童、少年或青年的研究幾乎是空白。可是霍爾就不同。霍爾先是研究兒童，後來又發展到研究青少年，他的《青少年心理學》的問世，確定了現代兒童心理學研究的年齡範圍。

當然，霍爾也是最早正式研究老年心理的心理學家，他於 1929 年出版了《衰老：人的後半生》一書，但霍爾沒有明確提出心理學要研究個體一生全程的發展。

(二) 精神分析學派最先研究生命全程的發展

在西方，精神分析學派對個體一生全程的發展率先作了研究。精神分析學派心理學家榮格 (Carl Gustav Jung, 1875～1961) 是最早對成人期的心理進行發展理論研究的心理學家。榮格認為，人的發展主要是心靈的發展，觀念變化的呆滯意味著人生之惶惑或死亡，重視潛意識，發展心靈的平衡力量，重視精神整體，是追求人生未來、幸福的金鑰匙。榮格對個體全程的發展，特別是對成人期心理發展的研究開始於 20 世紀 20 年代，形成一定理論是在 30 年代。他的發展觀主要涉及三個方面：(1) 是提出前半生與後半生分期的觀點，他認為生命周期的前半生和後半生期間，人格沿著不同的路線發展，25 歲後到 40 歲是個分界的年限，前半生比後半生的人格要顯得更向外展開，致力於外部世界；(2) 是重視"中年危機"。大約 40 歲，精神開展較多，個人曾經感到永遠不變的目標和雄心壯志已經失去其意義。於是，開始感到有壓抑、呆滯和緊迫感。中年生命，以精神轉變為標誌，開始把由掌握外部世界而轉入集中到自己的內心。內心促使人們去聽從意識，去學習還沒有認識的潛力；(3) 是論述老年心理，特別是闡述了臨終前的心理。老年人企圖理解面臨死亡時生命的性質，認為死後的生命，應該是自己生命的繼續。

前邊提到的埃里克森，正是在榮格研究的基礎上，才將精神分析創始人弗洛伊德 (Sigmund Freud, 1856～1939) 的年齡階段劃分到青春期，擴充到老年期。我們將在下一章來討論這些理論問題。

(三) 生命全程發展心理學的問世

在上述研究基礎上，生命全程發展心理學隨之誕生，並逐漸發展壯大。

1. 最早的兩部華生發展心理學著作　美國心理學家何林渥斯 (Leta Hollingworth, 1880～1956) 最先提出要追求人的心理發展全貌。因不滿足於孤立地研究兒童心理，乃出版了《發展心理學概論》(1930) 一書，這是世界上第一部生命全程發展心理學著作。

與此同時，另一位美國心理學者古迪納夫 (Florence Laura Goodenough, 1886～1959) 也提出了同樣的觀點，寫出了在科學性與系統性超過何林渥斯著作的《發展心理學》，並於 1935 年出版，1945 年再版，此書曾經暢銷歐美。

古迪納夫認為，要了解人的心理，必須全面研究影響產生心理的各種條件和因素，要把心理看作持續不斷地發展變化的過程。不僅研究表露於外的行為，還要研究內在的心理狀態；不僅研究兒童、青少年，也要研究成人和老年；不僅研究正常人的心理發展，還要研究罪犯和低能人的心理發展。所以，古迪納夫主張對人的心理研究，要注意人的整個一生，甚至還要考慮到下一代。

2. 系統開展對成人期的研究　自從 1957 年，美國《心理學年鑑》就開始用〈發展心理學〉為章名，代替了慣用的〈兒童心理學〉。此後三十多年來，對發展心理學的開展有了較深入的研究，特別是對成人心理發展出現了有創新意義的研究，表現在以下幾方面：

(1) **對成人記憶的研究**：對記憶終生發展的研究，特別是中年記憶的研究，是發展心理學研究中最為活躍的一個課題，但是，研究者的分歧却相當大。最近 20 年來，研究者從生命全程發展觀出發，對老年記憶變化也展開了全面的研究，研究的內容和範圍正在逐步擴展。

(2) **對成人思維發展的研究**：這方面的研究也很多，代表人物之一是里格 (Riegel, 1973)。他提出了用**辯證運算** (dialectical operation) 來擴展皮亞傑的認知發展階段，並強調了矛盾的作用。這個理論影響很大，許多成人心理學家對**後形式運算** (post-formal operation) 的研究都受到這種觀點的影響。

(3) **對成人智力發展趨勢的研究**：對個體畢生智力發展趨勢的研究也是成人心理研究的一個重點。西徹等人 (Schaie & Hertzog, 1983) 做的西亞圖追踪研究提出一個關於成人智力發展階段的模式，很有代表性。

(4) **對成人道德發展的研究**：埃若蒙 (Armon, 1984) 在柯爾柏格 (Lawrence Kohlberg, 1927～1987) 的理論基礎上，研究了 5～72 歲被試道德認知，提出三種水平七個階段：

前習俗水平 (preconventional level)：指面對道德兩難情境從事道德推理判斷時，帶有自我中心傾向，不能兼顧行為後果是否符合社會習俗。

階段 1　激進的自我主義 (radical egoism)：在這一階段，個體對善的理解圍繞著個人願望的滿足與幻想的實現，善就是能為個體提供現實的身體的體驗。"為善"與"產生好的體驗"之間沒有什麼區別。

階段 2　工具性自我主義 (instrumental egoism)：在這一階段，個體理解的善服務於自身的利益，包括情緒、身體、願望等方面。與階段一的區別是個體受到現實結果的誘惑，個體有強烈的受人贊揚、被人喜歡以及得到物質滿足的願望。

習俗水平 (conventional level)：指面對道德兩難情境時，一般都是遵從社會習俗，從事價值判斷。

階段 3　情感的相互關係 (affective mutuality)：善就是由積極的人際關係導致的愉快的情感體驗，善的一個重要功能就是幫助個體在自己與他人之間建立起良好的情感聯繫，個體根據自己的感覺來判斷"好"與"壞"。

階段 4　個體性 (individuality)：善是自我──選擇的利益與價值的表現，關係善的中心主題是"意義"的問題，即個體所做的事必須考慮到它對個人的價值與意義。這一階段儘管強調個體性，但必須與道德或社會規範相一致。

後習俗水平 (post-conventional level)：指面對道德兩難情境時，可本諸自己良心及個人價值觀從事價值判斷，而未必受社會習俗的限制。

階段 4/5　過渡階段：主觀主義-相對論 (subjective-relativism)：個體對善的理解不同於道德或社會規範，善是一個主觀-相對的概念，它取決於個體對特定活動、事件、個人等等的心理感受。在權利與公正的前提下，善就是個體"感覺到的善"或他"信念中的善"。

階段 5　自律 (autonomy)：在這一階段，個體視自身為一個自主體。善表現在創造性的、有意義的活動中，這些活動不僅依賴於個體較高的能力水平，還與個體的一般處事哲學是一致的。善是通過"對自己負責"與"對社會或人類負責"之間的水平衡來實現的。

階段 6　普遍神聖論 (universal holism)：為自己服務的善與為社會或人類服務的善在一個更大的概念下得以整合，即"人類"或"自然"。個體把為自己服務的善理解為就是為社會服務的善，因為社會是由許許多多個相似的自己所組成。在這一階段，善與權利的衝突也得到解決，因為善必須遵從於普遍的道德原則及對人的尊重。

(5) **對成人期自我概念發展的研究**：以盧文格 (Loevinger, 1978) 的研究最具代表性。她提出了自我概念發展的六個水平 (行動水平、自我保護水平、遵奉者水平、公正水平或良心水平、自主水平以及整合水平)，在發展心理學界影響較大。

3. 當代有代表性的畢生發展心理學的研究　有了上述研究的基礎，西方已開發國家發表和出版了大量的畢生發展心理學 (或生命全程發展心理學) 的著作。美國維吉尼亞大學曾在 1968 至 1972 年間舉辦過三次畢生發展心理學學術會議，會後出版了三部論文集如下：《畢生發展心理學：理論與研究》(1970)、《畢生發展心理學：方法學問題》(1973) 和《畢生發展心理學：人格與社會化》(1973)。美國發展心理學家貝爾特斯 (Baltes, 1978) 在其所編《畢生發展與行為》一書中，提出了一生全程研究及理論發展的三個原因，一是第二次世界大戰前開始一些追蹤研究的被試已進入成人期，二是對老年心理的研究推動了成人期心理的研究，三是許多大學開設了畢生發展心理學的課程，於是推動了畢生發展心理學的研究。

自 80 年代以來畢生發展心理學著作有三種命名方式：一種叫**生命全程發展心理學** (或**畢生發展心理學**) (life-span developmental psychology)；另一種叫做**人類發展** (human development)；再有一種叫做**人類畢生發展** (或**個體生命全程發展**) (life-span human development)。我們大致可將自 70 年代以來畢生發展心理學著作，歸為 13 類：(1) 發展心理學或畢生發展心理學的概論；(2) 發展心理學的歷史和理論研究；(3) 發展心理學方法論的研究；(4) 認知畢生發展的心理學研究；(5) 人格，道德或社會性畢生發展的心理學研究；(6) 關於干預 (interventions) 問題的畢生發展心理學；(7) 關於心理諮詢與治療問題的畢生發展心理學；(8) 關於畢生發展的病理學探討；(9) 人類發展與文化 (或社會)；(10) 人類發展與終身教育；(11) 非常規環境的畢生發展心理學；(12) 代與代之間關係的畢生發展心理學；(13) 人生各階段的發展心理學專著如成人早期、成人中期等等。近二十年來，發展心理學的蓬勃發展，由此可見。

三、發展心理研究的中國化

中國的心理學、發展心理學是由西方傳入的，但在西方心理學傳入中國之前，我國早就有了心理學、發展心理學的思想。

我國關於先天與後天在心理發展上的作用，有孟子 (約 372～289 B.C.) 的"性善論"；有荀子 (約 313～238 B.C.) 的"性惡論"；有韓愈 (768～824) 的"性與情的'三品說'"；有王廷相 (1474～1544) 在孔子 (551～479 B.C.) 的"性相近也，習相遠也"學說的基礎上，提出"天性之知"、"凡人之性成於習"的觀點。

關於畢生發展的年齡特徵也有不少，最有名的還是孔子的思想："吾十有五，而志於學，三十而立，四十而不惑，五十而知天命，六十而耳順，七十而從心所欲，不踰矩"(論語・為政)。這是孔子的生命全程的發展觀，初步闡述了人的心理發展的趨勢。這些劃分雖然比較簡單，但體現了人類心理發展的一般原理，並一直影響著我國二千五百多年來對人生發展階段劃分的認識。

我國古代的發展心理學思想是豐富的。這些思想雖然是素樸的，有些甚至帶有猜測性的，但直到現在仍然閃耀著人類智慧的光輝。1879 年，科學心理學誕生，很快地引進到中國，逐步發展到今天而成為現代的心理學，現代的發展心理學。

現代心理學、發展心理學在中國誕生和發展已近百年的歷史，但中國心理學、發展心理學的現狀大都停留在學習與模仿的階段。我們不妨先作個對比：當我們翻開西方的發展心理學幾乎全部是他們自己的實驗材料，當我們打開俄國的年齡心理學 (即發展心理學)，幾乎每本書裏都有一種強烈的俄羅斯民族自豪感。然而，當我們看一下我國自己的發展心理學，有點使人慚愧：時而西方熱，時而俄國熱，許多研究報告從設計到結果，基本上是模仿外國的。這說明我國的研究大都還停留在學習階段，對外國心理學過分地依賴，缺乏創新超越的精神。這引起了我國相當多的心理學家的擔憂，如此下去，那一天才能建立起我們自己的心理學、發展心理學。於是從 1978 年以來，朱智賢教授與我一直提倡：我們既不能全盤西化，又不能照抄俄國，正確途徑應該做到攝取、選擇、中國化。近年來，我們高興地看到，臺灣不少心理學家也持以同樣的觀點。

(一) 發展心理學中國化的四個階段

心理學中國化及其階段，是海峽兩岸心理學家共同關心的問題。

1. 海峽兩岸心理學家對心理學中國化分階段的看法 臺灣大學楊國樞教授從四個層次討論了心理學研究中國化的方向與嘗試：(1) 重新驗證國外的研究發現；(2) 研究國人重要與特有的現象；(3) 修改或創立概念與理論；(4) 改變舊方法與設計新方法。他指出：

> 科學的心理學在中國已有半個多世紀的歷史，但中國心理學者大都停留在學習與模仿的階段，而未能在上述四個層次上有所突破。凡我國同仁應當深自覺醒，及早在研究工作上努力中國化，以締造更有價值的研究成果。(楊國樞，1983)

這段話包含許多意義，使我在感情上有很大的共鳴。嚴格地說，我們大陸心理學工作者，在心理學中國化上，儘管也做出了很大努力，但停留在向西方學習模仿階段的有之；缺乏 "中國化" 的反省與自覺的有之；創新超越與行動不足者亦有之。然而，對心理學的中國化工作，我們畢竟下了一些功夫，經歷了醞釀、孕育、整合和創新四個階段。目前，這方面的工作正在進一步深化。特別是從 1983 年至 1988 年，由朱智賢教授主持了國家重點科研項目《中國兒童心理發展特點與教育》課題組，組織心理學界百多位專家學者，有計畫地開展了這項研究，經過七、八年的艱苦努力，在理論探索和實驗研究方面取得了可喜的成果。它包括：中國兒童青少年感知覺的發展與教育、注意發展與教育、記憶發展與教育、語言發展與教育、思維發展與教育、數學能力發展與教育、情緒情感發展與教育、意志發展與教育、氣質發展與教育、性格發展與教育、個性傾向性發展與教育、自我意識發展與教育、道德認知發展與教育、品德發展與教育、初中生心理發展與教育、各民族兒童青少年心理發展與教育、家庭教育與兒童青少年心理發展等。這些成果，滙總了近百萬言《中國兒童青少年心理發展與教育》，在海峽兩岸分別用簡體字和繁體字出版，我們在下面各章中將引用有關的具體資料。在一定意義上說，我們課題組的工作就是心理學研究中國化的有效嘗試。

2. 對發展心理學中國化的四階段的工作 我們對發展心理學研究中國化的階段，作了如下的概括。

第一階段 醞釀期：在這個階段，中國心理學家所做的工作，主要是，重新驗證國外的研究發現，對比國內外人類心理發展的異同點，揭示中國人類心理發展的特點。以中國人的研究對象,重新驗證外國心理學研究結果,是發展心理學研究中國化的第一步,也是最起碼的工作。這一個工作是不可缺少的,研究中當然可以發現共同性,但對於中國人而言,外國的研究結果未必具有有效的可概括性。這種特殊性的表現,正是我們必須深入探索的中國人心理發展的一個重要特點。通過這個醞釀階段,心理學研究的中國化就奠定了基礎。

　　第二階段　孕育期:在這個階段,中國心理學家所做的工作,主要是研究中國人心理發展的特有和重要的現象,也就是揭示在中國文化、經濟和政治背景下心理發展的特點。考察中華民族文化圈背景下中國人心理發展的特點,是發展心理學研究的中國化中的一個重要方面,也是心理學研究中國化的生長點和立足點。

　　第三階段　整合期:在這個階段,中國心理學家所做的工作,主要是修改心理學的舊概念與舊理論,創立心理學的新概念與新理論,以適用於中國人心理發展的特點。上邊提到發展心理學界諸如先天與後天、主動與被動、不斷發展與階段性、開放與終點等爭論的理論問題,中國心理學界都是很關心的。如何將爭議的觀點整合起來,如何將宏觀研究與微觀研究統一起來,並通過大量實驗研究,對各種問題提出新見解,這是很重要的。

　　第四階段　創新期:在這階段,中國心理學家所做的工作,主要是在研究方法上的改進和創新,積極尋找適合於我國國情的研究方法。儘管我們的方法沒有超出觀察、實驗、談話、問卷等一般國外心理學研究方法的範圍,但不管在內容上還是在形式上,都要作出改進和創新。大力改進和設計發展心理學的研究方法,適合於對中國人的研究是完全必要的。當然,中國心理學家所設計的新方法,其適用範圍未必只限於中國人,將來也有可能被外國的心理學家所採用。因此,心理學研究中國化的最終表現,應觀其創新的水平,因為此舉決定心理學研究中國化的成敗。

(二)　發展心理學中國化的基本途徑

　　發展心理學,乃至整個心理學中國化的途徑是什麼?我想用七個字來概括,這就是:攝取——選擇——中國化。

1. 攝取　對待外國的發展心理學資料,必須重視,應當攝取其中的營養，用以發展自身。我們要承認，我國發展心理學的研究與外國發展心理學是存在差距的。主要表現在研究課題、研究方法學、具體研究方法和研究手段、工具等四個方面。有差距就得學習，就得引進，就得攝取其中的營養，但是，任何一個國家的心理學都是帶有一種地區性的文化特色，都是含有它的特殊因素。因此，外國的發展心理學資料，絕非都是我們攝取的對象。

2. 選擇 在攝取外國的要素時，絕對不能全盤照搬，而要適當加以選擇。所謂選擇，意指批評地吸收。我們在攝取外國發展心理學的要素時也應該持這種分析、批評和選擇的態度。中國人與外國人既有共同的心理特點，即存在著普遍性；但又更重要地具有其不同的特點，即有特殊性。如果照搬外國兒童和青少年心理發展的年齡特徵，勢必失去客觀性、真實性，也會影響到我們發展心理學的科學性。

3. 中國化 中國發展心理學，既然有著本民族的特點，這就導致外國發展心理學資料被攝取之後，要經過一個中國化的過程，與中國的特殊性相融合。不管我們學習美國還是學習俄國，最終目的還是要投入中國化的心理學研究。這就要求我們做到揚長避短，也就是說，我們首先應當從方法論角度來分析它們各自的特點，以便在學習和研究時能取其所長，去其所短。在這個基礎上，我們在研究中國發展心理學的時候，應加入中國式的想法和看法，使中國的國情，不知不覺地融入自己的研究，並且在理論和實踐上能推陳出新、有所突破。這樣，便是發展心理學研究的中國化。

但是，發展心理學研究中國化的目的並非要建立"中國發展心理學"。即使我們有時也提出要建設有中國"特色"的發展心理學，也絕非要開創一種"本土發展心理學"。心理學或發展心理學是一門科學，科學是沒有國界的。中國心理學家所做的一切努力，也是為世界心理科學作出貢獻。這觀點和提出發展心理學中國化的設想並不矛盾。因為心理學研究的本土化，主要是各國的心理學者在研究工作中更能做到以研究者本位出發，準確的發現國人的心理活動的特點及規律。祇有這樣，才能徹底地揭示不同文化背景下人類心理的相同點和相異點，為世界心理學的發展做出貢獻。今天，心理學或發展心理學的研究中國化不是太多了，而是太少了。我們大力提倡中國化。中國心理學家應該對世界心理學做出創新和貢獻。

第三節　發展心理學的研究方法

發展心理學的研究，主要有四個功能：

1. 描述　描述研究對象的特點和狀況，這是研究最基本的目的。在進行深入研究之前，正確地描述研究對象的狀況是必要的。例如，描述被試的思維水平、在團體中的社交地位及其性格特徵等等。

2. 解釋　解釋研究對象的活動過程與特點的形成原因、發展變化以及相互關係等做出說明。如果說描述是解決"是什麼"問題的話，那麼解釋就是說明"為什麼"。例如，為什麼隨著年齡的增長，學習外語越來越感到困難？智力發展包括哪幾個階段，各階段的關係及影響因素怎樣？等等。

3. 預測　預測是根據研究建立的某一科學理論，通過一系列的邏輯推理，對研究對象以後的發展變化和在特定情景中的反應做出推斷的過程。例如，預測兒童某個行為受到獎勵後的重復性。

4. 控制　控制是發展心理學的最高目標，它是根據科學理論操縱研究對象某一變量的決定條件或創設一定的情境，使研究對象產生理論預期的改變或發展。例如，欲促進中小學被試智力發展，可以通過教師在語文、數學教學中加強思維品質的培養，達到智力的敏捷性、概括性、靈活性、創造性等變化和發展。

上述四個功能是層次遞進的關係，前一項是後一項的基礎。即正確的描述是合理地解釋變量關係的基礎，只有合理的解釋才能產生正確的預測，根據正確的解釋和預測才能進行有效而合乎預測目的的控制。實施心理發展的研究，必須根據實際情況選擇合理可行的研究目的。發展心理學研究的四項功能，要從研究的特點、原則、設計以及具體的基本方法等方面表現出來。

一、發展心理學研究的特點

發展心理學研究的特點集中表現在它專門研究個體心理如何隨著年齡階段遞增而發展變化。也就是說，個體心理與行為的發展是隨著年齡變化而變化的各種因素的函數。

(一) 年齡是一個特殊的自變量

如前所述，在生命全程的心理與行為的變化中，同年齡有密切的聯繫，並表現出心理與行為的連續性與階段性，形成年齡特徵；發展心理學研究的是各種心理與行為的年齡特徵。因此，在發展心理學研究中，年齡通常被視為一個特殊的**自變量**(或自變項、獨立變量) (independent variable)。

這裏所謂的"特殊"是指這種自變量是有別於一般的自變量。因為年齡是一個不可以進行人為操縱或環境改變的變量，因而祇有通過相關方法加以改變、操縱。正由於此，心理發展研究在得出結論時，是不能將**因變量**(或**依變項**)(dependent variable) 即反應變量的變化完全歸於年齡的。而其他有關伴隨年齡變化而變化的各種心理活動的整體是導致因變量變化的直接原因。例如，**社會性發展** (social development)，研究發現，不能簡單得出年齡引起了兒童態度變化的結論。研究結果表明，隨著兒童年齡的增長，其對他人觀點與看法的能力迅速提高，這種理解他人感受能力的變化則更可能是其態度變化的直接原因。因為它是與年齡變量混淆在一起的，所以在研究中應從一組變量或不同測驗的實驗數據中，找出在其中潛含著起決定作用的包括年齡因素在內的共同基本因素。

即使對年齡變量本身，也要作全面分析。因為發展心理學研究的年齡變量有歷法年齡、生理年齡、心理年齡和被試自己或他人知覺的年齡等多種變量。**歷法年齡** (law age) 又稱為**實際年齡** (actual age)，它是指出生後實際生活的年數和月數計算的年齡，在發展心理學研究中，一般有三種表達法：(1) 原原本本地示出年數和月數，如五歲六個月；(2) **實足年齡** (chronological age，簡稱 CA)，如五周歲，指滿五足歲生日到六歲生日；(3) 從上一歲半到這個一歲半，如五歲，指四歲六個月到五歲六個月。**生理年齡** (physiological age) 是從人體的組織、器官、結構系統和生理機能的生長和成熟程度為指標的年齡。發展心理學研究某種生理發育現象中，例如，青春發育成熟年齡，不同被試的生理年齡是不同的。**心理年齡** (mental age) 用某年齡大部分被試能完成的心理作業 (如智力作業) 題來表示。例如，一道智力作業題，大部分六歲兒童都能完成，五歲兒童祇有少數人能完成，這道作業題就代表六歲兒童的智力。據此，比奈 (Binet, 1905) 選了 30 個測驗題，按年齡分組，組合成一份智力測驗，作為兒童智力發展水平的量表。兒童在這一量表上的得分是以年齡為單位，叫做**智力年齡** (intelligence age，簡稱 IA)。與生理年齡一樣，不同被試的心理年齡也是不同的。至於被自己或他人知覺的年齡，完全是一種主觀判斷，例如有的被試 50 歲，可能被人知覺為 40 歲，也有的被試 50 歲，但被人知覺超過 50 歲。因此在發展心理學研究中，重要的是全面地把握各種"年齡"的變量，並做出合理的安排。

(二) 研究對象的範圍跨度大

從新生兒期到老年期，甚至從受精卵開始直到死亡，發展心理學研究範圍的跨度是很大的。由於年齡的差距，所以在研究方法學上和具體研究的方法的選擇上，應該注意兩點：一是考慮到年齡特徵是指某階段的特徵，不應該去分析生命全程中每一年變化特徵，心理發展也不可能是一歲一個樣。二是考慮到研究對象的年齡跨度，所以在方法選擇上有很大的差別。不妨舉例來說明。

對於年幼兒童的被試，研究工作將遇到一些特殊困難，如他們不能理解研究指導語，不能用言語來報告他們的反應和內心感受，他們覺醒狀態短，易變，並易受環境影響，心理狀態穩定性差，因而常常無法保證實驗操作的連續性。難怪連以內省法為主的科學心理學創始人馮特，對年幼兒童發展的研究也是持反對態度和反對觀點。這就需要一些特殊的儀器、技術和方法。

對於青少年被試，由於其自我意識、獨立性的發展和心理的敏感性、閉鎖性，要讓他們在研究中真實作答，密切配合難度相當大的。所以也是需要採取一些特殊的努力和方法，以便獲得客觀而可靠的研究結果。

對於中老年被試，由於其心理已經成熟，一般測驗在"發展"研究中不可能獲得突出的成果，所以像皮亞傑這樣的發展心理學家，也不對中老年思維、智力進行深入的研究。然而，中老年畢竟在兒童、少年、青年的心理基礎上產生發展和變化，因此，在對中老年被試研究時，對研究方法，甚至於研究者本身（如研究者的年齡）提出許多新的要求。

總之，由於研究對象差異很大，就要求研究方法複雜多樣，必須要適合於不同年齡被試的不同特點。

二、發展心理學研究的原則

心理發展研究的基本原則，是心理發展研究工作的指針和研究者所持的態度。以下將依序討論客觀性、矛盾性、層次性、教育性、生態化五項原則。

（一） 客觀性原則

任何科學研究只有符合客觀事物的真實面貌，才能達到真理性的認識。因此，堅持客觀的標準是一切科學研究的根本原則，違背了這個原則，就會誤入歧途，甚至導致反科學的結論。

既然發展心理學研究的目的在於真實地揭示心理發展的規律。所以，堅持客觀研究心理發展中應注意如下的問題：

1. 科學研究絕非去論證或說明某一個決策，去附和預先的"結論"，而是為決策提供科學的依據，起先行作用。

2. 科學研究不允許從"期待"出發，而是從實際出發。那種符合自己"期待"的研究結果則採用，不符合自己"期待"的結果則捨去的做法，是和科學職業道德不相符合的。

3. 科學研究的評論要客觀，在對自己和別人的研究，應持同等的評價原則。

總之，堅持客觀性原則來研究心理的發生和發展的規律，應從科學家的良心及客觀實際出發。

此外，確定客觀指標是貫徹客觀原則的重要表現，在確立客觀指標方面有以下三個特點：

1. 客觀指標包括常模、研究範圍、課題性質、試題測定的根據、記分或評定成績的依據及其注意事項等。

2. 客觀指標顯示為心理的各種外部表現，如行為、活動、語言、作品等，它能夠被研究者所測定（包括用儀器測定）和分析。

3. 客觀指標以發展參數為依據。通過這種指標所獲得的成績、數據、等級、水平來表現心理發展的時間、速度、階段性和穩定性等發展參數。

這些特點，是一切確定心理發展研究的課題指標時應該考慮的。

（二）矛盾性原則

從哲學《矛盾論》(毛澤東，1937) 中獲知，矛盾應是普通性與特殊性的統一，共性與個性的統一。而發展心理學主要研究人的心理發展的規律和各年齡階段的心理特徵，心理發展年齡特徵的穩定性和可變性都是相對的，而不是絕對的。隨著各種條件的不同，年齡特徵在一定範圍或程度內，可以發生某些變化，但是這些變化又是有限的，而不是無限的。我們可用圖 1-1 來表示這兩者的關係。如圖所示，人的心理發展的年齡特徵的穩定性和可變性的關係，是共性和個性的關係，它反映了年齡特徵與個別差異的具體年齡關係。可見，在人的心理發展過程中，既有一般性和普遍性，又有特殊性和個別性，並統一成整體，互相依賴、互相制約，這就是人的心理發展規律的突出表現。因此，對心理發展的研究中，必須堅持一般與個別結合的法則。

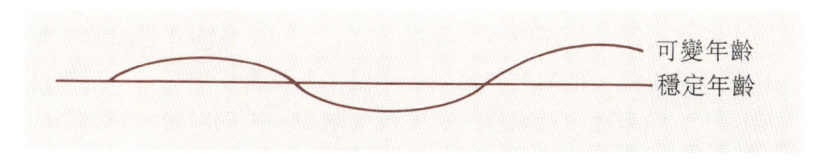

圖 1-1 心理發展年齡特徵的穩定性與可變性

《矛盾論》又指出"差異就是矛盾"(毛澤東，1937)，意指事物發展存在著不平衡。所以，我們在研究心理發展中，另應考慮心理發展的不平衡性，即做到具體問題具體分析。以思維發展為例，這種不平衡性，表現在不同的問題上有不同的思維能力；不同的活動上有不同的最佳思維水平。這種思維發展的不平衡性產生的原因有三：一是來自問題的情境不同，問題情境不同時，問題的性質、數量、種類和難度就不一樣，於是解決問題的水平也出現不平衡性;二是來自思維的主體,個體特點的差異,就會使問題情境及其解決水平帶來不平衡性;三是來自活動的差異,這也是造成問題情境及其解決水平不平衡性的重要因素。

由於問題情境的不平衡性,使得主體有選擇地考慮問題,他們的思維表現出一種傾向性。對自己活動比較頻繁的領域中遇到的問題,對於自己感興趣的問題,對於環境和教育中提出的必須解決而無法迴避的問題,他們思考就多些;而對另一些問題則可能考慮得少些,甚至不考慮。思維發展的不平衡性就成為人的思維和能力發展的重要特徵之一。因此,在思維和智力發展研究中,從設計到具體方案的實施,都要考慮到這種不平衡性。同樣地,任何心理現象發展的研究,都要根據心理發展的不平衡原則,才能使我們的心理發展的研究設計更為完善、更為合理,才能使我們獲得的結果更可靠,更富有時代性。

(三) 層次性原則

心理發展是分層次的。智力發展也是分層次的,智力的低常、正常和超常,分別表現為從低到高的趨勢,屬於兩極端者人數較少,屬中間者人數較多,形成"常態分佈"的曲線。品德發展也是分層次的,它比智力更複雜,呈現不同特點、水平和等級,不同人的品德存在著很大的差異性或區別性,因此,在對心理發展的研究中,要考慮到層次性的原則。

從心理發展觀來看,人的心理從發生、發展到成熟,是一個有次序的、具有多層次的統一體。從歷時性結構的角度看,兒童青少年思維有直觀行動思維、具體形象思維、抽象邏輯思維等階段;兒童青少年品德有適應性、兩義性、情境性、協調性、動盪性、成熟性等階段。不同階段的思維形態或品德形態具有本質的差別,表現出不同的功能。人的心理就是按諸如此類的順序由低層次向高層次發展。但是我們必須看到,這種發展決不以高一級層次逐步取代低層次,低層次的心理形態從此就銷聲匿跡的方式進行的,而是以低層次心理形態作為高層次心理形態發展的基礎,高層次心理形態的出現和發展,又反過來帶動、促進低層次心理形態不斷由低水平向高水平的方向發展。由此可見,每一層次的心理形態都有其發生、發展的過程,它們之間是互相影響、互相促進、互相制約、互相依存的。

從心理發展的層次性原則來看,人的心理應有深層與表層結構之分。所以我們既要研究人在思維過程中所遵循的思維法則(深層)，又要研究運用這些法則解決各種實際問題的各種表現形式 (表層)；我們既要研究人的道德動機 (深層)，而且還要研究道德行為方式 (表層)。

(四) 教育性原則

發展心理學，特別是兒童心理學的研究任務，首先是要以它自己的原理來為教育服務。

一切發展心理學的研究，必須符合教育的要求。不允許進行損害被試，尤其是損害青少年被試身心健康的研究，不允許向被試提示跟教育目的任務相矛盾的圖片、問題或作業。

發展心理學史上曾有損害兒童青少年被試身心健康的例子。典型的是行為主義兒童心理學所進行的關於兒童懼怕的研究。

被試是醫院撫養的阿爾伯特，年齡為從 7 個月到 11 個月。在第一次試驗中，主試突然給被試一隻白鼠，他沒有顯示出懼怕反應，他開始伸出左手去摸白鼠。正當他的手觸及到這小動物時，一根鋼棒尖銳的敲擊聲音使他嚇了一跳，很快將臉躲在被子裏面。當白鼠第二次出現時，被試再一次去觸及牠的時候，鋼棒再一次敲響，使他又是嚇一跳，並開始哭泣。為了不過份地傷害孩子的健康，實驗停止一週。一週後，這白鼠在沒有鋼棒響聲的條件下出現，雖然被試盯著白鼠，但沒有去接近牠的傾向；當白鼠放近他的旁邊時，他卻縮回了自己的手。明顯地看出白鼠和棒響之間已建立了聯繫。接著又作了幾次這樣的白鼠和棒響的聯合刺激。在第五次呈現聯合刺激後，單獨出現白鼠，被試一看到牠就啼哭起來，並急忙從那裏爬開。之後，進行了一次檢查，出現以前沒有引起懼怕的兔子和白面具，此時也反應強烈。

這個研究，顯然是不利於被試身心健康發展的。因此，我們認為，發展心理學的任何研究方法，都要經過篩選，要考慮到有利於被試身心健康，有利於被試的心理發展，有利於教育，甚至研究方法本身就是教育的手段。

(五) 生態化原則

理論聯繫實際已成為國際心理學研究發展的一個新趨勢。20 世紀 80 年代後在西方心理學界，出現了一種叫做**生態學運動** (ecological movement)。所謂心理學的生態學運動，就是指發展心理學研究領域中，出現的一種強調在自然與社會的生態環境中重視研究被試的心理特點普遍傾向。

人類是在實際自然與社會生態環境中成長起來的，他們的心理發展不可避免地受到社會環境中各種因素的影響，而這些因素之間又是相互作用、相互影響的，是一個完整的系統。人類心理發展水平、特色和變化，都是該系統中各種因素相互作用的綜合效益。因此，在心理發展研究中，應該將被試放到現實的社會環境中加以考察，從他們和社會的相互作用中，從社會環境中各因素的相互作用中，才能揭示他們心理變化的規律。對此，西方心理學界的研究者們已予高度重視。他們普遍認為，只有走出實驗室，到現實生活中去，在真實的社會環境、學校環境和家庭環境中研究真實被試心理發展與變化，才能保證發展心理學的研究結果有較高的價值。例如，在西方，近年來關於動機的研究，有許多是在實際的教育情境中進行的。這實際上是提倡加強自然實驗。

強調生態化原則，絲毫不反對實驗室的實驗。同時，堅持生態化原則，堅持在實驗生活中研究被試的心理發展時，不僅要和實驗室實驗相配合，而且應該提倡自然實驗研究的科學性，並考慮以下幾個問題：第一，強調兩種效度，意即**外部效度** (external validity) 和**內部效度** (inner validity)；第二，注意**準實驗設計**；第三，改進觀察的手段；第四，重視因素分析。

三、發展心理學研究的設計

發展心理學研究設計的內容涉及的方面很廣，廣義地說，研究者需要根據研究目的，選擇研究對象，經過周密的思考而制訂出包括到最後如何分析搜集到的數據在內的整個研究工作的具體計畫和安排。諸如選擇研究方法與設計方式，確定研究量與觀測指標，選擇研究工具與材料，制定研究程序和選擇研究環境，考慮數據整理與統計分析的方法等等。其重點是如何實施研究，並對其做出比較詳細的規劃，這與心理學各分支的研究有相似之處。但發展心理學研究設計的特殊處，主要是表現在橫斷研究、縱向研究和系列交叉研究的三種設計上。因為心理發展既有共時性的，又是歷時性的，所以，從研究時間的延續性來看，發展心理學可以區分為橫斷研究和縱向研究。

(一) 橫斷研究的設計

橫斷研究 (cross-sectional research) 就是在同一時間內對某一年齡或幾個年齡被試的心理發展水平進行測查並加以比較。例如，我們主持大陸二十三省市在校青少年思維發展的研究，就屬於橫斷研究。在同一時間對大陸二十三個省市不同類型的學校（包括城市一般、省市區級重點學校、農村中學）初一、初二和高三學生共 17000 多名被試進行形式推理、形式邏輯法則和辯證邏輯思維的發展水平的測查並加以比較研究。

目前，大多數發展心理學的研究都是採用橫斷研究方法。這種方法的優點是能夠在較短的時間內找到同一年齡或不同年齡心理發展的不同水平或特點，並從中分析出發展規律。它的缺點是時間上無系統，比較粗糙，因而不能全面反應問題，難以得出個體心理的連續變化過程和事件間的因果關係，因此，它不能獲得全面、本質的結論。

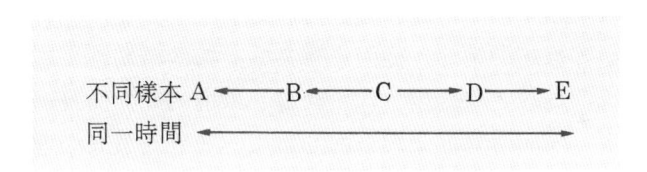

```
不同樣本 A ←——— B ←——— C ———→ D ———→ E
同一時間 ←——————————————————————————→
```

圖 1-2　橫向研究設計圖式
(採自王重鳴，1990)

(二) 縱向研究的設計

縱向研究（或**縱貫研究**）(longitudinal research) 就是在比較長的時間內，對人的心理發展進行有系統的定期研究，故也叫做**追踪研究** (tracking research)。發展心理學運用縱向研究，即追踪方法，這是發展心理學在研究方法上的一個特色。科學兒童心理學的奠基人普萊爾乃是最早運用系統追踪觀察法縱向研究兒童心理的一位心理學家。在其關於他兒子三年心理發展的報告裏，記錄了深入細緻的觀察材料，這就是所謂"兒童傳記"。他一天三次地長期觀察、全面觀察，觀察裏面有實驗研究。普萊爾運用縱向研究的系統觀察法，完成了兒童心理學的研究工作，並編成《兒童心理》(Preyer, 1882) 一書，成為世界上第一部兒童心理學的偉大的經典著作。

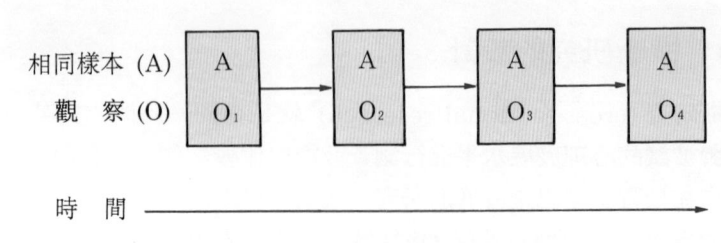

```
相同樣本 (A)    A       A       A       A
觀  察 (O)    O₁      O₂      O₃      O₄

時  間  ──────────────────────────→
```

圖 1-3　縱向研究設計的圖式
(採自王重鳴，1990)

　　縱向研究要求在所研究的發展時間內反覆觀測和測量同一組的個體，它可以得到關於同一些個體的前後一貫的材料，了解其心理在時間上的實際變化。因此，它的優點是能系統地、詳細地了解心理發展的連續過程和量變質變過程的規律。

　　但是，過去縱向研究用的不多，其原因大致有三點：一是樣本的減少，隨著研究時間的延續，被試可因各種原因而丟失。二是反覆測查，可能影響被試的發展，影響被試的情緒，從而影響某些數據的確切性。三是時間限制的普遍性，即長期追蹤，要經歷時代、社會、環境的動盪而普遍地造成變量的增多。近年來，縱向研究卻受到空前的重視，並成為發展心理學研究方法演變的一個重要方面，其主要原因是隨著心理發展研究的深入，人們日益重視心理發展的連續性、系統性的研究；重視心理發展過程中因果關係的揭示(如先前經驗、經歷、環境、水平等對以後發展的影響)；重視對心理發展機制的探討，這些都是用橫斷研究所不能研究的。與此同時，現代統計方法的進展和計算機的應用，使得對縱向研究結果的分析更加科學，可以揭示出更多的信息，克服縱向研究中的一些不足，這是縱向研究得以廣泛運用的另一個原因。

(三) 系列交叉研究的設計

　　橫斷研究與縱向研究各有其優缺點，我們要靈活運用橫斷研究和縱向研究，使其互相配合，取長補短，並考慮多種變量，特別是教育因素的影響，這就是我們提出的"動態"研究方法，這種方法又叫**系列交叉研究**(serial-cross-sectional research)。我們 (1984) 對小學兒童數概念與運算能力發展的研究，又提出 (1987) 對少年兒童語文能力發展的研究模式，都是採用這種"動態"研究方法。

　　在對小學兒童數概念與運算能力發展的研究中，先採用橫斷方法，分別在低、中、高三個教學班進行一段時間的初步調查了解、進行預試的基礎上設計出研究指標、材料和措施。然後採用縱向方法，對一至三年級 450 名被試進行觀察和實施問卷，並以課堂測驗或數學競賽的方式出現，由數學教師為主試，使用同一指導語，追蹤三年，進行多次測定。還可以進行培養實驗，訓練其思維品質。但這三年的縱向研究，追蹤的是三個年級的被試。這樣，利用三年時間研究完一至五年級全部追蹤任務，這就是系列交叉研究的設計，以獲得小學兒童數概念與運算能力發展的比較詳細的結果。

　　下面是我們提出對 6 至 15 歲兒童少年開展語文能力研究的系列交叉設計 (參見圖 1-4)。

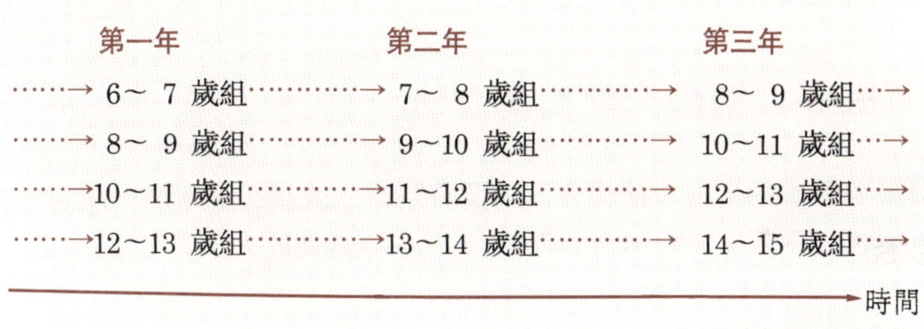

```
          第一年              第二年              第三年
     ┄┄→ 6～ 7 歲組┄┄→ 7～ 8 歲組┄┄→ 8～ 9 歲組┄┄→
     ┄┄→ 8～ 9 歲組┄┄→ 9～10 歲組┄┄→ 10～11 歲組┄┄→
     ┄┄→10～11 歲組┄┄→11～12 歲組┄┄→ 12～13 歲組┄┄→
     ┄┄→12～13 歲組┄┄→13～14 歲組┄┄→ 14～15 歲組┄┄→
                                                      ──→ 時間
```

圖 1-4　系列交叉設計的圖式

　　在這 6 至 15 歲被試語文能力發展的研究中，我們通過對四個組三年的追蹤的縱向研究，企圖探索個體九年心理發展過程及年齡特徵。

　　我們認為，這種研究有四個好處：

1. 克服橫斷研究與縱向研究各自的不足之處，吸取它們各自的長處。這種方法發揚縱向研究的系統、詳盡的特點，克服橫斷研究粗糙的不足，使我們能掌握心理發展的連續過程及其特點，發揚橫斷研究較大面積測定，加強統計處理，克服了縱向研究樣本少、時間限制等問題。

2. 將心理發展既作為特殊的運動形式，又看到其共同之處，從而橫向延伸到各個年齡階段，又通過追蹤的辦法研究，以獲得心理結構、屬性、規律發展的較全面的資料。

3. 將共時性和歷時性統一起來,採用靜態和動態相結合的原則縮短了長期追踪的研究時間。

4. 充分了解教育和心理發展上的關係,通過有一定實驗措施的追踪班和橫斷測定結果相比較的研究,其差異性正說明教育在心理發展的年齡特徵上的作用。

由於心理發展是一個複雜的過程,如果只靠靜止的、一兩次或幾次的橫斷測查的心理發展研究,在科學上會存在一定的問題。因此,必須把橫斷研究和縱向研究結合起來,採取系列交叉設計方法,讓整個研究處於"動態"之中,既使兩種方法取長補短,又考慮到教育與發展的關係。這樣一方面可以分析某心理現象發展的一般趨勢,另一方面又能挖掘心理發展的潛力和可能性,以提高研究的科學性,並為教育工作提供可靠的依據。

四、發展心理學研究的基本方法

發展心理學的研究方法很多,主要有觀察、談話、臨床法、問卷、心理測驗和實驗 (實驗室實驗和自然實驗),以下分別論述之:

(一) 觀察法

觀察是指有目的、有意識且長時期的一種知覺活動。在科學研究中,運用觀察可以獲得要認識事物的事實材料。因此,觀察成為科學研究的一種方法。**觀察法** (observational method) 是指有目的、有計畫地對某一事物進行全面、深入、細緻的觀察,從而揭示這種事物本質和規律的一種方法。

由於觀察的目的不同,可以分為各種不同的觀察法。

從觀察時間上可以分長期觀察和定期觀察。**長期觀察** (long observation) 是在比較長的時期 (一般可以長到幾個星期、幾個月或若干年) 內繼續進行的有系統的觀察。很多心理學家對兒童心理發展所作的日記或傳記的記錄和分析,就屬於這種觀察法。前面提到達爾文的《一個嬰兒的傳略》、普萊爾的《兒童心理》和我國陳鶴琴的《一個兒童發展的程序》等都屬於這類觀察研究的結果。**定期觀察** (regular observation) 是按一定時期進行的觀察。例如,為要研究學前兒童遊戲活動的心理特點,可以每週觀察一、兩小時，如此觀察若干次，到一定時期，把記錄的資料加以整理分析。至於如何"定期"，那要看具體的課題而作具體的安排。

從觀察的內容上可以分為全面觀察和重點觀察。**全面觀察** (overall observation) 是觀察被試在一定時期內全面的心理表現。全面觀察由於涉及到的項目比較多，因而觀察的時間常常是比較長的。例如，幼兒園內學校教師為了給兒童青少年做出正確的人格鑒定而進行的全面而經常的觀察，就屬於這一類。**重點觀察** (key observation) 是有重點地觀察被試在一定時期內某一活動 (遊戲、學習、勞動等) 或某一活動過程中的某一環節或幾個環節的心理表現。例如，觀察不同年齡兒童青少年上課時的特點或在集體活動中的心理特點。

作為發展心理學的研究方法，觀察是以獲得經驗事實為目標，它具有如下的主要特點：

1. 科學觀察是一種有目的性的感知活動；
2. 任何觀察過程都包括觀察者和被觀察者二種角色；
3. 觀察離不開語言的作用；
4. 在觀察過程中須利用觀察儀器；

在承認觀察法重要作用的同時，還必須指出觀察法有其一定的局限性。從觀察者方面來看，不僅有上邊提到過的生理局限 (感官功能的局限) 和知識、經驗或理論方面的局限，而且也來自觀察儀器認識功能的局限，因為心理發展的大部分特點無法在觀測儀器上顯示出來。從被觀察者方面來看，由於被觀察者是人，人的主觀能動性，必然會使外在的言行和內部心理活動存在著差距。而觀察所獲取的經驗事實，往往是被觀察者外在言行的材料，這勢必無法兼顧內部心理活動的探察。

觀察法是一門專門技術。一個完善的觀察要求研究者必須注意到：明確目的，了解意義；情境自然，客觀進行；翔實記錄，便於整理；正確理解，由表及裏的分析。

(二) 談話法

談話法 (或訪談法) (interview method) 是通過談話來了解被試心理發

展的一種方法，因為言語是人的心理活動及其發展的重要的外部表現之一。談話法在發展心理學中運用得比較普遍，皮亞傑的臨床法，實際上也屬於談話法的範疇，是一種特殊的談話法，即談話加實驗法。

談話法的核心問題是藉由主試與被試的交談，進而從中收集資料、分析結果、做出結論。於是，這種方法必然涉及到下邊幾個方面的問題：(1) 被試的選擇，應根據研究的問題來進行。(2) 談話法是否成功，其關鍵是把握談話的方向，使談話自始至終都圍繞調查的目的進行。(3) 談話法講究談話的藝術。因為談話應當根據研究的目的來談，談話的內容必須是被試能夠回答和樂於回答的問題，並能從中分析其心理活動，談話者在談話中還要有機智，能隨時提出發現被試心理特點的問題；談話結果也需要談話者能及時地記錄和整理。(4) 談話法的直接器材是錄音機或錄像機，現代化的語言實驗室，是通過對話來進行的，這能對個別進行的"談話法"加以擴充。

(三) 臨床法

皮亞傑的**臨床法**(或診斷法) (clinical method)，其實質是談話法，採用的是自然主義的觀察、測驗和精神病學的臨床法的合併運用。不過，皮亞傑對臨床法也不斷進行改進。最初只是單純的口頭交談；隨後是口頭交談為主，輔以擺弄或操作實物；最後修訂了的臨床法是以操弄實物為主，輔以口頭問題，把操弄實物、談話和直接觀察結合起來。

臨床法主要是研究思維發展的課題，其特點是：

1. 生動有趣的實驗 所謂操弄實物的物理小實驗，實際上是一整套由淺入深、從易到難的具有實驗設備的實驗研究。例如數目對應、液體守恆、面積守恆、容積守恆、三座山測驗、看不見的磁力、辨別液體、顏色的組合和投影實驗等等 (見第四章)。

2. 合理靈活的談話 在皮亞傑的臨床法中，談話占相當顯著的地位。談話中所獲材料的豐富性和客觀性，在很大程度上依賴研究者的機智和談話的技巧。皮亞傑在臨床法中，運用了合理、靈活和恰當的談話，被試也願意積極配合。因此，這種臨床法也是一種藝術，是一種提問的藝術。

3. 自然性質的觀察 皮亞傑認為，要了解兒童的智力或思維機制，必須從結構整體的理論出發，從整體去研究兒童。像病理心理學研究精神病人一樣，因此他特別強調實驗的自然性質。他的臨床法在一定意義上說，是一種自然主義的觀察。

4. 新穎嚴密的分析工具　皮亞傑把數理邏輯引進心理學的研究工作中來，用數理邏輯作為分析兒童思維或智力水平的工具。所謂數理邏輯，就是研究推理過程的形式結構和典範規律的學科。因為數理邏輯大量地借用了近代數學中的方法，並且也是受著數學基礎問題的研究影響而發展起來，因此應將它看成是數學與邏輯學之際的邊緣科學 (朱智賢、林崇德，1986)。皮亞傑認為，數理邏輯的語言是一種形式的語言，在智力心理學的研究中，可以作為普通語言的補充，在分析思維或智力發展的不同階段所發現的思維結構上，有著規範化，故對理論和實際都具有價值 (Piaget, 1950)。這是皮亞傑研究方法的一個獨特之處。

(四)　問卷法

問卷法在心理學研究中是一個相當古老的研究方法。所謂**問卷法** (questionnaire method)，就是把所要研究的主題分為詳細的綱目，擬成簡明易答的問題，印刷成冊，分寄給各地有關人員請求盡力據實答覆，或與學校的考試、測驗、競賽結合起來，讓學生盡力完成，然後根據收回的答案，經過統計處理或文字總結，以解決問題的一種方法。

問卷形式的分類較複雜，一般地說可以分為兩類，一是按問題分類，二是按問卷對象分類。

問題形式分為開放式和封閉式兩種。每一種又都有許多種具體的表現形式。開放式包括自由回答式和言語聯想式。封閉式則包括正誤式、多種選擇法、排列順序法和評分法。

根據問卷對象分類，問卷可以分為個別問卷、團體問卷和郵寄問卷。

在發展心理學的研究中，問卷法占有一定的比重。但在研究中，採用問卷法必須要謹慎，並應該注意下述的幾個方法：(1) 心理發展的問卷試題，其量不宜過少，但必須緊緊圍繞所研究的主題。(2) 問卷的試題，內容要生動活潑，有情有趣，使被試既願意積極配合，認真回答，又不明白研究者的意圖，無法猜測敷衍。(3) 大規模的問卷，必須先進行預試的工作。(4) 問卷的內容形式，應以封閉式為主，開放式為輔。

(五) 心理測驗

心理測驗 (psychological test) 是對心理現象進行"量"和"度"的重要工具。它孕育於英國,起始於法國,興盛於美國,擴展於全世界。

1. 心理測驗的性質 心理測驗是測量人的智力、能力傾向或人格特徵與個別差異的工具。它是由能夠引起並測量典型性行為的一些題目構成,這些測驗題目是用以測量的準尺,叫做**量表** (scale)。即心理測驗只是一個行為樣組,依據這個行為樣組來推論個別差異。它和一般的考試不同,它的每一道試題都要符合標準化的要求,具有一定的信度和效度。因此,它是比較客觀的。

2. 心理測驗的種類 心理測驗是多種多樣的,可以按不同的標準加以分類,以下是常見的分類方法:

按測驗的功能分類,有能力測驗、學績測驗、個性 (人格) 測驗。
按測驗方式分類,有個別測驗和團體測驗。
按測驗材料分類,有文字測驗、非文字測驗
按測驗目的分類,有描述性測驗、診斷性測驗、預示性測驗。
按測驗的要求分類,有最高行為測驗、典型行為測驗。
按測驗的應用分類,有教育測驗、職業測驗、臨床測驗。
被試的年齡特徵分類,有嬰幼兒測驗、成人測驗和老年人測驗。

3. 心理測驗和應用的發展 心理測驗理論的發展大致可以分為兩個階段,第一階段是**經典測驗理論**(或**古典測驗理論**) (classical test theory,簡稱 CTT) 階段從 19 世紀末到 20 世紀 50 年代),第二階段為多種理論並存階段 (從 20 世紀 50 年代至今),在這一階段,除經典測驗理論外,還有**項目反應理論** (item response theory,簡稱 IRT)、**潛在等級分析理論** (latent class analysis theory)、**概化理論** (或**推論力理論**) (generalization theory)等。在應用方面的進展心理測驗在心理學理論研究方面的應用包括認知相關、認知成分和認知訓練。在教學應用方面的進展包括對操作水平進行診斷、專門技能及其發展過程的測定和理解和改進學生的學習能力。

(六) 實驗室實驗

所謂**實驗室實驗**(laboratory experiment)，是指在特別創設的條件下進行的實驗，有時要利用專門的儀器和設備。在過去和現在，研究感覺、知覺、記憶和思維等心理過程發展特點所採用的方法常是實驗室實驗。而且，在社會化發展的研究中，實驗方法也越來越受到研究者歡迎。受歡迎的原因是與其特點有關。

1. 實驗室實驗的主要特點 研究者採用實驗室實驗方法研究各種心理過程發展的特點及其各種心理現象，其主要原因就在於實驗室實驗能夠精密地控制實驗條件，使研究者獲得所需要解決問題的答案。這是實驗室實驗的最大優點，也是它受到研究者青睞的原因。這個研究具體體現在以下的特點上：隨機取樣和隨機安排被試，對實驗情境和實驗條件能進行嚴密控制；實驗結果的可量化，記錄非常客觀、準確；使用大量的實驗儀器。

2. 發展心理學實驗儀器 實驗儀器的使用對發展心理學的研究有極大的幫助。特別是最近二、三十年來，隨著發展心理學研究的深入，越來越多地借助於現代化的實驗儀器和技術裝備，如錄音、錄像、電子計算機、現代化兒童青少年觀察室、實驗室等，這對於深入研究人的心理發展是有幫助的，特別是電子計算機系統和錄像系統。所有這些都使得研究方法處於越來越重要的地位。計算機系統在心理實驗中，一是用於操作實驗，控制刺激、記錄反應；二是用於建立數據系統，存儲數據；三是用於對實驗結果的數據進行分析、檢索和統計處理，這就有力地促進了發展心理學研究的自動化過程。錄影系統主要用於對兒童與青少年活動、行為的觀察、記錄，以及事後進行深入細緻的分析。這些分析工作主要是靠電子計算機對圖像的分析和處理，以提取研究者所需要的資料。這些儀器的採用，使得實驗研究現代化，大大提高了發展心理學實驗研究的水平。但是，並不是只要採用現代化實驗儀器就能有助於實驗研究，這要視所進行研究的實際情況而定。例如研究思維類儀器，包括天平、概率研究儀和投影儀；研究記憶類儀器包括速示儀，研究情緒類儀器有視崖等等。這些雖是常規的研究器材，但這些器材在實驗研究中也是相當重要的。

(七) 自然實驗

所謂**自然實驗** (natural experiment) 是指在被試日常生活活動 (遊戲、學習、勞動) 的自然情況下，引起或改變影響他的某些條件來研究其心理特徵的變化。許多研究，比如社會化發展的許多研究都只能在自然的情境中進行，而不是在特別創設的實驗室中進行，否則就會使研究的問題失真。

自然實驗一經在發展心理學研究中使用，便受到了研究者的歡迎。特別是近些年來，心理學研究興起的"生態學運動"的趨勢，更使自然實驗受到研究者的重視。發展心理學研究中越來越多地採用自然實驗方法。之所以如此，自然與此種方法自身的優點有密切的關係。

1. 自然實驗的主要特點　自然實驗兼備觀察和實驗室實驗的優點。它把實驗研究和日常活動密切結合起來，能反映個體心理行為發展、變化的真實情況，能夠從種類不同的被試樣本中獲得資料，從而獲致更為廣泛、可靠的結論。被試的選擇、分配並非隨機進行，往往以現成的班級、小組、群體或個體為研究對象；涉及的變量 (包括子變量和因變量) 較實驗室為多。

2. 自然實驗的種類　一般來講，自然實驗可以分為兩種。一種為自然實驗，二為教育實驗。

(1) 一般說來，自然實驗從它的基本設計形式來看，可分為三種：即單組實驗設計、等組實驗設計和輪組實驗設計。所謂**單組實驗設計** (single-group design)，是指研究者只選擇一組被試並讓他們只接受一種實驗條件 (X)，然後進行後期測量或進行觀察到某一分數或結果 (Y)，最後答出 Y 是 X 造成的結論。所謂**等組實驗設計** (equivalent-group design)，是將實驗的幾種條件分別對各個等組 (每個組的被試變量對實驗影響的效果相等) 進行實驗的程序設計。等組實驗設計較多，常見的是研究者把被試隨機分配到實驗組 (A) 與控制組 (B)，然後對實驗組給予實驗條件 (X)，而對控制組不給實驗條件，所謂"控制組"即控制該組不使用實驗條件，最後對兩個組進行同樣的測量對比 A 與 B 兩組測定的結果，從而分析實驗的效果 (即 A 與 B 組的差異) Y 與 X 的關係。為了更好地分析實驗條件與實驗結果之間關係，讓 A 組與 B 組輪流當實驗組與控制組，這就是**輪組實驗設計**

(alternating-group design)。對 A 組先給予實驗條件 (X)，對 B 組不給予實驗條件，對比兩組的結果，然後對 B 組給予實驗條件 (X)，對 A 組則不給予實驗條件，再對比兩組的結果，最後分析實驗條件 (X) 能否造成實驗效果 (Y) 的事實。自然實驗的這三種實驗設計，各有其優點和缺點，實際使用時可根據實驗的不同要求進行選擇。

(2) **教育實驗** (educational experiment) 是自然實驗的一種特殊的形式。所謂的教育實驗就是把被試心理的研究與一定的教育和教學過程結合起來，從而研究被試在一定教育和教學過程的影響下，某些心理過程或個性品質形成和發展的規律。教育實驗所採用的形式一般就是自然實驗所採用的形式。教育實驗已成為國際發展心理學研究的一個新趨勢。教育實驗越來越受到人們的重視和歡迎。究其原因，主要是因為教育實驗把發展心理研究和教育實踐緊密地結合起來，使其研究結果可以直接為教育實踐服務。

第四節　發展心理學的進展與展望

回顧發展心理學的發展歷程，我們可以發現，自從 1882 年普萊爾出版《兒童心理》算起，在一百多年的歷程中，發展心理學有了長足的進步，特別在近二、三十年來，發展心理學的進展更為迅速，其特色就是從傳統對兒童、青少年的研究，擴展到對個體生命全程 (life-span) 中心理發展規律的探索，可以說，發展心理學是當今心理學領域中最具活力的研究領域之一。對此，我們可以從以下三方面對此進行一個簡單的梳理。

一、發展心理學研究體制的進展

考察一門學科的發展變化，必須從其總體結構或研究體制著眼，方可辨證地把握學科發展的全局 (林崇德、李虹，1990)。在考察發展心理學研究體制的進展時，我們可以從橫向和縱向兩個角度加以分析。

(一) 研究體制的橫向整體化變化

所謂發展心理學研究體制的橫向整體化，主要涉及發展心理研究的廣度與範圍問題。分析近二十年來發展心理學研究體制的橫向整體化變化，主要表現出兩個特點，其一，發展心理學領域中不斷產生新的交叉學科；其二，發展心理學的研究越來越向個體生命的兩極延伸。

1. 新的交叉學科不斷出現 近年來，在發展心理學研究領域中有許多新的交叉學科紛紛出現，這種現象的產生既有其深刻的歷史原因，也有其特定的現實背景。從歷史原因上說，人類對世界的把握存在兩種形態，一種是整體化的綜合性把握；一種是個別化的分析性把握，這兩種形態是相互依賴、辯證統一的。作為人類對世界認識的結晶，當今的科學發展表現出在高度分化、高度專門化基礎上的高度整體化的特徵，新興的邊緣科學或交叉學科的出現便是這種特徵的具體體現。從這個意義上說，發展心理學領域中交叉學科的出現，正是由科學發展的大趨勢所決定的，是發展心理學研究深化的必然結果。從現實背景來看，實踐是推動學科發展、促進學科進步、產生新的學科的內在源泉和根本動力。隨著社會經濟的發展，人類文明的進步，"認識你自己"逐步成為人類共同的夢想，保持良好的心態，精神愉悅的生活，成為現代人共同的需求，這也是發展心理學研究的範圍不斷擴展，新興的交叉學科不斷出現的外在原因。

發展心理語言學 (developmental psycholinguistics) 就是近年來在發展心理學領域中出現的一個新的交叉學科。發展心理語言學這個概念是由美國心理學家麥克尼爾 (McNeill, 1966) 首次使用並做了理論闡述。從那時起，經過近三十年的發展，這一學科已經逐漸成熟，成為一門基本獨立於心理語言學的學科，為個體心理發展研究開闢了一條新的研究思路。這個學科的產生，源於喬姆斯基 (Avram Noam Chomsky, 1928～) 的**心理語言學** (psycholinguistics)，在 20 世紀 60～70 年代，部分發展心理學家有感於喬姆斯基理論的局限，對喬氏理論在兩個方面進行了重大的修改：(1) 把以句法為核心轉變為以語意為核心，認為語意是兒童語言的中心成分；(2) 改語言的先天獲得性為社會制約性，認為兒童的語言發展是受社會背景制約的。由此，發展心理語言學逐漸獨立於心理語言學而成為獨立的分支學科。

也正因如此，發展心理語言學主要研究兩方面的問題：其一為兒童早期言語的內容及其背景；其二，個體早期言語的社會化問題，並形成了一些頗富新意的理論。

發展心理生物學 (developmental psychobiology) 是發展心理學與心理生物學的結合，它正式形成的標誌是 1968 年美國一批心理學家創辦的〈發展心理生物學〉雜誌。從那時起至今，發展心理生物學已由萌芽狀態逐漸發展成型，成為發展心理學領域中的一個獨具特色的專門學科。它圍繞個體生命全過程中的行為、心理形成的基礎而展開研究，其研究內容主要包括四個方面：第一，幼兒的能力；第二，智力的遺傳性問題；第三，氣質的生物學基礎；第四，非人類種系的智力水平問題。這類研究有四個主要特點：(1) 與進化論和遺傳學密切相關，這個學科的研究者基本上接受達爾文的進化論思想，有的人還接受了胚胎學家的復演說觀點；(2) 深受現代心理生物學對親子關係研究的影響，這種研究為發展心理生物學帶來了獨特的觀念和方法；(3) 神經科學的一些研究方法促進了發展心理生物學的發展，如對大腦神經系統的理化分析、對未成熟動物的藥物學和神經系統發育的解剖學研究等方面的技術，都已運用到發展心理生物學之中；(4) 重視對早期經驗的研究，這一學科的研究者普遍承認早期經驗在個體發展過程中的重要作用，力圖探尋早期經驗與個體發展之間的因果作用模型。

除了上面提到的發展心理語言學和發展心理生物學之外，近二、三十年來，發展心理學領域還出現了其他一些交叉學科，如發展心理學與心理病理學相結合而產生的發展心理病理學、與社會心理學相結合而出現的發展心理社會學等，由於這些新的交叉學科的出現，使發展心理學的研究呈現出非常繁榮的景象。

2. 發展心理學的研究範圍向人生的兩極延伸 如前所述，在 20 世紀 60～70 年代之前，人們更習慣地稱發展心理學為兒童心理學，那時發展心理學的研究重點在兒童、青少年期。然而，近二十年來，發展心理學家已經以個體生命的全過程為其研究對象，人們對個體從胎兒期直到衰老、死亡的發展歷程進行了深入的研究。而且在研究的重點上，突出地強調研究個體早期和中老年期的心理特點。

研究者首先重視研究個體早期的心理發展規律。近年來，許多發展心理學家將研究的重點轉向個體的早期階段，他們採用精心設計的現代化方法，致力研究嬰幼兒認知能力的表現與發展、社會性的表現與發展、以及環境與早期智力發展、與早期情緒社會性發展的關係、早期心理發展的關鍵期等問題，使得這方面的研究日益繁榮起來。

對個體中老年期研究的重視，直接來源於發展心理學中**生命全程觀** (life-span perspective) 的影響。"生命全程觀"作為一個術語，儘管出現較早，但直到近十多年，它才逐步發展並確立為一種關於人類心理發展的觀點和理論，成為發展心理學的"主流趨勢"。之所以如此，原因有三：(1) 首先是社會發展的需求，隨著社會的進步，人類的生活質量不斷提高，老年人的數量劇增，老齡問題成為全人類面臨的一個重大問題，要求心理學家對此做自己的貢獻；(2) 學科發展的要求，隨著發展心理學的發展，其研究範圍不斷擴展，對中老年的研究就成為必然；(3) 臨近學科，如老年學、社會學、人類學等的發展，對此有很大的促動作用。正因如此，發展心理學家們就中老年期的各個方面的問題進行了深入的探討，並形成了許多極具特色的研究和理論。

其實，我們看到，無論對個體早期的研究，還是對中老年期的研究，從最根本（或哲學）上說，都是人類認識自己、洞察自己的必然結果，是人類存在的必然要求。

(二) 研究體制的縱向整體化變化

所謂發展心理學研究體制的縱向整體化變化，是指發展心理學研究重點的變化，近年來這種變化直接指向人類的具體實踐領域，人們逐漸把著眼點轉向發展心理學的應用方面，盡力解決實踐的問題，並取得了一定成績。這其中尤以下列方面為代表：(1) 對胎兒發育和優生問題的研究；(2) 早期智力、早期經驗及早期教育的研究；(3) 兒童社會性發展的研究；(4) 青少年生理變化的心理適應問題的研究；(5) 中老年智力特徵的研究；(6) 中老年心理疾病的預防與治療的研究；(7) 個體性別化的實現問題的研究；(8) 電視與個體發展的研究；(9) 計算機輔助教學對兒童發展影響的研究；等等。當然，上述九方面只是我們的看法，這其中的大部分我們會在以後的章節中論及，在此，我們僅介紹最後兩個方面。

1. 關於電視與兒童發展關係的研究 自 20 世紀 50 年代電視進入

人們的日常生活以來，它對兒童的認知、學習行為及社會性發展產生了深遠的影響。早期有關的研究 (Corteen & Williams, 1986；Bandura, 1963；Winn, 1977) 偏重於調查電視對兒童社會行為及學業成就的影響，這些研究表明，電視對兒童的學習和社會性行為的影響有好有壞，不能一概而論，考慮到電視對兒童發展的潛在影響而精心製作的電視節目，對兒童的社會性行為和學習有積極的促進作用。近年來，這方面的研究趨於揭示兒童收看電視的認知機制及其發展特點 (Lorch, et al., 1979；Anderson, et al., 1976, 1981；Wright et al., 1984；Collins et al., 1982)，其中，兒童對電視信息的注意和理解已成為研究的中心內容。對於兒童注意和理解電視信息的心理機制，研究者提出了兩種理論假設，即**被動反應理論** (passive reaction theory) 和**主動加工理論** (active process theory) (Anderson & Lorch, 1983)。持被動反應理論的研究者 (Singer, 1980) 認為，兒童對電視的注意主要受電視呈現的知覺特徵的影響，兒童對電視的注意實際上是一種習慣化的反應，他們只能產生低水平的被動加工，而不能產生真正意義上的理解。而持主動加工理論的研究者 (Lorch, 1979；Smith et al., 1987) 則認為，兒童能對節目中可理解的信息進行積極而主動的加工和理解，兒童在電視面前並不是一個被動的接受者，決定兒童對電視信息加工的因素是兒童的認知能力、興趣以及電視信息的可理解性，兒童能夠運用他們的知識和經驗對電視信息進行主動加工，並產生兒童化的理解。羅砌 (Lorch, 1981) 對這兩種理論進行了整合，並區分了電視節目中存在的兩種信息，一種是顯性信息，即電視節目直接呈現給人們的感覺信息；一種是隱性信息，即在電視節目背後需要經過思維加工的信息。人們對前一種信息的獲得是通過被動反應理論得以解釋的，而對後一種信息的獲得則可用主動加工理論來解釋。據此，胡斯頓和萊特 (Huston & Wright, 1989) 認為，兒童對電視信息的加工既可以是被動的，也可以是主動的，這主要依賴於兒童接受的節目的特點。

2. 計算機輔助教學對個體發展的影響 以計算機為基礎的信息技術引進教育，被認為是教育手段現代化的主要趨勢，也是進入信息社會必不可少的條件。20 多年來，教育研究人員、計算機教育專家對於計算機用於教育教學工作，特別是**計算機輔助教學** (或**電腦輔助教學**) (computer-assisted instruction，簡稱 CAI) 對學生學習過程的影響進行了大量的研究。20 世紀 80 年代初，許多研究者樂觀地預計，由於計算機技術的飛速發展，計算機進入學校,將使現有的教育體制發生革命性的改變。然而,時至今日,這種變革卻未見端倪。客觀地說,和傳統教學手段相比,計算機輔助教學在信息的呈現、個別化教學、即時反饋、人機對話及學生參與教學等方面具有一些潛在的優越性,但是,這種優越性的發揮還有賴於其他條件的完備,技術的發展僅為教學改革和學生認知技能的訓練提供了較為優越的物質手段。克拉克 (Clark, 1994) 指出,媒體只是一種傳遞教學工具,它本身並不影響學生的成績,真正影響成績的是工具所傳遞的內容。庫立克 (Kulik, 1986;1987) 曾經對有關計算機輔助教學效果的研究進行了**元分析**(或**後設分析**)(meta-analysis),他得出結論說,計算機輔助教學的不同效果取決於學生的年級水平、能力水平和呈現的教學類型。現在總的看來,計算機輔助教學與傳統教學相比好壞參半,這主要受學生的特點、學習內容的性質與難度、軟件的特點、軟件類型以及教師使用計算機輔助教學的方法等因素的影響。因此,設計出符合學生學習規律、便於教師使用的計算機輔助教學系統,將是計算機輔助教學進一步發展的關鍵所在。

二、發展心理學研究方法的進展

近年來,隨著發展心理學研究的不斷深入,隨著現代科學技術和社會的迅速發展,發展心理學的研究方法也有了較大的進步,這些研究方法上的進展又加速了發展心理學研究的不斷深入。我們可以從以下方面來說明這些研究方法上的進展。

(一) 系統科學原理成為發展心理學研究的方法論基礎

所謂系統科學原理是指**系統論** (system theory)、**控制論** (control theory)、**信息論** (或**訊息論**) (information theory)、**協同論** (synergetics)、**突變論** (mutation theory) 和**耗散結構理論** (dissipative-structure theory) 的基本思想和方法。儘管這些理論產生的時間和所關注的問題不同,但它們的許多基本概念、思想和方法卻是相通的,其實質是各有側重地探討系統的結構、功能及其變化發展趨勢。具體地說,系統科學方法是指按事物本身的系統性,把研究對象作為一個具有一定組成、結構和功能的整體來加以考察的方法,即從整體與環境、整體與部分、部分與部分之間的相互聯繫、相互制約、相互作用的關係中綜合地研究特定對象及其發展的方法。這樣，由系統科學理論而發展起來的系統科學方法就具有了普遍的方法論意義，成為其他學科研究的方法學的基礎，發展心理學也不例外。

一言以蔽之，我們 (朱智賢、林崇德等；1991) 認為，系統科學方法對發展心理學的指導作用至少包括三個方面：首先，系統科學原理有助於建立科學的個體心理發展觀。系統的方法要求將個體的心理看作是一個有機的系統，這個系統一方面是一個更大系統的子系統；另一方面，它本身就包含著許多子系統，以及不同層次、不同水平、不同序列的亞系統。高層的系統整合著子系統，但不是子系統特點的機械相加。作為一個開放系統，個體的心理通過信息的組織、轉換和自我調節，不斷地從無序到有序，再到無序，又從無序經過漲落到更高的有序狀態而向前發展著。這樣就使得個體的心理發展表現出整體性、結構性、層次性和動態性的特點。其次，系統科學原理有助於我們確立科學的研究思路。從系統科學的角度來看，任何事物都不是孤立存在的，而是在與其他事物的相互作用中存在並確立自己的位置的。在心理學的傳統研究中，人們崇尚精確的實驗設計、嚴格控制的實驗方法，但這種研究傾向對於作為複雜系統的人類心理結構而言，其弊端是顯而易見的。正因如此，近年來，在心理學，特別是發展心理學領域內，強調在個體心理發展的真實情境中研究個體心理發展的規律，這可以說是系統科學原理在發展心理研究中的突出體現。第三，系統科學原理對發展心理學研究的方式和方法有重大的影響。從研究方式上說，考慮到個體心理系統的從屬與包含關係，對發展心理學的研究僅僅靠心理學的研究方法是遠遠不夠的，必須借用其他學科的研究方法，與其他學科聯合，共同探討個體心理發展的規律；從研究方法上說，單變量的設計、某一方法的運用，顯然不足以探討個體心理發展的規律，採用多變量綜合設計、多方法綜合運用成為發展心理學研究的共同趨向。

(二) 發展心理學研究思路的生態化取向

如前所述，強調研究的生態化是 80 年代末以來西方發展心理學與教育心理學領域出現的一個新趨勢。它要求在現實生活中、自然條件下研究個體的心理與行為，研究個體與自然、社會環境中各種因素的相互作用，從而揭示其心理發展與變化的規律。從生態學的觀點來看，個體是在真實的自然和社會環境中成長起來的。其心理發展要受到多種因素的影響，而這些因素之間又是相互作用、相互影響的，是一個完整的系統。個體心理發展的水平、特點和變化，都是該系統中各因素相互作用的綜合結果。實驗室實驗由於情境係人為創設，且變量控制嚴格，孤立考察某個或某些因素對個體心理發展的影響，因而難以揭示自然條件下個體的真實心理和行為。為此，就要求對個體心理發展的研究離開實驗室，走向現實環境，把實驗室研究固有的嚴格性移植到現實環境中去，在其中揭示變量之間、現象之間的因果關係，正是在生態化趨勢的影響下，發展心理學家一方面十分重視上一節曾提到的縱向研究與系列交叉研究的設計，另一方面又創造了許多先進的研究設計方式和研究方法，這其中最典型的當屬準實驗設計方法。

準實驗設計方法主要是由庫克和坎貝爾 (Cook & Cambell, 1968) 發展起來的。所謂**準實驗設計** (quasi-experiment design)，是指在現場情境中不能用真實驗設計以選擇樣本、控制實驗情境或處理有關變量，但可以用真實驗設計的某些方法來計畫收集資料。準實驗設計在某種程度上滿足了對個體發展研究的生態化要求，其適應範圍更廣，更能反映個體心理發展的實際情況，因而，這種設計思想一經出現，就為廣大研究者所重視，紛紛在各種研究中加以運用。目前，準實驗設計已經發展出多種類型，如**非等組比較組設計** (non-equal compare-group design)、**間隔時間序列設計** (interrupted time-series design)、**輪組設計** (rotation design) 等，而且還在不斷發展和完善中。當然，這並不是說這種設計方式已經盡善盡美，這種設計方式本身也存在著一些問題，有待人們進一步地去完善。

(三) 研究方式的跨學科與跨文化特點

發展心理學的研究對象是個體的心理發展，後者所涉及的個體是紛繁複雜的，因此，對個體發展問題的研究常常不是發展心理學一門學科所能承擔和解決的，從多學科的角度研究個體心理發展的規律，探討發展中的各種現象，解決發展中的各種問題，就成為近年來發展心理學研究的一個新特點。分析起來，這種跨學科的方法有兩種不同的水平：其一是發展心理學研究與心理科學領域內的其他有關分支學科的協作，這種心理學多分支協同的研究方式，使心理學各分支之間形成相互聯繫、補充和促進的動態過程，大大促進了發展心理學的發展；其二，發展心理學研究與心理學領域之外的各有關學科的合作。發展心理學研究所涉及的許多課題，除需要與心理學內部各分支學科加強合作之外，通常還需要與心理學領域之外的相關學科加強合作研究。例如，近年來對心理發展的內在機制的研究十分重視，於是發展心理學與發展著的腦科學 (brain science) 密切合作，探索大腦兩半球功能、大腦發育、腦的邊緣系統 (edge system)，包括邊緣葉與附近皮層，以及皮下結構等構成其和心理發展的關係。又如，對老年期智力特徵的研究，這是一個涉及心理學、哲學、老年學、思維科學、病理學、神經解剖學、生理學等諸多學科的綜合性課題，僅靠發展心理學一門學科是很難完成的。

隨著發展心理學研究的深入和發展，研究者們越來越重視不同文化背景對個體心理發展的影響，從而尋求不同社會文化背景中不同年齡個體行為表現和心理發展的類似性和特殊性，即探討哪些心理發展規律是在特定文化背景中存在，哪些心理發展規律在各文化背景下均普遍地存在。作為研究方式的一種新趨勢，跨文化研究涉及如何根據不同文化類型進行實驗設計、被試取樣、研究和統計方法的選擇以及研究結果的推論等一系列特殊的問題，因而對這些問題的研究已經成為發展心理學研究方法的重要內容。有關人類個體發展的跨文化研究，極大地豐富了發展心理學研究的成果，對於解釋人類心理、行為的起源及其發展過程，弄清影響個體心理發展的各種因素及其需要程度，探討個體心理發展的規律及其適用範圍，建立發展心理學理論等都有重要意義。對於發展心理學研究者來說，跨文化研究也促進了發展心理學家的合作與交流，這對發展心理學的發展也是大有裨益的。

(四) 研究方法的綜合化與研究手段的現代化

個體心理發展的複雜性決定了其研究方法的複雜性，近年來，發展心理學研究在方法上出現了綜合化的特徵，具體表現在以下方面：(1) 強調採用多種方法去研究、探討特定的心理發展規律。在發展心理學中，可採用的研究方法很多，每種方法都有其優缺點。過去，人們在研究具體問題時，常採用並滿足於單一方法，這樣就難以作出全面、準確的結論，弄清心理發展的真實規律。近年來，研究者逐漸將多種方法綜合使用，以提高研究結果的可靠性；(2) 強調和大量使用**多變量設計**(或**多變項分析設計**) (multivariate analysis design)。傳統的發展心理學研究多採用**單變量設計**(或**單變項分析設計**) (univariate analysis design)，其弊端是顯而易見的，近年來，隨著統計方法和手段的進步,越來越多的研究注意採用多變量設計,以揭示個體心理發展各個方面的相互聯繫、影響個體心理發展的各種因素及其相互作用的機制;(3) 強調採用綜合設計方式。在個體發展研究中,縱向設計和橫向設計是兩種最基本、最常用的設計類型,近年來,研究者探索將這兩種設計形式結合起來,構成所謂聚合式交叉設計,這種設計既可以在較短時間內了解各年齡階段個體心理特點的總體狀況,又可以從縱向發展的角度認識個體心理特徵隨年齡增長而出現的變化和發展,可以探討社會歷史因素對個體心理發展的影響;(4) 注重將**定量分析**(quantificational analysis)和**定性分析** (qualitificational analysis) 結合起來。近年來,研究者在重視定量分析的同時,開始注意定性分析的作用。他們首先對個體心理發展的事實、不同年齡個體心理活動的狀況進行充分的觀察和了解,由此對其性質和意義作出定性分析,然後對定性分析的結果按一定維度進行編碼,作出定量化的研究。這樣,就加深了對個體心理發展的過程、特點和性質的認識,獲得較為全面的數據資料,挖掘出這些數據資料背後的深層含義。

隨著科學和技術的迅速發展,發展心理學的研究手段和技術也日益現代化。在目前相關的發展研究中,錄音、錄像、攝像設備以及各種專門化的研究工具和手段(如視崖裝置、眼動儀、多腦儀等)得到了大量的運用,計算機的廣泛使用更為發展心理的研究開闢了廣闊的途徑。研究手段和研究工具的現代化,大大地提高了發展心理學研究的精度與科學性水平。以計算機為例,它在發展心理學中的應用是極為廣泛的,我們可以把計算機在發展心理學中的應用功能概括為四個方面:(1) 控制研究過程,如用來呈現刺激、控制其他儀器、對被試反應進行自動記錄等;(2) 處理、分析研究數據,這是最普遍的用法。它一般體現為兩個方面,一是運用數據庫管理系統對研究數據進行管理,如用 FoxBASE+數據庫等;另一是採用統計分析軟件包對數據進行統計分析,常見的統計軟件包有社會科學統計套裝程式(statistical package of social science,簡稱 SPSS),統計分析系統(statistical analysis system,簡稱 SAS)等;(3) 模擬心理過程,在發展心理學中,研究中運用計算機技術和信息加工理論,對被試的特定心理過程進行模擬,試圖對難以進行直接觀察的心理活動進行分析,在實際中應用較多的是功能模擬和思維模擬;(4) 作為訓練工具,這方面最有代表性的當屬**計算機輔助教學**和**計算機輔助學習** (或電腦輔助學習) (computer-asistance learning,

簡稱 CAL)。除了這四個方面的作用之外，在發展心理學研究的其他方面，計算機也發揮著越來越重要的作用，心理測驗的計算機化便是一個例證。在心理測驗領域，計算機化測驗已成為心理測驗發展的新趨勢。國內外已編製了許多心理測驗的計算機軟件，使測驗的實施過程在計算機上自動實現，然後由計算機程序進行計分和分析。

(五) 研究結果的數量化特徵

自科學心理學誕生以來，數量一直是心理學家孜孜以求的夢想，但在過去，由於受各種條件的限制，心理學研究的數量化特徵並不明顯。隨著科學技術，特別是應用數學的發展，在 70 年代以來，發展心理研究的數量化程度越來越高，成為發展心理學研究的一大特點。我們曾將這種數量化特徵歸納為四個方面：(1) 在發展心理學研究中大量採用多元統計分析。這是由個體心理結構的複雜性、影響因素的多樣性等所決定的，是生態化趨勢的要求和反映。從另一方面說，計算機的出現對於發展心理研究中的多變量設計和多元統計分析技術的採用，起了關鍵性的作用，沒有計算機，靠人工是很難完成多元統計分析任務的；(2) 建立模型成為許多發展心理學家的"點金術"。近年來，驗證型多元統計技術的出現，為人們提供了一種檢驗理論模型真實性的手段。在發展心理的研究中，建立模型並檢驗其合理性，成為一些研究者慣常的研究方式，翻閱發展心理學的權威雜誌，採用**路徑分析** (path analysis) 或**線性結構模式** (linear structural model) 技術驗證模型的文章數量越來越多；(3) 數學領域的一些先進的方法或思想日益得到廣泛的使用，如**模糊數學** (fuzzy mathematis) 數學方法和**拓撲原理** (topological principle) 在發展心理學中的使用；(4) 用數量化的方法改進定性分析，使定性分析更嚴謹、更具有可比性，這其中典型的例證就是元分析技術的出現與運用。

由此可見，數量化已經成為發展心理學研究的一個重要特徵，它對發展心理學的研究水平的提高，對發展心理學的深入確實起了重要的推動作用。當然，我們也應注意到，心理規律的複雜性決定了完全數量化的不可能性，某些過分追求統計複雜化的傾向是應當引起人們重視的問題。

三、對發展心理學未來的展望

上面我們從研究體制和研究方法兩個方面對發展心理學的近況作了總結後，發展心理學的未來發展方向問題便自然而然地擺在我們面前，對此，我們將從兩個方面來回答。

（一） 對發展心理學前途的看法

要回答這一問題，我們首先要清楚發展心理學、乃至心理學的現狀及其存在的價值。從心理學的現狀來看，有一部分人認為心理學已經發展到成熟階段，可以像物理學那樣進行嚴格的實證研究了 (Simon, 1986)；有一部分人則認為心理學是一門危機學科 (Leahey, 1980)，研究者各自為政，互不溝通，缺乏統一的思想和衡量標準。為此，他們認為，心理學應當著手理論的整合 (Gilgen, 1980) 或重回到哲學心理學中去 (Misiak, 1973)。我們認為，心理學的現狀既不那麼悲觀，也並不如有些人所說的那麼樂觀，以客觀的態度來看，經過一百多年的發展，心理學確實有了很大的發展，但現在還不能說心理學已經發展到成熟階段，還有待心理學家們的共同努力。那麼，這種努力的必要性有多大呢？這就要求我們了解心理學存在的價值。我們認為，發展心理學存在的價值至少表現在三個方面：首先，從人類存在的角度說，"認識自己"是其永恆的追求。早在古希臘時代，蘇格拉底在其墓碑上就刻有"認識你自己"這句話，從哲學的角度來說，認識世界、認識自己是人類存在的根本目的之一；其次，從人類本能的角度說，"發展自己"是其根本需求。使自己能更好地發展，與社會協調相處，這可能是人類共同的需要。如何更好地實現這一需要，是發展心理學家的工作重點；第三，大量的現實問題需要發展心理學家去解決。社會的發展一方面提高了人們的物質文明程度，另一方面使個體與環境之間的衝突加劇，心理上的不適應感越來越多，如何進行心理調適，這是社會對發展心理學家的要求。由此，我們可以得出結論，發展心理學的前途是光明的。

當然，雖然發展心理學的前景是令人樂觀的，但我們還必須重視幾個不穩定因素：(1) 過分追求數量化和抽象化的傾向，這種傾向的極端化就是所謂數字遊戲，本身很簡單的東西結果被裝扮得很神秘；(2) 研究的內容過分瑣碎，僅憑研究者的個人興趣；(3) 缺乏理論的整合，只有零散的材料。這些問題如不認真注意，就有可能對發展心理學的發展產生不良的後果。

(二) 發展心理學的未來走向

這是一個非常富於挑戰性的問題，就此，我們根據自己長期的理論和實證研究，從以下四個方面闡述我們的看法：

1. 發展心理學研究中思維方式的變革　如前所述，近年來發展心理學出現了迅猛的發展，這一點突出地表現在研究體制和研究方法的進步上，這種進步必然帶來發展心理學家的思維方式上的變革，那些適應於靜態封閉體制的思維方式必然朝向反映整體化趨勢的新思維方式發展，研究者的思維方式將由原來的以還原論和決定論為代表的牛頓-笛卡爾範式向系統論、相對論和辯證法的方向過渡。這種思維方式的變化必將引起發展心理學研究體制和研究思路的更大範圍的發展。因為思維方式的變革歷來與科學的體制的突破相呼應，正如庫恩 (Kuhn, 1968) 所說，新範式的出現將給科學帶來革命性的發展。

那麼，發展心理學研究的思維方式將向何方變化呢？我們認為至少包括以下幾方面：

(1) 從以實體為中心的研究思路過渡到以系統為中心的研究思路。發展心理學以往的研究多是把個體的心理看成是一個一成不變的實體或元素，而忽略了其系統性、層次性和動態性，這樣的結果是把複雜的問題簡單化，把變化的問題靜止化，把立體的問題平面化，甚至線性化，這可能是過去發展心理學發展緩慢的根本原因。隨著科學技術的發展所帶來的發展心理學研究體制的變化，系統思想必然成為研究者主要的思維方式。採用系統論的思維方式，研究者們就可以對個體的心理實質有更深入、科學的認識，用系統論的原理指導發展心理學的研究將會得出更為合理的結論。可以預見，系統論原理將成為發展心理學研究者的指導思想。

(2) 從對心理現象的唯一性確證過渡到對多樣性和不確定性的接受與容忍。當把心理當做一個實體來看待時，那麼它的值就是單一的，即在某種特定的背景下，某心理現象具有唯一性，不存在"既 A 又 B"的狀況，其典型的表現就是行為主義的心理觀，根據這種觀點，當我們了解了一個行為的狀況，就等於探測到這個行為所代表的心理本質。但這種唯一性並不是人類心理現象存在的真實狀況，個體的心理更多地表現為多樣性和不確定性，當把系統論原理引入發展心理學的研究之後，研究者們逐漸接受了心理現象的系統性、層次性、動態性和不確定性的特徵，開始把發展心理的研究放在一個更廣闊的背景中，認真地考慮不同因素、不同結構之間的交互作用，考慮個體心理的變化與發展的過程。

(3) 在考察心理現象的因果關係時，由直接的**單一線性聯繫** (linear relation) 過渡到**多維線性聯繫** (multi-linear relation)，甚至**非線性聯繫** (nonlinear relation)。因果關係是整個自然科學賴以存在的基石，自然科學研究的根本目的之一便是探討事物之間的因果關係。傳統的發展心理學研究中所探討的因果關係是直接的單一線性關係，最典型的是行為主義心理學的刺激-反應公式。隨著發展心理學研究的進展，特別是系統論原理引入發展心理學研究之後，人們普遍認識到，心理現象間不存在單一的線性因果關係，任何心理現象都是系統活動的產物，它們之間的因果關係是非線性的，或至少是多元線性的因果關係。現在在發展心理學研究中流行的多元統計分析就是以多元線性模型為其基本假設的，相信在不久的將來，在發展心理學的研究中，還會出現非線性的分析方法。

2. 發展心理學研究方法的趨勢　我們曾在發展心理學研究方法的發展中總結了五方面的進展，這五方面將在未來得到進一步發展。其中，我們要特別強調四個方面，即現場研究的大量採用，縱向研究與系列交叉研究會越來越多，研究方法的綜合程度進一步提高，研究方法更加現代化。這裏，我們僅對現場研究作一點簡單的說明：隨著生態化運動的興起，在發展心理學的研究中，現場研究又重新受到重視，可以預計，現場研究 (包括自然觀察和現場實驗) 將會得到進一步的發展。在自然觀察方面，由於觀察手段的不斷更新，使研究者可以越來越精確地記錄觀察對象的行為資料，加上觀察理論的日益成型，觀察設計的日益精確，使得自然觀察在未來發展心理學研究中，仍是主要的研究方法之一；現場實驗部分地吸收了觀察法和實驗室實驗法的優點，克服了兩者的不足，因此，在未來會被廣泛地使用，當然，現場研究本身並不是完美無缺的，在未來仍需進一步發展。

3. 發展心理學研究內容的趨勢　未來發展心理學的研究內容，我們可以用一句話來概括，即研究選題的應用性傾向越來越明顯，發展心理學家越來越多地參與到社會生活中去。具體地說，在早期研究中，胎兒發育與優生問題的研究繼續得到加強，早期智力開發問題仍是發展心理學家研究的重點問題；在對學齡兒童的研究中，對兒童社會關係的研究、獨生子女的心理特點與教育的研究、兒童問題行為的預防與矯正的研究、計算機輔助教學對兒童發展的影響的研究等將是發展心理學家需要著力研究的課題；對青少年期的研究中，影響青少年道德形成的因素及其道德教育的研究、青少年生理變化的心理反應的研究等將成為研究的重點內容；對成人期的研究將著重探討社會生活事件對個體心理發展的作用、成年人心理健康的狀況與特點、成年人對緊張事件的應對機制等問題；在對成人晚期，即老年期的研究中，發展心理學家將著重研究老年人的生理老化及其對心理發展的影響、影響老年人心理衰退的各種因素、老年人的孤獨問題、老年人的心理保健問題等。

4. 發展心理研究中更大範圍的整體化趨勢　有人預言，21 世紀將是心理學起主導作用的世紀。這對於心理學家來說確實是極富吸引力的。在人類即將步入新世紀的時候，我們有必要認真地思考一下，心理學要成為 21 世紀的帶頭學科之一，需要具備什麼條件呢？我們認為，心理學要成為未來的帶頭學科之一，就必須在更大範圍內實現整體化。我們首先來看這種變化的必要性，從社會發展和人類文明進步的角度說，當物質文明發展到一定水平後，必然要求精神文明的同步發展，人類發展至今天，物質文明已經達到了很高的水平，但精神生活卻遠遠滯後，如何更好地調節個體的心理健康水平，成為全人類共同面臨的重大課題。這個課題應由心理學家來承擔，因此，21 世紀是心理學的世紀，這句話是有其合理性的。然而，我們承擔得起這個艱巨的任務嗎？就現有的心理學研究水平而言，它和社會對心理學的期望還有很大距離。要承擔起這個任務，心理學必須進行自我改革，加速發展，實現心理學更大範圍的整體化。從可能性上看，實現更大範圍的整體化是有可能的，首先，經過一百多年的發展，心理學的各個研究領域都積累了相當的資料，為更大範圍的整合提供了基礎；其次，科學技術的發展為心理學的整合提供了方法論上的借鑒和啟發，技術手段上的充實；第三，近年來，心理學，特別是發展心理學領域內已經出現了整體化的趨勢，這為心理學在更大範圍內實現整體化提供了有益的預演。因此，發展心理學在更大範圍內的整體化發展是有其必然性的。

本 章 摘 要

1. **發展心理學**是心理學的一個分支。它有廣義和狹義之分,廣義的發展心理學是研究種系和個體心理發生與發展的科學;狹義的發展心理學,就是個體發展心理學。
2. 發展心理學研究個體從受精卵開始到出生、到成熟、直到衰老的**生命全程**中其心理發生、發展的特點和規律。簡言之,即研究畢生心理發展特點和規律。
3. 動物心理發展經過四個階段:**刺激感應性階段、感覺階段、知覺階段**和**思維萌芽階段**。
4. 人類心理不同於動物心理是因為人類心理具有意識性、社會性和語言功能性的特點。
5. 霍爾提出了心理發展的**復演說**,闡述了個體心理發展與種系心理發展的關係。
6. 發展心理學研究的基本原理:是先天的還是後天的因素在心理發展上起作用;人類對待環境的關係是主動的還是被動的;人類心理發展是連續的還是分階段的;發展的終點是開放的還是有最終目標的。
7. 個體心理發展中會表現出一定的**年齡特徵**。在劃分年齡特徵上應該要考慮個體主導活動形式和主導生活事件、智力發展水平和人格特徵、生理發育水平和語言發展水平,綜合地進行劃分階段。
8. 人一生心理發展的階段是:胎兒期、新生兒期、嬰兒期、幼兒期、童年期、少年期、青年期、中年期和老年期。
9. 發展心理學的研究有一個發展的過程:先研究兒童心理學,後才研究生命全程過程。
10. 在 1882 年普萊爾的《兒童心理》一書出版,標誌著科學兒童心理學的誕生。
11. 霍爾第一個把兒童心理學研究的年齡範圍擴大到青年。
12. 精神分析學派的榮格最先開展了對個體一生發展的研究。

13. 何林渥斯於 1930 年出版了第一部《發展心理學》的專著。
14. 美國《心理學年鑒》於 1957 年用"發展心理學"代替"兒童心理學"作章名。接著，在記憶、思維、智力、自我概念、道德領域開展了一系列關於個體一生全程發展的研究。
15. 發展心理學研究必須要中國化，發展心理學中國化的研究過程分四個層次及經歷攝取、選擇、中國化三個步驟。
16. 發展心理學中國化的目的是為了準確的發現國人的心理活動的特點和規律，並為世界心理學發展做出自己的貢獻。
17. 發展心理學的研究有四個功能，即描述、解釋、預測和控制。
18. 發展心理學研究的特點是集中於個體心理與行為如何隨著年齡的變化而變化的各種因素的函數。
19. 發展心理學研究要堅持五個基本原則，即**客觀性原則**、**矛盾性原則**、**層次性原則**、**教育性原則**、**生態化原則**。
20. 發展心理學的研究設計主要有**橫向研究設計**、**縱向研究設計**和**系列交叉研究設計**。
21. 發展心理學研究的基本方法有**觀察法**、**談話法**、**臨床法**、**問卷法**、**心理測驗**、**實驗室實驗**和**自然實驗法**。
22. 發展心理學研究體制的變化主要表現在橫向整體化變化和縱向整體化變化兩個方面。
23. 發展心理學的研究方法論是以系統科學原理為基礎，目前在研究思路、研究方式和研究方法上具有新的特點。
24. 發展心理學的發展前景是令人樂觀的，並將在研究的思維方式、研究內容和研究範圍等方面有不斷變革之態勢。

建議參考資料

1. 朱智賢 (1979, 1983)：兒童心理學。北京市：人民教育出版社。
2. 朱智賢、林崇德、董　奇、申繼亮 (1991)：發展心理學研究方法。北京市：北京師範大學出版社(簡體字版)。台北市：五南圖書出版公司(1996)(繁體字版)。
3. 張春興 (1991)：現代心理學。臺北市：東華書局 (繁體字版)。上海市：上海人民出版社 (1994) (簡體字版)。
4. 黃希庭 (1991)：心理學導論。北京市：人民教育出版社。
5. Baltes, P. B. (Ed.)(1978). *Life-span development and behavior.* New York: Academic Press.
6. Bower T. G. R. (1979). *Human development.* San Francisco: Freeman.
7. Gormly, A.V.，& Brodzinsky, D. M. (1993). *Life-span human development* (5th ed.). New York: Harcourt Brace Jovanovich.
8. Hall, E., Lamb, M., & Perlmutter, M. (1986). *Child psychology today* (2nd ed.). New York: Random House.

第 二 章

發展心理學理論

本章內容細目

第一節　精神分析的心理發展觀
一、弗洛伊德的發展心理學理論　67
　（一）弗洛伊德的人格發展理論
　（二）弗洛伊德的心理發展階段說
二、埃里克森的心理社會發展論　74

第二節　行為主義的心理發展觀
一、巴甫洛夫的條件反射學說及其對行為主義的影響　79
　（一）巴甫洛夫的條件反射學說
　（二）巴甫洛夫學說與行為主義
二、華生的發展心理學理論　81
　（一）機械主義的發展觀
　（二）對兒童情緒發展的研究
三、斯肯納的發展心理學理論　85
　（一）兒童行為的強化控制原理
　（二）兒童行為的實驗控制
四、班杜拉的發展心理學理論　89
　（一）觀察學習及其過程
　（二）社會學習在社會化過程中的作用

第三節　維果茨基的心理發展觀
一、維果茨基與文化歷史發展學派　93
二、維果茨基的發展心理學理論　94
　（一）創立文化-歷史理論

　（二）探討發展的實質
　（三）指出教學與發展的關係
　（四）提出內化學說

第四節　皮亞傑的心理發展觀
一、皮亞傑的發展心理學理論　99
　（一）發展的實質和原因
　（二）發展的因素和發展的結構
　（三）發展的階段
二、新皮亞傑主義簡述　106
　（一）修訂皮亞傑的研究方法和結果
　（二）信息加工論與皮亞傑理論結合
　（三）日內瓦新皮亞傑學派的產生

第五節　朱智賢的心理發展觀
一、從陳鶴琴到朱智賢　110
二、朱智賢的發展心理學理論　112
　（一）探討兒童心理發展的理論問題
　（二）強調用系統的觀點研究心理學
　（三）教育實踐與中國化的發展心理學
　（四）心理學的科際整合取向

本章摘要

建議參考資料

在發展心理學的研究中，人們首先必須回答許多基本的理論問題，例如個體心理發展過程中先天與後天的關係問題，教育對一個人發展有什麼作用，個體心理發展如何劃分，心理發展的內部機制是什麼等等。對此，不同的心理學家、不同的心理學流派各有其不同的看法，形成了不同的個體心理發展的理論，像我們很熟悉的關於心理發展的精神分析理論、行為主義理論、發展認識論等，這些就構成了發展心理學的豐富內容，它們是發展心理學發展歷程中的歷史遺產的總滙。在發展心理學史上，任何一位發展心理學家和對心理發展研究作出貢獻的科學家，都具有各自的學術風格和科學特色。他們各有自己的哲學觀點，不管他們是否意識到或承認這一點。在發展心理學的研究中，他們或者在理論研究上提出自己獨特的見解，或者在某一具體研究領域中作出自己的突破性的貢獻，或者在實踐領域中提出新的課題和建議，或者在研究方法上具有自己新的特色。所有這些，都在發展心理學史上留下他們的足跡或印記，值得我們認真學習和研究。總之，繼往才能開來，我們學習與研究發展心理學，就必須重視學習和研究發展心理學的各派觀點和各家理論，借鑑前人的成果，形成自己的看法。

在本章中，我們著重介紹幾種有代表性的發展心理學理論，以期讀者對發展心理學的理論演變有一個概要的了解。閱讀完本章之後，希望讀者能了解以下的問題：

1. 弗洛伊德對兒童心理發展理論的貢獻與不足各是什麼。
2. 埃里克森是如何繼承和發展精神分析的兒童心理學理論的。
3. 華生的行為主義兒童心理學理論產生的背景及其主要內容。
4. 斯肯納和班杜拉各自是如何發展行為主義的兒童心理學理論的。
5. 維果茨基的兒童心理學思想的內容是什麼。
6. 皮亞傑的兒童心理學理論及其後續的發展。
7. 朱智賢對兒童心理發展理論的貢獻。

第一節　精神分析的心理發展觀

精神分析 (psychoanalysis) 是西方現代心理學的主要流派之一，其詞含義是指以心因性為機制的一種治療精神病的方法及其理論和潛意識心理學的理論體系，因為創始人是弗洛伊德，所以精神分析理論又叫做**弗洛伊德主義** (Freudianism)，它包括**古典弗洛伊德主義** (或**弗洛伊德學說**) (classical Freudianism) 和**新弗洛伊德主義** (neo-Freudianism)。在發展心理學方面有代表性觀點的是弗洛伊德和埃里克森的理論。

一、弗洛伊德的發展心理學理論

弗洛伊德 (Sigmund Freud, 1856～1939) 是奧地利的精神病學醫生和心理學家，他根據其對病態人格進行的研究提出了人格及其發展理論。這種理論的核心思想，是提出存在於潛意識中的性本能是人的心理的基本動力，是決定個人和社會發展的永恆力量。在這個理論中，弗洛伊德所注意的固然是精神病的分析和治療，但它涉及了許多心理發展的理論。因此，弗洛伊德不僅是一位傑出的精神病醫生、醫學心理學家，而且他對發展心理學的建設也做出了貢獻。

(一)　弗洛伊德的人格發展理論

在弗洛伊德的早期著作中，認為人的心理活動或精神活動主要包含**意識** (consciousness) 和**潛意識** (或**無意識**) (unconsciousness) 兩個部分。意識是與感知相聯繫著；而無意識則主要包括個體的原始衝動、各種本能和欲望 (尤以性欲為主)。這種衝動、本能和欲望與社會道德、風俗習慣、法律規定等是不相容的，因而被排擠到意識閾之下。由於潛意識中的成分在不自覺地積極活動，追求滿足，就構成了人類行為背後的內驅力。

弗洛伊德後來修訂了意識與潛意識的"二分法"，而引進了**本我** (或伊底)、**自我**和**超我**的心理結構或人格結構。

為了更明確地分析人格結構中的三個"我",我們還須從弗洛伊德的快樂原則和現實原則說起。弗洛伊德認為他的心理分析體系的動機是**欲力**(或**力比多**) (libido);欲力是一種身心概念,表示性本能的身、心兩個方面。欲力的分量不一,但總要得到發洩,總會有一個又一個的衝動。而這一切的衝動,其實現都要受到兩大原則的制約,即快樂原則和現實原則。人類一切生活都要以這兩個原則為依據。所謂的**快樂原則**(或唯樂原則) (pleasure principle) 是人類的原始衝動,是以情感、欲望 (特別是性欲) 為其主要衝動,這種衝動永遠是為了尋找各種快樂。所謂**現實原則** (reality principle) 是人類考慮到現實的作用,其作用是使個體能適應實際的需要。快樂原則和現實原則是相互聯繫又相互對立的。快樂原則是個體的原始本能的原則,但由於倫理、宗教等的社會影響,使它必須有某些改變以與現實相適應。儘管如此,現實世界卻沒有任何文化的力量能消除快樂原則及其動力;因它的活動,常常不是直接的出現 (特別是在潛意識之中或是間接的在意識中用化裝的形式出現),也就是說,快樂原則不是與現實原則合作,就是與現實原則對立。弗洛伊德的人格結構及其發展,與這兩個原則密切地聯繫著。

　　本我 (或伊底) (id),類似於弗洛伊德早期理論中的"潛意識"的概念。本我是原始的、本能的、且在人格中最難接近的部分,同時它又是強有力的部分。它包括人類本能的性的內驅力和被壓抑的習慣傾向。弗洛伊德把本我比擬為充滿劇烈激情的陷阱。在動機術語中,本我是由快樂原則支配的,目的在於爭取最大的快樂和最小的痛苦。弗洛伊德認為欲力被圍困在本我中,並且是通過減少緊張的意向表現出來。欲力能量的增加導致了緊張梯度的增加,而快樂原則則使個體減少緊張到尚能忍受的程度。諸如性欲的滿足、乾渴和饑餓的解除等,都能使緊張狀態消除而使個體產生快樂。在弗洛伊德看來,一個個體是要和現實世界發生交互作用的。即使是攻擊、侵略,也是和本我的減少緊張狀態的基本原則相聯繫的。

　　在心理發展中,年齡越小,本我作用越是重要。嬰兒幾乎全部處於本我狀態,由於他們可擔憂的事情不多,所以除了身體的舒適以外,可以儘量解除一切緊張的狀態。但是,由於生活的需要,可能產生饑餓、乾渴,於是就產生了緊張,他們等待吃奶、喝水,此時,本我可能會產生幻覺,出現希望目標的想像而且在幻想之中獲得滿足;本我也可能闖入夢境,兒童在夢中吸吮著乳頭或拿起了水杯。這被弗洛伊德稱之為**初級過程思維** (或原始歷程思維) (primary process thinking)。兒童隨著年齡的遞增，不斷地擴大和外界的交往，以滿足自身增加的需要和欲望，並且維持一種令其舒適的緊張水平。在本我需要和現實世界之間不斷接通有效而適當的聯絡時，自我就從兒童的本我中逐漸地發展出來。

自我 (ego) 是意識結構部分。弗洛伊德認為，作為潛意識的結構部分的本我，不能直接地接觸現實世界。為了促進個體和現實世界的交互作用，必須通過自我，兒童隨著年齡的增加，逐步學會了不能憑衝動隨心所欲。他們逐步考慮後果，考慮現實的作用，這就是自我。自我是遵循現實原則的，因此它既是從本我中發展出來，又是本我和外部世界之間的中介。如果個人在人格結構中能自我支配行動，思考過去的經驗，計畫未來的行動，這種合理的思維方式，弗洛伊德稱為**二級過程思維**(或次級歷程思維) (secondary process thinking)，即我們一般知覺和認知的思維。例如，一個兒童學習走路，他在抑制隨便行走的衝動，考慮什麼地方他可以避免碰撞，於是他在練習自我的控制。

弗洛伊德在《自我與本我》一書中把自我和本我的關係比作騎士和馬的關係。馬提供能量，騎士則指導馬的能量朝著他想去遊歷的路途前進。這就是說，自我不能脫離本我而獨立存在；然而由於自我聯繫現實，知覺和操作現實，於是能參考現實來調節本我。這樣，自我按照現實原則進行操作，而現實地解除個體的緊張狀態以滿足其需要。因此，自我並不妨礙本我，而是幫助本我最終獲得快樂的滿足。

超我 (superego)，包括兩個部分，一個是**良心** (conscience)，一個是**自我理想** (ego-ideal)。前者是超我的懲罰性、消極性和批判性的部分，它告訴個體不能違背良心。例如，它指導人們該怎樣活動，當其做了違背良心的事，就會產生犯罪感。後者是由積極的雄心、理想所構成，是抽象的東西，它希望個體為之奮鬥。例如，一個兒童希望將來成為一個什麼樣的人，就是由超我中的自我理想部分所引起的。

弗洛伊德指出，超我代表著道德標準和人類生活的高級方向。超我和自我都是人格的控制系統。但自我控制的是本我的盲目的激情，以保護機體免受損害；而超我則有是非標準，它不僅力圖使本我延遲得到滿足，而且也會使本我完全不能獲得滿足。超我在人身上發展著，逐步地按照文化教育、宗教要求和道德標準而採取行動。因此，弗洛伊德的超我與本我是有其對立的一面的。

按照弗洛伊德的看法，本我、自我和超我是意識的三級水平，他的示意圖如圖 2-1。從此圖我們不僅看出弗洛伊德的人格結構中三個"我"的意識水平，而且也看出它們三者的關係。這裏要指出的是，圖中的超我儘管居於自我之上，但它仍受潛意識的影響。難怪弗洛伊德不重視超我的作用。在他的人格理論中，即使到後期，也僅強調本我和自我的重要作用。這一點正是他的理論受到批評之處。

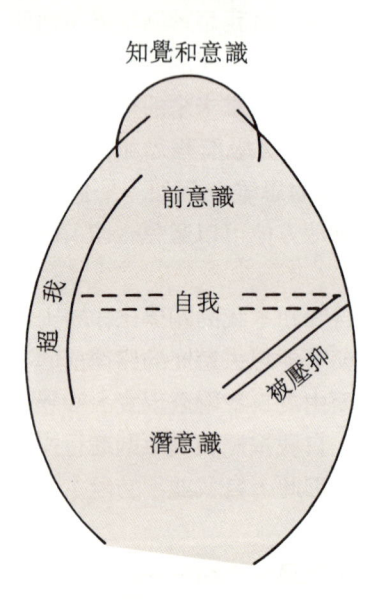

圖 2-1
弗洛伊德人格結構示意圖
(Freud, 1923)

（二） 弗洛伊德的心理發展階段說

心理性欲發展階段的理論是弗洛伊德關於心理發展的主要理論。弗洛伊德既提出了劃分心理發展階段的標準，又具體規定了心理發展階段的分期。這個理論，也是 20 世紀最能引起爭論而同時又富有影響的學說。

1. 心理發展年齡階段的劃分標準　劃分心理發展年齡階段的問題，是心理學界長期以來沒有得到適當解決的問題；用什麼來作為劃分的標準，眾說紛紜。

弗洛伊德以欲力的發展作為劃分的標準。心理發展的各個階段之所以有區別，是由於其性生活的發展所造成的，因此心理學要研究性生活的發展。

當然，弗洛伊德這裏說的性生活的內容，不僅包括兩性關係，而且也包括使身體產生舒適、快樂的情感。在弗洛伊德看來，對兒童來說，快感是非常普遍和瀰漫的，在實際生活中的吮吸的快樂、手淫、排泄等等都能包括在內。也就是說，兒童不僅在生殖器上求快感，而且也能用其身上許多部位來產生類似的快感。弗洛伊德認為，身體上的絕大多數部位都能成為快感帶，但在兒童時期，主要的快感帶區域是口腔、肛門和生殖器，這三個區域以特有的階段次序成為兒童的興奮中心，於是產生相應的心理發展階段。

2. 心理發展各年齡階段的特徵　弗洛伊德把欲力的發展分為五個階段：口唇期 (0～1 歲)；肛門期 (1～3 歲)；前生殖器期 (3～6 歲)；潛伏期 (6～11 歲)；青春期 (11 或 13 歲開始)。

(1) **口唇期** (或口腔期) (oral stage)：弗洛伊德認為欲力的發展是從嘴開始的。吮吸本身也能產生快感。嬰兒不餓時也有吮吸的現象，如吮吸指頭就是例子，弗洛伊德將這種吮吸快樂叫做**自發性欲** (autoerotic)。弗洛伊德指出，在古埃及人的藝術裏，兒童在畫中將手指放在嘴裏，連鷹頭神的神聖畫中也是如此，可見古人對人的性的理解是很深的。這也說明原始的口唇的性感在後來的性生活中依舊留存。

弗洛伊德又將這口唇期分為兩個時期：

第一時期是從出生到六個月，兒童的世界是"無對象的"，他們還沒有現實存在的人和物的概念，僅僅是渴望得到快樂、舒服的感覺，而沒有認識到其他人對他是分離而存在的。

第二時期是從六個月到十二個月，兒童開始發展關於他人的概念，特別是母親作為一個分離而又必需的人，當母親離開他的時候，他就會產生焦慮和不安。

弗洛伊德認為每個人都經歷口唇期的階段，流露出較早階段的快感和偏見。甚至到成人期，人們有時還出現吮吸或咬東西 (如咬鉛筆時) 的愉快，或抽烟和飲酒等的快樂，這些都是口唇快感的延續。

(2) **肛門期** (anal stage)：自 1～3 歲兒童的性興趣集中到肛門區域。例如，大便產生肛門區域粘液膜上的愉快感覺，或以排泄為快樂，以摸糞或玩弄糞便而感到滿足。

　　弗洛伊德認為，這個時期可稱為**前生殖的階段**(或性徵前時期) (pre-genital)，此時占優勢的不是生殖器部分的本能，而是肛門的和虐待狂的本能。占重要地位的不是雄性和雌性的區別，而是主動和被動的區別。這時期的兒童大都有被動的衝動，這與肛門口的性覺有關，而生殖器在這個時期僅僅具有排尿的功能。這個時期的家長往往對兒童不清潔不衛生行為不理解，因而提出強迫性的、有秩序而乾淨的要求，這卻反而使兒童以凌亂、骯髒來反抗。

　　(3) **前生殖器期**(或性器期) (phallic stage)：約在三至八歲，兒童進入前生殖器期。這個階段的特點是什麼？弗洛伊德認為兒童由三歲起，其性生活即類同於成人的性生活；所不同的是：(1) 因生殖器未成熟，以致沒有穩固的組織性；(2) 倒錯現象的存在；(3) 整個衝動較為薄弱。這裏，弗洛伊德所說的三歲後的所謂"性生活"主要是表現為男孩的戀母情結，女孩也產生戀父情結。也就是說，到了這階段，兒童變得依戀於父母中異性的一方。這一早期的親子依戀，被弗洛伊德描述為**戀母情結**(或**伊諦普斯情結**) (Oedipus complex)。因此，前生殖器期又叫戀母情結的階段。

　　性器期或戀母情結階段的特徵，弗洛伊德作了如下的描述：

> 　　男孩要獨占其母，而深恨其父：見父母擁抱則不安，見其父離開其母則滿心愉快。他常坦直地表示其情感，而望能娶其母為妻，……當兒童公然對於其母作性的窺探，或想在晚上和母親同睡，或堅持想在室內看母親更衣，或竟表示出一種誘奸的行動，這是為人母所常見而引為笑談的，其對於母親性愛的意味蓋不復可疑了。
> 　　女孩常戀其父，要推翻其母，取而代之，有時還仿效成年時的撒嬌模樣，……更加使人心煩意亂，女孩發現她確實沒有像男孩那樣的陰莖，成為她責備母親的理由，是誰把她送到世界上來，裝備如此殘缺不全。
> 　　兒童之所以能最終克服戀母情結，是由於越來越懼怕他或她的"情敵"，即同性的父或母的報復。(Freud, 1910)

　　就戀母情結而言，弗洛伊德解釋這個時期兒童的動機特徵：男孩怕被閹割；女孩不怕閹割，因為她沒有生殖器。

　　(4) **潛伏期** (latent stage)：發生在七歲至青春期，隨著建立較強的抵禦戀母情結的情感，兒童進入潛伏期。弗洛伊德認為，兒童進入潛伏期，其性的發展便呈現出一種停滯或退化的現象；可能完全缺乏，也可能不完全缺乏。這個時期，口唇期、肛門期的感覺，性器期的戀母情結的各種記憶都逐漸被遺忘；被壓抑的性感差不多一掃而光，因此，潛伏期是一個相當平靜的時期。

由於危險的衝動和幻想隱埋了，兒童不再為這些經受過多的煩惱，於是這個時期的兒童可以有意地把其精力放在社會可接受的追求中，如學習、遊戲和運動等。於是這個時期兒童的動機產生了新的特點，即他們專注於社會情感的發展。

(5) **青春期**(或性徵期、兩性期) (genital stage)：經過暫時的潛伏期，青春期的風暴就來到了。從年齡上講，女孩約從 11 歲、男孩約從 13 歲開始進入青春期。

青春期有什麼特點呢？弗洛伊德曾作過論述，而其女兒安娜・弗洛伊德 (Anna Freud, 1895～1982) 則在其父親論述的基礎上，發表了許多論文，進一步開展對青春期精神分析的研究。按照弗洛伊德及其女兒的觀點，可以看到他們對青春期特點的看法。

首先，青春期的發展，個體最重要的任務是要從父母那裏擺脫自己。對男孩來說，這意味著放開對母親的束縛，並去建立自己的女友。男、女青年共同的一點，是要和父母逐漸疏離，並嘗試去建立自己的生活方式。這個獨立性傾向是青春期的特點。但獨立也不是輕易的事情。從與父母的從屬關係中分離出來，在情感上又是痛苦的。

同時，到了青春期，容易產生性的衝動，也容易產生類似成人的牴觸情緒和衝動。防禦的辦法有兩個：一是採取禁慾的策略，例如，拒絕自己喜歡而有吸引力的舞蹈、音樂以及輕薄事情，並通過艱苦的途徑參加體育運動來**鍛鍊身體**，以此種種企圖來擋開所有肉體的快感。二是採取**理智化**(或**理性作用**) (intellectualization) 的方法，例如青少年試圖把性的問題轉移到一種抽象的、智力的高度上，這樣，他們就能把戀母情結隱蔽地盡力提高到純潔又理智的高度上。

二、埃里克森的心理社會發展論

埃里克森 (Eric Homburger Erikson, 1902~1994) 是美國的精神分析醫生,也是美國現代最有名望的精神分析理論家之一。埃里克森祖籍是丹麥,生於法國,師承於弗洛伊德的女兒安娜‧弗洛伊德。1933 年起定居美國。

與弗洛伊德不同,埃里克森的人格發展學說即考慮到生物學的影響,也考慮到文化和社會的因素。他認為在人格發展中,逐漸形成的自我過程,在個人及其周圍環境的交互作用中起著主導和整合作用。每個人在生長的過程中,都普遍體驗著生物的、生理的、社會的事件的發展順序,按一定的成熟程度分階段地向前發展。埃里克森在他的《兒童期與社會》(Erikson, 1963) 這本書裏曾經提出了"人的八個階段"以及每個階段的發展任務,建立了自己的**心理社會發展論** (psychosocial developemental theory),簡稱**心理社會論** (psychosocial theory)。

埃里克森認為,人的一生可以分為既是連續的又是不同的八個階段。每一階段都有其特定的發展任務。由於發展任務完成得成功或不成功,就是兩個極端,靠近成功的一端,就形成積極的品質,靠近不成功的一端,就形成消極的品質。每一個人的人格品質都處於兩極之間的某一點上。教育的作用

表 2-1 八個階段的對立品質

階 段	年 齡	對 立 品 質
一	0 歲 ~1 歲	信任對不信任
二	1 歲 ~3 歲	自主行動對羞怯懷疑
三	3 歲 ~6 歲	自動自發對退縮愧疚
四	6 歲 ~12 歲	勤奮進取對自貶自卑
五	12 歲~18 歲	自我統合對角色混亂
六	18 歲~25 歲	友愛親密對孤癖疏離
七	25 歲~50 歲	精力充沛對頹廢遲滯
八	老年期	完善無缺對悲觀沮喪

(採自 Erikson, 1963)

就在於發展積極的品質，避免消極的品質。如果不能形成積極的品質，就會出現發展的"危機"。這八個階段對立的品質如表 2-1。

1. 信任對不信任 (trust vs. mistrust) 第一階段為嬰兒期，是從出生到一週歲。嬰兒在本階段的主要任務是滿足生理上的需要，發展信任感，克服不信任感，體驗著希望的實現。嬰兒從生理需要的滿足中，體驗到身體的康寧，感到了安全，於是對周圍環境產生了一個基本信任感；反之，嬰兒便對周圍環境產生了不信任感，即懷疑感。

這一階段相當於弗洛伊德的口唇期，但又不同於弗洛伊德的口唇期。在具體的解釋上有了很大的擴展。他強調，不只是口唇區是重要的，而且更重要的是與世界交互作用著的口唇方式——一種被動的然而卻是急切的接受方式。嬰幼兒之所以喜歡把東西放進口中，是因為他想把周圍的東西與自己合併，使之成為自己的一部分，埃里克森把這種方式稱為**口腔合併** (oral incorporation)。具體地說，埃里克森認為這種階段的信任感發展的實質核心是**相依性** (mutuality)，這種相依性不是停留在口唇的周圍，而是體現在嬰兒受母親照料時，把母親的愛和她的品質加以內化，同時把自己的感情投射給母親，這是一種從一開始就帶有互相調節的社會性的情緒和態度，如果個人在人生最初階段建立了信任感，將來在社會上可以成為易於信賴和滿足的人；反之，他將成為不信任別人和貪求無厭的人。

2. 自主行動對羞怯懷疑 (autonomy vs. shame and doubt) 第二階段為兒童早期，約從一歲到三歲。這個階段兒童主要是獲得自主感而克服羞怯和疑慮，體驗著意志的實現。埃里克森認為，這時幼兒除了養成適宜的大小便習慣外，而且他已不滿足於停留在狹窄的空間之內，而渴望著探索新的世界。

這一階段相當於弗洛伊德的肛門期，但從內容上同樣有很大的發展。埃里克森在這一階段對兒童的描述借用了弗洛伊德肛門區位的方式 (例如肛門括約肌的收縮和擴展導致大便的保留和排放)，巧妙地從弗洛伊德所指出的肛門部位超脫出來，把肛門活動的特點——保持和排放引申到本階段的兒童身上加以發揮，指出這種方式不僅限於肛門部分，而在其他各種活動中，本階段的兒童卻表現出一種類似肛門活動的特點：例如兒童抓住物體又拋開，不時纏著成人，不時又離開……等等，都有著保持與排除、堅持和放棄的特點。兒童一方面在信任感和初步的成熟（獨立行走和自己進食）的基礎上產生自信，認識到自己的意志，產生了一種自主感；另一方面又本能地覺得依賴過多而感到疑慮。這時成人與兒童之間的相互調節關係受到嚴重的考驗。明智的父母對兒童的態度要注意掌握分寸，一方面要利用兒童對於自己的信任在某些方面給予有節度的控制，同時也要在某些方面給予適度的自由。這樣可以形成兒童的寬容和自尊的性格，否則會造成兒童對行為的困惑，引起本階段的心理社會危險。

這一階段發展任務的解決，對於個人今後對社會組織和社會理想的態度將產生重要的影響，對未來的秩序和法制生活作好了準備。

3. 自動自發對退縮愧疚 (initiative vs. guilt)　第三階段為學前期或遊戲期，從三歲到六歲左右。本階段，兒童的主要發展任務是獲得主動感和克服內疚感，體驗目的的實現。

這一階段相當於弗洛伊德的性器期。埃里克森依然是從陰莖的活動方式中巧妙地引申出本階段的活動特點，稱之為"侵入"。這一詞不僅包括了弗洛伊德所強調的性器期以生殖器區的活動為優勢活動的看法，而且擴大了這種"侵入"活動的含義。指出這種活動並不局限在生殖區，還包括利用身體的攻擊侵犯別人的身體；使用侵犯性的語言侵入別人的耳朵和心靈；用堅決的位置移動侵入別人的空間；用無限的好奇心侵入未知事物。他認為和侵入一樣，主動性也意味著向前的運動。本階段兒童已有了更多的自由，能從言語和行動上來探索和擴充他的環境。這時社會也向他提出挑戰，要求他的行動發揮主動性並且具有目的性。在這個情況下，他感到向外擴展並不難於達到目的，但又感到在闖入別人範圍的同時，要與別人特別是自己以前信賴的人的自主性發生衝突，於是產生一種內疚感。這種主動感和內疚感的衝突構成了本階段的心理社會危機。

弗洛伊德認為這個階段是產生戀母情結的時期。此時，埃里克森的看法也不同於弗洛伊德。他認為，男女兒童雖對自己的異性父母產生了羅曼蒂克的愛慕之情，但卻能從現實關係中逐漸認識到這種情緒的不現實性，遂產生對同性的自居作用，逐漸從異性同伴中找到了代替自己異性父母的對象，使戀母情結在發展中獲得最終的解決。

如上所述，本階段也稱為**遊戲期**(或**遊戲年齡**) (play age)，遊戲執行著自我的功能，在解決各種矛盾中體現出自我治療和自我教育的作用。埃里克森認為，個人未來在社會中所能取得的工作上、經濟上的成就，都與兒童在本階段主動性發展的程度有關。

4. 勤奮進取對自貶自卑 (industry vs. inferiority)　第四階段為學齡期，從六歲到青春期。本階段的發展任務是獲得勤奮感而克服自卑感，體驗著能力的實現。

這一階段相當於弗洛伊德的潛伏期。弗洛伊德認為戀母情結的解決，使早年產生危機的性驅力和進攻性驅力，暫時蟄伏下來。因此，在這一階段沒有欲力（性）的區位。埃里克森則認為，本階段是兒童繼續投入精力和欲力，盡自己最大努力來改造自我的過程。並且本階段也是有關自我生長的決定性階段。這時兒童已開始意識到進入了社會。他在眾多的同伴之中，必須占有一席之地，否則就會落後於別人。他一方面在積蓄精力，勤奮學習，以求學業上成功，同時在追求成功的努力中又擁有害怕失敗的情緒。因此，勤奮感和自卑感構成了本階段的主要危機。其中自卑感的產生可以有各種不同的根源，原因之一就是由於前一階段任務沒有很好解決。

隨著學齡期兒童的社會活動範圍擴大了，兒童的依賴重心由家庭轉移到學校、教室、少年組織等社會機構方面。埃里克森認為，許多人將來對學習和工作的態度和習慣都可溯源於本階段的勤奮感。

5. 自我統合對角色混亂 (identity vs. role confusion)　第五階段為青年期，約 12 歲到 18 歲。這一階段的發展任務是建立同一感和防止混亂感，體驗著忠誠的實現。

這一階段相當於弗洛伊德的青春期。弗洛伊德認為青春期是一個騷動的時期。蟄伏的生殖變化突然迸發，似乎要摧毀自我及其防禦了。埃里克森承認青年期驅力的增加是破壞性的，但他只把這種破壞性視為問題的一部分。他認為新的社會的衝突和要求也促使青年變得困擾和混亂。因此建立自我統合和防止統合危機，是這一階段的任務。其中**自我統合** (self-identity) 是指個人的內部和外部的整合和適應之感；**統合危機** (identity crisis) 則是指內部和外部之間的不平衡和不穩定之感。埃里克森認為自我統合必須在七個方面取得整合，才能使人格得到健全的發展。這七個方面是：(1) 時間前景對時間混亂；(2) 自我肯定對冷漠無情；(3) 角色試驗對消極認同；(4) 成就預期對工作癱瘓；(5) 性別認同對性別混亂；(6) 領導的極化對權威混亂；(7) 思想的極化對觀念混亂。

這一階段埃里克森提出了**延緩期** (delayed period) 的概念，他認為這時的青年承續兒童期之後，自覺沒有能力持久地承擔義務，感到要作出的決斷未免太多太快。因此，在做出最後決斷以前要進入一種"暫停"的時期，用以千方百計地延緩承擔的義務，以避免認同提前完結的內心需要。雖然對同一性尋求的拖延可能是痛苦的，但它最後是能導致個人整合的一種更高級形式和真正的社會創新。

如果說以上五個時間是針對弗洛伊德的五個階段提出的，那麼以下的三個階段就是埃里克森的獨創。由於這三個階段，使他的發展理論更加完善。

6. 友愛親密對孤僻疏離 (intimacy vs. isolation) 第六階段是成人早期，從 18 歲到 25 歲，發展任務是獲得親密感以避免孤獨感，體驗著愛情的實現。埃里克森認為這時青年男女已具備能力並自願準備著去分擔相互信任、工作調節、生兒育女和文化娛樂等生活，以期最充分而滿意地進入社會。這時，人們需要在自我認同的基礎上獲得共享的認同，這才能導致美滿的婚姻而得到親密感。但由於尋找配偶包含著偶然因素，所以也孕育著擔心獨身生活的孤獨之感。埃里克森認為，發展親密感對是否能滿意地進入社會有重要的作用。

7. 精力充沛對頹廢遲滯 (generative vs. stagnation) 第七階段是成年 (中) 期，約至 50 歲，主要為獲得繁殖感而避免停滯感，體驗著關懷的實現。這時男女建立家庭，他們的興趣擴展到下一代。這裏的繁殖不僅指個人的生殖力，主要是指關切建立和指導下一代成長的需要，因此，有人即使沒有自己的孩子，也能達到一種繁殖感。缺乏這種體驗的人會倒退到一種假親密的需要，沈浸於自己的天地之中，只一心專注自己而產生停滯之感。

8. 完美無缺對悲觀沮喪 (integrity vs. despair) 第八階段為老年期 (成年後期)，直至死亡，主要為獲得完善感和避免失望和厭惡感，體驗著智慧的實現。這時人生進入了最後階段，如果對自己的一生周期獲得了最充分的前景，則產生一種完善感，這種完善感包括一種長期鍛鍊出來的智慧感和人生哲學，伸延到自己的生命周期以外，與新一代的生命周期融合而為一體的感覺。一個人達不到這一感覺，就不免恐懼死亡，覺得人生短促，對人生感到厭倦和失望。

埃里克森的發展漸成說有著自己的特色而不同於別人，他的發展過程不是一維性的縱向發展觀——一個階段不發展，另一個階段就不能到來；而是二維性的,每一個階段實際上不存在發展不發展的問題,而是發展的方向問題。即發展方向有好有壞,這種發展的好壞是在橫向維度上兩極之間進行。

通過對埃里克森人格發展漸成理論的大致介紹,我們看到了新弗洛伊德主義與古典弗洛伊德主義的明顯差異以及兩者之間的共同之處。作為一種理論,埃里克森的思想和弗洛伊德的思想同樣豐富而深邃,不論是為了對人的本質的個人理解,還是為了科學的進步,都值得努力去掌握。

第二節　行為主義的心理發展觀

行為主義 (behaviorism) 是由美國心理學家華生 (John Broadus Watson, 1878～1958) 創造的,它的一個突出特點是強調現實或客觀研究。

華生所受的思想影響較多,其中有俄國的巴甫洛夫 (Ivan Petrovich Pavlov, 1849～1883)。華生的研究方法是巴甫洛夫創造的條件反射法,即巴甫洛夫的**條件反射學說** (conditional reflection theory) 促進了行為主義的發展。儘管華生對心理學的貢獻很大,但他主要的心理學生涯,只持續了 17 年。**新行為主義** (neo-behaviorism) 忠於華生的思想,最有影響的人物是斯肯納 (Burrhus Frederick Skinner, 1904～1990),他企圖通過行為研究來預測和控制人類社會行為。班杜拉 (Albert Bandura, 1925～　) 的**社會學習理論** (social learning theory) 基本上也是行為主義,他雖然也重視認知因素,但主要偏重於人的行為的研究,在行為研究中沒有給認知因素應有的地位。

一、巴甫洛夫的條件反射學說及其對行為主義的影響

巴甫洛夫是俄國的生理學家、心理學家,西方心理學稱他為現代學習理論之父。

(一) 巴甫洛夫的條件反射學說

巴甫洛夫學說的核心思想是條件反射學說。他把意識和行為看作**反射** (reflex)，即機體作用於感受器的外界刺激通過中樞神經系統所發生的規律性反應。在他看來，反射分為無條件反射和條件反射兩種。

1. 無條件反射與條件反射　巴甫洛夫用狗做實驗。當狗吃食物時，會引起唾液分泌，這是無條件反射。**無條件反射** (或非制約反射)(unconditioned reflex) 是動物生來就有、在種系發育過程中所形成而遺傳下來的，其神經聯繫是固定的。如果給狗以鈴聲，則不會引起狗的唾液分泌。但是，如果給狗以鈴聲時即餵以食物，這樣結合進行多次以後，每當鈴聲一響，雖然食物並未出現，狗也會分泌唾液。這時，原來與唾液分泌無關的刺激物——鈴聲，變成了引起唾液分泌這種無條件反射的無條件刺激物——食物的信號，轉化為信號刺激物，而引起唾液分泌。這種由信號刺激物所引起的反射稱為**條件反射** (或制約反射) (conditioned reflex)。條件反射是動物個體生活過程中適應環境變化，在無條件反射的基礎上逐漸形成的，其神經聯繫是暫時的。巴甫洛夫及其學派所研究的這種條件反射，被國際心理學界稱之為**經典性條件作用** (或古典制約作用) (classical conditioning)。

2. 兩種信號系統　由於信號刺激物引起的是條件反射，因此，信號刺激物也被稱為條件刺激物，條件反射實際上是一種信號系統。信號活動是大腦兩半球的最根本的活動。外部現實的信號是多得不可計數的，根據它們的不同本質，又可分為兩類：第一類是外界現實中具體的刺激物，如形狀、顏色、氣味、聲音等，這是直接的、具體的信號；第二類是人類的詞、語言的信號，這是一種抽象的信號。第一類叫做**第一信號系統** (first information system)，這是動物和人類都有的；第二類叫做**第二信號系統** (second information system)，這是皮層進化到人類階段所特有的產物，是人類大腦才能接受的條件反射。兩種信號系統是密切聯繫的，第一信號系統是第二信號系統的基礎，第二信號系統是第一信號系統的抽象化和概念化，它又是通過第一信號系統獲得意義並起作用的。但第二信號系統是社會的產物，社會生活對人的影響，主要通過詞、語言，也就是通過第二信號系統起作用。因此第二信號系統不僅是信號的信號，而且還代表著社會的要求，調節著第一信號系統的活動,調節著人的行為,使人在反映客觀事物時具有目的方向性和自覺能動性。在這兩種信號系統協同活動的過程中,第二信號系統起著主導作用,並且是人類行為的最高調節者。這兩種信號系統的協同活動,是組織人類心理活動特有的生理機制。

由此可見,巴甫洛夫的思想,不僅涉及到發展心理學之比較心理學的研究,而且也闡述了人類種系心理發展的機制。

(二) 巴甫洛夫學說與行為主義

巴甫洛夫的條件反射學說,對行為主義是有影響的。然而,這兩種學說又是有區別的。

1. 影響 華生曾用巴甫洛夫這種條件反射法排斥主觀內省法而推崇客觀觀察法的實驗技術,後來又把條件反射法作為形成一切習得性行為甚至**人格**(或**個性**) (personality) 的一把鑰匙。斯肯納在巴甫洛夫經典性的條件反射基礎上發明了**斯肯納箱**,提出了操作性的條件反射原理。因此,不少心理學史家把巴甫洛夫與行為主義看成是一體。

2. 區別 其實巴甫洛夫學說與行為主義心理學是有區別的。行為主義與巴甫洛夫的分歧主要有兩點:一是不同意巴甫洛夫提出的人與動物的高級神經活動雖有聯繫,但彼此之間有本質的差異;二是反對心理學研究意識,而巴甫洛夫卻不否定意識。然而巴甫洛夫與行為主義都屬於環境決定論,在先天與後天的關係上,都過分地強調後天環境的作用。

二、華生的發展心理學理論

華生認為心理本質是行為。心理、意識被歸結為行為。雖然,各種心理現象也只是行為的組成因素或方面,而且可以用客觀的刺激 (S) - 反應 (R) 術語來論證的,其中包括作為高級心理活動的思維。

華生的發展心理學理論主要表現在機械主義的發展觀和對兒童情緒發展的研究兩個方面。

(一) 機械主義的發展觀

華生在心理發展問題上突出的觀點是**環境決定論** (environmental determinism)。這種環境決定論主要體現在:

1. 否認遺傳的作用 否認行為的遺傳是華生的環境決定論的基本要點之一。華生明確地指出:"在心理學中再不需要本能的概念了"(Watson, 1925)。華生否認行為的遺傳作用,其理由有三個方面:首先,行為發生的公式是刺激－反應。從刺激可預測反應,從反應可預測刺激。行為的反應是由刺激所引起的,刺激來自於客觀而不是決定於遺傳,因此行為不可能取決於遺傳。其次,生理構造上的遺傳作用並不能導致機能上的遺傳作用。華生承認機體在構造上的差異來自遺傳,但他認為構造上的遺傳並不能證明機能上也遺傳。由遺傳而來的構造,其未來的形式如何,要決定於所處的環境。第三,華生的心理學以控制行為作為研究的目的,而遺傳是不能控制的,所以遺傳的作用越小,控制行為的可能性則越大。因此,華生否認了行為的遺傳作用。

當然,華生並不是一開始就反對行為的遺傳作用。起先,他並不反對本能,也不反對遺傳。他在嘗試建立行為主義心理學的兩個出發點的聲明中,還提到遺傳與習慣有同等重要的作用。後來,他才逐漸否認本能的遺傳,只承認一些簡單的反射是來自遺傳。但到了 1925 年撰寫《行為主義》一書時,他將人類行為中所有近於本能的行為,都看成是實際上在社會中形成的條件反射。為了避免提到本能的概念和遺傳的作用,他乾脆將這些動作或反射叫做"非學習反應(動作)"。在行為的因素中,如智力、才能、氣質、人格特徵等方面,他拒絕承認有任何種類的遺傳作用。在他看來,這些東西都是由學習而獲得的,大致是在搖籃時代學得的。

2. 片面誇大環境和教育的作用 華生從刺激－反應的公式出發,認為環境和教育是行為發展的唯一條件。

第一,華生提出了一個重要的論斷,即構造上的差異和幼年時期訓練上的差異就足以說明後來行為上的差異。也就是說,兒童一出生,在構造上是有所不同的,但它們僅僅是一些最簡單的反應而已;而較複雜行為的形成,完全來自環境,尤其是早期訓練的不同使人們行為更加不同。雖然華生否認遺傳對心理發展的作用是錯誤的，但是他提出的早期訓練還是很有價值的。直到今天人們越來越體會到兒童早期教育的重要性，這與華生理論的影響，不是沒有關係的。

第二，華生提出了教育萬能論。華生從行為主義控制行為的目的出發，提出了他聞名於世的一個論斷：

> 請給我十幾個強健而沒有缺陷的嬰兒，讓我放在我自己的特殊世界中教養，那麼，我可以擔保，在這十幾個嬰兒中，我隨便拿出一個來，都可以訓練其成為任何專家——無論他的能力、嗜好、趨向、才能、職業及種族是怎樣，我都能夠任意訓練他成為一個醫生，或一個律師，或一個藝術家，或一個商界首領，或可以訓練他成為一個乞丐或竊賊。(Watson, 1925)

這是典型的教育萬能論觀點。他過分地強調心理發展是由環境和教育機械決定的，誇大了環境與教育在心理發展上的作用。這樣，一方面否定了人的主動性、能動性和創造性，另一方面誇大了教育的作用，使人被動地接受教育的目的，忽視了他們心理發展的內部機制。

當然，華生的教育萬能論在當時也有其積極的作用，這就是在某種意義上批駁了種族歧視和種族優越感。他曾經說，黃皮膚的中國兒童，白皮膚的高加索種兒童，還有黑色的兒童，其皮膚的差異，人種的不同，對以後的行為恐怕不會得出什麼結果，而誰能優異發展，就在於他們後來的環境和接受的教育。這種分析是有其進步意義的。

第三，華生的學習理論。按照他的觀點，本能或遺傳的作用不存在，人的行為發展完全在於環境和教育。因此，學習在行為主義中占著主要地位。

華生學習理論觀點的基礎是條件反射。他認為條件反射是整個習慣所形成的單位。學習的決定條件是外部刺激，外部刺激是可以控制的，所以不管多麼複雜的行為，都可以通過控制外部刺激而形成。這學習規律完全適合於行為主義預測和控制行為的目的，所以華生十分重視學習。華生的學習觀點為教育萬能論提供了論證。

(二) 對兒童情緒發展的研究

華生對心理發展的研究，其主要的興趣是在情緒發展的課題上。對情緒發展的課題又分兩種：重點是研究兒童在三種非習得性、即非學習性的情緒反應基礎上形成的條件反射。同時，他也重視兒童嫉妒和羞恥的情緒行為的研究。

1. 關於兒童的怕、怒、愛的研究 華生聲稱：初生嬰兒只有三種非習得情緒反應——怕、怒、愛。後來由於環境的作用，經過條件反射，促使怕、怒、愛的情緒不斷發展。這裏主要的條件是環境，特別是家庭環境。他指出，兒童的情緒，為家庭環境所形成，父母將是這種情緒的種植者、培養者。當兒童到了三歲時，他全部的情緒生活和傾向，便已打好了基礎。這時父母們已經決定了這些兒童將來是變成一個快活健康而品質優良的人；或是一個怨天尤人的精神病患者；或是一個睚眥必報、作威作福的桀驁者；或是一個畏首畏尾的懦夫。

華生強調情緒是一種"模式反應"。他通過實驗研究，分析了怕、怒、愛三種情緒的基本模式。這三種基本情緒模式主要是由條件反射和習慣所形成。在華生看來，環境的條件，不但影響非習得性反應並誘發這些反應產生多種反應；而且由於對明顯的情緒的部分制約，又引起新的內外的反應。

2. 關於兒童的嫉妒和羞恥的研究 華生曾經指出，除了上述的三種情緒之外，還有兩種情緒行為是行為主義者所最樂於研究的。那就是嫉妒和羞恥。他表示堅信這兩種情緒行為都是學習而成的，而不是非習得的。

華生通過自然實驗，多次地研究嫉妒情緒的產生。他認為，嫉妒的產生既不存在弗洛伊德所說的**戀母情結**，也不是獨子（女）對小弟（妹）出生的仇恨。嫉妒是一種行為，引起這種行為的刺激是"愛的刺激受到限制"，從而引起了反應。這種反應屬於憤怒的反應，它除了包括原始性內臟的反應之外，還包括身體習慣的模式，如爭鬥、拳擊、發洩不滿的詞語等。

華生對羞恥也有過論述。他認為羞恥與手淫有關。手淫後血壓增高，皮膚上的毛細血管膨脹，出現面紅耳赤的狀態。而這種手淫行為，從幼兒時起父母便加以制止，否則就會受到懲罰。因此，以後無論遇到什麼情緒（不論是語言的，還是動作的），只要是與生殖器有關，就會引起兒童的面紅耳赤的狀態，並產生了羞恥情緒。

此外，其他情緒行為，如平常稱為苦惱、悲傷、怨恨、尊敬、敬畏、公正、慈悲等等，在華生看來，都不是很簡單的情緒行為，所以他不作必要的討論。

華生有關兒童情緒的觀點，特別是對兒童的怕、怒、愛的分析，主要是來自他對情緒發展所進行的一系列的實驗研究。這些實驗研究，被譽為是心理學史上"經典實驗"之一。這也是華生在發展心理學建設上的一個開創性的貢獻。

三、斯肯納的發展心理學理論

在斯肯納的理論體系中，與華生的刺激－反應心理學的不同點，在於他區分出反應性和操作性行為。華生的 S－R 心理學認為，發生反應而在指不出他的刺激時也假定有刺激物的存在，只要實驗者想出辦法就能找出這些刺激。斯肯納把這種行為反應稱**反應性行為** (respondent behavior)。而在發生時看不到刺激的行為反應稱作**操作性行為** (operant behavior)。在反應性的條件反射中，刺激先於反應並自動地誘發行為，而在操作性的條件反射中，開始的刺激總是不清楚的，有機體由緊跟著的強化刺激所控制逕自地發出反應。

（一） 兒童行為的強化控制原理

做為環境決定論者，斯肯納雖承認有機體帶著先天的機能進入世界，但他最關心的是環境在兒童行為發生和發展中所起的作用。為此，他提出了一系列關於兒童行為的強化控制原理：

1. 關於強化作用 斯肯納曾經精心設計了一個**斯肯納箱** (Skinner's box)，這是研究生命體和環境作用的典型實驗裝置。這個裝置的設計十分簡單，箱子的側壁上有一個槓桿，按壓時，便有食物出現。實驗動物是一隻白鼠，它可以在裏邊自由走動。但它看不見槓桿，只是在偶爾碰到槓桿時，便有食物滾出，給予強化。對白鼠來說，起初的強化是相對無效的，但經過幾次強化後，其反應的速率加快，目的性增加。這是一種最簡單的操作性行為模式。斯肯納把這種研究方法應用於兒童的研究，來分析兒童操作性行為的產生與強化。

2. 條件反射的原則 斯肯納試著把操作性條件反射的原理應用於兒童

身上,並強調塑造、強化與消退、及時強化等對兒童發展的作用。

首先,在斯肯納看來,**強化作用**是塑造兒童行為的基礎。他認為,只要了解強化效應,操縱好強化技術,就能控制行為反應,並隨意塑造出一種教育者所期望的兒童的行為。兒童偶爾做出某種動作而得到教育者的強化,這個動作後來出現的概率就會大於其他動作,強化的次數加多,概率亦隨之加大,這便導致了兒童操作性行為的建立。

其次,強化在兒童行為發展過程中,起著重要作用。行為不強化就會消退,即得不到強化的行為是易於消退的。依照斯肯納的看法,兒童所以要做某事,就是想得到成人的注意。要使兒童的不良行為(如長時間的啼哭、發脾氣等)消退,可在這些行為發生時不予理睬,排除對他的注意。結果孩子就不哭不鬧了。一哭一鬧的做法反而強化了哭鬧行為。有機體在操作了一個適當行為後方可得到外部的強化刺激。在兒童的眼中,是否多次得到外部刺激的強化,是他衡量自己的行為是否妥當的唯一標準。練習的次數多少本身不會影響到行為反應的速率。練習在兒童行為形成中所以重要,是因為它為重復強化的出現提供了機會。只練習不強化便不會鞏固和發展起一種行為。

再次,斯肯納還強調**及時強化**(或立即強化)(immediate reinforcement),他認為若不進行及時強化是不利於人的行為發展的。教育者要及時強化希望在兒童身上看到的行為。比如,父親在他的兒子給他拿來拖鞋後,立即表示高興,這孩子大約第二天晚上會重復這一行為。可是,如果父母正埋頭想別的事,強化延遲了時間,那麼這孩子的這一行為將得不到鞏固。如果在他堆積木時,父親才表示對兒子取拖鞋的高興,那麼得到強化的不是取來拖鞋,反而是堆積木。採用及時強化,有利於強化反應和強化刺激的聯繫,並有利於辨認和統一複雜行為環境中的強化刺激作用。斯肯納等人的研究表明:如果我們想開始教授一種合意的行為姿態,一開始就採用繼續強化通常是最好的,這是鞏固初始行為的最有效辦法,如果我們也想使這一行為持久,轉換採用**間歇強化**(或部分強化)(partial reinforcement) 即可。

3. 積極強化作用與消極強化作用 強化作用,依照斯肯納的觀點,可分積極強化作用和消極強化作用兩類。儘管分類不同,其作用的效果都是增進反應的概率。所謂**積極強化作用**(或正強化作用)(positive reinforcement),是由於一刺激的加入增進了一個操作反應發生概率的作用,這種作用是經常的。所謂**消極強化作用**(或負強化作用)(negative reinforcement),

是由於一刺激的排除而加強了某一操作反應而發生概率作用。斯肯納建議以**消退 (或消弱)** (extinction) 取代懲罰的方法，提倡強化的積極作用。

4. 兒童行為的變化 **強化作用** (reinforcement) 影響並控制著操作性行為的反應強度，它對操作力量的作用是在動態變化中完成的。那麼，強化作用的效果如何？它是怎樣影響和控制行為的？如何根據它們之間的規律關係預測行為？

早在 1933 年，斯肯納就有這方面的論文，如〈自發活動的測量〉等。他強調**動態的特性** (dynamic properties)，主張把對行為靜的特徵描述和對行為動的規律的測量結合起來，把握操作性行為所特有的動態規律，控制和預測兒童行為的發展；主張測量要充分顯示行為的發射力量、方向、時間性特點等方面的變化而為操縱強化技術提供可靠的依據，為研究強化技術開闢新道路。操作性行為既然不是由已知的刺激引起的，他的反射強度 (力量) 是不能按照反射的一般規律作為刺激的函數來加以計量的。替代的方法是用反應率來計算它的強度。觀察 (可以是自動的，也可以是人工的) 反應頻率就可以確定變動的方向是助長還是抑制性的。為了控制兒童行為的發展，在研究工作中要具體地考慮四種情況 (條件) 的變化：

(1) **第一基線**：即兒童在實驗操作以前的狀態，例如小學一年級新生上課時的不安定、下位子等表現。

(2) **第一實驗期間**：即給予一定刺激，如指示兒童坐好並加以強化，觀察兒童行為的變化，如與安靜坐下的關係。

(3) **第二基線**：即取消第一實驗期間所給的刺激，以檢查第一實驗條件的作用，如不加強化以觀察對兒童安靜坐好行為的關係。

(4) **第二實驗期間**：即把第一實驗期間給予的刺激再度給予兒童，從而確定第一實驗期間所給予的刺激作用。

根據以上的實驗處理可以畫出兒童行為變化的曲線，找出行為變化的規律。他就用這種方法來研究兒童心理各個方面如感知、運動、語言、學習等的發展。

當然，在心理發展中，強化是必要的，也是重要的。我們日常教育兒童過程中，表揚、懲罰都是一種強化。但強化必須和兒童心理發展的內部機制統一起來，這一點，正是斯肯納所忽視的。由此可見，斯肯納的研究對象是徹底的"黑箱有機體",他只專注刺激與反應的形式,而不在意一個人行為產生的內在過程。因此,斯肯納只是強調操作性條件反射和強化原則,而反對任何對意識、情感和動機假設的論斷,這與華生的思想是無多大區別的。

(二) 兒童行為的實驗控制

斯肯納重視將其理論應用於實際。在實際中發展兒童的心理和提高兒童教育的質量方面,他做了以下的貢獻:

1. 育嬰箱的作用 斯肯納從白鼠的按壓槓杆到兒童的撫養,做了不少工作。例如,當他的第一個孩子出生時,他決定做一個新的並經過改進的搖籃,這就是斯肯納的"育嬰箱"。他在實驗箱裏"長大"的女兒過得非常快活,很快就成為一名頗有名氣的畫家。於是,斯肯納把它詳細介紹給了美國《婦女家庭》雜誌,這是他的研究工作第一次普遍受到大眾的注意和贊揚。在題為〈育嬰箱〉(1945) 的論文中,他描述道:

> 光線可直接透過寬大的玻璃窗照射到箱內,箱內乾燥,自動調溫,無菌無毒隔音;裏面活動範圍大,除尿布外無多餘的衣布,幼兒可以在裏面睡覺、遊戲;箱壁安全,掛有玩具等刺激物。可不必擔心著涼和濕疹一類的疾病。(Skinner, 1945)

這種照料嬰兒的機械裝置,是斯肯納研究操作性條件反射作用的又一傑作。這種設計的思想是要盡可能避免外界一切不良刺激,創造適宜兒童發展的行為環境,養育身心健康的兒童。後來,斯肯納發展了這些思想,寫成小說《沃爾登第二》(或譯《桃園二村》),由一個兒童成長的行為環境擴大到幾千人組成的理想國。在這裏,行為分析家將應用操作條件作用的原理於兒童的培養與教育並塑造他們,使他們對於行將步入的人生價值具有正確的看法。美好生活所必需的物質利益、藝術和科學將得到繁榮發展,而沒有猖獗的利己主義和現代技術所附帶的一切弊端。心理學家等組成的指導委員會將決定哪些行為受強化。侵犯行為、過分的實利主義和貪婪的生活方式,將由《沃爾登第二》中描繪的有禁慾色彩,並在生物學和心理學上卻是健康的行為所取代。

2. 行為矯正 隨著斯肯納操作性行為思想體系影響的增強,大量研究工作均已在**行為矯正** (behavior modification) 的領域中發展起來。這種矯正工作並不複雜，例如，消退原理在兒童攻擊性和自傷性行為矯正和控制中的應用。孩子作某椿事是想引起同伴或成人的注意。教師對兒童的挑釁、爭吵，不管何時發生，都裝做不知道。成人對兒童的自傷行為不予理睬，直到他感到疼痛卻得不到任何報酬。不論何時以何種方式，成人都應謹慎，不去強化兒童的不良行為。

3. 教學機器和程序教學　**行為塑造** (shaping) 是根據操作條件反射理論以**連續漸進法** (successive approximation method) 建立個體新行為的歷程，也是兒童教育的重要途徑，但使用起來卻常常使教育者失去耐心，尤其是糾正不良行為和學習這類複雜的行為塑造；在一個班級裏教育者很難照顧到每一個兒童；在實際教育中，師資水平較差的事實也普遍存在。這些問題促使斯肯納深思，在長期的研究中，斯肯納形成了學習和機器相聯繫的思想。於是，**電腦輔助教學** (CAI)誕生了，它彌補了教育中的一些不足。實際上，機器本身遠不如機器中所包含的程序材料重要。**程序教學** (或編序教學) (programmed instruction，簡稱 PI) 有其一系列的原則，例如，小步階呈現信息，及時知道結果，學生主動參加學習等，這些教學進程中所需的耐心，促進主動學習的熱情和及時反饋的速度，幾乎是一般教師所不及的。儘管教學機器和程序教學對教師的主導作用的發揮有妨礙作用，對學生的學習動機考慮較少，但是斯肯納的工作還是對美國教育產生了深刻的影響。

斯肯納在心理發展的實際控制上，作了不少有價值的工作；以後興起的認知心理學、環境心理學、日益流行的教學輔助機以及臨床收效較大的新行為療法等，都受到了他的強化控制理論和實踐的影響。

四、班杜拉的發展心理學理論

由班杜拉的代表作《社會學習理論》(Bandura, 1977)，我們可以全面體現出其發展心理學的觀點。這裏著重介紹兩個方面。

(一)　觀察學習及其過程

觀察學習是班杜拉**社會學習理論** (social learning theory) 的一個基本概念。

1. 觀察學習的實質 所謂觀察學習 (observational learning)，實際上就是通過觀察他人 (榜樣) 所表現的行為及其結果而進行的學習。它不同於刺激反應學習，刺激反應學習是學習者通過自己的實際行動，同時直接接受反饋 (強化)，即通過學習者的直接反應給予直接強化而完成的學習。而觀察學習的學習者則可以不直接地做出反應，也不需親自體驗強化，而只要通過觀察他人在一定環境中的行為，並觀察他人接受一定的強化就能完成學習。所以，在刺激反應學習中，學習者輸入的信息僅僅是刺激，刺激與反應的結合，是以學習者自身為媒介而完成的；而在觀察學習中，學習者輸入的信息是刺激和與其相對應的榜樣反應，刺激與反應的結合是以**榜樣**(或楷模) (model) 為媒介並作為信息為學習者所接受。實際上這種學習是在替代基礎上所發生的學習。用班杜拉的話說，就是所謂**無嘗試學習** (no trial learning) 亦稱**一試學習** (one-trial learning)。

班杜拉雖然也承認各種學習方式，其中包括根據示範的學習、根據反應結果的學習、根據言語教導的學習，但他卻更重視觀察學習這種學習方式，更重視觀察學習的作用。在他看來，從動作的模擬到語言的掌握，從態度的習得到人格的形成，都可以通過觀察學習來加以完成。也就是說，凡依據直接經驗的所有學習現象，都可以通過對他人的行為及其結果的觀察而代理地成立，通過觀察學習不僅可以使習得過程縮短而迅速地掌握大量的整合的行為模式，而且可以避免由於直接嘗試的錯誤和失敗而可能帶來的不良後果。

2. 觀察學習的過程 觀察學習表現為一定的過程，班杜拉認為這個過程包括**注意過程**(或注意階段) (attentional phase)、**保持過程**(或保持階段) (retention phase)、**復現過程**(或再生階段)(reproduction phase) 和**動機過程**(或動機階段) (motivational phase) 等四個組成部分。

班杜拉認為，強化可以是**及時強化**(或立即強化)，即通過外界因素對學習者的行為直接進行干預。例如，某男孩聽到他鄰居使用一些污穢的語言後，因而學得一些新詞，如果這男孩由於說污穢的話而受到鼓勵，他就會去學習他的鄰居；如果他因說咒罵人的話而受到懲罰，那麼，他在模仿時就會猶豫不決。班杜拉認為"外在結果雖然每每給予行為以影響，但是，它不是決定人的行為的唯一結果。人是在觀察的結果和自己形成的結果的支配下，引導自己的行為"(Bandura, 1977)。強化也可以是**替代強化** (vicarious reinforcement)，即學習者如果看到他人成功或贊揚的行為，就會增強產生同樣行為的傾向；如果看到失敗或受罰的行為，就會削弱或抑制發生這種行為的傾向。例如，如果這男孩看到鄰居因咒罵而受鼓勵，這男孩就會去模仿他；如果他看到鄰居受懲罰，他必定少去或不去學他。強化還可以**自我強化** (self-reinforcement)，即行為"達到自己設定的標準時，以自己能支配的報酬來增強、維持自己的行為的過程"(Bandura, 1977)。自我強化依存於**自我評價** (self-evaluation) 的個人標準。這個自我評價的個人標準是兒童學會依自己的行為是否比得上他人設定的標準，用自我肯定和自我批判的方法對自己的行為做出反應而確立的。在這個過程中，成人對兒童達到或超過為其提供的標準的行為表示喜悅，而對未達到標準的行為則表示失望。這樣，兒童就逐漸形成了自我評價的標準，獲得了自我評價的能力，從而對榜樣示範行為發揮自我調整的作用。兒童就是在這種自我調整的作用下，形成觀念、能力和人格，改變自己的行為。

（二） 社會學習在社會化過程中的作用

班杜拉特別重視社會學習在社會化過程中的作用——即社會引導成員用社會認可的方法去活動。為此，他專門研究了攻擊性、性別角色的獲得、自我強化和親社會行為等幾方面的所謂社會化的"目標"。

1. 攻擊性 班杜拉認為，攻擊性的社會化，也是一種操作條件作用。如當兒童用合乎社會的方法表現**攻擊性** (aggression) 時（如球賽或打獵），父母和其他成人就獎勵兒童，當他們用社會不容許的方法表現攻擊性時（如打幼小兒童），則就懲罰他們。所以兒童在觀察攻擊的模式時，就會注意什麼時候的攻擊被強化，而對於被強化的模式便照樣模仿。

班杜拉曾讓四歲兒童個別地觀看一部男性成人（榜樣）模式坐在吹氣膨脹玩偶身上並拳擊這個玩偶的電影，每個兒童被指定觀看同一攻擊電影中三種不同對待結果中的一種：第一種為攻擊－獎勵，即榜樣受表揚並在電影以後給予款待，稱讚他為"勇敢的優勝者"給他巧克力糖、汽水等。第二種為攻擊－懲罰，即榜樣被視成為"大暴徒"，打他並在電影的末尾強迫他畏縮地逃走；第三種為無結果，榜樣既未得到獎賞，也未受到懲罰。當看完電影後，每個兒童即被安置在有吹氣膨脹玩偶和其他玩具的房間裏，以觀察其如何模仿攻擊榜樣。結果表明，看見榜樣被懲罰的組，比其他兩組幾乎沒有什麼模仿；而看見獎賞和無結果的兩組之間沒有差別，都進行了模仿。之後，主試回到房間告訴兒童，凡能再度模仿榜樣的反應者，可得到果汁和一張美麗的圖片貼紙，於是，包括看到榜樣被懲罰的兒童在內的所有兒童，都模仿他看到的榜樣行為到同樣的程度。由此可見，替代懲罰僅僅阻礙新反應的操作，而沒有阻礙他們對這一行為的習得。

2. 性別角色的獲得　班杜拉認為，男女兒童各自性別品質發展較多的也是通過社會化過程的學習，特別是模仿的作用而獲得的學習。

班杜拉認為，兒童常常通過觀察學習兩性的行為，只是因為在社會強化的情況下，他們通常所從事的僅僅是適合他們自己性別的行為。有時這種社會強化還會影響觀察過程本身，也就是說，兒童甚至會停止對異性榜樣細緻的觀察。

3. 自我強化　班杜拉認為，**自我強化** (self-reinforcement) 也是社會學習榜樣影響的結果。他曾用實驗證明了這一點：讓七至九歲的兒童觀看滾木球比賽的榜樣，這榜樣只要當他得到高分數時，就用糖果來獎勵自己，否則，榜樣就將作自我批評。以後，讓看過和未看過榜樣進行滾木球比賽的兒童分別獨自玩滾木球比賽遊戲，結果看過榜樣比賽的兒童，採用的是**自我報酬(或自我獎勵)** (self-reward) 的類型，而未看過榜樣比賽的兒童對待報酬的方法，則不管什麼時候，只要自己願意和感到喜歡就行。可見，在兒童自我評價的行為上，即自我強化的社會化方面，榜樣表現出了明顯的效果。

4. 親社會行為　班杜拉認為，**親社會行為** (prosocial behavior) (如分享、幫助、合作和利他主義等) 可以通過呈現適當的榜樣而加以影響。例如，讓七至十一歲的兒童觀看成人榜樣玩耍滾木球遊戲，並將所得部分獎品捐贈給"貧苦兒童基金會"，然後立即讓這些兒童單獨玩這種遊戲。結果他們遠比沒有觀看過成人榜樣玩耍滾木球遊戲的兒童所做的捐獻多得多。班杜拉認為，親社會行為靠訓練是沒有什麼效果的，有時強制的命令可能會一時奏效，但會有反復，只有榜樣的影響才更有用，而且持續時間更長。

班杜拉的社會學習理論從人的社會性角度研究學習問題，並強調觀察學習，他認為人的行為的變化，既不是由個人的內在因素，也不是由外在的環境因素所單獨決定的，而是由兩者相互作用的結果所決定。他認為人通過其行為創造環境條件並產生經驗 (個人的內在因素)，被創造的環境條件和作為個人內在因素的經驗又反過來影響以後的行為等。無疑，這種看法在相當程度上反應了人類學習的特點，揭示了人類學習的過程，是有一定的理論和實際價值的。但班杜拉的社會學習理論基本上是行為主義的，他雖然也重視認知因素，特別是在最近作了**自我效能** (self-efficacy) 的研究，但並沒有對認知因素作充分的探討；他偏重的是人的行為的研究，在行為研究中還沒有給認知因素以應有的地位，而只是一般化地對認知機理作些簡單的論述，因而他的社會學習理論具有不足之處。

第三節　維果茨基的心理發展觀

在發展心理學史上，維果茨基 (Lev Semenovich Vygotsky, 1896～1934) 的思想是獨樹一幟的；不僅在俄國受到重視，而且也被西方心理學界所推崇。在 1992 年 11 月，莫斯科曾特別為紀念他而召開了維果茨基心理學思想的國際討論會。

一、維果茨基與文化歷史發展學派

維果茨基是前蘇聯的心理學家，他主要研究兒童心理和教育心理，著重探討思維與言語、教學與發展的關係問題。

針對行為主義刺激－反應公式的問題，維果茨基對人的高級心理機能進行了研究，並且在 1925 年發表了〈意識是行為心理學的問題〉的論文，以反對排除人的意識的研究。1926 年，他又撰寫了〈心理學危機的含義〉一文，分析批評了傳統心理學對待人的高級心理機能的錯誤觀點。1930 年至 1931 年，維果茨基撰寫了他的重要代表著作《高級心理機能的發展》一書。在這部著作中，他分析了人類心理在本質上不同於動物的那些高級的心理機能 (思維、注意、邏輯記憶等)；並提出了"兩種工具"觀點。他認為，"物質生產的工具"使人脫離了動物世界；"精神生產的工具"，也就是人類所特有的語言和符號，使人的心理機能發生了質的變化，上升到高級的階段。個體心理是在掌握了全人類的經驗的影響下而形成的各種高級心理機能。

維果茨基的觀點,獲得了一批年輕的心理學家的擁護,魯利亞(Aleksandr Romanovich Luria, 1902～1977) 和列昂節夫 (Aleksev Nikolaevich Leonťev, 1903～1979) 在 20 年代就追隨維果茨基,並和維果茨基一道研究人的高級心理機能的社會歷史發生問題。後來得到了心理發展的社會文化-歷史理論的名稱,形成了**文化-歷史學派**(Culture-History School),又稱"維列魯學派"(蘇聯則稱為 Tpoŭká,意思是三人在一起)。維果茨基是這個學派的創始人。這個由維果茨基、列昂節夫和魯利亞為首所形成的心理學派,是當代俄國最大的一個心理學派別。後來有許多著名心理學家,都成了這個學派的重要成員。在美國、西歐和日本等國也有著廣泛的影響。

由維果茨基所創立的觀點體系,儘管後來引起了很大的爭議,但還是得到了廣泛的研究。1930 年 12 月 9 日,由於史達林以蘇聯共產黨的名義做出的決定,在批判唯心主義思想意識的同時,也批判了反射學、反應學和社會文化-歷史發展理論。然而,維果茨基的兩位學生列昂節夫和魯利亞為發展這一學派仍繼續堅持進行了大量的科學研究,尤其對維果茨基的高級心理機能的發生、發展理論所缺乏研究的兩個問題——活動和物質本體方面進行深入的探討,進一步完善了維果茨基的理論,把它提高到新的高度,使社會文化－歷史學派獲得發展和壯大。1960 年列昂節夫在波恩召開的國際心理學會第十六屆會議上宣讀了自己的〈人類心理發展研究中的歷史觀〉的論文,公開承認是"維果茨基"路線的繼承和發展的人;魯利亞也總結了自己的研究,建立了新的神經心理學,從此維列魯學派就在俄國和國際上得到承認,成為當代的一個有影響的心理學派。60 年代以來,維果茨基的著作又得以重新出版。1982 年出版了維果茨基的心理學全集 (共六冊),使他所創建的學派的影響不斷擴大。

二、維果茨基的發展心理學理論

維果茨基在心理的種系發展和個體發展上都作了研究,特別是他關於人類心理的社會起源的學說,關於兒童心理發展對教育、教學的依賴關係的學說,引起了人們廣泛地注意。

（一） 創立文化-歷史理論

維果茨基創立了如前所說的**文化-歷史理論**(culture-history theory)，用以解釋人類心理本質上與動物不同的那些高級的心理機能。維果茨基根據恩格斯關於勞動在人類適應自然和在生產過程中借助於工具改造自然的作用的思想，詳細地討論了他對高級心理機能的社會起源、中介結構的理論觀點以及他對高級心理機能進行研究的基本原則和途徑。

1. 兩種工具觀　維果茨基認為，由於工具的使用，引起人新的適應方式，即物質生產的間接的方式，而不再像動物一樣是以身體的直接方式來適應自然。在人的工具生產中凝結著人類的間接經驗，即社會文化知識經驗，這就使人類的心理發展規律不再受生物進化規律所制約，而受社會歷史發展的規律所制約。

當然，工具本身並不屬於心理的領域，也不加入心理的結構，只是由於這種間接的**物質生產的工具**(tool for material production)，就導致在人類的心理上出現了**精神生產的工具**(tool for mental production)，即人類社會所特有的語言和符號。生產工具和語言符號的類似性就在於它們使間接的心理活動得以產生和發展。所不同的是，生產工具指向於外部，他引起客體的變化，而語言符號指向於內部，它不引起客體的變化，而是影響人的行為。控制自然和控制行為是相互聯繫的，因為人在改造自然時也改變著人的自身的性質。

2. 兩種心理機能　維果茨基指出，必須區分兩種心理機能：一種是靠生物進化結果的低級的心理機能；另一種是由歷史發展結果，即以精神生產工具為中介的高級心理機能。然而在個體心理發展中，這兩種心理機能是融合在一起的。

3. 兩種心理機能與兒童心理發展　維果茨基正是用這兩種心理機能的理論來創建他的兒童發展心理學。他指出，關於高級的和低級的心理機能的不正確看法，反映在兒童心理學中特別有害。因為如此研究者勢必不去研究高級的心理機能的發生和發展，而往往去分析已經現成的、發展的行為形式；不研究發展本身的過程及其從一個階段向另一個階段的過渡，而是去說明它們在發展不同階段上的單個行為形式。維果茨基進一步指出：各個高級的心理過程的產生，常常只是純外部地被規定在某一年齡時期，而並沒有說明為什麼它恰恰在這一年齡才是可能的，某種過程是怎樣產生和進一步發展的。維果茨基分析批評了上述各種的觀點，用歷史主義的原則，從兩種心理機能的實質去解釋、闡述兒童心理發展及其年齡特點，這就構成了維果茨基的兒童心理學的基本觀點，和其全部理論的核心。

(二) 探討發展的實質

維果茨基探討了"發展"的實質，提出其文化-歷史的發展觀。他認為就心理學家看來，發展是指心理的發展。所謂**心理的發展**(mental development) 就是指：一個人的心理 (從出生到成年)，是在環境與教育影響下，在低級的心理機能的基礎上，逐漸向高級的心理機能的轉化過程。

心理機能由低級向高級發展的標誌是什麼？維果茨基歸納為四個方面的表現：

1. 心理活動的隨意機能 所謂**隨意機能** (voluntary function)，就是指心理活動是主動的，隨意的 (有意的)，是由主體按照預定的目的而自覺引起的。心理活動的隨意性有多種的表現形式，它既表現在心理過程上，如在無意注意的基礎上產生有意注意，在衝動性的行為的基礎上產生預見性的意志等；它又表現在個性特點上，如自我意識能力的發展，根據社會的要求自覺地調節和控制自己的行為等。一個人心理活動的隨意性越強，心理水平就越高。

2. 心理活動的抽象-概括機能 所謂**抽象-概括機能** (abstract generalization function)也就是說各種機能由於思維 (主要是指抽象邏輯思維)的參與而高級化。隨著詞、語言的發展，及知識經驗的增長，促使心理活動的概括性、間接性得到發展，最後形成最高級的意識系統。例如，在具體形象思維的基礎上產生了概念思維，在再現形象的基礎上產生了創造性想像；在低級情感的基礎上產生了理智感、道德感等。

3. 形成以符號或詞為中介的心理結構 例如，三歲前兒童的意識系統中，以知覺、直觀思維為中心；學齡前期兒童意識形成了一種新的系統，記憶處於這個系統的中心；學齡期各個心理機能間重新組合，發展為邏輯記憶和抽象思維為中心的新質的意識系統。一個人心理結構越複雜、越間接、越簡縮，其心理的水平則越高。

4. 心理活動的個性化　人的意識的發展不僅是個別機能由某一年齡向另一年齡過渡時的增長和發展，而主要是其個性的增長和發展，整個意識的增長與發展。個性（人格）的形成是高級的心理機能發展的重要標誌，個性特點對個別機能發展具有重大的意義。

心理機能由低級向高級發展的原因是什麼？維果茨基強調了三點：一是起源於社會文化-歷史的發展，是受社會規律所制約的。二是從個體發展來看，兒童在與成人交往過程中通過掌握高級的心理機能的工具——語言、符號這一中介環節，使其在低級的心理機能的基礎上形成了各種新質的心理機能。三是高級的心理機能是不斷內化的結果。

由此可見，維果茨基的心理發展觀，是與他的文化-歷史發展觀察密切聯繫在一起的。他強調，心理發展的高級機能是人類物質產生過程中發生的人與人之間的關係和社會文化-歷史發展的產物；強調心理發展過程是一個質變的過程，並為這個變化過程確定了一系列的指標。

（三）　指出教學與發展的關係

維果茨基指出了教學與發展的關係，特別是教學與智力發展的關係的思想。維果茨基的教學概念有廣義和狹義之分。廣義的教學，是指人通過活動和交往掌握精神生產的手段，它帶有自發的性質；狹義的教學則是有目的、有計畫進行的最系統的實際形式，它"創造著"學生的發展。

1. 教學類型　他把**教學** (teaching) 按不同發展階段分為三種類型：三歲前兒童的教學為**自發型教學** (spontaneous teaching)，乃兒童是按自身的大綱來學習的；學齡前期兒童的教學稱為**自發反應型教學** (spontaneous-reactive teaching)，教學對兒童來說開始變為可能，但其要求必須屬於兒童自己的需要才可以被接受；學齡期學生的教學則為**反應型教學** (reactive teaching)，是一種按照社會的要求來進行的教學，以向教師學習為主要形式。

2. 文化-歷史理論的教學觀　維果茨基分析批評了關於心理發展與教學關係問題的幾種理論。例如，皮亞傑的"兒童的發展過程不依賴於教學過程"理論；詹姆斯的"教學即發展"理論；考夫卡的二元論的發展觀。他認為這些觀點都沒有正確估計教學在心理發展，特別是智力發展中的作用。他指出，由於人的心理是間接掌握社會文化經驗而產生和發展起來的，因而在心理發展上，作為傳遞社會文化經驗的教學就起著主導的作用。這就是說，人類心理的發展不能在社會環境以外進行，同樣，心理發展離開了教學也就無法實現。在社會與教學的制約下，人類的心理活動，首先是屬於外部的、人與人之間的活動，並隨著外部和內部活動相互關係的發展，就形成了人所有的高級心理機能。

3. 教學與發展的關係　在教學與發展的關係上，維果茨基提出了三個重要的問題：一個是"最近發展區"思想；一個是教學應當走在發展的前面；另一個是關於學習的最佳期限問題。

(1) **最近發展區**：維果茨基認為，至少要確定兩種發展的水平。第一種是**現有發展水平** (existed developmental level)，這是指由於一定的已經完成的發展系統的結果而形成的心理機能的發展水平。第二種是在有指導的情況下藉別人的幫助所達到的**解決問題的水平** (level of problem-solving)，也就是通過教學所獲得的潛力。這樣，在智力活動中，對所要解決的問題和原有獨立活動之間可能有所差異，由於教學，而在別人的幫助下消除這種差異，這就是**最近發展區** (或可能發展區) (zone of proximal development)。教學創造著最近發展區，第一個發展水平與第二個發展水平之間的動力狀態是由教學決定的。

(2) **教學應走在發展的前面**：根據上述思想，維果茨基提出"教學應當走在發展的前面"。這是他對教學與發展關係問題的最主要的理論。也就是說，教學"可以定義為人為的發展"，教學決定著智力的發展，這種決定作用既表現在智力發展的內容、水平和智力活動的特點上，也表現在智力發展的速度上。

(3) **關於學習的最佳期**：怎樣發展教學的最大作用，維果茨基強調了**學習的最佳時期** (learning optimal period)。如果脫離了學習某一技能的最佳年齡，從發展的觀點看來都是不利的，它會造成兒童智力發展的障礙。因此要開始某一種教學，必須以成熟和發育為前提，但更重要的是教學必須首先建立在正在開始尚未形成的心理機能的基礎上，走在心理機能形成的前面。

(四) 提出內化學說

維果茨基分析智力形成的過程，提出了**內化** (internalization) 學說。在兒童思維發生學的研究中，國際不少心理學家提出了外部動作"內化"為智力活動的理論。維果茨基是內化學說的最早提出人之一。他指出，教學的最重要的特徵便是教學創造著最近發展區這一事實，也就是教學激起與推動學生一系列內部的發展過程。從而使學生通過教學而掌握的全人類的經驗內化為兒童自身的內部財富。維果茨基的內化學說的基礎是他的**工具理論** (theory of tool)。他認為人類的精神生產工具或心理工具，如上所述，就是各種符號。運用符號就使心理活動得到根本改造，這種改造轉化不僅在人類發展中，而且也在個體的發展中進行著。學生早年還不能使用語言這個工具來組織自己的心理活動，心理活動是直接的和不隨意的、低級的、自然的。只有掌握語言這個工具，才能轉化為間接的和隨意的、高級的、社會歷史的心理技能。新的高級的社會歷史的心理活動形式，首先是作為外部形式的活動而形成的，以後才"內化"，轉化為內部活動，才能默默地在頭腦中進行。

第四節 皮亞傑的心理發展觀

當代發展心理學最有影響的理論是皮亞傑 (Jean Piaget, 1896～1980) 的心理發展觀，因此今天圍繞著皮亞傑理論而展開的大量新的研究，便構成了**新皮亞傑學派** (neo-Piagetian school)。

一、皮亞傑的發展心理學理論

皮亞傑心理學的理論核心是**發生認識論** (genetic epistemology)。主要是研究人類的認識 (認知、智力、思維、心理) 的發展和結構。他認為，人類的認識不管多麼高深、複雜，都可以追溯到人的童年時期，甚至可以追溯到胚胎時期。兒童出生以後，認識是怎樣形成的，智力、思維是怎樣發生和發展的，它是受那些因素所制約的，它的內在結構是什麼，各種不同水平的智力、思維結構是如何先後出現的等等。所有這些，就是皮亞傑心理研究所企圖探索和解答的問題。

皮亞傑解答這些問題的主要科學依據是生物學、邏輯學和心理學。他認為生物學可以解釋兒童智力的起源和發展，而邏輯學則可以解釋思維的起源和發展。生物學、邏輯學和心理學都是皮亞傑發生認識論和智力（思維）心理學的理論基礎。

（一） 發展的實質和原因

皮亞傑關於智力發展的理論，在他的《智力心理學》(Piaget, 1950) 一書中有詳細的論述。以後針對各種不同問題，他又從不同角度進行了不同的分析，但基本觀點是一致的。

1. 皮亞傑的發展觀　在心理學，特別是發展心理學上，由於各種不同的觀點，故而有各種不同的發展理論，皮亞傑在他的《智力心理學》一書中對此作了詳細的論述。他列舉了五種重要的發展理論：(1) 只講外因不講發展的，如英國羅素 (Bertrand Russell, 1872～1970) 的早期觀點；(2) 只講內因不講發展的，如彪勒 (Karl Bühler, 1879～1963) 的早期觀點；(3) 講內因和外因相互作用而不講發展的，如格式塔學派 (或完形心理學派)；(4) 既講外因又講發展的，如聯想心理學派；(5) 既講內因又講發展的，如桑代克 (Edward Lee Thorndike, 1874～1949) 的嘗試錯誤學說。而皮亞傑則認為他和這五種發展理論不同，他自己是屬於內因和外因相互作用的發展觀，即他既強調內因外因的相互作用，又強調在這種相互作用中心理不斷產生量的和質的變化。

2. 心理發展的本質和原因　皮亞傑認為，心理（智力、思維）既不是起源於先天的成熟，也不是起源於後天的經驗，而是起源於主體的動作。這種動作的本質是主體對客觀的**適應** (adaptation)。主體通過動作對客體的適應，乃是心理發展的真正原因。

皮亞傑從生物學的觀點出發，對適應作了具體的分析。他認為，個體的每一個心理的反應，不管指向於外部的動作，還是內化了的思維動作，都是一種適應。適應本質在於取得機體與環境的**平衡** (equilibration)。

根據生物學的觀點，皮亞傑認為適應是通過兩種形式實現的：一個是同化 (assimilation)，即把環境因素納入機體已有的圖式或結構之中，以加強和豐富主體的動作。皮亞傑反對聯想主義和行為主義心理學把刺激與反應之間的關係看作單向的簡單的關係，即刺激－反應 (S－R) 的公式。他提出 S ⇆ R 雙向關係的公式。並用同化的觀點展開了這個公式：

$$T+I \longrightarrow AT+E$$

　　T：代表結構
　　I：代表刺激 (環境因素)
　　AT：代表 I 同化於 T 的結果，對刺激的反應
　　E：代表刺激中被排除於結構之外的東西

因此，S ⇆ R 變成了 S → AT → R，這就是說，刺激加之於同化的結構而引起反應。另一個是順應 (或調適) (accommodation)，即改變主體動作以適應客觀變化，如從吃奶改為吃飯，這就需要改變原來的機體動作，採取新的動作，以適應環境。這樣，個體就通過同化和順應這兩種形式來表達到機體與環境的平衡。如果機體和環境失去平衡，就需要改變行為以重建平衡。這種不斷的平衡、不平衡、平衡、……的過程，就是適應的過程，也就是心理發展的本質和原因。

(二)　發展的因素和發展的結構

1. 兒童心理發展的因素　在皮亞傑的著作中，如《兒童邏輯的早期形成》(1958 法文版，1964 英文版)、《兒童心理學》(1964 法文版，1969 英文版) 等，對於制約發展的各種因素進行了分析，他認為支配心理發展的因素有四：

(1) **成熟**：主要是指神經系統的成熟。兒童某些行為模式的出現有賴於一定的軀體結構或神經通路發生的機能。皮亞傑認為：成熟在整個心理成長過程中起著一定的作用。它是心理發展的必要條件，但不是充分條件 (即決定條件)。因為單靠神經系統的成熟，並不能說明計算 2＋2＝4 的能力或演

繹推理能力是如何形成的。必須通過機能的練習和習得的經驗，才能增強成熟的作用。所以，"成熟僅僅是所有因素之一，當兒童年齡漸長，自然及社會環境影響的重要性將隨之增加"。

(2) **物理環境**：亦即個體對物體作出動作中的練習和習得的經驗。它包括物體經驗（來自外物）和數理邏輯經驗（來自動作）。前者是指個體作用於物體，抽象出物體的特性，如大小、重量、形狀等。後者則是指個體作用於物體，從而理解動作間的協調結果。在數理邏輯的經驗中，知識來源於動作（動作產生組織和協調作用），而非來源於物體。在這種情況下的經驗僅指日後將發展成為"運算"推理，實際上帶有動作性質的方面，它的意義不同於由外界環境引起的動作所獲得的經驗；相反地，它是主體作用於外界物體而產生的構造性動作。皮亞傑指出，物理因素是重要的，它是一個主要的必要的因素，但不是兒童心理發展的決定因素。

(3) **社會環境**：包括社會生活、文化教育、語言等，這種因素指的是社會上的相互作用和社會傳遞。皮亞傑指出，社會化就是一個結構化的過程，個體對社會所作出的貢獻正是他從社會化所得到的同樣多，從那裏便產生了**運算**(或操作) (operation) 和**協同運動** (或合作) (cooperation) 的相互依賴和同型性。皮亞傑認為，社會經驗同樣是心理發展的一些必要條件，但不是充分條件。不管兒童生活在什麼樣的社會環境中，甚至是沒有語言的聾啞兒童，到七歲年齡就會出現具體運算的邏輯思維。因此，環境、教育對心理發展水平並不起決定作用，它只能促進或延緩心理發展而已。

(4) **平衡**：皮亞傑認為平衡或自我調節是心理發展中最重要的因素，即決定的因素。為什麼？他指出，**平衡** (equilibration) 就是不斷成熟的內部組織和外部組織的相互作用。平衡可以調和成熟、個體對物體產生的經驗以及社會經驗三方面的作用。由於平衡作用，感知-運動結構從最初的節奏開始逐漸進展成調節作用，再從調節作用逐漸進展成可逆性的開端。調節作用直接依賴於平衡因素，而所有日後的發展（無論是思維的發展，道德觀念的發展，或是協同運算的發展）便是從調節作用引向可逆性和擴展可逆性的一個連續過程。可逆性是一個完善的，也就是說達到完全平衡的補償系統，其中每一變換通過逆向或互反兩種可能性達到了平衡，因此，平衡不是靜態的力的平衡，也不是熱力學上的熵的增加，而是動態的平衡，具有自我調節的作用。通過這種動態的平衡，實現心理結構的不斷變化和發展。

2. 兒童心理發展的結構　皮亞傑是一個結構主義的心理學家，他提出心理發展的結構問題。

(1) **最初的結構觀**：他先認為心理結構的發展涉及圖式、同化、順應和平衡。在四個概念中，皮亞傑把圖式作為一個核心的概念提出來。如他為馬森 (Mussen, 1970) 主編的《兒童心理學手冊》所寫的〈關於認知發展理論〉部分的〈皮亞傑學說〉一文中把圖式這一概念作為最基本的概念。什麼是圖式？皮亞傑認為，**圖式** (或**基模**) (schema) 就是動作的結構或組織，這些動作在相同或類似環境中由於不斷重複而得到遷移或概括。主體為什麼會對環境因素的刺激作出不同的反應，這是因為每個主體的圖式的不同，以不同的內在因素去同化這種刺激，作出不同的反應。圖式最初來自先天遺傳，以後在適應環境的過程中，圖式不斷地得到改變，不斷地豐富起來，也就是說，低級的動作圖式，經過同化、順應、平衡而逐步結構出新的圖式。同化與順應是適應的兩種形式。而同化和順應既是相互對立的，又是彼此聯繫的。皮亞傑認為，**同化** (assimilation) 只是數量上的變化，因為它只不過是以原有的圖式為基礎，去吸收新經驗的歷程 (張春興，1989)，不能引起圖式的改變或創新；而**順應** (accommodation) 則是質量上的變化，因為它在原有圖式不能直接適用條件下，個體為著環境需要，主動地修改圖式，進而達到目的的心理歷程 (張春興，1994)，所以其促進創立新圖式或調整原有圖式。平衡，即是發展中的因素，又是心理結構。**平衡**是指同化作用和順應作用兩種機能的平衡。新的暫時的平衡，並不是絕對靜止或終結，而是某一水平的平衡成為另一較高水平的平衡運動的開始。不斷發展著的平衡狀態，就是整個心理的發展過程。

(2) **後期的結構觀**：後來皮亞傑在《結構主義》 (Piaget, 1968) 一書中曾指出，思維結構有整體性、轉換性和自調性等三要素。結構的**整體性** (wholeness) 是說結構具有內部的融貫性，各成分在結構中的安排是有機的聯繫，而不是獨立成分的混合，整體與其成分都由一個內在規律所決定。結構的**轉換性** (transformation) 是指結構並不是靜止的，而是有一些內在的規律控制著結構的運動發展。結構的**自調性** (self-regulation) 是說平衡在結構中對圖式的調節作用，也就是說，結構根據其本身的規律而自行調節，並不借助於外在的因素，所以結構是自調的、封閉的。

(3) 把結構主義與建構主義緊密結合起來：對於建構的概念，皮亞傑並沒有一個確切的定義，但卻體現了他的一種思想，即關於心理結構的一種特殊的見解。所謂**建構主義** (constructivism)，皮亞傑 (Piaget, 1968, 1970) 則強調三點：其一，任何心理結構，都是主體與客體的相互作用的結果，建構主義正是重視這個主客體相互作用的過程。其二，建構與結構的共同點，都是強調系統內在結構和關係；建構與結構的不同點，表現在不僅重視"共時性" (synchronic)，而且也重視"歷時性" (diachronic)，即著重研究心理的發生與發展。其三，活動範疇是皮亞傑理論的邏輯起點與中心範疇，即把"活動"作為考察認識發生和發展的起點與動力。

（三） 發展的階段

皮亞傑的發展觀，突出地表現在他的階段理論的要點上，其理論要點，可列舉如下列六項：

1. 心理發展過程是連續的 心理發展過程是一個內在結構連續的組織和再組織的過程，過程的進行是連續的；但是由於各種發展因素的相互作用，兒童心理發展就具有階段性。

2. 每個階段有其獨特結構 各個階段都有它獨特的結構，標誌著一定階段的年齡特徵，由於各種因素，如環境、教育、文化以及主體的動機等的差異，階段可以提前或推遲，但階段的先後次序不變。

3. 各階段出現有一定次序 每一階段從低到高是有一定次序的，不能逾越，也不能互換。

4. 前階段是後階段的結構基礎 每一個階段都是形成下一個階段的必要條件，前一階段的結構是構成後一階段的結構的基礎，但前後兩個階段相比，有著質的差異。

5. 兩階段間非截然劃分 在心理發展中，兩個階段之間不是明顯可分的，而是有一定的交集的。

6. 新水平的構成 心理發展的一個新水平是許多因素的新融合，新結構，是各種發展因素由沒有系統的聯繫逐步組成整體。

這種整體結構又是從哪兒來的呢？皮亞傑認為，在環境教育的影響下，人的動作圖式經過不斷的同化、順應、平衡的過程，就形成了本質不同的心理結構，這也就形成了心理發展的不同階段。

皮亞傑把兒童心理或思維發展分成若干階段。雖然他在不同的著作裏出現過大同小異的分類情況。但基本上分為四個階段為主：

1. 感知運動階段 感知運動階段(或感覺動作期)(sensorimotor stage)，見於 0～2 歲的兒童，這一階段主要指語言以前的時期，兒童主要是通過感覺動作圖式來和外界取得平衡，處理主、客體的關係。兒童思維萌芽於斯，乃皮亞傑根據對自己孩子的追蹤觀察研究，把兒童兩歲以前(即語言以前)智力發生發展的過程，作了詳細的描述。他把這一階段又劃分為六個小階段。這六個小階段的主要發展特性是：(1) 反射練習時期(0～1 個月)；(2) 動作習慣和知覺的形成時期(1～4.5 個月)；(3) 有目的的動作的形成時期(4.5～9 個月)；(4) 範型之間的協調，手段和目的之間的協調時期(9～11、12 個月)；(5) 感知運動智力時期(11、12～18 個月)；(6) 智力的綜合時期(18 個月～2 歲)。

2. 前運算思維階段 前運算思維階段(或前運思期)(preoperational stage)，見於 2～7 歲的兒童，表象或形象思維萌芽於此階段，在前一階段發展基礎上，各種感知運動圖式開始**內化**而為表象或形象圖式；特別是由於語言的出現和發展，促使兒童日益頻繁地用表象符號來代替外界事物，重現外部活動，這就是表象思維。表象或形象性思維的特點有三：一是**具體形象性**(concrete imagery)，指兒童是憑借表象來進行思維；二是**不可逆性**(irreversibility)，這時兒童還沒有概念的**守恆性**和**可逆性**；三是**知覺集中傾向**(perceptual centration)，當注意集中在問題的某一方面時，就不能同時把注意力轉移到另一方面。

3. 具體運算思維階段 具體運算思維階段(或具體運思期)(concrete operational stage)，見於 7～12 歲的兒童即相當於小學階段，具有初步的邏輯思維。皮亞傑認為具體運思是在前一階段很多表象圖式融合、協調的基礎上形成的。這一階段的主要特點是出現了**具體運算**(concrete operation)圖式，其主要特點有二：(1) **守恆性**，即運算的基本特點是守恆性。所謂**守恆性**(conservation)，就是內化的、可逆的動作。用通俗的話說，就是能在頭腦中從一個概念的各種具體變化中抓住實質的或是本質的東西，才算達到了守恆。守恆是通過兩種可逆性實現的,所謂**可逆性**(reversibility)即思維問題時可以從正面去想,也可以從反面去想;可以從原因看結果,也可以從結果去分析原因。守恆通過的兩種可逆性:一個是**逆反性**(inversion),即否定性。例如＋A 是－A 的逆向或否定;另一個是**相互性**(或**互反性**)(reciprocity),例如 A＞B,則 B＜A 是它的互反。(2) **群集運算**(groupment operation),例如 A＋A′＝B (鳥＋獸＝動物),在具體運算階段的兒童,由於出現了守恆和可逆性,因而可以進行群集運算;能對這些運算結構進行分析綜合,從而能正確地掌握邏輯概念的內涵和外延等等。

這個階段之所以叫具體運算階段,是因為 (1) 這種運算思維一般還離不開具體事物的支持,離開具體事物而進行純粹形式邏輯推理會感到困難;(2) 這些運算仍是零散的,還不能組成一個結構的整體,一個完整的系統。

4. 形式運算思維階段 形式運算思維階段(或形式運思期)(formal operational stage) 發生於 12～15 歲兒童,具抽象邏輯思維,即具體運算思維,經過不斷同化、順應、平衡,就在舊的具體運算結構的基礎上逐步出現新的運算結構,這就是和成人思維接近的、達到成熟的**形式運算**(formal operation) 思維,亦即**命題運算思維**(propositional operational thinking)。所謂形式運算或命題運算,就是可以在頭腦中將形式和內容分開,可以離開具體事物,根據假設來進行的邏輯推演的思維。

二、新皮亞傑主義簡述

皮亞傑的理論產生於 20 世紀 20 年代,到 50 年代已經完全成熟,並風行於全世界。很多兒童心理學工作者對皮亞傑理論進行了研究,並對他的實驗進行了重復性的檢驗。據估計,僅僅關於"守恆"一項內容的重復、驗證實驗就達 3000 項以上。這種情況就使得皮亞傑理論有了新的進展。

促使皮亞傑理論獲得新的進展的主要原因及其表現有三個,這三個均可稱為**新皮亞傑主義**(neo-Piagetism)。

(一) 修訂皮亞傑的研究方法和結果

目前,西方兒童認知發展理論的一個新趨勢,就是對皮亞傑兒童發展階段理論的兩種質疑。

1. 修訂皮亞傑的年齡階段論　近年來，在西方認知發展心理學的研究中，越來越多的人提出，兒童認知能力的發展並不是以皮亞傑的年齡階段論所描述的那種"全或無"的形式進行的。他們通過實驗發現，許多重要的認知能力將隨著個體知識和經驗的增長，一直發展到成年期。心理學家們提出這種批評是以下面觀點為依據的：(1) 認為皮亞傑發展階段論的事實依據不足。傳統的皮亞傑理論認為，幼兒缺乏某種認知能力，這種結論是依據非常有限的實驗結果而推導出來的。但現已有科學研究表明，在比較複雜的課題任務中，各種認知結構的相互作用和動力變化常使某些重要的認知能力時而表現時而隱蔽。因此，僅通過少量的實驗，就來概括兒童的認知能力，根據不夠充分。(2) 認為皮亞傑的實驗過於困難，不適合年幼兒童去做，因而不能發掘表現出幼兒的應有能力。最近的研究結果已表明，如果研究者能設計出難度適當的課題任務，或者事先引入訓練程序，再做皮亞傑的實驗時，年幼兒童就能表現出原來被認為缺乏的認知能力。

2. 提出成人思維發展模式　威廉·佩裏等人 (William Perry et al., 1968)，對皮亞傑的 15 歲為思維成熟期的理論提出了質疑。他們認為 15 歲不一定是思維發展的成熟年齡，形式運思期也不是思維發展的最後階段。佩裏把大學生的思維概括為如下三種水平：(1) **二元論水平** (dualism level)，此時期大學生總是以對和錯來看待一件事；(2) **多重性水平** (multiplicity level)，世界是複雜的，事物是多樣化的，看待一件事或解答一個問題應有多種方法；(3) **相對論水平** (relativism level)，"一切要看情況而定"，此時大學生接受這樣的事實：在邏輯判斷中需要感知，分析和評價；(4) **約定性水平** (commitment level)，這一階段大學生已經認識到，世上沒有絕對的事情。他們認識到建立正確邏輯的必要性，而且可以對具體場合如何行動作出選擇。第一章提到的里格 (Riegel, 1973)，他明確的提出辯證運算是思維發展的第五個階段，此階段正是成人思維發展的特徵。

上述兩種觀點的提出者都表示自己是新皮亞傑主義者，但是他們在思維發展的模式上卻和皮亞傑的學說有著不同的看法。

(二)　信息加工論與皮亞傑理論結合

信息加工論 (或訊息處理論) (information processing theory) 者對皮亞傑的理論，大體上有兩種態度：一種是"非發展理論"，即認為兒童的認知能力的發展之所以與成人不同，只是由於知識和經驗的貯存不夠，如果夠了，就與成人的認知能力沒有本質的區別。另一種則是"發展論"，這種理論認為應當把皮亞傑理論與信息加工理論結合起來，研究兒童智力的發展。因為兒童心理與成人心理有本質的不同：(1) 兒童是不成熟的，例如兒童的腦結構（神經細胞體積、突觸聯繫、髓鞘化等）尚未發育完整；(2) 兒童沒有足夠的信息貯存；(3) 兒童的決策能力差，因為決策過程需要複雜的信息分析、綜合的能力。鑒於兒童這幾方面的特點，如果能用信息加工理論來建立一個不同年齡階段兒童智力發展的程序模式，就可以對兒童的智力發展設計出比皮亞傑的抽象描述更為確切、更為科學的具體模式。雖然這方面的工作還不成熟，但這卻是一個良好的開端。持這種主張的人，常常將自己命名為"新皮亞傑理論"學派，以示對皮亞傑主義的修正和發展。

近年來，皮亞傑理論不僅在理論方面有了新的發展，而且在實踐領域，特別在教育實踐領域也獲得了日益廣泛的應用。在西方和日本等許多國家，根據皮亞傑理論框架和最近的有關研究成果，心理學工作者與教育工作者一起，設計出了一些教育程序，將此應用於嬰兒、學前和中小學教育中。在嬰兒教育的方面，他們根據了皮亞傑的感知運動智力理論，採用各種方法，指導嬰兒擺弄物體，操作智力玩具等，幫助孩子形成對物體的特性（如色、形狀、體積、質地等）的認知；在幼兒教育方面，設計了各種智力玩具和教具（如圖片、積木、迷板等），為兒童能提早形成數的概念、空間概念及時間概念打下基礎；也有人研究如何根據皮亞傑理論，培養小學兒童的思維能力，甚至有人研究青年期形式運算思維形式的一些具體過程，並將此與教育工作聯繫起來。

(三) 日內瓦新皮亞傑學派的產生

在瑞士日內瓦大學，即皮亞傑長期工作過的地方，在皮亞傑晚年和他去世以後，他的同事和學生們的研究工作中，對皮亞傑的理論也有了新的變革性發展。這種發展是在保持皮亞傑理論的基礎框架或模式的前提下，調整了研究的方向，擴大了研究的範圍和課題。其補充和修正皮亞傑的某些觀點，從廣度和深度上充實並提高了皮亞傑的理論，為皮亞傑理論加進某些新的成分。他們也打出"新皮亞傑學派"的旗號，但與信息加工論的"新皮亞傑學派"完全不一樣。

日內瓦新皮亞傑學派的產生，是以 20 世紀 60 年代日內瓦大學建立心理與教育科學學院為其契機的。蒙納德 (Moundoud, 1976) 發表的〈兒童心理學的變革〉一文，標誌著走向新皮亞傑學派的第一步。1985 年，這個學派出版了第一本文集《皮亞傑理論的發展：新皮亞傑學派》，比較系統地闡明了他們的觀點和主要研究成果。

日內瓦新皮亞傑學派的主要特點，可以概括為如下幾點：

1. 重視教育研究的傳統　日內瓦新皮亞傑學派和原來的皮亞傑學派的重大差別之一，是日內瓦新皮亞傑學派恢復了日內瓦大學重視教育研究的傳統。他們認為教育不僅是社會發展的需要，而且也是個體人格完滿發展的需要。因此，在他們的研究中，特別強調社會關係、人際交往、社會文化、社會性發展的研究。在他們關於"智力的社會性發展"研究中，雖然使用了皮亞傑的概念，但他們是更多從社會認知或發生社會心理學的觀點來加以闡釋的。即同化、順應、平衡等過程發展的線索是由社會環境（包括教育）來提供的。皮亞傑雖然也承認交互作用，但並沒有把它作為一個單獨變量來進行研究。日內瓦新皮亞傑學派在他們關於守恆等實驗研究中，發現兒童的社會交往是一個重要的協調機制，並把這些實驗的結果應用於教育。

2. 重視心理學應用的研究　和上述一點相聯繫的是，日內瓦新皮亞傑學派不僅僅追求心理學理論研究的科學價值，而更重要的是重視應用的研究。在這一點上，日內瓦新皮亞傑學派與皮亞傑後期純理論的研究方向是相對立的。他們不贊成在心理學中只是抽象地研究心和物、心和身、感覺和思維等這些對立命題的關係，而是主張綜合地、全面地研究這些對立命題之間在實際上的密不可分的聯繫。

3. 擴大兒童心理的研究領域　日內瓦新皮亞傑學派與原來的皮亞傑學派的另一個不同之點，是他們不贊成只研究認知的發展，而是要求把兒童心理發展當做一個整體來研究。除了認知之外，還有情緒、自我意識、人格發展等等。

4. 研究方法的突破　最後，在研究方法技術上，新皮亞傑學派也有他們自己的特點。原來的皮亞傑理論的實驗中，大多只有一個變量，並且強調主試的作用；而日內瓦新皮亞傑學派則試圖創設幾個變量相互作用的情境，提供兒童分析、抽取、鑑別客體屬性的機會，從而強調被試在實驗過程中的作用。此外，日內瓦新皮亞傑學派還注意採用現代技術（電子計算機、微電腦等）來對皮亞傑研究中未包括的方向進行新的探索。例如，他們關於嬰兒視覺系統的感覺運動的本質的研究。大大擴展和豐富了皮亞傑的研究。

當然，日內瓦新皮亞傑學派還在形成之中，還沒有一個明確的體系。正如他們自己所言，"要回答日內瓦新皮亞傑學派提出的種種問題，是不容易的，也不是立刻可以辦到的。這是一個廣闊的且需要雄心壯志的長期研究計畫"（Moundoud, 1976）。

第五節　朱智賢的心理發展觀

中國兒童心理學的研究發端於陳鶴琴（1892～1982）在 1902 年左右對其子的追踪研究。從那時至今，許多心理學家對中國兒童心理學的發展做出了自己的貢獻，其中較為著名的有：黃冀（1903～1944）、孫國華（1902～1958）、艾偉（1890～1955）、陸志偉（1894～1970）、朱智賢（1908～1992）、等人。在這些著名的兒童心理學家中，已故北京師範大學教授朱智賢，根據自己長期的研究，建立和發展了自己獨特而完整的兒童心理學體系，對中國兒童心理學的研究產生了廣泛而深遠的影響，引起國際心理學界的注目。

一、從陳鶴琴到朱智賢

在 1923 年陳鶴琴根據教學和研究中所積累的材料，並參考西方兒童心理學著作，寫出《兒童心理之研究》（上、下冊），由商務印書館出版，他的貢獻可概括為如下三個方面：

首先，他的《兒童心理之研究》在中國兒童心理學史上是一部開拓性著作。在書的自序中陳鶴琴寫道：

民國八年（1919 年）由美國回國，掌教南高（即南京高師），擔任

"兒童心理"一課，從事研究，及瀏覽 Preyer、Baldwin、Shinn、Moore、Dearborn、Storer 諸氏所著之書，益覺研究兒童心理之有味。次年幸舉一子，就實地考察，實地實驗，而更覺小孩子之可愛。(陳鶴琴，1923)

此書內容多半取材於這個個別研究的結果，亦有相當部分係借重歐美心理學家所編之兒童心理著作。

正因為陳鶴琴的《兒童心理之研究》是總結自己的科學研究成果而寫成的，所以，至今他的書中的某些理論和材料仍然具有一定的生命力。

其次，自從達爾文、普萊爾對自己的孩子作了追踪研究以後，很多兒童心理學家也做過同樣的研究工作。陳鶴琴關於對自己的孩子的追踪研究則有其獨具的特點，所以，在中國兒童心理學史上，他們的研究可以說是一個具有開創性和典範性的研究。

第三，陳鶴琴不是孤立地研究兒童心理，而是時時注意聯繫實際，特別是教育實際，使兒童心理研究為社會實踐服務，這種堅持把兒童心理研究和兒童教育實際緊密結合的精神是非常可貴的。

陳鶴琴為了開展兒童心理研究以及把這種研究廣泛應用於教育實際上，他做了大量的工作，他在 1923 年創辦了鼓樓幼兒園，作為他的兒童研究基地。1927 年，他在東南大學任教期間，在南京建立教育實驗區，進行和推廣小學兒童教育的試驗。當陶行知在南京創辦曉莊鄉村師範時，陳鶴琴擔任該校第二院院長。第二院的任務主要是創辦鄉村幼兒園，並為推廣鄉村幼兒園作典型試驗。陳鶴琴除了創辦各種兒童教育機構外，還做了許多有關兒童教育的具體工作。例如，他曾創辦兒童玩具廠、教具廠，根據兒童心理的發展程序，製造了多種多樣的玩具和教具。他還主編過多種兒童教育刊物，如《兒童教育》、《幼稚教育》、《小學教師》、《話教育》、《新兒童教育》等，在這些刊物裏，他緊緊結合兒童教育來宣傳兒童心理學的知識。此外，他還創辦和領導了有關兒童教育的學術團體，如"中國幼稚教育社"、"中華兒童教育社"等。

總之，陳鶴琴的一生是開展兒童心理研究、創辦和領導各種兒童教育事業，為我國兒童一代謀福利的一生，是我國兒童心理學的開拓者，一位平凡而偉大的兒童心理學家和兒童教育家。

朱智賢於 1930～1934 年在南京中央大學學習時，陳鶴琴是他的一位有影響的老師。朱智賢的一生主要從事兒童青少年心理學的研究。儘管從陳鶴琴到朱智賢之間還有不少有影響的兒童心理學家，但系統、全面研究心理發展，且形成自己理論體系的並不多。朱智賢不僅有其心理發展的理論，而且他是主張發展心理學研究中國化的典範。1990 年，上百萬言的《中國兒童青少年心理發展與教育》一書的出版，正是他主持兒童發展心理學研究中國化的體現。

二、朱智賢的發展心理學理論

朱智賢的發展心理學理論主要表現在以下四個方面：

(一) 探討兒童心理發展的理論問題

朱智賢從唯物辯證法出發，提出了兒童心理發展的四個基本理論觀點，又叫做四條基本規律。

1. 先天與後天的關係 人的心理發展是由先天遺傳決定的，還是由後天環境、教育決定的？這在心理學界爭論已久，在教育界及人們心目中也有不同的看法。20 世紀 20 年代，這個問題引起國際心理學界展開了一場激烈的爭論。由於這場論戰在不分勝負的情況下不了了之，於是此後大部分心理學家就按遺傳和環境"二因素"作用觀點來解剖心理發展的問題，這個平靜狀態大約保持了 25 年。然而這個爭論又由詹森 (Jensen, 1969) 發表關於種族的智力差異觀察，強調遺傳決定而重新挑起，使已經保持了四分之一世紀休戰狀態的遺傳-環境的爭論，再一次成為發展心理學家考慮的主要課題。朱智賢從 50 年代末開始，一直堅持先天來自後天，後天決定先天的觀點。首先，他承認先天因素在心理發展中的作用，不論是遺傳素質還是生理成熟，他們都是兒童與青少年心理發展的生物前提，提供了這種發展的可能性；而環境和教育則將這種可能性變成現實性，決定著兒童心理發展的方向和內容。朱智賢不僅僅提出這個論點，而且還堅持開展這方面的實驗研究。著者對雙生子的智力、性格的心理學研究，正是朱智賢指導的結果，我的研究材料，完全證實了朱智賢的理論觀點 (林崇德，1981，1982)。

2. 內因與外因的關係 　環境和教育的關係並不是像行為主義所說的那樣機械地決定心理的發展，而是通過心理發展的內部矛盾而起作用的。朱智賢認為，在兒童主體和客體相互作用的過程中，社會和教育向兒童提出的要求，所引起的新的需要和其已有的心理水平之間的矛盾，是兒童心理發展的內部矛盾或內因，也是其心理發展的動力。對此，可以從以下幾個方面理解：(1) 活動是心理發展內部矛盾產生的基礎；(2) 需要在兒童心理內部矛盾中代表著新的一面，它是心理發展的動機系統；(3) 已有心理水平，即原有的完整的心理結構代表著穩定的一面；(4) 新的需要和已有的心理水平的對立統一，構成兒童心理發展的內部矛盾，形成心理發展的動力；(5) 在活動中產生的新需要與已有的心理水平的矛盾是兒童心理發展的主要矛盾。有關內部矛盾的具體提法，國內外心理學界眾說紛紜，國內就有十幾種之多。但目前國內大多數心理學家都同意朱智賢的提法。如前所述，在發展理論研究，皮亞傑曾列舉了心理學史上的各種代表性觀點，我們認為他既講內因、外因作用又講發展，無疑是一大進步。在這個問題上，朱智賢不僅是內外因交互作用的發展觀，而且提出了心理發展中內因與外因的具體內容，就此層次而言，朱智賢的觀點可說是兼具進步性和開拓性。

3. 教育與發展的關係 　心理發展如何，向哪兒發展？朱智賢認為，並不是由外因機械決定的，也不是由內因孤立決定的，而是由適合於內因的一定的外因決定的，也就是說，心理發展主要是由適合於他們心理內因的那些教育條件來決定的。從學習到心理發展，人類心理要經過一系列的量變到質變的過程。他還與我提出了一個表達方式 (朱智賢、林崇德，1986)：

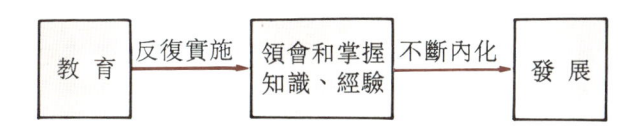

教育 —反復實施→ 領會和掌握知識、經驗 —不斷內化→ 發展

在教育與發展的關係中，如何發揮教育的主導作用？這涉及到教育要求的準度問題。朱智賢提出，只有那種高於主體原有水平，經過他們主體努力後又能達到的要求，才是最適合的要求。如果維果茨基"文化歷史發展"學派提出的"最近發展區"是闡述心理發展的潛力的話，那麼朱智賢的觀點則指明了發掘這種潛力的途徑。

4. 年齡特徵與個別特徵的關係 　朱智賢還指出，兒童與青少年心理發展的質的變化，就表現出年齡特徵來。心理發展的年齡特徵，不僅有穩定性，而且也有可變性。在同一年齡階段中，既有本質的、一般的、典型的特徵，又有人與人之間的差異性，即個別特點。

當然，在中外發展心理學史上有過不少 對上述四個問題的分析和闡述，但像上述那樣統一的、系統的、辯證的提出，還是第一次。因此，正如《中國現代教育家傳》(1986) 中所說，"它為建立中國科學的兒童心理學奠定了基礎"。

（二） 強調用系統的觀點研究心理學

朱智賢經常說，認知心理學強調兒童認知發展的研究，精神分析學派強調兒童情緒發展的研究，行為主義強調兒童行為發展的研究，我們則要強調兒童心理整體發展的研究。

早在 20 世紀 60 年代初，在他發表〈有關兒童心理年齡特徵的幾個問題〉一文中，首次提出系統地、整體地、全面地研究兒童心理的發展。他反對柏曼 (Berman, 1911) 單純地以生理作為年齡特徵的劃分標準，反對施太倫 (William Stern, 1871～1938) 以種系演化作為年齡特徵的劃分標準，反對皮亞傑以智力或思維發展作為年齡特徵的劃分標準。提出在劃分兒童心理階段時，主要應考慮兩個方面：一是內部矛盾或特殊矛盾；二是既要看到全面（整體），又要看到重點。這個全面或整體的範圍是什麼？他認為應包括兩個主要部分——認識過程（智力活動）和人格品質；和四個有關方面，即心理發展的社會條件和教育條件，生理的發展，動作和活動的發展，語言的發展。朱智賢的觀點在當時為我國心理學廣泛引用，不少心理學家在此基礎上寫了論文，加以發揮和闡述。

在 20 世紀 70 年代後期，朱智賢主張心理學家學好哲學的"普遍聯繫"和"不斷發展"的觀點及系統科學理論（也包括所謂的"三論"——系統論、控制論、信息論和"新三論"——耗散結論、協同論、突變理論）。在〈心理學的方法論問題〉的論文中，反復闡明整體研究的重要性。其主要觀點有：

1. 將心理視為一個開放的組織系統研究　他指出，人以及人的心理都是一個開放的系統,是在主體和客體相互作用下的自動控制系統。為此,在心理學,特別是研究心理發展時,要研究心理與環境(自然的、社會的,特別是後者)的關係;要研究心理內在的結構,即各子系統的特點,要研究心理與行為的關係;要研究心理活動的組織形式。

2. 系統地分析各種心理發展的研究類型　在對兒童與青少年心理進行具體研究之前,常常由於研究的時間、被試、研究人員以及研究裝備等條件的不同,而有不同的研究類型,因此,在研究中應該系統地分析縱向研究與橫斷研究,個案研究與成組研究,常規研究與現代科學技術相結合的現代化研究等等。

3. 系統處理結果　心理既有質的規定性,又有量的規定性。心理的質與量是統一的。因此,對心理發展的研究結果,既要進行定性分析,又要進行定量分析,把二者有機結合起來。

朱智賢主要是研究思維發展的,但他卻十分重視非智力因素在思維發展中的地位和作用。在他指導下,他的不少研究生選擇了這個課題的研究,將智力和非智力因素作系統的處理。朱智賢所主持的大陸的國家級重點研究項目"中國兒童心理發展特點與教育"就是一項綜合性兒童心理發展的系統工程,系統而全面地研究了大陸中國兒童與青少年心理發展的正常值。

(三)　教育實踐與中國化的發展心理學

朱智賢曾多次提出發展心理學研究的中國化問題,早在 1978 年他就指出,中國的兒童與青少年及其在教育中的種種心理現象有自己的特點,這些特點,表現在教育實踐中,需要我們深入下去研究。

他並指出,堅持在實踐中,特別是在教育實踐中研究發展心理學,這是我國心理學前進道路上的主要方向。他反對脫離實際、為研究而研究的學術風氣,主張研究中國人從出生到成熟心理發展的特點及其規律。他說中國兒童和青少年,與外國的兒童與青少年有共同的心理特點,即存在著普遍性;但又具有其不同的特點,即有其特殊性,這是更重要的。只要我們拿出中國兒童與青少年心理發展的特點來,才能在國際心理學界有發言權。因此,他致力於領導"中國兒童與青少年心理發展特點與教育"的課題,克服了許多障礙,填補了多項空白。他主張將心理學的基礎理論與應用結合起來研究,也就是說，他不僅提倡在教育實踐中研究發展心理學，而且主張在教育實踐中培養兒童與青少年的智力和人格。他積極建議從事實驗教育與教學。本書著者在他的支持下，自 1978 年開始，開展了"中、小學生能力發展與培養"的研究，從一個實驗班開始，最後發展到全國 26 省、市、自治區 2000 多個實驗點，並列為國家教委"七五"(1986～1990) 規劃期間的重點科研項目。這樣就將心理學的基礎理論的研究和應用研究在教育實踐中獲得了統一。

(四) 心理學的科際整合取向

朱智賢讚賞皮亞傑的"國際發生認識論研究中心"，認為皮亞傑的傑出貢獻給予人們一個啟示：今天在科學技術突飛猛進的時代，如果要使發展心理學有所突破，有所前進，光靠心理學家本身工作是不夠的，應該組織交叉學科的人才來共同研究心理學。但他指出，在目前的條件下，集合各類專家來研究心理學是有一定困難的，可是有兩個方面可以做到的：

1. 組織與心理學有關的多學科專家來研究，例如組織與兒童心理學有關的專家，共同探討兒童身心發展的問題，在他擔任中國兒童發展中心的專家委員時，他積極主張兒童心理學家和其他專家共同探索兒童身心健康監測等課題。

2. 心理學專業招收研究生時，應適當招收學習其他學科 (如數學、醫學、語言、生物、電子計算機和教育等) 對心理學感興趣的本科生。他指出心理學的研究隊伍應該是一個相當複雜的科學家組織，應該是具備文理的知識、既懂理論又會動手的研究集體，把心理學作為一門邊緣科學來研究，這是實現中國心理學現代化的一項重要的措施。

另外，朱智賢認為，融合多學科交叉研究心理學，並不排斥一個單位或一個學派有一個統一的學術思想，否則，便很難開展步調一致的研究，更不能形成獨立的心理學派。

本章摘要

1. 在發展心理學中,有著各式各樣的學術觀點與科學理論。各自對發展心理學的建設做出了貢獻,組成了發展心理學的豐富內容,它們是發展心理學過程中的歷史遺產的匯總。
2. 精神分析理論的核心思想是:提出存在於潛意識的性本能是人的心理的基本動力。
3. 弗洛伊德從意識與無意識的理論出發,將人格行為分為**本我**(伊底)、**自我**和**超我**;他將心理動力欲力定為劃分階段的依據,把成熟前的心理發展分為**口唇期**、**肛門期**、**前生殖期**、**潛伏期**、**青春期**。
4. 埃里克森認為人的一生可以分為既是連續的又是不同的八個階段:**信任對不信任、自主行動對羞怯懷疑、自動自發對退縮愧疚、勤奮進取對自貶自卑、自我整合對角色混亂、友愛親密對孤僻疏離、精力充沛對頹廢遲滯、完美無缺對悲觀沮喪**。
5. 行為主義主張心理學研究動物和人類行為的自然科學,是以**刺激-反應**(S-R)公式作為行為的解釋原則。
6. 巴甫洛夫的**條件反射**的研究,為行為主義研究行為提供了一條新途徑,也提供了企圖控制行為和改變行為的一種手段。
7. 華生以**環境決定論**的機械心理發展觀著稱,他對兒童情緒發展的研究影響很大。
8. 斯肯納的**操作性條件反射**,強調**塑造**、**強化**與**消退**、及時**強化**等原則,並運用於兒童身上,構建他的兒童行為的強化控制理論。
9. 班杜拉提出的兒童心理發展的**社會學習理論**認為,兒童心理發展要依賴於兒童的內部條件,更同強化、**榜樣**在學習過程中所引起的作用有關。
10. 維果茨基開創的**文化-歷史學派**,強調心理受到社會歷史的制約性;強調教育與發展的關係;強調"物質"和"心理"兩種工具。並用由低到高心理機能的轉化來解釋人類心理的發展。
11. 維果茨基以心理活動的**隨意機能**、**抽象-概括機能**、結構變化、個性化作為心理機能發展的指標。
12. 皮亞傑是當代最著名的發展心理學家或發生認識論專家，日內瓦學派研究工作，從實驗到理論，都有自己的特色，在當代世界產生廣泛而深刻的影響。
13. 皮亞傑既強調發展，又強調內外的作用，是一種辯證發展觀。
14. 皮亞傑把成熟前的心理思維發展階段確定為感知運動階段、前運算思維階段、具體運算思維階段和形式運算思維階段。
15. **新皮亞傑主義**主要從分期、方法、信息加工論、教育的作用等方面來修正皮亞傑理論。
16. 陳鶴琴是中國兒童心理學的開拓著，他於 1923 年出版的《兒童心理之研究》是我國兒童心理學的一本開拓性和奠基性的著作。
17. 朱智賢在心理發展中關於先天與後天、內因與外因、教育與發展、年齡特徵與各別特點的關係等方面提出了獨特而重大的理論。

建議參考資料

1. 朱智賢、林崇德 (1989)：兒童心理學史。北京市：北京師範大學出版社。
2. 波　林 (高覺敷譯，1980)：實驗心理史。北京市：商務印書館。
3. 高覺敷 (主編) (1982)：西方近代心理學史。北京市：人民教育出版社。
4. 燕國材 (1996)：中國心理學史。台北市：東華書局 (繁體字版)。杭州市：浙江教育出版社 (1998) (簡體字版)。
5. McCluskey, K. A. (Ed.) (1984). *Life-span developmental psychology: Historical and generational effects*. Orlando: Academic Press.
6. Mussen, P. H. (Ed.) (1980). *Handbook of child psychology* (4th ed.). New York: John Wiley & Sons.
7. Sugarman, L. (1986). *Life-span development: Concepts, theories, and interventions*. London: Methuen.

第三章

胎兒期與新生兒期的發展

本章內容細目

第一節　胎兒期的發展
一、胎兒發展　121
　㈠胎兒在子宮內生長發育階段
　㈡胎兒發育的直觀示意
二、影響胎兒正常發展的因素　126
　㈠母親的自身條件對胎兒的影響
　㈡孕婦的營養對胎兒的影響
　㈢母親的情緒狀態對胎兒的影響
　㈣環境對胎兒的影響
三、畸胎的形成　138
　㈠遺傳性疾病導致胎兒畸形
　㈡不良環境因素對胎兒的影響

第二節　新生兒

一、新生兒的一般特徵　141
　㈠由寄居生活過渡至獨立生活
　㈡個體心理開始發生的時期
　㈢具有巨大的發展潛能
二、新生兒的學習能力　143
　㈠無條件反射行為
　㈡新生兒的感覺能力
　㈢新生兒的學習
三、新生兒的社會性表現　151

本章摘要

建議參考資料

個體的生命一般以受精卵產生開始算起。**生命** (life) 是一個很難下定義的現象。目前學術界有五種理解形式：(1) **生理學定義**：例如，把生命定義為具有進食、代謝、排泄、呼吸、運動、生長、生殖和反應性等功能的系統。(2) **新陳代謝定義**：生命系統具有界面，與外界經常交換物質但不能改變其自身性質。(3) **生物化學定義**：生命系統包含儲藏遺傳信息的核酸和調節代謝的酶蛋白。(4) **遺傳學定義**：通過基因複製、突變和自然選擇而進行的系統。(5) **熱力學定義**：生命是個開放系統，它通過能量流動和物質循環而不斷增加內部秩序。

心理現象當然是生命發展的產物。心理從何時發生，這在心理學界爭議也很大。這主要取決於所採用的指標。有人以感覺的出現作為心理發生的指標，認為新生兒一出生就具備了感受各種內外刺激並做出適當反應的能力。近二十年來不少學者提出胎兒是否有感覺或心理的問題。也有人提出新生兒最初條件反射的建立標誌著心理的發生。條件反射產生的時間，大都認為在出生後兩週左右。

從受精卵(或合子) (zygote) 的開始到出生約 280 天 (以 28 天為一孕月，共 10 個孕月) 為**胎兒期** (fetus period)；胎兒的發展主要受**遺傳**及**生物學因素**的控制，但胎內外的環境及母親自身的狀況也會對胎兒的發展產生影響。這些影響不僅僅是生理方面的，也是心理方面的。對心理方面的影響，是由於生理方面的變化造成的，這樣反映在出生以後的各發展階段。出生後 28 天為**新生兒期** (neonatal period)。新生兒期是個體心理的真正發生期，是個體心理發展歷史的第一頁。探索個體在出生前後的發展特點，對於我們認識心理萌芽、發生是有價值的。

本章所要討論的，是胎兒和新生兒的特點。而在內容上則主要討論以下的三個問題：

1. 胎兒在子宮內是如何發展的，為什麼會產生畸胎。
2. 影響胎兒正常發展的因素是什麼。
3. 新生兒的特點及其完成從寄居生活到"獨立生活"的過程。

第一節　胎兒期的發展

胎兒期，指從受孕到出生這段時間。胎兒期是個體發生的時期，兒童心理的發生準備了自然的物質前期。**胎內發展** (prenatal development)，即個體出生前身體結構和機能在母體子宮內的生長是重要的，它的影響也是長期的，甚至出生前的發展對於整個一生有著重要的意義。

一、胎兒發展

受精卵要經過 280 天才能發育為成熟的胎兒，要保護下一代正常地成長應從受精卵開始，並了解胎兒發育的情況。

(一) 胎兒在子宮內生長發育階段

胎兒在子宮內生長發育，經歷著一系列的變更階段。

1. 胚種期　卵子受精後 0～14 天為**胚種期** (germinal period)。一旦一個精子和一個卵子成功地結合，受精卵將開始分裂。頭 4 天是在輸卵管內進行細胞分裂，第一次分裂是在受精卵形成後 36 小時之內開始；到 60 小時的時候，大約有 12～16 個細胞；到 72 小時的時候，大約有 60 個細胞。受精卵一邊不斷地分裂，一邊沿輸卵管向下移動。第 4～5 天進入子宮腔，然後變成一個充滿液體的圓球，稱為**胚泡** (blastocyst)。到第七天，這個細胞團組成的小圓球會緩慢地由輸卵管移入子宮，一邊移動，一邊分裂。整個移植過程大約需要 2 週時間完成，即在合子形成之後 13 天左右，移植過程全部結束。

這時，胚泡邊緣的一些細胞聚集在一邊，形成**胚盤** (blastodisc)。胚泡的細胞群逐漸分為不同的層次：(1) 外胚層 (後來發展成為表皮、指甲、牙齒、頭髮、感官和神經系統)；(2) 中胚層 (後來發展成為肌肉、血液和循環系統)；(3) 內胚層 (後來發展成為消化系統、肝、腺體和呼吸系統)。胚泡的其餘部分將發育成為滋養和保護胎兒在子宮內生長的器官：胎盤、臍帶和羊膜囊。此時受精卵只是內部結構發生巨大變化，細胞進行著分層次的分化，它的體積並不增大。

2. 胚胎期 受精後的兩星期至八星期為**胚胎期**(embryo period)。第二週末，增殖的細胞群發生分化，形成上面所述的外、中、內三層細胞，形成**胚胎**(embryo)。

胚胎期，受精卵粘合在母體上，從母體攝取營養逐漸生長發育。然而，胚胎期是胎兒發育的關鍵階段。在此期間，心臟、眼睛、耳朵將會形成，手和腳也會變成其最終的形式。到了第八週末，胚胎已初具人形，心臟已可跳動。這時如果有害物質進入胚胎，會產生永久性的、不可逆轉的損傷。

胚胎期的發育展示了一個從內向外、從頭到腳的發展模式。這樣，頭、血管和心臟等的發育早於胳膊、腿、手和腳的發育。在胚胎期，胚胎內已有了一個小的消化系統和神經系統，已顯示出反應能力的開端。

3. 胎兒期 **胎兒期**(fetus period)有廣義與狹義之分。廣義的胎兒期泛指新生兒出生前在母體內度過的一段時期，即上述的從受精卵形成到胎兒出生，大約40週左右。狹義的胎兒期是指分娩前32週，它是廣義胎兒期的第三階段。此處的"胎兒期"指的是狹義的胎兒期，而不是廣義的胎兒期。

胎兒期始於第八週或第九週初，終於出生時。在胎兒期，所有的器官和機能變得更像人，所有的系統開始具有整體功能。

(1) **9～12 週的發育**：胎兒的眼瞼形成，眼皮可閉合；嘴的上顎開始形成；胎兒的肌肉系統和神經系統之間形成聯繫，因此能夠踢腿，張開腳趾，還能把小拳頭握住，能夠轉頭、翻滾等。如果胎兒是男性，其陰莖在此時成形。也從這個時候起，每一個胎兒的動作開始出現個體差異。

(2) **13～16 週的發育**：一些無條件反射開始出現，如果刺激其手掌，會出現抓握反射；刺激其腳掌，會出現**巴賓斯基反射**(或巴氏反射)(Babinski reflex)。但胎兒只有整體的反射活動，很少有局部的獨立活動，隨胎兒結構的進一步發展，軀體比例逐漸發生變化，機能不斷增長。如果胎兒是女性，她的輸卵管、子宮和陰道開始形成。

(3) **17～20 週的發育**：眼眉和眼睫毛出現，頭皮上開始出現軟髮；汗腺開始形成；生活開始分為睡眠和清醒兩部分；開始了細胞的新陳代謝，把失去活性的細胞丟到羊水中。

　　(4) 21～24 週的發育：胎兒的皮膚仍然是皺皺巴巴的，蓋滿油脂；他們的眼睛開始睜開，還能夠上、下、左、右地轉；呼吸開始變得有規律。假設這時把胎兒取出，放在保育箱中，加上醫護人員的精心照料，胎兒還是有存活希望的，儘管這種存活的機會很小。

　　(5) 25～28 週的發育：胎兒的腦在形態上已開始具有溝回和皮質的六層結構，於是皮層區域有了特殊的功能，大腦開始指揮視、嗅、發音等器官的活動，大腦、脊髓中的各路神經聯繫已相當複雜。女性胎兒的卵子開始出現它們的最初形式，男性胎兒的睪丸進入到陰囊中。如果胎兒在這時早產，其存活率為 50%。

　　(6) 29～32 週的發育：胎兒的皮下開始長脂肪，他們的皮膚不再是皺皺巴巴的，脂肪的生長也有助於調節出生後的體溫變化；胎兒開始對外界聲音敏感，外界的音樂聲、潑水聲等能引起他們在胎內的活動，母親的心跳聲以及走路的節奏律動能使他們變安靜。假如此時早產，存活的可能為 85%。

　　(7) 33 週至出生前的發育：胎兒繼續從母體血液中接受抗體，這些抗體將保護他們免於多種疾病。此時消化系統和呼吸系統不斷完善，為出生後"獨立"生存奠定良好的基礎。

(二) 胎兒發育的直觀示意

　　如果要顯示胎兒期的主要變化，必須將有些研究材料以圖表的形式直觀地呈現。

1. 胎兒發育趨勢的直觀圖 (見圖 3-1，3-2)。

年齡 (天數)	長度 (毫米)	階段	總體外觀	中樞神經系統	眼睛	耳朵	四肢
4		胚種期	胎囊				
8	1		胚胎 滋養層 子宮內胚				
12	2		外胚層 羊水囊 內胚層 卵黃囊				
18	1	胚胎期	頭皺襞 體蒂 心臟	前部神經板擴展			
22	2		神經皺襞 局部粘合 前腸 尿囊		視囊	耳板	
26	4		神經管關閉 胚菱腦 中腦	眼杯(視神經 乳頭凹陷)	耳套疊	臂芽
32	7		小腦板 頭部 中腦彎	晶狀體套疊	耳胞	腿芽
38	11		背側橋腦彎 基底層 大腦囊 神經垂體	晶狀體脫落 視網膜 色素層 (外層)	內淋巴囊 外耳道 耳咽管及 鼓室隱窩	手板 間葉 出現神經 分布
43	17		嗅囊 大腦半球	晶狀體纖維 視網膜 細胞游移 透明脈管		手指萌出 肘
47	23		視神經與腦接通	角膜體 中胚葉 視胞蒂中無腔		手指張開中央性軟骨
51	28			眼瞼	螺旋性蝸 管耳珠	硬殼管狀骨

圖 3-1 胎兒發育趨勢的直觀圖 (一)
(採自 Koch, 1983)

年齡(週)	長度(厘米) C-R	長度(厘米) Tot	體重(公克)	總體外觀	中樞神經系統	耳、眼	泌尿生殖系統
7	2.8				大腦半球  漏斗　氏憩室	晶體體接近最終形態	腎胞 
8	3.7				原始大腦皮質 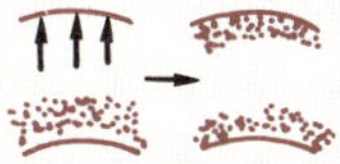 嗅覺，硬膜，軟膜	眼瞼 耳管	繆勒氏導管融合 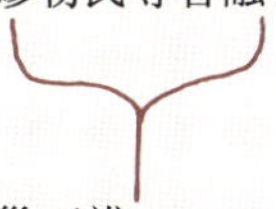 卵巢可辨
10	6.0				脊髓組織  小腦	虹膜 睫狀體 眼瞼融合 淚汗腺分開	腎的排泄功能 膀胱囊，鞘膜囊 繆勒氏管入尿生殖竇 前列腺
12	8.8				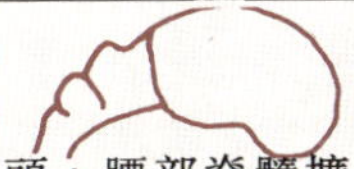 頭，腰部脊髓擴展馬尾形成	視網膜分層 眼軸出現 鼓階	 精囊，生殖管
16	14				四疊體 小腦隆凸 髓鞘化開始	 耳蝸管	腎定型 中腎退化 子宮，陰道
20						內耳骨化	
24		32	800		腦皮質典型分層 馬尾在骶骨第一級		
28		38.5	1100		腦溝，腦回	眼瞼重張開 視網膜完成分層 看見光線	
32		43.5	1600	脂肪堆積		耳廓軟體	
36		47.5	2600				尿溶質度持續降低
38		50	3200		腦部髓鞘化 馬尾在第三腰椎	淚管暢通	

註："長度"欄中"C-R"是指頂臀長度，"Tot"是指身體總長度

圖 3-2 胎兒發育趨勢的直觀圖（二）
(採自 Koch, 1983)

2. 從受孕到出生的主要變化表 (見表 3-1)。

表 3-1 胎兒生長發育的主要變化

年齡 (週)	身高 (結束時)	體重 (結束時)	主 要 發 展 變 化
0～2 週			細胞分化；胚種附著在子宮壁上
2～8 週	2.5 cm	14g	結構分化；內部器官開始發育；胎盤和臍帶形成
12 週	7.5 cm	28g	頭及臉部特徵發展，頭動
21 週	30 cm	450g	反射變得頻繁；身體的較低部位發展；母親感覺胎動
26 週	36 cm	900g	眼睛、嘴唇形成；長出抓握反射及不規則呼吸
30 週	40 cm	1400g	反射模式已發展完善；在子宮外能夠存活
30～37 週	50 cm	3200g	迅速獲得體重；皮下脂肪繼續增多；心率增加，器官系統工作更為有效
37～38 週	52 cm	3500g	向著獨立的生命發展變化

(採自 Koch, 1983)

二、影響胎兒正常發展的因素

探討影響胎兒正常發展因素的學說應首推**胎教** (prenatal training) 思想。目前對胎教與智力發展的關係的研究已引起國內外極大興趣。

胎教之說始於中國，據漢代文獻記載西漢賈誼著〈新書・胎教〉，記載周文王的母親行胎教的事例。我國古代胎理論主要遵循"外象內感說"，即外界事物 (外象) 作用於孕婦，引起孕婦的主體感受和體驗 (內感)，並以此影響胎兒的發育。我國古代醫學則強調孕婦在懷孕期間應"調情志，忌房事，節飲食，適勞逸，慎寒溫，戒生冷"，以創造使胎兒發育良好的條件。這類胎教實為母教，探討母親與胎兒正常發展的關係。教育者所倡導的主要是懷孕的母親應有何種環境，受何種教育，保持何種情緒，吸收何種營養等等因素，來間接地影響胎兒的正常發展。

現代醫學、胚胎學、兒科學、兒童少年衛生學、兒童心理學等學科的發展，證實了胎兒不僅可通過母親間接地接受外界的刺激和影響，而且可以直接接受外界的刺激和影響。比如，胚胎生理學的研究認為，妊娠中期的胎兒中耳在母腹中已能聽到外界的聲音，並能對聲音刺激做出反應。胎兒對母親的心跳聲、血流聲尤為敏感。另外，胎兒對外界的動覺刺激 (如輕輕拍打母腹) 或光刺激 (如母親由弱光區進入強光區) 等也能發生反應。這類研究成果表明有可能對胎兒實行直接的胎教。美國已經開始研究並設計胎兒教育和訓練課程。中國學者已研製出版了胎教音樂磁帶，以對胎兒進行直接的音樂教育。

如何進行有效的胎教呢？這就要分析影響胎兒正常發展的因素。

(一) 母親的自身條件對胎兒的影響

母親自身條件，例如年齡、體重、身高、孕史等，對胎兒發育都是有較大影響的。

1. 年齡 一般婦女從 18 歲開始，持續 30 年的時間，是生殖功能及內分泌功能的旺盛時期。這個時期是婦女的生育期，或稱性成熟期。在這個時期之內的不同年齡生孩子是不是都同樣好呢？不是的。從醫學角度而言，並結合我國情況考慮，23、24～28、29 歲生孩子最好。因為，這個時期各年齡組婦女的體格及生殖器官都已發育成熟，正值生殖旺盛時期，而且夫妻雙方的觀念比較成熟，學習與工作已取得相當的成就，各方面都具備了做父母的條件，當然對孩子的撫養教育條件也較理想。

如果超齡，通常指超過 35 歲，將會增加一些危險性。主要表現在兩個方面：(1) 發生**唐氏綜合症** (或道氏徵候群) (Down's syndrome) 的機會增多。活產新生兒的發病率一般為五百分之一到六百分之一。母親在 35 歲以下生這種先天愚型兒的發生率小於八百分之一，35～39 歲為二百五十分之一，40～44 歲為百分之一，45 歲以上為五十分之一。(2) 35 歲以後生第一胎，會使分娩時間過長，難產機會增加，死胎增多。當然，關鍵問題還在母親的身體是否健康。

如果年齡太小，例如十八歲以下，特別是十五歲以下，這些尚未完成自身發育的人當母親，她們產生低體重兒、死胎或出現分娩困難等機會均高於正常年齡的孕婦。

孕婦的年齡往往可以幫助預測胎兒是否能生存的問題，如圖 3-3 所示。

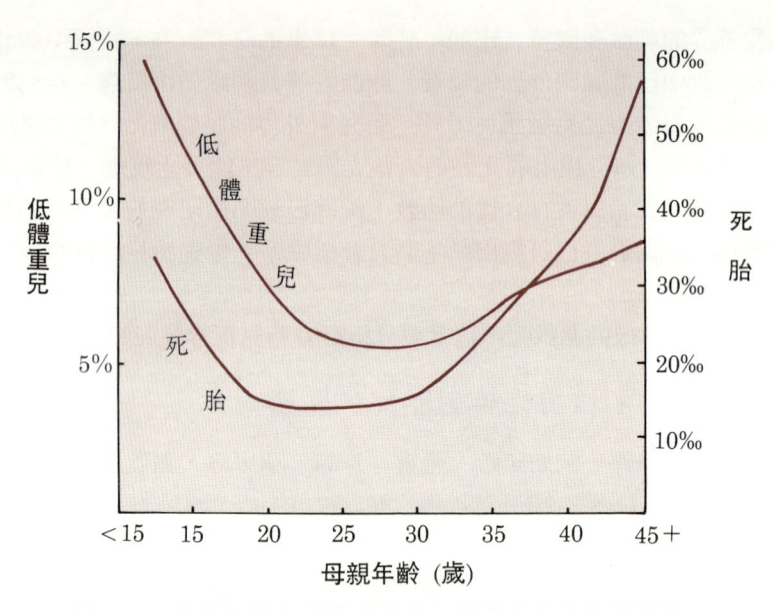

图 3-3　母親年齡與低體重兒及死胎發生率之間的關係
(採自 Helen Bee, 1985)

　　從圖 3-3 可見，母親生育子女年齡過高或過低，導致低體重兒和死胎的比率明顯增加。約 23、24～28、29 歲是生育的較好時間。

　　2. 體重　　母親的體重會影響胎兒。如果體重超過正常體重的 25％，這樣肥胖的母親患高血壓的比例要比一般體重者大得多，而且她們的血壓隨著懷孕的月份遞增而逐漸升高，最終導致母親無法再承受胎兒，胎兒不得不被提前取出。如果體重低於標準體重的 25％，過瘦的母親往往因本身缺乏營養，也沒有補充足夠的營養物質，她們在懷孕後很容易出現貧血、肌痙攣和甲狀腺腫三種疾病，這樣會影響胎兒的體格與智力的發育。

　　3. 身高　　母親的身高過矮，即 140 厘米左右的身材，會影響胎兒的發育。一般而言，過矮的母親是由於骨骼發育不完全，而這種骨骼發育的不完全是全方位的，也就是說，過矮的母親同時骨架也會過小，自然骨盆也會過小，過小的骨盆會使子宮發育受到限制，從而限制了胎兒的發育。過矮及骨架過小的母親還會面臨生產困難。

　　4. 孕史　　一般認為，如果一個婦女有過四次以上孕史，她再懷孕時會有一定的危險性，她的孩子更容易是低體重兒，甚至是死胎。研究表明，非頭胎兒，特別是在其之前，母親有過相當密集的孕史，在其出生時，血液中**荷爾蒙**(或激素)(hormone)的水平比較低。頭胎生的男孩，他的血液中雄性荷爾蒙的水平比非頭胎生的男孩高得多。

5. 凝血素(Rhesus factor，簡稱 Rh factor) 人類體內存在兩種凝血(Rh)因子：Rh 陽性(Rh＋)和 Rh 陰性(Rh－)。一個人的紅血球能和 Rh 抗體凝集成塊的稱為 Rh 陽性，不能凝集成塊的稱為 Rh 陰性。

研究表明，患有溶血症胎兒的母親通常是 Rh 陰性，而孩子的父親和孩子自己是 Rh 陽性。孩子的 Rh 陽性細胞，少量地從胎兒的循環中逸出，進入母體，刺激母親產生抗體。這些抗體達到一定濃度時，就會進入胎兒體中，使胎兒的血紅細胞凝集或破壞，造成胎兒各種嚴重的異常或死亡(姚荷生，1979)。

Rh 陰性婦女所生的第一胎通常是正常的，因為第一次懷孕很少發生**致敏作用**(或敏感化)(sensitization)。新生兒溶血症往往在第二胎以後的 Rh 陽性胎兒中產生，患上新生兒溶血症兒童，一般會在出生後不久死亡或終生耳聾和大腦麻痺等。

(二) 孕婦的營養對胎兒的影響

母親的營養與胎兒的發育，有著極為密切的關係。孕婦的營養需要，不管對孕婦的本身還是對胎兒的生長發育，都起著十分重要的作用，整個妊娠期孕婦的體重增加 10～12 公斤，這是人類一生中體重增加最快的階段，如果營養供應不足，不但孕婦容易得病，而且所生的嬰兒也常常比較瘦小，容易感染疾病，造成先天不足。何況，產後母親還要以營養豐富的乳汁哺育嬰兒。所以，母親的營養，還關係到嬰兒的後天發育。

動物實驗表明，母體在懷孕期間營養不良，會傷害母嬰雙方，造成未來的小動物生理發育的缺陷。對於人類，無法直接做實驗去證實母親營養缺乏對胎兒有怎樣的影響，但可以通過調查的事實加以說明。

1. 時代的例證 有人調查過兩次世界大戰中戰區誕生的嬰兒，他們比正常嬰兒小，同時有許多死胎，這些孩子的家庭一般都經歷了戰爭中的嚴重饑荒及其他壓力。這些孕婦在戰爭環境中不但食物營養得不到保證，而且她們的情緒也極不穩定。

2. 個體的例證 上述情境中的過瘦母親更易經歷出生併發症，在她們的孩子中早產兒和低體重兒偏多。

3. 死嬰的例證 對死於子宮內和出生後很快死亡的嬰兒所做的研究顯示 (Helen Bee, 1985)，他們缺乏正常數量的脂肪組織。正常數量脂肪組織的獲得和母親的營養狀況直接相關。圖 3-4 所示者是母親的營養狀況和小嬰兒死亡人數的關係：

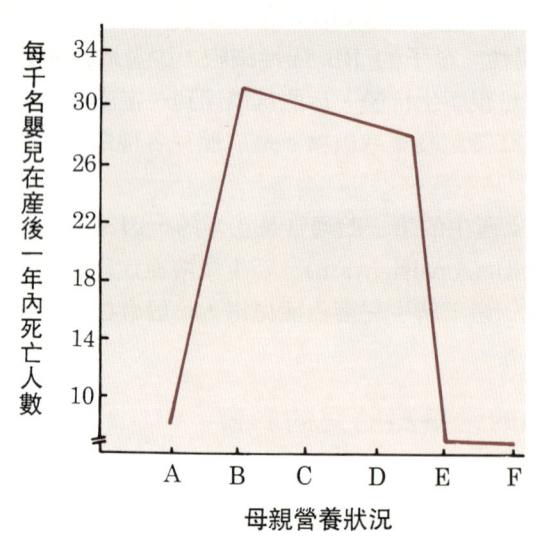

圖 3-4 母親營養與嬰兒死亡率
(採自 Helen Bee, 1985)

說明：A：饑荒之前懷孕並出生； B：懷孕最後三個月發生饑荒；
C：懷孕最後六個月發生饑荒； D：懷孕前三個月發生饑荒；
E：懷孕前六個月發生饑荒； F：饑荒之後懷孕和出生。

以上情況是指母親的嚴重營養不良，一般的營養缺乏不會造成太嚴重的後果。

4. 低體重兒的例證 母親嚴重營養不良會影響胎兒出生時的體重，造成低體重兒。低體重兒和新生兒死亡有較高的相關 (Koch, 1983)，如表 3-2 所示，低體重兒的死亡率明顯高於正常體重兒。

5. 智力測驗的例證 針對三個月至三歲嬰兒進行智力測驗顯示，在懷孕期間，若母親嚴重營養不良，其嬰兒的智商明顯低於其他兒童 (Shaffer,

第三章　胎兒期與新生兒期的發展　**131**

表 3-2　新生兒死亡率與低體重兒的關係

	出生體重（克）	死亡人數的 ％
低體重兒	1000 或以下	92
	1000～1500	55
	1501～2000	21
	2001～2500	6
正常體重兒	2501～3000	2
	3001～4500	1

(採自 Koch, 1983)

1985)，如圖 3-5 所示。

　　由圖 3-5 中胎兒出生後兩種智力測驗上的智商可見，孕婦缺乏足夠的營養對胎兒乃至出生後兒童智力的影響是比較嚴重的。同時從圖中亦可發現，胎兒期營養不良但出生後入托（進入托兒所）的兒童，其智商隨入托月齡的

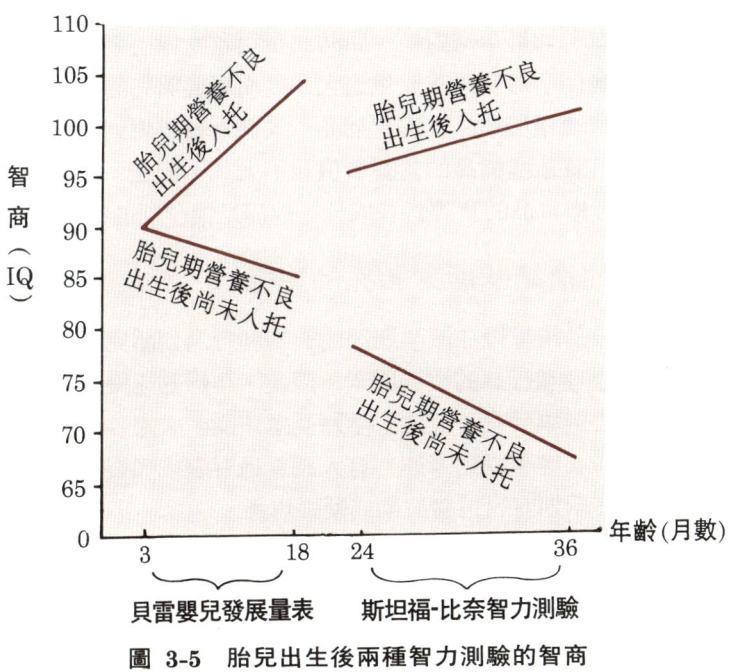

圖 3-5　胎兒出生後兩種智力測驗的智商
(採自 Helen Bee, 1985)

增加而逐漸增長，而未入托兒童的智商則呈持續下降趨勢。這說明胎兒期營養不良兒童，在出生後如能得到及時合理的早期教育對於其智力的增長具有很大的作用。

　　講究孕婦營養，主要是補充足夠的蛋白質、維生素和礦物質。蛋白質是製造和修補身體組織的主要原料，胎兒發育的過程則是腦細胞形成的關鍵時刻，如果缺乏蛋白質就會影響腦的發育，日後難於彌補，將形成永久性的傷害。所以蛋白質不但要求數量充足，質量也要好。為了增加懷孕期的營養，孕婦應選擇哪些食物呢？為補充蛋白質，應挑選含量高、容易被吸收的蛋白質類食物，如牛奶、雞蛋、豆製品、豆漿、魚、雞及牛羊肉。豬肉中蛋白質含量較低，而脂肪含量較高。脂肪類食物在飲食中應占 15～20%，太多的脂肪會影響其他營養物質的代謝，對孕婦及胎兒都不利。碳水化合物的主要來源為穀類食物，如米、麵，在食物中可占 55～65%。為了胎兒的正常發育，還要攝入充足的礦物質，如鈣、鐵、鋅、碘等，這些礦物質在動物的骨骼、內臟、海產品及綠色蔬菜中含量較高，維生素類營養素，主要存在於新鮮蔬菜及水果中。營養要平衡、全面，攝取食物應是多種多樣的，千萬不要偏食，挑食或忌口。如果孕婦對糖、脂肪或蛋白質吃得過多，會造成不平衡的膳食，這樣就會使孕婦發胖或胎兒過大，從而影響胎兒的正常發育和孕婦的健康。不要盲目地相信補品。提起補品，人們常會聯想到人參、銀耳、桂圓、湘蓮等等，其實這些補品的營養價值並不太高。因此，孕婦選擇營養品時，還是首先要考慮食品的實際營養成分，以滿足懷孕期的特殊營養要求。

(三)　母親的情緒狀態對胎兒的影響

　　如果說，胎教是指母親在懷孕期間的心理和行為對胎兒的影響，那麼，情緒狀態是這種心理和行為的主要因素。因此，孕婦豁達樂觀，情緒愉快，將有助於胎兒身心健康發育；反之，孕婦憂慮焦躁、夫婦吵架、極度情緒變化，則會使胎兒身心健康受到牽連。有人調查過唇裂或顎裂的二百多名兒童有 68% 的母親在孕期有過情緒波動或緊張焦躁。

　　迪遜思 (Dishion, 1987) 進行了大樣本調查，結果發現如果夫婦感情不和，常發生矛盾、爭吵甚至動手打架，他們所生的孩子出現身心障礙的概率比關係正常的夫婦所生的孩子高得多。這類孩子最常出現的生理問題是格外的矮小、瘦弱、身體抵抗力差；他們最常出現的心理問題是神經質。這些孩子長大以後常常表現得神經過敏，孤獨感強，難以與人和睦相處。此外，有時產生自卑、多疑，甚至發展為偏執性格。

孕婦受到意外的恐嚇等情況下，情緒狀態起著急劇的變化，此時，孕婦會產生一種激素叫**兒茶酚胺** (catecholamine)，這種激素會穿過胎盤，侵入胎兒，使胎兒也產生恐懼。兒茶酚胺存在於受到驚嚇的動物和人的血液中，能刺激**植物神經**(或**自主神經**) (autonomic nerve) 的傳導。克然多爾曾做過這樣的研究 (Crandall, 1985)，在受到極度恐嚇的動物體內取出兒茶酚胺，然後注射到本來很平靜的動物體內，這些動物會立刻變得驚恐萬狀。但並不是所有的恐懼等極度情緒狀態變化都會對胎兒發生影響。恐懼也有不同的類型：有暫時或短期的恐懼，有重大的或直接的精神刺激。前者一般不會危害胎兒，後者可能危及胎兒。尼爾森 (Nilson, 1977) 研究了遺腹子的情況，發現這些人當中精神失常者為數甚多，大多數患有精神抑鬱症，也有為數不少的人患有精神分裂症。可見懷孕期遭遇丈夫亡故或遺棄時，孕婦會長期產生極度悲傷的情感，這種情緒狀態使得她們體內不斷地產生大量的兒茶酚胺，因此胎兒也就長期受這種激素的作用而導致精神症狀。

不好的情緒狀態不但對胎兒有上述直接的影響，也有間接的影響。例如在懷孕期間過度擔心和焦慮的婦女常常發生高血壓。高血壓會使腎功能受阻礙，從而造成孕婦手、腳、關節腫脹。一般來說，這時胎兒並不危險，但如果情況嚴重會使孕婦處於危險之中，胎兒也不得不提前取出，形成早產兒。

母親與胎兒各自有著自己的大腦及神經系統結構，各自有著自己的血液循環系統。那麼，母親的情緒狀態如何影響胎兒身心發育呢？主要是通過兩種途徑：

1. 代謝作用的影響　孕婦的情緒和精神生活影響著母體代謝作用，而母體的代謝作用又可以影響胎兒的發展。因為胚胎寄生在母體的子宮內並藉由母親的循環作用吸取其營養所需的物質，胎兒的循環系統及神經系統也必然與母體之循環系統及神經系統發生聯絡。母親如保持一種健全、正常的心理狀態，則在物質生活方面亦必能保持正常而健全的狀態，這樣，母親的代謝作用暢行無阻，可以促進胎兒之正常發展。反之，若母親情緒狀態失常，則往往導致其物質生活的失常，這樣直接影響胎兒的營養，間接影響胎兒的正常發展，一個身體孱弱或有缺陷的胎兒，當然會影響其心理發展。

2. 通過血液中的化學物質溝通　孕婦在受到突然的恐嚇或精神的極度刺激時，這些刺激會首先作用於大腦皮層，同時立刻傳遞到與大腦皮層直接相聯的下丘腦(或下視丘) (hypothalamus)，在下丘腦內轉化為情緒，同時下丘腦立刻把這種信號傳達給內分泌系統和植物神經系統，使孕婦脈搏加快、瞳孔擴大、手心出汗、血壓升高等等；也使得神經激素的分泌加劇。釋放出的神經激素會首先進入母親血液，它是一種化學物質。這時不僅母親血液中神經激素的量驟然升高，胎兒血液中神經激素的量也驟然升高。這種化學物質，不僅使母體內發生化學變化，也使胎兒體內發生化學變化。這些變化刺激又作用於胎兒的下丘腦，下丘腦再發出指令，指令傳到胎兒植物神經系統和內分泌系統，使胎兒產生與母親類似的情緒反應。

由此我們不難看出母親和胎兒一脈相承的事實。胎動是母親對胎兒情緒影響的一種指標。胎動是指胎兒在母體內的活動，胎動的多少，可顯示胎兒正常還是異常。據觀察，當母親情緒激動時，胎動增加，若激動時間延長，胎動也相應增加，有時可達正常胎動的十倍，這時，應被認為是胎兒的窘迫不安狀況。此外，胎兒在子宮內也有一定的呼吸運動，這種運動有時甚至可被母親的嘆息所中斷 (Koch, 1983)，這又是一個母親對胎兒情緒影響的一個象徵。

（四）　環境對胎兒的影響

從上面問題論述中，我們可以看出，胎兒是一個有情緒感受的小生命，他是個小"竊聽者"，還會"分擔"母親的憂慮，儘管這種"孝心"是多餘而有害的。但是，我們不難看出，做父母應該懂得從懷胎開始，就要為自己的孩子創造一個良好的環境，要創造胎兒的良好環境，孕婦必須要有一種聲音美好和諧、情緒歡快喜悅、安適且能防止嚴重污染的生活環境，這對胎兒的生長發育肯定是有益的。

李虹 (1994) 曾做了胎教音樂對胎兒影響的實驗研究。獲得兩個主要的結論：

1. 胎教音樂可使胎動時間延長 (見表 3-3)　因為"胎動"是胎兒"動作"的一項指標，所以，胎動時間延長，可以看出胎教音樂對胎兒的影響。

表 3-3　實驗組和對照組被試日均胎動持續時間（分）差異統計（N＝60）

孕週	實驗組	對照組	t 考驗
28	9.14	4.21	1.80
29	13.00	6.90	2.18*
30	15.24	6.62	3.10**
31	15.63	7.18	3.58**
32	14.76	5.81	5.97***
33	11.46	7.01	2.45*
34	10.41	5.85	3.62***
35	8.91	6.58	1.29
36	10.42	7.24	1.88
37	10.59	7.24	2.77**
38	10.95	5.57	2.86**
39	11.70	7.31	1.68

*$p < 0.05$；　**$p < 0.01$；　***$p < 0.005$

(採自李虹，1994)

2. 胎兒出生後能夠再認胎教音樂（見表 3-4）　從表 3-4 中可看出，實驗組（接受音樂胎教的新生兒）在出生後被觀察到的六個項目上做出反應的人數，尤其在轉頭、四肢活動這兩個項目上反應的人數，明顯高於對照組，即接受音樂胎教的新生兒再認胎教音樂的能力顯著地高於未接受過音樂胎教的新生兒。從這個意義上來說胎兒後期已存在一定的"聽覺記憶"，否則，

表 3-4　實驗組和對照組胎兒出生五分鐘後對音樂反應的差異統計

反應項目 \ 組別與差異反應人數	實驗組（N＝31 人）	對照組（N＝29 人）	χ^2 考驗
轉　頭	11	1	9.84***
眨　眼	11	5	3.18
四肢活動	12	1	10.94***
吸　吮	8	4	3.21
伸舌頭	3	0	3.43
哭	8	13	0.60

df＝1　　$\chi^2_{0.05}$＝3.84*　　$\chi^2_{0.01}$＝6.63**　　$\chi^2_{0.005}$＝7.88***　　(採自李虹，1994)

實驗組在出生後再認胎教音樂的能力不會高於對照組。

孕婦離不開環境。但環境因素有良好的，也有不良好的。外界不良的環境因素對胎兒的影響，取決於以下幾個條件：

1. 環境中不良因素的種類 不同種類的因素其作用也不相同。不良因素主要有：

(1) **生物因素**：例如，病毒、細菌等。孕婦血液的病毒通過胎盤血管的破壞而進入胎兒體內，風疹、巨細胞或單純瘡疹、水痘、腮腺炎等病毒會傷害胎兒，嚴重的急性感染可殺傷胚胎或胎兒而造成流產、早產。

(2) **物理因素**：例如，X 線、放射線、鐳等電離輻射，可導致胎兒小頭畸形、智能低下、骨骼和脊柱裂等畸形。

(3) **化學因素**：例如，對苯、甲苯、鉛、汞等接觸過多者，可造成胎兒流產、早產、胎兒畸形和低體重兒。

(4) **毒素毒物**：例如，化肥和殺蟲的農藥，接觸多了會使孕婦血液裏含一定濃度的毒物，不利於胎兒發育，甚至產生畸形兒。

(5) **飲食問題**：容易中毒食品，包括未洗淨的蔬菜或未削皮的水果，可能有農藥污染；以及腐敗有菌物品等等，這些食品既不利母親的身體健康，也有礙胎兒的發育。

(6) **藥物因素**：有些藥物對胎兒有明顯的損害，例如，抗癌藥可引起胚胎死亡；四環素 (tetracycline) 可使小兒牙齒變黃；磺胺引起黃疸；激素類會誘發畸形等。這些藥物均屬孕婦禁用之列。

(7) **機械因素**：例如，過量的勞動、外傷和跌撞等，有時會影響胎兒的發育，有時會引起流產和早產。

2. 不良環境因素的量 例如，物理因素的噪音、光、溫度等，其強度越大，影響越明顯。

3. 接受不良刺激的胚胎發育時期 在受精後一至二週不良刺激可造成胚胎死亡而流產；在受精後三至八週的器官形成期，大部分致畸因素都有高度的致畸力。

4. 接受不良刺激的機體狀態 當孕婦抵抗力較差時，就可造成病原體侵入而發病，從而影響胎兒，所以，在同一環境中，對不同的人，環境因素所產生影響的結果也是不盡相同。

我們應該全方位地來理解母親本身、營養、情緒、環境諸因素之間的關係。各種因素往往並非單獨起作用，儘管有不少因素被列入生物學範疇，事實上許多問題是由與之有關的心理因素和社會因素引起的。例如，高齡母親可能先前有過幾次孕史，或經受某些壓力，或有高齡生育恐懼感；過於年輕的婦女懷孕，常常缺乏丈夫的情感和精神上的支持，尤對未婚先孕者為然。許多婦女儘管有相當的危險因素，若能妥善對待，最終也不會發生問題。所以，這些因素僅意味著出問題的機會高於正常孕婦，並不意味著會出問題。

此外，胎兒從一開始，就具備一定的差異。麥克法內尼 (Macfarlane, 1987) 研究胎兒對噪音的反應，第一種是高反應型，一聽到噪音，胎兒心率馬上加快，同時伴有踢腿、伸胳膊等激烈反應；第二種是中反應型，一聽噪音以後胎兒心率逐漸加快，同時伴有不如前一種胎兒那樣劇烈的蠕動；第三種是低反應型，這類胎兒任憑外面天翻地覆，也沒有任何動靜，心率變化也不明顯。十幾年後作追踪測定，結果發現：第一種被試仍保持"高反應"的特點，他們對事物的變化極為敏感，精力旺盛，具有具體豐富的想像力和創造力；第三種被試仍保留當年的"低反應"特點，他們對事物反應遲鈍，缺乏想像力和創造力；第二種被試則居中。李虹 (1994) 研究指出，女孩在各項反應中的百分比均高於男孩 (見表 3-5)、高反應型的胎兒出生後對音樂的反應高於低反應型的胎兒 (見表 3-6)，可見性別和神經活動類型是影響胎兒對音樂反應的重要因素 (參見表 3-5 及表 3-6)。

表 3-5　實驗組胎兒出生後對音樂的性別差異 (人數 %)

性別	轉頭	眨眼	四肢活動	吸吮	伸舌頭	哭
男	36	45	45	36	0	27
女	88	75	88	50	38	38

(採自李虹，1994)

表 3-6　高反應型和低反應型胎兒出生後對音樂的反應比較 (人數 %)

反應型	轉頭	眨眼	四肢活動	吸吮	伸舌頭	哭
高反應型	88	100	100	63	36	63
低反應型	36	27	36	27	80	36

(採自李虹，1994)

三、畸胎的形成

畸胎（monster），是指明顯畸形的胚胎或新生兒。畸胎形成的原因儘管複雜，但可以歸為兩類：一類是身體有缺陷或不健全，例如，唇裂、無肛、腸道狹窄、心房室間隔缺損、動脈導管未閉、愚魯、無腦兒，等等；另一類是身體一部分或全部的、過度生長或生長重復。例如多指(趾)、並指(趾)、腦積水、連體雙胎等等。

研究動、植物中先天性畸形的原因、發育、描述、分類的科學叫做**畸形學**（teratology）。導致畸胎的根源，可能為遺傳性的，也可能是妊娠早期環境所致。

（一） 遺傳性疾病導致胎兒畸形

遺傳（heredity）是導致親子間性狀相似的種種生物過程的總稱，換句話說，由於遺傳物質從上代傳給後代的緣故，所以產生了親代的性狀在下代表現出來的現象。

從受精卵細胞開始，人體細胞要經過一次又一次的分裂，每次分裂出的細胞的核裏，都出現了專一的、特異的、具有一定數目、形態、結構的**染色體**（chromosome）。染色體是生物遺傳的物質基礎。它的主要成分是**脫氧核糖核酸**（deoxyribonucleic acid，簡稱 DNA），即每個染色體帶有許多組的 DNA 分子。這些 DNA 分子組稱為**基因**(或**遺傳單位**) (gene)，即世代相傳的遺傳信息的載體。而基因帶有遺傳信息的密碼，即**遺傳密碼**（genetic code）。基因並非一直留在它們自己的染色體裏，它有一種交錯 (基因交換) 現象。

這種交錯現象如何實現呢？一方面，在受精卵中無論染色體以哪一種結合而告終，總歸是由雙親所提供的。它既然是按照自己的密碼的排列順序為模板，就保證了它多次細胞分裂的複製成雙，這在本質上就決定了遺傳的保守性。在這個意義上，一個家族裏所能產生的個別差異有一定限制。因為這個理由，有親族關係的個體間必定比沒有親族關係的個體要相像得多。另一方面，在複製中偶有偏差和錯誤，就造成遺傳學上的所謂**變異**（variation），即親子間性狀相異現象。現在或過去，在無數計量的人類中，絕對不會有兩個人在遺傳結構上完全一樣。變異意味著個別差異。遺傳與變異是**遺傳學** (gentics) 研究的中心課題。

現在已知導致畸形的遺傳病發病率很高。由於遺傳性疾病所造成的胎兒畸形和生命缺陷是相當驚人的。遺傳病有 3,000 餘種，都是常見的，它不僅威脅著數以千萬計人口的健康，也將遺害子孫後代。據調查，很多流產和死胎便是遺傳缺陷所致；幾乎人體各個器官系統和組織都可能發生遺傳性疾病和畸形。僅眼睛就有近 3,200 種遺傳病和遺傳缺陷，六歲以內的失明兒童中，有 40% 為遺傳病所致；精神分裂病、哮喘有 80% 歸於遺傳問題；先天性心臟病有 35% 是由於遺傳所致；全世界主要因遺傳所致的先天性愚型患兒在數百萬以上。嚴重的遺傳病給家庭和社會造成十分棘手的問題。一個先天性呆痴的孩子，雙親痛苦，家庭牽連，也給社會增加負擔。所以預防和及早發現先天性胎兒異常，防止遺傳病的延續，正是做父母者的希望。

預防和阻斷遺傳病或畸形的主要辦法是產前檢查。特別是對有下列情況之一者，更應該進行系統的產前檢查：

1. 夫婦有近親血緣關係；
2. 有遺傳病家族史；
3. 夫婦中有先天性缺陷；
4. 孕婦為不正常染色體攜帶者；
5. 以前生過畸形的孩子；如果第一胎是畸形兒，可能是有**常染色體** (autosome) 遺傳病或 X 連鎖遺傳病，或多基因遺傳病。因此在第二次懷孕前應該做必要的檢查；
6. 有習慣性流產、早產史；
7. 以往生過無腦兒、脊椎裂或其他先天性畸形兒。

通過產前診斷，如發現有遺傳病或胎兒畸形，則應施行選擇性流產，或尋求醫學技術的補救之道。

(二) 不良環境因素對胎兒的影響

導致畸形的另一個因素是胎兒環境。遺傳基因所決定的只是個體對於特定環境的發育反應模式。一方面，基因與**性狀** (properties) 並非一一對應，一個基因可能影響幾個性狀，也可能一個性狀由不同基因負責，即受多基因控制；另一方面，很多環境因素，也對性狀發生著重大影響作用。因此胎兒的每個性狀可以說都含有遺傳和環境的兩個成分。

1. 容易致畸的環境因素 如前所述，胎兒因環境因素所導致畸形既取決於環境中不良因素的種類和量的大小，又取決於胚胎發育的時間和孕婦機體的狀態和情緒。除了上述的分析之外，我們還要特別強調四個容易接觸的致畸因素：

(1) **烟毒對胎兒的危害**：烟草的有害成分可使吸烟者的染色體和基因發生變化，遺患後代 (Kelvin & Robert, 1987)。烟毒對胎兒的不良影響表現為：①影響受精卵和胚胎的"質量"，因為烟草的有害成分可以通過吸烟男性的血液循環進入生殖系統。研究顯示，每天吸烟 30 支以上者，畸形精子的比例超過 20%，吸烟時間越長、量越多，則精子量越少，畸形率越高。②丈夫吸烟影響孕婦。丈夫吸烟，孕婦被動地吸入過多的烟霧。研究表明，丈夫不吸烟，孩子畸形率為 0.5%，每日吸 1~10 支烟者，孩子畸形率為 1.4%；10 支以上者為 2.1%。③孕婦本人吸烟，直接損害胎兒，容易引起流產、早產和胎兒死亡。

(2) **酒精對胎兒的危害**：酒精對生殖細胞和胚胎以及胎兒也存在著極大的危害。中國俗有"酒後不入室"之語，指的是丈夫貪杯，往往後代不昌。西方也有所謂"星期天嬰兒"之說，指的是丈夫假日痛飲後懷孕的孩子，往往資質不佳、身體孱弱。至於孕婦酗酒，更是會直接影響胎兒，可能引起中樞神經系統功能失調，發育缺陷，或在不同器官發生各種不同的畸形。

(3) **服用藥物對胎兒的危害**：藥物對發育中的胎兒有著不良的影響，如前所述，抗癌藥可以引起胚胎死亡；四環素影響胎兒骨骼發育；激素類會誘發畸形等。在 20 世紀 50 年代，西歐一些國家出現了數以千萬計的新生兒畸形。這些小兒肢體短小，形若海豹，故稱"海豹肢體畸形"。這個人間悲劇是由於孕婦在妊娠早期噁心嘔吐時服用一種叫"反應停"(Thalidomide)的鎮靜藥所致 (Kelvin & Robert, 1987)。

(4) **環境污染對胎兒的危害**：孕婦在妊娠期接觸不良環境，尤其是物理和化學因素，以及病毒、農藥等有害物質，都容易造成胎兒畸形。

2. 導致畸形因素的敏感期　不良環境之導致畸形，在胎兒的不同時期其作用是有區別的。懷孕後的頭三個月，特別是受孕後的 15～60 天，胚胎發育過程是各器官對導致畸形因素的敏感期，在頭二週致畸因素可能使胚胎致死而流產；如果損害不甚嚴重，也可能經過補救挽回生命，但極可能造成染色體變異。懷孕第三至八週，胚胎對導致畸形因素很敏感，故此時期是防止畸形的重要時期。至胎兒後期敏感性下降，但是胎兒的腦和部分泌尿生殖器仍在發育，還有可能出現畸形。

為了防止胎兒畸形，在懷孕前就要避免接觸有害物質，以便防止影響精子或卵子的品質，懷孕後頭三個月內更要避免接觸不良的環境因素。遺傳因素給健康胎兒或產生畸胎形成物提供了一定的可能性，但不能完全地決定人體的特徵。人體的絕大多數的正常的和異常的性狀，都是遺傳和環境相互作用的結果。因此，我們要從胎內環境開始就要重視，利用良好的環境因素補救遺傳缺陷，並防止胎內不良環境因素造成胎兒的先天缺陷。

第二節　新生兒

個體從出生後結紮臍帶開始到出生後 28 天稱之為**新生兒期** (neonate period)，這個時期內的兒童稱為**新生兒** (neonate)。本節內將從新生兒的一般特徵、學習能力以及社會行為三方面，分別討論新生兒的心理發展。

一、新生兒的一般特徵

從 20 世紀 60 年代以來，對新生兒的研究逐步深入，探討新生兒的心理活動，了解個體心理發展的最初水平與狀況已逐漸成為可能。因此，一方面，由於研究的理論和實際的巨大價值，新生兒本身所獨有的特點越來越吸引心理學家的興趣；另一方面，經過科學家們許多年來的不懈努力，新生兒許多心理特點已逐步為人所了解和認識。

(一) 由寄居生活過渡至獨立生活

新生兒時期是實現從生理上的**寄居生活** (parasitic life) 到**獨立生活** (independent life) 的轉變的過渡時期。

1. 開始成為獨立的個體　如前面所述，胎兒生活完全是寄居性的，胎兒必須通過臍帶與母親相聯繫，實現其營養、呼吸、排泄等新陳代謝機能，在出生後，新生兒就成為一個完全獨立的個體，且面臨著一個新的完全不同於胎內環境的生活環境。因此，新生兒必須儘快使自己的各種生理器官 (如呼吸系統、消化系統等) 立即適應新的環境，迅速發展各種適應環境的基本生存能力。

2. 過渡至獨立生活的原因　雖然從胎兒期開始，胎兒的神經系統就已經在不斷發展，到出生後，其大腦結構已初具人腦的規模，但腦的重量、體積，特別是腦的機能發展水平還遠遠不夠。例如，新生兒的大腦皮層上的主要溝回已經形成，但還不夠深，神經細胞的體積還小，神經纖維還很短很少，而且大部分沒有髓鞘化，因此就不容易在大腦皮層上形成比較穩定的優勢興奮中心，新生兒的大腦皮層也就難以適應外界刺激的強度。這樣，新生兒對外界的各種"超強刺激"就採取了保護性抑制，表現為睡眠時間較多，新生兒一天的睡眠時間約為 16～18 小時，其中大部分時間是處於沒有規律的睡眠狀態之中，醒著的時間僅為 6～8 小時。實際上，新生兒重長時睡眠正是一種自我保護的行動，與其神經系統的發育緊密相關，隨著大腦皮層和神經系統的不斷成熟，個體的這種"保護性"睡眠時間就會明顯減少。與此同時，新生兒的各種心理活動則不斷增加和複雜化。

3. 新生兒的特殊性　新生兒時期是一個特殊的過渡時期，既不同於完全依賴母體的胎兒期，又不同於已具有一定獨立能力的其他發展時期。

(二) 個體心理開始發生的時期

新生兒期是個體發展的起點也是個體心理開始發生的時期。與其他發展時期相比，新生兒是個體經驗最少的時期，也是接受環境刺激最少的時期。在其獨立生存、適應新環境的同時，新生兒不僅被動地接受外界刺激，而且積極地對外在環境做出反應。在此過程中，新生兒的各種感官都在一定程度上開始積極地活動起來。當然,新生兒的注意範圍是有限的,其反應技能和行為變化也是有限的,但在被動和主動地接受刺激的適應過程中,新生兒的認知心理機能開始初步發展起來,主要表現為**感覺** (sensation) 能力的迅速發展和**知覺** (preception) 能力的初步發展。與此同時,新生兒的社會性也開始發展起來,表現為在新生兒末期開始出現的社會性微笑和對社會性刺激的偏愛。新生兒時期的發展為其各種心理活動的進一步發展打下了基礎。

由於新生兒時期是個體的心理現象開始發生的時期,是個體心理發展史的第一頁。因此,研究新生兒的心理特點,不僅可以了解人類個體發展的基礎,了解人類心理和意識的起源,也可以了解環境對人類心理發展的影響。

(三) 具有巨大的發展潛能

儘管新生兒必須依賴他人的精心照料才能生存下去,但他實際上具有巨大的學習和發展的潛能。

與其他高等動物的幼仔相比,人類的新生兒顯得非常孱弱,儘管新生兒已是一個獨立的個體,但一旦失去他人的照料就無法生存下去,其適應環境的能力還很低。然而,人類新生兒與動物幼仔的本質不同就在其具有巨大的**發展潛能** (development latent competence),他們已具備了探尋各種刺激的感官條件,在接受刺激和主動反應的過程中,新生兒的各種心理能力也以驚人的速度發展著,而且人類新生兒一開始就生活在人類生活環境之中,在向著人類社會成員方向發展的過程中,其社會能力也迅速發展起來。這種早期的心理能力的發展既是新生兒適應環境的條件,又是個體心理進一步成熟的基礎。因此,研究新生兒的學習和心理能力,對於早期智力開發的研究具有重要的現實意義。

總之,新生兒時期是兒童發展的起點,也是兒童心理發展的一個獨特時期。對新生兒心理特點進行探討和研究,既具有重要的理論意義,也具有巨大的實際應用的意義。

二、新生兒的學習能力

儘管新生兒還是一個孱弱的生命,但因其大腦結構和生理器官的發展,使他們已開始具備了一定的適應生活環境的能力。當然,新生兒的適應能力的水平還是很有限的。

(一) 無條件反射行為

新生兒主要是依靠皮下中樞來實現**無條件反射**(或非制約反射)(unconditioned reflex)，以保證其內部器官和外界條件最初的**適應**(adaptation)。

新生兒有許多與生俱來的、對特殊刺激的反射行為，有些是適應性的，具有生物學意義，如在光線強烈時閉上眼睛，扭動身體以避開痛苦等；有些反射則是遺傳留下的過去生活的痕跡，如擁抱反射等；還有一些反射則是神經回路現象，以後成為隨意命令下的表現或更有用的行為模式，如行走反射等。這些無條件反射很多在出生後數週或數月內消失，這可能是因為神經系統的發展，特別是腦結構的發展，使兒童逐漸學會了控制自己的行為反應。因此，儘管有些反射並不具有生物意義，但卻常用來作為新生兒發育的一種指標。如果沒有這類反射或在一定時期內，這種反射還未消失，就可能表明嬰兒的神經發展不正常。因此，許多無條件反射常用來作為新生兒神經發育檢查的指標。

新生兒的無條件反射有 70 多種，下面是一些常見的反射：

1. 食物反射(food reflex) 當食物或其他物品進入口中就會有唾液分泌。這是適應環境，維持機體生命的基本反射之一，出生後半小時，醒著的新生兒身上就能觀察到這種反射。

2. 巴賓斯基反射(Babinski reflex) 用火柴棍或大頭針等物的鈍端，由腳跟向前輕畫新生兒足底外側緣時，他的拇趾會緩緩地上蹺，其餘各趾呈扇形張開。這種反射約在 4~6 個月的胎兒身上看到，出生後 6~18 個月逐漸消失。

3. 摩羅反射(Moro reflex) 此指當新生兒遇到突然刺激引起的全身性動作。當新生兒忽然失去支持或是受到高聲、疼痛等刺激時，表現出頭朝後揚，背稍微有些弓形，經常伴有身體的扭動和雙臂立即向兩邊伸展。然後再慢慢向胸前合攏，像擁抱姿勢，同時發出哭聲。此類反射在出生後四個月左右消失。

4. 瞳孔反射(pupillary reflex) 瞳孔對光的刺激會做出擴大或縮小的反應。當入眼光線增強時，瞳孔立即縮小，光線減弱時或在暗處，瞳孔相應擴大，此外，刺激頸部皮膚，劇烈疼痛或忽然的巨響，均可引起瞳孔擴大。瞳孔反射異常或消失，表明視神經或視覺中樞的功能發生障礙。

5. 軀體側彎反射 (incurvation reflex) 用手托住新生兒胸腹部，輕輕上舉，然後在背部沿脊柱向下輕畫，或用手掐腰部一側的皮膚，可引起軀體向刺激側彎曲，同側的膝關節會伸直，如三個月後仍未消失，則可能患脊髓彌漫性腦損害。

6. 游泳反射 (swimming reflex) 把新生兒俯臥在水裏，他就會用四肢做出協調得很好的類似游泳的動作。六個月後，此反射逐漸消失。

7. 強直性頸部反射 (tonic neck reflex) 新生兒仰躺著時，使他的頭轉向一側，就會看到該側的手臂和腿伸直，另一邊的手臂和腿屈曲起來，呈現出類似擊劍者的姿勢，這種不對稱的強直性頸部反射，出生後三個月左右消失。對稱的強直性反射表現為將低著的嬰兒的頭伸直抬起時，可見到手臂伸直，雙腿曲屈的現象，而使其低頭屈頸時，動作則相反。一般嬰兒到練習爬行時，此反射即消失。

8. 吸吮反射 (sucking reflex) 用乳頭或手指碰新生兒的口唇時，會相應出現口唇及舌的吸吮蠕動。出生後三至四個月自行消失，逐漸被主動的進食動作所代替。

9. 行走反射 (walking reflex) 正常新生兒處於清醒狀態時，若用兩手托住其腋下使之直立並使上半身稍微前傾，腳觸及床面，他就會交替地伸腿，做出似乎要向前走的動作，看上去很像動作協調的行走。此反射在新生兒出生後不久即出現，六至十週消失。

10. 交叉伸展反射 (cross extention reflex) 握住新生兒一條腿的膝部使腿伸直，當敲打或按壓這條腿的腳底時，另一條腿會立即彎曲，然後又很快伸直，出生後四至五週即消失。

11. 抓握反射 (grasping reflex) 當觸及新生兒手掌時，立即被緊緊地抓住不放，如果讓新生兒兩隻小手握緊一根棍棒，他甚至可以使整個身體懸掛片刻。在出生後第五週達到最強的程度，三至四個月時消失。

12. 覓食反射 (rooting reflex) 當新生兒面頰觸到母親乳房或其他部位時，即可出現尋覓乳頭的動作。用手指撫弄新生兒面頰時，他的頭也會轉向刺激方向。該反射約在三至四個月時逐漸消失。

13. 手掌傳導反射 (palmar conductance reflex) 當按壓新生兒一隻

或兩隻手掌時,他會出現轉頭張口的動作,手掌上的壓力放鬆,可能會打哈欠。在三歲以後逐漸消失。

雖然新生兒一出生就具有多種**本能的反射** (instinctive reflex),為他們的生存提供了前提條件,但這種生而具有的無條件反射往往是不精確的,還常常容易發生泛化。如不僅刺激新生兒的嘴唇會引起吸吮反射,刺激其臉頰也常常會引起同樣的反射。刺痛新生兒的右腳,不僅左腳會避開,右腳或手也都張開。直到出生後二十天左右,新生兒的各種反射行為才趨於精確化。

(二) 新生兒的感覺能力

對客觀世界的**感知能力** (capacity of sensory and perception) 是各種**心理能力** (mental capacity),如**學習** (learning),**思考** (thinking) 及**社會化** (socialization) 等發展的基礎。在胎兒期,胎兒對母體的情緒和活動等都有所反應,對外界刺激也會有所反應,但直到出生後,新生兒才直接面對世界,直接感受到各種聲、光、觸摸等刺激並予以反應。

從發展的角度來看,感覺能力是發展最早,且最早趨於完善的一種基本心理能力。大量研究表明,新生兒的各種感覺器官從一開始就處於積極活動狀態之中,因此,新生兒已具有了一定的感覺能力。

1. 視覺 視覺 (vision) 是人類一種最重要的感覺,人可以獲得的外界信息中,大約有 80% 是通過視覺獲得的。新生兒一出生就已具有眨眼反射和瞳孔反射,這表明他們已能進行某些視覺活動。有人曾對 202 名出生後八小時到 13 天的新生兒的視覺區辨能力進行實驗研究,結果發現,新生兒已具有對兩個圖形的視覺區辨能力,並表現出對規則圖形的偏愛 (馮曉梅,1988)。

新生兒的視覺系統還未達到成熟,其視覺能力還是有限的。一方面,新生兒的視覺調節能力具有一定的局限性,他們的眼睛像是定好焦距的照相機一樣,只有在一定距離的物體才能清晰地落在視網膜上。因此,只有大約相距八英寸的物體才能看得最清楚。新生兒的視敏度也較差,不能覺察細小的物體和結構。範茲等人 (Fantz, et al., 1962) 的研究發現,新生兒的視敏度為六十分之六到百分之六之間。與成人相比,新生兒的邊緣視覺也很有限,成人的視覺範圍為 180°，而新生兒只有 60°。

另一方面，新生兒的視覺運動還是不協調的，在出生後的兩、三週內，如果在九英寸遠處有兩個物體，則新生兒右眼看右邊的物體，左眼看左邊的物體。有時他們的雙眼還會像"鬥雞眼"一樣對合在一起。直到新生兒期結束，這種雙眼不協調運動才會逐漸消失。

到 15 天左右，新生兒就開始能較長時間地注視活動的玩具，甚至有的研究者發現，出生數小時的新生兒的眼球便能跟著慢慢移動的物體活動。但一般說來，新生兒的這種追視能力還是很差的。新生兒對在視野內出現的移動物體，會朝著不同方向移動視線。但是根據測查發現，他們的視線移動並不是平滑的，而是表現為眼球的"飛躍運動"。

海斯 (Haith, 1980) 曾經對 24 和 96 小時的新生兒進行了一系列的視覺研究，認為新生兒的視覺活動是根據幾個規則所形成的系統來進行的有規則 (1)：如果清醒，警覺，光線不太強時，會睜開眼睛；規則 (2)：在昏暗情況下，會保持一種有控制的、仔細的搜索；規則 (3)：如果所視對象沒有形狀，則尋找邊緣、拐角等以區分圖形與背景；規則 (4)：如果發現一條邊，停止搜尋，視線停留在邊的附近，在線條上下移動。可見，新生兒已能較系統的尋求觀察事物，但仍有較大的偶然性和無組織性。

2. 聽覺　研究和經驗表明，所有正常的新生兒都有**聽覺** (audition)。許多新生兒在聽到搖鈴聲時，能將頭轉向鈴響的方向。但這個動作不是立即完成的，需要大約 2.5 秒的**反應時間** (reaction time，簡稱 RT) (Muir & Field, 1979)。廖德愛 (1982) 對出生後 24 小時的新生兒對聲音刺激的反應的研究發現，正常新生兒一出生就能通過空氣傳導途徑產生聽覺反應，實驗中，通過一次刺激就能發生聽覺反應的新生兒達 45.24%，通過二次刺激發生反應者為 38.10%，兩者共達 83.34%，通過三次或三次以上發生反應的占 16.66%，反應較慢，但仍很明顯。

新生兒在出生後六天就能聽到 30 分貝的低音。讓新生兒聽 100 分貝的高強度聲音和 85、70、55 分貝的低強度聲音，研究結果發現，聲音強度越大，嬰兒的心率就越快，表明新生兒已能分辨不同分貝的聲音，並對此做出生理反應 (Wittrock, 1980)。

只有三天的新生兒就能區分不同的聲音並表現出對母親聲音的偏愛 (De-Casper & Fifer, 1980)。研究者認為，這是由於在胎內生活時已熟悉了母親的聲音。在另一項研究中，要求孕婦在孕期的最後幾週內每天兩次朗讀一篇故事，結果發現出生後，新生兒更喜歡聽這個故事 (DeCasper & Spence, 1986)。

此外，新生兒已能分辨出不同的語音，如持續讓他們聽一個重復的語聲"ti-ti-ti"，他們會逐漸停止注意，而當出現一個新的聲音"pah-pah-pah"時，他們又會重新予以注意 (Weiss, Zelazo, & Swain, 1988)。

聲音定位的能力對新生兒而言只是一種反射行為，在一個月後即短暫消失，大約四個月開始即能進行準確的聲音定位。研究發現，新生兒對高調聲音的定位好於對低調聲音的定位，因此，新生兒更喜歡聽母親的談話 (Henlen Bee, 1985)。

聲音對新生兒是很重要的。當聲音與胎內聽到的聲音相似，對新生兒具有一定的安撫作用。一個煩燥不安的嬰兒在聽到心跳的聲音之後就變得安靜下來，因為這種聲音和他們在母體內聽到的聲音相似。研究發現，不僅心跳聲，其他如節拍器的聲音或其他像心跳一樣有規律的聲音都有安靜作用。新生兒為了能持續地聽到錄音機裏放出的心跳聲可以有力地吸吮奶瓶 (DeCasper & Sigafoos, 1983)。

3. 味覺 剛出生的新生兒就已具有發達的**味覺** (taste sensation)，這對嬰兒具有重要的保護意義。研究者們往往把一些不同的味道，如甜、酸、苦、鹹等各種溶液滴到新生兒嘴裏，觀察其反應。結果發現，在嚐到特別甜的溶液時，新生兒出現微笑，舔嘴唇和吸吮的反應。而當鹽溶液滴到新生兒的嘴裏時，許多新生兒都有噘嘴，皺鼻，眨眼的反應；而在嚐到苦液時，則有伸出舌頭，吐唾沫，甚至試圖嘔吐的表現；如果把蒸餾水滴到舌頭上，新生兒吸吮時毫無表情。在進一步的研究中，他們更還發現，隨著味道濃度增加，反應強度也在增大，新生兒已能區分"甜"與"很甜"和"苦"與"很苦"的不同了 (Steiner, 1983)。

4. 嗅覺 出生不到 12 小時的新生兒即表現出一定的**嗅覺** (olfactory sensation)，對各種氣味就會有明顯的反應。在聞到強烈的臭味時，新生兒就會緊閉眼皮，扭歪臉面，身體騷動不安；而對黃油，香蕉，巧克力，蜂蜜等香味，新生兒就會出現愉快滿足的表情。

研究發現，在兩、三天內，新生兒就能認識他們所聞到過的強烈氣味。如在第一次聞到茴香油的氣味時，新生兒的活動增加，心率和呼吸都會發生變化，如果繼續聞到這種氣味，新生兒就逐漸停止反應。這時如果忽然聞到一種新的氣味，如苯基酸的氣味，新生兒就又開始增加活動，心率和呼吸也發生變化 (Macfarlane, 1977)。有關實驗還顯示，新生兒已具有明顯的嗅覺偏好。

5. 動覺　動覺 (kinesthesia) 刺激對於新生兒的發展是必要的。搖動，舉高或四處走動都給新生兒提供了基本的動覺刺激，這是和運動、認知、社會性發展相聯繫的。動覺刺激的作用在於使嬰兒保持安靜與警覺狀態，可以喚醒嬰兒或平息其過度的興奮。在一項研究中 (Thomas, et al., 1977)，只要新生兒處於清醒狀態，就將其抱起並與之談話，三天之後，與那些只躺在床上談話的新生兒相比較，接受額外動覺刺激的新生兒對人類聲音就會有更多的反應。

（三）　新生兒的學習

1. 條件反射的建立　條件反射 (或制約反射) (conditioned reflex) 的建立是一種最基本的學習方法。新生兒所建立的條件反射都是與無條件反射相聯繫而建立的。對新生兒的學習來說，一個首要條件就是**及時強化** (immediate reinforcement)，即在某種習得反應出現時立即給予強化。有關實驗 (Barrera & Maurer, 1981) 研究發現，對新生兒的強化獎勵不能延遲。如果在一秒鐘內沒有給予強化如甜水、微笑、聲音、觸摸等，新生兒就難以進行學習。另一個條件就是刺激物的重復出現。刺激反復多次地出現，能使新生兒對刺激物有一個粗略的記憶。

針對新生兒條件反射開展的研究主要有**經典性條件反射** (或古典制約反射) (classical conditioning reflex) 和**操作條件反射** (或操作制約反射) (operant conditioning reflex) 兩種學派。60 年代，在利普西特等人 (Lipsitt, et al., 1963) 的實驗中，把一根細管插入新生兒口中作為條件刺激，滴入葡萄糖溶液五秒鐘作為無條件刺激。控制組也接受同樣數量的兩種刺激，但這種刺激的出現是隨機的，而不是配對的。結果發現，把管子插入口中，**實驗組被試立即加快吸吮頻率，而控制組則無此表現。如果給實驗組被試插入管子卻沒有糖液強化，實驗組被試的吸吮頻率就下降到和控制組相同。如果再次建立條件反射，實驗組被試又一次增加吸吮頻率。這表明新生兒已建立起條件反射。

新生兒學習操作條件反射比學習經典性條件反射要快得多。德斯珀等人 (Desperet, et al., 1980) 的實驗證明，三天的新生兒就能建立操作性條件反射。研究者首先測試被試自發吸吮的平均間隔，然後將新生兒分成二組。第一組在吸吮間隔大於平均數時就能聽到母親的聲音作為獎勵；第二組被試在吸吮間隔小於平均數時也能聽到母親的聲音，否則這兩組被試者聽到的就不是自己母親的聲音。結果發現，大部分新生兒改變了自己的吸吮間隔，以便能更經常地聽到母親的聲音。

新生兒條件反射的建立具有幾個特點，首先是形成的速度很慢，往往要求條件刺激和無條件刺激的多次結合；其次是新生兒形成條件反射以後，穩定性較差，如不繼續學習，很容易消失；第三新生兒的條件反射不易分化，對一些相近似的刺激都會產生條件反射。

在新生兒時期就開始表現出學習的差異。例如，吸吮研究中，那些有醫療併發症的高危嬰兒對方格圖案的反應少於許多早產嬰兒。而高體重的早產兒則有較多的反應。調查者 (Kelvin, Seifert & Robert, 1987) 還發現在相同年齡，有的新生兒能夠學習較困難的任務，而有的新生兒則不能。對同一個新生兒來說，由於研究方法的不同或由於學習任務的難易程度不同，新生兒所表現出的學習能力也是不同的。

2. 新生兒的記憶　記憶 (memory) 是兒童心理發展過程中最重要的心理活動之一，也是兒童積累經驗和心理發展的重要前提。記憶與兒童的其他心理活動有著密不可分的關係，記憶是在知覺基礎上發展起來的，記憶發展的水平又直接影響著知覺能力的發展。同時，記憶更還直接影響著兒童的想像、思維、語言和情緒情感等方面的發展。

對新生兒記憶的研究常採用**習慣化法** (method of habituation)，即對重復刺激的反應逐漸消退。弗雷德曼 (Friedman, 1975) 對一個出生四天的新生兒進行了研究。他讓新生兒反復觀看一個簡單的圖形，每次呈現 60 秒，直到新生兒注視該圖形的時間連續兩次都比最初少了八秒時止，則表明新生兒對這個圖形有所記憶。這時研究者變化另一個圖形，則新生兒的注視時間有顯著增加，表明新生兒了解新的刺激不同於記憶中的刺激。結果還發現，新生兒看新刺激時間的長短依賴於新舊刺激差異的程度。

習慣化的研究表明，新生兒對聲音也有所記憶。三天的新生兒反復聽一個詞直到習慣化，不再有轉頭傾聽的反應；之後再呈現新的詞，新生兒就會再次把頭轉向聲源。54 小時的新生兒能記憶他們聽到的聲音達 6～10 個小時 (DeCasper & Spence, 1986)，而 2～4 週的新生兒每天聽 60 次的語聲達 13 天，則在兩天後仍能記住這些語聲 (Ungerer, et al., 1978)。

三、新生兒的社會性表現

長期以來，人們一直忽略新生兒的**社會性潛能** (social latent competence)。由於新生兒缺乏言語技能，不能理解也不懂得與他人進行交流，因此，許多人把新生兒視為社會聯繫中的孤獨者。然而，從 60 年代開始，研究者們開始注意到新生兒一開始就具有一種指向人類社會的自然傾向，這種自然傾向首先表現為新生兒對於社會性刺激能夠做出積極的反應，如微笑、哭泣以及身體動作等作為一種信號，以保證自己得到照顧和愛護。新生兒的這種交流"信號"是一種最原始的、最基本的信號，表現出他在社會關係中的積極參與。顯而易見，新生兒與社會外界的這種相互作用是雙向的，不只是社會對新生兒產生影響，新生兒的社會行為同樣會影響他人。

1. 新生兒的模仿 重復並模仿他人的表情稱為**模仿表情** (echomimia)。近年來，有的研究者認為新生兒已具有模仿母親的面部表情的複雜反應。只有六天的新生兒就能模仿母親伸出舌頭的動作，也模仿其他面部動作，如張嘴或舔嘴唇，以及其他姿勢如張開手和握緊手 (Meltzoff & Moore, 1983；Field et. al., 1982)。

對新生兒的這種令人驚奇的**模仿行為** (imitative behavior)，許多研究者認為這是一種反射，即是一種非常簡單的、神經聯繫的行為，不需要思考和理解 (Wyrwicka, 1988)。和新生兒的其他無條件反射一樣，新生兒的這種模仿行為在六週以後就很少見到了 (Abravanel & Sigafoos, 1984)，而在數月後，又將重新顯現出來。

2. 新生兒的情緒 早在 20 世紀 30 年代，布里奇 (Bridge, 1933) 就提出了有名的**情緒的分化** (differentiation of emotion)，認為情緒發展是一個從單一的一種情緒或喚醒狀態分化而成各種情緒的過程，成人所經歷的所有情緒都是在新生兒時期所表現出的未分化的興奮反應的分化結果。布里奇認為，兒童在出生時只表現出未分化的興奮，但很快分化出未分化的愉快反應和未分化的不愉快反應,這種未分化的不愉快反應以後進一步分化為狂怒、挫折、恐懼等。但一些心理學家認為,兒童的情緒表現比布里奇所認為的更早。我國心理學家林傳鼎在 1947~1948 年曾對出生 1~10 天的新生兒進行了觀察,認為新生兒已具有兩種可以分清的情緒反應,即愉快的情緒反應 (生理需要獲得滿足) 和不愉快的情緒反應 (生理需要尚未滿足,如饑餓、疼痛、身體活動受束縛等)。

有的研究者採用布雷澤爾頓新生兒行為評定發現,新生兒一開始就具有七種基本的、普遍性的面部表情:愉快、悲哀、驚奇、好奇、厭惡、憤怒、恐懼 (Osterand & Ekman, 1978)。例如,在新生兒的頭邊搖動一個撥浪鼓時,新生兒會出現好奇的表情,在吸到有肥皂味的東西時,會出現厭惡的表情,而在進行不舒適的反射測驗時,會出現憤怒的表情。

雖然新生兒的情緒表現尚不清晰,但從孩子的突然發出的哭聲可以知道他們是表達了某種情緒。在新生兒時期,新生兒的情緒具有很大的生物學意義,他們的反應主要表現其生理需要是否得到滿足。

3. 新生兒最初的社會性行為　通過一些現代化的研究技術和手段,人們對新生兒的行為進行了卓有成效的研究,發現了許多以前忽略的新生兒行為中的社會性表現。

科恩等人 (Cohen, et al., 1977) 用電影和錄像記錄幾小時內的新生兒的行為,結果發現,新生兒的一些細微的身體運動,如扭動臂部,抬起手指,皺眉頭等,與正常言語的聲音節奏有一定的聯繫。有些新生兒對長達 125 個單詞的連續語詞保持了同步反應,但對無意義的言語和雜亂的噪聲都沒有這種特定的反應。這雖不是說新生兒能理解言語,但至少表明他們確實能對人類的語言做出積極的反應。他們只對有意義的言語模式做出特定的反應,能以自己的方式區分有規律的社會信號和散漫的聲音,在生命的一開始就能簡單地參與一種基本的社會交互作用。

研究者通過對新生兒的視覺行為、面部表情、身體姿勢的觀察發現,新生兒與母親的接觸也有特殊的行為表現,具有平穩和有節奏的特徵。母子之間視線聯繫的維持和中斷是有規律的,新生兒對母親的注意的發生和減退也是逐漸地而且是緩慢地,新生兒已能以聲音和身體姿勢轉向母親。

研究證明 (Brazelton, 1976),新生兒一開始就表現出一些具有社會意義的行為:(1) 對人類語聲較其他聲音更敏感和偏愛;(2) 對母親的聲音更為注意；(3) 喜歡注視真正的"人面"；(4) 喜歡奶味勝過糖水氣味，且喜歡母乳勝過牛奶。這表明兒童在其生命的開始就具有社會性交往的傾向。

儘管由上述可見，新生兒確實從一出生就已經是人類社會群體中的一分子，具有成為人類社會成員的一種自然傾向和巨大的社會性發展的潛能，但新生兒的社會能力極其有限，儘管他們能夠選擇性的在適當的時間對社會性相互作用做出反應，促使成人來照顧和關心他們，引發他人的社會性反應，但新生兒的這種社會行為具有很大的不隨意性，更多的是本能的行為表現。事實上，新生兒與成人的相互交往中雙方的行為、作用是不對等的，成人往往通過明確的調節行為來影響新生兒的活動。

本章摘要

1. 個體的**生命**一般以受精卵產生開始算起，生命有生理學定義、新陳代謝定義、生物化學定義、遺傳學定義和熱力學定義等。心理現象是生命發展的產物。
2. 從**受精卵**的開始到出生約 280 天為胎兒。胎兒在子宮內生長發育要經歷**胚種期** (0～2 週)、**胚胎期** (2～8 週) 和**胎兒期** (8 週至出生)，其中胎兒期的發育又分為七個小階段。
3. 探討影響胎兒正常發展因素的學說當首推**胎教**思想。目前對胎教與智力發展關係的研究已引起國內外極大興趣。
4. 母親的諸如年齡、體重、身高、孕史等自身條件，對胎兒發育都是有極大影響的。
5. 孕婦的營養與胎兒的發育，有著極為密切的關係。孕婦缺乏足夠的營養物質，對胎兒乃至出生後的智力影響是比較嚴重的，講究孕婦營養，主要是補充足夠的蛋白質、維生素和礦物質。
6. 如果說胎教是指母親在懷孕時的心理和行為會影響胎兒的話，那麼，情緒狀態是這種心理和行為的重要因素，因此，孕婦豁達樂觀、情緒愉快將有助於胎兒身心健康發育。
7. 要創造胎兒的良好環境，孕婦必須要有一種聲音美好和諧、情緒歡快喜悅、安適且能防止嚴重污染的生活環境。
8. 外界不良的環境因素對胎兒的影響，取決於環境中不良因素的種類，不良環境因素的量，接受不良刺激的胚胎發育時期和接受不良刺激孕婦的機體狀態。
9. 導致畸胎的根源，可能為遺傳性的，也可能是妊娠早期環境所致。
10. 新生兒有三大特點：實現從生理上的寄居生活到獨立生活的轉變；個體發展的起點，個體的心理開始發生；必須依賴他人的精心照料，但具有巨大的學習和發展的潛能。
11. 新生兒一出生就具有了多種本能的反射，為其生存提供了前提條件。但這種反射往往是不正確的，直至出生後的十天左右，新生兒的各種反射行為才趨於精確化。
12. 新生兒具有一定的感覺能力：**視覺、聽覺、味覺、嗅覺和動覺**；在**無條件反射**的基礎上建立了**條件反射**，有了最粗略的記憶，這為其進行最初的學習奠定了基礎。
13. 新生兒一開始就具有一種指向人類社會的自然傾向，首先表現為微笑、哭泣以及身體動作等作信號，對於社會性刺激能夠做出積極的反應。例如，模仿成人面部表情、對人類語言的反應等等。

建議參考資料

1. 皮亞傑（高如峰等譯，1990）：兒童早期智力的起源。北京市：教育科學出版社。
2. 朱智賢（1962, 1979, 1983）：兒童心理學。北京市：人民教育出版社。
3. 龐麗娟、李　輝（1993）：嬰兒心理學。杭州市：浙江教育出版社。
4. Bee, H. (1985). *The developing child.* New York: Harper & Row.
5. Black, J., Puckitt, M. & Bell, M. (1992). *The young child: Development*

from prebirth through age eight. New York: Macmillan.

6. Harris, J. R., & Liebert, R. M. (1991). *The child: A contemporary view of development.* Englewood Cliffs, NJ: Prentice-Hall.

7. Horowitz, F. D., & Coloombo, J. (Eds.) (1990). *Infancy research: A summative evaluation & a look to the future.* Detroit Wayne State University Press.

8. Koch, C. S. (1983). *Children development through adolescent.* New York: Murray.

9. Mussen, P. H. (1980). *Handbook of child psychology* (4th ed.). New York: John Wiley & Sons.

10. Weiner, I. B. (1982). *Child and adolescent psychology.* New York: John Wiley.

第四章

嬰兒期的心理發展

本章內容細目

第一節　嬰兒神經系統的發展
一、嬰兒大腦形態的特點　160
　(一)　腦的重量增加
　(二)　頭圍的變化
　(三)　大腦皮質的特點
二、嬰兒大腦機能的發展　162
　(一)　腦電圖
　(二)　網狀結構
　(三)　皮質中樞
　(四)　大腦單側化

第二節　蹣跚學步與動作發展
一、嬰兒發育與動作發展的基本原則　166
二、嬰兒動作發展的意義與進程　167
　(一)　嬰兒行走動作發展的意義與進程
　(二)　嬰兒手的動作的發展意義與進程

第三節　嬰兒語言的發展
一、嬰兒語言發展的第一階段　176
　(一)　掌握語音
　(二)　豐富詞彙
二、嬰兒語言發展的第二階段　178
　(一)　詞彙的發展
　(二)　語言表達能力的發展

第四節　感知運動的智慧
一、皮亞傑的感知運動階段理論　185
二、嬰兒感知與記憶及思維的發展　189
　(一)　嬰兒感知覺的發展

　(二)　嬰兒記憶的發展
　(三)　嬰兒思維的發展

第五節　嬰兒情緒與社會發展
一、嬰兒的情緒發展　200
　(一)　情緒發展的特點
　(二)　面部表情及其識別
二、依　戀　203
　(一)　依戀的發展
　(二)　依戀的類型
　(三)　依戀對兒童發展的影響
三、嬰兒的社會交往發展　209
　(一)　一歲以內的社會交往
　(二)　零至三歲兒童與父母交往的特點
四、嬰兒社會行為的表現　212
　(一)　親社會行為
　(二)　移情行為
　(三)　社會行為的產生與發展原因
五、嬰兒道德發展的特點　215
　(一)　嬰兒的道德觀念與道德判斷及其行為表現
　(二)　嬰兒的道德感及其行為表現
六、個體差異的最初表現　217
　(一)　早期的氣質表現
　(二)　早期的個體差異

本章摘要

建議參考資料

零歲到三歲，一般稱為**嬰兒期** (infancy)。對於嬰兒到底是指哪個年齡範圍的兒童，各個學者的意見不一。在我國不同的學科對嬰兒或嬰兒期的界定是不同的，即使同在心理學界，國外、國內不同學者對其看法也不相同。總的來說，可以概括為三種觀點：即零歲至一歲說，零歲至二歲說和零歲至三歲說。進入 80 年代以來，零歲至二歲說和零歲至三歲說在發展心理學界均有相當大的影響。這兩種觀點的分歧在於各自採用不同的年齡階段劃分標準。認為零歲至二歲為嬰兒期的學者以**嬰兒** (infant) 一詞的拉丁詞源 infans 的意義"不會說話"為主要標準，結合動作發展的特點，提出學會行走(walking) 和說出單詞(talking) 為嬰兒期結束的標誌(Seifert & Hoffnung, 1991；Hoffman, Paris & Hall, 1993；Kaluger & Kaluger, 1986)。但是，當我們注意到個體心理發展的整體性和連續性的原則時，就有必要從語言、動作、認知和社會性等各個發展領域出發，全面地考慮個體發展的年齡階段劃分問題。基於全面系統的研究原則，許多發展心理學家傾向於把嬰兒期界定為零歲到三歲。這種認識突出地反映在奧索夫斯基 (Osofsky, 1987) 主編的《嬰兒發展手冊》、斯騰伯格和貝歐斯基 (Sternberg & Belsky, 1991) 所著《嬰兒期‧兒童期‧青少年期》及馬森和凱根等 (Mussen & Kagan, et al., 1990) 編著的《兒童發展和個性》等著作中。朱智賢教授主編的《心理學大詞典》(1989) 也提出這種觀點，不過將零歲到一歲稱作**小嬰兒期**(或**嬰兒早期**) (young infancy)，將一歲至三歲稱作**嬰兒期**。

在 20 世紀 50 年代至 60 年代初期，由於西方國家婦女就業率的不斷增長，個體智力的早期開發和早期教育興起，心理或意識起源研究的發展等原因，加上現代研究技術、手段的產生和發展，嬰兒心理研究得到很大關注和振興。到了 80 年代之後，對零歲至三歲兒童心理發展廣泛地展開研究並形成一股世界性的熱潮。特別在感知覺發展、注意、記憶與學習、語言與交流、思維與認知發展、生理特點、情緒發展、氣質與個性特徵、自我系統的發展、親子關係和家庭相互作用系統、同伴關係與社會交往、嬰兒心理以及行為發展異常的診斷與早期矯正，尤其是針對**高危嬰兒** (high risk of infant) 的預防與早期干預等方面進行了廣泛、深入的研究，使嬰兒心理學研究的課題大為豐富並不斷地創新。

嬰兒階段是人類智慧發生和開始發展的時期。國際心理學界大都同意皮亞傑的說法，稱它為**感知運動階段**(或**感覺動作期**) (sensorimotor stage)。

人類智慧的產生，表現在嬰兒期的動作發展、語言發展和思維的萌芽上。在生命的最初三年中，嬰兒從躺臥狀態、完全沒有**隨意動作** (voluntary act) 逐步發展了手的操縱物體和獨立行走等隨意動作；從完全不能說話到能夠掌握一些簡單的詞彙，逐次進入積極理解語言的時間 (1～1.5 歲) 和積極進行語言活動的階段 (1.5～3 歲)；與此同時，在感知覺迅速發展的基礎上，嬰兒的注意和記憶能力不斷提高，而且隨著詞的概括和調節作用的初步發展，嬰兒逐步獲得直觀感知和動作相協調的直觀動作思維。隨意動作、語言和直觀行動思維構成了人類智慧出現的三個要素。

此外，嬰兒的社會性逐漸發展起來，一歲以內的嬰兒不僅出現了初步的交際活動，而且開始形成、建立較為穩定的**依戀** (或**依附**) (attachment) 關係。從一歲開始，兒童成為真正的社會化成員，社會性開始萌芽，出現了社會情感，使得母嬰關係、父嬰關係發生了很大的變化，親社會行為和攻擊性行為也從這個階段開始，於是萌芽了個體道德品質，表現出"好"(乖、好人等) 與 "壞"(不乖、壞人等) 兩種對立意義的所謂"兩義性"的道德觀念和道德行為來。

本章內容所討論的，是人類心理發展，特別是智慧和社會性發展的第一個階段——嬰兒期的特點。在討論中，希望能回答以下五個問題：

1. 嬰兒神經系統的發展有什麼特點。
2. 嬰兒的動作發展遵循哪些基本原則。嬰兒的行走和手的動作是如何發展的，對其心理發展有何影響。
3. 嬰兒的語言，特別是口頭語言怎樣發展的，對其心理發展有何意義。
4. 嬰兒的認知發展的特點是什麼。
5. 嬰兒的情緒、社會性發展有何表現，道德萌芽的標誌是什麼，以及個體差異的最初表現主要是什麼。

第一節　嬰兒神經系統的發展

大腦、神經系統或感官的活動是心理活動的物質基礎，0～3 歲兒童神經系統的發展，直接影響並制約其心理發生發展的進程。

一、嬰兒大腦形態的特點

嬰兒大腦形態的發育是腦的機能發展的前提，嬰兒大腦形態的發育，主要表現在以下三個方面。

（一）　腦的重量增加

如前所述，新生兒腦重量平均為 390 克，約為成人腦重的 28%，而這時體重約為成人的 5%。出生後短短的一年內，腦重增加最快，從平均 390 克增加到 660 克，約為成人腦重的 47%，而二歲半到三歲的時候，則增加到 900～1,011 克，約相當於成人腦重的 2/3。三歲兒童的腦重，若跟成人的腦重比起來，不過相差 400 克左右。

0～3 歲兒童腦重的發展變化在一定程度上反映了其大腦內部結構發育的情況，並且與大腦皮質面積的發展密切相關。研究表明，0～3 歲女孩腦的發展要比男孩快，而三歲後男孩的發展則明顯加快 (孫曄等，1982)。

（二）　頭圍的變化

頭圍是指齊眉繞頭一周的長度，它是大腦生長和顱骨大小的主要測量指標，也可以用來鑑別嬰兒的某些腦部疾病。

新生兒頭圍約占成人頭圍的 60%，男嬰約為 34.3 公分，女嬰則約為 33.7 公分，第一年，嬰兒頭圍已達 46～47 公分；第二年末達到 48～49 公分。此後增長速度放慢，第三、第四年共增加 1.5 公分；以後增長更慢，10 歲時才達 52 公分。

研究表明，如果嬰兒頭圍小於正常值且屬於頭圍過小範圍，則其智力的發育就很容易出現障礙 (Broma, 1981)。進一步的研究認為，頭圍過小常常是嬰兒智力發育低下的先兆，而頭圍大小則是預示嬰兒在**魏氏兒童智力量表** (Wechsler Intelligence Scale for Children，簡稱 WISC) 中得分高低較好的身體指標。

(三) 大腦皮質的特點

如前所述，嬰兒大腦在胎兒早期就已開始發展。新生兒出生時，腦細胞已分化，細胞構築區和層次分化已基本上完成，腦細胞的數量已接近成人；大多數的**溝回** (或腦溝) (sulcus) 都已出現。這些三級溝主要在出生後二年內表現出來，有的可能需要更長的時間。嬰兒的皮質細胞迅速發展，層次擴展，**神經元** (neuron) 密度下降，各類神經元相互分化，**樹突** (dendrite) 與**軸突** (或軸體突觸) (axonic synapse) 逐漸生長繁殖，突觸裝置也漸趨複雜

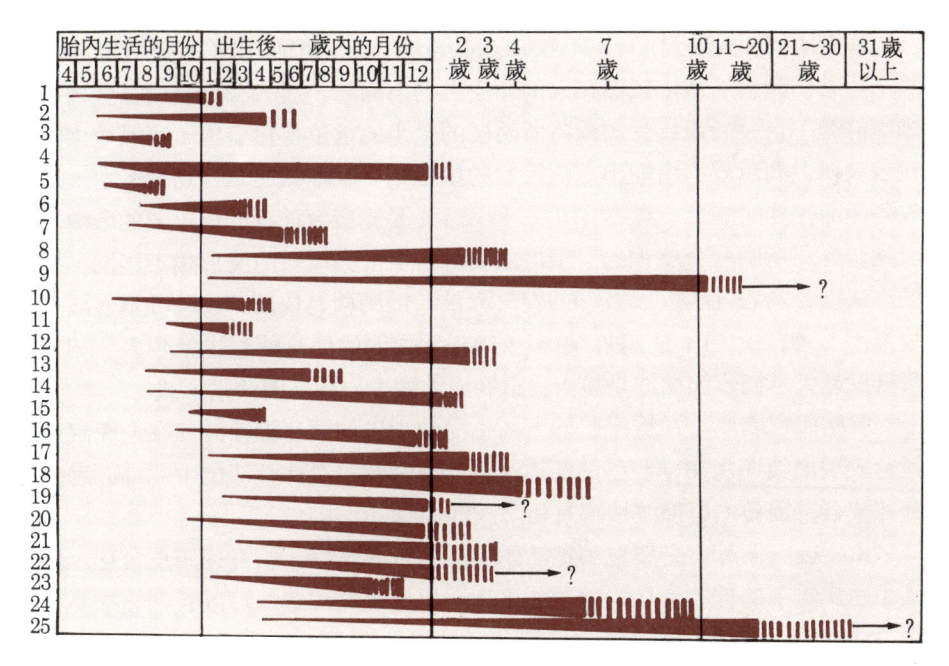

圖 4-1 嬰兒大腦髓鞘化的過程

(採自孫曄，1982)

說明：(1) 圖中縱坐標上所標示數字分別代表大腦的不同區域；
(2) 圖中黑體部分反映了該區域髓鞘化程度的增長情況。

化。兩歲時，腦及其各部分的相對大小和比例已基本上類似成人的腦。**白質**(white matter) 已基本髓鞘化 (myelinization)，與**灰質**(gray matter) 明顯分開。關於嬰兒髓鞘化的進程，可以參看圖 4-1。由圖可知，到三歲末，大腦多數區域的髓鞘化基本上已完成。

二、嬰兒大腦機能的發展

人腦的結構和機能是統一的，結構決定機能，機能也影響著結構。近年來，科學家對嬰兒大腦機能的發展進行了大量的研究，在腦電圖分析、網狀結構、中樞系統和大腦單側化進程等方面取得了一系列突破性進展，對嬰兒大腦的功能有了一些新的認識。

(一) 腦電圖

腦電圖(或腦波圖)(electroencephalogram，簡稱 EEG)是儀器記錄腦電活動的圖形。當電極貼在人的頭皮上的不同點，將大腦皮質的某些神經細胞群體，自發的或接受刺激時所誘發的微小的電位變化引出，通過放大器在示波器上顯示或用由輸出電位控制的墨水筆，記錄在連續移動的紙上，形成各種節律性的波形。頻率(用周/秒表示)是腦發育過程的最重要的參數，也是研究兒童腦發育歷程的一項最主要的指標。腦電圖的波形很不規則，按頻率快慢分為 α 波、β 波、θ 波和 δ 波。前兩種為快波，後兩種為慢波。皮質上 α 波 (8～13 周/秒) 越多，神經元之間的信息傳遞也就越多，相互影響就越大。同步節律波是較大兒童和成人的主要腦電圖活動形式。

有關研究表明，在覺醒狀態下新生兒缺少這種同步節律波。在向睡眠過渡時表現出頻率為 6 周/秒的節律波群，睡眠時皮質枕葉部位中 6 周/秒的節律波群占優勢，這種波被認為是 α 波的原型。

出生後五個月，是嬰兒腦電活動發展的重要階段，腦電逐漸皮質化，伴隨產生皮質下的抑制。在安靜狀態下，在嬰兒皮質枕葉區可以看到頻率為 5 周/秒的節律性持續的電活動，其構成已類似於成人的 α 節律。

出生後 5～12 個月，外部刺激可引起誘發電位發生變化。視覺誘發電位構形變得複雜化，潛伏期縮短。這與傳導通路的急劇髓鞘化、大腦半球皮質形態機能進一步發育的趨勢是一致的。

從一歲到三歲期間，嬰兒大腦兩半球皮質持續發展，主要表現為安靜覺醒狀態下腦電圖上主要節律的頻率有較大的提高。達到 7～8 周/秒。腦電圖的性質也複雜化，前中央部位出現高振幅緩慢波，β 波明顯增加，覺醒狀態下腦電圖個體變異開始增大，這在嬰兒早期是不大的。

(二) 網狀結構

網狀結構 (reticular formation) 是在中樞神經系統中，從脊髓到丘腦底部都有神經細胞和神經纖維交織成網狀的結構。腦於網狀結構有上行和下行投射系統。上行投射系統接受各種特異傳入衝動以及軀體和內臟來的各種傳入衝動，最後，經由丘腦的非特異投射系統到達大腦皮質；下行投射系統到達脊髓對其運動性活動產生易化和抑制兩種作用。如果沒有網狀結構，個體就成了一塊無能為力的、無感覺的、癱瘓的原生物。

新生兒腦皮質尚未發揮作用時，網狀激活系統也能使他在一天中仍然有短時的覺醒。嬰兒期，網狀激活系統除了保持嬰兒的清醒狀態之外，還參與調節嬰兒身體的全部運動活動。它有產生肌肉收縮的特殊運動中樞，能變更 (加強或抑制) 隨意型 (腦控制的) 和反射型 (脊髓控制的) 肌肉運動。也就是說，網狀激活系統像一個交通控制中心，能促進和抑制神經系統信號流，指揮神經系統中的交通。

(三) 皮質中樞

大腦皮質 (cerebral cortex) 是大腦半球表層的灰質，它由神經元的細胞體、**神經纖維** (nerve fiber) 及**神經膠質** (neuroglia) 構成，乃是高級神經活動的物質基礎。大腦皮質中控制頭部及軀幹運動的那些部分先行發展，而後與肢體控制有關的皮質部分才開始發展。

嬰兒期大腦皮質中樞發育有兩個特點，一是皮質中樞發展按上述順序，於是其動作發展總是先移動頭部，能夠抬頭、然後才能坐起、爬行，最後才能直立行走。到了三歲嬰兒皮質才完全與小腦相連，才能實現對精細動作的控制。二是興奮過程比抑制過程占優勢。比起出生第一年，一至三歲嬰兒的抑制過程在發展著，興奮與抑制越來越趨向平衡。這就逐漸變成皮質與皮下的關係，加強了皮質對皮下的控制調節作用，而且也由於抑制過程的發展，神經過程日趨集中，有利於兒童的各種心理過程的發展。當然，就整個嬰兒期而言，個體的抑制過程還是很差的，興奮和抑制還是不平衡的。所以嬰兒常常容易激動，容易疲倦，容易受外界刺激的影響。因而注意力不集中且有情緒不穩定等現象。

(四) 大腦單側化

嬰兒大腦兩半球不僅在解剖上，而且在功能上也存在著差異。最近 30 年腦科學研究結果表明，左右兩半球在功能上的高度專門化，主要表現在：左半球是處理言語，進行抽象邏輯思維的中樞；右半球是處理表象，進行形象思維的中樞。

嬰兒大腦的**單側化** (或邊利) (lateralization) 實際上是在其大腦的一個半球建立一定功能的過程。如對於多數右利手的嬰兒來說，其言語能力逐漸定位於左半球的過程就是一種單側化的進程。達德森和福克斯 (Dardson & Fox, 1982) 研究指出，嬰兒剛出生時，大腦兩半球同時對語言進行處理，以後右半球對說話聲的控制逐漸減弱，左半球則逐漸顯示其語言化的**優勢** (dominance)。到五歲時才穩固地建立這種單側化。更多的研究表明，在新生兒階段就能觀察到某種大腦單側化的傾向。這種傾向表明，兩半球在功能上最初可能存在著量的差異，而並非質的區別。以後隨著嬰兒大腦的逐漸發育成熟，這種單側化傾向逐漸發展，並最終導致兩半球在功能上出現質的更大的差異。

嬰兒優勢手的形成及其原因也是腦發展研究中的一個重要課題。據統計顯示人類中大約有 91% 的人是右利手，其餘是左利手。安特 (Anett, 1978) 認為右利手可能是受基因對子中存在的單個同位基因的影響而造成的，但左利手卻缺乏相應的同位基因。舒卡特等人 (Shucard, et al., 1981) 發現，在嬰兒初期就出現了腦發展的性別差異。一般都是女嬰先會說話、走路。男嬰的發展慢於女嬰。這意味著男嬰要花更多時間來完成大腦結構的分化和構造，而這又導致男嬰大腦單側化的高度發展與成熟。

以上是嬰兒腦和神經系統發展的特點，要指出的是，嬰兒腦的生長絕不是一個恆定的過程，當其生長達到某一特定水平後還會有變化。這是後天環境影響著 1~3 歲兒童腦的發育，使他們的大腦具有巨大的**可塑性** (plasticity) 和良好的**修復性** (repairablity) (Hubel & Weisel, 1963)。因此，嬰兒期應儘量加強營養，實施早期教育，刺激他們腦的發育，使其終生受益。

第二節　蹣跚學步與動作發展

嬰兒動作的發展，主要可分為兩大部分，一是行走跑跳等全身動作的發展，又稱為**大運動的發展**(或**大肌肉發展**) (gross motor development)；二是手的動作的發展，又稱為**精細動作-適應性的發展** (fine motor-adaptation development)。

各國兒童心理學家都重視兒童動作的研究，尤其重視嬰兒動作發展的研究。美國格賽爾 (Arnold Lucius Gesell, 1880～1961) 在這個領域有很大的貢獻。他根據數十年在耶魯大學兒童發展門診的研究經驗，於 20 世紀初發表了《人生的頭五年》一書，詳細描述了兒童從出生到五歲的發育規律。1940 年正式發表了《格賽爾發展量表》，將動作發展作為重要指標之一。在這同時或前後，又有許多研究者做出了嬰幼兒智力發展量表。例如，奧地利彪勒 (Karl Bühler, 1879～1963) 的**維也納測驗** (Vienna Test)，美國貝雷 (Bayley, 1969) 的加州一歲兒童智力量表，即**貝雷嬰兒發展量表** (Bayley Scales of Infant Development)，以及弗蘭肯布格和道茲等人 (Frankenburg & Dodds et al., 1967～1968) 所製定的**丹佛發展篩選測驗** (Denver Developmental Screening Test，簡稱 DDST) 等等，都著重測定各種動作的發展趨勢。俄國心理學家柳布林斯卡婭 (Lublingska, 1959) 和艾利康寧 (Eleckoning, 1960) 等人的著作中，也涉及到兒童動作發展的研究。

在我國，最早研究兒童動作發展的心理學家是陳鶴琴教授。1925 年出版的《兒童心理之研究》，詳細地介紹了他對他的孩子長期觀察研究所獲得的兒童動作發展順序和階段。此後，也有不少心理學家作過片段的研究。而系統研究我國嬰兒動作發展，則是較晚近的事。在 1978 年前後，天津兒童保健工作者與心理學工作者相結合，對 983 名三歲前兒童的動作發展作了系統的調查，從而揭開了我國學術界系統地研究兒童動作發展新的一頁。從 1979 年三月開始，中國科學院心理研究所 (北京) 的心理學工作者對一千名左右的零至六歲兒童智力的四個行為發展領域進行了系統的研究，其中兩個行為發展領域涉及動作的發展。一項是全身動作，即大運動的發展；另一項是手的動作，即精細動作-適應性的發展。通過研究，製定了零到六歲兒童動作發展的常模。

動作發展的研究，一般不需要精細製作的設備，比較容易實行，容易解釋。測查的項目主要是兩大項：(1) 全身動作，一般分 30～40 項；(2) 手的動作，一般分 20～30 項。在保健門診所、醫院、托兒所、幼兒園及家長等配合下進行。做測查前，先與嬰兒建立良好的關係，以消除陌生感，並在嬰兒不累、不餓的狀態下測查嬰兒對某個項目通過或不通過兩個方面，再統計出某個年齡組嬰兒通過某項目的百分數。如果條件允許，測查時可以配以錄像，以便核對記錄和結果。

在本節中，將從嬰兒生長發育和動作發展的基本原則、大運動與精細動作的發展及意義三方面進行討論。

一、嬰兒發育與動作發展的基本原則

動作 (act) 是**行為** (或**行動**) (behavior) 的基礎。動作的發展和兒童身體的發育、骨骼、肌肉的生長有密切的關係。

1. 身體發育和動作發展方向的三大原則　一是**頭尾原則** (cephalocaudal direction)，即指生命發育和動作發展都是從頭到腳，由上至下的。從新生兒的身體狀況來看，新生兒的頭部比例是較大的，隨著年齡的增長，嬰兒的身體比例也發生著變化。另外，從大小肌肉的發展和協調性來看，身體上部的肌肉，包括頸部、肩部、上肢等的發育先於身體下部肌肉的發育。二是所謂**近遠原則** (proximodistal direction)，是指嬰兒的身體和動作的發展是從中部開始，由近及遠，由中央到外周，依次進行，即是說，頭和軀幹的發展先於臂和腿，臂和腿又先於手指和腳趾。三是**大小原則** (mass-specific direction)，則是指嬰兒身體的大肌肉的發展先於小肌肉的發展，因此，嬰兒的動作是從大肌肉的、大幅度的粗動作的發展開始，逐步發展小肌肉的精細動作。

2. 所有的嬰兒的動作發展都具有相似的模式　從發展的角度來看，一個階段的發展奠定了下一個階段的發展基礎，例如，在動作發展中，嬰兒在獨立行走之前，必須經過一系列的發展，他們總是先能夠抬頭和轉頭，然後才能夠翻身；先能夠挪動胳膊和腿以後，才能抓握物體；先學會爬行，然後才能夠學會站立。總之，嬰兒動作發展是按照一定方向，有系統、有秩序地進行的。

3. 由普遍到特殊，從彌散性到精確化，從無意到有意 兒童最初的動作是普遍性地、無方向地移動，搖動胳膊、踢腿，隨後能伸手取物或爬向目標；在抓物體時，他們先是用整個手掌抓握物體，進而學會用姆指與食指拈起東西。

4. 生長發育的速率有個體差異 雖然嬰兒的生長發育和發展的模式與過程是相同的，但每個嬰兒的發展速率卻有所不同。例如有的嬰兒可在九個月開始獨立行走，而有的嬰兒則要到 15 個月才能獨立行走。而同一個嬰兒在不同方面的發展速率也有所不同，如有的嬰兒的語言發展可能較好，而動作協調性可能不如同齡的其他嬰兒。一般而言，女孩較男孩早達到成熟。

5. 受成熟、學習和環境的影響 成熟的模式 (pattern of maturation) 是先天決定的，學習是經驗的結果，環境可以使其發展階段提前或推後。身體發育和動作發展的速率主要是遺傳的結果，但探尋世界的機會可以提供具有豐富的刺激和變化的環境，能加強嬰兒的動作技能和認知發展。相反，不良的環境也會限制嬰兒的發展，如缺乏爬行的鍛鍊，環境刺激較為局限，就會使爬行動作的發展受阻。應該指出，國外兒童心理學家 (Campos, 1982, 1992) 非常重視嬰兒爬行動作的發展，認為其不僅有利於兒童行為水平的提高，而且對於空間搜尋操作具有功能性的影響。

二、嬰兒動作發展的意義與進程

在上述基本原則的指導下，嬰兒的動作逐步發展起來，在不同年齡時期具有不同的表現特點。半個多世紀以來，國內外心理學家們對嬰兒動作發展的一般進程進行了大量的、多層次的、多角度的研究，取得了豐富的資料。大量研究表明嬰兒動作的發展不僅與其生長發育有關，而且與其心理發展有一定的相互作用。許多研究者從不同角度探索了動作對於嬰兒心理發展所具有的重要作用。如在感知領域裏，嬰兒自發的動作活動，才使得其精確的大小、形狀、深度、方位等空間知覺成為可能，動作的發展對其空間知覺的發展具有明顯的促進作用 (Hebb, 1949；Kaufman, 1979；Edelman, 1987)。在認知領域裏，皮亞傑認為 (Piaget, 1960)，兒童的心理起源於主體對於客體的動作。在情感方面，精神分析學家 (Mahler, Pine & Bergman, et al., 1975) 認為動作渠道在嬰兒情感發展中起著關鍵作用，如能使嬰兒對自我功效產生新的認識，能促進家庭內情感動態系統的不斷建構和重組。而在神經心理方面，研究者 (Bernstein, 1967；Edelman, 1987) 認為，嬰兒早期動作活動的結果必然導致大腦感知運動控制系統的重組，這樣能使感知系統和運動系統共同作用以產生範疇化、記憶和總體適應功能。

嬰兒的動作發展主要表現在兩個方面，即行走動作的發展和以手運用物體技能的發展。

在本節開篇所提到關於我國嬰兒動作發展的兩項研究 (即 1978 年天津調查和 1979 年中國科學院心理研究所的系統研究) 都以 70% 的小兒通過某項目的年齡作為達到該項目動作的標準年齡，且測查的內容也有一致性。因此，我們將這兩項研究的主要數據摘引如下 (見表 4-1、4-2、4-3、4-4，圖 4-2A、4-2B)，並藉以分析行走動作和手的動作、即全身動作 (大運動) 和精細動作-適應性的變化，以及對兒童思維的發展(萌芽)和形成的作用。

(一) 嬰兒行走動作發展的意義與進程

在人類發展史上，直立行走是從猿到人轉變過程中的重要契機；在個體的發展中，行走動作的出現有一個過程，但是它是全身動作大運動的發展的標誌，對人的發展具有重要的意義。

1. 行走動作發展的意義　在個體的發展過程中，直立行走對個體心理發展帶來深刻的影響。

首先，直立行走，不僅使嬰兒能主動去接觸事物，而且有利於各種感覺器官的發展，大大地擴展了嬰兒的認知範圍，擴大了他們的視野。

其次，通過行走，發展了嬰兒的空間知覺，嬰兒從二維形體向三維形體的知覺發展，於是進一步認識了事物的多方面的關係和聯繫。

第三，行走動作的發展，能使動作有更精細的分工，協調一致、敏捷、靈活。於是能在直覺中分析綜合並思考眼前的行動問題，即發展直覺行動思維，並孕育著具體形象思維。

表 4-1　三歲前兒童全身動作發展順序

順序	動作項目	年齡(月)	順序	動作項目	年齡(月)
1	稍微抬頭	2.1	31	扶雙手雙腳稍微跳起	23.7
2	頭轉動自如	2.6			
3	抬頭及肩	3.7	32	扶一手雙腳稍微跳起	24.2
4	翻身一半	4.3			
5	扶坐堅直	4.7	33	獨自雙腳稍微跳起	25.4
6	手肘支床胸離床面	4.8			
			34	能跑	25.7
7	仰臥翻身	5.5	35	扶雙手舉足站不穩	25.8
8	獨坐前傾	5.8			
9	扶腋下站	6.1	36	一手扶欄杆下樓	25.8
10	獨坐片刻	6.6	37	獨自過障礙棒	26.0
11	蠕動打轉	7.2	38	一手扶欄杆上樓	26.2
12	扶雙手站	7.2	39	扶雙手雙腳跳起	26.7
13	俯臥翻身	7.3			
14	獨坐自如	7.3	40	扶一手單足站不穩	26.9
15	給助力能爬	8.1			
16	從臥位坐起	9.3	41	扶一手雙腳跳起	29.2
17	獨自能爬	9.4			
18	扶一手站	10.0	42	扶雙手單足站好	29.3
19	扶兩手走	10.1			
20	扶物能蹲	11.2	43	獨自雙腳跳起	30.5
21	扶一手走	11.3	44	扶雙手單腳跳稍微跳起	30.6
22	獨站片刻	12.4			
23	獨站自如	15.4	45	手臂舉起有拋擲姿勢的拋擲	30.9
24	獨走幾步	15.6			
25	蹲坐自如	16.5	46	扶一手單足站好	32.3
26	行走自如	16.9			
27	扶物過障礙棒	19.4	47	獨自單足站不穩	34.1
28	能跑但不穩	20.5			
29	雙手扶欄杆上樓	23.0	48	扶一手單腳稍微跳起	34.3
30	雙手扶欄杆下樓	23.2			

(採自李惠桐、李世棣，1978)

最後，獨立行走，為嬰兒有目的的活動——遊戲、早期學習和勞動準備條件，並發展了獨立性。這一切對嬰兒智力品質的發展，都是十分重要的。

2. 行走動作的發展進程 直立行走在人類種族進化史上是經歷了數萬年的漸近積累才得以達成的重大飛躍。對人類的新生個體而言，仍需二、三十個月的準備和練習才能熟練掌握行走動作。

李惠桐和李世棣 (1978) 組織天津兒童保健工作者與心理學工作者對嬰兒動作的發展情況進行了調查，他們通過坐標法，求出 70% 的嬰兒達到某一動作指標標準的年齡，然後將這些年齡按序排列。有關全身動作發展順序的調查結果見表 4-1。

中國科學院心理研究所范存仁、周志芳等從 1979 年開始對零到六歲兒童的動作發展進行系統研究。他們採用心理測驗法，計算有 25%、50%、

表 4-2 兒童大運動動作發展順序

順序	動作項目	年齡 (月)	順序	動作項目	年齡 (月)
1	俯臥舉頭	1.5	15	獨站	11.5
2	俯臥、頭抬 45 度	2.1	16	彎腰再站起來	12.0
			17	走得好	13.7
3	坐、頭穩定	2.8	18	走——能向後退	15.7
4	俯臥、頭抬 90 度	2.9	19	會上台階	17.5
			20	舉手過肩扔球	18.2
5	俯臥抬胸手臂能支持	2.9	21	踢球	18.6
			22	雙足並跳	23.9
6	拉坐——頭不向後	3.6	23	獨腳站 1 秒鐘	28.0
7	腿能支持一點重量	3.7	24	跳遠	29.8
			25	獨腳站 5 秒鐘	33.3
8	翻身	4.5	26	獨腳站 10 秒鐘	38.1
9	不支持的坐	6.4	27	獨腳跳	40.2
10	扶東西站	7.0	28	抓住蹦跳的球	46.3
11	拉物站起	8.6	29	腳跟對腳尖地向前走	47.0
12	能自己坐下	8.7			
13	扶家俱可走	9.4	30	腳跟對腳尖地退著走	51.9
14	能站瞬息	9.9			

(採自范存仁、周志芳，1983)

第四章　嬰兒期的心理發展　**171**

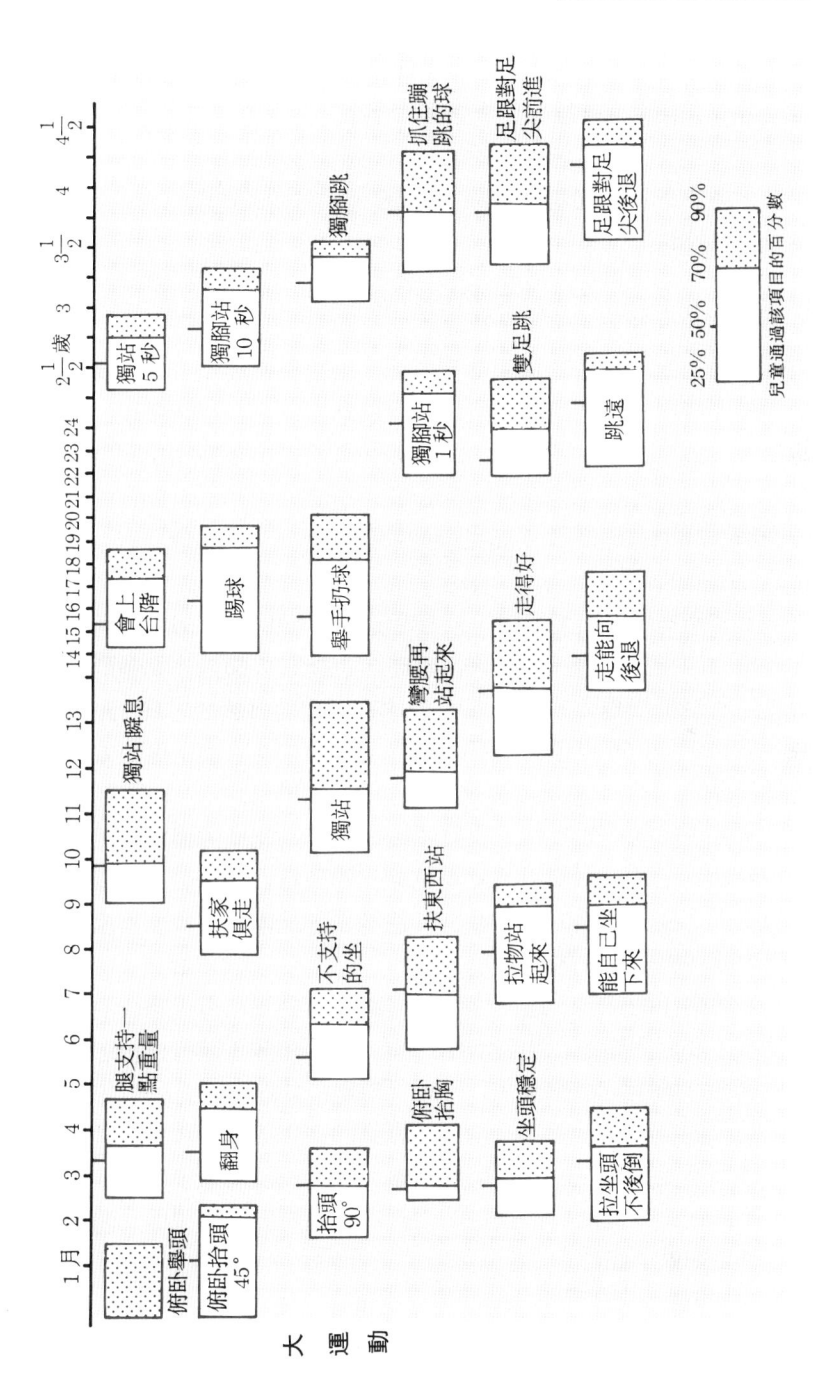

圖 4-2 兒童大運動各項目在占總體 25%、50%、70%、90% 時通過該項目的年齡
（採自范存仁、周志芳，1983）

70%、90% 的兒童通過某項目的年齡，並選用 70% 兒童通過該項目的年齡為**常模**(norm)年齡。有關嬰兒大運動動作的發展順序及常模見表 4-2 及圖 4-2。

范存仁、周志芳將前述材料製成上頁圖 4-2，以便概觀地表示全身動作(大運動)的發展趨勢。

(二) 嬰兒手的動作的發展意義與進程

人類發展的一個重大標誌是因為有了手，去使用與製作工具；在個體發展中，手的動作發展有一個過程，但這種發展應看作個體智慧發展的一個重要組成部分。

1. 手的動作的發展意義 嬰兒手的動作的發展，在心理發展中，同樣具有重大的、積極的作用。

首先，手運用物體能力的發展，使嬰兒逐步掌握成人使用工具的方法和經驗。當拇指和四指對立的抓握動作出現時，也就是人類操作物體的典型方式的開始。隨著這種操作方式的發展，手才有可能從自然的工具(跟動物的肢端一樣，五指不分)逐步變成使用或製造工具的工具。這是促使人的認知發展的重要基礎。

其次，隨著手的動作的發展，嬰兒開始把手作為認識的器官來感覺外界事物的某些屬性。手的自由使用，使嬰兒動作的隨意性不斷發展。隨著動作的隨意性的增長，嬰兒活動的目的性也日益增長，並與語言發展相協調，從而為人類智力發展提供良好的條件。

第三，手的動作的發展，進而導致手與眼，即動覺和視覺聯合的協調運動，這就發展了嬰兒對隱藏在物體當中的複雜屬性和關係進行分析綜合的能力。於是就產生了直覺(視覺為主)行動(動覺)思維，即嬰兒對眼前直覺的物體，運動著的物體的思考。這是人類思維的發生或第一步。隨著手的動作的發展，特別是雙手合作的動作發展，嬰兒就進一步認識了事物的各種關係和聯繫，因而他們知覺的概括性也隨之提高，這為發展表象即具體形象思維及概念的產生準備了條件。

2. 嬰兒手的動作的發展 李惠桐、李世棟 (1978) 天津調查的結果見表 4-3；范存仁、周志芳 (1983) 系統研究的結果見表 4-4。

表 4-3　三歲前兒童手的動作發展順序

順序	動作項目	年齡(月)	順序	動作項目	年齡(月)
1	抓著不放	4.7	11	堆積木 6～10 塊	23
2	能抓住面前玩具	6.1	12	用匙稍外溢	24.1
3	能用姆指食指拿	6.4	13	脫鞋襪	26.2
4	能鬆手	7.5	14	穿球鞋	27.8
5	傳遞(倒手)	7.6	15	折紙長方形近似	29.2
6	能拿起面前的玩具	7.9	16	獨自用匙自如	29.3
7	從瓶中倒出小球	10.1	17	畫橫線近似	29.5
			18	一手端碗	30.1
8	堆積木 2～5 塊	15.4	19	折紙正方形近似	31.5
9	用匙外溢	18.6			
10	用雙手端碗	21.6	20	畫圓形近似	32.1

(採自李惠桐、李世棣，1978)

表 4-4　兒童精細動作-適應性的發展

順序	動作項目	年齡(月)	順序	動作項目	年齡(月)
1	眼至中線	1.0	15	從瓶中倒出小丸(按示範)	13.7
2	眼過中線	1.5			
3	眼 180 度	2.2	16	搭兩層塔	13.9
4	抓住撥浪鼓	2.7	17	自發地亂畫	14.6
5	兩手握在一起	3.2	18	從瓶中倒出小丸(自發地)	17.7
6	注意葡萄乾	3.8			
7	伸手搆東西	5.6	19	搭四層塔	17.8
8	將積木在手中傳遞	5.6	20	搭八層塔	23.5
			21	模仿畫直線	26.9
9	坐著拿兩塊積木	5.8	22	模仿搭橋	28.9
			23	會挑出較長的線段	33.9
10	擺弄小丸	6.3			
11	坐著找絨球	6.4	24	模仿畫"○"形	35.4
12	拇指-其餘四指抓握	7.9	25	模仿畫"+"形	38.7
			26	畫人畫了三處	46.2
13	將手中拿的方積木對敲	8.6	27	模仿畫"□"形	46.4
			28	照樣畫"□"形	49.7
14	拇指-食指抓握	10.5	29	畫人畫了六處	50.4

(採自范存仁、周志芳，1983)

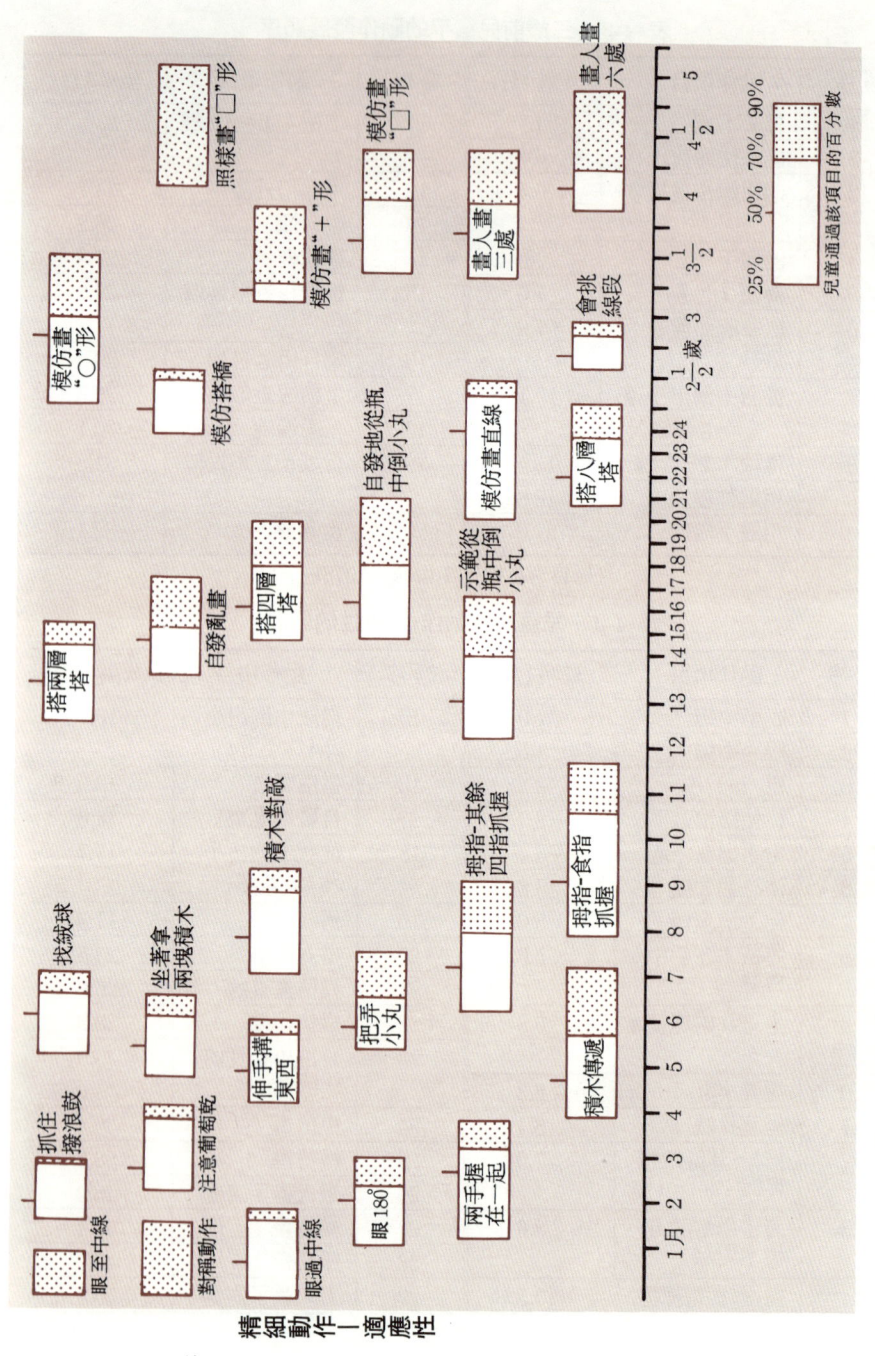

174 發展心理學

圖 4-3 兒童精細動作-適應性發展各項目在 25%、50%、70%、90% 通過人數的年齡（採自范存仁、周志芳，1983）

由表 4-3 和 4-4 可以看出嬰兒手的動作的發展有一定順序和規律，但在發展過程中並不是等速前進的，而是有明顯的階段性。兒童在出生第一年和第三年，手的動作發展比較快，而第二年卻比較慢。第二年的"慢"不是消極的，它鞏固了前一年拇指和食指的聯合動作，而為第三年的發展穿脫鞋襪、穿脫衣服、堆積木、折紙、手畫、串珠等等動作做好了準備。

范存仁、周志芳將前述材料製成圖 4-3，以便概觀地表示精細動作-適應性的發展趨勢。

第三節　嬰兒語言的發展

語言是嬰兒心理發展過程中最重要的內容之一。這不僅因為語言是兒童重要的交際工具，而且它在認知與社會性發展中也有很大的作用。語言和思維，並列為嬰兒認知發展的兩個核心內容。

瑞士語言學家索緒爾 (Ferdinand de Saussure, 1857～1913) 提出，應區分**語言** (language) 和**言語** (speech) 即區分**社會性語言** (social language) 和**個別性語言** (individual language)。心理學中說的個體語言發展，嚴格地說，應該是說言語發展，但目前西方，特別是美國心理學界系統稱為語言。我們這裏也就襲用了。

個體語言過程主要包括語言感知、語言理解和語言表達三個方面，這是以**聽覺**系統、**發音器官**以及大腦神經中樞的發展與成熟為重要的生理基礎和必備的前提。

嬰兒語言的發展可分為兩個階段，第一階段指生命的第一年，這是嬰兒的口頭語言開始發生和發展的時期，稱之為**言語的準備時期** (或言語前期) (prespeech period)；第二階段指一至三歲，在該階段中，嬰兒語言發展主要表現在詞彙發展和表達能力的發展 (包括語法的獲得) 兩個方面。

一、嬰兒語言發展的第一階段

這一階段嬰兒的口頭語言開始發生和發展。他們到了半歲便開始"伊呀學語"，為語言的發生準備了條件。半歲後開始聽懂人們說出的詞。詞的聲音已開始成為物體或動作的信號。經反復強化後，詞便成為語言的信號。兒童開始利用語言進行交際活動。

（一）掌握語音

語音 (speech sound) 指語言的聲音，是語言的一種物質外殼，也是語言的基本物質單位。掌握語音是學會說話的先決條件。

1. 語音反射的形成與發展　語音反射包括一般發音反射和**語音定向反射** (phonetic orienting reflex)。

(1) **一般發音反射的形成與發展**：嬰兒一出生就開始大聲啼哭，這是嬰兒開始獨立呼吸的標誌，也是嬰兒的口頭言語因素的萌芽。嬰兒的哭叫無意地練習了正在生長的語音器官。

我國學者朱曼殊、張仁俊對中國兒童掌握漢語過程中的語音發展情況的研究 (1987) 發現，根據周歲兒的發音特點，可把語音發展分為三個階段：

階段 I　出生至四個月：頭兩個月發的都是單音節，而且都是元音，如〔a〕、〔o〕、〔ʌ〕和複合元音〔əu〕、〔au〕。到第三、四個月，除元音外，還發出輔音，且能將輔音和元音結合在一起發出，如〔hɑ〕、〔kou〕。此外，還出現了少量雙音節。

階段 II　第四至十個月：這個階段新增加了〔u〕、〔i〕等單元音和〔uei〕、〔əei〕等複合元音，而元音和輔音結合在一起的量也增加了，還單獨出現了〔v〕〔m〕等輔音以及多音節的音，如〔a〕－〔pu〕，〔a〕－〔tia〕等。在這時期，嬰兒開始出現了交往的願望，並能發出大量多音節的音，其中有些類似於成人語言中的音樂，也開始出現模仿。

階段 III　第十二至十三個月：嬰兒能正確模仿成人的發音，如〔mie〕－〔mie〕（"妹妹"——地方音），還能保持好模仿的結果，並用來稱呼周圍的人或物，表明這時的語音已經和意義結合在一起了。

(2) 語音定向反射的出現：嬰兒對語音刺激的定向，是一個從複合刺激物中分化的過程，是一個積極交往的過程，是一個從音調的感知逐步到詞義感知的過程。

研究表明（朱曼殊等，1990），語音定向反射的出現和形成要經過三個階段：一是對包括語音在內的某種活躍、生動的情景發生定向活動；二是對親切之情的積極定向反應；三是對單獨的語音刺激做出積極定向，於是到了十至十一個月，嬰兒開始"懂得"詞義，這是與成人交際的開始，但此時詞的水平仍是很低的，第一，詞是有限的；第二，語音與詞義還未達到有機的統一，音調往往還處於優勢。

2. 語音模仿 模仿成人的語音是一種比較複雜的過程，嬰兒通過視覺及語言聽覺和語言動覺的協同活動來進行。

在六至十二個月期間，一方面嬰兒通過模仿發出越來越多的聲音，即隨著生長，語音在擴充；另一方面，在出生的第一年，嬰兒的語音包含豐富的本族的與非本族的語音，由於生長與模仿，大約從九個月起，就逐漸放棄了外域音，把聲音集中到最初即將出現的詞的音節上。

(二) 豐富詞彙

吾人皆知，詞彙是語言的建築材料。因此，詞彙的掌握遂為嬰兒言語發生和發展的標誌之一。

嬰兒言語的發生表現在兩個方面，先是理解詞，後是說出詞，前者是言語理解的開始，後者是符號交際的開始。

1. 言語理解的開始 約在七、八個月左右，嬰兒開始能聽懂成人的一些話，並作出相應的動作反應。如對嬰兒說"再見"，他就會搖擺小手。這種用動作表示回答的反應最初並不是對詞本身的反應，而是對包含詞的整個情景的反應。以後通過積極定向，詞才逐漸從複合情景中分化出來。一般到十個月以後，詞才能作為信號，引起嬰兒的相應反應。到 12 個月左右時，嬰兒對詞語的理解和表達能力開始相互聯繫起來，並促進了言語的發生。

2. 符號交際的發生 只有在把詞的發音與其所代表對象聯繫起來時，才表明"說出詞"進行符號交際的開始。實際上真正的符號交際要到一歲左右才能出現。在整個出生後的第一年裏，嬰兒的符號交際，即說話的積極性是不高的，詞彙量僅在 20 個左右，詞的概括功能和調節功能也只是剛剛開始。即使如此，也說明嬰兒的言語已經產生了，他們逐步地將詞與物體聯繫起來，這為其直觀行動思維提供了工具和手段。

二、嬰兒語言發展的第二階段

在該階段中 (1～3 歲)，嬰兒的語言迅速發展起來，主要成就表現在下列幾個方面：

(一) 詞彙的發展

詞彙的主要功能在於其概括性與調節性，因而成為概念的基礎。詞彙的發展不僅是兒童語言發展的重要內容，而且也是其思維發展的指標之一。

1. 詞彙數量的增加 嬰兒最早可以在 9 個月時說出第一批有特定意義的詞語 (Bates, 1979)，最晚則可能到第 16 個月才能說出 (Barrett, Harris, Jones & Brookes, 1986)。第一批詞已具備了交流的意義，它們具有明顯的表達性和祈使性的功能 (Griffiths, 1985；Helliday, 1975)，巴雷特 (Barrett, 1986, 1990) 研究發現，在嬰兒能說出的第一批詞中，有一些已具備了初步的概括性意義。1～3 歲嬰兒的詞就在第一批詞的基礎上，經過二年的發展逐步增多。

關於 1～3 歲嬰兒的詞彙數量是如何增加的這個問題，國外材料較多，目前國內研究不多。國際上關於嬰兒語言發展中各年齡詞彙數量並不完全一致。其原因除了研究方法之外，在很大程度上直接取決於嬰兒的生活條件與教育條件。

有沒有一個發展趨勢呢？一般認為，一歲左右出現 20 個左右的詞；二歲末出現 300～500 個詞；三歲末接近 1,000 個詞 (我國另有研究指出，二歲半至三歲的詞彙為 800～1,065 個) (吳天敏，許政援，1980)。每年的發展與增長速度並不相同。

2. 詞類範圍的擴大 根據近幾年來我國心理學工作者對三歲前兒童掌握各種詞類比例的研究，可以看出詞類範圍的擴大情況。

浙江幼兒師範學校利用橫斷法調查，獲得表 4-5 的數據。吳天敏、許政援用縱向追踪法研究,獲得了表 4-6 的數據。

表 4-5 詞性統計表

年齡 詞類	二 歲 詞數	二 歲 百分比	二歲半 詞數	二歲半 百分比	三 歲 詞數	三 歲 百分比
動 詞	35	26.7	52	29.4	44	30.3
名 詞	68	51.9	78	44.1	73	50.3
副 詞	5	3.8	12	6.8	7	4.8
代 詞	8	6.1	14	7.9	5	3.5
形容詞	4	3.1	9	5.1	6	4.1
助 詞	2	1.5	4	2.3	4	2.8
介 詞	2	1.5	1	0.5	2	1.4
連 詞	0	0	1	0.5	0	0
數量詞	3	2.3	3	1.7	3	2.1
嘆 詞	4	3.1	3	1.7	1	0.7
總 計	131	100	177	100	145	100

(採自丁碧英、毛仙珠,1979)

表 4-6 一歲半到三歲各種詞類比例變化表

年齡 詞類	一歲半至二歲 詞數	一歲半至二歲 百分比	二歲至二歲半 詞數	二歲至二歲半 百分比	二歲半至三歲 詞數	二歲半至三歲 百分比
名 詞	366	38.5	287	26.9	208	24.2
動 詞	299	31.5	354	33.2	237	27.6
形容詞	62	6.5	55	5.2	62	7.2
副 詞	98	9.3	102	9.6	96	11.1
代 詞	41	4.3	145	13.7	151	17.6
連 詞	6	0.6	7	0.6	12	1.4
數 詞	11	1.2	14	1.3	5	0.6
象聲詞	9	1.0	4	0.4	4	0.5
語 詞	6	0.6	27	2.5	33	3.8
尾 詞	62	6.5	70	6.6	52	6
合 計	950	100	1065	100	860	100

(採自吳天敏、許政援,1980)

上述兩個研究的統計數字儘管存在著一定的差異，但可看出一個共同的趨勢，即自一歲半後，嬰兒在口語中，除了名詞、動詞之外，其他各類詞，如形容詞、副詞、代詞、連詞等，是隨著年齡增長而提高其百分比的。這一點，縱向追踪研究比橫斷調查要顯得明顯。但對於各種關係詞，如副詞和連詞等的內容卻還是非常貧乏、初級的。

3. 詞語（概念）的獲得與運用 到 15 個月時，嬰兒一般能說出 20 個以上的詞語。嬰兒的詞語的獲得過程有以下三個方面的內容：(1) 在第一批詞的基礎上，繼續掌握在某些場合限定性很強的詞 (Barrett, 1983, 1986)；(2) 已掌握的詞語開始擺脫場合限制性，獲得了初步概括的意義 (Bates, et al., 1979；Lock, 1980；Barrett, 1983, 1986)；(3) 開始直接掌握一些具有概括性和指代性功能的名詞和非名詞性詞語 (Bowerman, 1978；Barrett, 1986; Bloom, 1973, Gopnik, 1982；Gopnik & Meltzoff, 1986)。這三種現象交織在一起，從而構成了嬰兒掌握詞語和概念過程的獨特畫面。接著，是嬰兒對確立的範圍進行分析，找出並確定其基本特徵的過程。此後，對那些包含這些基本特徵中的一條或多條內容的事物，嬰兒都會用該詞語來稱呼。

(二) 語言表達能力的發展

一歲至三歲嬰兒語言表達能力的發展，大致經過兩個階段：一是理解語言階段 (1～1.5 歲)；二是掌握合乎語法規則的語句，開始積極語言活動階段 (1.5～3 歲)。

1. 理解語言階段 這個階段可以說是正式學語的階段。這一階段嬰兒對成人所說的語言的理解在不斷發展，但是嬰兒本身積極的語言交際能力卻還發展得較慢。這個階段開始時主要還是一些無意義的連續音節和少數模仿發音，後來開始能說出一定意義的詞。能說出詞是嬰兒語言發展中的一個重要質變，也就是這個階段的一個主要特點。到一歲半時，語言發展較早的孩子能說出少量的簡單句子。這一階段的主要發展情況是：連續音節增多，近似詞的音節也增多；隨著近似詞的音節的增多或說出一些單詞，無意義的連續音節就逐漸減少。

出現了"以詞代句"的現象。這階段記錄到的詞除了爸爸、媽媽、爺爺等經常接近的人的稱呼外，還有弟弟、妹妹、叔叔、阿姨、牛奶、蛋蛋、襪子、筆、鼓、鴨、雞、羊、背背、再見等。主要是生活中常常接觸的人與事物的名稱，還有少數的動作名稱。這時一個詞，如"媽媽"，常代表各種含義。有時指要媽媽抱，有時要媽媽幫他揀一個東西，有時叫媽媽給他一點吃的。所以一個詞代表了一個句子意思，這就是"以詞代句"。由於說出詞以及詞代表句子是這個階段語言發展的特點，因此我們稱這個階段為單詞句階段或"以詞代句"階段。但到近一歲半時，語言發展較快的孩子能說出些簡單的短句了，如"媽媽再見"，"媽媽走了"，"爸爸好"，"姐姐乖"，"哥哥排排"（"哥哥坐"的意思）等。

在這個階段，嬰兒對成人語言的"理解"發展較快，理解"詞"比說出"詞"發展要早。問話點頭或搖頭，就是生動的例子。"要吃奶嗎？"點點頭，"和爸爸睡好嗎？"搖搖頭。懂得成人的某些話，成人的言語這時也開始能支配他們的某些行為了。

我們要利用這個階段的特點，提高嬰兒理解語言的能力。但不是非得讓嬰兒早回答問題或早對話不可。如果教育得法，近一歲半的嬰兒已經能看圖畫或聽成人講簡單的故事了。如"狼與小羊"的故事，可使嬰兒很感興趣，能對圖畫上的狼伸手去打，對羊用臉去親。同時這也說明，只要教育措施跟上去，成人對事物的評價和道德觀念也能開始對嬰兒產生影響，並能從嬰兒的情感態度中反映出來。

2. 積極語言活動階段　此階段是嬰兒開始積極的語言活動發展，是嬰兒語言發展上一個飛躍的階段。在這個階段內，隨著嬰兒理解語言能力的發展，嬰兒的積極語言表達能力也很快發展起來，語言結構也更加複雜化。這就為嬰兒心理的發展，特別是思維的發展，提供了重要的條件。

從下述這些數據（見表 4-7、4-8、4-9）中，我們可以看到 1.5～3 歲嬰兒語言發展的情況。

(1) **出現了多詞句**：一歲半前的嬰兒多是"以詞代句"，即單（獨）詞句。一歲半以後，由於嬰兒掌握的詞的數量增加，逐漸地開始出現多詞句。

(2) **能夠使用各種基本類型的句子，有各種簡單句，也出現複合句**：到二至三歲，嬰兒的語言活動如說、聽等有高度的積極性，喜歡交際（說話）、聽童話、故事、詩歌，並記住這些內容，成人有可能利用語言作為向嬰兒傳授知識經驗的工具。

另外，兩歲至三歲嬰兒使用句子的字數也在增加，下述兩表（表 4-10

表 4-7　一歲半至三歲嬰兒各類句比例表

句類	年齡句數	一歲半至二歲 句數	百分比	二歲至二歲半 句數	百分比	二歲半至三歲 句數	百分比
單詞(句)		129	37.7	17	8.1	6	4.9
簡單句	主謂句	52	15.2	40	19.1	12	9.8
	賓謂句	56	16.4	15	7.1	4	3.2
	主賓謂句	68	19.9	53	25.2	29	23.6
	複雜謂語句	12	3.5	21	10	20	16.2
	合計	188	55	129	61.4	65	52.8
複合句		25	7.3	64	30.5	52	42.3
總計		342	100	210	100	123	100

(採自吳天敏、許政援，1980)

表 4-8　二歲至三歲嬰兒各類句子發展比較表

句類	年齡句數	二歲組 句數X̄	百分比	二歲半組 句數X̄	百分比	三歲組 句數X̄	百分比
單	獨詞句	45.989	70.165	23.500	29.012	19.429	17.966
不完全句	無主句	0.222	0.389	0.875	1.080	1.429	1.321
	省略句	14.444	22.037	32.625	40.278	45.571	42.140
	小計	60.655	92.511	57.000	70.370	66.429	61.427
句	主謂句	4.889	7.459	24.000	29.630	41.714	38.573
	複謂句	0	0	0	0	0	0
	合計	65.544	100	81.000	100	108.143	100
複句	聯合句	0	0	0	0	0	0
	主從句	0	0	0	0	0	0
	合計	0	0	0	0	0	0
總計		65.544	100	81.000	100	108.143	100

(採自吳鴻業、朱霽青，1979)

及表 4-11)，雖有差異，但可以看出，在這個階段不僅句子在發展，而且句子的字數也在隨著嬰兒年齡增長而增加。

　　句子字數的增加，反映著語言表達內容的發展。兩歲前嬰兒的語言內容

表 4-9　句子結構分析表

句子結構 \ 年齡 句數	二歲組 句數 X̄	百分比	二歲半組 句數 X̄	百分比	三歲組 句數 X̄	百分比
陳述句（簡單句）	170	97.7	131	89.12	138	97.2
複合句			5	3.4		
錯　句	2	1.15	10	6.80	4	2.8
疑問句	2	1.15				
否定句			1	0.68		
總　計	174	100	147	100	142	100

(採自丁碧英、毛仙珠，1979)

表 4-10　一歲半至三歲嬰兒不同字數句子比較表

句子結構 \ 年齡 句數	一歲半至二歲 句數 X̄	百分比	二歲至二歲半 句數 X̄	百分比	二歲半至三歲 句數 X̄	百分比
5 字以下	290	84.8	78	37.2	27	21.9
6～10 字	48	14	112	53.3	59	48
11～15 字	4	1.2	16	7.6	29	23.6
16 字以上			4	1.9	8	6.5
總　計	342	100	210	100	123	100

(採自丁碧英、毛仙珠，1979)

表 4-11　二歲至三歲嬰兒句子長度發展比較表

句子長度 \ 年齡 句數	二歲組 句數 X̄	百分比	二歲半組 句數 X̄	百分比	三歲組 句數 X̄	百分比
一字	45.889	70.119	30.750	37.963	22.427	20.740
二字	13.333	20.373	13.125	16.204	19.000	17.570
三字	5.444	8.319	17.500	21.605	23.286	21.532
四字	0.444	0.679	10.750	13.272	16.715	15.456
五字	0.223	0.340	6.000	7.407	7.143	6.605
六至十字	0.111	0.170	2.875	3.549	19.571	18.098
十一至十五字	0	0	0	0	0	0
合　計	65.444	100	81.00	100	108.143	100

(採自吳鴻業、朱霽青，1979)

只涉及當前存在的事物或當前的需要，兩歲之後的嬰兒在語言中開始能表達當前不存在的或過去的一些事情；兩歲前嬰兒反映人與物相互關係較困難，兩歲後嬰兒則可以表達一些人與物的相互關係。例如，一個二歲的嬰兒，聽到她的表姐誤叫她爸爸為"爸爸"，她馬上糾正；"我的爸爸，你不可叫爸爸"。兩歲前嬰兒表達不了時間觀念，兩歲之後的嬰兒開始表達一些時間觀念，如"今天"、"明天"、甚至"昨天"、"後天"。

在語言的功能作用的發展方面，一歲半之後，嬰兒語言的概括作用和行動的調節作用都明顯地發展起來 (詞和語言本身有概括與調節作用)。從這個階段起，嬰兒開始有可能在只有成人詞的刺激而沒有直接刺激物的情況下，就能按照成人詞的指示來調節自己的行動。例如成人使用"好"、"對"、"可以"作肯定 (陽性) 的強化，用"不好"、"不對"、"不可以"作否定 (陰性) 的強化。從這個階段起，嬰兒不但可由成人所說的詞來調節自己的行為，而且也可能出現由嬰兒自己大聲說出的詞，來調節自己的行為這種情況發生，如"寶寶 (自己的名字) 要"或"我自己來"等。這是人有目的、有意識活動的最初表現，也是人各種有意識的或隨意的心理過程的最初根據，人類的思維正是從這個時期起，在語言的概括作用和調節作用的條件下發生和發展的，直觀行動思維向具體形象思維的轉化，也就是從這個階段開始。由於語言與思維的發展，嬰兒產生獨立行動的傾向。

這裏需要指出的是，嬰兒語言表達能力的發展順序與階段性雖然是一樣的，但有著明顯的個體差異。這種差異的存在，主要來自教養，因此要重視這個階段嬰兒的語言表達能力的培養。我們要多給這個時期的嬰兒以語言交際的機會；要在已有詞彙與經驗的基礎上，不斷擴大與豐富兒童的語言；要利用語言交際；不斷豐富嬰兒的知識；對嬰兒語言中的缺點與錯誤，要正確地示範，不要訕笑以致造成"負強化"；要多多鼓勵嬰兒說話，積極而機智地回答嬰兒的發問。

就語法的獲得方面，國外一般把語法分為詞法和句法兩類。**詞法** (morphology) 是關於詞語使用和轉換規則的規定性內容，包括詞的時態、人稱和單複數變化，詞的生成、聯結和轉化等各方面內容。**句法** (syntax) 則是關於句子的內在結構，簡單句、複雜句間生成與轉換，以及句子使用規則等方面的規定性內容。研究表明，20～30 個月是嬰兒基本掌握詞法和句法的關鍵期。三歲末，兒童已基本上掌握了母語的語法規則關係，成為一個頗具表達能力的"談話者"(Brown，1973；龐麗娟，1993)。

第四節　感知運動的智慧

三歲前是思維、認知、智力萌芽、產生的階段。皮亞傑將**思維** (thinking)、**認知** (cognition) 和**智力** (或**智慧**) (intelligence) 看作是同義語。三歲前兒童主要的智慧特點是它的**感知運動** (sensori-motor) 協調性。也就是說，三歲前，兒童依靠感知到的信息對外在世界做出反應，協調感知和動作來"解決問題"，在動作的進行中思考，這時，嬰兒只能考慮自己動作所接觸的事物，只能在動作中思考，而不能在動作之外進行思考，更不能考慮自己的動作、計畫自己的動作以及預計動作的後果。

一、皮亞傑的感知運動階段理論

皮亞傑在《兒童智慧的起源》(1936, 1953)、《兒童心理學》(1969)等著作中，都詳細地介紹了有關感知運動階段(或感覺動作期) (sensori-motor stage) 的觀察研究，並將這一階段分成六個時期。

1. 原始感覺動作圖式的練習 (0～1 個月)　像吸吮、定向注意等動作，都是遺傳的反射練習過程。皮亞傑認為，從嚴格意義上講，不能把吸吮的這些變化過程稱為**習得行為** (learned behavior)，因為**同化** (assimilation) 的練習還沒有超出固有的遺傳裝置的範圍。但是，同化在發展這種動作中卻完成了一種基本的作用。同時，環境因素也在其中起一定的作用，按一定方式去協調它們。因此，不能把反射視為純粹的自動化作用，而且這也可用以說明往後反射圖式的擴展 (即解釋為感知－運動的同化作用的擴展)，以及最初習慣的形成。也就是說，這種反射僅應看作是一種習得行為。這種習得行為並非偶然的事，它是引進到早已形成的一個反射圖式之中，並通過原先與這圖式(或基模)(schema) 無關的感知運動因素的整合作用來擴展這個圖式，使智慧進入第二個時期。

2. 初級循環反應 (1～4.5 個月) 初級循環反應(primary circular reaction) 時期形成了最初的習得性適應。如吸吮指頭，視線隨運動物體移動，尋找聲音來源等。行為的模式表明，這個時期是從機體到智慧之間的過渡。皮亞傑採用**習慣**(habit) 這個名詞 (他認為尚無較好的名詞)，來指明習得行為的形成以及這種習得行為形成後變為自動化的動作。但是習慣仍然與智慧不同，一個基本的"習慣"是以一般的感知運動圖式為基礎的，而且從兒童主體方面來看，在這圖式中，方法和目的之間還沒有分化 (區別)。這種目的的達到僅是引向目的的一系列動作的必要連續。因此，人們無從區別在動作開始時所追求的目的以及從各種可能的圖式中所選擇的方法。而智慧活動則不然，從動作開始時就已確定了目的，並尋找適當方法以達到此目的。這些方法是由兒童已知的圖式 (或者"習慣"的圖式) 所提供的，但是這些方法也可用以達到另一個目的，而這個目的卻來源於其他不同圖式。當然，動作習慣又不是純機體的，因為主體的經驗已經對簡單的反射加上了同化和順應的因素。例如，吃奶、包括聽到聲音、抱的姿勢、看到媽媽等。正是同化作用和順應作用使各個圖式之間能協調地起作用。

3. 第二級循環反應 (4.5～9 個月) 在**第二級循環反應**(secondary circular reaction) 時期，兒童能重復他剛才偶然作出的動作。例如，用腿偶然碰到掛在搖籃上的玩具的拉線，使玩具發出聲響，引起了兒童重復地用腿碰拉線的動作。這具有比前一期進一步的性質。即在主體活動和客觀事物之間有一定的目的聯繫。皮亞傑認為，這就是鮑德溫 (James Mark Baldwin, 1861～1934) 所謂的**循環反應**(circular reaction) 或稱為初生狀態的新習慣，這裏所得到的結果還沒有和所用的方法發生分化。往後，你只需在搖籃上掛一個新玩具，引起兒童尋找發出響聲的拉線，這就使目的和方法二者之間開始分化。最後，你從離搖籃兩碼遠的一根竹竿上搖動一個物體，並在幕後作出意外的機械聲，當這些情景和聲音消失後，兒童又將尋找並拉動原先那根魔術似的線。基於後面的情況，這時期的兒童在並無任何物質聯繫的因果關係上，他們的動作雖然似乎反映出一種幻術性的想法，但是，當兒童採用同樣的方法試圖達到不同效果時，這可表明兒童已處在智慧的萌芽狀態。但此時期仍是過渡時期，因為兒童的"發現"是偶然的，是偶然的發現

(玩具會響)引起了需要(興趣)，而不是需要引起新的發現。而且，這裏所謂的需要也只是單純的重復動作的需要。在這時期，手段和目的之間還沒有完全分化。皮亞傑認為直到這一時期為止，兒童還沒有獲得**客體圖式的永久性(或物體恆存性)** (object permanence)。

4. 第二級圖式的協調 (9～11、12 個月) 第二級圖式協調(coordination of secondary schema) 時期可以看到兒童有比較完備的實際智慧動作。此時兒童開始不依賴原有的方法而能達到一定的效果。例如，取得伸手拿不到物體，或是取得被一塊布或一個坐墊遮蓋了的物體。工具性的動作雖然出現稍晚，但是這種動作從剛開始就可明顯地看出它是作為方法之用的。例如，嬰兒抓住成人的手，向不能取得的物體方向拉動；或是要成人的手揭開被遮蓋的物體。在這個時期的進程中，目的和方法之間的協調是新生的，而且在無法預見的情況下每次的創造性都是有所不同的，但所用的方法只是從已知的同化圖式中產生。因此，這一時期兒童能應用已知的方法於新的情景。行動首次合乎智慧的要求，意即"對新的環境適應"。為了達到這一目的，要求手段和目的之間的協調。

皮亞傑的研究指出，嬰兒在這一階段才真正開始發展客體永久性圖式。皮亞傑在對他的三個孩子作實驗時，發現他們都是在快滿一周歲的時候，或者說在這一階段，才會尋找被藏起來的東西。在 9～10 個月的時候，如果他們看到有人把一樣東西藏起來，嬰兒就會到屏幕後面找這個東西，但如果當著嬰兒的面把東西從一個藏的地方放到另一個地方，他們仍會好奇地到第一個藏的地方去尋找。直到下一個階段，嬰兒才懂得物體是獨立存在的，與自己的活動或感覺無關。如果東西消失了，他們就要尋找，而且要到他最後看到這一東西的地方去找。

5. 第三級循環反應 (11、12～18 個月) 到了**第三級循環反應**(tertiary circular reaction) 時期，一個新成分滲入前述行為中：由於分化作用，從已知的圖式中尋找新的方法。這是使用工具行為模式的動作，也是感性智慧的頂點。這種事例即所謂 "支持物的行為模式"。皮亞傑舉了一個觀察例子：枕頭上放一隻手錶，孩子想直接取錶，但搆不到。可是在抓取的過程中，他抓動了枕頭，同時，也帶動了錶，並把錶抓住了。為了實驗目的，把第一個枕頭斜放在第二個枕頭下，手錶放在第二個枕頭上。孩子先拖第一個枕頭，看見錶不動，再看一下，就把第二個枕頭拖過來，把錶拿到了。

6. 通過心理組合發明新的手段 (18 個月～2 歲)　在這一時期中，兒童能夠尋找新方法，不僅用外部的或身體的摸索，而且也用內部的聯合，達到突然的理解或頓悟。例如，兒童面臨著一個稍微開口的火柴盒，內有一只頂針，他首先使用身體摸索，試圖打開這火柴盒 (這是第五時期的動作)但是終於失敗了。繼之以一個完全新的反應：他停止動作，細心地觀察情況 (在這個過程中，他把自己的小嘴巴緩慢地一張一合了幾次，或是如另一個兒童所作的，他的手好像在模仿要得到的結果，即是把火柴盒的口張大)，然後他突然地把手指插進盒口，成功地打開了火柴盒，取得了頂針。這個時期標誌著感知運動時期的終結和向下一階段的過渡。

以上六個時期貫穿著行為圖式的變化，最初是遺傳性的反射圖式，以後在環境的影響下，圖式逐步發展分化而成為多圖式的協同活動。每個圖式在發展過程中受到同化作用和調節作用而發生變化。

皮亞傑認為，感知運動圖式以三種顯著而連續的形式表現出來 (後繼的形式不出現，先行的形式就不消失)。最初的形式是**節奏-結構** (rhythm-structure)。例如，在嬰兒自發的和整體的運動中，其反射無疑就是此類運動逐步分化。因此，個別反射的本身仍然依賴於一種節奏性的結構，這不僅存在於它們的複雜的運動中 (如吸吮、轉動)，而且也存在於這些反射所包含的重復性的運動中。其次出現各種**調節** (regulation)，這是按照各種圖式使最初的節奏開始分化。這些調節的共同形式，便是探索和控制最初的習慣的形成以及探索和控制最初的智慧動作。這些調節含有回路系統，或稱為**反饋** (feedback)，通過逐漸糾正的逆向效果，使達到半可逆性或近似可逆性。最後，開始出現**可逆性** (reversibility)，它就是日後的**運算** (operation) 的起源。但是，早在感知運動階段這種實際位移群形成時，可逆性就已發生作用了。可逆性結構的最初成果，便是**守恆** (conservation) 或**不變群** (invariant group) 概念的形成。在感知運動水平時，位移的可逆性會產生一種類似的不變性，即以客體永久性的形式出現。但是很顯然在感知運動水平時，無論是動作的可逆性或是這種守恆都是不完整的，因為它們還缺乏內部的心理表徵。在這裏，應當著重指出：

第一，皮亞傑把客體永久性和**表象** (image) 完全割裂開來，認為約在一歲前後產生的客體永久性還不是表象，而表象是一種內化的信號性或象徵性功能，只有兒童到兩三歲以後才有。我們認為這是不確切的。事實上，客體永久性是兒童頭腦中已形成反映痕跡的恢復，這已經是表象。不過，這種表象，是初級的表象、個別表象。只有到兒童二、三歲時，隨著語言的發展，才出現具有信號性或象徵性功能的表象，即高級的概括性表象。無論是個別表象或概括性表象，都是表象，不能將它們加以割裂。而皮亞傑自己也說過在嬰兒出生第二年的過程中（從嬰兒第六個階段開始），出現某些行為模式，這些行為模式包含著引起當時不存在的某個事物的表象。

第二，皮亞傑強調，動作活動是兒童思維形成的根據，是運算思維的起源，而貶低感知覺在思維形成中的作用。思維過程中的分析、綜合、抽象、概括是與動作相互聯繫的，而作為思維內容的感知覺、表象，則是思維藉以進行的直接基礎。沒有感知覺、表象這個感性的來源，就不可能有抽象的概括思維產生。這樣就把思維過程和內容割裂開來了。

當然，皮亞傑的"感知運動階段"的思想，有創見地提出了零歲至二歲兒童思維萌芽或產生的過程，不僅為思維發展心理學提供了科學資料，而且為思維發展心理學的研究提出了一系列值得探索的問題。皮亞傑對感知運動思維（萌芽）的分析，是以他的**圖式、同化、順應**和**平衡**(equilibration) 等智力結構作為理論基礎的，儘管許多問題還有待深化，但對心理科學、**發生認識論**(或發生知識論) (genetic epistemology) 無疑都是有貢獻的，是值得我們借鑑的。

二、嬰兒感知與記憶及思維的發展

感知運動的智慧，首先表現在感覺、知覺的發展，同時也表現在記憶發展上，並出現思維的萌芽，即**感知-運動思維** (sensori-motor thinking)。

(一) 嬰兒感知覺的發展

感覺 (sensation) 是指個體對事物個別特性的直接反映；**知覺** (perception) 則是個體對事物整體的直接反映。但是，對人來說，感覺與知覺往往是在一起發生，故稱作感知覺或感知。感知覺的發展對嬰兒心理發展具有重大意義，嬰兒必須借助於感知能力來認識客觀世界，並認識自我。良好的感知覺可使嬰兒在和周圍環境的相互作用過程中，詳細地觀察周圍事物，積累豐富的感性經驗,在此基礎上形成概念、進行思考,深入理解觀察世界。另一方面來說,感知覺不斷提供信息,使個體能和環境維持平衡,在變化的環境中,個體可借助感知覺提供的信息正確定向,調節行為。因此,感知覺的發展為嬰兒心理的發展完善和個性形成提供了基礎。

感知覺是發展最早的一種心理能力,在生命的頭三年裏,以很快的速度不斷發展著。

1. 感覺能力進一步完善和成熟　如前所述,新生兒的感覺能力就已有了很大的發展,在此後的幾個月裏,嬰兒的感覺能力進一步成熟,辨別能力更加精細。如從視覺的發展來看,到六個月左右,兒童的視敏度即和成人相似。從追視能力來看,二個月的嬰兒能明顯的追視水平方向運動的物體,三個月的嬰兒能追視作圓周運動的物體。在四個半月時,嬰兒的追視準確度已達 75%。

嬰兒的視覺能力進一步發展的一個重要方面即顏色視覺的發展。最近,加拿大的心理學家莫瑞德等人 (Maurerdt, et al., 1988) 採用習慣化技術研究嬰兒的色視覺,結果發現,新生兒已能區分黃色、橙色、紅色、綠色、青綠色與灰色的不同,但不能區分藍色、紫色或黃綠色。嬰兒的色視覺的改善很快,一個月時就能區分藍色、紫色、黃綠色與灰色的不同,二個月時能區分黃色與紅色,三至四個月的嬰兒的色覺已和成人相似。

嬰兒不僅能看到顏色,而且能和成人一樣區分它們,如紅色、藍色、黃色或綠色的濃淡,但他們不喜歡中間色。和成人相似,四個月的嬰兒喜歡清晰、鮮明的基本色,尤其是紅色與藍色 (Teller & Bornstein, 1987)。

2. 視知覺　近年來的研究表明,新生兒時期知覺就已經出現,如有人證明出生 10 天的新生兒就已具有三度空間知覺,假如把東西移向新生兒的臉,他會做出非常確切的、協調的防禦動作。知覺的進一步發展使嬰兒對周圍現實的認識更為完整。

出生不久的嬰兒,對事物的外形差異已能有所知覺和反應。從嬰兒的注視方式可以看出,他們對複雜圖形的注視多於對簡單圖形,他們特別表現出對人面圖形有顯著的興趣。二至三週的嬰兒已能夠認識人臉的基本形狀,甚至一個非常粗略的圖形,他們偏愛與人臉相似的圖形 (Dannemiller & Stephens, 1988)。

由於嬰兒的視調節功能較差,腦機能發展還不夠,因而直到大約四個月時,嬰兒才能出現雙眼視覺 (Aslin & Smith, 1988)。雙眼視覺的出現,控制手的動作的能力便增強,使四個月大的嬰兒能較準確地抓住掛在上方的玩具,並通過這種行動,他們能覺察玩具的距離。在一個實驗中 (Granroud, et al., 1984),讓五個月的孩子抓兩個物體:一個色彩鮮艷的物體放在其伸手可及的距離,另一個相似的但較大的物體則在較遠的距離,大小和距離的安排使兩個物體在嬰兒的視網膜上的成像是完全一樣的,如果嬰兒總是抓較近的物體,則表明他們已能區分物體的距離。一些嬰兒被蒙住一隻眼,結果發現,用單眼觀看的嬰兒伸手拿較近物的趨勢很弱,但 89% 的雙眼觀看的嬰兒都伸手拿近物,這表明五個月大的嬰兒已能用雙眼視覺來區分距離了。

在嬰兒感知覺的發展中,空間知覺的發生和發展是其中一項重要指標。所謂**空間知覺** (space perception) 主要指個體對物體空間特性的反應,包括大小、型態、距離、立體、方位的知覺。空間知覺主要是憑藉視覺、聽覺、動覺、平衡覺等的協同活動,並輔以習得的經驗而形成的,視覺在空間知覺中占著主導地位。測量嬰兒距離(深度)知覺最常用的工具是吉布森和沃克 (Gibson & Wolk, 1960) 首創的**視覺懸崖** (visual cliff,簡稱視崖) (見圖 4-4)。該實驗裝置的中央有一個能容納會爬兒童的平台,平台兩邊覆蓋著厚玻璃。平台與兩邊厚玻璃上鋪著黑白相間的格子布料,一邊布料與玻璃緊貼,形成"淺灘",而另一邊的布料與玻璃相隔數尺距離,造成深度,形成"懸崖"。實驗時讓嬰兒的母親先後站在"深"、"淺"兩側招呼孩子,誘導其爬向母親身邊。吉、沃兩氏 (Gibson & Wolk, 1961) 對 36 名 6.5~14 個月會爬的嬰兒進行了視崖測試,結果表明:有足夠大的視崖深度時(大約 90 cm 或更多),只有不到 10% (3 名) 的嬰兒會越過懸崖爬向母親,而有 27 名嬰兒從中間爬向淺灘。當深側的方格圖案距離玻璃板越來越近時,就有越來越多的嬰兒爬過深灘;當視崖深度是 26 cm 時,有 38% 的嬰兒爬過深灘;而 1 m 時,則只有 8% (主要是年齡較大的嬰兒)。沃克 (Wolk, 1979) 研究發現,當視崖深度為 26 cm 時,68% 的 7~9 個月的嬰兒爬過深灘,而 10~13 個月的嬰兒則只有 23%。其結論是:(1) 嬰兒很早就有了深度知覺;(2) 嬰兒深度知覺的能力隨著年齡遞增在不斷發展;(3) 九個月以前嬰兒的深度知覺閾限為 26 cm。對嬰兒視崖研究還發現,嬰兒存在著深度恐懼。

沃克等人 (Wolk et. al., 1966) 認為,對深度的恐懼來自嬰兒早期的跌

圖 4-4 視覺懸崖圖
(按實驗情境繪製)

落經驗。這種特殊的經歷的後天積累 (學習) 導致了對深度的恐懼。但是弗里德曼等人 (Freedman et. al., 1974) 認為,對深度的恐懼是一種生物適應的結果,是一個"先天預設的結構"。

凱波斯 (Campos, 1983) 則提出自己的新見解:對深度的恐懼主要來自於早期運動的經驗,它既不是先天預設的本能,也不是後天特殊經驗 (跌落) 的積累,而是早期運動經驗 (爬行) 使嬰兒產生了深度知覺。由此可見,嬰兒的空間知覺的發展是與其經驗的獲得直接地聯繫。結果發現,孩子願意爬過"淺灘"去母親那裏,但通常拒絕爬過"懸崖"邊,有些孩子坐下哭泣,或爬向相反的方向。一些研究者認為,害怕高度的嬰兒一定有深度知覺,但有深度知覺的嬰兒並不一定會害怕,因為嬰兒在學會爬行以前已有了深度知覺,但通常在他們開始爬以後才開始對深度感到害怕 (Kermoian & Campos, 1988)。

對嬰兒的**知覺常性** (或**知覺恆常性**) (perceptual constancy) 的一些研究發現,嬰兒已表現出較好的知覺常性,如二個月大的嬰兒已能對不同距離的相同長度的刺激物做出適當的反應,同樣,他們也能對不同距離的相同形狀的刺激物做出反應,這表明兩個月大的嬰兒已具有一定的大小常性和形狀常性 (Bower, 1966)。嬰兒在兩個月後開始注意到圖形元素之間的簡單關係,

表 4-12 感知覺發展的常模年齡、成熟早期、中期、晚期年齡

項　　　　目	常模年齡 (70% 達到 年齡)(月)	成熟早期 (10% 達到 年齡)(月)	成熟中期 (50% 達到 年齡)(月)	成熟晚期 (90% 達到 年齡)(月)
能辨別味道	1.0	—	—	1.0
隨物視線轉 90 度	1.6	—	—	2.5
隨物視線轉 180 度	3.2	1.3	2.6	3.8
聽見聲音找聲源	3.2	1.0	2.4	4.2
手中玩具掉了,兩眼跟著找	4.9	3.6	4.6	6.0
手眼動作協調	9.3	6.3	8.1	10.5
比多少	28.7	22.1	26.8	30.8
比大小	31.0	23.6	27.7	34.6
知道"上"	25.5	21.2	23.3	32.0
知道"下"	28.8	21.2	26.2	31.3

(採自李惠桐,1984)

表 4-13 嬰兒感知覺發展的常模年齡

項　　　　目	常模年齡 (月) (85% 通過)
眼睛跟踪物體 180 度	2.6
立刻注意到玩具	3.2
找聲源	5.7
近處玩具可以取到	5.7
注意看大朵花	5.9
玩具失落會用眼睛找	6.7
有意聽人講故事,但並不懂內容	18.6
認識圖形大小	24.4
除紅色外認識 1~2 色	30.3
知道長短、前後	33.7
認識圓、方、三角形	34.4

(採自茅于燕,1986)

進而能注意整個形狀，開始有能力組織一個視覺完形，進一步改善整體性知覺，在七個月時，嬰兒就能夠在只呈現圖形的輪廓時知覺整個圖形 (Bertenthal, et al., 1986)。

3. 嬰兒感知覺發展的一般順序　不少研究者考察我國嬰幼兒的智能發展時探索了感知能力的發生發展，或者製定某些感知覺項目的常模年齡。

李惠桐 (1984) 對 899 名嬰兒的研究中，包括有視覺、聽覺、味覺、觸摸覺、空間知覺、顏色感知等各發展項目，列表如表 4-12。

茅于燕 (1986) 對 29 名嬰兒從出生到 36 個月的追踪研究，有關感知覺發展的項目及其常模年齡如表 4-13 所示。

由表 4-12 和 4-13 可以看出，在嬰兒的認知能力中，感知覺是最先發展且發展速度最快的一個領域，並在嬰兒認知活動中一直占主導地位，它集中體現了嬰兒期感覺運動的智慧特徵。

(二) 嬰兒記憶的發展

人類個體記憶的發展是與其內在編碼系統的發展緊密聯繫的。從言語前期(0～1 歲)進入言語發展期(1 至 3 歲)(有關內容參見本章第三節)，嬰兒的記憶發生著巨大的變化。

1. 零歲至一歲嬰兒的記憶發展特點　研究表明，一歲以內的嬰兒已有**短時記憶**(或**短期記憶**) (short-term memory)，即信息一次呈現後，保持在一分鐘以內的記憶，甚至也有了**長時記憶**(或**長期記憶**) (long-term memory)，即信息經多次重復後長久保持在頭腦中的記憶。如前所述，新生兒也能記住所呈現的事物。一至二個月的嬰兒經過反復訓練，可以因積累而形成長時記憶 (Weizman, Cohen, et al., 1971)。三個月的嬰兒能記住一個玩具汽車達一週的時間。每當玩具汽車挨近他的腿時，他就會踢它 (Collier, et al., 1980)。在五個月時，嬰兒能記住抽象的模式和相片達 14 天 (Fagan, 1971, 1973)。有關研究還發現，視覺再認記憶與以後的認知機能有關。頭幾個月進行的視覺再認記憶測驗的分數與四至七歲時進行的語言測驗分數有顯著的相關 (Fagan & Morath, 1981, 1982)。

甚至還有研究表明，一歲以內嬰兒的記憶可以持續兩年 (Myers, et al., 1987)。在一至十個月期間，嬰兒曾數次參加聽知覺的研究，兩年後重返實驗室，行為測試表明兩歲的兒童已記住曾聽過的聲音及曾看過和摸過的物體。研究者認為，由於實驗環境和過程的獨特性使嬰兒產生了較長時間的記憶。

  2. 一歲至三歲嬰兒的記憶發展特點 嬰兒語言的發展給一至三歲兒童的認知帶來許多重要的變化。如**符號表徵** (symbolic representation) 能力的產生，**再現** (reproduction) 和**模仿** (imitation) 能力的迅速發展，**延緩模仿** (delay imitation) 能力的產生等等。**符號表象** (symbolic image) 的出現使嬰兒語詞邏輯記憶能力的產生得以可能，而延緩模仿的產生則標誌著嬰兒**表象記憶** (image memory) 及再現能力的初步成熟。

  表象 (image) 和**表徵** (representation) 兩者是有區別的。表象是指人的心理活動過程中產生的各種形象，包括記憶表象 (或記憶意象) (memory image) 和想像表象 (imaginative image)。也可以劃分為**形象表象** (iconic image) 與**符號表象** (symbolic image) 兩種，前者以形象為基礎，後者以語言或其他符號為基礎。而表徵則是指這種形象形成的過程。

  一歲以後，由於語言的獲得，嬰兒得以用符號進行表徵，從而產生了符號表象和**回憶** (recall)，皮亞傑常用的表徵，其實是符號表徵。他認為這種能力發生在一歲末至二歲之間，而曼德勒 (Mandler, 1983) 認為可能發生在 12 個月左右。龐麗娟 (1993) 認為一歲以後已有可能產生最早的符號表徵能力。其主要標誌就是嬰兒用信號物對事物進行表徵。從此，嬰兒的記憶表象中增添了符號表象的內容，並能和**具像表象** (concrete figure image) 進行互相轉換和激活，如"蘋果"一詞的符號表象或一個黃色的象徵蘋果的圓圈在大腦中即可激活關於蘋果的具像表象，反之亦然。

  一歲至三歲兒童記憶的再現或回憶能力有很大的發展。嬰兒開始用行動表現出初步的回憶能力，並喜歡做藏東西的遊戲，也常常能幫助成人找到東西。阿希德曼和帕爾馬特 (Ashmend & Parlmutter, 1980) 通過大量研究發現，一歲以前的嬰兒已有了初步回憶能力。許多家長報告，他們的孩子已能尋找藏在已知地點的物體，其中有的地點他們僅僅看見過一次 (龐麗娟，1993)。

  一歲至三歲出現的延緩模仿是嬰兒回憶能力逐步走向成熟的表現。皮亞傑認為這一能力出現在 16~24 個月。在此以前的嬰兒只能根據直接出現在面前的原型 (例如母親對著嬰兒吐舌) 做出某種模仿姿勢或動作。從 16 個月開始，當嬰兒在原型已消失之後，還能繼續模仿。這種模仿叫做**延緩模仿**

(或延遲模仿)(delay imitation)。這種模仿能力表明嬰兒頭腦中開始形成最初表象。他們心理發展由感知運動階段開始向前運算階段過渡。麥考爾等人(McCall, Park & Kavanaccgh, 1977)對 12～36 個月嬰兒進行的模仿能力發展研究證實，24 個月嬰兒已獲得了穩定的延緩模仿能力，而 12 個月的嬰兒尚不具備這種能力。

總之，一歲至三歲的兒童是記憶發展的第一個高峰時期。他們的機械記憶能力比較發達且具有相當大的潛能；他們的再認能力發展較早，再現能力也有很大發展；他們具像表徵能力出現較早，並在語言產生之後獲得了符號表徵能力。延緩模仿能力的出現是一歲至三歲兒童記憶能力逐漸走向成熟的一個標誌。

(三) 嬰兒思維的發展

我們將三歲前看作兒童思維的發生或萌芽的階段。一般地說，一歲前的嬰兒，只有對事物的感知，基本上還沒有思維；兒童的思維是從一歲後開始產生的。在嬰兒的活動過程中，在嬰兒的表象和言語發展的基礎上，由於經驗的不斷積累，嬰兒開始出現了一定的概括性的思維活動。這是人的思維的初級形式。嬰兒思維的產生和初步發展是直接與嬰兒以表象為基礎和以詞為中介的概括能力的形成相聯繫的。

在嬰兒認知能力的研究領域中，皮亞傑關於兒童早期的思維萌芽和發展的研究對嬰兒思維的探索一直產生著很大的影響，但近些年來，許多研究者採用現代化的技術手段，通過研究提出了一些新的觀點。如關於**客體永久性(或客體永恆性)**(object permanence) 的問題，皮亞傑認為，嬰兒不再尋找隱藏起來的物體是因為他們認為物體不存在了，而鮑爾 (Bower, 1966) 則認為這是由於嬰兒缺乏成熟的空間知覺所致。鮑爾提出，如果嬰兒認為客體不在眼前就不存在，那麼他們對遮掩物移去後客體不再出現就不會感到驚奇，反之，如果嬰兒出現了驚奇的表現，則表明他們已保留了客體的心理表象。鮑爾發現，五個月的嬰兒就會有這種反應。貝拉根 (Baillargeon, 1987) 通過實驗進一步指出，四個月的嬰兒在客體短暫消失時能期望著客體的繼續存在。對嬰兒早期的認知能力的許多研究表明，在第一年裏，嬰兒逐漸能夠同時保持行動、客體或觀念的聯繫，並且以越來越複雜的方式將它們聯結在一起。嬰兒最初只能注意一件事情，進而能注意到兩件事情之間的聯繫，進一步則能比較或聯繫二者的關係 (Case, et al., 1988)。

柯蒂的嬰兒概括能力發展的四階段理論在嬰兒思維發展研究領域中，亦有一定影響。美國心理學家柯蒂 (Curti, 1954) 通過觀察指出三歲前兒童概括發展分為四個階段：

1. 前符號階段 (pre-symbol stage)　一歲前兒童以獨特的方式對待特殊對象或作出反應，如咕咕叫、笑、甚至於叫出"名稱"，但僅只限於那個對象在他眼前。

2. 前言語符號行為階段 (pre-linguistic behavior stage)　此階段的嬰兒有了一種觀念，但不是一種概念。他可以直接將他的行為指向一個抽象的對象，如喊出已經在門口出現的母親為"媽媽"，但不能概括。

3. 內隱概括觀念階段 (implicit generalization stage)　此階段抽象思維開始出現，但概括不明顯，沒有邏輯組織；兒童可以對相同等級的成分起個名字，但這名字可能是錯誤的；這等級觀念是內隱的 (implicit)。嬰兒此時尚不能理解諸如反應或思考的項目，在回答問題上他可能是無意識的。

4. 明顯概括階段　到了明顯概括階段 (或外顯類化階段) (explicit generalization stage) 嬰兒就有了用詞闡述意思的能力，但最初的概括是不具體的，不完整的，或多或少是自我中心的。三歲前的概括決不能形成"完整的概念"，仍然是"不完全的組合"。

近些年來，我們自己在兒童形成數概括特點的研究中看到，從出生到三歲兒童數概括能力可以分為三級水平：

1. 直觀-行動概括 (intuitive-behavioral generalization)　嬰兒看到物品，能有分辨大小和多少的反應，例如，嬰兒要數量多的糖塊，要大的蘋果，給了他就高興，不給他就哭鬧。

2. 直觀-表象籠統概括 (intuitive-imaginery generalization)　在研究中，我們擺好不同數量的實物堆，詢問是多還是少，嬰兒可以用手指、點頭或回答。這一級水平的嬰兒產生了數概念的萌芽，但它是跟具體事物分不開的。他們開始懂得"一個蘋果"、"兩塊糖"，也能說出"好多糖"這類詞，但這些詞所代表的內容很籠統，即對物體數量的計數還未從物體集合的感知中分化出來。

3. 直觀-言語概括 (intuitive-linguistic generalization) 屬於這一級水平的嬰兒，如結果分析中看到的，他們的計數能力迅速發展起來。這一級水平的嬰兒對數的概念有四個顯著的特點：(1) 必須以直觀的物體為支柱，在運算中離開直觀支柱往往中斷；(2) 數詞後邊往往帶量詞；(3) 數字語言所代表的實際意義往往不能超過兒童眼前的生活，否則，往往是無意義的聲音或是順口溜的次序；(4) 不能產生最簡單數群（分解組合）的表象。

我們將研究中的被試達到的各級水平的百分比分布列於表 4-14，以示三歲前兒童思維活動產生的過程。

從下表可以看出：(1) 兒童思維的萌芽、產生是存在著顯著的年齡特徵的；(2) 嬰兒處於形成和發展數概括能力的過程中，八個月至一歲，二至三歲（特別是兩歲半至三歲）是這個年齡階段兒童思維活動水平發展的兩個轉折時期；(3) 在數概括發展中表現出來的思維活動水平存在著個體差異，即個體之間的思維差異，在三歲前兒童身上就獲得體現。

表 4-14　三歲前兒童達到各級數概括水平的百分數的分配

年　齡	第 I 級水平	第 II 級水平	第 III 級水平	年齡組之間差異的考驗
56 天～半歲				
0.5～1　歲	52.3%	0	0	
1～1.5　歲	91.8%	8.2%	0	
1.5～2　歲	54.2%	39.0%	6.8%	
2～2.5　歲	0	74.0%	26.0%	$p > 0.1$
2.5～3　歲	0	50.0%	50.0%	$p < 0.05$

(採自林崇德，1980)

鑒於上述研究材料的分析及對國內心理學工作者的研究成果的總滙，我們認為：首先，三歲前兒童的思維基本上屬於直觀行動思維的範疇。整個三歲前的思維特點，主要是直觀行動性。也就是皮亞傑強調的"感知"與"動作"協調性。其次，三歲前兒童思維發展到底可以分為幾個時期？皮亞傑說二歲前可以分為六個。我們通過研究，認為從總體來說，三歲前兒童思維可以分為四個時期。

1. 條件反射建立時期 (condition reflex setting period)　在出生後的第一個月,這是新生兒時期。

2. 知覺常性產生時期 (emergence of perceptual constancy period) 從一個月至五、六個月是嬰兒感覺迅速發展的時期。皮膚覺、嗅覺和味覺、視覺、聽覺相繼地發展起來,從五、六個月到八、九個月,是知覺和知覺常性發展的階段。約從八、九個月至一歲,開始認識客體的永久性,從此,**知覺常性** (perceptual constancy)　和客觀永久性迅速發展起來。

3. 直觀行動性思維時期 (intuitive action thinking period)　從一歲至二歲,是嬰兒動作和語言開始迅速發展的階段。如前所述,在動作發展的過程中,由於語言功能的出現,此時兒童的直觀行動概括能力逐步發展起來,這是人的思維的初級形式。無怪乎國內外心理學家編製的"智能測驗量表"對三歲前測查的主要內容是動作(包括手的動作和全身大運動)發展、語言發展和概括能力發展(諸如分類、模仿等)幾個項目。當然,二歲前後兒童的概括一般只限於事物的外表屬性,而不是本質屬性。

4. 詞語調節型直觀行動性思維時期 (word regulation of intuitive action thinking period)　約從兩至三歲,這是詞的概括、概念,亦即語言思維產生的階段。但這個階段仍然帶有極大的情境性和直觀行動性。一般說來,兩歲至二歲半和兩歲半至三歲的兒童思維水平是有區別的,前者更依賴於直觀和動作,後者卻有較明顯的詞的調節。

對兩歲半至三歲的兒童思維的研究材料表明:兩歲半以後的兒童在完成任務時,有三個層次不同的、由低級到高級的水平:(1) 不知有錯誤,不會改正錯誤;(2) 在直觀對比後,發現有錯誤(感知水平),能加以改正。(3) 在頭腦裏進行思維,不待直觀對比就能調整自己的思維活動,可見在二歲半以後,兒童就已有思維運算的萌芽(茅于燕,1984)。

這個研究表明兩至三歲兒童的思維,主要是直觀行動思維。雖然兩歲半至三歲兒童思維變化有三個不同的層次,"在頭腦裏進行思維運算",是這三個層次中最高的水平,但這也僅僅是這三個層次中的一個等級,並非所有的二歲半至三歲的兒童都達到這個等級。因此,我們可以得出這樣的結論,二歲半至三歲,是兒童從直觀行動思維向具體形象思維轉化的關鍵年齡。

三歲前兒童思維的產生和發展的意義是巨大的,它不僅僅意味著智慧活動，即智力的真正開始，心理的**隨意性**(或**自主性**) (voluntary)，如有意記憶、有意注意、觀察、理解、推理、想像等都由此開始，而且也意味著人的**意識** (consciousness) 的萌芽。直觀行動思維雖然仍是感知和外部行動占優勢，但這已是人類以詞為中介進行思維的開端。人的意識跟人的語言是分不開的。由於兒童初步掌握了詞的思維，因此也就有可能初步地意識到外部事物的存在和自己本身的存在，從而開始出現了最初的意識和自我意識，也就是產生了人類（個體）的意識。

第五節　嬰兒情緒與社會發展

嬰兒的**情緒** (emotion) 和**社會性** (sociality) 的發展也很迅速，為其適應社會環境、成為社會成員打下了良好的基礎。在與照顧者的相互交往過程中，嬰兒不但表現出自己的情緒作為基本的交往信號，而且學會辨別他人的情緒和表情。與此同時，嬰兒開始建立與親密照顧者之間愛的聯繫，即形成了依戀。嬰兒開始區分不同的人，並做出不同的反應，在探索環境、認識他人的過程中，嬰兒也逐漸開始了解自我，其社會性行為亦開始發展，道德行為與觀念萌芽。另外，值得注意的是，從嬰兒期開始，個體間的差異已經展現出來。

一、嬰兒的情緒發展

嬰兒的情緒發展表現在，從主要決定於生理需要滿足情況和身體健康的情況，發展到開始有了較複雜一些**情緒體驗** (emotional experience)，即在情緒的基礎上產生的對人，對物的關係的體驗。

(一) 情緒發展的特點

從第一個月至第三個月，嬰兒開始注意外部世界，開始對他人的情緒非常敏感，並做出一定的反應。用以表達其積極情感的**社會性微笑**(social smiling)，在這個時期已開始出現，這促進了嬰兒的**社會性交往**(social interaction)。從出生後第五週開始，人的聲音和人臉特別容易引起嬰兒的微笑，但這時嬰兒還不會區分那些是對他有特殊意義的個體，其表現為無選擇的微笑；到第八週時嬰兒就會對一張不移動的臉發出較持久的微笑，當成人面孔趨近，他們會主動報以興奮的微笑和全身活躍的反應，這就是有選擇的社會性微笑的開始。這時嬰兒對熟人、陌生人以及假面具都會發出微笑，只是對熟人的微笑更多一些。

從第三個月到第六個月，嬰兒情緒的發展主要是以積極情緒體驗為主要特徵。通過與母親和其他成人的進一步交往和接觸，四個月的嬰兒即逐漸能區分不同的個體，對不同的人開始報以不同的微笑，他們對主要撫養者（通常是母親）笑得最多、最頻繁，其次是對其他家庭成員和熟人，對陌生人笑得最少。積極的情緒交往加強了父母與嬰兒之間的情感聯繫。

從第七個月至第九個月，是社會性繼續表現的時期，嬰兒開始參與**社會性遊戲**(social play)，主動進行與他人之間的交流。在面臨新異刺激時會出現猶豫的神色，在面對陌生人時也會表現出**恐懼**(fear) 和**焦慮**(anxiety)，這是**陌生人焦慮**(stranger anxiety) 的開始。這時嬰兒在不熟悉的環境中可能會感到不安。在這個時期開始產生**分離焦慮**(dissociation anxiety)，即害怕與父母或其他照顧者分離。

從第九個月到第十二個月，是**依戀**(或**依附**) (attachment) 階段。嬰兒在這個時期，仍然表現出高度積極的情緒，但對主要照顧者表現出強烈的感情，而對陌生人則更加警惕。

(二) 面部表情及其識別

在社會性交往中，**面部表情** (facial expression) 起著重要的交流作用，理解他人面部表情中的情緒意義是社會能力發展的一個重要因素。

兒童出生後不久就有了愉快、驚奇、厭惡、悲哀等情緒表現，在新生兒時期，新生兒即已開始表現出不同的情緒表情，在二～四個月時，這種表情就更顯而易見了。研究發現，母親已能很容易地區分嬰兒在不同情景下（如與母親玩耍、陌生人接近等）的各種面部表情 (Izard, et al., 1980)。

對他人的表情和情緒狀態的識別是嬰兒與他人進行主動交往的一個重要

條件。周歲兒很早就能區別不同的情緒。研究者曾用幻燈片研究了嬰兒對面部表情的識別。向四～六個月的嬰兒呈現一個成人在高興、發怒或自然狀態下的面部表情，結果發現，周歲兒注意高興表情比注意憤怒和中性表情的時間要長，這表明嬰兒識別高興表情的能力早於識別憤怒表情的能力，直到六個月，嬰兒還不能對發怒表情做出相應的恐懼反應，這與兒童自身的情緒發展，即積極情緒的發展先於消極情緒的發展，是相一致的。

嬰兒很早就能對照顧者的不同情緒做出不同的反應。在一項研究中，讓兩個半月的嬰兒母親表現三種不同的情緒：愉快、悲傷、憤怒；伴隨以不同的聲音，如愉快的聲調說："你真讓我高興"，或以悲傷或憤怒的聲調說："你真讓我生氣"。嬰兒的反應表現出他們已能區分這些情緒，對母親的愉快情緒報之以快樂的表情，母親出現悲傷表情時，嬰兒則停止微笑，轉過視線，咬嘴唇或舌頭以自慰。當母親憤怒時，嬰兒把頭轉向一邊並停止動作，有些並開始哭泣。這個年齡的嬰兒尚不能單獨依靠視覺來分辨情緒，然而到五、六個月時，僅僅根據母親的面部表情就能識別情緒了 (Haviland & Lelwica, 1987)。

克林勒特和坎培斯等 (Klinnert & Campos, et al., 1983) 指出兒童運用面部表情和分辨他人的情緒表情的能力是逐步遞進發展的，並區分出四個發展水平：

(1) **無面部知覺** (0～2 個月)：由於新生兒對面孔各部分位置及面孔輪廓的整合能力還未形成，他們的自發表情和成人對他們發出的表情之間還沒有什麼聯繫。

(2) **不具備情緒理解的面部知覺** (2～5 個月)：二個月的嬰兒已能知覺到成人的面部表情，並能對成人的面部表情報以一定的情緒反應。但他們還不能理解成人面部表情的意義，對其情緒反應不具有意義的相應性。三至四個月的嬰兒對成人的憂愁或微笑一律報以歡快反應。

(3) **對表情意義的情緒反應** (5～7 個月)：半歲左右的嬰兒對成人不同的面部表情可做出不同的反應，他們更精細地知覺和注意面容的細節變化，對面部表情的認知更精確，並具有一致性的理解和情緒反應。

(4) **在因果關係參照中運用表情信號** (7、8～10 個月)：此時嬰兒不僅能分辨他人的情緒表情，而且已能善於運用這些情緒表情作為自己行動的參照，來調節、指導自己的行為反應。

對情緒的識別提高了嬰兒在社會生活環境中的適應性，如對高興表情的識別，可以為嬰兒提供獎勵和自我肯定的經驗，加強母嬰聯繫，促進雙方的相互交流。同時，對情緒的識別使兒童的行為有了參照物，每當兒童遇到不能確定的情境時，他們需要從母親面孔上尋找信息，以理解、評價情境，並確定自己的反應。如研究證明，母親對陌生人的情緒態度影響嬰兒對陌生人產生焦慮的強度 (Campos & Klinnert, et al., 1983)，當母親表現出積極、友好的情緒態度時，嬰兒很少表現出陌生人焦慮，懼怕、哭泣反應很弱；而當母親表現出消極、害怕的情緒反應之時，嬰兒對陌生人最常產生焦慮、哭泣、恐懼等強烈反應。

情緒發展的另一個技能是對於面部和聲音聯繫的識別，面部圖形與聲音相結合比單獨出現面部圖形或聲音刺激更能吸引嬰兒的注意，新生兒追視一個談話的面部形象好於追視單一的面部圖形或聲音的刺激。當母親的聲音與其面部形象不一致時，新生兒就會出現困惑的反應 (Aronson & Rosenbloom, 1971)。

二、依　戀

在第一年裏，社會性和情緒發展的一個重要事件就是嬰兒與其最親密的聯繫人之間的情感發展。在人類與動物中，**依戀**(或**依附**) (attachment) 都是社會性發展的最初表現。在最近十幾年裏，心理學家們對依戀發展課題 (如隨時間的變化性，與父母交往的類型，及其對認知、情緒、人格發展的重要性等等) 的研究興趣不斷增加。

研究者們發現，許多動物的幼仔一出生就與母親與母親形象形成了密切的情緒聯繫。如剛出殼的小雞總是跟隨一切可以移動的物體，把它們作為母親的形象。與動物幼仔相比，人類嬰兒與照顧者之間建立親密的關係要緩慢得多，到六、七個月時，嬰兒對母親或照顧者的離去感到不安而產生悲傷，對陌生人的出現也會感到緊張和焦慮。這就表明嬰兒與某一特定對象 (母親或其他照顧者) 之間建立了親密的情緒聯繫，也就是依戀的關係。

發展心理學家認為，依戀是一種積極的、充滿熱情的相互關係，兒童與照顧者之間的相互作用不斷強化這種情感上的聯結。母親對孩子的一般態度與自己的生活經歷，目前的境遇以及自己的個性都會影響其母愛的產生；而兒童最初的行為也在母愛形式中起著重要作用。如當母親抱起嬰兒時，嬰兒就停止啼哭，對母親發出更多的微笑，對母親咿咿呀呀等等，這都會強化母親對嬰兒的情感。

在母親或照顧者滿足兒童的生理需要和社會性交往的過程中，兒童對照顧者產生了強烈的依戀，表現為兒童尋求並企圖保持與照顧者親密的聯繫的傾向。兒童的依戀行為主要是尋求身體接觸，視覺跟踪，接近成人，追隨、叫喊、啼哭等。

依戀是成人與兒童之間特殊的親密關係，亦是兒童早期情緒發展和社會性發展的重要內容，可以建立正常的依戀關係對於兒童的發展有著極其重要的意義。

(一) 依戀的發展

依戀關係是兒童出生後逐漸發展起來的。謝弗和埃莫森 (Schaffer & Emerson, 1964) 曾對 60 名蘇格蘭嬰兒進行追踪研究，在一系列與父母分離的情境中測試兒童的依戀。結果認為，依戀發展有三個階段，第一階段是非社會階段，表現於六週以前，嬰兒從所有環境部分尋求興奮；第二階段是親社會階段，約在六週至七個月時，嬰兒能區分出特殊的個體；第三階段為社會性階段，從八個月開始，嬰兒對特殊的個體形成依戀。

鮑爾貝 (Bowlby, 1969) 進一步把嬰兒依戀發展分為四個階段，並詳細地描述了嬰兒依戀的發展過程。

1. 無差別的社會反應時期 (indiscriminate responsiveness to humans) 出生到第八至第十二週。這一階段以嬰兒所發出的各種信號的發展為標誌。嬰兒從出生起開始使用哭泣這種有效的信號來發動與他人的聯繫，第二個月開始，他又用微笑來進行這種聯繫。由於這個時候的嬰兒還缺乏辨別不同個體的能力，還沒有表現出對任何人的偏愛，而只是在物體和人中表現得更喜歡人，並表現出特有的興奮。

2. 選擇性的社會性反應時期 (focusing on familiar people) 三至六個月。嬰兒形成分辨與他們接觸的成人的能力。他們更頻繁地對熟悉的面孔微笑、發聲，而對陌生人的微笑則相對減少，甚至消失。

嬰兒開始能辨認並偏愛所熟悉的人，他們喜歡與熟悉的人進行接觸。嬰兒所熟悉的人也往往更容易安慰孩子，能更迅速、更廣泛、更頻繁地引出嬰兒的微笑和發聲。這時期的嬰兒並不拒絕熟悉的人離開。

3. 特定依戀期 (active proximity seeking)　六個月至兩、三歲。由於嬰兒開始獲得新的運動技能，他們開始到處爬動。這使他們有了更強的探索外部環境的能力，並開始主動地接觸父母，表現出有意識的社會行為。

嬰兒對不同對象的反應出現巨大的差別，對依戀對象的存在極為注意。當嬰兒所依戀的對象離去時，開始通過哭泣表示抗議。這時，依戀對象成為嬰兒探索的安全基地。他們對陌生人表現出更為明顯的警惕、戒備和退縮。開始出現陌生人焦慮和分離焦慮。

4. 目標調整的參與期 (partnership behavior)　二、三歲以後。嬰兒的有目的的行動、語言的交往和進行適宜反應等能力越來越成熟。隨著嬰兒年齡的增長和社交能力的不斷提高，他們越來越主動地進行各種接觸，開始理解依戀對象的目的，情感和特點，並據以調整自己的行為，表現出較多的靈活性。他們也能容忍與依戀對象之間的距離逐漸加大，並且逐漸善於與同伴和不熟悉的人進行交往。

（二）　依戀的類型

艾斯沃斯等人 (Ainsworth, et al., 1978) 採用**陌生人情境程序** (stranger situation procedure) 的技術調查嬰兒的依戀。陌生人情境程序是將嬰兒與其母和一陌生人安置在實驗室裏，通過母親離去、返回及陌生人出現等一系列特定程序，考察嬰兒分別與母親在一起、與陌生人在一起、與母親和陌生人在一起、獨自一人、母親離開、回來時及陌生人出現、離開時的情緒和行為。

1. 類型　根據研究結果，艾斯沃斯認為，由於父母行為的影響，可能使嬰兒形成三種形式的依戀：安全依戀，躲避依戀和矛盾依戀。

(1) **安全依戀** (securely attached)：大約 70% 的嬰兒屬於這一類，在與母親獨自相處時，他們積極地探索環境，而在與母親分離之後，明顯地產生不安。當母親返回時，就尋找母親，很快地與她們接觸，以結束這種分離憂傷。

(2) **矛盾依戀** (resistant attached)：大約 10% 的嬰兒屬於這一類。

即使當母親在場,他們也非常的焦慮,不願意進行探索活動,當與母親分離時,則表現非常憂傷,母親返回時,他們表現出矛盾心理,對母親曾經離開感到非常不滿,試圖留在母親身邊,但對母親的接觸又表示反抗。

(3) 躲避依戀 (avoidant attached):大約 20% 的嬰兒屬於這一類。他們與母親在一起時似乎對探索不感興趣,與母親分離後也沒有多少憂傷,母親重新返回時,常常避免與母親接觸。他們對陌生人沒有特別的警惕,但常常採用迴避和忽視的態度。

2. 原因 艾斯沃斯提出,嬰兒的依戀性質在很大程度上決定於父母與嬰兒的交往方式。例如,安全依戀兒的母親對孩子的信號、情緒的表達非常敏感,鼓勵他們進行探索,而且她們喜歡與孩子有緊密的接觸。艾斯沃斯認為,嬰兒從與主要照顧者交往的早期經驗中學到從其他人那裏能期望什麼。當照顧者對嬰兒的需要是敏感的,而且容易受影響,嬰兒就將從與他們的交往中得到安慰和快樂,從而建立安全的依戀。

矛盾依戀兒的母親也對孩子很感興趣,並願意進行緊密的身體接觸。然而,她們常常誤解孩子的信號,在與孩子重逢後也常常不能建立相配合的同步關係。當然,有時候這要歸結於兒童的"困難"氣質。然而許多有困難氣質的乳兒也與其照顧者建立了安全的依戀。艾斯沃斯 (Ainsworth, 1979) 發現,矛盾依戀兒的母親的照顧行為是不一致的——有時對孩子過於熱情,對他們的反應更多地依賴於自己當時的心境,而不是孩子的行為,因此,嬰兒了解到不能完全依靠母親來得到情感上的支持與安慰時,就會變得焦慮而懷恨不滿。

躲避依戀兒的母親對孩子非常缺乏耐心,當孩子打亂他們的計畫和活動時,常常表示憤怒和不滿,對孩子的信號也非常不負責任,常常表示消極情緒。在對孩子積極反應時,也傾向於克制自己的感情表達。艾斯沃斯認為,這類母親是嚴厲的,自我中心的,常常對孩子採取拒絕的態度。

貝歐斯基等人 (Belsky, et al., 1984) 也對美國中產階級的嬰兒進行了研究,發現母親提供的刺激量對於確定依戀的類型可能具有重要的意義。在研究中,形成了躲避依戀的嬰兒與母親相互作用的水平最高,而形成矛盾依戀的嬰兒與母親相互作用的水平最低。因此,貝爾歐基等人推測,過度的刺激會導致躲避的依戀,刺激過少則會導致矛盾的依戀,而最適宜的刺激量才會產生安全的依戀。

3. 依戀的性質是可以變化的 兒童依戀的性質並非是一成不變的。在 12 個月時，是躲避依戀或是矛盾依戀的嬰兒，到 18 個月時，有可能建立安全的依戀，反之亦然。在研究中發現，多數嬰兒都改變了其最初依戀關係的性質。如湯普森等人 (Thompson, et al., 1982) 的研究發現，在一中產階級團體中，47% 的兒童在七個月期間都出現了依戀性質的變化。伊基蘭德和法勃 (Egeland & Farber, 1984) 對家庭貧苦的兒童進行了研究，發現在六個月中，40% 的兒童改變了依戀的性質，從非安全依戀向安全依戀變化較多。

從上面兩個研究亦可認識到家庭環境影響著兒童的依戀性質，當母親面臨著生活的重壓，諸如健康和婚姻的問題、經濟困難等問題時，常常忽略對兒童的照顧。而當生活壓力有所減輕時，兒童就會從不安全依戀轉成安全依戀。然而，如果照顧者的生活發生了變化，使他們對兒童減少了責任心，也有可能使兒童從安全型依戀轉變成不安全依戀。父母的關係也會影響兒童的依戀。在一項研究中發現，安全依戀的兒童，其父母都非常滿足於自己的婚姻；反之，非安全依戀的兒童，其父母往往對自己的婚姻表現出極為不滿的態度。

（三） 依戀對兒童發展的影響

依戀對兒童的發展，存在著較長時間的影響。缺乏正常的依戀關係會影響兒童健康的發展，只有正常的依戀關係，才能促進兒童良好的發展。

1. 缺乏正常依戀關係的後果 鮑爾貝 (Bowlby, 1951) 早就提出撫養者與兒童正常依戀關係的缺乏可能會導致兒童嚴重的心理障礙。如果兒童早期缺乏社會性刺激，缺乏關心、愛撫，兒童就難以建立對任何人的依戀，這種早期情緒生活的缺乏將對兒童今後的生活帶來重要的影響。在這方面，研究者們進行了大量的動物社會性剝奪研究，取得了非常一致的結果：在頭三個月裏或更長時間隔離餵養的猴子表現出極其異常的行為模式，如它們往往表現出不安的情緒狀態，躲避其他猴子，並表現出一系列的異常行為，如抓咬自己，不停地搖擺、撕扯自己的毛髮，或捲縮成一團，或用胳膊遮住自己的頭。

對人類進行研究是比較困難的。然而，研究者們發現孤兒院、育嬰堂裏兒童的生活環境近似於受到社會剝奪。這些兒童除了在洗澡、換尿布或餵奶時，與照顧者有短暫的接觸之外，幾乎很少受到社會或感覺刺激。他們表現出明顯的發展遲鈍，很少哭和發聲，身體姿勢僵硬，語言發展明顯緩慢，表現出孤獨，對照顧者沒有興趣，或因情感不能得到滿足而表現出情感饑渴。

戈德法布 (Goldfarb, 1943, 1947) 比較了兩組兒童的發展情況，一組兒童在第一年裏從孤兒院裏被收養 (收養兒童)，第二組是在孤兒院裏待了三年的兒童 (設施兒童)。這兩組兒童在年齡、性別、以及其生身父母的社會背景等方面的情況都相似。根據調查和觀察，並給予一系列測驗來了解兒童的情況，在三歲半、六歲半、八歲半和十二歲四個年齡時期分別進行調查，結果發現，設施兒童幾乎在所有測試中都不如收養兒童。設施兒童在所有智力測驗上的得分都較低，尤其是在強調概念、技能和抽象推理測驗上。與收養兒童相比，設施兒童的社會性不夠成熟，過分依賴成人，語言和言語問題也較多，他們比收養兒童更多地發脾氣，活動過度，攻擊性強，有欺騙及破壞行為。研究者報告顯示這些設施兒童似乎都不能形成親密的人際依戀。

當然，兒童早期所受到的情緒創傷在今後也是可以修復的。如關於設施兒童和收養兒童的對比研究發現，那些很早被收養，生活在完整家庭中的兒童，重新得到母愛和關心，因而其情緒、社會性和認知能力都能得到正常的發展。

2. 依戀性質對兒童心理發展是有影響的　這種影響是多方面的，下邊介紹一些研究結果。

(1) **影響認知與社會性的發展**：兒童早期對父母所形成的依戀性質對兒童以後的認知發展和社會適應有一定的影響。馬塔斯等人 (Matas, et al., 1978) 都提出了證據證實，在十二或十八個月是安全依戀的兒童，到兩歲時比那些當時是非安全依戀的兒童能以更高的熱情和更大的興趣解決提供給他們的問題。當兒童遇到不能解決的問題時，安全依戀的兒童很少發脾氣，更多地接受母親的幫助。當兩歲的兒童面臨困難問題時，母親的態度和行為差異也是顯著的。在這種情況下，安全依戀兒的母親一般只提供一定的暗示，讓兒童感到是自己解決了問題。與此相反，非安全依戀兒的母親則多數在提供幫助前，都讓兒童遭受挫折，然後再自己解決問題。

(2) **影響同伴關係的發展**：早期依戀的性質對兒童的同伴關係也具有重要意義。斯魯夫 (Sroufe, 1983) 對 40 名十二個月到五歲半的兒童進行了追蹤研究。發現在十二個月時被評定為安全依戀和非安全依戀的兒童，會形成相當不同的社會和情緒模式。安全依戀的兒童比較自重，熱情高，積極性情感較多，而消極性情感較少，他們較少牢騷，攻擊性也較弱。教師們認為安全依戀兒童的社會能力較強。此外，安全依戀的兒童比非安全依戀的兒童更受歡迎。許多的研究還發現，早期的依戀能預測在穩定環境中兒童以後的行為問題。如對男孩來說，一歲的非安全依戀與六歲的行為問題或適應不良有關。但對女孩來說，依戀的類型卻並不能預測其以後的行為。

三、嬰兒的社會交往發展

作為人類社會中的一個獨立個體，兒童一開始就生存在複雜的社會環境中，並積極地進行著各種**社會交往活動** (social interaction activity)。正是在社會交往中，兒童的各種社會交往的信號和技能開始形成和發展起來。

（一） 一歲以內的社會交往

社會交往的基本信號是注視和交談。然而，對嬰兒而言，尤其是一歲以內的嬰兒，他們的言語技能相對缺乏，因此他們主要是借助於非言語信號來交往。這種非言語交往信號主要是視覺行為、面部表情和身體姿勢。在出生後頭幾個月裏，視覺行為——注視、轉移視線、閉眼、轉頭等——是其主要的交往信號。

1. 出生後幾週的交往方式　在出生後頭幾週，嬰兒的交往模式主要是與基本的生存需要有關，他們通過哭泣、踢打、煩燥不安等來向父母或照顧者傳達自己的需要。隨後，嬰兒便學會區別母親、父親和其他人，學會識別他人的面部表情和情緒狀態，其反應性也迅速增加。

2. 一歲以內社會交往方式的變化　一歲以內嬰兒的交往信號主要是注視，伸手摳物，模仿面部表情，視覺和動覺追蹤成人；同時，嬰兒的社會性反應、微笑、發聲等進一步增加，促使他人注意他們，與之遊戲和娛樂。在大約五個月時，嬰兒對其他兒童的興趣增加。大約六到八個月時，嬰兒喜歡玩藏貓貓遊戲。

3. 對不同對象交往的相應行為　嬰兒能識別不同的交往對象並採取

相對應的行為。在一項實驗中比較了嬰兒與母親、父親、同胞及同齡夥伴的交往情況，發現不僅每一個交往對象各有其不同的行為表現，嬰兒面對不同的交往對象時也表現出明顯不同的交往行為 (Field, 1981)。在與不同的人處於面對面的情景時，四週大的嬰兒已能表現出不同的行為 (Fogel, 1980)。當同伴出現時，嬰兒會產生凝視、急速轉頭等行為，在與母親相對時，則出現較多的眉毛和身體的動作。四個月的嬰兒已能區分自己和他人的反應，他們較多地注視自己的鏡像，但是對他人 (包括同卵雙生子同胞) 發出較多的微笑、發聲和伸手的動作。他們會較多地注視與其大小相似、能發聲、點頭的洋娃娃，對母親則有較多的社會性行為 (Field, 1979；Legerstee, et al., 1987)。嬰兒還能清楚地區分父母的面孔和聲音，他們對父親笑得較多，對母親注視的時間較長 (Field, 1981)。不同人的面孔和聲音在很多方面是不相同的，嬰兒的反應表明他們已能區分非常複雜的刺激，甚至能夠區分同一個人面孔和聲音上的細微差別，當母親在自發的交往中表現出不同的表情 (如沈默、冷淡、愉快或悲哀)，或當母親一直注視嬰兒但是聲音變換，結果發現，嬰兒的行為也隨之發生變化 (Izard, 1988；Gusella, et al., 1988；Trevarthen, 1974)。

4. 影響一歲以內嬰兒交往的因素　影響交往的因素是多方面的。研究發現，兒童的年齡、性別、出生次序或狀態 (正常或異常) 以及交往對象的年齡、收入或文化團體等因素都會影響兒童交往行為的類型和數量。跨文化的比較研究也發現，許多交往行為是具有普遍性的，如面部表情、母嬰遊戲、咿呀發聲等，而有些交往行為 (如面對面交談，視線接觸等) 則可能是某些文化團體所特有的。

(二)　零至三歲兒童與父母交往的特點

對於零至三歲兒童說來，最經常、最主要的接觸者仍是父母。因此，他們與父母的交往的功能、價值和特點是值得注意的。下面我們分別探討嬰兒與母親、父親的交往特點。

1. 與母親的交往　如前所述，母親是嬰兒的主要撫養者。因此她是嬰兒生存、發展的第一重要人物。母親也是嬰兒社會性行為和社會性發展的重要基礎。在母親的要求、指導下，嬰兒學會了參與、進入交往，主動發起、邀請交往,並如何維持交往、解決交往中的矛盾、衝突,使交往順利進行,習得了最初的社交技能,積累了初步的交往經驗 (Zahr-waxler & Redke-yarrow, 1979;Rheingold, Hay & West, 1976;Power & Chapieski, 1986;Maccoby, 1982;龐麗娟,1987)。許多研究表明,嬰兒與母親的關係是以後諸多社會關係形成的基礎,母嬰關係在很大程度上影響了嬰兒以後整個人際關係的形成 (Main & Weston, 1981;Parke & Tinsley, 1987)。如上一章所述,鮑爾貝 (Bowlby, 1951)、艾斯沃斯等人 (Ainsworth, et al., 1970) 的研究指出,依戀發展可以分為四個階段:(1) 無差別的社會反應階段 (0～3 個月);(2) 有差別的社會反應階段 (3～6 個月);(3) 特殊的情感聯結階段 (6 個月～2 歲多);(4) 目標調整的夥伴關係階段 (二歲以後)。從六至七個月起,嬰兒進一步對母親的存在特別關切,特別願意與母親在一起。他們的情緒因是否與母親在一起而變化,也就是說,嬰兒出現了明顯的依戀,形成了專門對母親的情感聯結。同時,嬰兒表現出對陌生人怯生的情緒,這是特殊的情感聯結階段,所以叫做**指定依戀期** (prescriptive attachment period)。二歲以後,嬰兒能認識並理解母親的情感,知道交往時應考慮母親的需要和興趣,並據此調整自己的情緒和行為反應。這時嬰兒把母親作為一個交往的夥伴,能認識到她有自己的需要,交往時雙方都應考慮對方的需要,並適當調整自己的目標。例如,當母親忙於別的事情,需要離開自己一段時間時,嬰兒會表現出理解,因為他相信母親肯定會回來的。

2. 與父親的交往　父嬰交往對嬰兒心理發展,具有母嬰交往不可替代的特殊作用。父親是嬰兒重要的遊戲夥伴,是嬰兒積極情感滿足、社會性、人格發展和性別角色正常發展以及社交技能的提高的重要源泉。

當然,父嬰交往也有其特點,一般說來,父親與嬰兒的接觸、交往時間上要明顯地少於母親,即父親在直接照料、接觸孩子上花的時間比母親少。儘管如此,但父親與母親一樣地敏感、關心和有責任心,有能力及有效地承擔嬰兒的日常照料和進行有效的相互作用,並表現出如下特點:

(1) **在交往內容上**:父親比起母親更多地是與嬰兒遊戲,根據研究,父親有 37.5% 的時間會陪嬰兒遊戲,母親與嬰兒遊戲的時間少於父親,只占 25.8%,更多地是照顧嬰兒 (Kotelchuch, et al., 1976)。

(2) **在交往方式上**:母親更多地通過語言交流和身體接觸,而父親則更多地通過身體運動的方式 (Greenbaum & Landau, 1982)。

(3) **在遊戲性質上**：蘭姆 (Lamb, 1977) 等人曾分別在嬰兒 7～8、12～13、15、18、21 和 24 個月時，對父、母與嬰兒的交往進行了長期觀察，結果發現：父親比母親進行更多大動作、激烈的、強烈刺激的身體遊戲和新異、不尋常的遊戲活動。克拉克-斯特瓦特 (Clarke-Stewart, 1980；1981) 對 15～30 個月的嬰兒和其父母交往的進一步研究也發現，父親與嬰兒的遊戲更多的是身體性的遊戲，帶有刺激性，而不像母親的遊戲更多的是語言，教育性的或帶有玩具的遊戲。

四、嬰兒社會行為的表現

國外關於兒童早期社會性發展的研究涉及的方面是很廣的，包括了**親社會行為**(或**利社會行為**) (prosocial behavior) 和**反社會行為** (antisocial behavior) (特別是侵略性和攻擊性行為兩大方面)。先期的研究工作多側重於嬰兒的攻擊性行為和侵略性行為，而近年的研究，正如格魯賽克和阿納森 (Grusec & Arnason, 1978) 所指出的，則側重於親社會行為。因為這更有利於促進嬰兒親社會行為的發展，從而培養嬰兒積極、良好的道德品質。

(一) 親社會行為

親社會行為，指對他人、對社會有利的社會性行為，通常也叫積極性的社會行為或**利他主義行為** (altruism behavior)。它包括幫助、安慰、援助、分享、支持、合作和謙讓等等。

1. 親社會行為的表現 施太倫 (Stern, 1924) 在對幼小兒童觀察的基礎上指出：即使是二歲嬰兒也已經有了感受他人悲傷的能力，他不僅為他人的情緒影響而傷心和焦慮，由他人眼淚引起哭泣，而且在更高級的意義上能置身於他人情境，接受他人的悲傷、痛苦和恐懼，並力圖安慰和幫助他人，甚至為他去報復。皮亞傑 (Piaget, 1932) 指出，一歲末的嬰兒已經出現了利他傾向和分享的反應，一個 12 個月的孩子會把他的玩具遞給另一個孩子。沙利文 (Sallivan, 1940) 也認為，早期兒童對他人的需要表現出很大的敏感性和同情心。一個二歲的嬰兒若看見同伴在哭，他會說："他哭了，他想要糖"，並擺手叫他不要哭。

萊因戈德 (Rhecngold, 1976) 與其合作者將實驗室布置成家庭的式樣，然後請 15～18 個月的嬰兒和父母在其中活動以研究嬰兒的分享行為。結果發現幾乎所有的嬰兒都表現出了一次或多次的分享，他們不僅能把自己的玩具拿給別人看，或是拿出玩具參加到他人的活動中，而且能夠將自己的玩具送給別人，讓別人玩，並且不管是對自己的父母還是對不太熟悉的他人，都表現出這些分享行為。1979 年萊因戈德採用同樣的方法進一步研究兒童的援助行為，在家庭中留有一些未完成的任務，且讓成人不要請兒童幫助。在 25 分鐘的短短時間裏，所有的二歲兒童都幫助了他們的母親，參與實驗的 20 個兒童中就有 18 人幫助了他們的母親，同時還幫助了他們不熟悉的成年婦女。

2. 親社會行為的發展　韋克勒和耶羅 (Waxler & Yarrow, 1982) 就嬰兒對處於困境的他人的反應進行了九個月的追蹤研究。觀察對象為 10、15、20 個月的三個年齡組的嬰兒。他們訓練母親們詳細觀察記錄嬰兒平常的行為，並模擬設置一些情緒困境看嬰兒的反應。結果表明，10～12 個月的嬰兒，對他人的困境還不能引起明顯的情緒和動作反應，只有三分之一的情況引起他們簡單的注意，或傷心、哭泣，或者用眼睛搜尋看護人等。15、16 個月的嬰兒對處於困難境地的他人開始有積極的反應，即能主動地接觸和輕拍、撫慰他人。18～24 個月的嬰兒，則這類反應越來越明顯、頻繁和多樣化。二歲嬰兒能夠主動幫助陷入困境的人，拿出自己的物品給對方，並提出應該怎麼辦的建議，用語言和行動對其處境表示同情，力圖引起處於困境者的情緒變化，有時還請別人幫助他，或者用替代性活動來轉移、安慰處於困境者等等。但是，幼小兒童並不總是對他人痛苦的表情線索做出積極反應。這些線索有時引起躲開、迴避、或攻擊，但是與積極性反應相比，這類反應發生的頻率很低。鄧恩等人 (Dunn, et al., 1979) 研究發現，14 個月的嬰兒就能對他的兄姐表示關心，並知道如何使他們高興，使他們喜歡自己並以自己特有的方式向他們提供注意、同情、關心、分享和幫助。

(二) 移情行為

在衆多的關於兒童早期的親社會行為的研究中，霍夫曼 (Hoffman, 1976；1984) 關於兒童**同情心** (sympathy) 或**移情** (transference) 和**利他主義行為**的研究占有重要地位。霍夫曼認為，移情是一種無意識的、有時是十分強烈的對別人的情緒狀態的體驗。它是推動人去做出有利於他人利益的行為，甚至不惜犧牲自己利益的動力。

1. 移情行為的發展　幼小兒童就有移情作用的表現，他們能夠感受到別人正在感受的東西。一個 18 個月大的兒童，當他看到另一兒童跌倒了、哭了，他也會跟著哭起來，或者吸吮自己的手指，看上去好像焦慮不安，非常痛苦、難過的樣子，這是最初的移情反應的表現。它發生於嬰兒出生後的 1～2 年，這時的反應還不能說明兒童真正理解別人的情緒狀態。這種反應產生的原因一般用經典的條件反射的理論給予解釋，就像兒童條件性害怕的習得一樣。一個周歲的兒童，起碼已在各種場合哭了上百次，這種哭聲已經反覆地跟兒童自己的苦惱或痛苦連接一起。這樣，通過這種簡單的結合，別的孩子的哭聲就可能喚起他的痛苦的體驗，或對先前痛苦的回憶，因此他甚至會流眼淚。如果年幼兒童能想像出一個辦法使另一個兒童停止哭泣，他自己或許也會感覺好一點。

2. 嬰兒移情行為的特點　艾倫弗里德 (Aronfreed, 1970) 在霍夫曼研究的基礎上研究了兒童做出一些犧牲而減輕別人痛苦的條件。他發現：(1) 兒童需要有多次與父母或他人同時產生共同的痛苦之類的體驗的經驗；(2) 兒童同伴的痛苦要有明顯的外部表現，比如痛苦的哭聲。但是，單單知道一下同伴有痛苦是不夠的，艾倫弗里德還發現，共同的愉快感受和展現愉快的情緒表現也能刺激兒童做出一些犧牲，以給同伴帶來更大的快樂。艾倫弗里德的研究工作強調了親眼目睹他人痛苦以及把自己的感情和別人的感情連接起來。這就是利他主義行為產生的基礎。

(三) 社會行為的產生與發展原因

海等人 (Hay, et al., 1979) 探討了早期社會行為，特別是親社會行為產生、發展的內部過程及其原因。他們認為嬰兒與成人的交往、成人給嬰兒行為提供的榜樣和強化是非常重要的。在日常生活中，嬰兒隨時看到和親身經歷成人是如何滿足他的需要，給他以安慰、援助等等。這個過程中包含了大量的學習親社會行為的機會。以後，當嬰兒碰到類似的情景時，一旦表現出類似的親社會行為，成人便給他強化、鼓勵，所以，嬰兒的良好社會行為逐漸得以鞏固，養成習慣。

五、嬰兒道德發展的特點

林崇德 (1989) 在研究中發現，三歲前是兒童道德萌芽、產生的時期，是以"好"(或"乖"、"對"、"好人")與"壞"(或"不好"、"不乖"、"壞人")兩義性為標準的道德動機，並依此引出合乎"好"與"壞"的道德需求的行動來。此時，兒童不可能掌握抽象的道德原則，其道德行為是很不穩定的。這個階段的主要任務是理解"好"、"壞"兩類簡單的規範，並做出一些合乎成人要求的道德行為。

(一) 嬰兒的道德觀念與道德判斷及其行為表現

嬰兒的道德觀點、道德行為是在成人的強化和要求下逐漸形成的。當嬰兒在日常生活中作出良好的行為時，成人就顯出愉快的表情，並且用"好"、"乖"等詞給以**陽性強化**(或正強化) (positive reinforcement)；當嬰兒做出不良的行為時，成人就顯出不愉快的表情，並且用"不好"、"不乖"等詞給以**陰性強化**(或負強化) (negative reinforcement)。在這樣的過程中，嬰兒就能不斷地做出合乎道德要求的行為，並形成各種道德習慣。以後再遇到相似場合，嬰兒就不加遲疑地做出合乎道德要求的行為來，而對於不合乎道德規範的行為，則採用否定的態度或加以克制。例如，當二歲至三歲嬰兒看到別的兒童手裏有新奇、好玩的玩具時，就想拿過來玩，但是另一方面又覺得搶別人的東西是不對的，因而努力克制自己的願望而不去搶玩具。

嬰兒的道德**判斷**也是在與成人的積極交往中逐漸學會的，先學會評價他人的行為，進而學會評價自己的行為。在評價自己的行為時，先是模仿成人對自己行為的評價，例如成人說"好"、"乖"，嬰兒也認為是"好"、"乖"，成人認為"不好"、"不乖"，嬰兒也認為"不好"、"不乖"。以後嬰兒將逐漸學會自己評價自己的行為。

但是，幼小兒童由於生活範圍狹窄，生活經驗缺乏，同時也由於認識或意識水平的限制，他們的道德行為都只有一些萌芽表現。比如，嬰兒在一起玩時，知道應該互相友好，"大家一起好好地玩"，但是常常推人、搶人的玩具，如果別的兒童也推他一下，或者說"不給"，他還會動手打人，甚至去告訴老師"他不給我"。而且，嬰兒的行為是極其不穩定的，常常容易受到情緒和周圍環境的影響,並不總是服從於一定的道德標準。例如,同是一個嬰兒,剛剛幫另一個孩子撿起球得到了老師的表揚,但是過一會兒他又會把這個孩子的球打掉,兩人吵起來了;剛剛看到另一個孩子在摘花,一本正經地告訴他"好孩子不能摘花",可是過一會兒,他自己忍不住去摘花了。反過來也是一樣,一個嬰兒剛剛把另一個兒童搭建的"汽車"推倒,並把那個搭"汽車"的兒童給弄哭了,但不消幾分鐘,兩人又和好了,不僅把玩具給對方玩,還和那個兒童一起搭建"房子"。因此,二歲至三歲嬰兒的道德觀念、道德行為還只有一些最初步的表現,我們不可作過高的估計,也不能提出過高的要求。對嬰兒的行為、品質不可輕下斷論,要經常地給以提醒、鼓勵和要求。

(二) 嬰兒的道德感及其行為表現

正如前面所述,幼小兒童在掌握道德觀念的基礎上,已經產生了初步的道德感。比如同情心、責任感、互助感等。一歲半至二歲的嬰兒,已能關心別人的情緒,關心他人的處境,因他人高興而高興,因他人難受而難受,並且力圖安慰、幫助別人。之後隨著自我意識的進一步發展以及成人的不斷教育,嬰兒對自己和他人的行為是否符合社會道德準則就產生了最初的體驗。當自己或別人的言行符合他所掌握的社會準則因而受到表揚時,嬰兒便產生高興、滿足、自豪的情感體驗;當自己或別人的言行不符合他所掌握的社會規範因而受到批評或斥責時,他便會產生羞怯、難受、內疚和氣憤等情感體驗。例如,當看到別的兒童手裏有巧克力,想奪過來吃時,成人生氣地制止這一行動,並告訴他"好孩子不搶別人的東西吃",這時嬰兒會有羞愧的體驗;當把自己喜歡吃的雪糕分給別的小朋友吃,媽媽笑眯眯地稱讚"真乖,真是好孩子"時,嬰兒會產生高興、興奮的情緒體驗。

在成人的教育下,二至三歲的嬰兒也出現了最初的愛和憎。當看到故事書上的大灰狼、灰狐狸時,會用拳頭去打它,用手指去戳它,而當看到小兔子戰勝了大灰狼、小鴨子把大狐狸拖下水時,便高興得拍手大叫。

當然,這時嬰兒產生的道德情緒體驗,還是非常膚淺的。因為他們的這些行為或是出於成人的要求、評價和強化,或是出於完全的模仿;而且,他們之所以產生這樣的情感體驗,也是因為受成人相應的評價和情緒表現的影響。進一步看,這種情緒體驗在嬰兒那裏是十分短暫的,有時也不明顯。只有當嬰兒對自己的行為意義有了一定的理解或養成了一定的習慣後，他們才會有自覺的、主動的情感體驗。因此，嬰兒的道德感只能說是在開始萌芽，各種道德行為也只是剛剛產生，並且逐漸出現最初的一些道德習慣。

六、個體差異的最初表現

我們在前面集中探討了嬰兒情緒、社會性與道德發展的基本規律和總體特點。事實上，就每一個社會個體而言，由於其知識經驗、認知能力、個性特徵以及文化背景等方面的不同，其情緒、社會性與品德等心理特徵也表現出千姿百態的特點，在心理發展的開始時期就已經表現出明顯的個體差異。目前，個體差異的研究正受到發展心理學家的普遍重視。

(一) 早期的氣質表現

剛出生的新生兒已表現出明顯的差異，在啼哭、安靜、動作等各個方面都表現出自己的獨特特點，這就是**氣質** (temperament)，即個體對環境的一種行動方式，是兒童人格發展的基礎。

研究者們認為兒童早期的氣質主要表現在三個方面，第一，**活動性** (activity)：有些嬰兒活動性較強，他們頻繁地揮動胳膊和腿，對敲打、搖動玩具表現出極大的興趣，而有些嬰兒則較為安靜，活動較少，動作也較緩慢。這種早期的活動性水平會進一步影響嬰兒伸手、張嘴、取物、爬行、站立等活動的強度和頻率。有人認為新生兒的高活動水平與諸如勇敢、競爭性、自作主張、大方、不遵守命令等人格特徵有一定的聯繫 (Buss & Block, 1980)；第二，**激動性** (irritability)：高度激動的嬰兒經常處於煩燥狀態，常常哭叫，情緒不穩定，不易平靜，這種嬰兒往往容易與母親產生衝突 (Lee & Bates, 1985)；第三，**反應性** (reactivity)：有些嬰兒對細微的刺激都會產生反應，喜歡得到擁抱和親吻，而有的嬰兒只對一定強度的刺激產生反應。

(二) 早期的個體差異

美國心理學家托馬斯等人 (Thomas, et al., 1977) 進行了長期的追蹤研究，認為兒童早期確實存在著相對較為穩定的個體差異，表現在以下九個方面：(1) 活動性；(2) 生理機能 (饑餓、睡眠、排泄等) 的規律性；(3) 對新環境或人的接受的準備性;(4) 適應變化的能力;(5) 對聲、光及其他感覺刺激的敏感性;(6) 心境;(7) 反應強度;(8) 注意力的分散;(9) 注意的廣度和持久性。根據兒童的這九種特徵的表現,托馬斯等人將嬰兒的氣質劃分為四種類型:(1)"容易"兒童,他們往往是安靜的,生理機能具有一定的規律性,對所有人都很友好;(2)"困難"兒童,其生活缺乏規律性,睡眠和進食都較少,常大聲地哭或笑,會突然發脾氣,細微的環境變化也能引起較強的反應,在接觸陌生人或面臨新事物時常表現出退縮;(3)"逐漸熱情"兒童,他們的反應是溫和的,既有積極的也有消極的,他們不很喜歡新的情境,但能以自己的速度產生興趣並進入新的情境,面臨新事物時,也有退縮行為,但其退縮反應並不強烈。此外,還有一部分兒童可歸為;(4)"平均"類型,他們的各項反應都屬於中等水平。

氣質特徵不僅是兒童早期個體差異的主要表現形式,而且是影響個體發展的一項重要因素。許多研究都發現,兒童早期的氣質傾向對今後的發展產生著影響。

本 章 摘 要

1. 目前,發展心理學界對嬰兒期的劃分有零至一歲、零至二歲和零至三歲三種。根據已有的研究,我們在本書中採用第三種提法,即將零至三歲的兒童稱為**嬰兒**。
2. 嬰兒大腦形態的發育,主要表現在腦的**重量**、**頭圍的變化**和**大腦皮質**的特點三個方面。
3. 嬰兒大腦機能的發展,主要表現在腦**電圖**、**網狀結構**、**皮質中樞**和**大腦單側化**四個方面。
4. 三歲前兒童**全身動作變化**有一定的發展進程。全身動作的發展,特別是學會獨立行走,對於兒童認識範圍的擴大、空間知覺的發展、遊戲的開展以及思維的萌芽,都是十分重要的。

5. 三歲前兒童手的動作也有一定的發展進程。手的動作發展過程，也是**精細動作-適應性**發展的過程，這對於兒童學會掌握工具、協調感知和動作的關係以及發展語言和思維，具有重大的意義。
6. 生命的頭三年是兒童口頭語言開始發生和發展的時期。在嬰兒期，兒童從完全不能說話到能夠掌握語言、一些簡單的詞，開始理解成人言語，跟成人進行最初步的言語交際。
7. 從出生到一歲是**言語的準備時期**。從一歲到三歲，嬰兒的語言能力迅速地發展起來，先後經歷理解語言階段 (1～1.5 歲)；掌握合乎語法規則的語句，開始積極語言活動階段 (1.5～3 歲)。一歲末兒童出現 70 個左右的詞，二歲末出現 300～500 個詞，三歲末接近 1,000 個詞。自一歲半後，兒童在口語中，除了名詞、動詞之外，其他各類詞，如形容詞、副詞、代詞、連詞等是隨著年齡增長而提高其百分比的。
8. 皮亞傑的感知運動階段分為六個時期：(1) **原始感覺動作圖式的練習**；(2) **初級循環反應**；(3) **第二級循環反應**；(4) **第二級圖式的協調**；(5) **第三級循環反應**；(6) **通過心理組合發明新的手段**。
9. 不少研究者考察我國嬰幼兒的感知發展，制定了有關感知覺發展常模。
10. 近年來，嬰兒深度知覺研究很熱門，測量嬰兒深度知覺的工具是**視崖**。研究表明，零至三歲兒童的空間知覺，尤其是深度知覺發展是與其經驗的獲得直接聯繫著的。
11. 從出生到一歲，嬰兒的記憶初步發展；一至三歲是記憶發展的第一個高峰時期。他們機械記憶能力比較發達，且具有相當大的潛能；他們具像表徵能力出現較早，並在語言產生之後獲得了**符號表徵能力**。延緩模仿能力的出現是一至三歲兒童記憶能力逐漸走向成熟的一個標誌。
12. 三歲前是思維發展的萌芽期，主要表現出的是**直觀** (感知)、**行動** (動作) 和思維。三歲前兒童思維可以分為四個階段：**條件反射建立時期**；**知覺常性產生時期**；**直觀行動思維時期**；**詞語調節型直觀行動思維時期**。
13. 嬰兒在與照顧者的相互交往過程中，不僅表現出自己的情緒作為基本的交往信號，而且學會辨別他人的情緒和面部表情。
14. 嬰兒期開始形成、建立較為穩定的依戀關係，出生第一年依戀發展經過三個時期：**無辨別的社會反應時期** (零至三個月)；**選擇性的社會反應時期** (三至六個月)，**特定依戀期** (六個月以後，直到二、三歲)。

15. 母親是嬰兒的主要撫養者，因此她是嬰兒生存、發展的第一重要人物，嬰兒對母親依戀的發展分為四個階段：**無差別的社會反應；有差別的社會反應；特殊的情感聯結；目標調整的同伴關係**。
16. 父嬰交往對兒童心理發展具有母嬰交往不可替代的特殊作用，父嬰交往的內容，更多地運用遊戲；交往的形式，更多地藉由身體運動的方式。
17. 一至三歲是兒童親社會和攻擊性行為開始產生的階段，同情心、移情、焦慮、苦惱和利他主義行為均從這個階段開始。
18. 三歲前是兒童道德萌芽、產生的時期，是以"好"(或"乖"、"對"、"好人")與"壞"(或"不好"、"不乖"、"壞人")兩義性為標準的道德動機，並依次引出合乎"好"與"壞"道德需求的行動來。
19. 心理發展的個體差異，在嬰兒期有著最初的表現，是以**氣質**為主要表現形式的。

建議參考資料

1. 朱智賢 (1983)：兒童心理學。北京市：人民教育出版社。
2. 朱智賢、林崇德 (1986)：思維發展心理學。北京市：北京師範大學出版社。
3. 林崇德 (1989)：品德發展心理學。上海市：上海教育出版社。
4. 龐麗娟、李 輝 (1993)：嬰兒心理學。杭州市：浙江教育出版社。
5. Bornstein, M. H., & Lamb, M. E. (1992). *Development in infancy*. New York: McGraw-Hill.
6. Campos, J. J., et. al. (1982). *Development in infancy*. New York: Random House.
7. Haith, M. M., & Campos, J. J. (Eds.) (1983). *Infancy and developmental psychology*. New York: John Wiley.
8. Hall, E., Lamb, M, & Perlmutter, E. (1986). *Child psychology today* (2nd ed.). New York: Random House.
9. Hoffman, L., Paris, S., & Hall, E. (1994). *Developmental psychology today*. New

York: McGraw Hill.

10. Osofsky, J. D. (Ed.) (1987). *Handbook of infant development.* New York: Jonh Wiley & Sons.
11. Sternberg, L., & Belsky, J. (1991). *Infancy, childhood, adolescence.* New York: McGraw-Hill.

第五章

學齡前兒童的心理發展

本章內容細目

第一節 幼稚園的小天使
一、渴望社會生活 225
　（一）幼兒需參與社會生活
　（二）遊戲是幼兒參與社會生活的主要活動形式
　（三）幼兒是社會生活的積極參與者
二、神經系統的發展 227
　（一）大腦結構的發展
　（二）大腦機能的成熟
　（三）大腦單側化現象的形成
三、具體形象性占優勢 231
　（一）皮亞傑的前運算思維階段
　（二）具體形象性與不隨意性的表現
四、情境性與模仿性 233
　（一）幼兒的情境性
　（二）幼兒的模仿性

第二節 在遊戲的王國裏
一、遊戲的理論 237
　（一）經典的遊戲理論
　（二）精神分析學派的遊戲理論
　（三）皮亞傑的遊戲理論
　（四）遊戲的覺醒-尋求理論
　（五）元交際的遊戲理論
二、遊戲的種類 240
　（一）依兒童行為表現分類
　（二）依兒童認知特點分類
　（三）依兒童社會性特點分類
　（四）依兒童創造性分類
　（五）依幼兒教育方面分類
三、遊戲的發展 247

第三節 學齡前兒童言語的發展
一、詞彙的發展 250

二、言語表達能力的發展 254

第四節 前運算期幼兒的認知發展
一、具體形象性的思維 257
二、思維的抽象邏輯性開始萌芽 258
　（一）關於幼兒有無邏輯思維的爭議
　（二）我國學者對幼兒邏輯思維萌芽的實驗
三、言語在幼兒思維發展中的作用 262
四、幼兒的感知與記憶的特點 263
　（一）幼兒感覺的發展
　（二）幼兒知覺的發展
　（三）幼兒記憶的發展

第五節 學齡前兒童的社會性發展
一、自我意識的發展 265
　（一）幼兒自我意識的發展趨勢
　（二）幼兒自我意識各因素發生時間
　（三）幼兒自我意識諸因素的發展
二、道德的發展 271
　（一）幼兒道德認識的特點
　（二）幼兒道德情感的特點
　（三）幼兒道德行為的特點
三、幼兒的性別認同 276
　（一）性別認同的發展
　（二）性別認同的影響因素
四、社會性交往的發展 279
　（一）與父母的交往
　（二）與同伴交往
　（三）與教師交往

本章摘要
建議參考資料

學齡前期(或學前期) (preschool period)是指兒童從三歲到六～七歲這一階段，這是兒童正式進入學校以前的一個時期。因為這是兒童進入幼兒園(或幼稚園)的時期，所以又稱為**幼兒**(或**學前兒童**) (preschool children) 時期。

幼兒在環境和教育的影響下，在以遊戲為主的各種活動中，其身心各方面都有很大的發展，與嬰兒期相比發生了許多質的飛躍。幼兒生理機能的不斷發展，身體各部分的比例逐漸接近於成人，以及神經系統，尤其是大腦皮層的結構和機能的不斷成熟和完善，都為幼兒的心理發展提供了物質基礎。

幼兒的心理發展過渡到新的、更高的發展階段的過程，主要是在活動中完成的。幼兒期的**主導活動** (dominant activity) 是**遊戲** (play)。遊戲不但是幼兒認識世界的手杖，觀察生活的窗口，積累知識和經驗的源泉，而且也是通過實際活動，積極探索周圍世界的重要方式。同時，由於遊戲更多表現為一種交互作用，因而其社會性在遊戲中也得到了最充分的體現和發展。

同**嬰兒期**比較而言，兒童的語言發展到幼兒期亦是個質的飛躍。他們在掌握正確的語音、豐富的詞彙和複雜的語法結構等基礎上，言語表達能力迅速發展起來。

正是隨著幼兒活動範圍的擴大，幼兒感性經驗的增加以及語言的豐富，幼兒的認知和社會性也不斷地由低級向高級發展，並出現了許多新的特點。從**畢生發展心理學**的觀點來考察，越來越多的研究者開始意識到幼兒期是兒童心理發展的關鍵期，他們的感覺、知覺、記憶、思維、語言、動作以及人格發展在這一階段都出現了質的飛躍。因而，早期教育和早期智力開發已成為擺在研究者面前的現實課題。

本章準備圍繞學齡前期兒童的心理發展，著重探討以下五個問題：

1. 學齡前期兒童身心發展的一般特點有哪些。
2. 為什麼說遊戲是幼兒的主導活動，遊戲有哪些種類，幼兒的遊戲又是怎樣發展的。
3. 學前兒童的語言有哪些表現，其詞彙和言語表達能力是如何發展的。
4. 幼兒的認知發展有哪些特點，有哪些方面的表現。
5. 學齡前期兒童的社會性發展有哪些表現，具體特點是什麼。

第一節　幼稚園的小天使

　　幼兒園（或幼稚園）是幼兒教養的機構。在歐洲，首先出現了這種集體的學前兒童的教養機構。最早創辦學前兒童教養機構的乃是法國教師奧貝爾林於 1767 年在其教區建立了一所**托兒所**（原名 salle daside，字義為 hall of refuge，即稚童所，後亦稱 infant school），聘請青年婦女照顧父母在田間勞動的小孩，教小孩遊戲，收集植物標本等。後來，英國歐文於 1816 年在蘇格蘭紐蘭納克創辦了**幼兒學校**（preschool school），主要收托二至五歲的兒童。1837 年福祿貝爾（Friedrich Fröbel, 1782～1852）始創**幼兒園**（kindergarten），這一名稱在國際上一直沿用至今。19 世紀後半期，歐美國家相繼設立幼兒園，出現了像蒙台梭利（Marid Montessori, 1870～1952）這樣著名的幼兒教育家。

　　在中國 1903 年"奏定學堂章程"規定設蒙養院，收三至七歲幼兒，最先設立的有武昌模範小學堂的蒙養院和京師第一蒙養院。1912 年改為蒙養園，1922 年定名為幼稚園，大陸今稱幼兒園。

　　在幼兒園裏，兒童天真無邪的面容、稚趣活潑的舉止，就像小天使一樣可愛。在他們的生活和活動中，小天使處處表現出自己獨有的特點。

一、渴望社會生活

　　兒童出生以後，在一定的社會生活和教育條件下，經過三年的時間，已從一個軟弱無能的個體發展到能夠獨立行走，廣泛操縱物體，進行初步的語言交際，具有直觀行動思維，並且能從事一些最初步的遊戲活動的兒童。就在這些發展的基礎上，兒童進入了學前時期，或**幼兒階段**（preschool period）。

　　在幼兒階段，兒童表現最明顯的特徵是渴望參與社會生活。幼兒自身的發展促使他們需要參與社會生活，並且成為一名積極的實踐者。由於遊戲活動是幼兒期的主導活動，因此遊戲也是幼兒參與社會活動的主要形式。

(一) 幼兒需參與社會生活

任何人在任何時候都生活在特定的社會關係之中，也許幼兒階段的社會關係相對地來說不太複雜，但是他所接觸的環境無處不帶有社會文化色彩。社會因素通過直接與兒童接觸的撫養者、居住環境、玩具用品，特別是幼稚園的教養內容與形式，以一種強烈而深刻滲透的方式影響著兒童身體、智能和社會性的發展。

由於考慮到幼兒獨立生活能力的增長，成人對他們提出了比以前更高的要求，開始要求兒童獨立地承擔某些簡單的職責，如自己穿衣、吃飯、收拾玩具等。特別是兒童進入幼稚園，幼稚園雖然以遊戲為主要活動，但開始逐步進行有組織的作業，如道德、語言、認識環境、圖畫、手工、音樂、戶外活動等教學，並且開始注重養成兒童良好的生活習慣，使他們的身心在入小學前獲得健全的發展。所有這一切，需要幼兒從事一些力所能及的社會生活活動，於是促進了幼兒初步地產生參加社會生活的願望。這個過程是實現社會化的過程。

(二) 遊戲是幼兒參與社會生活的主要活動形式

在學前階段，一方面，在和成人的交往中，幼兒渴望參加社會生活，嚮往著成人的學習和工作等種種社會活動；另一方面，幼兒的能力還是非常有限的，他們還不能很好地掌握自己的行動，他們的知識經驗還非常缺乏，且不能很好地控制自己，使自己的行為服從於比較遠大的目的，這就產生了渴望成人的社會活動與其身心發展的局限性的矛盾。遊戲活動就是解決這一矛盾的主要活動形式。這是因為兒童在遊戲中反映了周圍的現實生活和社會關係，通過遊戲，他們能體驗著成人的社會活動、社會生活和道德面貌，領會著人們之間的相互關係，促進了自我形象的建立。可見遊戲是幼兒認識世界和促進社會知識發展的一種途徑。與此同時，遊戲也是促使幼兒身心迅速發展的最好活動形式。在正確組織的階段活動中，幼兒的認知、情感、意志、人格、道德等能獲得較快的發展，而且，由於兒童擔任遊戲中的某些角色任務，必須努力去完成，他們的動作就更富有目的性和積極性，從而有效地促進其身體運動器官的發育。

(三) 幼兒是社會生活的積極參與者

要想參加社會生活，幼兒就必須接受某些行為標準，即使在遊戲中，也要遵循遊戲的規則。成人往往必須花費相當多的時間和精力向兒童傳遞這些標準，並且感到自己對兒童理解和適應標準的水平負有直接的責任。

成人為實施其社會化影響，可以使用各種手段，他們對兒童講解行為規範、設置獎勵和懲罰，還可以限制兒童生活的環境，以身作則地樹立榜樣。最重要的是，儘管如此，幼兒並非總是按照成人的願望來參加社會生活和遊戲。對於成人的指導，他們有時不能理解，有時加以反對，甚至對已經接受的遊戲規則也不能執行。由此可見，幼兒渴望參加社會生活，也要遵循社會規則去行動，但幼兒決不是社會灌輸的被動接受者，相反地，從嚮往社會生活到遊戲及開始參與生活，兒童自己是一種主動積極的動因，他們能激發和創造一些影響自身發展的社會性經驗，如完成創造性遊戲或其他遊戲中的創造性行動。他們不僅參與決定自己的社會關係的性質，而且對來自成人的社會影響會再用自己的方式加工，從而積極參與社會生活。

二、神經系統的發展

隨著年齡的增長，生活條件和教育條件的不斷變化，三歲以後，兒童的神經系統進一步發展，突出表現在大腦結構的不斷完善和機能的進一步成熟等方面。幼兒大腦的進一步發展為幼兒的心理發展提供了直接的生理基礎。

(一) 大腦結構的發展

三到六、七歲幼兒腦結構的發展主要表現在：

1. 腦重的增加　出生時新生兒的腦重約 390 克，占成人腦重的 25% 左右。在此以後，腦重量隨著年齡而不斷增長，到三歲時達到 990 克至 1011 克，相當於成人腦重的 75%。到了六、七歲時腦重約為 1280 克，基本接近於成人水平。以後腦重增長相當緩慢，到 13 歲時達到成人腦重的平均數 (1400 克)，到 20 歲左右停止增長。由此可見，個體腦重量的增長到幼兒期基本完成。值得指出的是，這一結果並非由神經細胞大量增殖所致，而主要是由神經細胞結構的複雜化和**神經纖維** (nerve fiber) 的不斷增長造成的。

2. 神經纖維的增長及其髓鞘化的基本完成　兒童二歲以後，腦神經纖維繼續增長，並在以前多呈水平方向的基礎上出現了向豎直或斜線方向延伸的分支。此後，神經纖維分支進一步增多、加長，開始形成更為複雜的神經聯繫。與此同時，幼兒神經纖維的**髓鞘化** (myelinization) 也逐漸完成，使得神經興奮沿著一定道路迅速傳導，並且更加精確。在新生兒期，腦的低級部位（如脊髓、腦幹）已經開始髓鞘化，此後是與感覺運動有關及與運動系統有關的部位，最後直至與智力活動相關的額葉、頂葉區都開始相繼髓鞘化。到六歲末幾乎所有的皮層傳導道路已髓鞘化。神經纖維的增長及其髓鞘化的基本完成，使腦皮質結構日益複雜化。

3. 整個大腦皮質達到相當成熟的程度　**大腦皮質** (cerebral cortex) 的成熟具有一定的程序性。根據我國心理學工作者關於兒童腦發展的年齡特徵的研究（劉世熠，1962；1964）表明：

(1) 通過腦電頻率（見圖 5-1）考察腦的發展得知，4～20 歲個體腦電發展的總趨勢是 α 波的頻率逐漸增加，其間有兩個 α 波顯著加速的"飛躍"期，其中 5～6 歲即幼兒末期是第一個顯著加速期，此時 α 波和 θ 波對抗最為激烈，對抗的結果 α 波開始明顯超過 θ 波。而我們知道 α **波** (alpha wave) 是人腦活動的最基本節律，頻率為 8～13 次／秒，它在成人期呈現相當穩定。一般認為 10 ± 0.5 次／秒的 α 波節律是人腦與外界保持最佳平衡的節律，而 θ **波** (theta wave) 的頻率多為 4～7 次／秒，不利於兒童與外界保持最佳平衡。因此，幼兒末期腦電波中 α 波增多而 θ 波明顯減少表明腦結構趨向成熟。

(2) 關於兒童大腦皮質區成熟度的研究表明，個體大腦各區成熟的路線為"O－T－P－F"，即**枕葉** (occipital lobe)－**顳葉** (temporal lobe)－**頂葉** (parietal lobe)－**額葉** (forntal lobe)。到幼兒末期，大腦皮質各區都接近成人的水平，七歲時連發育最晚的額葉也基本成熟。這就為幼兒智力活動的迅速發展和接受教育提供了可能。

(二)　大腦機能的成熟

隨著幼兒大腦結構的發展，腦的機能也發展起來。

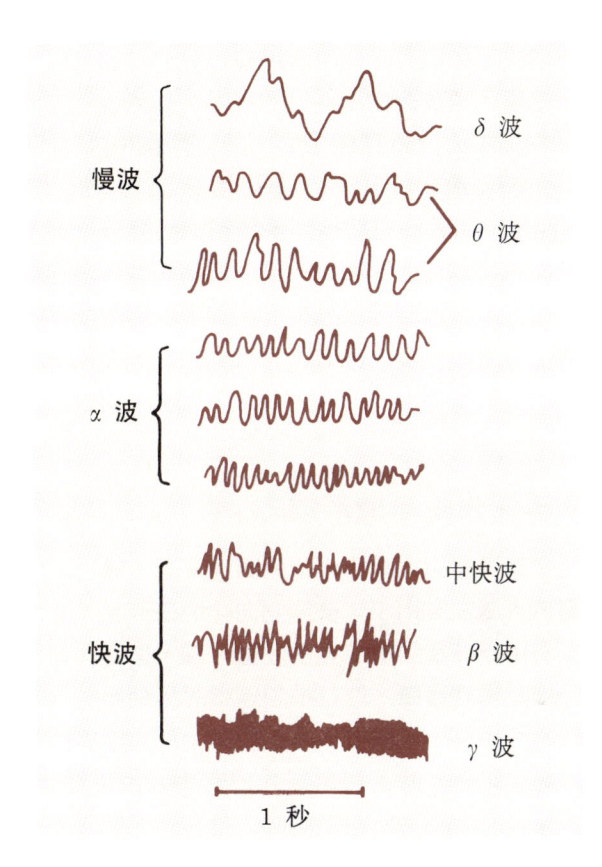

圖 5-1 腦電圖的各種波形
(採自姚磊等，1993)

1. 興奮和抑制的神經過程不斷增強，且二者日趨平衡　興奮過程 (excitatory process) 的加強明顯表現在幼兒每日的睡眠時間相對減少，由新生兒時的每日平均 22 小時睡眠到三歲時平均 14 小時左右，而七歲時則只需要 11 小時左右就夠了。

抑制過程 (inhibitory process) 在乳兒期就開始發展，但是，一般在三歲以前兒童的**內抑制** (internal inhibition) 發展很慢，大約從四歲起，由於**神經系統** (nervous system) 結構的完善、言語的掌握和周圍環境的作用，使得兒童的內抑制有了較快的發展。突出表現在幼兒可以逐漸學會控制、調節自己的行為，而減少衝動性。

但是,總的來說,在這一時期興奮過程仍強於抑制過程,興奮過程和抑制過程還是不太平衡。過久的控制自己的行動常易誘導皮下興奮。

2. 條件反射易建立,而且較鞏固 學前初期的兒童還具有嬰兒期條件反射(conditioned reflex)形成慢、缺乏**強化**則**易消退**(或消弱)(extinction)等特點。但是,隨著幼兒期神經系統結構的發展,到學前晚期,條件反射的形成和鞏固就比以前明顯加快。這非常明顯地體現在兒童學習新知識速度較快、學會後也不易遺忘等現象中,比如五、六歲的孩子學一首新兒歌比三歲左右的孩子既省時得多,次數也少得多,他們往往學幾遍就可能記住了;而三歲的孩子可能要教七、八遍,甚至十幾遍,而且如不及時復習,過幾天就又忘了。

(三) 大腦單側化現象的形成

上一章我們曾談到嬰兒大腦單側化的問題。近十幾年,關於幼兒大腦發展的研究中,對於大腦左右兩半球機能側向化的研究也是非常突出的一個方面。雖然大腦左右兩半球在結構上幾乎完全一樣,但是在功能上卻有不同。一般來說,左半球是處理言語、進行抽象邏輯思維的中樞;右半球是處理表象、進行形象思維的中樞,形成兩半球在功能上的高度專門化或左右腦半球**優勢**(dominance)(即指人體上相對稱之器官中較占優勢者)。諸多角度的研究共同表明,兒童左右腦功能明顯側向化是在幼兒期。

1. 左右腦半球優勢的形成 現代生理學的研究表明,**大腦單側化現象**(brain lateralization)自嬰兒期開始顯現,而在幼兒時期明顯形成。我國郭可教(1980)通過對一個右腦半球嚴重病變、損及顳葉後部的五歲幼兒的研究,發現其具有明顯的左側空間不識症,如在視野測定中,左側視野不能見物。一個突出的表現是在醫院的花圃裏,當其姑姑在其近處左側視野裏,他竟看不見,大聲呼喊"姑姑"、"姑姑",並向前走。但是,該幼兒的言語能力完全正常,日常會話和對答都沒有任何問題。這一事實表明,兒童在五歲時大腦兩半球機能已經單側化,左右腦半球優勢已經明顯形成。

2. 優勢手的形成 **優勢手**(dominant hand)就是使用較多的手,這樣現象的出現,是個體大腦優勢半球的外部標誌之一。日本田中敬二的《發展心理學》(1978)指出,優勢手在一歲半至五歲間形成。我國關於優勢手的研究取得了基本相同的結果。李鳴果等人(1991) 曾用幼兒抓物的方式研究不同年齡兒童優勢手的形成，結果表明一歲的兒童使用左右手的次數接近 1：1，隨著年齡增長，兒童使用右手的次數逐漸增多，至五歲以後基本趨於固定值。具體結果見表 5-1。

鐘其翔 (1988) 對廣西幼兒園兒童的調查指出，小班幼兒左利手占 27～30%，中班就只占約 9%，而大班幼兒中只占 4～9%。

從上述研究材料可見，幼兒優勢腦半球在五歲左右已經形成，左右腦已有明確的功能分工。

表 5-1　兒童優勢手形成過程

優勢手 \ 年齡人數	一歲	二歲	三歲	四歲	五歲	六歲	七歲
右　手	670	942	1103	1129	1165	1153	1192
左　手	592	316	267	270	233	247	208
雙　手	138	142	30	1	2	0	0

(採自李鳴果等，1991)

三、具體形象性占優勢

幼兒的各種心理過程帶有明顯的具體形象性和不隨意性，抽象概括性和隨意性只是剛剛開始發展。這裏我們先對此做一個總體的描述，在第四節再做詳細討論。

(一) 皮亞傑的前運算思維階段

前運算思維階段(或前運思期) (preoperational stage) 是皮亞傑認知發展階段論中兒童認知發展的第二個階段 (二至七歲)。在此一階段，兒童的各種感覺運動圖式開始內化為表象或形象圖式，特別是由於語言的出現和發展，促使兒童日益頻繁地用表象符號來代替外界事物，重現外部活動，這主要是**表象性思維** (representative thinking)，又稱**具體思維** (concrete thinking)，即個體利用頭腦中的具體形象來解決問題的思維。

這一階段兒童認知的特點，可以歸結為四個方面：

1. 相對具體性 (relative concrete)　兒童發展運用符號的能力，開始依賴表象進行認知，是一種表象性認知，但還不能進行運算認知。

2. 不可逆性 (irreversibility)　如果你問一個三歲的女孩："你有姐妹嗎？"她說："有"。"她叫什麼名字？"她說："琪恩"。"琪恩有姐妹嗎？"她答："沒有"。這時，幼兒對關係的認識是單向的、不可逆的，不能進行可逆運算。這一階段的兒童還沒有守恆結構。例如，給兒童看兩個同樣大小的用泥捏成的圓球，她說兩個一樣大，所用的泥一樣多，但是在繼續看著的情況下，如果把一個泥球拉長成為香腸的形狀，再問她，她會說現在的這個比另一個用泥多了。

3. 自我中心性 (egocentricity)　兒童站在他的經驗中心，只有參照他自己才能理解他人，他認識不到他人的認知過程，缺乏一般性，並認為他所知道的東西別人也會知道，他的談話多半以自我為中心。

4. 刻板性 (stereotype)　當注意集中在問題的某一方面時。就不能同時把注意力轉移到另一方面，像液體守恆中，兒童只能注意到杯子的高度，或者注意到杯子的寬度。

由這四方面的特徵可知，這個階段的兒童沒有邏輯概念 (只能有日常概念或名稱概念)。

(二)　具體形象性與不隨意性的表現

幼兒由於知識經驗的貧乏及語言系統還發展不夠成熟，因而主要是以具體形象的形式來認識外觀事物，這就是**具體形象性** (concrete imagery)。幼兒所進行的是初步邏輯思維。他們一般不能給事物下抽象的定義，而只能下功用性的定義，例如，花是好看的、果實是好吃的、椅子是可以坐的東西等等。幼兒也能掌握數的概念和進行計算，但是同樣需要直觀形象的不斷支持和強化，否則就會有很大的困難 (朱智賢，1979)。

當然，幼兒也在不斷形成一般表象和初級概念，他們已能對各種信息進行加工，從而進行初步的邏輯思維。對於後者，正是成為我們在第二章中所闡述的國際心理學界對皮亞傑階段理論質疑的焦點之一。但同時也應該看到皮亞傑的"前運算"觀點是非常有道理的。

　　此外，也正由於幼兒知識經驗的貧乏和語言系統的發展不夠成熟，兒童還不能經常有意地控制和調節自己的行動，一般心理過程還帶有很大的**不隨意性** (involuntary)，即心理過程往往是不能意識到的，不由自主的。於是幼兒的心理活動也帶有很大的不穩定性。因此，在很大程度上，幼兒還是受外界印象的調節支配的，他們很容易受外界新穎事物的吸引而改變自己的心理活動，其有目的、有系統的獨立思考能力是很差的。當然，在整個學前期內，及在教育影響下，這種特點正在逐漸發生改變。一般說來，五歲以後，兒童的各種心理過程的**穩定性** (stability) 和隨意性都在不斷增長著。學前兒童心理過程的隨意性和穩定性的不斷增長，就為兒童進入學校學習準備了重要條件。

四、情境性與模仿性

　　幼兒社會性和道德的發展，其突出的一點是**情境性** (situationality)，即他們在社會性的過程中，大多活動往往受**情境** (situation) 或**情景** (sentiment and scene) 的左右。於是**模仿性** (imitationality) ——即由仿效別人的言行舉止而引起的與之相類似的行為活動——必然成為幼兒階段的一種明顯的特點。這裡我們先對此進行概述，在第五節再進行詳盡的探討。

（一）幼兒的情境性

　　三至六、七歲主要是情境性的社會性和道德發展時期。這時社會性和道德行為的動機往往受當前刺激（即情境）的制約，特定的情境產生與此相對應的社會行為。同時，幼兒的社會性認知和道德認識帶有很大的具體性、情境性和受情境的暗示性。這個階段社會性發展的主要任務是開始接受系統而具體的社會性教育和道德品質教育。

(二) 幼兒的模仿性

模仿性是幼兒的顯著特點之一。幼兒經常學父母、老師或同伴的樣子，說和別人相似的話，或者再現別人做過的行為、動作。一個三歲的小孩在看電視時總愛一拍腿，說："太棒了！"，其神態、語言和動作與其父母的如出一轍。時常我們可以聽到有人這樣說："這孩子的行為與幼兒園老師的極其相像"。除了模仿身邊熟悉的人之外，幼兒還經常仿效電影或電視中的角色，幾個小朋友湊在一起常能重演影視中的不少畫面。

1. 模仿是獲得新行為的有效途徑　模仿 (imitation) 是對他人，所顯示的行為及其特點進行有選擇的重復 (再現)，它是人類和動物學習新行為的有效方式。模仿是一種普遍的成熟現象，是人類內在的一種能力。事實上，幼兒的模仿就像魚會游、鳥會飛一樣，代表了在發展早期所出現的一種基本能力。因此，所有兒童幾乎都會模仿，而且是從出生後大約 7、8 個月時就已經發生，並在以後幾年中變得更經常和更為複雜。但是，雖然模仿帶有一種本能的特徵，它並不是指向兒童所接觸的所有對象。幼兒的模仿是有選擇的。他們對某些人的模仿多於對另一些的模仿；對某些行為的模仿多於對另一些行為的模仿；他們常在觀察了大量的行為後重視其中部分的行為和細節。

2. 影響幼兒模仿的因素　影響幼兒模仿誰、模仿什麼的因素是多方面的，主要有：

(1) **被模仿者所具有的特點**：有較高的社會地位、社會影響力，或有能力喚起兒童的某種強烈的情緒體驗，如高興、愉悅等。由於他們會給幼兒留下突出的情緒和感知印象，因而經常被模仿。如幼兒園裏的老師，特別是玩法多樣、關懷小朋友、受小朋友喜歡的老師，經常受到老師關注的同伴，以及父母等等常成為幼兒模仿的對象。

(2) **模仿行為的後果**：模仿行為的後果可能是獎勵、懲罰，或達到一定的目標。當兒童感覺到模仿是一種獲得愉快、力量、表揚或其他目標的途徑時，他們就會積極地去模仿有關的行為。比如，當一個三歲幼兒看到另一個小朋友用"武力"成功地從別的小朋友手中搶走了自己想要的玩具，他也模仿這種欺侮人的行為，搶走了另一名兒童的玩具。同樣，幼兒也可能因為班上一個女孩子因經常幫人收玩具而受獎勵，而去模仿她的行為。

(3) **不確定性的影響**：即兒童最經常模仿的是自己正在學習掌握之中的行為，而最少可能去模仿的是那些已完全掌握或非常複雜以至於難以嘗試的行為。

3. 幼兒模仿的形式　幼兒模仿主要有二種形式：

(1) **即時模仿**(immediate imitation)：即在觀察到被模仿者的某種行為之後立即模仿。例如一個男孩在看到另一個男孩拖著一塊大長方形空心積木當馬騎滿屋跑後，他也立即拉過一塊大積木滿屋跑；若看見一個小朋友在盥洗室拿抹布團當成"手榴彈"扔著玩，另幾個小朋友馬上加入其中。

(2) **延緩模仿**(或延遲模仿) (delay imitation)：即在觀察到被模仿者的某種行為之後經過一段時間的間隔才重復出現該行為。比如一位媽媽的報告：二週前她打掃房間時曾趴在地上 (地面上鋪了層報紙) 打掃床底下的灰塵，二週後當她女兒的球滾進床底下時，她女兒也拿來張報紙鋪上，然後迅速地鑽進床底下。在日常生活中常可聽到幼兒說出或做出父母一段時間前說過的話語或做過的行為。研究表明，延緩模仿雖然在嬰兒期已經出現，但卻在幼兒時期才獲得進一步的發展。延緩模仿是一種"智力的"模仿，比即時模仿要求更高的心理智力的參與，亦較之困難和複雜得多，是一種較高級的模仿。幼兒期認知能力尤其是心理表徵能力的發展，使延緩模仿的大量運用和發展成為可能。

4. 模仿與認知的關係　幼兒的模仿性非常突出，既與幼兒心理和行為的認知發展水平有關，也與幼兒心理和行為的有意性水平有關。幼兒心理和行為具有很大的不隨意性與情緒性，有意識地調節和控制自己心理活動與行為的能力較差，他們很容易受外界其他人或事物的影響，經常由於外界其他人的言語、行為而改變自己的言語或正在進行的活動。比如三、四歲的兒童，經常看見別人做什麼他也要做什麼；聽說別人要玩什麼他也要玩什麼。在小班給幼兒的玩具種類不必很多，但同一種玩具必須具有一定的量 (常用的玩具如娃娃、汽車等，最好至少有四、五個以上)，原因就在於此。

幼兒的模仿性與思維發展的局限性和是非判斷能力較差也密切相關。幼兒思維的最突出特點是具體形象性，思維受直接感知的影響極大，這使幼兒的行為在很大程度上容易受到直接感知到的周圍人行為的影響。幼兒判斷是非能力較差，常常不分是、非，只圖當時的好玩、熱鬧而跟從、模仿。例如聽到一個小朋友喊"稀巴爛,炒鷄蛋",覺得很好玩,班上許多小朋友都跟著喊:"稀巴爛,炒鷄蛋";若看到一個小朋友騎在另一個小朋友身上,壓得他喊"饒命"覺得挺好玩的,他也湊趣往上壓,另一個看見了再湊趣往上堆,而不管是非、對錯,是否應該去做。幼兒在許多場合的模仿,尤其是對一些消極的、不恰當的行為的模仿,與其是非判斷能力較差、是非觀念的不明確有直接的相關。

5. 模仿對幼兒發展的作用　　幼兒模仿性對幼兒心理與行為發展,特別是社會化的過程影響極大。諸多研究共同表明,模仿乃是幼兒**習得行為** (learned behavior)、**社交技能** (social skill)、**活動方式** (activity style) **和操作經驗** (operation experience) 等的重要學習途徑。有關幼兒親社會性和攻擊性的實驗研究指出,模仿既可以增加親社會性行為的發生頻率,也可以增加幼兒攻擊性行為的發生可能性;而且這種影響對兒童社會性行為的發展,具有較長期的效應。**孤獨兒童** (lonely child) 的**干預研究** (intervention research) 指出,讓比較孤獨的幼兒觀看成組幼兒一起友好交往的錄像片(或錄影帶),可使他們模仿片中兒童的社交行為,並逐漸增加其實際生活中的社交技能與社交主動性,進而改變其原來的孤立狀況。有關幼兒親子交往和同伴交往的研究表明,模仿還是幼兒獲得大量生活經驗,認知操作經驗和解決問題能力的重要途徑。幼兒通常是在和父母與同伴的交往中,通過觀察,模仿他們的行為和操作,而逐漸掌握許多生活技能、操作技能和解決問題的方式。因此,模仿對幼兒的心理與行為發展具有很大的意義。同時,它既具有積極、有利的一面,也具有消極、不良的一面。

第二節　在遊戲的王國裏

誠如前述,幼兒喜歡遊戲,遊戲是幼兒的主要活動形式;幼兒的心理在遊戲的王國中獲得發展,遊戲是幼兒身心發展的源泉。因此,有效地組織幼兒的遊戲活動成為學前教育的主要方式和手段。

一、遊戲的理論

在兒童遊戲實質的研究中，不同學派持不同的學術觀點和解釋方式，從而形成和發展了不同的遊戲理論。

(一) 經典的遊戲理論

從 19 世紀下半葉直到 20 世紀 30 年代，是兒童遊戲研究的始初階段。在這一階段中，研究者從各自的哲學觀點和理論思維出發，提出了最早的一系列遊戲理論，即經典遊戲理論。下面擇其要者簡述之。

英國心理學家斯賓塞 (Herbert Spencer, 1820～1903) 提出了**精力過剩論** (energy theory)，他認為遊戲是由於機體內剩餘的精力需要發洩而產生的。過剩精力必須尋找方法去消耗它，遊戲是一種消耗精力的最好形式。剩餘精力越多，遊戲就越多。

美國心理學家霍爾 (Glanrille Stanley Hall, 1844～1924) 的**復演論** (recapitulation theory) 認為，遊戲是遠古時代人類祖先生活的特徵在兒童身上重演。不同年齡的兒童以不同的形式重演祖先的本能活動。例如女孩在玩洋娃娃是重演母性的本能時期；男孩在六～九歲時是狩獵本能的復演期。

此外，德國的提扎魯斯 (Moritz Lazarus, 1824～1903) 提出了**娛樂論**（或**鬆弛論**）(recreation and relaxation theory)；彪勒 (Karl Bühler, 1893～1974) 提出**機能快樂論** (functional pleasure theory)。他們都認為遊戲是與工作、勞動相對的，遊戲是來自於有機體放鬆的需要或是快樂的滿足，遊戲更多地並非是精力過剩而是精力不足造成的，遊戲更像是種積極方式的休息和恢復。

(二) 精神分析學派的遊戲理論

弗洛伊德從精神分析理論的觀點，提出了遊戲的**補償說** (compensation theory)，又譯**發洩論** (catharsis theory)。他認為兒童有許多衝動和願望，在現實中得不到實現就通過遊戲加以補償。兒童在遊戲中受**快樂原則** (或**唯樂原則**) (pleasure principle) 的自動調節，快樂原則體現在兒童遊戲中，表現為遊戲能滿足兒童的願望，使其逃避現實的強制和約束，並為發洩受壓抑的、不能為社會所允許和接受的衝動提供了一個安全的場所。

埃里克森則在弗洛伊德學說的基礎上，提出了**掌握論** (theory of mastery) 他認為遊戲可以幫助**自我** (ego) 對生物因素和社會因素進行**協調** (coordination) 和**整合** (integration)。因為遊戲創造了一種典型的情境，在遊戲中過去可復活，現在可**表徵** (representation) 與更新，未來可預期，所以，遊戲是自我的一種機能，它能使身體發育和社會性發展兩種過程同步進行。遊戲的形式往往隨年齡的增長和人格的發展而變化。遊戲產生在嬰兒期，而在幼兒期則起著重要的作用，它幫助幼兒在一定範圍內定向、辨認想像與現實之間的最初界限，辨認在文化環境中什麼是有意義的、什麼是被允許的。在學前期，兒童通過在遊戲中扮演角色來表現內心衝突和焦慮，並解決問題。

(三) 皮亞傑的遊戲理論

皮亞傑從智力或認知結構出發，他認為遊戲是智力或認知活動的一個方面，遊戲也是同化超過順應的表現。因為同化與順應之間的平衡是認知或適應活動的特徵，如果順應作用大於同化，主體則往往出現重復的動作，如模仿動作；如果同化大於順應，主體則完全不考慮現實的客觀特徵，而只是為了實現某種願望去活動，去改變現實，這就是遊戲。遊戲的發展水平與兒童認知發展的水平相適應，在認知發展的不同階段，遊戲的類型也不一樣。在感知活動階段，出現了最初形式的遊戲，它是為了取得**機能性快樂** (或**功能性樂趣**) (functional pleasure) 而重復所習得的活動。到了前運算階段，**象徵性遊戲** (symbolic play) 成為幼兒的典型遊戲。這時，遊戲超出了當前的範圍，而擴展到時空適應的領域，即它喚起了直接知覺與動作場之外的東西。象徵性遊戲的發展又分為兩階段，二至四歲是前概念思維的遊戲；四至七歲是直觀思維的遊戲。皮亞傑認為兒童需要遊戲，尤其是象徵性遊戲，這是因為兒童難以適應周圍的現實世界，他不得不經常使自己適應於一個不斷地從外部影響他的、由年長者的興趣和習慣組成的世界，同時又不得不經常使自己適應於一個對他來說理解得很膚淺的物質世界。所以，遊戲是認知興趣和情感興趣之間的一個緩衝地區，其主要功能就是通過同化作用來改變現實，以滿足自我在情感方面的需要。

(四) 遊戲的覺醒-尋求理論

遊戲的**覺醒-尋求理論** (arousal-seeking theory) 出現於 20 世紀 60～70 年代,它以探討遊戲發生的生理機制與環境的影響為特色,伯萊恩 (Daniel E. Berlyne, 1924～1976),哈特 (Corinne Hutt) 與埃利斯 (Ellis Albert, 1913～) 是主要代表人物。這一理論是以人類有社會性內驅力,需要不斷參與信息加工活動為前提,並認為個體的中樞神經系統總是通過控制環境刺激的輸入量來維持和追求最佳覺醒水平的。此外,缺乏刺激導致的不適,使機體從內外兩方面尋求刺激;刺激過剩使機體以減少注意來拒斥一些刺激。遊戲正是兒童用以調節環境刺激量以達成最佳覺醒狀態的工具。在覺醒水平與遊戲的關係上,伯萊恩和哈特有不同的意見。伯萊恩等人認為遊戲是缺乏刺激時所產生的多樣性探究,所謂探究,就是了解"這是什麼"的意思。目的在於尋求刺激,因而與由新異性刺激引發的"特殊性探究"不同;而哈特認為中等水平的刺激才會引起遊戲,遊戲包括認知性行為與嬉戲性行為,探究從屬於遊戲。不過總的來看,該理論對兒童通過遊戲調整刺激輸入和激活環境的機制做出了解釋,提示人們注意在人與環境的交互作用中存在環境刺激適宜性問題。教育者在布置教育環境,安排教育內容及投入活動材料時均需注意這些問題,因為過多、過少的環境刺激均不利於兒童的遊戲行為與心理發展。

(五) 元交際的遊戲理論

貝特森 (Batson, 1952) 曾經提出遊戲的**元交際理論**(或後設交際理論)(meta-communication theory),他認為遊戲是一種元交際過程,在人類文化演進與個體社會化中有重要意義。**元交際**(或**後設交際**)(meta-communication) 指交際活動中交際的雙方識別、理解對方交際表現中的隱含意義的活動。人類社會是一個表徵世界,人類的交際活動也帶有豐富的深層含義,交際雙方只有理解了交際活動背後的深層含義才能達到真正的溝通,所以,元交際在人類交往中相當重要。遊戲正是一種元交際的機會。遊戲是以"玩"、"假裝"為背景來表現種種現實生活中的行為,只有理解了這些行為背後的含義,參與者才能真正進入遊戲情景。遊戲實際上是將人類的表層活動與活動的深層含義聯繫起來,也體現了活動及其含義之間的差異與統一性，能引導遊戲者在聯繫中增進認識。無疑地，包含元交際活動在內的遊戲，對於兒童理解和建構表徵世界具有先導作用。兒童遊戲的價值不在於教會兒童某種認知技能或承擔某種角色，而在於向兒童傳遞特定文化下的行為框架，並教兒童如何聯繫所處的情景來看待行為，以及如何在聯繫中評價事物。該理論從人類活動的元交際特性出發，指出了遊戲本身的價值，為重新認識兒童遊戲的地位提供了新思路。

鑑於上述的介紹，可見遊戲理論不僅很豐富，而且分析的角度也極不一致。儘管如此，畢竟是有其共同點的。根據上面對遊戲理論的探討，結合各派的遊戲學說，可以獲得如下三點的認識：

第一，遊戲是兒童在社會生活中，滿足自身身心發展需要而反映現實生活的活動，它是兒童的生物性與社會性發展的統一。

第二，遊戲是一種具有多種心理成分的綜合性活動，具有虛構性、興趣性、愉悅性和具體性。

第三，遊戲是幼兒的主要活動形式，它的功能是促進幼兒認知、情感、行為和人格的積極發展，使主體較好地適應現實、有目的地認識世界、能具創造性地反映生活。

二、遊戲的種類

遊戲的種類(或遊戲類型) (types of play) 很多，究竟如何分類，在學前心理學界和學前教育界也不統一，不同國家的分類也不相同。這裏，我們將兒童的各種遊戲活動從不同角度和發展方面分成許多類型。

(一) 依兒童行為表現分類

從兒童行為表現上分類，遊戲分為語言遊戲、運動遊戲、想像遊戲和交往遊戲。表演遊戲則可以看作是以上這些遊戲的綜合形式。

1. 語言遊戲 (language play)　是指以語音、語詞、字形、詞義、語調、語法等語言要素為內容和目的的遊戲。語言遊戲不像其他遊戲只是以語言為交流信息的中介，而是探索、操縱語言符號本身，並使遊戲者從中獲得娛樂。因此，語言遊戲能幫助兒童掌握語言，提高兒童學習語言的興趣，並能促進兒童**元語言意識**(或後設語言意識) (meta-linguistic awareness) 的發展。語言遊戲的分類有多種,可按目的性分為自發和人為兩種,也可以分為純語言遊戲和伴隨直觀材料的遊戲;還可以按內容分為語言遊戲、語調遊戲等。語言遊戲的發展存在著內容不斷加深拓廣的趨勢:一歲前語言遊戲以成人和嬰兒間的語音遊戲為主要形式;五歲時已擴展到語音、語調、詞語、字形等數種形式;五歲以後,隨著對語言規則、意義的理解加深,兒童開始有意運用多義、諧音等技巧娛樂;10 歲左右,元語言意識出現,可以有意製造雙關、悖論等現象從中取樂。年齡小的兒童喜歡以語音、節奏的變化和組合為主的語言遊戲,如繞口令、接龍、拍手歌謠等;而兒童中期至青年期主要的語言遊戲是運用多義、同音、雙關和悖論等手法進行的**語辭遊戲** (speech play),這是以一定水平的語言元認知為前提的,既是娛樂的遊戲,也是元語言活動。

2. 運動遊戲 (motor play)　　通過手腳和身體其他部位的運動而獲得快樂的遊戲活動。這類遊戲在嬰兒期就開始出現,幼兒期繼續發展。隨著年齡的增長,運動遊戲的內容日益複雜,嬰兒主要是踢腿、爬行、邁步。到幼兒期以後,則有打鞦韆、滑滑梯、騎三輪車及相互追逐等。在運動遊戲中,兒童的運動技能得到充分的發展。

3. 想像遊戲 (imaginative play)　　兒童在假想的情境裏按照自己的意願扮演各種角色,體驗各種角色的思想情感的遊戲活動。想像遊戲約在一歲半左右出現,通常有單獨的想像性遊戲,如給布娃娃餵飯、穿衣;三歲時開始出現合作的想像性遊戲,它常常以怪誕、誇張的形式出現。想像遊戲的高峰期大約在六歲,此時兒童的想像力很豐富,能協調、迅速地從一種角色轉換到另一種角色,從一種情境轉移到另一情境。兒童入學後,這類遊戲逐漸減少。想像遊戲在兒童社會能力的發展中起著重要作用。

4. 交往遊戲 (intercourse play)　　指兩個以上的兒童以遵循某些共同規則為前提而開展的社會性遊戲。該類遊戲的特點是參與者互相呼應,而在使用遊戲材料方面則採用協商分配或輪換的形式。交往遊戲按交往的性質可分為合作遊戲和競爭遊戲;按交往對象則可分為與成人的交往遊戲和與同伴的交往遊戲。六個月的嬰兒即可參與到經常性的表情、聲音的對答式交往遊戲中;八個月後,客體(如玩具)介入交往遊戲;21 個月後,遊戲的象徵性成分增加;三歲後,遊戲中輪換等規則建立起來;五、六歲後,交往遊戲逐步成熟，兒童明確了特定交往遊戲的規則、要求及自己應有的行為。交往遊戲對兒童學會如何與他人相處有很大價值。在遊戲中兒童遇到大量自己與他人的需要或情感衝突的局面，因而可以發展其觀點採擇能力，學到處理人際關係的言語及非言語技能，還可培養負責、耐心、願意分享、合作等品質。

5. 表演遊戲 (dramatic play)　以故事或童話情節為表演內容的一種遊戲形式。在表演遊戲中，兒童扮演故事或童話中的各種人物，並以故事中人物的語言、動作和表情進行活動。這類遊戲是以兒童語言、動作和情感發展為基礎的。一般認為，幼兒中期的兒童才能較好地從事這類遊戲。隨著幼兒語言、動作和情感的不斷發展，表演遊戲的水平也不斷提高。兒童通過這類遊戲，不僅可以增長知識，而且可以提高表演才能和語言表達能力。

（二）　依兒童認知特點分類

以上面提到的皮亞傑的認知發展遊戲理論為根據，可以將遊戲分為練習性遊戲、象徵性遊戲、結構性遊戲和規則遊戲。在一定程度上，這種分類方法，主要是依據一定的遊戲理論假設為前提，屬於理論假設為指導的分類。

1. 練習性遊戲 (practice play)　練習性遊戲，又稱機械性遊戲 (mechanical play)，或感知運動遊戲 (sensori-motor play)，是兒童發展中最早出現的一種遊戲形式，其動因來自感官所獲得的快感，由簡單的重復運動所組成。它包括徒手遊戲，操作物體的遊戲，如搖晃嘩啷棒。研究表明，這種遊戲隨兒童年齡的增長逐漸減少，這類遊戲往往以獨自遊戲或平行遊戲的形式發生。

2. 象徵性遊戲 (symbolic play)　這是皮亞傑提出的一種遊戲形式，處於前運算階段的兒童（二至七歲）常進行這類遊戲。這是把知覺到的事物用它的替代物來象徵的一種遊戲形式。當嬰兒開始把環境與自身區別開來，就具有了進行象徵遊戲的可能性。隨著兒童象徵功能的出現，兒童將一物體作為一種信號物來代替現實的客體，這就是象徵遊戲的開始。隨著兒童年齡的增長和知識經驗的不斷豐富，兒童的象徵功能也在不斷發展，他們能在自己的世界中再現並反映種種社會事件、地點、人物，使象徵遊戲的內容和形式越來越豐富。象徵遊戲反映了兒童符號機能 (symbolic function) 的出現和發展，以及對環境的同化傾向性，它是一種適應現實、按照自己的願望和需要來塑造現實的遊戲形式。這裏所謂符號機能，是根據皮亞傑 (Piaget, 1936) 的研究，指嬰兒在感知運動階段終末時期出現的種種心理功能。即嬰兒開始具有應用已被分化了的，並能在其頭腦中引起相應的表象，作為符號代替事物的能力。同時，象徵性遊戲發揮著必要的感情外洩的作用，對兒童的情緒穩定也是必不可少的。

3. 結構遊戲 (constructive play)　結構遊戲亦稱**造型遊戲** (moldmaking play) 或**工作性遊戲** (working play)。它指兒童運用積木、積塑、金屬材料、泥、沙、雪等各種材料進行建築或構造（如用積木搭高樓），從而創造性地反映現實生活的遊戲。該類遊戲要求兒童手腦並用，不斷調控注意力和動作，並且積極回憶、重組、加工頭腦中已有的表象，因此可以促進兒童手部動作和對物體數、形、空間特徵的精細觀察與理解，以及想像力和創造力等方面的發展。這類遊戲有三個基本特點：(1) 以造型（搭、拼、捏等）為基本活動；(2) 活動成果是具體造型物（"高樓"等）；(3) 與角色遊戲存在著相互轉化的密切關係。一般認為結構遊戲的發展呈如下順序：一歲半左右，兒童開始簡單堆疊物體；二至三歲時，兒童活動具有先動手後思考，主題不明，成果簡單、粗略、輪廓化的特點；三至四歲兒童逐漸能預設主題，成果的結構相對複雜，細節相對精細；五歲以後兒童遊戲中的計畫性增強，並可以多人合作建造大型物體。在五至八歲，結構遊戲占兒童全部活動的51% 以上 (Rubin, et al., 1983)。在皮亞傑的認知理論中，結構遊戲被視為感知運動遊戲向象徵性遊戲轉化的過渡環節，而且一直延續至成年期轉變為建築等活動。

4. 規則遊戲 (game-with-rules)　兒童按一定的規則從事的遊戲。規則一般是由成人事先制定的，也可以是故事情節要求的，還可以是兒童按他們假設的情節自己規定的。規則有具體的和概括的。從內容上分，規則可以包括兒童日常生活中的規範，成人從事社會活動的準則以及科學規律。這類遊戲可以發展兒童的邏輯思維能力及培養兒童遵守集體和社會道德規範的良好習慣。研究表明，幼兒中期兒童能按一定規則進行遊戲，但是他們常常出現因外部刺激或自己的興趣而忘記以致破壞規則的現象；幼兒晚期的兒童，不僅能較好地從事這類遊戲，還能較好理解並堅持遊戲的規則，同時還能運用規則約束參加遊戲的所有成員。

(三) 依兒童社會性特點分類

遊戲按社會性特點分類的依據是參與遊戲的兒童之間的相互關係，這種分類包括獨自遊戲、平行遊戲、聯合遊戲、合作遊戲和旁觀遊戲。

1. 獨自遊戲 (solitary play)　主要指兒童個人玩耍。獨自遊戲往往與客體遊戲聯繫在一起。所謂**客體遊戲** (object play) 就是在出生後頭兩年內兒童運用物體進行的遊戲。在客體遊戲中，兒童的行為可能反映客體的功能及社會用途，也可能因客體的外形、位置及其性質等發生變化。兒童在最初的客體遊戲中，主要是滿足於玩弄客體的動作本身，很少關心客體本身的特徵。客體遊戲反映兒童的認知發展，隨兒童的年齡增長，客體遊戲的內容和形式越來越複雜，兒童不僅關心引起客體變化的行為，而且對客體本身也發生興趣。兒童在客體遊戲活動中，既發展了動作的靈巧性與精確性，也逐步區分客體與自我，使兒童意識到自身的力量，促使兒童產生好奇心和探究行為。

2. 平行遊戲 (或**並行遊戲**) (parallel play)　指兒童們獨自進行相似的遊戲，而不和其他兒童一起遊戲。在平行遊戲中，兒童玩的玩具與周圍兒童的玩具相仿，但無意影響或改變其他兒童的活動，各按各的方式玩，既沒有合作的行為，也沒有共同的目的。隨著兒童年齡的增長，平行遊戲越來越少，但在特定情景下的較大幼兒中，也可以觀察到平行遊戲的現象。

3. 聯合遊戲 (或**分享遊戲**) (associative play)　多個兒童一起進行同樣的或類似的遊戲，沒有分工，也沒有按照任何具體目標或結果的組織活動。兒童並不去使自己個人的興趣服從小組的興趣，而是根據自己的願望進行遊戲。在這類遊戲中，兒童相互作用，但他們的興趣在於合作的行為，而不在遊戲的內容。

4. 合作遊戲 (cooperative play)　幼兒晚期開始出現的較高級的遊戲形式，其特徵是有明確的規則，參加者都是有一定的任務並且往往帶有競爭性。根據遊戲的組織程度，可分為高級、初級兩種。初級合作遊戲多為戲劇性遊戲或團體對抗遊戲，如跳繩、玩球等，成員不一定固定，也不一定有首領。高級合作遊戲一般到中學時才出現，具有較高的組織性。合作遊戲是兒童社會化的手段之一，兒童在遊戲中，常模仿成人社會中的關係。

5. 旁觀遊戲 (onlooker play)　指以旁觀者的態度，只看別人遊戲，但不參與活動 (張春興，1992)。

(四)　依兒童創造性分類

創造性遊戲 (creative play)　是兒童遊戲中高級的表現形式，具有明顯的主題、目的、角色分配，有遊戲規則，內容豐富、情節曲折多樣等特色。在遊戲中兒童相互了解對方的遊戲構思，並將各人的構思吸收到遊戲內容中去。每次遊戲時變換方式，增加情節。兒童在遊戲中需要處理好相互之間的關係。這種遊戲反映了兒童的實際生活，也較充分地表現兒童的情感、願望和知識水平，體現了兒童思維和創造想像發展的新水平，是教育性較強的遊戲形式。

當然，任何一種遊戲都有一定程度的創造性。由上述我們規定的創造性遊戲的特定含義可以看出，各類遊戲有著不同程度的創造性。與創造性有關的遊戲有幻想遊戲或虛構遊戲、累積型遊戲和假定遊戲等。

1. 累積型遊戲 (accumulative play)　它是一種把不同內容的片段性遊戲活動接續起來的遊戲類型。如把看書冊，隨意畫線，要點心吃，看電視等活動接續起來，每種活動都能持續 10 分鐘左右，但上一個動作與下一個動作並沒有必然聯繫。在一小時內，大約能表現出四至九種活動。這種類型的遊戲一般在二至三歲時比較多見，在六歲兒童中為數也不少。

2. 幻想遊戲 (fantastic play)　又叫**虛構遊戲** (fictive play)。在幻想遊戲中，兒童對行動賦予某種意義，即代表某些東西。兒童在這類遊戲中獨立進行探索，以想像反映社會生活，解決各種實際生活中無法解決的問題。兒童在遊戲中表現出渴望交際的心情，假裝成人並模仿他們的舉止行為。為滿足社會行為的需要，幻想遊戲使兒童有可能在想像中虛構同伴。三至四歲時幻想遊戲占優勢。早期的幻想遊戲中，主要是簡單的模仿性幻想，隨著經驗和想像力的增加，兒童幻想遊戲的內容日趨複雜，並具有一定的創造性。據研究，兒童的幻想遊戲存在著性別差異。男孩的幻想遊戲主要反映各類活動及攻擊行為，多與客體相聯繫；女孩的幻想遊戲更為細緻和被動，多與人際關係相聯繫。在幼兒晚期，這種性別差異明顯地表現出來。

3. 假定遊戲 (make-believe play)　表現出既與現實相似而又誇張的

遊戲活動。這種活動從嬰兒期就已開始，在整個學齡前期繼續發展，從簡單到複雜，從自我中心到社會化，直到小學初期才逐漸消失。假定遊戲隨兒童認知的發展而發展。據研究，大約 12 或 13 個月的嬰兒就開始出現了簡單的假定遊戲形式，以玩具代替現實物體，即採用替代物。這種早期的假定遊戲來自於直接情景的觸發，並依賴於客觀實體。在兒童生活的頭兩年中，遊戲的性質發生了巨大的變化，從動作性遊戲轉向了表現現實生活的模仿性遊戲。到三至四歲，兒童可以將活動作為轉換時間和空間的工具，可以不再依賴於實體。隨著年齡的增長，兒童遊戲中的替代物越來越簡單。假定遊戲是兒童遊戲中的一個重要內容，可以促進兒童的自信和自控，保持適宜的興奮水平，幫助兒童獲得控制環境的感覺，並幫助兒童正確區分幻想和現實。這種遊戲活動對於兒童的思維創造性和流暢性的發展起著重要作用。假定遊戲的發展也體現了兒童社會性的發展，遊戲的內容從關心自我到關心玩偶，最後到關心他人；遊戲的形式從獨立遊戲到平行遊戲，最後到聯合遊戲、合作遊戲。

(五) 依幼兒教育方面分類

根據幼兒教育，特別是幼稚園的特點，可以分為幼兒的自發遊戲和教學遊戲。

1. 自發遊戲 (spontaneous play)　這類遊戲是兒童自己想出來的，能充分發揮他們自主性的遊戲。具體種類可採用上述的認知特點和社會性特點來劃分。它們反映兒童的發展水平和興趣愛好。

2. 教學遊戲 (teaching play)　這是通過有計畫地對兒童進行教育，從而達到豐富知識、發展智力目的的一種遊戲。在教學遊戲中，不但能夠有計畫地增長兒童的知識，而且還能發展他們的言語表達能力，提高他們的觀察、記憶、注意和獨立思考能力，從而更好地發展兒童的學習潛力。如讓兒童用眾多的三角形硬紙板拼出方形、大三角形，拼出較為複雜的幾何圖形以至要求他們拼出獨特的圖案。通過這些由簡單到複雜的教學遊戲，兒童就在遊戲中接受了圖形的概念，並通過思考和比較，初步懂得了一些幾何圖形間的關係，並對想像和創造發生興趣。又如幼兒自己當學生，讓比他大的小同伴當老師，小同伴就模仿老師上課的情境教自己識字、數數。這樣，在遊戲過程中，幼兒為了完成"老師"提出的要求，就需要有意注意、有意記憶，需要進行獨立思考，從而使他們的心理活動處於積極活動狀態，既學到了知識，又發展了智力。

這類教學遊戲又可以區分為**智力遊戲** (intelligence play)、**體育遊戲** (sport play)、**音樂遊戲** (musical play) 和**競爭遊戲** (competition play)。前三種遊戲的含義從字面上即可理解。而競爭遊戲，目前在幼稚園裏也較普遍。所謂競爭遊戲，就是兒童自發的或由教師組織的有競賽規則、指標及時間限制的遊戲形式，既有智力性的，也有體育性的。

教學遊戲一般包括四部分，即遊戲的目的、玩法、規則和結果。遊戲的目的是完成某教學任務或發展兒童某方面的能力。遊戲的玩法是指在遊戲中對兒童動作的要求。玩法要緊密圍繞和服從遊戲的目的，同時要有趣味性且能夠吸引兒童。遊戲的規則是關於動作的順序，以及在遊戲中關於被允許和被禁止的動作的規定。遊戲的結果是兒童在遊戲中努力達到的目標，也是教學任務完成情況的檢查。

幼兒正是在上述的形形色色的遊戲中獲得身心的發展。各類遊戲在幼兒的身體發育、認知、情感和社會性發展中，均起著各種各樣相同或不同的作用，並發揮著各自的價值。

三、遊戲的發展

遊戲的各種特點，諸如遊戲的內容、形式、創造成分、時間和參加的成員等，都是隨著兒童年齡遞增而發生變化。

1. 從遊戲的內容看 嬰兒末期、幼兒初期的兒童往往從動作開始，但已不滿足於單純動作的重複，而是力圖賦予這些動作以一定的意義，如他們不但用湯匙餵布娃娃，而且還做出媽媽的樣子，力圖反映母子的關係；幼兒中期的兒童，遊戲的情節就顯得較為豐富，經常反映著成人的生產勞動、社會工作等活動和人們之間的一般的社會關係，如這時的餵布娃娃動作已發展成諸如買菜、燒煮、吃飯、洗碗、睡覺等一整套反映父母的勞動和家庭生活的"辦家家"遊戲；幼兒晚期，遊戲的內容就更為豐富，更為複雜，他們總是力求反映和揭示成人活動的社會意義，同樣的"辦家家"遊戲，已出現正面人物與反面人物，以及人際關係的關懷、愛護、幫助等特點。

2. 從遊戲的形式看 嬰兒末期、幼兒初期的兒童雖然還受物體或玩具的支配，並處於對成人生活活動過程的無系統的模仿，但已經有了明顯的主題和角色，比如用湯匙餵娃娃吃飯，並裝著媽媽的樣子疼愛布娃娃就說明了這個問題。幼兒中期的兒童在遊戲中已有了初步的計畫性，而且力圖進一步理解和表現自己扮演的角色的意義和任務，如上述"辦家家"遊戲，買菜、燒煮、吃飯、洗碗、睡覺等能較好地按一定的次序進行，有一定的計畫性，在遊戲中自己扮演什麼角色，就能自覺地去完成相應的任務。幼兒晚期的兒童，不但能事先計畫遊戲的步驟，商量分配遊戲的角色，而且能更好地理解和堅持遊戲的規則。在遊戲中如果發生了爭執，大年齡幼兒則能用遊戲規則來解決問題。

3. 從遊戲的創造性看 最初幼兒的遊戲幾乎完全是模仿或再現成人的動作。他們的獨立性很差，往往要求助於成人，所以很願意與父母、教師一起玩。在幼兒中期，幼兒逐漸能夠重新組織或改造以往的經驗，創造性地開展遊戲。他們已能構思、組織遊戲，但有了糾紛還要依靠成人來處理。在幼兒晚期的結構遊戲、角色遊戲和表演遊戲這樣的創造性遊戲中，幼兒更樂意與同齡夥伴一起玩，出現了問題能自己商量著解決，只有在萬不得已時，才讓成人來決斷。於此，我們可以發現兒童的創造力在不斷地發展。

4. 從遊戲的種類看 隨著年齡的遞增，種類越來越齊全。當然，不同遊戲有不同發展階段。但有兩點是共同的：第一，兒童遊戲的發展是一個經歷不同階段的過程，遊戲從一個階段向另一個階段演化時，先前的遊戲形式不是被拋棄了而是被包括了，即前一階段孕育、準備了後一階段，而後一階段中又有前一階段的成分。第二，兒童遊戲的發展與兒童生理、心理的發展是同步的，兩者相輔相成、互相促進，即幼兒心理從不成熟到逐漸成熟，幼兒心理從具體到抽象，從無意到有意的發展趨勢，促進了幼兒遊戲的發展；反過來，兒童遊戲水平的不斷提高，也就促進了幼兒心理水平不斷由初級水平向高級水平發展。

美國佩根 (Bergen, 1987) 基於實驗研究、非正式觀察和被試自我報告等結果，曾提出了各種遊戲發展的理論模式圖 (見圖 5-2)。

圖 5-2 表明：(1) 探索性活動始於嬰兒早期並持續終身，但其花費的時間因經驗的積累而下降；(2) 感覺運動/練習性遊戲是嬰兒期最初的遊戲

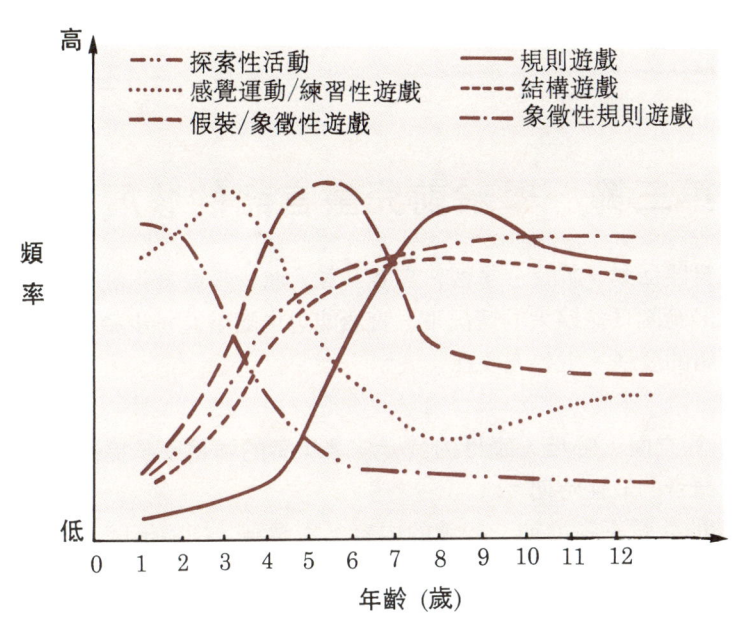

圖 5-2　各類遊戲發展的理論模式圖
(採自 Bergen, 1987)

形式，以後繼續發展，每當掌握新技能時就會有這種遊戲；(3) 假裝/象徵性遊戲在將近一歲時出現，在幼兒期達到明顯的高峰；(4) 規則遊戲開始於嬰兒參與成人發起的嬉戲活動，在幼兒期仍然是由成人發起的簡單的規則遊戲，至小學中期達到高峰；(5) 結構遊戲在練習性遊戲開始衰退、象徵性遊戲開始減少時，逐漸成為主要的遊戲形式；(6) 象徵性規則遊戲雖然早期有一定的表現，但直至小學期才成為主要的遊戲形式。

5. 從遊戲的時間看　嬰兒末期、幼兒初期的兒童由於受外界影響，興趣很不穩定，因而對同一遊戲，往往只能堅持較短的時間；幼兒中期的兒童則堅持的時間較長，往往能堅持一個小時或更長的時間；幼兒晚期的兒童堅持的時間就更長，往往該吃飯了還不中止遊戲。

6. 從參加遊戲的成員看　帕頓 (Parten, 1932) 就二歲和四歲幼兒參加遊戲的成員人數進行過研究。嬰兒末期、幼兒初期的兒童往往喜歡個人遊戲，如獨自擺弄某一物體，即使與別的兒童一起玩時人數也不多，一般只有二、三人；幼兒中期的兒童，已經比較喜歡與別的兒童在一起遊戲；幼兒晚期的兒童，遊戲時參加的人數就更多了，而且往往是群體性的遊戲。

第三節　學齡前兒童言語的發展

　　幼兒在實踐活動 (遊戲、學習、自我勞動) 進一步複雜化的基礎下，在跟成人交際的範圍日益擴大的情況下，言語能力也隨著進一步發展起來。

　　幼兒言語的發展，主要表現在：

　　1. 在語音方面，聲母、韻母的發音隨著年齡的增長逐步提高。幼兒期是兒童學習語音的最佳時期。

　　2. 詞彙的數量不斷增加；詞彙的內容不斷豐富；詞類範圍不斷擴大；積極詞彙 (主動詞彙) 不斷增加。

　　3. 從語言實踐中逐步掌握語法結構；語言表達能力有進一步發展。

　　4. 從外部語言 (有聲語言) 逐步向內部語言 (無聲語言) 過渡；並有可能初步掌握書面語言。

　　幼兒言語的迅速發展為這個階段的思維發展提供了基本前提，促進幼兒的思維也不斷地發展。幼兒期的言語發展主要還是口頭言語或外部言語占顯著的地位，這正是決定這個時期思維的具體形象性特點的因素之一。因此，在了解幼兒思維、認知的發展特點之前，有必要先對幼兒語言發展的狀況進行分析，本節將集中在幼兒詞彙的發展和言語表達能力的發展這兩部分。

一、詞彙的發展

　　幼兒詞彙的發展可以從詞量、詞類和詞義三個方面的變化來分析，其中對前兩者可以做深入的定量分析研究。

　　湖南師範學院彭祖智等 (1984) 採用三年 (六個學期) 縱向追踪的研究方法，獲得表 5-2 的結果。其中顯示，在三至六歲幼兒的詞彙發展中，各詞性的詞彙數量，在詞彙總量中所占的比例表現出不同的發展趨勢。總的來說，隨年齡的增加，名詞在詞彙總量中所占的比例呈現出上升趨勢，而其餘

表 5-2　三至六歲兒童各種詞類發展變化的比例

詞類＼年齡	三歲半 詞數	%	四歲 詞數	%	四歲半 詞數	%	五歲 詞數	%	五歲半 詞數	%	六歲 詞數	%
名　詞	830	36.6	805	51.4	765	54.3	879	61.2	596	58.2	781	62.3
動　詞	641	28.3	419	26.7	361	25.6	287	20.0	275	26.9	293	23.4
形容詞	162	7.1	126	8.0	78	5.6	93	6.5	52	5.0	85	6.8
代　詞	188	8.3	28	1.8	20	1.4	5	0.3	9	0.9	1	0.1
數量詞	110	4.9	63	4.0	80	5.7	78	5.4	44	4.3	37	3.0
副　詞	142	6.3	57	3.6	46	3.3	41	2.8	31	3.0	31	2.5
介　詞	50	2.2	20	1.3	13	0.9	10	0.7	6	0.6	10	0.8
連　詞	21	0.9	7	0.5	11	0.8	6	0.4	4	0.4	5	0.4
助　詞	82	3.6	18	1.2	10	0.7	8	0.6	2	0.2	4	0.3
象聲詞	40	1.8	24	1.5	24	1.7	30	2.1	5	0.5	5	0.4
總　計	2266	100	1567	100	1408	100	1437	100	1024	100	1252	100

＊各年齡階段詞數總計不計算重復次數。(採自彭祖智等，1984)

表 5-3　二至六歲兒童各種詞類比例變化表

詞類＼年齡	二歲	二歲半	三歲	三歲半	四歲	五歲	六歲
名　詞	32.81	29.56	26.0	22.38	22.90	22.49	22.32
動　詞	29.84	27.27	29.46	27.35	26.17	25.17	24.36
語氣詞	12.78	9.26	8.55	7.90	7.66	7.16	6.57
副　詞	6.43	6.97	7.05	8.50	8.30	9.65	11.03
代　詞	5.69	13.63	13.68	14.77	15.55	14.10	12.84
形容詞	4.29	5.09	4.22	5.55	5.82	4.82	3.68
象聲詞	2.64	0.25	0.38	0.15	0.15	0.10	0.10
助　詞	2.22	2.57	3.20	2.97	2.56	3.10	3.50
助動詞	0.99	1.69	2.26	2.27	2.35	2.20	1.02
嘆　詞	0.82	0.25	0.72	0	0.28	0.03	0.69
量　詞	0.66	1.24	1.88	3.90	3.33	4.90	5.92
數　詞	0.58	1.03	1.29	2.07	2.69	4.09	4.56
介　詞	0.25	1.19	1.12	2.02	2.09	1.86	2.76
連　詞	0	0	0.19	0.17	0.15	0.33	0.65
總　計	100	100	100	100	100	100	100

(採自朱曼殊等，1986)

各詞性在詞彙總量中所佔比例均表現出總體上的下降趨勢。

華東師範大學朱曼殊等採用了橫斷法，研究幼兒詞彙的發展，結果如表 5-3。由表 5-3 可以看出，從總體上看，隨著年齡的增加，名詞、動詞、語氣詞、象聲詞和嘆詞在總詞彙中占的比例越來越小，而形容詞、副詞、代詞和其他虛詞在總詞彙中所占的比例卻有增加。圖 5-3 是名詞和動詞在總詞彙中的比例，其中曲線的走勢也正表明了這一點。

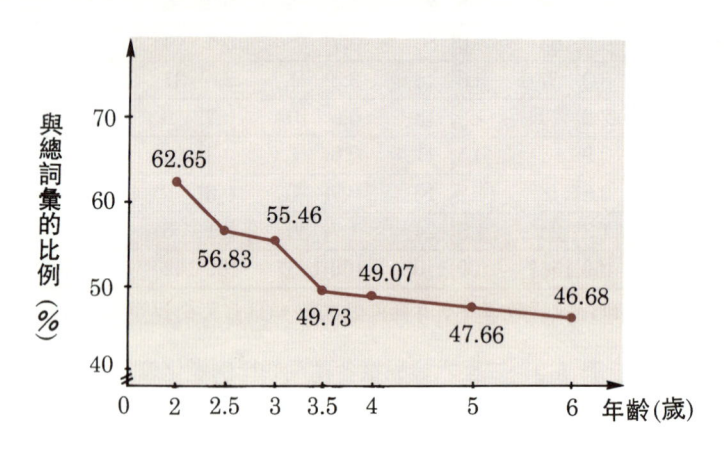

圖 5-3　名詞和動詞在兒童總詞彙發展中的比例
(採自朱曼殊等，1986)

儘管上述兩個研究的數據資料所顯示的結果並不完全一致。但仔細分析後仍可以獲得一些共同的結論：

1. 詞彙數量的增加　從彭祖智等 (1984)（參見表 5-4）的研究數據看來，詞類的總計（各年齡階段詞數總計概不計算重復次數）方面，三至六歲兒童在三歲前詞彙發展的基礎上，是詞數繼續增加較快的一個時期。六歲較三歲時增加了三、四倍多。

2. 詞類範圍的擴大　幼兒所掌握的詞類範圍不斷地擴大。詞分實詞、虛詞。實詞包括名詞、動詞、形容詞、代詞和數量詞等。虛詞包括副詞、介詞、連詞、助詞和象聲詞等。如前所述，這些詞早在三歲前，即已先後開始初步掌握。按上述兩個研究數據（見表 5-3, 5-4）來看，三至六歲時，這些詞在進一步擴大並仍以名詞和動詞占最多數，但名詞和動詞在各類總詞彙中

表 5-4　三至六歲兒童句子含字量比例

年齡 句數 詞類	三歲半		四歲		四歲半		五歲		五歲半		六歲	
	句數	%	句數	%	句數	%	句數	%	句數	%	句數	%
5 字以下	298	24.4	256	15.4	444	21.0	365	18.7	273	13.8	265	11.4
6～11 字	670	54.9	973	58.5	1154	54.5	1117	57.3	1110	56.1	1177	50.7
11～15 字	205	16.8	344	20.7	420	19.8	382	19.7	440	22.2	655	28.3
16～20 字	30	2.5	57	3.4	65	3.1	63	3.2	93	4.7	158	6.8
20 字以上	17	1.4	33	2.0	36	1.6	22	1.1	64	3.2	66	2.9
總　計	1220	100	1663	100	2119	100	1949	100	1980	100	2321	100

(採自彭祖智等，1984)

所占的比例，隨著年齡增長而遞減。這說明其他種類詞的比例在日漸增加。當然，從總體上看，數量詞仍在實詞中掌握得比較晚，虛詞在三至六歲兒童的詞類中所占的比例，和三歲以前一樣，仍不很大。

3. 積極詞彙的增長　在兒童語言發展的過程中，有很多積極詞彙（或稱主動詞彙），即既能理解又能使用的詞；也有一些消極詞彙（或稱被動詞彙），即或者對詞義不十分理解，或者雖然有些理解但不能正確使用的詞。

華東師範大學研究（朱曼殊等，1986）中提到能積極應用的時間詞彙和該年齡階段時間詞的總和之百分比是：二歲占 0.33%，二歲半占 5.94%，三歲占 9.9%，三歲半占 10.56%，四歲占 16.17%，五歲占 19.14%，六歲占 37.95%。可見，幼兒的積極詞彙隨年齡的增加而不斷增加，並使消極詞彙不斷轉化為積極詞彙。

積極詞彙的掌握，有賴於兩個條件：第一，對詞義能正確理解。而這又跟兒童是否具有關於詞的直接或間接經驗有關。如果這是一個很抽象的詞，跟兒童經驗沒有任何關係，那麼，縱然兒童也能"鸚鵡學舌"地說出來，它仍是一個消極的詞。第二，在不同的場合，正確地使用該詞。有許多詞，兒童能聽懂，但不會使用，或者不能正確地使用，那麼，這仍然只能作為消極的詞彙。為了把消極詞彙變成積極詞彙，需要創造條件使兒童能在不同的場合來使用。從中我們能夠看出，作為思維細胞──概念的物質外殼的詞的理解和應用，本身體現了思維發生和發展的水平。因此，發展幼兒的積極詞彙成為加速他們思維發展的一個重大措施。

二、言語表達能力的發展

在幼兒掌握比較豐富詞彙和基本語法結構的同時,他們的言語表達能力也就很快地發展起來。研究者一般可以透過考察幼兒言語發展中句型的變化以及句子長短的改變等,來了解幼兒言語表達能力的發展。

1. 各類句子的變化 這主要表現在簡單句和複雜句兩者之間比例的變化上。

華東師範大學的研究 (朱曼殊等,1979) 表明,幼兒掌握複合句在總句數中的百分比分別是:二歲組為 3.54%,二歲半組為 10%,三歲組為 17.34%,三歲半組為 21.55%,四歲組為 23.4%,五歲組為 40.05%,六歲組 37.13%,其中五歲組略高於六歲組,經 χ^2 檢驗,證實這兩個樣組來自同一區域,即兩組的差別無顯著意義,即幼兒掌握複合句的比例隨年齡增加表現出明顯的增長趨勢。

另外,中國科學院心理研究所范存仁、王憲鈿等的研究 (1963) 也得出相似的結果,即幼兒的複合句在總句數中所占的百分比是四歲組為 29%,五歲組為 34%,六歲組為 51%,七歲組為 50%。

湖南師範學院彭祖智等的追蹤研究結果如表 5-5 所示,隨著年齡的增加,簡單句和複合句的比例由三歲時簡單句是複合句的三倍 (即 75%:25%) 下降到了六歲時簡單句已不足是複合句的兩倍 (即 63.7%:36.3%)。這顯然是一個較大的進步。

以上幾個數據之間雖然有一些細微的出入,但都說明,不管是簡單句或

表 5-5 三至六歲兒童簡單句和複合句的發展比例

年齡 句型	三歲半		四歲		四歲半		五歲		五歲半		六歲	
	句數	%	句數	%	句數	%	句數	%	句數	%	句數	%
簡單句	886	76	1251	73	1580	74	1407	71	1359	64.6	1563	63.7
複合句	280	24	465	27	548	26	563	29	746	35.4	891	36.3
總計	1166	100	1716	100	2128	100	1970	100	2105	100	2454	100

(採自彭祖智等,1984)

複合句，在幼兒時期均在增加。其中，簡單句所占的比例隨著年齡增加而逐漸下降，而複合句所占的比例隨著年齡增加而逐漸上升。當然，從總體上考察，整個幼兒期，簡單句所占的比例還是比複合句要高。

2. 句子的字數進一步增加 史慧中 (1990) 等採用看圖講述和觀察後講述兩種手段，對我國 10 省市三至六歲幼兒的句子含詞量進行調查，發現三至四歲以含 4～6 個詞的句子占多數；四至五歲以含 7～10 個詞的句子占多數；五至六歲時多數句子含有 7～10 個詞，同時也出現了不少含 11～16 個詞的句子。整個幼兒期，在有明確目的的講述中，含有三個詞以下和 16 個詞以上的句子，均很少出現。可見，幼兒句子的含詞量是以與年齡成正相關的趨勢發展著的，各年齡間的差異是顯著的。

湖南師範學院的研究者 (彭祖智等，1984) 從句子的含字量來研究句子的字數，亦得出類似的結果，即幼兒句子的含字量呈逐年遞增的趨勢。

華東師範大學的研究者 (朱曼殊等，1979) 從句子的平均長度來研究句子的字數，結果見表 5-6。由此可見，隨著年齡的增加，幼兒句子的平均長度從平均每句 2.905 個字增加到平均每句 8.386 個字，同樣表現出顯著的增長趨勢。

表 5-6 三至六歲兒童的句子變化表

年　　齡	二　歲	二歲半	三　歲	三歲半	四　歲	五　歲	六　歲
句子長度(均數)	2.905 字	3.756 字	4.613 字	5.219 字	5.768 字	7.868 字	8.386 字

(採自朱曼殊等，1979)

以上的材料，不僅說明幼兒期句子的長度隨著年齡的增加而遞增，而且與三歲前比較起來，起了很大的變化。這些材料雖然是從不同的角度進行統計的，但都反映出五歲前後是兒童句子長度 (字數) 變化顯著的時期。

3. 口頭表達能力的順序性、完整性和邏輯性的發展 西南師範學院的心理學工作者 (陳志君等，1978) 利用"看圖說話"、"復述故事"來研究兒童口頭表達的順序性、完整性和邏輯性，結果見表 5-7。

由表 5-7 可知，從總的發展趨勢看三至六歲幼兒口頭語表達能力，不管是順序性、完整性和邏輯性 (見 256 頁註 5-1) 的發展都是隨年齡的增長而愈趨完善。但口語表達能力的三個特點的發展是有差距的，順序性發展最

表 5-7　三至六歲幼兒口語表達能力發展的情況

年　齡 口語表達能力	三歲	四歲	五歲	六歲
順序性	1.1	2.03	2.76	2.43
完整性	0.14	0.83	1.56	1.8
邏輯性	0.13	0.5	0.8	1.33

註：以上數字是各年齡組兒童得分的平均數的最高分數均為 3。
(採自陳志君等，1978)

好，邏輯性較差，這顯然與其抽象邏輯思維能力的發展狀況密切相關。

4. 連貫性的表達能力的發展　嬰兒期言語表達能力的主要特點是它的情境性，這種特點是由兒童的言語交際水平決定的。這時兒童跟成人之間的言語交際，還只限於向成人提出問題或要求，或者對成人所提問題的簡單回答，總之，這時期主要屬於對話言語，還很少有表達式的獨白言語。

幼兒階段，隨著實際活動的發展，以及集體生活的展開，兒童的獨立性大大增強起來。這就要求兒童能把自己看過的、聽過的事情，把自己的體驗和意圖，連貫地告訴別人，從而促使兒童的連貫性言語逐漸發展起來。

但是，從整體來看，幼兒言語表達能力帶有很大的情境性，並不理想；從發展來看，幼兒是處於從情境性言語到連貫性言語的過渡之中。這個過渡並不是立刻地、全面地實現的，要視具體的情況而定：

(1) 如果兒童所敘述的材料使兒童感到激動，而且又未事先加以考慮，這時言語的情境性的成分就多一些。

(2) 如果兒童復述的是一個比較熟悉的事件或故事，或事先由成人加以組織 (如事先看圖片或提出問題)，這時，言語的連貫性的成分就多一些。

兒童言語連貫性的發展是其言語能力和邏輯思維能力發展的重要環節。隨著幼兒言語的發展，連貫性敘述，即為聽者設想的有頭有尾的敘述就逐漸代替了情境性的敘述。一般說來，到了幼兒晚期，在正確教育條件下，連貫性言語才逐漸取得支配地位。

註 5-1：**順序性** (sequence) 是指幼兒按事件發生的順序來描述。**完整性** (completeness) 是指幼兒描述事件發生的整個過程。**邏輯性** (logicality) 是指幼兒描述時的結構，層次清晰細密，有條理、有中心。

第四節　前運算期幼兒的認知發展

幼兒的認知屬於"前運算"階段。關於皮亞傑的**前運算階段**的含義，我們在第一節已經作過解釋，這裏不再贅述。下面我們對此時期幼兒的認知發展，將展開進一步的討論與說明：

我們認為，"前運算"的幼兒認知主要表現在幼兒思維的基本特點上。因此，本節的內容主要闡述前運算期幼兒思維發展的基本特點，同時也將簡單介紹一下幼兒認知的其他方面的特徵。

幼兒的思維是在嬰兒期思維水平的基礎上，在新的生活條件的影響中，在其自身言語發展的前提下逐漸發展起來的。幼兒思維的主要特點或基本特點，是它的具體形象性以及進行初步抽象概括的可能性。所謂具體形象性的思維，就是指兒童的思維主要是憑藉事物的具體形象或表象，即憑藉具體形象的聯想來進行的，而主要不是憑藉對事物的內在本質和關係的理解，也就是憑藉概念、判斷、推理來進行的。

一、具體形象性的思維

幼兒期認知的材料，主要是具體形象或**表象** (image)，而不是依靠理性的概念材料來進行的。

我們 (1980) 曾對學齡前兒童數概括能力和運算能力的發展做了系統的研究。在研究中發現，幼兒在形成數概念和發展運算能力中，所表現出的認知活動水平可以分為四個等級：

Ⅰ 級水平，直觀——行動感知概括。即兒童看到物品能有分辨大小和多少的反映，知道"大的"和"多的"。

Ⅱ 級水平，直觀——表象籠統概括。即兒童產生了數概念的萌芽，但必須跟具體實物聯繫在一起，知道"一個"、"兩個"。

Ⅲ 級水平，直觀——言語數概括。即兒童的計數能力得到了迅速的發展，形成了初步的數概念，但對數的實際意義的理解有很大的局限性，不能進行數的分解和組合。

IV 級水平，表象——言語數概括。從 IV 級水平起，兒童開始逐步理解數的實際意義、數的順序和大小、數的分解和組成。但這一級水平的兒童在運算中仍離不開具體形象及生活經驗。

表 5-8　幼兒年齡與四級認知活動水平的關係

認知活動水平 \ 年齡	三～四歲	四～五歲	五～六歲	六～七歲
I 級水平	0	0	0	0
II 級水平	34.6%	0	0	0
III 級水平	66.0%	89.0%	40.0%	16.4%
IV 級水平	0	11.0%	60.0%	83.6%

(採自林崇德，1980)

由表 5-8 可見，幼兒的認知發展有一個過程，在幼兒階段，認知從直觀行動向具體形象再向抽象邏輯發展。幼兒期，直觀行動思維還占有一定地位，但幼兒的直觀行動性，與三歲以前兒童的特點比較，發生了質的變化。其突出的特點是概括性的提高，直觀－言語性的概括，正在替代直觀－動作性和直觀－表象性的概括。這樣，使幼兒解決直觀問題的複雜性和自覺性比嬰兒時期高得多，產生這個質的變化的原因是言語對直觀行動思維的作用逐漸增加，即隨著幼兒言語的發展，對思維的調節作用不斷增強。因此，幼兒繼續發展的直觀行動思維不同於三歲前的思維，這個階段新發展起來的直觀行動思維，向"操作"性思維或實踐性思維靠近了一步。與此同時，幼兒期也有了抽象邏輯思維，但僅僅是個開始，還有待於發展。

二、思維的抽象邏輯性開始萌芽

幼兒在知識經驗所及的範圍內，已能夠開始最初步的**抽象邏輯思維** (abstract-logical thinking)。我們從幼兒語言發展的過程、掌握複雜句子關係的趨勢，也可看出幼兒思維正把握著事物本質屬性和規律性的聯繫，反映出他們進行初步抽象概括和邏輯思維的可能性。

(一) 關於幼兒有無邏輯思維的爭議

歐美的心理學家和教育學家，如莫伊曼 (Meumann, 1914)，就對此持反對的觀點，他認為真正的邏輯思維要到 12～14 歲時才能做到。皮亞傑也認為兒童七歲以前的思維是自我中心思維，而不是社會化的思維，思維中的各種觀念常常是互不聯繫、前後矛盾的；只有到七歲以後，兒童才開始有社會化的思維，即具有真正邏輯性的因果思維或反省思維。他們這種把具體形象思維和抽象邏輯思維絕對對立起來，斷言幼兒屬於所謂"前邏輯思維"或"無邏輯思維"時期的論斷，是不符合客觀實際的。

如第二節所述，目前美國新皮亞傑學派對皮亞傑的這種觀點，做出了有力的抨擊。例如，韋爾達爾和伯勃卡 (Wheldall & Poborca, 1979) 曾設計非語言性的有關液體守恆測驗來證明幼兒已經具備了抽象邏輯思維的基礎，可以進行比較簡單的推理活動，在實驗中，主試訓練兒童按某一個按鈕，則兩個瓶子的水面上升的高度一樣，當按另一個按鈕時，兩個瓶中的水量就不一樣了。當兒童一旦能辨別這兩種不同情況後，詢問兒童將已知的兩瓶等量水中的一瓶注入到另一個不同形狀的瓶中時，水量是否相等。結果發現，兒童在此實驗中反應的正確率，高於傳統的皮亞傑實驗中反應的正確率。可見，皮亞傑以前的結論顯然是受到了語言對於實驗結果的影響。幼兒由於不能很好地理解實驗的語言，從而影響了其推理能力的表現。吉布森和范茲等人 (Gibson & Fantz et. al.) 的實驗表明，用減少語言提問的方式進行測試，學前兒童就能理解一些比較複雜的推理問題，從而脫離事物具體形象的影響進行最簡單的邏輯思維。

(二) 我國學者對幼兒邏輯思維萌芽的實驗

我國學者對幼兒開始萌芽抽象邏輯思維的事實作過不少研究 (朱智賢、林崇德，1986)，其中楊玉英的研究極具價值。

1. 關於幼兒的推理過程 楊玉英 (1983) 採用玩具得獎遊戲的方法，通過被試具體操作，要求被試完成以下四步實驗：Ⅰ、歸納遊戲的規則；Ⅱ、分析形成規則的原因；Ⅲ、運用規則認識具體的事物和現象；Ⅳ、運用規則解決實際問題。實驗的結果表明：雖然在上述四步實驗中兒童進行著不同內容和形式的推理活動，卻表現出如圖 5-4 中的一些共同趨勢。

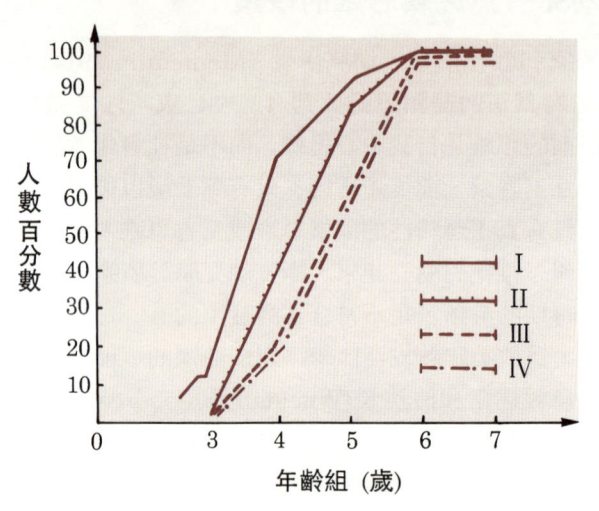

圖 5-4　幼兒年齡與推理能力的比較
(採自楊玉英，1983)

從圖 5-4 中可以看出，三至七歲兒童在四步實驗中所表現出來的推理過程的發展趨勢基本上是一致的。隨著年齡的增長，能進行推理活動的兒童的百分比也有規律地增加。三歲組基本上不能進行推理活動；四歲組兒童的推理能力開始發生，除實驗 I 外，其他三步實驗的百分比均在 50% 以下（在 25%～40% 之間）；五歲組兒童中大部分可以進行推理活動（百分率平均為 75%），六歲、七歲兒童全部可以進行推理活動。

2. 關於幼兒的推理方式　在那些能進行推理活動的兒童中，表現出由低到高的三種水平：I 級水平的兒童只能根據較熟悉的非本質特徵進行簡單的推理活動；II 級水平的兒童可以在提示的條件下，運用展開的方式逐步發現事物間的本質聯繫，最後做出正確的結論；III 級水平的兒童可以獨立而迅速地運用簡約的方式進行正確的推理活動。圖 5-5 是對能進行推理兒童在各步實驗中推理水平的比較。

這四幅圖表現出兒童推理過程發展的趨勢；推理內容的正確性、推理的獨立性、推理過程的概括性及期待方式的簡約性幾個方面在逐步提高。

在四步實驗中，兒童推理過程的方式也在發展，並表現出一定的發展趨勢。每步實驗中的第 I、II 級水平兒童的推理活動主要在提示的條件下以展開的方式進行，他們的推理是一步步進行的，而且可以通過外部的言語和動作表現出來，這用"展開式"代表；III 級水平兒童的推理活動是獨立而迅速地在頭腦中進行，這用"簡約式"代表，圖 5-5 表示在四步實驗中推理過程的兩種方式的發展趨勢。

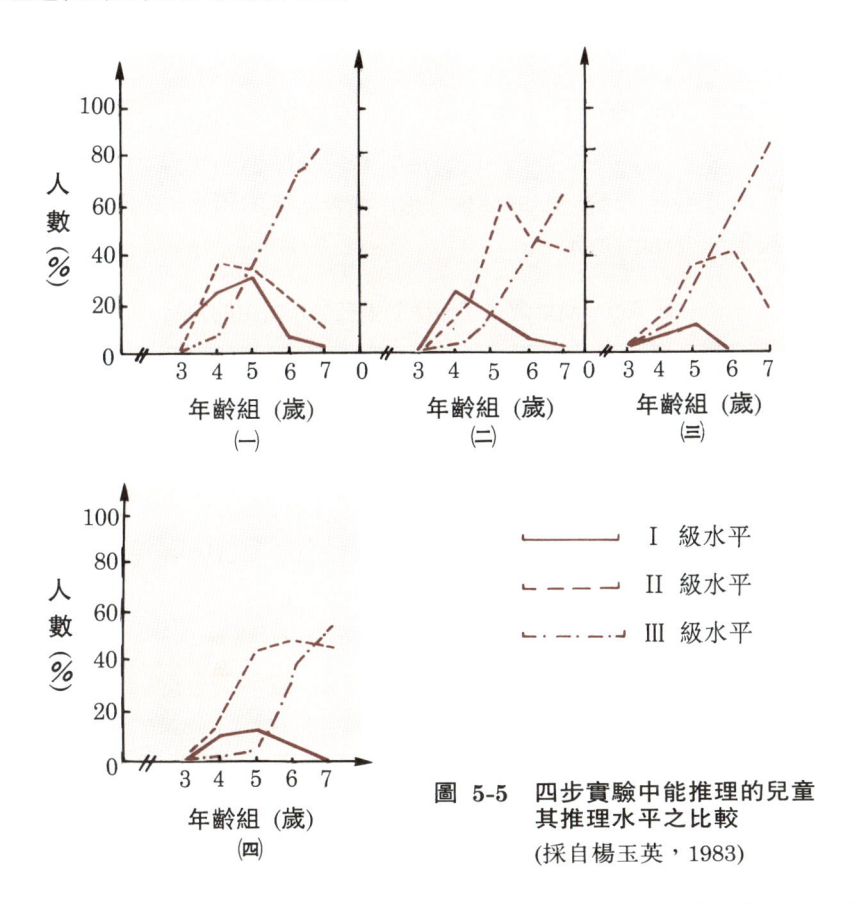

圖 5-5　四步實驗中能推理的兒童其推理水平之比較
(採自楊玉英，1983)

由圖 5-5 可見，幼兒推理過程的方式也隨著年齡的增長而發展，五歲以前主要運用展開式，五歲以後簡約式開始占優勢，五至六歲是兩種方式迅速轉化的時期。這說明幼兒的推理能力隨著年齡遞增逐漸提高，而推理作為抽象邏輯思維的一個方面，反映了幼兒思維的抽象邏輯開始萌芽，為進一步的發展奠定了基礎。

三、言語在幼兒思維發展中的作用

朱曼殊等 (1979) 研究了幼兒簡單陳述句句法結構的發展，從中揭示了言語在幼兒思維發展中的作用的變化。作者從 70 名被試的自發言語中共得簡單陳述句 3458 句。陳述句的結構成分代號是：主語 (S)，謂語 (P)，動詞 (V)，賓語 (O)，補語 (C)，修飾語 (M)。結構類型共分九種：(1) 不完整句；(2) 無 M 的簡單句；(3) 有簡單 M 的句子；(4) 有複雜 M 的句子；(5) 有連動結構的句子；(6) 有傳遞結構的句子；(7) 句子中的 S 或 O 內又包含了 S-P 的結構；(8) 聯合結構的句子；(9) 複雜結構的句子。結果如表 5-9 所示。

表 5-9 簡單陳述句結構類型在各年齡組的分配

結構類型		二歲 句數 %	二歲半 句數 %	三歲 句數 %	三歲半 句數 %	四歲 句數 %	五歲 句數 %	六歲 句數 %
1		138 36.22	214 35.08	28 7.04	29 5.73	35 6.76	23 5.28	10 1.64
2		174 45.67	198 32.46	159 39.95	176 34.78	110 21.24	42 9.63	43 7.06
3		42 11.02	116 19.02	104 26.13	138 27.27	185 35.71	164 37.61	208 34.16
4		1 0.26	27 4.43	31 7.79	71 14.03	80 15.44	76 17.43	105 17.24
5*	(1)	22 5.78	31 5.08	35 8.79	42 8.3	34 6.56	19 4.36	33 5.42
	(2)	4 1.05	11 1.80	30 7.54	18 3.56	33 6.37	36 8.25	57 9.36
6			10 1.64	9 2.26	17 3.36	23 4.44	30 6.88	25 4.11
7**	(1)						2 0.46	1 0.16
	(2)(a)		1 0.16	1 0.25	6 1.19	9 1.74	23 5.28	36 5.91
	(b)				2 0.40		2 0.46	16 2.63
8			2 0.33	1 0.25	7 1.38	9 1.74	19 4.36	74 12.15
9								1 0.16
總計		381 100	610 100	398 100	506 100	518 100	436 100	609 100

* (1) 指簡單連動結構的句子；(2) 指複雜連動結構的句子。
** (1) 指 S 中有 S-P 結構；(2) 指 O 中有 S-P 結構；(a) 簡單的；(b) 複雜的。

(採自朱曼殊等，1979)

由此可見，幼兒句法結構發展的總趨勢是：從混沌一體到逐步分化，句子結構從鬆散到逐步嚴謹，句子結構由壓縮、呆板到逐步擴展、靈活。句法結構的這些變化，促使幼兒的思維概括性、邏輯性和完整性不斷增強。例如研究材料所示，幼兒的複合句類型中聯合複合句占大部分，複雜結構句僅剛剛開始，這正反映了兒童對現實的理解能力，以及揭示事物間關係的思維能力水平不高的事實；幼兒複合句中因果連結詞少或使用不當，這正說明了他們揭示事物因果性聯繫的思維能力不強的事實。所以，幼兒思維概括能力的水平與他們言語發展水平是分不開的。幼兒概括能力的發展，正說明言語發展及其對思維發展的作用。幼兒思維的發展，也改變思維中言語跟行動的關係。實驗證明，小班兒童動作主要是受視覺映象或表象調節的，言語還起不了很大的作用，只是在他做完了這個動作以後，他才能在言語中把它反映出來。中班兒童往往一面動作，一面言語，言語的計畫作用還很差。大班兒童就不同了，他能在行動以前就用言語表達他要做什麼，如何做等等。這樣，兒童的行動就帶上了明顯的目的性和計畫性。

思維的抽象概括性和對行動的自覺調節作用，是人的意識的兩個基本特點。此從幼兒的言語發展特點便得以觀之。

四、幼兒的感知與記憶的特點

隨著幼兒思維的發展，他們的感知與記憶也表現出新的特點，即體現出"前運算"認知的特點。

（一）幼兒感覺的發展

幼兒通過遊戲、學習、勞動、與成人積極交往，**各種感覺**(sensation)會更加完善起來，其中，視覺和聽覺在各種感覺的發展中愈來愈占有主導地位。首先，幼兒已具有精確辨別細微物體或遠距離物體的能力。例如幼兒不僅僅能辨別紅、橙、黃、綠、青、藍、紫等七種顏色，而且還有按顏色名稱來選擇顏色的能力。幼兒末期的感覺能力比初期提高一倍。其次，幼兒視覺的隨意性也隨著年齡的增長而發展。三歲兒童在觀看圖形時，眼動軌跡是雜亂的，眼球追踪整個圖形運動的次數較少，觀察圖形的錯誤率約為 50%。四、五歲的兒童在觀看圖形時，眼球積極運動的次數增加，眼動軌跡幾乎完全符合圖形的輪廓。四歲兒童的錯誤率降低到 33%，五歲兒童已能正確認識圖形。六歲兒童眼動軌跡幾乎完全符合圖形的輪廓。另外，幼兒聽覺感受性在音樂、語言作業和遊戲活動中也進一步發展起來；幼兒運動覺的細緻性和準確性也有所增強；觸摸覺和視覺的聯繫也開始不斷加強，起初它與視覺一起進行，到後來就為視覺所控制，最後具有了從屬的性質。

(二) 幼兒知覺的發展

幼兒期知覺(perception) 的發展主要表現在**空間知覺**(space perception)、**時間知覺**(time perception) 及**觀察力**(observational ability) 的發展上。幼兒空間知覺的發展表現在對物體的空間特性能進一步感知。辨別形狀的能力逐年發展著，但對形狀的細微差別還不善於區別，如不能區分直角三角形和等腰三角形等。幼兒逐漸能區分方位，能分清熟悉的物體或場所的相對遠近，但對較遠的空間距離尚不能正確認識。幼兒已具有初步的時間觀念，但常常需要和具體的生活活動相聯繫。國內外有關的實驗證明，此時時間知覺的發展水平是較低的，既不準確，也不穩定。幼兒時期觀察力的發展與感覺器官動作的變化有關。這時觀察力的發展表現在觀察有意性日益增強，觀察時間逐漸持久，觀察的系統性、邏輯性及概括性也在增長。

(三) 幼兒記憶的發展

由於言語的發展和神經系統的逐漸成熟，幼兒的記憶(memory) 能力也開始全面發展。其顯著特點是：(1) 以不隨意的**形象記憶**(imaginal memory) 為主，有意識記初步發展。幼兒的記憶還很難服從於有目的的活動，記憶內容和效果極大程度上依賴於對象的外部特點和他們的興趣。凡是直觀的、形象的、具體的、鮮明的事物，容易引起幼兒的無意記憶，而抽象的、詞的材料較難被幼兒記住；凡是為幼兒所熟悉的、理解的、有興趣的、能激起強烈情緒體驗的事物，易被幼兒記住，並能長時保持。約在六～七歲時，幼兒有意識記的能力得到初步發展；(2) 以**機械性記憶**(mechanical memory) 為主，意義記憶逐步發展。幼兒習慣於採用簡單重復的機械記憶方法，記憶事物的表面特徵的外部聯繫。記憶理解材料時，機械記憶的成分減少，意義記憶成分增加。意義記憶的效果總是優於機械記憶的效果；(3) 易記易忘。由於幼兒的神經系統易於興奮，形成的神經聯繫極不穩定，兒童能很快記住新材料，尤其是他們所喜歡的有強烈情緒色彩的東西，但記得快也忘得快，有時甚至在材料不熟悉的情況下會把主要的東西遺忘；(4) 記憶不精確。幼兒記憶的完整性很差，經常出現脫節，漏洞和顛倒順序的現象。記憶和再現的內容往往是偶然感興趣的個別對象或個別情節，而不顧本質的東西。幼兒易歪曲事實和易受暗示。

上述幼兒的感知與記憶特點，正是體現"前運算"的幼兒認知的特點，也就是說幼兒感知與記憶不僅為幼兒的思維奠定了基礎，而且也滲透著幼兒思維的特點，這樣幼兒的感知、記憶和思維就構成幼兒認知發展的一致**趨勢**。

第五節　學齡前兒童的社會性發展

在嬰兒期社會化過程的基礎上，幼兒開始掌握被社會認可的一些行為方式。三至六、七歲的兒童，初步學習基本的生活技能，掌握最初級的社會規範，認同一定的社會角色，產生情境性的道德品質。於是，在他們的自我意識、道德、性別認同和社會交往的發展中都體現出明顯的年齡特徵。

一、自我意識的發展

三至六歲幼兒的自我意識，是從對自我尊重的意識開始的，即欲擺脫成人的保護，尋求獨立做一些事情而產生自尊和自愛。幼兒在這個階段逐步知道了"我的"這個詞的意義，不僅認識到自己的身體是屬於自己的，而且還知道"我的爸爸媽媽"、"我的玩具"、"我的小動物"、"我的……"，於是自我意識擴展了，形成自我意象，就是形成"良心"或**超我** (superego)，也就是產生了"好的我"和"壞的我"的參照系。這正是霍妮 (Karen Horney, 1885～1952) 所說的，兒童這時具有一個**真實自我** (real self) 和**理想自我** (ideal self)。兒童從這個階段開始對未來有所打算，確立自己未來的目標。

我國心理學家韓進之等人 (1990) 從自我評價、自我體驗和自我控制三個方面對幼兒的自我意識的發展進行研究，結果表明幼兒自我意識的發展是具有規律的。

(一) 幼兒自我意識的發展趨勢

幼兒自我意識的發展趨勢可以表現在表 5-10 以及圖 5-6 中。

表 5-10　幼兒自我意識發展的趨勢 (總平均數)

年齡組 (歲)	3～3.5	4～4.5	5～5.5	6～6.5	F
人　　數	190	190	190	190	
平 均 數	1.44	1.74	2.26	2.45	395.17**
標 準 差	0.30	0.37	0.29	0.32	

** $p<0.01$　　　　　　　　　(採自韓進之等，1990)

由表 5-10 可知，隨著幼兒年齡的遞增，其自我意識的發展水平逐步提高，且在 $p<0.01$ 水平上存在著顯著差異。

由圖 5-6 可見，幼兒自我意識的發展幾乎是呈直線上升，其中四到五

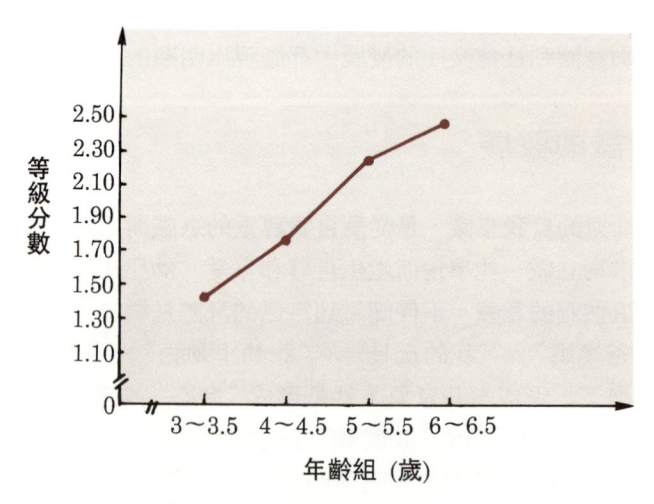

圖 5-6　幼兒自我意識發展趨勢圖
(採自韓進之等，1990)

歲發展的速度最快。

(二) 幼兒自我意識各因素發生時間

幼兒的**自我意識**主要包括自我評價、自我體驗和自我控制三個因素。三個因素的發生時間直接影響著幼兒自我意識的發生時間。

研究表明幼兒自我意識各因素的發生時間比較接近，但基本上是不同步的 (參見表 5-11、5-12 和 5-13)。

表 5-11　幼兒有無自我評價的百分數

年齡組 (歲)	3～3.5	4～4.5	5～5.5	6～6.5	χ^2
人　數	120	120	120	120	
有自我評價(%)	22.50	70.00	90.00	95.83	188.40**
無自我評價(%)	77.50	30.00	10.00	4.17	

** $p<0.01$　　　　　　　(採自韓進之等，1990)

表 5-12　幼兒有無自我體驗的百分數

年齡組 (歲)	3～3.5	4～4.5	5～5.5	6～6.5	χ^2
人　數	120	120	120	120	
有自我體驗(%)	23.33	48.33	75.00	83.33	109.25**
無自我體驗(%)	76.67	51.67	25.00	16.67	

** $p<0.01$　　　　　　　((採自韓進之等，1990)

表 5-13　幼兒有無自我控制的百分數

年齡組 (歲)	3～3.5	4～4.5	5～5.5	6～6.5	χ^2
人　數	120	120	120	120	
有自我控制(%)	16.67	33.33	83.33	90.33	184.54**
無自我控制(%)	83.33	66.67	16.67	9.17	

** $p<0.01$　　　　　　　((採自韓進之等，1990)

表 5-11、5-12、5-13 說明，幼兒的自我評價、自我體驗和自我控制發展水平，隨著年齡遞增（從 3 歲～6.6 歲）而提高；而無自我評價、自我體驗和自我控制的狀況，則隨年齡遞增而下降、各年齡組在有無自我評價、自我體驗和自我控制方面，存在著顯著差異（$p < 0.01$）。

從統計學意義上來看，如果以第三個四分點（75% 左右）為自我意識發生的標誌，那麼自我評價開始發生的年齡轉變期為三歲半至四歲，自我體驗開始發生的年齡轉變期為四周歲左右；自我控制開始發生的年齡轉變期為四至五歲。

上述研究數據表明：幼兒自我意識各因素也是隨著年齡的增長而發展，各個因素的發生時間比較接近，但基本上是不同步的。

(三) 幼兒自我意識諸因素的發展

幼兒自我意識的三因素互相促進、互相制約，它們的發展即構成了幼兒自我意識的整體水平上的發展，在不同年齡組，我們可以看到幼兒自我意識諸因素的發展趨勢（見表 5-14 和 圖 5-7）。

從表 5-14 可以發現，幼兒自我意識各因素的發展水平，隨著年齡遞增（從三歲到六歲半），表現出明顯的上升趨勢，且均在 $p < 0.01$ 水平上差異顯著。

表 5-14　幼兒自我意識各因素的發展趨勢 (均數)

年齡組 (歲)			3～3.5	4～4.5	5～5.5	6～6.5	F
人　數			190	190	190	190	
自我意識各因素	自我評價	$\bar{X}$	1.67	2.09	2.42	2.58	235.82**
		S	0.41	0.39	0.32	0.31	
	自我體驗	$\bar{X}$	1.44	1.72	2.01	2.28	99.76**
		S	0.43	0.55	0.51	0.50	
	自我控制	$\bar{X}$	1.19	1.52	2.38	2.57	303.04**
		S	0.37	0.65	0.56	0.48	

** $p < 0.01$　　　　　　　　　(採自韓進之等，1990)

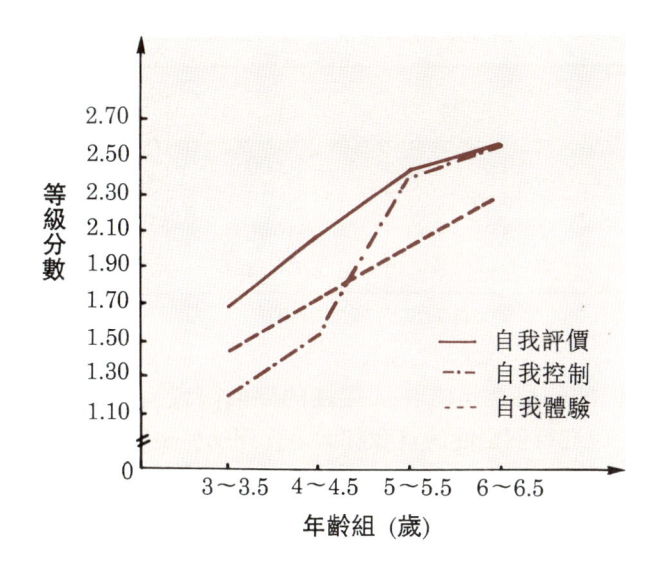

圖 5-7 幼兒自我意識各因素的發展趨勢圖
(採自韓進之等，1990)

由圖 5-7 可知，從總體上考察，幼兒自我意識各因素的發展水平，隨年齡遞增而提高，其中自我評價發展水平從三歲到五歲上升幅度較大，自我體驗發展水平始終呈上升趨勢，但無明顯的質變時期，自我控制發展水平在四歲到五歲年齡段內提高幅度較大。上述發展趨勢，基本反映了幼兒自我意識及發展水平的年齡特點。

仔細分析，我們可以具體地歸納出幼兒自我意識諸因素發展的具體特點如下：

1. 自我評價的發展特點

(1) 幼兒**自我評價** (self-evaluation) 的發展特點：幼兒的自我評價首先是依從性的評價，然後發展到對自己的個別方面進行評價，進而發展到對多方面進行評價；幼兒自我評價的發展，明顯地停留在對別人或對自己外部行為的評價上，但也同時表現出他們的自我評價有從外部行為向內心品質轉化的傾向。如表 5-15 所示：

由表 5-15 可以看出，三歲組有一半的幼兒不能自我評價，即使能自我

表 5-15　幼兒自我評價發展的依從性、個別性及多面性（百分數）

年齡 (歲) ＼ 自我評價的發展	依　從　性	個　別　性	多　面　性
3～3.5	40.00	10.00	0
4～4.5	36.67	63.33	0
5～5.5	3.33	80.00	16.67
6～6.5	0	43.33	56.67

(採自韓進之等，1990)

評價，但有 40% 的幼兒還是處在依從性的評價階段；在四歲組，已有 63.33% 的幼兒可以進行個別性的自我評價；直到幼兒晚期開始出現多面的獨立性評價，並特別表現在成人的評價與幼兒自我評價不一致時，幼兒會提出申辯，表示反感和不信任。

(2) 幼兒已具備一定的道德性評價能力：四歲組兒童能夠初步運用一定的道德行為準則來評價別人和自己行為的好壞，同時也發展出尊敬長者的行為，但其評價帶有一定的情緒性。只有到五～六歲，兒童才能自覺模仿成人而從社會意義上來評價道德行為的好壞，但對某些道德概念的理解能力是很膚淺的，沒有分化，比較籠統，幼兒還不能很好地理解道德概念的內涵。

(3) 從對自己外部行為的評價，逐步出現對內心品質的評價，但整個幼兒期間，基本上是對自己的外部行為進行自我評價；從主觀情緒性評價逐步過渡到客觀的評價，但在一般情況下，幼兒總是傾向於過高評價自己。

(4) 幼兒自我評價發展水平無男女性別上的差異。

2. 自我體驗的發展特點　幼兒的**自我體驗** (self-experience) 從初級向高級發展，從生理性體驗向社會性體驗發展（高月梅等，1993）。幼兒的愉快和憤怒往往是生理需要的表現，而委屈、自尊和羞怯則反映了他們的社會性體驗。幼兒自我體驗中各個因素的發生和發展不是同步的，愉快和憤怒體驗發展較早，而委屈、自尊和羞怯感則發生較晚。五至六歲的幼兒能對自己的錯誤行為感到羞愧。韓進之等 (1990) 還表明，在幼兒階段，各年齡組由愉快到羞愧的百分數呈現一種遞減的趨勢，參見表 5-16。這就反應出幼兒自我體驗由初級向高級發展的趨勢。此外，幼兒自我體驗還表現出易變性、受暗示性。

表 5-16　幼兒各種情緒自我體驗

年齡 (歲) 情緒	3~3.5	4~4.5	5~5.5	6~6.5	χ^2
愉　快	23.33	56.67	100	96.67	55.76**
憤　怒	20.00	66.67	100	100	63.51**
委　屈	10.00	60.00	86.67	93.33	52.33**
自　尊	10.00	63.33	83.33	93.33	57.98**
羞怯感	3.33	43.33	90.00	96.67	70.64**

** $p < .001$　　　　　　　(採自韓進之等，1990)

3. 自我控制能力的發展特點　幼兒有一定的**自我控制** (self-control) 能力，但三至四歲兒童的堅持性、自制力很差，只有到了五至六歲才有一定的獨立性、堅持性和自制力。在自我控制發展的水平方面，也有性別上的差別，五歲組和六歲組的女孩發展水平高，即這兩個年齡組的女孩自我控制力較強。總的來說，幼兒的自我控制能力還是較弱的。

在培養幼兒的自我意識的過程中，成人對幼兒的評價在幼兒自我意識的發展中起著重大的作用。因此，我們必須善於對兒童作適當的評價，對兒童行為做過高或過低的評價都是對兒童有害的。同時，要善於引導兒童初步地評價他人或自己的內心品質，評價他人或自己的道德行為，這對提高幼兒的自我意識水平和道德評價能力是有幫助的。但引導時必須注意形象性、情緒性和可接受性，注意為兒童的自我評價、自我體驗、自我控制的形成和發展創設良好的情境，避免空洞的說教。

二、道德的發展

一般而言，幼兒道德發展具有兩個特點：

1. 從他性　從他性(或利他性) (altruistic) 道德占主導地位，兒童認為道德原則與道德規範是絕對的，來自於外在的權威，不能不服從；判斷是非的標準也來自成人。同時只注意行為的外部結果，而不考慮行為的內在動機。幼兒晚期的道德開始向自律性轉化，一些自律道德開始萌芽，即主要是按外在行為的原則和要求來調節自己的行為,內在自覺的調節還剛剛開始。

2. 情境性 幼兒道德發展的基本特點是**情境性**(situationality),三至六、七歲是情境性道德發展的主要時期。幼兒的道德認識、道德情感還帶有很大的具體性、表面性,並易受情境暗示,它總是和一定的、直接的道德經驗、情境及成人的評價相聯繫。幼兒的道德動機非常具體、直接、外在,往往受當前具體刺激(即情境)的制約,道德行為缺乏獨立性和自覺性,因而也缺乏穩定性。

下面我們將從幼兒道德認識、道德情感和道德行為發展的特點來進一步分析幼兒道德的特點。

(一) 幼兒道德認識的特點

幼兒**道德認識**(moral cognition) 主要是指幼兒對社會道德規範、行為準則、是非觀念的認識,包括幼兒對道德觀念的掌握和幼兒道德判斷能力的發展。

前面我們已介紹了嬰兒已能初步理解什麼是"好"、什麼是"壞",並能作出一些合乎成人要求的道德判斷。進入幼兒期後,兒童對道德概念的理解和他們的道德判斷能力有了進一步的發展。

但是,由於幼兒心理發展一般水平的限制和生活經驗的局限,他們對道德概念的掌握和他們的道德判斷,還帶有明顯的具體形象性和隨之而來的其他局限性。

1. 幼兒對道德概念的掌握 對於幼兒道德概念的發展,國內許多學者進行了研究。陳幗眉(1979)研究了幼兒期兒童對"好孩子"的理解,發現幼兒初期對"好孩子"的認識是非常籠統、表面化的,只會簡單地說出個別的具體現象;以後,幼兒對"好孩子"的認識逐漸分化和完整,能從多方面及一些比較抽象的品質來考慮,較大的幼兒對"好孩子"的理解還有一定的概括性。

龐麗娟(1991)研究了幼兒期兒童對誠實、有禮貌、友好、謙讓、助人為樂、遵守紀律、勇敢等道德概念的理解,發現幼兒對道德概念的掌握,多從感性的道德經驗開始,與具體、直接的自身道德經驗密切聯繫著;同時,從小班到大班，在正確教育的影響下，隨著兒童道德經驗的豐富和思維發展水平的提高，幼兒掌握道德概念的內容逐漸從比較貧乏、片面、單調，到比較全面、廣泛、豐富，從只涉及自己身邊的、直接的事，到更廣範圍的、稍為間接的事，從非常具體、表面到比較概括、帶有一定的抽象性。

由此可見，從總體上來看，幼兒掌握道德概念具有三個特點：

(1) **具體形象性**：總是和具體的事物或行為、情境聯繫在一起，並依據這些具體直接的事物理解與掌握概念。如 "好孩子" 就是 "不打人？"。

(2) **表面性**：對道德概念的理解局限於表面水平，而缺乏概括性和深刻性。如 "好孩子" 就是 "聽話"。

(3) **片面性、籠統化和簡單化**：往往只涉及個別的具體行為或方面，而不能從多方面細緻、全面地理解道德概念，缺乏分化性、複雜性和全面性。如 "助人為樂" 就是 "幫媽媽洗小手帕"。

幼兒掌握道德概念的這些特點和幼兒思維的具體形象性、生活經驗的局限性是密切相關的。

2. 幼兒的道德判斷　吳筱珍 (1988) 在關於幼兒中的獨生子女和非獨生子女各 40 人對於分辨是非善惡、哪一種行為較不好的**道德判斷** (moral judgement) 的比較研究中，用六對對偶故事測試被試。六對對偶故事中將財物損壞形式 (公物和私物) 和行為的意向性 (有意或無意) 組配成三種不同的結構：(1) 意向不變，財物損壞形式改變；(2) 財物損壞形式不變，意向性改變；(3) 意向性和財物損壞形式同時改變。實驗結果表明：(1) 幼兒前期的獨生子女和非獨生子女的公有觀正在形成。但這種公有觀很不成熟，表現出極明顯的形象性、表面性和片面性。(2) 幼兒中的獨生子女與非獨生子女已出現根據行為意向性做出判斷的能力。兩類幼兒都能在財物損壞的形式不變的情況下根據行為意向性做出判斷，他們都認為有意財物損壞比無意財物損壞更壞。這一研究結果與美國查恩德勒、格特金等人 (Chandler & Gutkin, et. al., 1984) 的研究結論可相互印證：當財物損壞的程度保持不變時，即使年幼兒童 (五至六歲) 也能根據行為意向性做出判斷。(3) 兩類幼兒在道德判斷中充當故事中被損壞個人財物的角色時，出現了逆轉現象。換句話說，在不充當角色時，認為損壞公物比損壞私物的行為更不好；在充當角色時，就轉而認為損壞私物的行為更壞。

3. 幼兒的道德評價　周群芳 (1988) 曾對四至六歲幼兒的**道德評價** (moral evaluation) 能力及特點進行了研究,認為幼兒對他人行為的評價有這樣一個過程:從以成人意志轉移的、對事物只能進行簡單的判斷,到開始能夠依據一定的準則來進行獨立的、比較深刻的評價。具體來說,幼兒對"在汽車上為媽媽搶座位對不對"這個問題,四至六歲幼兒有 76.7% 能獨立、正確地做出評價。

如上"自我意識"一節所述,在整個幼兒期,兒童對自我的評價能力還很差,成人對他們的態度和評價將對他們的自我評價,以至整個人格發展都發生重大的影響。因此成人對幼兒的評價必須適當,過高的評價使幼兒看不到自己的缺點,不能正確地認識自己及行為,甚至不能形成正確的道德觀念和是非觀念;反之,過低的評價,則會使幼兒認為自己是毫無希望的,因而失去獲得肯定性、積極性評價的信心。

(二) 幼兒道德情感的特點

1. 幼兒道德情感的形成　嬰兒期已具有**道德感** (moral feeling) 的萌芽,如同情心、責任性和羞恥感等。幼兒在幼兒園的集體生活中,隨著對各種行為規則的掌握,他們的道德感進一步發展起來。起先,這種道德感主要指向個別行為,而且往往直接由成人的評價而產生。到了中班,由於比較明顯地掌握了一些概括化的道德標準,幼兒的道德感便開始與這些道德準則、認識相聯繫。中班幼兒不僅關心自己的行為是否符合道德標準,而且很關心別人的行為是否符合道德規範,並產生相應的情感。這一點可從幼兒的告狀行為中充分體現出來。大班幼兒的道德進一步豐富、分化和複雜化,同時帶有一定的深刻性和穩定性。研究表明,幼兒晚期已具有比較明顯的和強烈的愛國主義情感、群體情感、義務感、責任感、互助感和對別的兒童、父母、老師的愛以及自尊感和榮譽感等。

2. 幼兒階段是愛國主義情感的萌芽期　龐麗娟等 (1989) 對幼兒**愛國主義情感** (patriotic feeling) 的發展特點進行研究,認為幼兒的愛國主義情感是從日常生活中及幼兒所見所聞中逐漸發展萌芽。幼兒一開始是愛自己的父母、愛自己的兄弟姐妹、愛自己家鄉的一草一木等;之後在此基礎上,幼兒逐漸將這些情感同熱愛祖國聯繫起來,萌發出最初的愛國之情。同時,隨著幼兒愛父母、愛家庭、愛老師、愛同伴、愛家鄉、愛人民的情感體驗日益明顯、豐富和加深，幼兒愛祖國的情感也日益深刻。

3. 幼兒義務感的產生　由幼兒**義務感**(sense of obligation)的研究表明(陳幗眉等，1979)，三歲幼兒在完成成人所指定的任務時，常常出現愉快或滿意的情感，但這不是由幼兒意識到自己的義務和完成了這一義務而產生的義務感，而往往是由幼兒的某種直接需要、願望得到了滿足而引起的。因此，這種情感還不能說是義務感。四歲左右，在成人的教育下，幼兒開始由是否完成某個義務而體驗到愉快、滿意或不安、不高興的情感，開始出現和形成義務感。而且，這種情感不僅可以由成人對幼兒道德行為的評價所引起，也可以由幼兒自己對自己行為的意識所引起，但這種義務感的範圍還是比較狹小的，主要涉及到經常同自己接觸的人。五至六歲幼兒能進一步理解自己的義務和履行義務的意義和必要性，並對自己是否完成義務和完成的情況如何有進一步的體驗。體驗的種類也不斷分化，不僅有愉快、滿意或不安等，還產生了自豪、尊重或害羞、慚愧等情感。義務感的範圍也不斷擴大，不僅限於個別自己親近的人，而且擴展到自己的班集體、幼兒園等。

4. 幼兒道德情感的特點　幼兒**道德情感**(sense of morality)的形成與發展具有如下特點和趨勢：

(1) 幼兒在正確的教育影響下，尤其在集體生活中，在與成人、同伴交往的不斷增加和對社會道德行為準則的不斷掌握的情況下，他們的道德感進一步發展起來，一些新的道德感如愛國主義情感、義務感、集體感等都在幼兒初期萌芽，並在幼兒期逐步形成和發展。

(2) 幼兒道德感指向的事物或對象不斷增多，範圍不斷擴大，這就使幼兒的道德感不斷豐富。

(3) 幼兒道德感指向的事物或對象，由近及遠，由較直接到較間接，由具體、個別的行為或需要的滿足到一些比較概括、比較抽象的行為規則和道德準則。

(4) 由於幼兒道德感指向的事物的變化，特別是事物性質的變化，幼兒道德感逐漸由比較淺膚、表面、不穩定，發展到比較深刻、持久和穩定。

(5) 幼兒道德感是與道德需要緊密聯繫著的，並且逐漸形成為一種內在品質，能夠出現於行動之前，成為從事或克制某種行為的動機。

(三) 幼兒道德行為的特點

姜宗坤、強平等人 (1984) 對幼兒期兒童**道德行為** (moral behavior) 情況進行了調查，內容包括團結友愛、幫助同伴、遵守集體規則、禮貌、誠實、愛護公物、勇敢、分辨是非、為集體服務等。採用方法是跟踪觀察幼兒的實際行為表現，如訪問、徵求老師的意見、請教師評定幼兒的行為。結果發現：在良好的教育影響下，在與同伴、老師的交往中，幼兒期兒童大多數表現出多種廣泛的良好品德行為，如同伴有困難能主動給予幫助，為班集體做好事等。

邵渭漠、郭英 (1984) 關於幼兒期兒童文明禮貌行為的調查和上海閘北區幼教科研小組 (1984) 關於幼兒在幼兒園遵守集體規則的調查，都反映出同樣的結果。這說明我國幼兒期兒童初步養成了文明禮貌行為，因此能較好地遵守各項集體規章制度。

但是，我們也不能過高估計幼兒道德行為的發展。首先，幼兒道德行為的動機具體、直接且外在，具有明顯的情境性。第二，幼兒道德行為的自制力和堅持性還比較差。因此幼兒期兒童的道德意志還是比較薄弱的，特別是幼兒初期的兒童，對自己行為的調節力和控制力更差，他們的行為主要受周圍情境的影響，常需要成人的監督、調節和強化。第三，由於上述道德行為動機和道德意志的特點，幼兒期兒童還未形成穩固的道德行為習慣。因此我們不能滿足於幼兒良好行為出現一次、兩次，而應著眼於使之經常化和穩定化，成為穩定、自覺的行為習慣。否則，培養幼兒的良好道德品質將成為一句空話。

三、幼兒的性別認同

男女**性別差異** (sex difference) 是社會中普遍存在的一種現象，特定社會總是對不同性別的人們有不同的限制和要求。**性別角色** (sex role) 就是社會規定的經常與某一性別相對應的一系列態度和行為方式。兒童學習有關性別角色的規定，掌握相應的性別角色行為，是其**社會化** (socialization) 的重要內容之一，對其現在及至成年以後的行為方式、興趣愛好、性格特徵和職業偏向等均有十分重要的影響 (王耘等，1992；馬森等，1990)。

(一) 性別認同的發展

幼兒的性別認同有一個發展過程,且表現出一些特點來。

1. 性別認同發展的過程 兒童的性別化行為早在二歲時就有表現 (王耘,1992;周宗奎,1992),他們在活動或遊戲中表現出一定的性別差異,如男孩喜歡玩柔軟的玩具和木偶 (Zegler & Stevenson, 1987)。三歲以後,幼兒的性別差異更為明顯和穩固,有時甚至表現出對性別角色規定的過分遵從。幼兒行為的性別差異主要表現在兩個方面:其一是對玩具和活動方式的選擇和偏好;其二是對同伴的選擇及與之交往的特點 (Smith & Connolly, 1972;Maccoby & Jacklin, 1974;Frodi, MacCaulay & Thome, 1977;Barrett, 1979)。三至六、七歲的男孩不僅在遊戲和自由活動中經常選擇**男性化** (masculinization) 的玩具,如飛機、坦克、刀槍、棍棒等,而且常常玩摔跤、打仗、球賽等活動比較劇烈的遊戲;而女孩則往往偏好洋娃娃、小鍋、小勺、卡片等比較安靜的遊戲。在選擇玩伴的時候,無論男孩還是女孩,都傾向於與自己性別相同的小朋友一起遊戲、玩耍 (Serbin & Tonick, et al, 1977;Maccoby, 1980)。因此在幼兒園裏常分化出不同性別的遊戲群體。而且,幼兒在與同性別玩伴一起遊戲時,比與異性玩伴一起時有更多的社會性遊戲,男孩與男孩之間、女孩與女孩之間往往產生更多的社會性交往反應 (Jacklin & Maccoby, 1980)。

2. 幼兒性別化的特點 幼兒性別化發展的一個突出特點是其**性別角色刻板化**(或**性角色刻板印象**) (stereotype of sex role) (馬森等,1990)。特別是五歲左右的幼兒,除了自己嚴格按照某一性別角色規定去行動,還常以性別角色標準為依據去評價和要求同伴的行為。他們對於同伴或他人不符合性別化規定的行為常常表現出拒絕和輕視的態度 (Domon, 1977, 1983;馬森等,1990)。在幼兒園中,玩"男子氣"玩具的男孩和舉止**女性化** (feminization) 的女孩,都比較容易找到玩伴,也較容易從同伴那裏得到肯定的反應;而從事玩娃娃遊戲或舉止服飾女性化的男孩,則可能遭到同伴的取笑,或者是受到忽視。

幼兒過分刻板的性別化行為,與其對性別差異的認知和理解水平有著密切的關係 (Kohlberg, 1966; Conner & Sewrbin, 1977)。儘管兒童從二歲半左右,就開始能準確地說出自己是男孩或是女孩(Zegler & Stevenson, 1987),但是他們對於性別的完整理解卻要到學齡早期才能完成 (Damon, 1977, 1985;周宗奎,1992)。

3. 性別恆常性及其後果 按照柯爾伯格的發展階段,依序為:(1) **性別同一性**(或**性別認定**) (gender identity),即了解自己是男孩或女孩;(2) **性別穩定性**(或**性別固定**) (gender stability),即懂得男人總是男人,女孩不可能成長為父親;(3) **性別恆常性**(或**性別恆定性**) (gender constancy),即知道髮型、服飾、活動表現等表面變化不能改變人的性別。幼兒期是在理解性別同一性的基礎上,逐漸獲得對性別穩定性和恆常性理解的時期。周宗奎 (1992) 研究表明,兒童要到五歲左右才開始初步懂得性別穩定性和性別恆常性,這時他們已知道某些興趣、態度、行為方式只與某一性別相對應,他們將這種對應的聯繫視為不可更改的、必須要做到的。因此,幼兒對於性別多依賴人物的服飾和活動特點來判斷。他們常認為,如果一個男孩穿上裙子、戴上項鍊或玩娃娃家遊戲,他就不再是一個男孩而成為一個女孩子;而如果一個女孩剪去長髮,去玩大炮、坦克,則也可能成為一個男人了。

對性別穩定性和恆常性的理解水平不僅限制幼兒性別化行為的靈活性,而且在一定程度上決定著他們對同伴的選擇。斯密特納等 (Smetana, et al, 1984) 研究表明,已經獲得性別穩定性的女孩比只懂得性別同一性的女孩更多選擇女孩為遊戲夥伴,但是當性別恆常性理解完成後,女孩選擇玩伴的性別差異則不那麼嚴格了。也正是由於理解了性別差異不依賴表面特徵的改變而消失,兒童才可能擺脫性別差異的嚴格界限,提高行為選擇的靈活性,從而增加社會性選擇的自由。還有研究表明,對性別穩定性的理解水平與男孩對其他男性的模仿行為有一定的相關,理解水平越高,模仿男性榜樣的行為越多 (Slaby & Frey, 1975)。對女孩的研究也取得了類似的結果,因此證明對性別穩定性的理解程度會影響幼兒對同性榜樣的模仿 (Rubble, Balaban & Cooper, 1979)。

(二) 性別認同的影響因素

兒童的性別化發展受多種因素的影響。生物因素、認知因素和社會性因素幾個方面互相作用,共同制約著幼兒性別角色的獲取和性別差異的形成。

1. 生物因素 生物因素對性別差異的作用表現在兩方面：一是**激素** (hormone)，尤其是雄性激素的作用；二是大腦兩側功能分化的水平差異。

2. 認知因素 認知因素的作用除了前述性別理解的影響外，信息加工觀點還指出，兒童對性別角色的看法與其正在形成的自我概念有關，影響著他們看待事物的方式（周宗奎，1992）。五、六歲兒童在回憶一周前看過的圖片時，常傾向於改變原圖中從事不符合性別要求活動的孩子的性別，他們更容易記住"玩女孩玩具"的女孩和"做男孩遊戲"的男孩；女孩更容易記住女性化的玩具和物品，對男性化的玩具和物品則記憶得較差；而男孩正好與此相反。兒童對性別的理解還受其認知能力水平的制約，並以後者的發展為基礎，如性別恆常性理解就是在兒童物體守恆基礎上逐步形成，並隨後者的發展而逐漸穩定（王耘等，1992；周宗奎，1992）。

3. 社會性因素 性別角色獲取是社會性發展的重要內容，它是在兒童與他人的社會性交往中逐漸形成並鞏固的。父母、家庭、同伴、教師、大眾傳播媒體等社會因素，從兒童一出生後便對其由生物因素引起的性別差異發生著重要影響（Korner, 1974；Frodi & Lamb, 1978）。父母往往為兒子或女兒選擇不同的生活用品與玩具，並對不同性別的孩子抱有不同的期望，在日常生活中對兒童同樣的行為也會因其主體的性別差異而採用不同的反應方式。此外，父母之間的性別差異為兒童模仿、觀察同性別角色的行為提供了最為直接的範型（Zegler & Stevenson, 1987）。家庭的影響加上幼兒園裏教師、同伴的強化，使幼兒的性別化行為得以鞏固。大眾傳播媒介，如電視、電影、圖書等，往往按照一定的社會對性別角色的規定，來呈現人們的生活和行為，這就為幼兒學習掌握性別角色的有關規則提供了更為豐富的觀察材料，對其性別化行為的習得和性別理解的發展起著推動、促進的作用。

四、社會性交往的發展

幼兒期隨著兒童活動能力和認知、語言能力的進一步發展，幼兒生活範圍不斷擴展，交往範圍日益擴大，他們越來越多地與父母及家庭以外的社會環境因素發生相互作用。在整個幼兒期，父母仍然是兒童主要的交往對象，也是幼兒心理發展的最主要的"重要他人"，但同時，生活範圍的擴大也使同伴、教師逐漸成為幼兒生活中的重要交往對象。

(一) 與父母的交往

父母是子女最早的交往者,儘管不同家庭父母有著各自的養育方式,但他們與子女交往的意義都是重要的。

1. 父母與子女交往的意義 父母是影響兒童社會化的核心因素 (Maccoby & Martin, 1983),父母通過他們的教育期望,代表一定的社會階層和觀念文化,在與子女交往中傳遞著有關的社會性知識,影響兒童的信仰、價值觀和行為準則。在幼兒時期,兒童與父母的交往內容和方式對其情緒、態度、行為,乃至成年以後的興趣、信仰、行為方式、自我概念等均有較大的影響。如果缺乏與父母的直接交往,兒童的心理發展將會出現一些不利的結果 (Edward & James, 1986;Hetherington & Deur, 1971;Nadien, 1980;Zegler & Stevenson, 1987)。

父母對幼兒行為、態度的影響主要通過二者之間的人際交往而實現。在交往過程中,父母一方面以其自身行為、言語、態度等的特徵,為幼兒提供觀察和模仿的範型;另一方面還通過對兒童行為的不同反應方式對兒童行為做出積極的或者消極的**強化**,以此改變或鞏固兒童的某些具體行為。此外,父母還常根據一定的社會準則、規範向幼兒直接傳授有關的知識和技能,以促進其認知和社會性的發展 (Edward & James 1986;周宗奎,1992)。

2. 不同養育方式產生子女不同的交往特點 父母通過上述多種方式和途徑影響著兒童的社會化,並且這些方式和途徑又因父母自身特點及各個家庭的不同背景而存在許多差異,即教養方式千差萬別 (俞國良,1994)。鮑姆琳德 (Baumrind, 1967,1973,1977) 經過一系列研究指出,父母教養方式與兒童心理發展具有密切相關,父母教養方式的差異使兒童心理發展產生直接不同的結果。麥考比等人 (Maccoby & Martin, 1983) 在鮑姆琳德等人研究結果的基礎上,進一步提出了父母養育方式存在著四種主要類型,並對每種方式的具體特點及其相應的兒童特徵作了比較詳細的描述。這四種養育方式是:

(1) 權威型 (authoritative):父母對幼兒的態度是積極肯定和接納的,同時向幼兒提出明確的要求,並經常與孩子討論、解釋有關行為規則的含義和意義。這種養育方式下成長的兒童多數有較強的獨立性且對人友好,善於與人交往，有較強的自尊和自信。

(2) **專斷型** (authoritarian)：父母對幼兒常常採取拒絕的態度和訓斥、懲罰等消極反應，他們要求幼兒無條件地嚴格遵守有關規則，很少聽取孩子的意見和要求。這種教養方式下的幼兒往往缺乏主動性和積極性，不善於交際，容易抑鬱、膽怯和自卑。

(3) **放縱型** (permissive)：父母非常疼愛自己的孩子，表現出過分的接納和肯定，但缺乏控制，因而這種教養方式下的兒童往往比較容易衝動、缺乏責任心、專橫、攻擊性較強。

(4) **忽視型** (indifferently uninvolved)：父母對孩子關注較少，對其行為缺乏要求和控制。父母與孩子間的交流很少，因而使孩子往往具有較強的攻擊性和衝動性、不順從、易發怒，而且自尊心水平較低，很少為他人考慮 (Edward & James, 1986；俞國良，1994)。

3. 兒童自身特點對親子交往關係的作用　　當然，父母並不是影響兒童社會性發展的唯一因素，他們也受到來自兒童一方的諸多因素影響，兒童的年齡、性別、氣質特徵及行為方式等都會在不同程度上影響父母對待兒童的態度和行為，並進一步影響兒童的心理發展 (Simpson & Stevenson-Hinde, 1985；Edward & James, 1986；王耘等，1992)。

(二)　與同伴交往

入園進班，是兒童同伴關係及其交往的開始。

1. 幼兒同伴交往的特點　　除了父母與幼兒的交往外，在幼兒期，隨著兒童入園進班，兒童與兒童之間的同伴交往也日益增多，同伴間的社會性聯繫日漸成為幼兒社會生活的重要內容。幼兒在與同伴的交往活動中，練習著有關社交技能，逐漸學會與他人以平等的方式合作、協商；同伴對幼兒行為的不同反應，對幼兒的社會行為也產生了積極的或消極的強化，使其親社會行為得以增多，**侵犯性行為** (aggressive behavior) 得以控制、減少；此外同伴對幼兒的各種評價也為幼兒提供了社會性比較、形成自我意識的依據 (Asher, et al, 1981；Hartup, 1970)。在整個幼兒期，同伴間相互作用的數量日益增多 (Edward & James, 1986)。在交往中，幼兒積極主動地選擇自己的玩伴，他們傾向與和自己年齡相仿、能力相近的同伴一起遊戲 (Jacklin & Maccoby, 1978)。

2. 遊戲對幼兒交往的意義 遊戲是幼兒時期與同伴交往的最主要方式。遊戲在幼兒期獲得了進一步發展，社會性水平也不斷提高。這明顯體現在幼兒於遊戲活動中越來越多地與其他幼兒進行著實際地交往，交往的目的也從獲取玩具、物品而轉向更多地是為了引起他人的注意、合作和交流行為 (Parten, 1932；Zegler & Stevenson, 1987)。

3. 幼兒同伴交往的類型 在同伴交往中，各個幼兒的行為方式是各不相同的，同伴對其反應也各不相同，或歡迎或拒絕或忽視，因而形成不同的**同伴交往** (peer communication) 類型，即不同的同伴社交地位。龐麗娟 (1991) 運用現場同伴提名法，研究結果指出幼兒同伴交往存在四種主要類型：(1) 受歡迎型：這類幼兒喜歡與同伴交往，在交往中行為積極友好，因而普遍受到同伴喜愛、接納，在同伴中地位、影響較高；(2) 被拒絕型：這類幼兒同受歡迎型一樣也喜歡交往，但交往中行為不友好，而多消極、攻擊性行為，因而為多數幼兒所排斥、拒絕；(3) 被忽視型：這類幼兒不同於上述兩類兒童，他們不喜歡交往，在交往中畏縮、退縮而不積極、主動，他們既少積極友好行為，也少消極、不友好行為，因而在同伴心目中沒有地位，易被大多數同伴所忽視與冷落；(4) 一般型：這些幼兒在交往中行為表現一般，既非特別友好，也非特別不友好，因而既有同伴喜歡他們，也有同伴不喜歡他們，因此，他們在同伴中的地位一般。

（三） 與教師交往

入園以後，幼稚園教師逐漸成為幼兒交往的重要對象。

1. 與教師交往的意義 隨著兒童入園進班，幼兒與教師的接觸也日益增多，與教師的相互交往成為幼兒社會生活的另一重要內容。教師通過直接教導、言行榜樣等與幼兒的互動方式，使幼兒學習一定的社會道德規範、行為規範、集體生活要求、文化知識以及與他人交往的基本準則、規範等等；同時，在與教師的交往中，幼兒演練著多種社會行為與社會技能，並依據教師的不同獎懲、強化而調整著自己的行為。幼兒的整體心理水平較低，易受暗示、引導，加上教師在幼兒心目中的"權威"、"神聖"地位，使得教師對幼兒的發展起著極為重要的作用。

2. 教師早期影響的重要性　龐麗娟 (1992) 的研究表明，教師期望對兒童心理發展有直接、深遠的影響，尤其在兒童發展早期，對年齡愈小的孩子，教師期望的影響越大，即教師期望對幼兒發展的直接的、定向的作用最為顯著。教師對幼兒期望不同，會直接造成不同的幼兒發展，並出現明顯差異，幼兒很容易成為教師期望的那一類孩子。幼兒還很容易受教師情緒狀態的影響，他們不僅會因教師高興而高興，因教師煩惱而驚恐，因教師不悅而老實，而且還會因教師的熱情或冷漠的不同態度而取得截然不同的學習效果 (馬森等，1990)。同時，教師對幼兒的評價、獎勵與批評、表揚與懲罰，對幼兒也有著至關重要的影響，直接對幼兒的社會行為和學習、發展產生促進或調整、改變的作用。相較於家長，幼兒似乎更重視教師的評價。在許多場合下，教師的評價或表揚、批評更能發生改變幼兒行為的作用。

本 章 摘 要

1. **幼稚園**是幼兒教養的機構，19 世紀創辦在法國，隨後歐美國家相繼設立幼稚園，中國的幼稚園始辦於 1903 年。幼兒是幼稚園的小天使。
2. 社會因素向幼兒提出參與社會的要求，使幼兒渴望社會生活，但又因限於幼兒的能力水平，所以，遊戲是實現他們參與社會生活願望的主要活動形式。
3. 三至六、七歲，兒童的神經系統進一步發展，突出表現在大腦結構的完善和機能的進一步成熟上。
4. 幼兒的各種心理過程帶有明顯的具體形象性和不隨意性，抽象概括性和隨意性只是剛剛開始發展。
5. 幼兒社會性和道德的發展，其突出的一點是**情境性**，於是，**模仿**必然成為幼兒階段的一種明顯的特點。
6. 對於兒童遊戲的研究中，因不同學派持不同的學術觀點和解釋方式，所以必然產生不同的遊戲理論，例如經典的遊戲理論，精神分析學派的**遊戲理論補償說**，皮亞傑的遊戲理論，遊戲的**覺醒-尋求理論**，元交際理論等。
7. 從兒童行為的表現分類，可分為**語言遊戲**、**運動遊戲**、**想像遊戲**和**交往遊戲**，而**表演遊戲**則可以看作是以上這些遊戲的綜合形式。
8. 從兒童認知特點分類，可分為**練習性遊戲**、**象徵性遊戲**、**結構性遊戲**和**規則性遊戲**。
9. 從兒童社會性特點分類，可分為**獨自遊戲**、**平行遊戲**、**聯合遊戲**、**合作遊戲**和**旁觀遊戲**。
10. 從兒童創造性特點分類，有**累積型遊戲**、**幻想性遊戲**、**假定性遊戲**等。
11. 從幼兒教育方面分類，有**自發遊戲**和**教學遊戲**等。
12. 遊戲的各種特點，諸如遊戲的內容、形式、創造成分、種類、時間和參加的成員等，都是隨著幼兒年齡遞增而發展變化的。
13. 幼兒語言的發展，主要表現在語音、詞彙、語法結構、表達能力等方面以及外部、內部和書面三種言語的形式上。
14. 幼兒的詞彙發展，包括詞量、詞類和詞義三個方面的變化。
15. 幼兒言語表達能力的發展表現在各類句子的變化，句子的詞數進一步增加，口頭表達的順序性、完整性和邏輯性的發展，連貫性的表達能力的發展等諸方面。
16. 幼兒的認知屬於前運算階段，具有**相對具體性**、**不可逆性**、**自我中心性**和**刻板性**。
17. 思維的具體形象性是幼兒思維的主要特點。所謂**具體形象性的思維**，就是指兒童的思維主要是憑藉事物的具體形象或表象，而不是憑藉概念、判斷、推理來進行。
18. 幼兒視覺、聽覺在各種感覺的發展中愈來愈占有主要地位；幼兒時期知覺的發展主要表現在**空間知覺**、**時間知覺**及**觀察力**的發展上。
19. 幼兒的記憶，以不隨意**形象記憶**與**機械記憶**為主，不但易記易忘，而且記憶不精確。
20. 幼兒的**自我意識**幾乎是直線上升，其中四、五歲發展的速度最快，自我意識各因素的發生時間比較接近，但基本上是不同步的。
21. 幼兒的品德發展以**從他性**和**情境性**為主要特點。
22. 三歲以後，幼兒的**性別差異**更為明顯和穩固，有時甚至表現出對**性別角色**規定的過分遵從。幼兒行為的性別差主要表現在：(1) 對玩具、活動方式的選擇和偏好；(2) 對同伴的選擇及與之交往的特點。
23. 在整個幼兒期，父母仍然是兒童主要的交往對象，也是幼兒心理發展的最主要的重要他人。同時，生活範圍擴大也使同伴、教師逐漸成為幼兒生活中的重要交往對象。

建議參考資料

1. 皮亞傑 (吳福元譯，1980)：兒童心理學。北京市：商務印書館。
2. 朱智賢 (1962, 1979, 1993)：兒童心理學。北京市：人民教育出版社。
3. 朱智賢、林崇德 (1986)：思維發展心理學。北京市：北京師範大學出版社。
4. 高月梅、張 泓 (1993)：幼兒心理學。杭州市：浙江教育出版社。
5. 陳幗眉、沈德立 (1981)：幼兒心理學。石家莊市：河北人民出版社。
6. 劉 焱 (1988)：兒童遊戲的當代理論與研究。成都市：四川教育出版社。
7. Draper, T., Ganong, M. C., & Goodell, V. (1980). *See how they grow: Concepts in child development & parenting.* New York: Butterick.
8. Dworetzky, J. P. (1987). *Introduction to child development* (3rd ed.). New York: West.
9. Hall, E., Lamb , M., & Perlmutter, M. (1986). *Child psychology today* (2nd ed.). New York: Random House.
10. Hauert, C. A. (1990). *Developmental-motor and neuropsychological perspectives.* New York: Elsevier Science.

第六章

小學兒童的心理發展

本章內容細目

第一節　背起書包上學去
一、入學前的準備　289
　(一) 從幼兒到小學兒童
　(二) 入學的生理準備
　(三) 入學的心理準備
　(四) 初入學兒童的心理障礙
二、小學兒童的學習特點　296
　(一) 學習是小學兒童的主導活動
　(二) 小學兒童的學習動機
　(三) 小學兒童的學習態度
　(四) 小學兒童的學習能力
三、小學兒童的學習障礙　303
　(一) 小學兒童學習障礙的症狀
　(二) 學習障礙的鑑別與評定
　(三) 學習障礙的預防和矯治

第二節　具體運算期的小學生認知
一、思維的發展　310
　(一) 皮亞傑的具體運算階段思維
　(二) 小學兒童思維發展的特點
二、感知覺的發展　318
　(一) 小學兒童感知覺的發展
　(二) 小學兒童觀察力的發展

三、記憶的發展　321
　(一) 小學兒童的記憶特點
　(二) 小學兒童記憶策略的發展
　(三) 小學兒童的元記憶

第三節　小學兒童的社會性發展
一、道德的發展　331
　(一) 形成自覺運用道德規範的能力
　(二) 從協調步向分化
　(三) 自覺紀律的形成
　(四) 道德發展的關鍵年齡
二、自我意識的發展　336
　(一) 小學兒童自我意識發展的趨勢
　(二) 自我意識各因素的發展
三、社會關係的發展　344
　(一) 同伴的交往
　(二) 父母與兒童的關係
　(三) 師生關係

本章摘要

建議參考資料

小學兒童一般為六、七歲至十一、十二歲，這個時期是上小學的階段，這個階段又稱為**學齡兒童期**(或兒童期) (school childhood)。小學兒童心理的發展，顧名思義，主要是指小學生心理活動規律和特點。

小學生進入學校後，學習便成為他的**主導活動** (dominant activity)，促進了他們的心理過程和社會的全面發展，並呈現四個特點：(1) 小學生心理發展是迅速的，尤其是智力和思維能力；(2) 小學生心理發展是協調的，特別是在道德方面，這是人一生中道德品質發展最為協調的階段；(3) 小學生心理發展是開放的，他們經歷有限，內心世界不太複雜，所以顯得純真、直率，能將內心活動表露出來；(4) 小學生心理發展是可塑的，其發展變化具有較大的可塑性。

從幼兒到小學生，兒童的角色發生了巨大的改變，要適應這個新的角色他們必須在生理上、心理上做好入學的準備，生理上的準備主要是由他們自然的生理發展所提供；而心理上的準備，則包括學習態度、學習習慣、學習方法、學習能力、社會性能力等方面的準備。小學生的學習與幼兒的學習有著本質的區別。有的兒童因發育遲滯、習慣不良等原因而不能順利地完成學習活動，成為有學習障礙的兒童。小學階段的認知，一般屬於皮亞傑的具體運算階段。兒童的思維已具備可逆性，並逐步過渡到以抽象邏輯思維為主，但思維仍帶有很大的具體性。此外，小學兒童的感知覺、觀察力、記憶也都有相應的發展。在小學階段，兒童的道德從習俗水平向原則水平過渡，從依附性向自覺性過渡，逐步形成自覺運用道德規則的能力。這個時期道德發展比較平衡，顯示出以協調性為主的基本特點。兒童進入學校學習以後，他們的社會交往更為廣泛。同伴關係、師生關係、親子關係構成了小學生社會關係的主要內容。

本章討論小學兒童心理發展的趨勢，重點討論以下幾個問題：

1. 小學生入學前應有哪些準備，特別是心理上需要做些什麼準備。
2. 小學生的學習有哪些特點，如何克服他們的學習障礙。
3. 小學階段兒童的認知是怎樣發展的，有什麼樣的特點。
4. 小學階段兒童的道德是怎樣發展的，又有什麼樣的特點。
5. 小學生的社會關係有哪些表現，他們的社會交往特點是什麼。

第一節　背起書包上學去

兒童到了六、七歲，心理的發展已經具備了上學的條件，加上環境、家庭等影響，他們開始羨慕小學生的生活，羨慕新書本、新書包、新文具。簡言之，此時兒童主觀上具備了入學的需要和願望。

一、入學前的準備

兒童入學前的準備，包括生理與心理兩個方面。充分的入學準備，為兒童入學後的發展，能提供良好的起點；入學準備不足，可能給兒童帶來一定的學習障礙。

（一）　從幼兒到小學兒童

小學時期是兒童心理發展的重要時期，小學生的學習活動，與幼兒學習有著本質上的區別，因此從幼兒到小學生，在心理發展上也進入了一個嶄新的階段。

1. 狹義的學習與廣義的學習　廣義的**學習** (learning)，是指經驗的獲得及行為變化的過程。人自從降生以後不久，就能建立條件反射，改變個別行為。在人一生的整個生活過程和實踐過程中，也不斷地積累知識經驗，這種獲得、積累經驗的過程就是廣義的學習。

學生在學校裏進行的學習主要是指狹義的**學習** (study)，它是學生在教育環境中掌握系統科學文化知識和社會經驗的活動，也是一種有目的、有計畫、有系統的掌握知識技能和行為規範的活動，更是一種社會的義務。這種狹義的學習具有其本身的特點，學生學習的內容主要是以語言、文字或其他形式構成的間接經驗，學習過程是直接而簡短的。學生學習是在教師的指導下，按一定的教材有計畫、有目的地進行。在學習活動中，要求學生積極、主動地掌握和應用一定的**學習策略** (learning strategies)。

總之，廣義的學習從兒童出生開始並持續一生，而狹義的學習則是學齡兒童特有的學習形式。

2. 幼兒的學習與小學生的學習　　幼兒的學習主要屬於廣義的學習，他們的主要學習活動方式是遊戲。因此，幼兒學習主要是在遊戲中進行的，他們通過遊戲來模仿成人的活動，接受人類社會已有的知識經驗。學前階段的後期 (四至六歲)，在幼稚園的兒童開始學習上課，老師開始講一些最簡單的算術、自然方面的知識，教兒童識字等。這種學習與小學生的學習相接近，但幼兒的這種學習往往是在遊戲的形式中進行的，老師對他們的這種學習沒有嚴格要求，也沒有當做一種社會義務。

進入學校以後，學習活動立刻就成為小學生的主導活動。所謂**主導活動** (dominant activity)，主要是指在人類各個發展階段中，影響和支配其他活動並決定其心理發展的活動。不同發展階段的主導活動雖有一定的連續性，但相互間有著質的區別。雖然低年級學生的學習過程中還包含有遊戲的成分，但這主要是為了學習，而且隨著年級的增高，這種遊戲成分也逐漸減少。就小學生而言，學習已經成為他們必須完成的一種社會義務，他們必須遵守課堂紀律，認真聽講，完成作業，復習功課，並參加考試以獲得對其學習成績的評價。他們不僅要學習自己感興趣的內容，也必須學習自己不太感興趣的內容，這種學習帶有一定的強迫性。

(二) 入學的生理準備

學前期的生長發育為兒童進入學校做好了生理的準備；入學後，兒童的生理發展仍在平穩而持續地進行，尤其是以大腦為核心的神經系統的發展為其順利地完成在各個年級的學習、生活奠定了生理的基礎。

身高和體重是衡量兒童生理發展狀況的重要指標，其標誌著內部器官和相應系統，如呼吸、運動系統的發育，從出生到成熟，身高與體重的增長會出現兩次高峰期，一次在出生後的第一、二年，另一次為青春期。小學階段正好在這兩個高峰期間，兒童身高年增長 4～5 厘米，體重年增加 1.5～2.5 公斤，是相對平穩的過渡期 (李丹，1987)。

在生理發展中，神經系統的發展與心理的發展有著最為密切的聯繫。小學兒童大腦的發展狀況，是這一階段神經系統發展的集中體現。下面分別說明大腦結構和大腦機能的發展。

1. 大腦結構的發展　剛出生的新生兒，大腦皮層表面較平滑，溝回表淺、稀疏，構造簡單，重量僅有 390 克，為成人腦重的 25%。以後，大腦神經細胞的胞體膨大，神經細胞的突觸數量和長度增加，神經纖維深入到皮層各層，將各層緊密地聯繫起來。隨著神經細胞結構的複雜化和神經纖維的伸長，兒童的腦重逐漸增加，到六、七歲時達到 1280 克，為成人腦重的 90%；九歲時約為 1350 克；十二歲時約為 1400 克，達到了成人的平均腦重量。

小學階段，兒童大腦的大部分都在不斷地增大，其中體積增大最為明顯的皮層部位是**額葉** (frontal lobe)。現代生理心理學的大量研究表明，額葉與人類的記憶、抑制、思維等高級心理過程有著密切的聯繫。從人類的種系發展過程看來，額葉增大是現代人類和作為人類祖先的類人猿在腦解剖結構上的重大區別之一。大陸心理學工作者對兒童腦發展的研究（劉世熠，1962）也表明：額葉是腦皮層中最晚成熟的部位。因此，在小學階段，兒童額葉的顯著增大，在其高級神經活動上，有重大的意義。

2. 大腦機能的發展　小學兒童所有皮層傳導通路的神經纖維，在六歲末時幾乎都已髓鞘化。這時的神經纖維具有良好的"絕緣性"，可以按一定的道路迅速傳導神經興奮，極大地提高了神經傳導的準確性。在小學階段，神經纖維還從不同方向越來越多地深入到皮層各層，在長度上也有較大的增長。除了神經纖維的發展，小學兒童腦皮層神經細胞的體積也在增大，突觸的數量日益豐富，它們的發展共同決定了小學兒童大腦機能的完善。

(1) **興奮和抑制機能的發展**：興奮過程和抑制過程是高級神經活動的基本機能，小學兒童的這兩種機能都有進一步增強。大腦興奮機能的增強，可以從兒童醒著的時間較多這一事實看出來。新生兒每日需要的睡眠時間平均為 22 個小時，三歲兒童每日平均為 14 小時，七歲兒童降為每日平均 11 個小時，到十二歲時，每日只需 9～10 小時就足夠了。在皮層抑制方面，兒童約從四歲開始，內抑制就蓬勃發展起來。兒童在其生活條件的要求下，特別是言語的不斷發展，促進了內抑制機能的進一步發展，從而能更細緻地分析綜合外界事物，並且更善於調節控制自己的行為。

當然，與青少年或成人相比，小學兒童大腦興奮與抑制的平衡性較差，興奮強於抑制，要求兒童過分的興奮或抑制都會產生不良後果。過分的興奮容易誘發疲勞，例如學習負擔過重，作業量太大，兒童連續長時間地用腦，致使大腦超負荷地興奮，長此以往，會使興奮與抑制過程、第一與第二信號系統間的正常關係遭到破壞（波加琴科，1956）。同樣地，過分的抑制會引發不必要的興奮，也讓兒童難以忍受。例如，要求小學低年級兒童學習他們既不能理解又毫無興趣的內容，堅持不了多久，兒童必然會變得煩躁不安，亂動起來。

(2) **條件反射的發展**　皮層抑制機能是大腦機能發展的重要標誌之一，**抑制性條件反射**（或抑制性制約反射）(inhibitory conditional reflect) 係因條件刺激的出現而致使個體反應減弱的現象，對兒童來說有很大意義。抑制性條件反射加強了兒童心理的穩定性，提高了兒童對外界環境的適應能力。小學兒童由於神經系統結構的發展，及第二信號系統的發展，特別是由於學校生活有要求（要求兒童上課坐好、安靜聽講，守紀律、不亂動等），所以更快地形成各種抑制性的條件反射，而且一旦形成，就很鞏固，從而使兒童能夠更好地對刺激物（如學習內容）加以精確的分析，並能更好地支配自己的行為。

(三) 入學的心理準備

兒童入學前學習的準備，除了物質準備（如準備學習用具、學習空間等）、生理準備（如行走動作、手的動作能力等）外，還有心理上的準備，主要包括以下幾個方面：

1. 學習態度的準備　一般來説，成為小學生，坐在教室裏學習、背著書包上學，是令兒童感到興奮、自豪和嚮往的。因此開學的時候，他們早早地起來，背上書包，來到學校，在課堂上認真聽講，力求更好地完成教師的要求，但這並不表明兒童已形成對待學習的正確態度。

事實上，初入學兒童對學習的態度是各種各樣的，易受學校外表形象的吸引，如學校的校舍、桌椅、很多同學在一起等；有的兒童還把學習與遊戲混為一談，認為想學習就學習，不喜歡就不學習等等。

為了使兒童入學後，能熱愛學習，對學習有嚴肅認真的負責態度，在入學前就要培養兒童熱愛學校生活，尊敬老師，端正兒童的學習動機，培養學習興趣。在入學時要儘可能讓兒童了解和熟悉學校生活，幫助、指導他們處理和解決各種可能出現的問題和困難，儘量減少兒童進入新環境時產生的心理緊張。入學後，教師應採取積極的辦法有系統地進行教育工作，用生動的事例鼓勵兒童學習，啟發他們的學習興趣，引導兒童參加班集體的生活，幫助他們將學習和遊戲區分開來，認真對待學習，形成對待學習的負責態度。

當然，正確的學習態度的形成是整個學齡期的任務，需要兒童在長期的學習實踐中逐漸提高和發展。

2. 學習習慣的準備　培養兒童良好的學習習慣，可以使兒童很快很好地適應學校生活。入學前，首先要幫助兒童養成有規律的生活習慣，以使兒童能在入學後較快地適應學校的作息制度。學校生活與幼稚園生活不同，學校的上下課時間要求嚴格，不能隨便遲到早退，當天作業必須當天完成。因此，兒童必須培養良好的生活習慣，按時起床，按時上學，按時完成作業，就不會使兒童對學校生活感到為難。其次，必須培養兒童愛護物品，做事有條有理的習慣，讓兒童學會自己收拾整理用具。第三，要培養兒童守紀律、愛整潔的習慣。

從進入學校的第一天起，教師就要著手培養兒童形成良好的學習習慣。因為兒童剛進入新環境，對教師充滿著信任和尊敬，願意按老師的指示去行動，同時兒童往往還沒建立學習的雛形，所以小學低年級是培養兒童學習習慣的重要時期。首先，要教會兒童如何聽課，上課時怎樣使用眼、耳、口、手等器官；其次，要求兒童遵守學校中的學習規則和組織紀律，如聽到鈴聲必須進教室，上課時不許隨便說話、有小動作等等；再次，幫助兒童形成良好的學習習慣，如嚴格訓練兒童握筆的方式、坐的姿勢、書寫的筆順等，要求兒童說話清楚、完整、有條理；第四，教會學生如何預習、復習、閱讀、心算等，培養兒童認真學習，積極思考等優良的學習品質；最後，教師要耐心訓練指導，對初入學兒童提出具體要求，長期堅持，逐步提高要求，使學生逐步養成良好的學習習慣。

3. 學習方法的準備　剛入學的兒童往往缺乏良好的學習方法，他們習慣於直接的記憶、背誦，理解概念非常具體，缺乏抽象概括能力。例如在學習計算時，習慣於手指計算、逐一計算，而不會口算或心算；學習語文時，習慣於順序背誦，還不善於歸納復述，不善於獨立思考。這主要是因為剛入學的兒童還保留著學前兒童的許多特點，因此需要教師在這方面特別加強指導。首先，引導兒童不但注意學習的結果，還要注意學習方法、學習過程是否正確；其次，教導兒童針對不同的學習活動採取相應的學習方法，如訓練兒童聽課、書寫、做作業的技能，心算、識字、閱讀和記憶的方法等；最後則是啟發、鼓勵兒童積極思考、克服困難。

4. 學習能力的準備　在幼兒晚期，兒童的認知能力已經得到較大的發展，積極培養和促進兒童認知能力的發展水平，是幫助兒童順利過渡到學齡期的一個重要條件。兒童認知能力的發展應該達到在老師和家長的幫助下，能逐步完成學校的各項學習任務的水平。為此，在兒童入學前應該注意訓練兒童的認知能力：(1) 培養兒童的語言能力，訓練兒童基本上掌握口頭語言的交際能力，使他們的語言表達能力有較好的發展，為小學的語言學習打下良好的基礎；(2) 發展感知能力，提高觀察水平，以適應學校教學的要求；(3) 訓練兒童注意、記憶的隨意性和穩定性，為學校學習準備必要的條件；(4) 充分發展兒童的具體形象思維，促進抽象邏輯思維能力的初步發展，培養兒童的想像力與創造性，為入學後的各科知識的學習打下心理基礎。

5. 社會性能力的準備　社會性能力的發展也是兒童順利完成學校中的各種活動的一個基本條件。社會性能力包括了那些與他人、與周圍環境交互作用所需要的各種心理條件。

兒童一出生就處在社會生活環境中，不斷接受各種社會化刺激，他們的社會性能力也會逐步發展起來。

為了能較好地適應學校生活，兒童在入學時應具有一定的社會性能力：(1) 兒童應具備一定的自主能力，包括生活上的自理能力和獨立完成活動的能力；(2) 兒童應具備一定的情緒情感表現力，幫助兒童發展情緒的控制調節能力，為兒童入學以後服從集體的需要，發展更加穩定高級的情感打下基礎；(3) 發展兒童的意志力，使兒童的各種意志品質開始形成，如自覺性、堅持性、自我控制能力等。這為兒童遵守學校的各種規則，完成學習任務、形成良好道德品質提供新的條件；(4) 具備一定的交往能力，為兒童參加學校群體生活做好準備。

(四) 初入學兒童的心理障礙

如前所述，進入學校學習是兒童生活的一個重大轉折。新的環境、新的要求、新的活動都可能引起一定的緊張，出現一些心理上的問題，特別是當兒童沒有做好入學的心理準備時，更可能引起他們的**焦慮** (anxiety) 和不良反應。初入學兒童常見的心理問題，一般表現在對待學校的態度、學習及其與同學、老師以及家長的關係上。

1. 對學校的消極態度 大多數兒童在上學以前都會對學校生活產生嚮往與好奇心，但有些兒童也會很快表現出對學校的**消極態度**(negative attitude)，如不願去學校，甚至藉口身體不適來達到逃學的目的。

造成這種消極態度的原因是多方面的。首先，可能是由於理想中的學校與現實中的學校不符所引起的。如果在入學前給兒童不實際、不客觀地介紹學校生活，兒童進入學校後就會感到這種學校生活不如想像的好，從而對現實的學校產生厭煩的態度；其次，與家人的分離焦慮可能是引起兒童對學校採消極態度的另一個原因，特別是那些在家庭中過分受寵，有強烈依賴性的兒童，或者是那些家庭不和睦的兒童，更有可能因此而害怕上學；第三，入學後不能立即適應學校生活，在學習生活中遭受挫折，體驗過多失敗感，這樣的兒童也往往不願意去學校。

2. 學習障礙 有相當一部分兒童在入學後表現或多或少的學習困難現象，這種學習困難可能是由於缺乏良好的學習習慣、學習方式，缺乏學習積極性所引起的；也可能是由於在言語、算術等方面存在學習障礙而導致的。

關於**學習障礙**，我們將在本節第三部分做專門論述。

3. 交往障礙 **交往障礙**(intercourse disabilities) 主要指兒童在與老師、同學、家長關係上發生的問題，或者在集體中的適應不良等問題。

兒童入學後表現的交往障礙，一方面表現為兒童不善於與同學進行正常的交往；他們或者蠻橫不講道理，或者孤僻冷漠，他們在集體中往往受到同伴的拒絕或排擠。另一方面則表現為兒童不能適應集體生活，缺乏責任感，不能控制個人欲望，經常擾亂集體秩序，他們常因此受到集體輿論的譴責。

兒童產生這些不良交往的問題，主要原因在於家庭影響。俞國良研究表明 (1994) 家長對兒童的嬌慣、庇護或粗暴、過分干涉等不良教養方式，都可能是造成兒童行為問題的主要原因。

一般來說，初入學兒童只要在成人的正確引導和幫助下，都可以迅速適應學校學習生活，上述的種種心理問題大多可以在短期內消除。

二、小學兒童的學習特點

小學生入學後,正規的學習成為他們的主要生活,這對他們心理發展產生很大的促進作用。小學生的學習是在有計畫、有目的、有組織的指導下進行的,不同於幼兒隨心所欲的學習而帶有一定的強制性,新的學習要求促使兒童在學習動機,學習態度和學習能力上都體現出新的特色。

(一) 學習是小學兒童的主導活動

從小學兒童入學開始,學習成為學生的主導活動,就像遊戲是幼兒的主導活動,工作是成人的主導活動一樣。

1. 學習的社會性要求 學習 (learning) 是一種社會活動。社會對學生的要求是通過學校的各項要求得以貫徹落實。在學習過程中,學生必須系統地掌握知識技能,養成適合社會需求的人格品質;而群體的輿論又控制、監督和調節著每一個群體成員的行為;學生不僅要學習自己感興趣的東西,而且還要學習自己雖不感興趣但必須學習的東西。也就是說,學習不但具有社會性、目的性和系統性,而且從某種意義上講,更還帶有強制性。總之,小學生進入學校從事正規、有系統的學習,學習逐步成為他們的主導活動,從而使小學階段成為兒童心理發展的一個重大轉折時期。

2. 教學的要求 小學教學的內容主要是進行基本知識和常識教學。它的特點是引導小學生逐步掌握書面語言和由具體形象思維向抽象邏輯思維的過渡。語文和數學兩科是小學教學中的最主要科目,下面以這兩科為例說明小學教學的要求。

小學的語文教學,在幫助學生逐步掌握書面語言,促進他們抽象邏輯思維的發展方面產生了特別重要的作用。言語是思維的工具。從小學開始,語言,特別是書面言語成為學生學習的專門對象。小學生通過識字、閱讀、作文,掌握書面言語,擴大知識範圍,從而為他們進一步掌握人類知識經驗開闢了廣闊的道路,也為他們發展抽象邏輯思維提供了物質基礎。

小學數學教學,在發展書面言語和智力中發揮了重要的作用。數學是智力尤其是思維能力的體操。小學生對數學的系統學習,逐步掌握運算規則,他們不但要去思考、解決各種問題,特別是應用題,而且要逐步學會如何去思考,如何發現事物的本質聯繫。他們不但要去記住那些公式、定理,而且還要逐步學會如何去識記和熟記,以便記得更好些。這就促使小學生在掌握數學概念與運算能力的過程中,發展各種心理過程的有意性和自覺性,如有意知覺 (觀察)、有意注意、有意記憶和有意想像;發展各種智慧能力,如概括能力、空間思維能力、命題 (判斷) 能力和推理證明能力;發展各種思維品質,如敏捷性、靈活性、深刻性和獨創性等。

除語文、數學兩科外,自然常識、歷史、地理、音樂、體育、美術、道德等學科的教學,對小學生逐步掌握書面言語和向抽象思維過渡,都具有很大影響。儘管小學生邏輯思維的發展是初步的,但它為以後乃至終生掌握一定體系的科學知識奠定基礎。

3. 學校群體生活的要求 小學生入學後的學習,是在學校群體生活中進行的。小學生有意識地參加群體生活,這對其人格、社會性和道德的發展有重大的作用。

人格、社會性和道德的發展往往會因群體的不同而存在著差異。這裏的**群體** (或**團體**) (group) 有廣義和狹義之分。廣義的群體,是指整個社會文化背景;而狹義的群體,主要指各種團體。

學校群體 (或**學校團體**) (school group) 是一種正規的團體,它與人們偶然的集合不同,具有以下幾個特徵:第一,有明確的共同目的以及由此而產生的共同行動。每一個集體成員都為共同的任務而行動,彼此互相關心,互相督促;第二,有統一領導;第三,有共同的紀律。每一個成員都要能使自己的意志服從於集體意志,使自己的利益服從於集體的利益;第四,有共同的輿論。輿論是群體形成的重要標誌。

小學生從入學的時候起,就要使他意識到自己和群體的關係,也要使他意識到自己的義務和權利。"小學生"的稱號,意味著他們開始成為參加社會集體活動的成員。這進一步改變他們在家庭和社會的地位,改變他們和周圍人們的關係。

進入學校以後,學生與其周圍的人形成了新的關係,在這種新關係以及集體生活和集體意識的不斷發展的基礎上,形成和發展了新的人格品質,發展了意志和性格,發展了友誼和同學關係,發展了良好的道德品質。

當然,集體形成的水平取決於學校教育,也取決於教師的工作。

(二) 小學兒童的學習動機

學習活動一般是由**學習動機**(learning motivation)引起的。學習動機在學習中發揮著兩種功能,一是**喚醒功能**(或激發功能)(arousing function),二是**指向功能**(或方向功能)(directing function)。使其成為激發並維持學習活動以達到學習目標的動因和力量。其中學習興趣是學習動機中最活躍的因素。學生的學習動機是複雜的,它是一種多層次的系統。學生的學習活動是由於這個系統內部進行著一系列的動機鬥爭(心理內在衝突),且其中有一種動機起主導作用而引起的。如果說學習動機控制和調節著學生的學習活動的話,那麼這種主導的學習動機,往往決定或支配著一定時期學生的學習活動。

小學生的學習動機特點主要表現在主導的學習動機和學習興趣兩方面。

1. 小學兒童的主導學習動機的特點　我們曾調查(林崇德等,1983)中小學生的學習動機,從主導動機上大致可以分為四種:

第一種,為得到好分數,不想落人後,或為了得到家長和教師的表揚,為了得到獎勵而努力學習。這一種學習動機是直接與學習活動本身相聯繫的動機。

第二種,為履行學校群體交給自己的任務,或為學校群體爭光而學習。

第三種,為個人前途、理想,為升學,甚至為自己的出路和未來幸福而奮發讀書。

第四種,為國家、社會的發展、人類的意義等而勤奮學習。

相對於第一種主導學習動機來說,後三種主導學習動機是與社會意義相聯繫的,而成為遠大的學習動機。這四種不同的主導學習動機,也隨著不同的年齡階段和教育的不同程度而發生變化。調查發現,整個小學階段,主導的學習動機是第一和第二種。低年級以第一種學習動機居多。由此可見,小學生一般還不善於把學習與社會需要聯繫起來,也缺乏深遠的學習動機,他們的學習動機往往與學習活動直接聯繫在一起。

2. 小學兒童學習興趣的特點　**興趣**(interest)是一種力求探究某種事物,並帶有強烈情緒色彩的心理傾向。興趣推動人們去探究新的知識,發展新的能力。學習興趣是在學習活動中產生的,是學習動機中最現實的和最活躍的因素，它使學習活動變得積極、主動，並富有成效。

學習興趣 (learning interest) 可分為直接興趣和間接興趣。**直接興趣** (direct interest) 是由客觀事物或學習活動本身所引起，比如喜歡做算術題、喜歡寫字、喜歡畫畫等；**間接興趣** (indirect interest) 則是對活動結果感興趣，如父母的獎賞、老師的表揚、掌握知識、發展能力等等。對小學生來說，相對強烈、對比鮮明、連續或富有新異性的刺激往往易引起他們的直接興趣，而對活動的目的與任務或活動結果的意義與價值的理解則往往能夠激發他們的間接興趣。

激發小學生的學習興趣是促使小學生積極地進行學習的重要手段。只有讓小學生對學習活動產生濃厚的興趣，學習才不會成為他們的沉重負擔，才能使小學生能夠愉快地、主動地投入到學習活動中去。

隨著教師的教育影響，知識經驗的不斷發展，學生在學習活動的實踐過程中，學習興趣也在不斷發展變化。表現出如下的基本特點：

(1) **學習興趣的深化**：在整個小學時期內，最初，小學生對學習的過程和學習的外部活動更感興趣；以後，逐漸對學習的內容或需要獨立思考的學習作業更感興趣，如背書包去上學，在課堂上一會兒念書，一會兒寫字，一會兒做算術題。這時他們往往還不太會考慮為什麼要學、學習的內容和結果如何，因此，教師往往可以利用低年級學生對學習形式的變化感興趣的這一特點，巧妙地圍繞教學內容變化學習過程以激發他們的學習興趣。在正確的教育影響下，兒童逐漸掌握了一些基本學習技能，開始重視學習結果和學習內容。從三年級起，兒童開始喜歡比較新穎的、需要開始動腦筋獨立思考的學習內容。因此，在這個時期，教師應特別重視向學生解釋學習內容，恰如其分地評價他們的學習結果，鼓勵他們在學習活動中發揮獨立性和創造性。

(2) **學習興趣的分化**：小學兒童的學習興趣從不分化到逐漸對各個不同學科內容產生初步的分化性興趣。剛入學的兒童通常還沒有表現出明顯的學科興趣。調查表明，小學兒童的學科興趣的分化時間一般從三年級開始。但是小學生的這種對學科的選擇性興趣還很不穩定，極易產生變化。引起小學生學科興趣分化的原因是多方面的，客觀原因主要是教師的教學水平，主觀原因則主要是學生覺得該學科是否有用和需要動腦子。

(3) **學習興趣的抽象化**：在整個小學時期內，對有關具體事實和經驗較有興趣，及有關抽象的因果關係的興趣在初步發展著。小學生最感興趣的是具體的事實和實際活動；例如，閱讀故事、小說之類的材料，進行體育活動等。從中年級開始，兒童才逐漸對反映事物間的因果關係的較抽象的知識產生初步的興趣。例如，簡單的自然現象和社會現象的因果關係、初步的運算規律、文藝作品的意義及其中人物的內心體驗等。

(4) **學習興趣的專門化**：低年級兒童對通過遊戲的方式進行學習的活動感興趣；中年級以後，遊戲因素在兒童興趣上的作用逐漸降低，並開始對學習這種專門的活動感興趣。這反映了兒童從學前期的學習向學齡期的學習轉化的特點。

(5) **學習興趣的廣泛化**：小學生的學習興趣日益豐富，下面以其對閱讀的興趣，在社會生活方面的興趣為例，可窺一斑。兒童閱讀的興趣，一般從課內閱讀發展到課外閱讀，從童話故事、文藝作品進而發展到科幻讀物。在閱讀過程中，小學生對讀物中的人物有強烈的模仿傾向。

小學兒童在社會生活方面的興趣隨年齡增長而逐步擴大和加深。

(三) 小學兒童的學習態度

心理學家認為，小學時期是學習態度初步形成的時期。

所謂**態度** (attitude) 是指個體對某一對象所持的評價和行為傾向，是由認知、情感與意向三因素構成的比較持久穩定的個體內在結構，也是調節外部刺激與個體反應之間的中介因素。態度可以是肯定的或是否定的，積極的或消極的，正確的或錯誤的。一個人持什麼樣的**學習態度** (learning attitude) 往往與其立場、需要直接相關。

在小學兒童的學習態度中，與其學習活動密切相關，且對學習效果有重要影響的態度包括以下四種：

1. 對教師的態度　低年級小學生無條件地信任和服從教師，他們對教師懷有一種特殊的尊敬和依戀之情，教師具有絕對權威。因此，在此時期，教師對待兒童的態度是影響學生學習態度的主要因素。

從中年級開始，小學生逐漸以選擇、批評的態度來對待老師。只有那些思想作風好、教學水平高、對兒童耐心、公平的教師才能贏得兒童的尊敬和信任，兒童也更願意接受這些老師的教育。

總之，教師親切而機智的關懷，與小學生建立相互信任的良好關係，獲得小學生的信任與尊敬。這對於培養小學生良好的學習態度是十分有益的。

2. 對班集體的態度　　小學時期是兒童開始形成**同伴群體**(或同儕團體)(peer group) 的時期，兒童開始產生了交往與歸屬的需要，因此，這是培養兒童正確的集體觀念和形成良好的集體關係的重要時期。

　　班集體的形成是形成兒童對學習的自覺負責態度的重要條件。剛入學的兒童還沒有形成真正的群體關係。這時候的班集體只是一個鬆散的編湊在一起的團體，兒童之間也還沒有形成穩定的關係。在教學的影響和教師的組織和幫助下，小學生與同學之間建立相互關心、相互幫助的關係，在此基礎上才逐漸發展成具有明確的統一目標和形成一定輿論的最初的集體。從小學中年級起，小學生初步開始了比較有組織的自覺班集體生活，初步形成集體的觀念，明確意識到自己是班集體中的一員，逐步把集體的要求當作是自己的要求，把集體的榮譽當作自己的榮譽，服從集體的要求，完成集體所交給的任務。與此同時，群體輿論的影響開始發揮作用，兒童開始意識到要以優良的成績和行為取得班集體的肯定評價。

3. 對作業的態度　　小學生學習態度發展的一個重要方面就是形成對作業認真負責的態度。剛入學兒童還沒有把作業看成是學習的重要組成部分，有時能按時完成作業，有時可能因貪玩而沒完成作業。隨著教師的教育和引導，小學生對作業的態度進一步發展起來，他們逐漸學會安排一定時間來完成作業，能夠自覺停止其他活動，準備功課，同時他們開始能按一定順序來完成作業，如先寫生字，再做算術題，而不是東摸一把，西摸一下。另外，他們也逐漸學會按老師的要求集中精力細心地完成作業。

4. 對評分的態度　　進入小學以後，兒童就要經常接受各種分數評定，這些評分對兒童的心理發展起著重要作用，這種作用是要通過兒童對評分的態度而產生影響的。

　　一般而言，評分被視為反映學生學習成績的一個客觀指標。低年級兒童已逐漸理解分數的客觀意義，但是他們常把分數意義絕對化。例如，他們認為只有高分才是好學生，得到好分數就能獲得教師和父母的獎勵。從中年級起，兒童逐漸理解分數的客觀意義，並樹立對分數的正確態度，開始了解分數代表學習的結果，及完成學習任務的情況，同時把優良的分數理解為學生對本身職責具有忠誠態度，並且高質量地完成本身職責的客觀表現。

　　學生對分數的態度，在很大程度上受父母和教師對分數態度的影響。因此，教育者首先要正確認識評分的意義，對學生獲得的分數持積極的態度，切不可以挖苦、諷刺、打擊等消極態度對待得低分的學生，也不應對得高分的學生給予不切實際的稱讚和表揚。對待分數的不客觀、不正確態度可能會影響學生的學習積極性，導致其錯誤學習態度的形成。

(四) 小學兒童的學習能力

決定小學生在學校中成功地進行學習的因素，主要包括兩方面：一個是兒童學習的積極性，包括學習動機、學習興趣、學習態度等，另一個則是兒童學習的能力。這兩個因素是相互依賴、不可割離的。

1. 學習能力來由 小學生的**學習能力** (learning ability) 是在教學的影響下逐漸發展起來的。初入學的兒童一般還不善於進行真正的學習活動，他們仍然把學習與遊戲或實際活動混在一起，教師必須耐心地、循序漸進地培養兒童學會把學習當做一種有目的、有系統的獨立活動來對待。為此，在教學活動中必須著重發展兒童心理的有意性和自覺性，培養兒童獨立思考和獨立工作的能力，並幫助兒童逐步學會有關的學習方法，逐步形成有關的學習能力。

2. 小學生在學習中智力活動變化 小學生學習能力發展的關鍵是學會進行智力活動。研究（朱智賢，1962）指出，在教學中兒童智力活動的一般形成過程包括五個階段：(1) 了解當前活動的階段，如聽老師講解或演示來獲得一般表象和初步了解；(2) 運用各種實物來完成活動的階段，如用石頭或小棍完成計算活動；(3) 有外部言語參加的、依靠表象來完成活動的階段，如兒童一面說一面在腦子裏進行計算（口算）；(4) 只靠內部言語參加而在腦子裏完成活動的階段，如進行心算；(5) 智力活動過程的簡約化階段。當多次進行某一智力活動之後，這一智力活動的各個階段就逐漸簡約化，省去某些階段，以高速度進行。這樣，這一智力活動的能力便初步形成了。

3. 學習落後的原因 有些小學生在學習上的落後，常是由於其在智力活動過程中，缺少某一階段或某一階段的活動進行得不夠充分而引起的。例如，在教兒童演算時，如果從實物演算直接過渡到心算，常會使有些兒童的學習產生困難，而當實驗者補充了被省略的中間階段，即讓兒童在實物演算之後，再讓兒童不看實物而只憑腦子裏所留下的實物表象來進行演算，同時伴隨著大聲言語，這些兒童學習落後的狀況很快就改變了。為了順利地進行智力活動，需要學生多方面能力如觀察力、注意力、記憶力、理解力、創造力、想像力、意志力等等的組合。只有努力促進上述各種能力的發展，並綜合地利用它們，才能提高小學生的學習能力。

三、小學兒童的學習障礙

當兒童剛進入學校學習時，兒童本人、他的教師與家長都希望他能夠順利地適應學校生活，在學習活動中取得優良的成績，但這美好的願望並不是都能實現，有些兒童不能適應學校的生活，出現學習困難，這就是所謂的學習障礙兒童。那麼，究竟什麼是兒童學習障礙，至今尚無確切的定義。實際上，人們常常使用許多與之相混淆的術語，如學習困難、學習缺陷、學習不良等。另一方面，學習障礙所描述的大量情況也很難確切地予以定義，如活動過度、學習無能、腦功能失調、輕度腦損傷、知覺缺陷、朗讀困難。

美國特殊教育專家柯克 (Kirk, 1963) 提出了**學習障礙** (learning disabilities) 的概念，認為這是指那些能聽又無顯著的智力缺陷，然而，在行為與心理上表現出相當的偏差，以至於無法良好地適應家庭生活，且在學校中靠通常的教育方法未能有效學習的兒童。

美國聯邦教育署全國障礙兒童專家委員會於 1981 年給學習障礙下的定義是：

> 兒童在理解或應用語言的基礎心理過程上，表現出一種或多種的異常狀態，以致在聽、講、思考、說話、閱讀、書寫或計算時顯得能力不足，這些異常就像有知覺障礙、腦傷、大腦功能輕微失調、閱讀缺陷、失語症的情況一樣，但此障礙不包括因視覺、聽覺或運動障礙、智力不足、情緒困擾以及由文化、經濟、或教學環境不利因素所導致學習障礙的兒童在內。(Kirk, et al., 1981)

這一定義雖然已被美國許多州稍加修改後接受，但並不是所有的協會都對此定義感到滿意。美國幾個關於兒童學習障礙的學會共同擬定的定義是：

> 學習障礙係指在求知、聽講、說話、閱讀、寫字、推理和算術能力上出現重大困難的一群不同性質學習困難者的通稱，其困難一般認

為是中樞神經系統的功能異常,即是由一個人的內在因素所導致。雖然某種學習缺陷也可以與其他障礙 (如感官損傷、智能不足或情緒困擾) 同時存在,或是由於環境 (如文化差異、教育方法問題、處境不良) 的影響,它卻不是因此狀況或影響所直接促成的。
(王耘等,1993,370 頁)

迄今為止,關於學習障礙的定義還有許多分歧,但許多人都同意學習障礙具有四個特徵:(1) 差異性。兒童的實際行為與所期望的行為之間有顯著的差異;(2) 缺陷性。學習障礙兒童有特殊的行動障礙;(3) 集中性。學習障礙兒童的缺陷往往集中在包括了語言或算術的基本心理過程,因此,常常在學習、思考、說話、閱讀、寫作、拼寫或算術等方面出現障礙;(4) 排除性。學習障礙的問題不是由聽力、視力或普通的心理發育遲緩問題引起的,也不是由情緒問題或缺乏學習機會引起的。在美國,40% 以上所有接受特殊教育的學生被認為有學習障礙,約占所有學校兒童總數的 4%。小學二、三年級為發病的高峰年齡,一般是男多於女。

從上述資料可知學習障礙在小學兒童中有較高的發生率,所以對有學習障礙的兒童即時診斷,矯治及預防都具有極大的現實意義。為此,有必要對學習障礙的症狀、鑑定方法及防治措施加以了解。

(一) 小學兒童學習障礙的症狀

醫學界把學習障礙看成是一組症狀,表現出各種疾患:(1) **兒童多動症** (children hyperkinetic syndrome):其特徵為注意渙散難以集中,在不適當的場合過多活動,衝動任性,伴有學習困難,其智力正常或接近正常;(2) **特殊能力發育遲緩** (special ability developmental lag):智力正常或接近正常,閱讀能力和運算能力明顯下降,凡涉及這兩方面能力的學習,其成績顯著低於實際水平;(3) **發育遲緩** (developmental lag):由於某種疾病引起的衰弱狀態,學習易疲勞,不能專心於功課,記憶力下降,或為發育動作型,即從學齡前過渡到學齡期,比正常兒童費時要長,其活動仍以玩為主,學習易疲勞,學習成績普遍低下,而非某一單科困難;(4) **品行障礙** (conduct disorder):在家裏或學校經常說謊,有偷竊行為,經常逃學,到處遊逛,和父母不能建立正常的感情,有強烈的逆反心理,有明顯的學習困難。麥金納 (Mckinney, 1989) 認為,品行障礙與注意缺陷有發展上的聯繫,都是以後學習成績更差和適應性不良的早期高危險因素。

儘管學習障礙有各種各樣的症狀表現，但從心理學角度來說，大致表現為三個方面：

1. 感知、思維和語言 學習障礙兒童在感知、思維和語言方面存在明顯的障礙，如：(1) 視覺記憶受損。回憶形狀或字詞有困難（例如，這種兒童常把 41 寫成 14，把 b 寫成 p，把天寫成夫），不能分清大與小、早與晚、顏色、名稱等；(2) 有空間定向障礙。這些兒童在分辨上下、左右、高低、裏外、進出或分聚等方面有困難，算術運算時有各種錯誤，有時能作加減，不能作乘除、能心算，不能筆算等。他們不能在某些背景上識別字或圖形，也不能鑑別一個字是否反轉或倒轉；(3) 聽覺辨別能力很差。如不能區別兵與拚，不能區別近似的聲母或韻母，對長於 5～6 個詞的句子不能重復。在聲音的混合、聲音的記憶和聲音的分辨等方面有障礙；(4) 信息加工過程有障礙。他們有時能理解所聽到的事，但不能抓住對他們所講的全部內容，不能很快進行信息加工，有時只知道局部，不了解整體；(5) 缺乏應變能力。不善於遷移，不能以新的方式從事新的活動。

語言障礙 (language disorder) 往往是學習障礙的一個重要症狀，關於學習障礙的各種定義都明確指出了這一點。對學習障礙兒童的實驗和臨床研究也發現，學習障礙兒童有各種語言和言語加工的障礙，如在發聲和發音系統、語法或句法、詞彙或語義、會話交流等方面有各種障礙。學前階段最常見的學習特殊障礙就是語言失調。有語言障礙的兒童不會說話，或不能對口頭陳述或指令做出適當的反應。學習障礙常常是學前期的語言和言語障礙的進一步延續。

思維障礙與語言障礙有密切關係，有研究發現，被安排到口頭語言障礙班級的兒童儘管表達能力和運動能力均相對正常，但其聽覺接受能力和語言表達能力不足，尤其是聽覺聯想、語法完整性和內部語言方面最為困難。

有學習障礙的兒童往往難以用語言表達思想，其社會交往能力較差，常常對人際關係產生錯誤的理解，對社會交往採取迴避、不介入的態度。

2. 行為、情緒和社會性 行為和情緒障礙也是學習障礙兒童的主要症狀。一些調查指出，有學習障礙的兒童通常有這樣一些問題，如注意力缺損、活動過度、問題行為、違法犯罪、憂鬱、焦慮、控制點不適應、自我概念較差、自我評價較低、受同伴的歡迎程度較低、社會技能缺損、人際關係不良等等。

大陸有關研究（楊志偉、李雪榮，1991）還發現，學習障礙兒童均有較多的抑鬱焦慮情緒和社會退縮等內向性行為問題。這些問題的存在將導致學習動機受損和學習情境適應不良，影響智力。

具體而言，學習障礙兒童在行為、情緒和社會性方面的症狀主要表現為如下五類：

(1) **注意渙散，活動過度**：是學習障礙兒童的一個主要特點。有的心理學家（楊志偉等，1991;Lefrancois, et al., 1991）認為，正是由於使用和維護有選擇的注意能力發展遲緩，兒童可能在注意方面出現障礙，不能專心致志，不能維持長時注意學習，也不能有目的地定向注意。

澳大利亞的霍爾鮑姆和貝里（Holborm & Berry, 1986）所進行的一項對小學兒童的大規模研究發現，27%的活動過度兒童有學習障礙，41%的學習障礙兒童有活動過度的特點。

我國上海市精神衛生中心的忻仁娥等人的調查 (1989) 發現，在1576名學習困難兒童中，學習無能者(朗讀、計算困難、特殊的感知障礙)為8例(0.5%)，**注意缺失紊亂(或注意缺失)** (attention-deficit disorder，簡稱 ADD)且**活動過度**(hyperkinesis)為83例(5.3%)，低能者有101例(6.4%)，有兩項以上精神衛生問題者 1384 例 (87.80%)。可見，在學習障礙兒童中，多動症或注意缺乏症是其中一個主要症狀。

(2) **行動不靈活**：大多數有學習障礙的兒童在跑步、踢球、寫字等活動方面有困難，顯得手腳不靈活、行動笨拙、書寫困難，表現出視覺運動性感知障礙。然而，有些學習障礙兒童的運動技能卻很好。

(3) **情緒不穩，具有衝動性**：有學習障礙的兒童有明顯的情緒問題，表現為兩個相反的極端，如易衝動，好攻擊，不合群，孤僻等。他們往往表現出憂鬱或焦慮的情緒反應，一般認為這是兒童對失敗壓力的反應，此外，他們經常將成功與失敗歸因為外部因素而不是內部原因。

(4) **自我概念較差，自我評價較低**：由於學習障礙兒童在學業上屢遭失敗，在人際交往中常遭受挫折，這必然影響其自我意識的發展。研究表明（俞國良，1994）學習障礙兒童的自我概念發展水平均低於同齡一般兒童。

(5) **人際關係較差**：學習障礙兒童在社會交往和受同伴歡迎方面有顯著

的問題。社會測量研究發現，同伴、教師，甚至陌生人對學習障礙兒童的社會期望都較低。他們往往不受同伴歡迎，一方面可能是因為他們缺乏社會交往技能，如不能以適當的方式傾聽他人的談話，缺乏禮貌，不善於說服他人等等；另一方面，也可能是因為他們具有一些行為和情緒上的問題，如具有較強的攻擊性和破壞性，常表現出令人不愉快的情緒等。

3. 其他問題，如發育遲緩　有些研究者曾用 X 光片來比較兒童的骨骼年齡，發現與同齡正常兒童相比，有學習障礙的兒童中有 60% 的兒童表現為骨齡較小。他們開始走路、說話的年齡也較晚，從學前期過渡到學齡期的時間較正常兒童要長。

(二)　學習障礙的鑑別與評定

鑑別 (discrimination) 與**評定** (rating) 是矯正的第一步。首先要判定兒童是否有學習障礙，即需要通過鑑定，排除其他因素引起學習遲緩的可能性，如聽力損傷、智力發育遲滯、缺乏學習指導或缺乏學習機會等；其次，需要了解兒童的學習障礙主要表現在哪些方面，主要是閱讀方面有障礙，還是在數學方面有障礙等；進一步，則需要了解這種學習障礙主要是由哪些因素引起的，如果一個兒童不能理解口語，則需要查明這種障礙是由於聽覺辨別能力、詞彙理解和句法理解方面有嚴重缺陷，還是由於聽力加工處理方面的其他因素。確定有關缺陷的癥結所在，對組織適當的矯正計畫是十分重要的。因此柯克 (Kirk, 1963) 提出，對學齡兒童的學習障礙的評估需要下列五個步驟來進行：(1) 決定兒童的學習問題是否是特殊性的、普遍性的或只是一種假想；(2) 對特殊的問題行為表現進行分析；(3) 探索可能存在的生理的、環境的以及心理的相關因素；(4) 在行為表現和相關因素的基礎上提出診斷假設；(5) 在診斷假設的基礎上提出一套系統的矯正課程計畫。

具體的診斷方法或工具是多種多樣的，主要有以下幾種：

1. 智力測驗及成績評定　通過智力測驗以判斷兒童的智力水平，排除單純智能不足所造成的學習障礙。首先，必須排除導致學習障礙的外因性感知覺或運動方面的缺陷，如失聽、癱瘓、失明、耳聾等；其次，確定兒童無其他精神疾病，如兒童精神分裂症等。並將智能水平與其學業評定水平相比較，了解兩者是否相差太遠；此外，根據在智力測驗的得分只可初步判定兒童那些方面能力偏低，造成學習障礙。進一步則可選取專門化測驗來加以評定，以確定其學習障礙的癥結所在。目前，常用的工具是**韋氏兒童智力量表**(或**魏式兒童智力量表**) (Wechsler Intelligence Scale for Children，簡稱 WISC)。

2. 語言能力檢查　這主要是了解兒童是否有失語及發音困難。較常使用的一些標準測驗包括：**丹弗發音甄別測驗** (Denver Articulation Screening Test)，**皮博迪圖畫詞彙測驗** (Peabody Picture Vocabulary Test)，**伊里諾斯心理語言能力測驗** (Illinois Test of Psycholinguistic Abilities)。

3. 感知覺、運動檢查　以間接方式來推測兒童大腦半球功能有無障礙。如**哈里斯大腦優勢測驗** (Harris Test of Cerebral Dominance)，**班達視覺動作完形測驗** (Bender Visual Motor Gestalt Test)，**本頓視覺認知測驗** (Benton Visual Cognitive Test)。

4. 教育診斷　用以確定兒童的學習困難所在。比較常用的方法有：華盛頓大學的赫簡尼克(Herjanic, 1978)等人編製的**兒童青少年診斷會談** (Diagnostic Interview for Children and Adolescents，簡稱 ICA)，這方法是藉與父(母)或其主要監護人會談，以了解兒童的情況；由匹茨伯格大學的科特羅(Cotrllo, 1980)等人編製的**兒童診斷量表** (Diagnostic Interview Scale for Children，簡稱 DIS)。

此外，還有幾個編製較好的多維評定量表：

(1) **兒童行為檢查表** (Child Behavior Checklist)：此表用於教師和家長。該量表提供了男女兒童的不同常模。

(2) **行為問題檢查表-修訂版** (Revised Behavior Checklist)。

(3) **教師和家長問卷** (Parent and Teacher Questionnaires)：用以評價兒童的注意缺損、行為障礙、情緒不穩定等。

(4) **洛特量表(A)和(B)** (Michael Rutter's Scale A and B)：用於家長和教師。

對兒童障礙的診斷，還可使用一些測驗如校對測驗、注意廣度測驗、記憶廣度測驗等。

(三) 學習障礙的預防和矯治

為了保證兒童的正常學習和發展，必須積極預防兒童的學習障礙。在美國改變學習障礙的一種最普遍的方法便是**診斷-習得模式** (diagnostic prescriptive model)。但根據影響學習障礙的因素來看，預防措施可以從以下幾個方面著手：

1. 避免可能造成損傷的因素 在胎兒期應保證母親的營養和健康，以使兒童大腦健康發育。出生時應注意避免損傷。從嬰兒期開始，應注意營養，預防疾病，防止腦部外傷。

2. 注意兒童的心理健康，培養健康人格 訓練兒童的堅持意志，幫助兒童應付處理各種挫折，發展兒童的積極情緒，避免過度體驗消極情緒，培養兒童的良好性格，開朗、熱情，避免過度憂鬱，保護兒童的自尊心與自信心。

3. 對差等生的協助 關心兒童的學習，及早提供對差等生的幫助，使他們能跟上班級的學習進度。

如果發現兒童已有學習障礙的症狀，就應積極配合進行諮詢與治療。具體而言，可以從以下二個方面入手：

1. 提供特殊教育 對有學習障礙的兒童不要歧視，也不要失去信心。實際上，提供**特殊教育** (special education)，經過矯治，不少兒童可獲得改善。

2. 進行行為矯正 **行為矯正** (behavior modification) 有兩個途徑，一是應用操作條件反射技術直接改進兒童的學習技能；二是運用操作條件反射技術改善學習障礙兒童有效學習的行為方式 (Houten & Rolider 1991)。其基本原理即強化，即對兒童的良好行為方式予以正強化，如表揚、鼓勵、獎勵。而對兒童的不良行為則予以負強化，如批評、忽視、懲罰等。通過這種強化手段，使兒童形成良好的行為習慣，改正不利於學習的壞習慣。

柯克 (Kirk, 1989) 提出行為矯正有三種策略：(1) **任務訓練** (task training)，即在教學中改變學習任務的類別，把學習任務變得易懂，並把課程分解為許多較小的成分,先讓兒童掌握各種基本要素,再將其綜合成整個任務所要求的較複雜的水平。但這種方法對有嚴重的發育性學習障礙兒童可能是不適用的;(2) **能力訓練** (ability training),即需要正確辨認出兒童在發育方面的特殊障礙,教學重點在於矯正那些可能阻礙兒童進步的具體障礙上,即這種訓練致力於發展或改善兒童的注意、語言、辨別力、思維、記憶等方面的障礙;(3) **能力-任務訓練** (ability-task training),即教兒童運用某種特殊的能力去完成期望他完成的任務,這一策略是將前兩種策略融合為一。

柯克認為究竟使用何種矯正策略,應視不同情況而定。在適當的環境下使用時,每一種策略都是有用的,直接的任務訓練能夠滿足副科學習問題和許多矯正問題的需要。能力訓練策略適合於能力本身的訓練,對學前兒童較為適宜,能力-任務訓練則更適於那些具有特殊發育障礙和學業障礙雙重問題的人。

此外應注意的是,對學習障礙本身來說是無藥物可治的,但對其有關的一些疾病,則可在醫生的指導下,慎用藥物。

第二節　具體運算期的小學生認知

小學兒童在入學後,由於在學習上,以及在日益複雜的各種各樣的實踐活動中向他們提出了多種多樣的新問題,構成了認知和智力活動發展的良好基礎,使其認知和智力獲得迅速的發展。

一般而言,小學階段的認知屬於皮亞傑的**具體運算思維階段** (或具體運思期) (concrete operational stage)。

一、思維的發展

對於小學生思維的發展,各國心理學家都作了大量研究,獲得了豐富的成果，各自形成富有特色的理論。近二十年來，我國心理學家對小學生思維發展也作了系統的研究，其研究成果能夠反映我國小學生思維發展的概況。

（一） 皮亞傑的具體運算階段思維

皮亞傑認為具體運算階段的兒童有了思維的易變性，思維具有可逆性，能解決守恆問題及認識和採取別人的觀點，初步掌握了邏輯思維，出現了對具體事物進行群集運算的能力。群集運算包括五個特點(或五個指標)，根據對兒童思維運算的分析，是否具有如下的五個特點，即可決定他們的思維是否達到群集運算的水平。

1. 組合性（combination） 群中的兩個運算可以組合而產生同一群的一個新運算。例如：A＋A′＝B，B＋B′＝C；男人＋女人＝人類；植物＋動物＝生物。

2. 可逆性（reversibility） 每一運算都有一個與它相反的運算。例如：A＋B＝C，C－B＝A；男人＋女人＝全部人，全部人－女人＝男人。

3. 結合性（composition） 可以用不同的方法組合幾個運算獲得相同的結果。例如：(A＋B)＋C＝A＋(B＋C)；脊椎動物＋無脊椎動物＝人類＋人類以外的動物。

4. 同一性（identity） 任何運算都有一逆算能與之組合而產生"零運算"。例如，＋A－A＝0，人類除去了人＝沒有東西；向東走十里，再沿原路向西走十里＝在原地不動。

5. 重復性（repeatation） 質的重復，性質不變。例如，A＋A＝A；人類＋人類＝人類。

具體運算階段的兒童能對這些群集運算結構進行分析綜合，從而能夠正確地掌握邏輯概念的內涵和外延。所以，具體運算思維是一種邏輯思維。

這個階段之所以叫**具體運算思維階段**，是因為：

(1) 這種運算思維一般均離不開具體事物的支持，若離開具體事物而進行純粹形式邏輯推理會感到困難。有些問題在具體事物幫助下可順利解決，但在純粹口頭敘述上，就感到困難。例如，一種傳遞關係問題："A 比 B 高，A 比 C 矮，問誰最高？"有的小學兒童就不能順利地思考解決。

(2) 這種運算還是零散的，仍不能組成一個結構的整體，一個完整的系統。如這兩種可逆性（逆反性和相互性）是互相孤立的，而不能把它們之間的複雜關係在一個系統內綜合起來，這只有在形式運算或命題運算階段才能做到。

(二) 小學兒童思維發展的特點

小學兒童的思維，在學前期思維發展的基礎上及新的生活條件下，開始有進一步的新發展。

早在 20 世紀 60 年代初，朱智賢在《兒童心理學》一書中就指出，小學兒童思維的基本特點是：從以具體形象性的思維為主要形式逐步過渡到

表 6-1　小學各年級兒童對三圖的認識能力

圖別		追逐			拉曳			看望		
年級		低年級	中年級	高年級	低年級	中年級	高年級	低年級	中年級	高年級
個別對象	錯誤	8.3	—	—	8.3	—	—	—	—	—
	正確	16.7	8.3	16.7	16.7	16.7	16.7	—	—	—
	共計	25.0	8.3	16.7	25.0	16.7	16.7	—	—	—
空間聯想	錯誤	8.3	—	—	16.7	—	8.3	—	—	—
	正確	25.0	25.0	—	—	25.0	16.7	25.0	8.3	8.3
	共計	33.3	25.0	—	16.7	25.0	25.0	25.0	8.3	8.3
因果聯繫	錯誤	8.3	25.0	—	—	—	—	—	—	—
	正確	16.7	25.0	25.0	58.3	33.3	—	33.3	50.0	50.0
	共計	25.0	50.0	25.0	58.3	33.3	—	33.3	50.0	50.0
對象總體	錯誤	—	—	—	—	—	—	—	—	—
	正確	16.7	16.7	58.3	—	25.0	58.3	41.7	41.7	41.7
	共計	16.7	16.7	58.3	—	25.0	58.3	41.7	41.7	41.7

(採自丁祖蔭，1964)

以抽象邏輯思維為主要形式。但這種抽象邏輯思維在很大程度上，仍然是直接與感性經驗相聯繫的，仍然具有很大成分的具體形象性。這個論斷與皮亞傑的"具體運算"觀點具有一致性。以下即分別從兒童心理學家對兒童思維的具體性、轉折期與不平衡性所做的研究，來理解這個基本特點。

1. 小學兒童思維的具體性 整個小學時期內，兒童思維逐步過渡到以抽象邏輯思維為主要形式，但小學兒童的思維仍然帶有很大的具體性。

大陸許多有關小學兒童思維發展的實驗研究證明了這個特點。以下我們僅舉兒童圖畫認識能力發展的研究為例，來略加分析。丁祖蔭(1964)應用了三張圖畫，一是"追逐"(獵人在雪地裏追捕獵物)，圖畫的內容遠離被試(南方兒童)的生活，圖中客體之間的相互關係並不十分明顯。二是"拉曳"(拉桌布使洋娃娃掉下地來)，圖畫內容接近兒童生活，容易為兒童理解，圖中客體之間的相互關係比較明顯。三是"看望"(隔窗相望，想呼喚做功課的小朋友去玩耍)，圖畫內容是被試生活中十分熟悉的事情，圖中客體之間的相互關係十分明確。研究的結果見表 6-1。

研究者認為，兒童圖畫認識能力的發展可分為四個階段：(1) 認識"個別對象"階段，兒童只看到圖中各個對象或各個對象的片面，看不到對象之間的相互關係。(2) 認識"空間聯繫"階段。兒童依據各個對象之間可以直接感知到的空間關係，認識圖畫內容。(3) 認識"因果聯繫"階段，兒童依據各個對象之間不能直接感知到的因果聯繫來理解圖畫內容。(4) 認識"對象總體"階段，兒童依據圖畫中所有事物之間的全部聯繫，完整地把握對象總體，理解圖畫主題。從表 6-1 中可以看出，小學低年級兒童大多是屬於認識"空間聯繫"到"因果聯繫"階段；中高年級兒童大多屬於認識"因果聯繫"階段。很明顯地，在認識"空間聯繫"階段，具體形象思維起著主要作用。而在認識"因果聯繫"階段，思維的抽象概括性起著主要作用。由此可見，小學兒童的思維同時具有具體形象的成分和抽象概括成分，它們之間的相互關係隨著年級升高以及不同性質的智力活動而發展變化。

如何分析這個變化過程或"過渡性思維"的實質呢？

兒童在入學以後，由於在教學上以及在各種日益複雜的新的實踐活動中向他們提出了多種多樣新的要求，所以促使他們逐漸地運用抽象概念進行思維，並促使他們的思維水平開始從以具體形象思維為主要形式逐步向以抽象邏輯思維為主要形式過渡。

小學兒童思維的這種過渡,是思維發展過程中的質變。它是通過新質素的逐漸積累和舊質素的逐漸"衰亡"與改造而實現的。這種顯著的質變,是在思維發展的條件作用下,及內部矛盾中實現的。因此,小學兒童的思維過渡到以抽象思維為主要形式,並不意味著他們入學之後,具體形象思維立即全部"消亡",不再發揮作用。在整個小學階段,兒童的思維由具體形象思維向抽象邏輯思維發展要經歷甚長過程。低年級兒童所掌握的概念大部分是具體的,可以直接感知的,若要求低年級兒童指出概念中最主要的本質的東西,常常是比較困難的。他們的思維活動在很大程度上還是與面前的具體事物或其生動的表象聯繫著。當然,我們說低年級兒童的思維具有明顯的形象性,也並不等於說,他們的思維沒有任何抽象性或任何抽象概括的成分,事實上,小學兒童的思維同時具有具體形象的成分和抽象概括的成分,它們的相互關係隨著年級高低以及不同性質的智力活動而消長變化。正因為如此,在中高年級,兒童才逐步學會區分出概念中本質的東西和非本質的東西,主要的東西和次要的東西,學會掌握初步的科學定義和獨立進行邏輯論證。同時,要達到這樣的思維活動水平,也離不開直接的和感性的經驗,仍然具有很大成分的具體形象性。

2. 小學兒童思維發展的轉折期　小學兒童的思維由具體形象思維到抽象邏輯思維的過程,是思維發展過程中的"飛躍",或"質變"。在這個過渡中,存在著一個轉折時期。這個轉折時期,就是小學兒童思維發展的**關鍵年齡** (critical age)。

對這個關鍵年齡在什麼時候(哪個年級或年齡)出現的問題,我國心理學工作者作了不少的研究。一般認為,這個關鍵年齡在四年級(約 10～11 歲);也有的認為在高年級;也有的教育性實驗研究報告指出,如果有適當的教育條件,這個關鍵年齡可以提前到三年級。

早在 20 世紀 60 年代初,李丹等就提出了這個問題:從理解比喻詞和寓言比較所得到的材料中似乎有這樣一種趨勢:小學低、中、高年級的思維水平發展很快,特別是中年級與高年級相差很大,但是小學高年級與初一的距離就不太明顯。初一只是在思維結果的正確性方面較強於小學高年級。這樣看來,小學高年級在思維的發展上似乎是一個質變時期。

朱智賢 (1963) 研究了小學兒童掌握讓步連接詞的年齡特徵,並認為讓步關係是複雜化的因果關係。

各年齡理解讓步關係錯誤的百分率是：二年級 (8～9 歲) 為 26.5%，三年級 (9～10 歲) 為 19.5%，四年級 (10～11 歲) 為 12.5%，五年級 (11～12 歲) 下降到 4.5%。可見四、五年級是小學階段掌握複雜化因果關係的一個轉折時期。

劉靜和等 (1963) 亦對有關中、小學生道德概念特點的研究說明，兒童對道德概念 (只是概念) 的掌握是從具體事物的描述發展到概括的解釋。四年級與五年級間的差距很大，概括解釋的比重由 44.2% 上升到 82%，說明了這是一個有顯著提高的階段。

林崇德 (1964) 在從事小學兒童社會概念發展研究時，發現四年級 (第二學期) 與三年級的差異十分顯著，但四年級與五、六年級的差距卻不大明顯。當時提出，四年級 (特別是四年級下學期) 在掌握社會性概念上是一個轉折時期或質變時期。

我們 (林崇德等，1981) 對小學兒童字詞概念發展的研究中，發現四年級上學期是小學兒童掌握字詞概念發展的一個重大轉折點。從這個時期起，小學兒童能明確地認識字詞概念的初步本質特徵，在他們所掌握的字詞概念中，從具體形象成分占優勢發展轉變為以邏輯抽象成分占優勢。

由此可見，在小學階段兒童思維發展中是存在著一個關鍵年齡的，但這個年齡在什麼時期還不太統一，大致在四年級前後，確切地說，應在三～五年級之間。

到底如何正確地理解小學兒童思維發展的轉折時期，我們通過深入小學教學第一線，運用橫斷法與縱向法相結合來研究小學兒童數學概括與運算能力的發展。從研究中我們發現：在一般教育條件下，四年級兒童 (10～11 歲) 在數學概括能力發展中，有顯著的變化，這是小學兒童在掌握概念中，從以具體形象概括為主要形式過渡到以抽象邏輯概括為主要形式的一個轉折點。這是一個質的飛躍期。強調這個**關鍵年齡**，就要求我們適應兒童心理發展的飛躍期來進行適當的教育。這個結果和我們自己過去的研究或者國內一些小學兒童思維發展的研究結果是一致的，但如何來看待這個"關鍵年齡"呢？在我們的研究 (林崇德，1990) 中，發現這個"轉折點"在何時實現的問題主要取決於教育的效果。我們的縱向研究追蹤班，由於著重在思維的智力品質的訓練，到了三年級下學期，在多次思維測定中，平均有 86.7% 的小學生已經達到小學數學運算思維的最高級水平，也就是說，這個追踪班在三年級便實現了數學概括能力的"飛躍"。然而，有一個控制班由於教學不甚得法，到了五年級才有 75% 的被試達到這個最高級水平，也就是說，這個對比控制班在五年級才實現數學概括能力的"飛躍"。可見，這個發展的關鍵年齡有一定的伸縮性，是可以變化的。只要教學得法，小學兒童思維發展的關鍵年齡是可以提前到三年級。小學兒童思維發展中，存在著很大的潛力，假如適當地挖掘，這個潛力能變為小學兒童巨大的能力因素。

3. 小學兒童思維的不平衡性　　小學兒童的思維，在從具體形象思維向邏輯思維的發展過程中，存在著不平衡性。

在整個小學時期內，兒童的抽象邏輯思維水平不斷提高，兒童思維中的具體形象成分和抽象成分的關係也不斷發生變化，這是它發展的一般趨勢。但是具體到不同的思維對象、不同學科、不同教材的時候，這個一般的發展趨勢又常常會表現出很大的不平衡性。這在小學各科教學中和兒童心理學的實驗研究中都獲得了證明。

在小學教學中可以看到這種不平衡性。例如，在算術教育的學習中，兒童已經達到了較高的抽象水平，可以離開具體事物進行抽象的思考，但是在歷史教材的學習中，仍舊停止在比較具體的水平上，對於歷史發展規律的理解還感到很大的困難。又如，兒童已經掌握整數的概念和運算的方法，而不需要具體事物的支持，可是，當他們開始學習分數概念和分數運算時，如果沒有具體事物的支持，就會感到很大的困難。

在小學兒童思維的研究中，也可以看到這種不平衡性。例如，把我們自己或與我們工作有關的幾個實驗研究 (朱智賢等，1982；林崇德，1981；李虹，1984) 數據繪製成不同的發展曲線圖，圖中確定等級相同或相似。即等級 I 級水平，不會解釋或作錯誤的定義；II 級水平，重復概念的定義；III 級水平，功用性的定義或作具體形象的描述；IV 級水平，下接近本質的定義或作具體的解釋；V 級水平，下本質的定義。前三個實驗的被試也相同，測定的時間也接近，而思維的發展趨勢卻各不一致。我們用圖 6-1 至圖 6-4 四幅思維發展的曲線圖來加以比較說明。

從以下四幅圖中可以看出，在我們各個實驗中，小學兒童思維對象是不同的，但各實驗的定級標準的依據卻都是直觀－表象－抽象這樣一個發展過程，所引四個實驗的最低級（I）和最高級（IV 或 V）水平的標準是相同

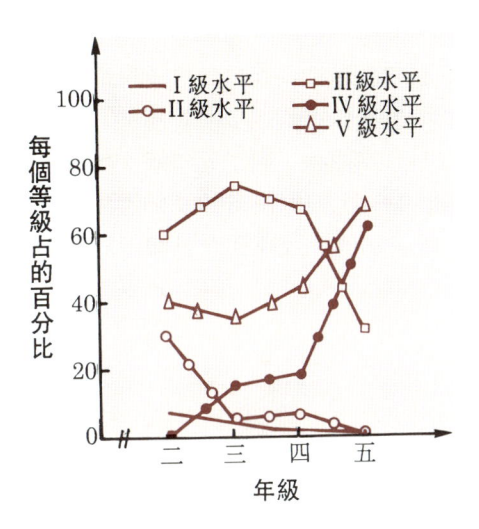

第六章 小學兒童的心理發展 **317**

圖 6-1 小學兒童定義字詞概念的發展曲線
(採自朱智賢等，1982)

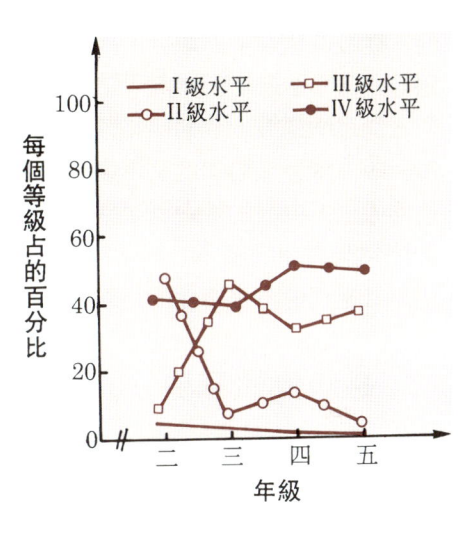

圖 6-2 小學兒童綜合分類能力發展曲線
(採自朱智賢等，1982)

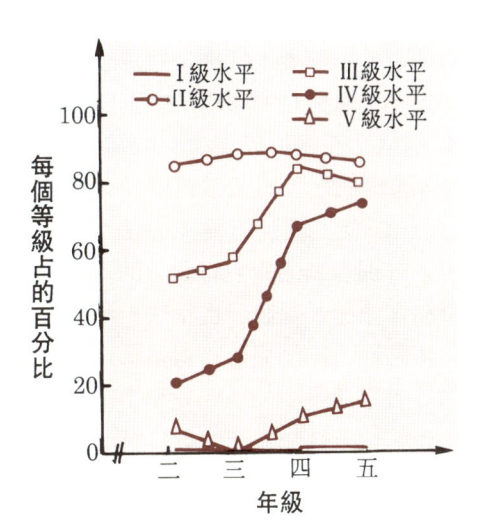

圖 6-3 小學兒童數概括各級水平發展曲線
(採自林崇德，1981)

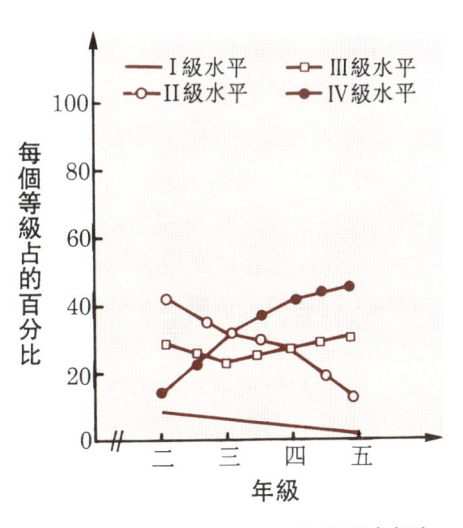

圖 6-4 小學兒童對漫畫認知發展曲線
(採自李虹，1984)

的。從最低級和最高級發展曲線來看，它們的趨勢是一致的，最高的水平曲線都是隨年級遞增而增高。這說明了小學兒童的思維在從具體形象思維向抽象邏輯思維過渡，或到四年級後，他們的抽象邏輯思維逐步占有優勢。然而每一級曲線發展的速度又不盡相同，特別是最高曲線，到了五年級，數學概括能力上升為 86.5%，掌握字詞的能力達 66%，但對漫畫的認知能力和綜合分類能力卻剛過 50%。這就反映出一般趨勢的一致性和在具體不同對象中思維過程的不平衡性的特點。

二、感知覺的發展

感知覺 (sensory perception) 是人類認知活動的開端，是思維活動的基礎；然而人的感知覺中又滲透著思維的成分，受思維水平的左右，小學兒童的感知覺中也體現出具體運算思維的特點來，這主要表現在兩個方面，一個是表現在感知發展的水平上，另一個是表現在觀察力上。

(一) 小學兒童感知覺的發展

1. 小學兒童感覺的發展 小學兒童在教學活動的影響下，感覺有了新的發展，隨意性、感受性隨著年齡的增長而不斷發展，特別是差別感受性的增長要比絕對感受性的增長快得多。如果一年級兒童對顏色的差別感受性假定為 100%，那麼三年級兒童的顏色差別感受性平均提高 45%，而五年級兒童則平均提高 60%。一年級學生平均能辨別紅色的三種色度和黃色的兩種色度。小學兒童視力的調節能力增強，10 歲兒童的這種能力發展的最快。小學兒童在音樂學習和訓練的影響下，辨別音調的能力有顯著的提高。同樣，通過學習活動，小學生的言語聽覺和言語運動覺發展也很快。小學兒童言語聽覺敏度，如語音聽覺的細微性和正確性，比幼兒要高得多，已逐步接近成年人的水平。在書寫、繪畫、製作等教學活動中，小學兒童手部的肌肉、關節、力量都有了顯著的發展，手動作的精確性和靈活性也日益增強。

2. 小學兒童知覺的發展 兒童入學後，學習算術、地理、自然、圖畫等課以及參加各種課外活動，有力促進了知覺的發展。

(1) **空間知覺** (space perception) 的發展：① **形狀知覺** (form perception)。初入學的兒童常疏忽客體"形狀"的特性，而注視客觀的其他特徵。所以常在寫字時有左右、上下顛倒的錯誤。以後辨別形狀的正確率逐漸增強。② **方位知覺** (position perception)。據調查剛上學的兒童有 30% 會把左、右轉彎搞混；7～9 歲兒童已能初步掌握左右方位的相對性；9～11 歲兒童已能在抽象概括水平上掌握左右概念的相對性。③ **距離知覺** (distance perception)。小學兒童可以確定空間環境中對象間較近的距離。對較遠的空間距離則往往混淆不清。

(2) **時間知覺** (time perception) 的發展：小學生對時間單位的理解和他們的生活經驗有直接的聯繫。實驗結果表明，小學生對時間單位理解最早與最正確的是一小時的時間長度。其次是"星期"、"一天"，爾後可以理解更長或短暫的時間單位。

(二) 小學兒童觀察力的發展

1. 小學兒童觀察的特點　李文馥 (1987) 研究了 8～13 歲兒童觀察的特點。實驗採用皮亞傑的"三座山"模型、器具、玩具為觀察對象。要求兒童設想坐在右側、左側以及對面的位置上，觀察這些對象所看到的形象，並在四張照片中選出表明這種形象的相應的一張，並要求說明理由。實驗結果表明：

(1) 兒童設想由不同位置所觀察到的形象時，對熟悉的、特徵鮮明的形象容易判斷正確；對特徵不明顯、不熟悉的，判斷比較困難。這表明知覺因素和生活經驗在空間表象活動中的作用。

(2) 兒童空間知覺能力逐年發展，各年齡組的錯誤率約在 15～50% 之間，其中 9～12 歲各組的錯誤率約為 25% 左右。各年齡組的錯誤除 5% 是由於其他原因外，其餘都是由於受試者從自身所在方位，而不從其他方位觀察，這表明兒童觀察的自我中心主義傾向。

(3) 8 歲組兒童由於自我中心主義現象，造成的錯誤最多，約占 40%；9～12 歲組約占 20%；13 歲時下降到 10%。這表明兒童觀察中的自我中心主義傾向，隨著年齡的增長而減弱，但仍是小學各年級學生觀察錯誤的集中點。

(4) 錯誤的原因在於兒童頭腦中不善於對三維空間和二維空間關係進行**轉換**。

2. 小學兒童觀察品質的發展　王唯等 (1985) 對小學一、三、五年級學生的觀察品質進行實驗研究，結果表明：

(1) **精確性方面**：一年級學生水平很低，不能全面細緻地感知客體的細節，只能說出客體的個別部分或顏色等個別屬性。三年級學生明顯提高，五年級學生略優於三年級學生。

(2) **目的性方面**：一年級學生隨意性較差，排除干擾能力較差；集中注意使觀察服從於規定的任務要求的時間較短；觀察的錯誤較多。三年級和五年級學生有所改善，但無顯著差異。

(3) **順序性方面**：低年級學生沒有經過訓練，觀察事物零亂缺乏系統、看到哪裏就是哪裏；中高年級學生觀察的順序性有較大發展，一般能從頭到尾、邊看邊說，而且在觀察表述前往往能先想一想再說。但從總體上看，五年級和三年級差異不顯著，表明五年級學生還不能系統化地觀察。

(4) **判斷力方面**：低年級學生對所觀察事物作出整體概括的能力很差，表述事物特徵缺乏系統、分不清主次，往往注意於各種無意義的特徵而忽略了有意義的特徵；三年級學生的判斷力有較大提高；五年級又有顯著發展，觀察的分辨力、判斷力和系統化能力明顯提高。

3. 小學兒童觀察力的發展階段概述　小學生觀察能力的發展表現出一定的階段性。丁祖蔭 (1964) 的研究表明，兒童的觀察能力的發展可分為下列四個階段：

(1) **認識個別對象階段**：兒童只看到各個對象，或各個對象之間的一個方面。

(2) **認識空間聯繫階段**：兒童可以看到各個對象之間能直接感知的空間聯繫。

(3) **認識因果聯繫階段**：兒童可以認識對象之間不能直接感知到的因果聯繫。

(4) **認識對象總體階段**：兒童能從意義上完整地把握對象總體，理解圖畫主題。

幼兒的圖畫認識能力大部分屬於認識個別對象及空間聯繫階段；小學低年級學生大部分屬於認識空間聯繫和因果聯繫階段；中年級學生大部分屬於

認識因果聯繫階段；高年級學生大部分屬於認識對象總體階段。

小學生對於圖畫的觀察發展的階段性，很大程度上受圖畫內容的影響，圖畫內容涉及兒童生活經驗，能為他們所理解的便表現出較高的觀察水平。反之，兒童若對於不甚熟悉的內容，只能列舉或描述，而且往往出現錯誤答案。另外，觀察的結果在一定程度上也受指導語的影響，當要求兒童說出圖中"有些什麼"時，觀察易於偏向"列舉"；要求說出"在做什麼"時，觀察多屬"描述"及"解釋"；要求說出"畫的是什麼事情"時，容易注意整個圖畫內容，屬於"解釋"階段。

三、記憶的發展

記憶 (memory) 是認知活動的倉庫，也是思維的材料，然而，記憶水平又決定於思維的特點。小學兒童的記憶中，也能體現出其具體運算思維的特點來。

（一） 小學兒童的記憶特點

在學習活動的要求下，小學兒童記憶的有意性、意義性和抽象性都在不斷地發展。

1. 小學兒童的有意記憶和無意記憶　小學生的**有意記憶** (intentional memory) 是隨著年齡的增長而不斷發展的。隨著學習動機的激發，學習興趣的發展，學習目的的明確，有意記憶的主導地位則越加顯著。一般情況下，這個主導地位的顯著表現是從三年級開始的。北京師範大學心理系兒童心理組和天津師範大學教科所兒童心理組的協作研究 (1983) 表明，小學二年級**無意記憶** (unintentional memory) 組正確回憶率為 42.8%，有意記憶組正確回憶率為 43.0%；小學四年級無意記憶組正確回憶率為 43.8%，有意記憶組正確回憶率為 51.5%。

由此可見，小學生的記憶，已從學齡前期的無意記憶占主導地位發展到有意記憶占主導地位，但是，小學生還大量地需要靠無意記憶來積累知識。

2. 小學兒童的機械記憶和理解記憶　從**機械記憶** (rote memory) 向**理解記憶**（或意義記憶）(comprehensive memory) 占主導地位的發展，是小學生記憶發展的又一個特點。由於理解意義與邏輯思維的理解能力有密切關係，因此這個主導地位轉化的關鍵年齡，往往與理解力發展的關鍵年齡一致，大致在三、四年級。根據沈德立 (1983，1985)、陳輝 (1988)、丁祖蔭 (1964) 等人的研究，在小學階段，兩種記憶效果都隨年齡增長而提高。表 6-2 顯示了一般小學生對無聯繫的單詞材料和有意義聯繫的單詞材料保持的百分數。可見，小學兒童在立時再生和各次延緩再生的條件下對兩種單詞材料的記憶效果都隨年級增長而逐步提高。

表 6-2 小學生對單詞材料保持的百分數

學習材料 年級	無聯繫 立時	第一次延緩	第二次延緩	第三次延緩	有聯繫 立時	第一次延緩	第二次延緩	第三次延緩
一	16.25	5.00	4.50	7.00	30.75	13.00	16.50	17.75
二	27.75	5.50	5.75	9.25	69.75	49.00	51.00	53.25
三	36.25	17.25	17.25	19.75	79.75	64.50	72.00	75.50
四	50.75	19.50	23.75	27.75	82.50	65.50	72.00	76.25
五	68.75	38.00	42.25	48.25	99.00	80.50	86.50	92.25
六	60.50	21.75	28.75	36.75	96.00	81.00	83.75	90.75
平均	43.38	17.80	20.38	24.79	76.29	58.91	63.63	67.63

(採自丁祖蔭等，1964)

小學低年級學生運用機械記憶的方法較多，這是因為他們心理的各個方面還沒有充分地發展起來，抽象邏輯思維尚未發展，知識經驗比較貧乏，對於學習材料不易理解，還不善於對記憶的材料進行思維加工或邏輯加工。隨著年齡的增長和年級的升高，知識經驗日益豐富，言語、思維日益發展，在學習過程中逐步掌握學習方法和技巧，學生的意義理解記憶一天天增加，而機械記憶則相對減少。當然，在學習過程中，由於學習材料性質不同，學習過程的各個階段的要求不同，既需要理解記憶，也需要機械記憶。小學生的機械記憶能力很強，需要充分的利用。

3. 小學兒童的形象記憶和抽象記憶　小學低年級學生，知識經驗還不豐富，記憶和具體形象的聯繫容易建立，與形象有直接聯繫的詞（實詞）其聯繫也較易建立；因此，低年級學生往往表現為**形象記憶** (imaginal memory)。比較一、三、五年級學生對具體形象、具體的語詞、抽象的語詞三種材料的記憶效果，結果見表 6-3。顯然各年齡組兒童對具體形象的記憶效果優於具體詞，對具體詞的記憶效果又優於抽象詞。在整個小學時期，兒童明顯表現出善長於對具體形象的記憶。

隨著教學的影響、知識的豐富和智力的發展，小學生的**抽象記憶** (abstract memory) 能力得到不斷發展，並逐漸占居優勢。當然，具體形象記憶和詞的抽象記憶是相輔相成的，在教學中，兩者都具有重要的作用。

表 6-3　三種不同性質材料重現的百分數

年　　級	即　時　重　現			延　緩　重　現		
	形　象	具體詞	抽象詞	形　象	具體詞	抽象詞
一 (21 人)	51.9	41.7	26.4	45.4	17.0	6.4
三 (17 人)	72.6	68.2	52.6	67.3	64.6	34.4
五 (15 人)	82.6	70.0	64.6	81.3	71.0	65.4

（採自許政援等，1984）

（二）　小學兒童記憶策略的發展

能否採用最為有效的**記憶策略** (strategies of memory) 往往也是個體記憶發展的一個重要標誌。什麼是記憶策略呢？在被試有意控制之下的，可以用來提高記憶作用的認知活動或行為活動即記憶策略。換言之，亦即提高記憶有效性的活動。美國心理學家弗拉維爾等人 (Flavell, et al., 1966) 提出個體的記憶策略是不斷發展的，可分為三個階段：(1) 沒有策略；(2) 不能主動應用策略，但經誘導，可以使用；(3) 能主動而自覺地採用策略。

小學兒童的記憶水平高於學前兒童的一個原因就在於小學生更善於採用記憶策略。他們能採用哪些記憶策略呢？

1. 復述 復述 (rehearsal) 是記憶材料的一種簡單而有效的方法，也是不斷重復記材料直至記住的過程。

(1) 兒童採用復述策略的能力是逐漸發展的，嚴格來講，年幼的孩子是不會採用這種記憶策略的。直到小學，兒童才逐漸有效地採用這種方法。七歲左右是兒童由不進行復述向自發地進行復述的過渡期。在弗拉維爾等人的研究 (Flavell, et al., 1967) 中，讓五歲、七歲和十歲兒童做被試，把七張一般兒童都認識的物體圖片展現在兒童面前，依次指出三張圖片，並且要求兒童記住，15 秒鐘以後，要求兒童再依次指出這三張圖片。在間隔時間中研究者把兒童所戴帽子的帽舌拉下，使兒童既看不到圖片也看不到主試，並根據兒童的唇動情況來判定其是否在進行復述。結果發現，只有 10% 的五歲兒童顯示出復述表現，而 60% 的七歲兒童和 85% 的 10 歲兒童都有復述表現。

(2) 小學兒童進行復述的技能隨著年齡增長而日趨熟練。奧恩斯坦等人 (Ornstein, et al., 1985) 的研究發現，要求八歲兒童以復述的方式記憶一系列單詞，但他們還不能很有效地使用這種方法，只能單獨地重復每一個單詞，如果使他們有更多的時間來記憶，並有機會查看曾經呈現過的單詞，則能更願意較好地復述，並能回憶更多的單詞。因為這些兒童已經意識到復述的重要性，但還不能像較大兒童那樣善於回憶一起復述的單詞。到了 12 歲時，兒童已能追記單詞並累積性地復述整個單詞系列。這表明小學高年級兒童的復述技能日趨熟練。此外，有關研究還發現，小學各年齡組兒童復述的總體數量是接近的，年齡差異主要表現於復述的內容上，年幼兒童往往只重復所呈現的那個字，年長兒童則能同時復述好幾個字。

(3) 兒童的復述技能在一定年齡階段是可以訓練的。從記憶效果來看，能自發地進行復述的兒童，其記憶效果好於不進行復述的兒童，因此訓練兒童的復述技能可以提高兒童的記憶效果。

左夢蘭等人的研究 (1990) 也證實訓練對兒童的分類復述有促進作用。他們認為，未經訓練，五歲半兒童只有 2.85% 能自覺分類，七歲半和九歲半自覺分類也不超過 10%，十一歲半達到 28.5%。這表明，分類復述在小學階段出現並得到發展，但直到小學畢業仍未達到熟練水平。對不會分類的兒童進行啟發性分類的訓練，結果發現，五歲半兒童訓練無效；七歲半兒童訓練對同類性質的課題分類有效但不顯著；九歲半兒童的訓練效果不僅表現在相同性質問題的解決，而且能遷移到抽象詞彙的分類，可以認為是進入了訓練的最佳時期。

(4) 兒童採用復述的靈活性是隨年齡的增長而不斷發展的。在整個小學時期，這種靈活性水平還很低。在一項研究中，讓被試記住 20 個字，並把它們回憶出來，這 20 個字可以歸為四類，且按隨機順序呈現。記憶這類材料的有效辦法是把同一類的五個字放在一起進行復述。結果發現，八歲兒童從不採用這種策略，10 歲兒童也很少採用這種策略，但 13 歲兒童卻能始終如一地使用這種策略。

2. 組織　組織 (organization) 也是一種非常重要的記憶策略，通常是指識記者找出要記憶材料所包含的項目間的意義聯繫，並依據這些聯繫進行記憶的過程。

研究表明 (Miller, 1956；楊治良, 1994) 表明，大部分人只能記住七個獨立的信息組塊，但如果將幾個相關的項目組成一個信息組塊，記憶的信息量就會大大增加。

學前兒童識記有意義聯繫的材料較強於識記無意義的材料。如記"大和高"較容易，而記"大和悲哀"則相對較差。他們能根據韻律或相似的發音來組織材料，能按照物體的功能來進行記憶。然而，小學生開始能形成信息組塊來進行記憶，根據詞彙的意義來加以組織，進行歸類。在斯邁利和布朗 (Smiley & Brown, 1979) 的一項研究中，要求幼兒、小學生、成人指出三張圖片中哪二張是相似的，結果發現，幼兒是按功能來組合圖片的 (如馬與馬鞍，針與線)，小學生和成人則是按分類來組合圖片的 (如馬與牛，針與別針)。

採用歸類的方法進行記憶可以幫助小學生記憶更多的內容，這種記憶策略需要一定的理解能力作為基礎。弗拉維爾等人 (Flavell et al., 1969) 在研究中為被試 (5～11 歲) 提供一組圖片，圖片可分為四類：動物、家具、交通工具、衣服。要求兒童學習這些圖片，以便過一會能把圖片的名字說給主試聽，告訴兒童可進行任何有助於記憶這些圖片的活動，包括移動這些圖片。最後評定被試對這些圖片的歸類結果。評定指標是被試將同類的兩個圖片擺在一起的次數與不同類的兩個圖片挨著擺在一起的可能的次數之比，0 (分) 代表沒有分組歸類，1 (分) 代表完整的分組歸類，結果見圖 6-5。

由圖 6-5 可見，10～11 歲兒童基本上是自發地應用對刺激物的歸類來

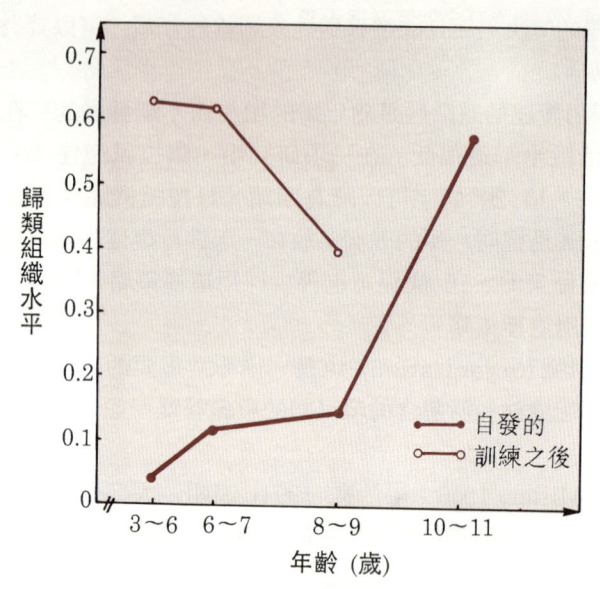

圖 6-5　兒童使用歸類策略能力的發展
(採自 Flavell, et al., 1969)

提高記憶效果的策略，其他年齡的兒童則不能，但經過短暫的歸類訓練，低年齡組兒童也可以達到這種自發水平。

另一種改善記憶的組織是形成故事線索。兒童記憶有意義的、有邏輯的和有條理的故事時，記憶效果較好。在巴斯等人 (Buss, et al., 1983) 的研究中，二年級和六年級兒童聽一個名叫阿爾伯特 (Albert) 的魚的故事。部分兒童直接看這個故事，另一部分兒童則看把句子順序打亂了的材料。後者對故事的回憶少於前者。然後訓練兒童將打亂了句子次序的故事重新排列出來，並以正確的順序回憶這個故事，兒童的回憶成績明顯提高。

兒童在提取有關信息之時，同樣可採用組織歸類策略。卡巴西格瓦 (Kobasigawa, 1974) 在一項實驗中，實驗對象為六、八、十一歲兒童，刺激物為 24 張圖片，每三張為一類，共八類。研究者首先設計一個程序來確定兒童知道每張圖片屬於什麼類別，並使不同年齡組最初記憶貯存的信息降低到最低水平。同一類圖片 (如猴子、駱駝、熊) 與一張大圖片放在一起來呈現，這張大圖片與這一類別的標誌有關 (如動物園中有三個空籠子)。在呈現圖片過程中，主試強調小圖片是"伴隨"著大圖片的，但被試只須記住小圖片。最後給兒童呈現出一些大圖片，要求他們回憶小圖片，研究結果發現：(1) 隨年齡增長，自發地使用大圖片進行回憶的人數逐漸增加，到八歲，兒童基本上能運用類別搜尋策略；(2) 隨年齡增長，使用策略的有效性越來越高；(3) 這些年齡差異主要是運用一個線索（一張大圖片）回憶一張小圖片就停止了，11 歲兒童則能充分利用每個線索，儘可能多地回憶有關信息，平均每類能回憶 2.5 個。

左夢蘭、傅金芝的研究 (1990) 也指出，由於課題性質不同，兒童運用策略也會不相同，各種策略發展上的不平衡，在很大程度上依賴於兒童的知識經驗。五歲半的兒童已能將畫片組合成故事情節來記憶，七歲半的兒童很少能用組合策略記住幾何圖形，九歲半的兒童有半數可以運用組合策略。而對數目的組合，11 歲半的兒童多數仍感困難，能進行組合記憶的人數達不到半數。

總而言之，記憶的策略是多種多樣的，以上所述只是幾種有代表性的記憶策略。兒童使用記憶策略的能力是隨年齡增長而不斷發展的，學前兒童基本上不會自發地使用某種策略來幫助記憶，八歲左右的兒童處於過渡期，十歲以上的兒童基本上能自發地運用一定的記憶策略來幫助記憶。訓練可以有效地提高兒童運用策略的能力。兒童的各種記憶策略的發展是不平衡的，在很大程度上依賴於兒童自身的知識經驗。

(三) 小學兒童的元記憶

關於**元記憶**(或後設記憶) (metamemory) 的發展是近十多年來才興起的一個重要課題。美國心理學家弗拉維爾 (Flavell, 1976) 認為，元記憶就是關於記憶的知識或認知活動，即人們對自己的記憶過程的理解和認識，可以進一步細分為關於記憶的元認知知識，元認知體驗與記憶監控。

1. 小學兒童關於記憶的元認知知識　關於記憶的**元認知知識**(或後設認知知識) (knowledge of metacognition) 就是有關記憶的知識，即對什麼因素影響人的記憶活動的過程與結果，這些因素是如何起作用的，它們之間又是怎樣相互作用的種種問題的認識。弗拉維爾認為，關於記憶的元認知知識主要包括以下三個方面的知識：

(1) **有關記憶主體方面的知識**：這主要是指主體對記憶的認識與了解，

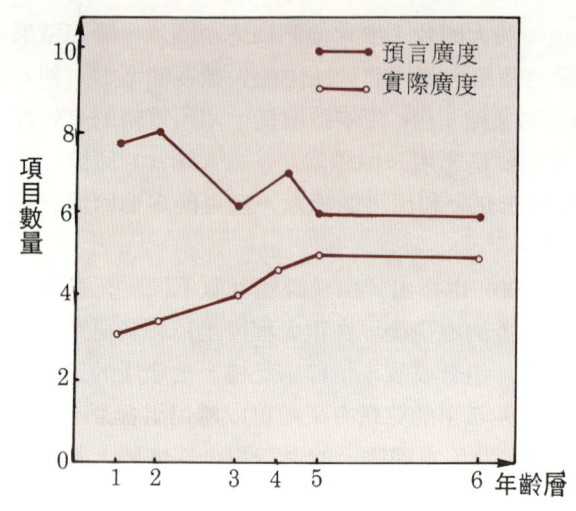

**圖 6-6
不同年齡被試的預言廣度**
(採自 Flavell, et al., 1977)
說明：橫坐標年齡層編號代表：1. 托兒所兒童；2. 幼兒園兒童；3. 小學二年級學生；4. 小學三年級學生；5. 小學四年級學生；6. 大學生。

如記憶不同於知覺、思維，不同年齡以及同年齡的人在記憶能力方面是有差異的。弗拉維爾等人 (Flavell et al., 1970, 1977) 用印有圖畫的卡片作為實驗材料，各卡片上的圖畫數量不同。實驗任務是要求被試預言能夠回憶出幾張圖畫，最後測定被試的實際瞬時記憶廣度。其結果見圖 6-6。

由此可見，學前兒童對自己的瞬時記憶廣度的估計與真實情況有較大差距，而學齡兒童的估計較接近實際，四年級學生基本上達到了成人的水平。

(2) **有關記憶材料與任務的知識**：包括兩方面的內容，一是個體對材料的性質、相互關係能影響記憶難易度的認識；二是個體對不同記憶反應 (如再認、回憶) 難度差異的認識。

實際上，學前兒童已認識到識記材料的熟悉性和數量都是影響記憶的重要因素，但他們的元記憶知識還是很有限的。學齡兒童進一步認識到材料之間的關係、材料與時間之間的關係也影響記憶效果。

弗拉維爾等人首先讓被試學習將詞表中的詞兩兩聯成對，如小汽車—襯衫、船—蘋果等。練習之後，向被試呈現兩個詞表並要求他們預言哪個詞表易學易記，其中一個詞表的詞對是名字與動作，如瑪麗—散步、安妮—坐；另一個詞表的詞對是高度相關的反義詞，如哭—笑、黑—白。結果發現，六歲和七歲兒童認為兩種詞表在難度上沒有什麼差別，而 9 歲和 11 歲兒童則確信由反義詞構成的詞表易學易記。在被試認為易學易記的詞表上再增加一些新的詞對使詞表加長，要求被試對自己的決定重新評價。結果發現，幾乎所有六歲和七歲兒童都改變了主意，認為現在較短的詞表（原來被認為較難的詞表）易學易記。而九歲和 11 歲兒童更加確信最初的選擇，仍然認為反義詞構成的詞表易學易記。這表明了年幼兒童沒有認識到語義聯繫在記憶活動中的作用，而年齡較大的兒童已認識到了語義對記憶的促進作用。

兒童對不同記憶反應難度差異的認識也是隨年齡增長而不斷發展的。如一半以上的幼兒認為再認與回憶一樣困難，小學一年級兒童中 56.25% 認為再認容易，6.25% 認為兩者同樣困難，37.50% 不能確定。所有被試中沒有一人認為回憶更容易。認為再認較容易的小學生都能證明其答案的合理性，而幼兒中則只有一半能證明。

材料的呈現到測量的時間間隔越長，再認與回憶越困難。研究發現，八歲兒童已能認識到這一點，因此能根據預期的保持時間間距來調整看圖片的時間，而四歲和六歲兒童在各種情況下均花同樣的時間看圖片。

(3) **有關記憶策略方面的知識**：這方面涉及的內容很多，如進行記憶活動有哪些策略，其優點和不足是什麼，應用條件和情境如何等等。

小學生已逐漸掌握了一些改善記憶的方法，如讀筆記、聽錄音帶、向他人請教等。克魯澤等（Kreutzer, et al., 1975）詢問兒童如何記住一個電話號碼，幾乎所有三、五年級的學生和 40% 的幼兒認為應該立即打電話，許多年齡較大的兒童和 60% 的幼兒認為應該把電話號碼寫下來並復述或用其他幫助記憶的策略。于森和利維（Yussen & Levy, 1977）詢問三年級和六年級兒童如何回憶遺忘的內容時，年幼兒童只能提出一兩個建議，年長兒童則能提出許多可行的建議。賈斯梯斯（Justice, 1985）也發現，二年級兒童已知道復述和分類是記憶的有效策略，但只有六年級兒童才知道分類策略比復述更為有效，他們更經常使用分類策略。

2. 記憶的元認知體驗　元認知體驗（或後設認知體驗）（metacognitive experience）是伴隨著認知活動的認知體驗或情感體驗，既包括知的體驗，也包括不知的體驗，在內容上可簡單可複雜，經歷的時間也可長可短，可能發生在一個認知活動的持續期間，也可能發生在一個認知活動以前或以後。這種體驗通常與一個人在認知活動中所處的位置有關，與一個人正在取得或可能取得什麼樣的進展有關。

許多關於記憶的元認知體驗是由關於記憶材料難易的判斷或情感體驗組成的。元認知體驗與元認知知識是密切相關的，只有具備了一定的元認知識，才可能產生有關自身、任務、目的的各種各樣的元認知體驗。因此，隨著個體的元認知知識的逐漸形成，關於記憶的元認知體驗也逐漸產生和發展起來。

3. 記憶監控 記憶監控 (memory monitor) 乃是元記憶的重要成分之一，是指主體在進行記憶活動的全過程中，將自己正在進行的記憶活動作為意識對象，不斷地對其進行積極、自覺的**監視** (monitor)、**控制** (control) 和**調節** (regulation)。

兒童的記憶監控能力是逐漸發展的。馬瑟等 (Masur, et al., 1973) 對小學一年級學生、三年級學生和大學生進行了一項實驗。要求被試記憶一組圖畫，圖畫的數量是被試記憶廣度的 1.5 倍，每次學習 45 秒，然後進行自由回憶測驗，測驗完畢後，請被試從剛才學習過的圖畫中挑選一半再學習 45 秒，然後再進行自由回憶測驗。按此程序進行幾次，結果發現，小學三年級學生和大學生在選擇重新記憶的圖畫時，所挑選的圖畫多為上次自由回憶時未能回憶出來的，而小學一年級學生挑選的圖畫中能回憶出來的和未能回憶出來的幾乎各占一半，這說明小學一年級學生還不能對自己的記憶活動進行有效的監控。

由上述可見，元記憶在小學階段的發展很快，但水平是有限的，兒童還不能普遍而靈活地對記憶本身的知識和技能加以掌握，而且取決於兒童一般知識經驗的豐富程度。顯然地，元記憶之所以在小學時期得到迅速發展，學校教育起著決定性作用。因此在教學活動中，有意識地培養兒童的元記憶，教授他們記憶的知識技能，啟發兒童的求知欲和好奇心，進而擴大兒童的知識面，必將有效地促進兒童記憶能力的發展。

第三節　小學兒童的社會性發展

在學前期社會性發展的基礎上，小學生由於入學的條件，使其社會性的發展獲得了新生，並體現出協調性、開放性和可塑性的特點。以下分別從道德、自我意識、社會關係的發展來討論之。

一、道德的發展

在西方，皮亞傑對兒童期道德觀念形成和判斷做出了大量的研究。皮亞傑 (Piaget, 1932) 認為，通常 7～12 歲兒童的自律性道德，即服從自己的規定的道德獲得了發展，並且以人與人之間關係的水平表現出來。柯爾伯格 (Kohlberg, 1980) 研究指出，兒童從七歲起便傾向以常規道德評價道德行為，並維持習俗的秩序和符合他人的願望。

中國大陸的心理學界對中小學生**道德發展** (moral development) 的研究中，關於小學生道德特點的研究在數量上占很大的比例。總結我國在小學生道德特點方面的研究，並且結合我們自己的研究，我們 (林崇德，1989) 認為，從出生到成熟的整個時期，小學生的道德發展所顯示出來的基本特點就是協調性。

(一)　形成自覺運用道德規範的能力

小學時期學生逐步開始形成系統的道德認識以及相應的道德行為習慣。但是，這種系統的道德認識帶有很大的依附性，缺乏原則性。這裏，我們舉一項研究為例來略加分析。

李懷美 (1986) 從道德概念、道德評價和道德判斷三方面來了解小學生**道德認識** (moral cognition) 的發展水平。他們以"對他人"、"對自己"和"對社會"三個側面各四個道德概念為材料，並由此確定三級水平：一級水平是對道德概念片面或膚淺理解，停留在現象上 (1×4＝4 分)；二級水平是能夠正確理解道德概念，但不深 (3×4＝12 分)；三級水平是較深刻地理

表 6-4　小學兒童道德概念理解發展水平

道德認識發展水平＼年級	一年級	三年級	五年級
對　　人	7.49	9.07	10.26
對　　己	7.28	11.38	13.92
對　社　會	8.34	10.03	12.57
總　均　數	7.70	10.16	12.25

(採自李懷美，1986)

解道德概念的本質(5×4＝20 分)。三個年級被試的平均得分詳見表 6-4。

　　李懷美還以"義務"、"榮譽"、"良心"、"幸福"等四個道德範疇了解學生道德評價發展的情況。他們設計了四組對偶故事，每組的結構均按照動機正確而效果不好、動機不正確而後果好這兩種情況安排，讓被試判斷是非與好壞，並且說明理由。該研究對學生道德評價的發展分三級水平：一級水平為重效果 (1 分)，二級水平為重動機 (3 分)，三級水平為效果與動機相統一 (5 分)。研究結果見表 6-5。

表 6-5　小學道德概念評價發展水平

道德範疇＼年級	一年級	三年級	五年級
義　　務	3.10	3.97	3.94
榮　　譽	2.49	3.57	3.98
良　　心	2.96	3.74	3.94
幸　　福	1.95	3.13	3.15
總　均　數	2.63	3.61	3.75

(採自李懷美，1986)

　　表 6-5 說明，從總體上考察小學一年級到五年級，小學生道德評價能力隨著年齡遞增而提高。一年級小學生尚未達到二級水平，而三、五年級均已超過二級水平，並開始向三級水平發展。可見，小學生的道德評價是逐步發展和提高的。

6-6 小學兒童道德判斷發展水平

道德範疇 年級	一年級	三年級	五年級
義　　務	2.14	2.15	2.06
榮　　譽	3.06	2.80	3.07
良　　心	2.92	3.01	2.99
幸　　福	2.38	2.69	2.94
總　均　數	2.62	2.66	2.77

(採自李懷美，1986)

根據上述四個道德範疇，研究者還設計了**兩難問題** (dilemma)，以了解小學生道德判斷能力的發展水平。道德判斷分三級水平：一級水平是圍繞個人利害得失進行道德判斷 (1 分)；二級水平是簡單地運用道德規範進行道德判斷 (3 分)；三級水平是理解道德原則並以此進行道德判斷 (5 分)。結果見表 6-6。

表 6-6 指出，小學生的道德判斷能力是逐步提高的，但隨年齡遞增而提高的幅度較小。小學生的道德判斷尚未達到二級水平，即他們還不能簡單地運用道德規範進行判斷。

從上面三個研究，我們可以看到，小學生的道德認識表現為從具體形象性向邏輯抽象性發展的趨勢：(1) 在道德認識的理解上，小學生從比較膚淺的、表面的理解逐步過渡到比較精確的、本質的理解。但是，這種認識仍有較多具體成分，概括水平較差；(2) 在道德品質的判斷上，小學生從只注意行為的效果，開始逐步形成比較全面地考慮動機和效果的統一關係。但是，這種判斷常有很大的片面性和主觀性；(3) 在道德原則的掌握上，學生道德判斷從簡單依附於社會的、他人的原則，逐步形成受自身道德原則的制約。但是，在很多情況下，他們在判斷道德行為上，還不能以道德原則為依據，易因缺乏道德信念，常常受到外部的、具體的情境影響；(4) 小學生已初步掌握了道德範疇，不過對不同範疇的理解有不同的水平。比較"對他人"、"對自己"、"對社會"三方面的道德認識，"對自己"方面的道德概念發展水平較高，"對社會"方面的道德概念的發展水平次之，最低的是"對他人"的道德概念的發展水平，顯示出不平衡性。

總之，小學生的道德知識已初步系統化，初步掌握了社會範疇的內容，開始向道德原則的水平發展。

(二) 從協調步向分化

在整個小學階段，小學生在道德發展上，認識與行為、言與行基本上是協調的。年齡越小，言行越一致，隨著年齡的增長，逐步出現了言行不一致的現象。

年齡較小的學生，行為比較簡單且外露，道德的組成形式也比較簡單。就道德定向系統而言，他們還不能意識到一定道德的作用，往往按照教師和家長的指令來定向；就道德的操作系統而言，他們缺乏道德經驗和道德活動的策略，動機比較簡單，不善於掩蔽自己的行為；他們自我調節技能較低，較難按原則規定的行為去行動；就道德的反饋系統而言，他們的行為主要受教師和家長的"強化"，還難以進行自我反饋。因此，在小學低年級，小學生的道德認識、言行往往直接反映教師和家長的要求。因此從表面上看，他們的言行是一致的，但實際上這種一致性的水平是較低的。

小學高年級的學生的行為比較複雜。相應地，在道德定向系統中有一定的原則性，在道德操作系統中產生了一定的策略和自我設想。因此，高年級的小學生逐漸開始學會掩蔽自己的行為；在道德反饋系統中出現了對他人的評價進行一定分析，他們的行為與教師和家長的指令會出現一定的差異。

當然，一般來說，小學生表現言行不一致的現象是初步的，即使是高年級的學生，還是以協調性占優勢。他們道德言行不一定是來自內在的道德動機，而是受制於道德組織形式及道德結構的發展水平。正如朱智賢 (1962, 1979) 所分析的：(1) 模仿的傾向性：模仿是小學生的特點，當他們看到所模仿的動作很有意思，以致明知被模仿的動作是不正確的、不好的，他們仍然照樣做了。(2) 出於無意：有些小學生口頭上背熟了道德原則，但行為中做出了與之相違背的事來，他們常常會為之後悔、惋惜。(3) 小學生會在某些人面前表現出言行一致，而在另一些人面前卻表現出言行不一致。造成這種情況的原因很複雜，或因教師和家長的教育不相一致，或因兒童以感情代替理智，會在較親近的人面前顯著"聽話"一些。(4) 只會說，不會做：道德行為做起來要克服困難，需要意志努力，因此小學生儘管知道道德原則，但是按照這些原則去行事就顯得困難。

由上可知，小學生的道德結構尚未完善，將社會道德規範內化為定向系統需要一個過程。

(三) 自覺紀律的形成

在小學生道德發展中，自覺紀律的形成和發展占有很顯著的地位，它是小學生的道德知識系統化及相應的行為習慣形成的表現形式，也是小學生表現出外部和內部動機相協調的標誌。

所謂**自覺紀律** (self-awareness principle)，就是一種出自內心要求的紀律。它是在學生對於紀律認識和自覺要求的基礎上形成起來，而不是依靠外力強制的。自覺紀律的形成是一個紀律行為從外部的教育要求轉為學生內心需要的過程。這個形成過程一般要經過三個階段：第一階段依靠外部教育要求，依靠教師制訂的具體規定和教師及時的檢查；第二階段是過渡階段，學生還未形成自覺紀律，但已能體會到紀律要求，一般能夠遵守紀律；第三階段是把紀律原則變成自覺行動。這三個過程體現了小學生道德結構的發展：在定向系統方面正經歷著一個內化和社會化的過程，他們不斷掌握社會經驗和道德規範，形成了與學校教育相協調的個體特徵，並將自己納入學校群體關係系統中；在操作系統方面，逐步明確紀律要求，確認遵守紀律途徑，作出紀律決策，實施紀律計畫；在調節反饋系統方面，及在執行紀律中對環境進行加工，產生正負反饋，從而加強和減弱行為動機，形成和發展道德結構。

我們在研究中發現，在教師的認真指導下，低年級的學生完全可以形成自覺紀律。當然，小學生違反紀律或缺乏自覺紀律的現象也是存在的。值得強調的是，必須對違反紀律的現象作心理學的分析。這既存在著年齡差異，也存在著個體差異。一般說來，年齡小的兒童出現違反紀律行為，常常是由於不理解紀律的內容要求，或出於對某一種行為的好奇心分散了注意力，或是由於疲勞而不能維持紀律。對年齡較大的小學生來說，其原因比較複雜。這表現為：(1) 不理解或不能正確理解紀律要求，或者對紀律要求的正確理解尚未能轉化為指導他們行為的自覺原則；(2) 對個別教師持有對立情緒。我們經常看到不少小學高年級學生在遵守課堂紀律上表現為因人而異；(3) 意志、氣質上的缺陷；(4) 沒有養成紀律行為所必需的習慣；(5) 特殊愛好未得到滿足，或者旺盛的精力無處發洩。因此，只有全面細緻地了解兒童的人格特點，加上得力的教育措施，才能促使小學生自覺紀律的形成和發展。

總之，小學生的道德是從習俗水平向原則水平過渡，從依附性向自覺性過渡。從這個意義上說，小學階段的道德是過渡性道德，這個時期道德發展比較平衡，顯示出以協調性為主的基本特點，衝突性和動盪性較少。

(四) 道德發展的關鍵年齡

小學階段的道德的另一特點是道德發展過程中出現"飛躍"或"質變"現象。小學階段是兒童道德發展的**關鍵年齡**。這個關鍵年齡，具體在什麼時候（哪個年級或年齡）出現，尚有待深入探討。據我們的研究，這個關鍵期或轉折期大致在三年級下學期前後，由於不同方式的學校教育的影響，出現的時間可能會提前或延後。

當然，我們這裏所指的關鍵期是就小學生道德的整體發展而言的。至於就具體的道德動機和道德的心理特徵來說，其發展是不平衡的。例如，小學生的道德認識的關鍵期與道德行為發展的關鍵期並不一致。

二、自我意識的發展

自我意識 (self-consciousness) 的發展過程是個體不斷社會化的過程，也是人格形成的過程。自我意識的成熟往往標誌著人格的基本形成。

(一) 小學兒童自我意識發展的趨勢

有的心理學家認為，兒童自我意識的發展經過三個時期：(1) **自我中心期** (egocentric period)（八個月～三歲），是自我意識的最原始狀態，稱生理自我；(2) **客觀化時期** (objective period)（三歲～青春期），是獲得社會自我的時期，在這一階段，個體顯著地受社會文化影響，是學習角色的最重要時期。角色意識的建立，標誌著社會自我觀念趨於形成；(3) **主觀自我時期** (subjective period)（青春期～成人期）自我意識趨於成熟，進入心理自我時期。

韓進之等人 (1983,1985) 通過問卷調查認為小學生自我意識的發展**趨勢**是隨年齡增長從低水平向高水平發展的，但發展不是直線的、均速的，而是既有上升的時期，又有平衡發展的時期。研究結果見表 6-7。

由表 6-7 可知：

1. 小學一年級到三年級處於上升時期，小學一年級到二年級的上升幅度最大，是上升期中的主要發展時期。小學二年級到三年級的差異也達到顯著水平，在上升期中屬次要地位。這是因為學校的學習活動進一步加強了兒童對自己的認識，如考試成績的好壞，教師對自己的評定，同伴對自己的接納性等等，都使兒童從不同的角度對自己有了新的認識，而學習活動對兒童的自我監督、自我調節和自我控制等能力有了更進一步的要求，從而促使兒童的自我意識有很大的發展。

2. 小學三年級到五年級處於平衡階段，其年級間無顯著差異。

3. 小學五年級到六年級又處於第二個上升期。在小學中年級，兒童的抽象邏輯思維逐漸發展起來，其辯證思維也初步發展起來，這就促使兒童的

表 6-7　小學生自我意識發展調查結果

		小一	小二	小三	小四	小五	小六	F 檢驗
城市	N	450	350	900	350	900	350	52**
	$\bar{X}$	194	222	214	221	220	225	
	S	0.46	0.49	0.42	0.35	0.30	0.35	
農村	N	450	350	900	350	900	350	65.43**
	$\bar{X}$	197	210	216	217	222	230	
	S	0.46	0.40	0.36	0.38	0.36	0.38	
男生	N	450	350	900	350	900	350	59.43**
	$\bar{X}$	195	212	212	218	218	225	
	S	0.47	0.40	0.38	0.36	0.34	0.36	
女生	N	450	350	900	350	900	350	55.78**
	$\bar{X}$	198	216	217	229	224	231	
	S	0.48	0.42	0.41	0.39	0.36	0.34	
總合	N	900	700	1800	700	1800	700	107.03**
	$\bar{X}$	196	214	219	219	221	228	
	S	0.47	0.41	0.41	0.36	0.35	0.34	

N：各組被試數，$\bar{X}$：自我意識發展水平的平均分，S：各組標準差　　** $p<0.01$

(採自韓進之等，1985)

自我意識更加深刻。他們不僅擺脫對外部控制的依賴，逐漸發展了內化的行為準則來監督、調節、控制自己的行為，而且開始從對自己的表面行為的認識、評價轉向對自己內部品質的更深入的評價，這就使小學生的自我意識的發展達到一個新的水平。

研究還對城鄉學生、男女學生間的自我意識發展水平的得分進行差異考驗，結果無顯著差別。

(二) 自我意識各因素的發展

自我意識包含了自我概念，自我評價與自我體驗等幾方面。自我體驗是在前二者的基礎上形成的對自我的情緒感受，所以下面就從自我概念與自我評價兩方面來討論小學兒童自我意識的發展。

1. 自我概念的發展特點 **自我概念**(或自我觀念) (self-concept)是指個人心目中對自己的印象，包括對自己存在的認識，以及對個人身體能力、性格、態度、思想等方面的認識。它是由一系列態度、信念和價值標準所組成的有組織的認知結構，把一個個各種特殊習慣、能力、觀念、思想和情感聯結在一起，貫穿於心理和行為的一切方面。對自我概念的研究通常是借助自我描述來進行。

從小學生的**自我描述** (self-description) 來看，有這樣幾個特點：

(1) 小學生的自我描述是從比較具體的外部特徵的描述向比較抽象的心理術語的描述發展。如回答"我是誰？"這樣一個問題時，小學低年級學生往往提到姓名、年齡、性別、家庭住址、身體特徵、活動特徵等方面，而到小學高年級，兒童則開始試圖根據品質、人際關係以及動機等特點來描述自己。例如，一個九歲兒童對這個問題的回答是："我的名字是 A，我有褐色的眼睛和褐色的頭髮，我喜愛運動，我家裏有七個成員，我的視力很好，我有很多朋友，我住在……，我的一個叔叔約 1.75 米高，我的老師是……我喜歡學校"；而另一個 12 歲的女孩則說："我的名字是 B，我是一個女孩，一個誠實的人，我不漂亮，我的學習一般，但我是一個很好的大提琴手，相對於我的年齡來說，我的個頭較高，我喜歡幾個男孩子，我希望去幫助別人，我不知道男孩是否喜歡我"(Montemayor & Eisen, 1977)。

(2) 雖然小學高年級學生開始能用心理詞彙來描述自己，但也是以具體形式來看待自己，把自己這些特徵視為絕對的和不可變更的。例如，8～11歲的孩子說自己是善良的，是因為他們把東西分給了同伴或幫助了其他人，因此自己是"善良的"，他們還不太理解自己的人格特徵在不同場合可能會有所不同。

自我概念是在經驗積累的基礎上發展起來的。最初它是對個人的和才能的簡單抽象認識，隨年齡增長而逐漸複雜化，並逐漸形成社會的自我、學術的自我、身體的自我等不同的層次。

楊國樞 (1977) 對小學高年級兒童的自我概念發展在量和質的兩方面進行了分析。在量的方面，主要考察了自我接受度與自我諧和度的發展特點。**自我接受**(或**自我接納**) (self-acceptance) 指個人覺得自己有價值的程度或好壞的程度，這是一種主觀經驗或感覺，**自我諧和** (ego integrity) 指真實自我與理想自我的相似程度。研究中，自我接受度有兩個指標，即自我接受度 (甲)，這根據受試者在描述自己時從 142 個特徵形容詞中所選用的各形容詞中求得；自我接受度 (乙)，這根據 53 種個人特點中受試者認為自己所"已有"與"沒有"的各特點求得。其研究結果如表 6-8。

表 6-8　小學高年級男女學生在自我概念變項上的平均數與標準差

		自我接受度 (甲)		自我接受度 (乙)		自我諧和度	
		$\overline{X}$	S	$\overline{X}$	S	$\overline{X}$	S
四年級	男 (55)	96.93	21.78	42.49	7.00	46.31	6.22
	女 (74)	99.27	15.76	48.01	5.99	45.61	5.40
五年級	男 (102)	92.77	19.43	40.53	7.51	42.14	6.55
	女 (73)	95.62	17.69	41.86	7.23	44.68	7.83
六年級	男 (72)	83.57	20.75	43.76	5.91	45.96	6.28
	女 (115)	84.94	20.53	38.81	8.27	41.37	8.27

(採自楊國樞，1977)

由表 6-8 可見，小學生自我概念的發展趨勢視性別而定。男生的自我接受度與自我諧和度並未表現出隨年齡增加而漸增或漸減的趨勢，而女生的自我接受度和自我諧和度表現為隨年齡的增大而漸減的趨勢，年齡愈大，自我接受度愈弱，且真實自我符合理想自我的程度也愈小，也就是說，年齡越大,對自己的印象越差。

楊國樞認為,這種性別差異的產生主要是由於社會對男女性別有不同的評價和待遇。重男輕女是中國傳統的價值觀之一,對小學高年級兒童來說,社會忽略與輕視女性的情形表現得更為具體與明顯,從而使小學高年級以上的女生更易感到自己是不受注意與重視的,這導致她們的自尊心與價值感的減低。對男生來說,一方面受到重視,另一方面也因受到重視而承擔了較大的壓力,這也會逐漸降低其自信心與價值感,兩相抵消,他們的自我接受度與自我諧和度表現為隨年級增高而沒有顯出多少變化的趨勢來。

研究者還發現,自我概念內容因年級不同而有所不同。小學高年級學生選用人數較多的形容詞都是一般人認為好的形容詞,選用人數較少的形容詞則都是一般人認為壞的形容詞,這表明小學高年級學生的社會化已有了很大的發展,同時,他們的自我概念內容受社會稱許性的影響。如他們自認為最常具有的 10 種特質是:愛國的、歡樂的、快樂的、友善的、正常的、整潔的、守法的、講理的、孝順的、合作的;最少具有的 10 種特質是:醜惡的、下流的、狠心的、笨拙的、殘忍的、可惡的、呆板的、無恥的、討厭的、可憐的。

哈特爾 (Harter, 1982) 曾提出了一個有 28 個項目的自我概念量表,要求兒童在四個方面評價自己的能力:(1) 認知能力:學習成績好、聰明、遵守紀律、理解力強;(2) 社會能力:有許多朋友、善於交往、同伴中的地位較高、受人歡迎;(3) 運動能力:體育較好、常被選拔參加比賽、遊戲中表現較好、喜歡參與;(4) 普遍的自我價值:相信自己是好人、是愉快的、希望保持現狀。每一個題目都要求兒童從"最像我"的兩個描述中選擇一個,並指出這一描述是"部分適合於我",還是"完全符合我的情況"。例如:

完全符合我	部分符合我	一些兒童經常忘記自己所學所習內容	但	一些兒童很容易記住學習的內容	部分符合我	完全符合我
□	□				□	□

記分方式為從左至右記 1~4 分

哈特爾 (Harter, 1982) 對 2097 名三~九年級兒童進行測試,並要求教師在相似的項目量表上對每個兒童做出評價。結果發現：第一，小學三年級兒童已能在喜歡或不喜歡項目上認識自己，這表明兒童的自我情感在小學時期已很好地建立起來了；第二，兒童對其不同領域的能力作出重要區別，因此他們的自我評價依賴於情境。例如，一個學生可能認為自己的運動能力較差，但學習能力較強；第三，兒童對自我的評價與教師評價、同伴評價一致。這表明，隨年齡增長，兒童逐漸能較客觀地評價自己了。

2. 自我評價　自我評價 (self-evaluation) 能力是自我意識發展的主要成分和主要標誌。自我評價是否恰當可能激發或壓抑人的積極性，如不符合的、過低的自我評價會降低人的社會要求水平，產生對自己的潛力的懷疑態度，引起嚴重的情感損傷和內心衝突；而過高的自我評價又必然與別人對自己的評價發生矛盾，遭到同伴的反對，引起與同伴交往的衝突，也會導致嚴重的情感損傷或不良行為。

研究 (韓進之等，1983，1985) 證明，這種自我評價能力在學前期就已經產生了。進入小學期以後，小學生能進行評價的對象、內容和範圍都進一步擴大，這也使小學生的自我評價能力進一步發展起來，主要表現為：

(1) 從順從別人的評價發展到有一定獨立見解的評價：韓進之等人 (1983,1985) 的研究中對小學生提出一些問題：你的爸爸、媽媽說的話都對嗎？同學們對你的批評都對嗎？你認為班主任、老師對你的看法都對嗎？你常和同學爭論問題嗎？你做事拿不定主意嗎？你對自己班級的看法跟大家一樣嗎？等等。小學生在這些問題上反映出的獨立性水平明顯隨年級升高而升高，這表明小學生逐步減輕對他人評價的依賴性，獨立地進行自我評價的能力在不斷發展。

(2) 從比較籠統的評價發展到對自己個別方面或多方面行為的優缺點進行評價，並表現出對內心品質進行評價的初步傾向：韓進之的研究 (1983, 1985) 中對學生提出兩個問題："你認為怎樣才算是一個好學生？你認為怎樣才算是一個壞學生？"根據學生的回答評定其自我評價的具體性與抽象性和對外部行為與內心世界的評價，結果如表 6-9。

由此可見，小學低年級兒童的自我評價還具有很大的具體性，如"我認為上課認真聽講，不講話，對同學不罵人、不打架才能算是一個好孩子"。此外，他們更多地是針對其外顯行為進行評價 (如不打人、不罵人，完成作業等)。整個小學階段處於由具體性向抽象性，由外顯行為向內心世界的發展過程之中,這兩方面的發展進程是相似的,這表明小學生的抽象概括性評價和對內心世界的評價能力都在迅速發展。但直到小學高年級,進行抽象性評價(如我認為一個好學生應該能分清真善美與假惡醜)和內心世界的評價(表裏一致,謙虛,熱情,誠實等)仍然不多。

表 6-9　小學生自我評價的特點

年級	具體	中間	抽象	外部	中間	內部
小一 (N=100)	91	8	1	97	3	0
小三 (N=100)	62	35	3	70	27	3
小五 (N=100)	30	54	16	46	39	15

(採自韓進之等,1983)

(3) **自我評價的穩定性逐漸加強**:讓被試兒童間隔一週後對相同的五個問題作前後兩次選擇,並計算答案的一致性,研究結果如表 6-10。

表 6-10　小學兒童對同一問題的兩次選擇的一致性

年級	一年級	三年級	五年級
相關係數	0.37	0.51	0.61

(採自韓進之等,1983)

可見,小學低年級學生的自我評價能力水平還比較低,前後兩次的評價一致性很差,到小學高年級,隨著自我評價能力的逐步發展,前後兩次評價的一致性逐步增高。這表明小學生的自我評價的穩定性隨自我評價的能力增強而增強。

家庭教育風格 (style of family education) 常常會影響兒童的自我評價。如**權威型父母** (或威信型父母) (authoritative parent) 的教育往往是民主而嚴格的,他們喜愛並接受兒童,對孩子的學業和行為有較高的要求。他們善於傾聽並尊重兒童的意見,信任和鼓勵他們,較多地採取鼓勵、獎勵良好行為的方式,而不是斥責、懲罰其不良行為的方式。

這種家庭的兒童往往了解父母所建立的明確而一致的行為規則，了解父母對自己的期望，因此，他們往往對自己充滿自信。實際上父母的教育風格與兒童的自我評價是相互作用的，父母的積極行為使兒童感到自己是有能力的，同樣，有較高自我評價的兒童也促使父母更加民主。

自我評價與兒童的交往也有相關。庫珀斯密斯 (Coopersmith, 1987) 的研究發現，高自我評價的男孩更加受人歡迎，學校成績也較好，而低自我評價的男孩往往比較孤獨，有不良行為習慣，學習成績不好。發展良好的自我評價對兒童的發展是極其重要的，可能在其一生中都會產生重大影響。有良好形象的人往往是成功的和愉快的。如果對自己的能力很自信，對自己所做的事就會很有把握，常常對父母、教師和其他權威人士發出挑戰，相信自己能獨立處理問題，能以創新的方式去解決問題，相信自己能夠實現預定的目標。他們不會過度懷疑自己，能尊重和熱愛他人，同樣的會得到他人的欣賞和喜愛。

相反地，如果一個人缺乏自信，則總是認定自己的行動要失敗，不願意付出努力，這又會導致失敗。所以可以說，缺乏自信心、缺乏成功和引起退縮行為是相互循環的。由於自我懷疑，他們在交友方面也有問題，他們的意見往往不被他人重視，這種人往往成為團體中被忽略的對象。

(4) **小學兒童已具有一定的道德評價能力**：對某一種道德現象採用好、壞、善、惡、正義、非正義等詞語作出分析、判斷和鑑別的過程就是道德評價過程。道德評價能力高低，往往是表示人的道德認識、道德情感發展水平的重要指標。

兒童對行為後果的道德判斷是從行為的直接後果 (把好事等同於直接使人滿意的事) 向行為的長久後果 (傾向於期待以後的獎賞) 過渡；從行為的個人後果 (自己受到稱讚的行為即是"好"的，受到懲罰的行為則是"壞"的) 向行為社會後果 (考慮到同伴對自己行為的評價) 過渡。在一項研究中 (李伯黍，1979)，研究者編製了一份道德判斷測驗，其中包括兩個具有同樣重要任務的道德行為情境。故事一裏的主人公最初不願意承擔分配給他的任務，但在提供了客觀條件的情況下卻完成了任務；故事二裏的主人公勇於承擔分配給他的任務，但在客觀條件限制下卻未能完成任務。讓兒童對兩個故事裏的主人公的行為作出比較判斷，要求他們把自己認為正確的看法和理由寫出來。研究結果表明，從小學三年級起，絕大多數學生已能根據行為原因或從行為的因果關係上作出自己的判斷。已有半數以上的兒童能把行為原因和後果聯繫起來進行比較。

對兒童行為責任的道德判斷研究指出，關於行為意向性與行為後果的道德判斷，學前兒童所根據的大多是財物損壞程度的大小；小學低年級兒童對行為的意向性判斷已有了明顯的發展，超過了對財物損壞的判斷；小學中高年級兒童的意向性判斷已占顯著優勢。在對成人懲罰的公正性判斷上，學前兒童和小學低年級兒童對成人不公正的懲罰，大部分持肯定態度，表明他們的道德判斷尚不能擺脫成人懲罰的影響，只能根據成人懲罰去判斷行為的是非。九歲兒童已明顯地開始擺脫成人懲罰的影響，10歲兒童絕大多數已能擺脫成人懲罰的影響，表明小學中高年級兒童大部分已能對故事中成人的不公正懲罰持否定態度，把懲罰同行為的性質分離開來，根據行為本身的好壞來作分析判斷。

三、社會關係的發展

兒童進入學校學習，他們的社會交往範圍變得更為廣闊。他們知識與經驗的豐富也促進其更為有意識地與周圍的人進行交往。對他們而言，與父母的交往仍然是其社會關係中的重要內容，另一方面，與同伴及教師的交往對其生活、發展也有極其重要的影響。以下分別從同伴交往、親子關係、師生關係來討論小學生社會關係的發展。

（一）同伴的交往

對小學兒童同伴交往的研究，主要集中於友誼和**同伴群體**(或同儕團體) (peer group) 兩個研究領域。同伴群體對兒童心理發展所產生的各種影響中，為廣大研究者所關注的是關於同伴接納性的研究。

1. 小學兒童的友誼 友誼(friendship)是和親近的同伴、同學等建立起來的特殊親密關係，對兒童的發展有重要影響。它提供了兒童相互學習社會技能、交往、合作和自我控制，以及體驗情緒和進行認識活動的機會，為以後的人際關係奠定了基礎。小學生已經很重視與同伴建立友誼的關係。當朋友在場時，其學習和活動會更加快樂。

什麼樣的人可以成為朋友？對此問題的認識水平與兒童的社會認知水平相聯繫。對學前兒童來說，"住在隔壁"、"和我一起玩"的人可以成為朋友，幼兒與一些外部特徵 (如年齡、性別、種族等) 和自己相似的同伴可以建立相對短時的友誼。在此基礎上，幼兒開始認識到同伴有與自己不同的動機和情感，這時他們認為朋友就是對自己好、不傷害自己的人。到 8～10 歲，兒童開始理解友誼是一種相互的關係，雙方相互尊重友好、充滿情誼。

兒童對友誼認識是逐漸發展的。對"什麼是朋友"、"別人如何向你表示他是你的朋友"這樣的問題，六～七歲的兒童認為朋友就是一起玩耍的夥伴；9～11 歲的兒童強調相互同情和相互幫助，認為忠誠是朋友的重要特徵，朋友關係應該是比較穩定的。兒童選擇朋友的理由包括他們的積極人格特點 (如勇敢、善良或忠誠) 及志趣是否相投。兒童先認識同伴與自己的相似性，大約四歲以後的兒童都能非常準確地說出有關與同伴之間的相似性，認為朋友與自己有相異之處則要在九歲以後才能達到。

友誼的發展表現在親密性、穩定性和選擇性等方面。隨著人從童年向少年、青年過渡，友誼的這些特性也都在不斷發展變化之中。塞爾曼 (Selman, 1981) 曾提出兒童友誼發展有五個階段，詳如表 6-11 所列。

(1) **第一階段 (3～7歲)，友誼關係還很不穩定**：朋友只是一個玩伴，友誼就是一起玩，在這個時期，兒童還沒有形成友誼的概念。兒童間的關係還不能稱之為友誼，而只是短暫的遊戲同伴關係。對這個階段的兒童來說，朋友往往與實利的物質屬性及其鄰近性相聯繫。如果詢問他們友誼是如何建立起來的，他們的回答通常是"一起玩"。如果要求他們描述一個朋友，他們往往描述具體活動，如他和我一起玩，他不打我等。

(2) **第二階段 (4～9歲)，單向幫助階段**：這個時期的兒童要求朋友能夠服從自己的願望和要求。如果順從自己就是朋友，否則就不是朋友，如"他不再是我的朋友，因為他不肯跟我走"。

(3) **第三階段 (6～12歲)，雙向幫助**：互相幫助但不能共患難的合作階段。兒童對友誼的交互性有了一定的了解，但仍具有明顯的功利性特點。

(4) **第四階段 (9～15歲)，親密的共享階段**：兒童發展了朋友的概念，認為朋友之間可以相互分享，友誼是隨時間推移而逐漸形成和發展起來的，朋友相互之間保持信任和忠誠，甘苦與共。他們開始從品質方面來描述朋友例如"她理解人，她很忠誠"，並認為自己與朋友的共同興趣也是友誼的基

表 6-11 兒童友誼發展階段

階段	名稱	時間	特徵
1	遊戲同伴關係階段	3～7歲	沒有形成友誼的概念。朋友往往與實利的物質屬性及其鄰近性相聯繫。友誼建立的途徑通常是"一起玩"。如要求兒童描述一個朋友，往往描述具體活動："他和我一起玩"，"他不打我"，等。
2	單向幫助階段	4～9歲	要求朋友能夠順從自己的願望和要求。能順從自己就是朋友，否則便不是。如："他不再是我的朋友，因為他不肯跟我走。"
3	雙向幫助階段	6～12歲	朋友能互相幫助，但不能共患難。兒童對友誼的交互性有了一定的了解，但仍具有明顯的功利性特點。
4	親密的共享階段	9～15歲	發展了朋友的概念，認為朋友間可以相互分享，友誼是隨時間推移而逐漸發展起來的，朋友之間應保持信任和忠誠，甘苦與共。開始從品質方面來描述朋友："他理解人"、"他很忠誠"，認為共同的興趣也是友誼的基礎，兒童的友誼開始即有一定的穩定性。但此階段的友誼具有強烈的排他性和獨占性。
5	穩定的友誼關係階段	12歲開始	對朋友的選擇性逐漸加強，擇友更加嚴格，所建立的友誼關係能持續較長時間。

礎像是"我們喜歡一些相同的東西"。兒童的友誼關係開始具有一定的穩定性。兒童出於共享雙方利益而與他人建立友誼。在這種友誼關係中，朋友之間可以傾訴秘密，討論、制定計畫，互相幫助，解決問題。但此一時期的友誼有強烈的排他性和獨占性。

(5) 第五階段(12歲開始)，友誼發展的最高階段：隨著年齡的增長，兒童對朋友的選擇性逐漸加強，由於擇友更加嚴格，年長兒童建立的友誼關係能持續較長時間。

在交往活動中，有的兒童更善於結交朋友。心理學家認為，這可能與其社會認知發展水平較高有關。由於與同伴交往的經驗發展了兒童的角色轉換技能，而較高水平的角色轉換技能又有助於兒童建立良好的交往關係。有關研究發現，角色轉換技能較好的兒童比角色轉換得分較低的同齡夥伴社會化程度更高，更受同伴歡迎，更善於與他人建立親密的友誼。

同伴交往，尤其是更為親密的友誼關係的建立，使兒童之間的相互影響日益增強，這種影響是以同伴的強化和同伴的榜樣的作用而實現的。

當多數兒童都讚賞某一個兒童的行為時，這個兒童重復這一行為的可能性就會大大增加。在大多數情況下，受到同伴讚揚和喜愛都能強化兒童的行為。利弗 (Leifer, 1977) 認為，一個兒童主動進行社會接觸的方式有助於確定是否能得到強化。當兒童以友好的方式接近同伴，面帶微笑、高興地提議一項活動，其他兒童多數是會接納的。但如果一個兒童採取命令的口吻或強迫的手段，則同伴順從的數量就會急劇下降。

同伴的行為往往是兒童的一個榜樣，他們模仿、學習榜樣的行為。班杜拉 (Bandura, 1972) 認為至少有三種不同的原因使得榜樣能夠影響他人的行為：一是通過觀察他人的行動方式從而學會這種行為方式；二是通過榜樣了解採取某種行為方式可能產生的後果；三是榜樣可為兒童提示在陌生環境中能採取的行為方式。

2. 小學兒童的同伴團體　兒童在**同伴群體**(或**同儕團體**) 中與同伴交往的需要是逐漸建立的，兒童與同伴的交往隨年齡的增長而增加。埃利斯等人 (Ellis, et al., 1987) 觀察了 436 名 2～12 歲兒童在家庭中以及鄰居附近的遊戲活動，以了解兒童與成人的交往、與同齡夥伴的交往，以及與其他年齡兒童的交往情況。結果發現，從嬰兒期到青少年前期，兒童與其他兒童的交往穩步增加，而與成人的接觸則相對減少 (如圖 6-7)。此外，兒童更多與同性別夥伴玩耍的趨勢隨年齡增加而加強。

小學時期是開始建立同伴團體的時期，因而也被稱為**幫團時期**(或**幫派時期**) (gang period)。同伴團體的影響是通過同伴交往實現的。社會心理學家認為同伴團體有幾個特點：(1) 在一定規則基礎上進行相互交往；(2) 限制其成員的歸屬感；(3) 具有明確或暗含的行為標準；(4) 發展了使成員朝向完成共同目標而一起工作的組織。兒童的同伴團體的形式是多樣的，可能結構鬆散，也可能有組織、結構嚴謹。一般可分為兩大類，即有組織的集體和自發的團體。

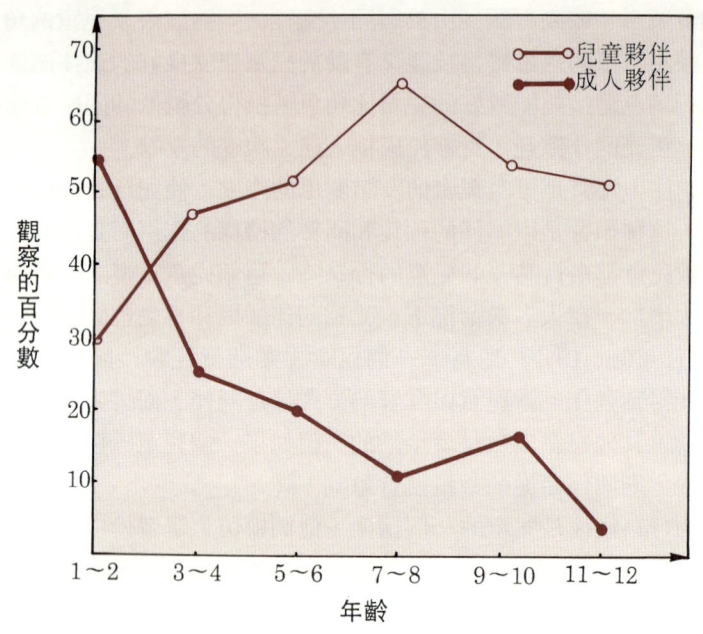

圖 6-7 兒童與成人和夥伴關係的變化
(採自 Ellis et al., 1987)

有組織的集體一般是在學校或其他組織的幫助下形成起來的。小學生的集體就是班集體。集體具有下列四個特點：第一，集體具有明確的共同目標以及由此而產生的共同行為。每個集體成員都是為共同目標而行動著，因而相互關心、相互督促；第二，集體具有統一的領導；第三，集體有共同的紀律，每個成員都要使自己的意志服從集體的意志，使自己的利益服從集體的利益；第四，集體具有共同的輿論。輿論是集體形成的重要標誌，監督著每一個集體成員是否按集體的預定目標行動。

剛入學的兒童，還沒有形成真正的集體關係和集體生活，也就是還沒有形成**集體的意識** (collective consciousness)。班集體還只是人為編湊的、鬆散的集合。在教師的正確指導下，到一年級下學期時，兒童初步形成集體關係和集體意識。二年級的小學生已能明確意識到自己是班集體中的一名成員，能逐步把集體的要求轉變為自己的要求，把班集體的榮譽當作自己的榮譽，服從集體的要求，完成集體所交給的任務。在這個時期，班集體內部成員也逐漸分化，一部分各方面能力較強的兒童開始嶄露頭角，成為班上各項活動的積極分子，逐步成為集體的重要支柱和教師的得力助手；另一部分兒童則成為班裏的基本群眾，這就使小學生的班集體在組織和紀律上得到鞏固和加強，形成真正的集體。隨著中高年級小學生的集體活動範圍日益擴大，他們的集體意識日益提高，初步懂得集體利益與個人利益的關係，並能自覺服從集體，維護集體利益。李伯黍等人 (1985) 在對小學生集體觀念發展的研究中，從對偶故事中的行為後果（肯定—受表揚、否定—受批評）與行為動機（為集體、為個人）的變化來探索小學生的集體意識。結果發現，小學生從一年級開始已產生了為集體的道德意識，在行為後果不變的條件下，已能分辨出為集體和為個人的行為動機，而且都未把個人的行為動機看得高於集體的行為動機；隨著年齡的增長，小學生選擇為集體的行為動機的人數比例逐年增加。這說明了小學生在教育的影響下已形成較強的集體意識。

自發團體 (spontaneous group) 的組織結構通常是鬆散的，形式是多樣的，自發團體隨時隨地都可能存在，但由於其傾向性不同，自發團體可能是有組織的集體的補充，也可能是集體的對立面。按社會傾向性不同，自發團體可分為以下幾類：(1) 親社會團體，社會上予以肯定的，如學習興趣小組、社會公益服務小組等，有益於培養兒童良好的道德品質。(2) 非社會團體，置身於基本的社會問題之處，建立在共同的娛樂活動基礎上，如各種興趣小組。(3) 反社會團體，社會上予以否定的，雖然也和娛樂交往聯繫在一起，但是以危害社會為目的，如偷竊集團、流氓團夥等。

同伴團體所以會產生，是由人的社會性決定的。人是社會動物，是社會群體的一分子，具有交往與歸屬的需要。當人離群索居或置身於陌生人群中時會產生孤獨、焦慮。作為社會個體的人，他的一切活動都需要與他人相互聯繫。兒童的同伴團體能滿足其交往與歸屬的需要，在促進兒童社會化過程中發生著重大影響。

雖然從學前期開始，兒童就已初步具有了一定的同伴交往經驗，但這種同伴關係還是很不穩定的，是很容易發生變化的。因此，同伴對兒童的影響還不是很明顯。進入小學以後，隨著兒童獨立性的逐漸增強和社會性的不斷增加，他們開始建立比較穩定的同伴關係，尋求較為長久的友誼關係。在此基礎上，就開始形成了同伴團體。兒童在團體中的地位、兒童是否被同伴團體接納等就開始對兒童心理發展產生一定的影響。

一般來說，同伴團體的形成是有一個過程的。在學前期，基本上還沒有形成同伴團體。日本心理學家廣田君美研究了小學兒童同伴團體的形成和發展過程，把整個過程分為五個時期：

(1) **孤立期** (isolate period)：兒童之間還沒有形成一定的團體、各自正在探索與誰交朋友 (一年級上半學期)。

(2) **水平分化期** (horizontal differentiation period)：由於空間的接近，如座位接近、上學同路等自然因素，兒童之間建立了一定的聯繫 (一至二年級)。

(3) **垂直分化期** (vertical differentiation period)：憑藉兒童學習水平和身體強弱，分化為居統治地位的和被統治地位的兒童 (二至三年級)。

(4) **部分團體形成期** (partial group founded period)：兒童之間分化並形成了若干個小集體，並出現了統帥小集體或班級的領袖人物，團體成員的團體意識加強了，並出現了制約成員行為的規範 (三至五年級)。

(5) **集體合併期** (collective combine period)：各個小集體之間出現了聯合，形成了大團體，並出現了統率全年級的領袖人物，團體成員的團體意識加強了，並出現了制約成員的行為規範。

無論是有組織的集體，還是自發形成的團體都對兒童的人格品質產生重要影響。這種影響主要是通過集體的輿論而實現的，如果兒童能遵守團體的規則，其行為符合團體的標準，則往往得到同伴的好評和尊重。相反的則受到團體的譴責與批評。因而，兒童為了獲得團體中的地位就必須遵守一定的準則。與此同時，自己在團體中的地位，團體成員對自己的評價等對其自我概念的形成也起著很大的作用。

3. 小學兒童的同伴接納性 在同伴團體中，有些兒童往往是受大家歡迎的，其他孩子都喜歡和他一起玩，大家都尊重他；有的兒童則通常是為大家所不喜歡的，沒有人願意和他在一起；還有一些兒童在同伴中就不惹人注意，大家對他既說不上喜歡，也沒有什麼討厭之感，他是否介入到同伴活動中來，大家並不在意。

上述第一類兒童通常被描述為平和的、開朗的、合作的並有忍耐性的，第二類兒童則被描述為破壞性的、誇張、勢利、脾氣不好、攻擊性強等，第三類兒童則往往被認為是退縮的、安靜的。

評定兒童的同伴接納性的一個方法就是社會測量法。使用社會測量程序時，要求兒童回答最喜歡的同學和最不喜歡的同學，或要求兒童對自己所選擇的夥伴進行評定。科伊等人 (Coie, et al., 1984) 發現，通過這種社會測量方法可將兒童分成社會地位不同的四個範疇：受歡迎的 (被較多人所喜歡和較少人不喜歡)、被拒絕的 (很少被人喜歡，經常被人不喜歡)、受忽視的 (即不被人喜歡，也不使人討厭或不為人所重視)、有爭論的 (即被很多人喜歡，也被很多人不喜歡)。

影響同伴接納 (peer acceptance) 的因素是多樣的。道奇 (Dodge, 1983) 的調查發現，友好、親社會、有反應和積極交往總是使兒童易於被同伴接納。相反的反應和反社會行為則可能引起同伴的拒絕。道奇在實驗中讓不熟悉的二年級男孩組成遊戲團體，在新團體中受人歡迎的兒童一開始就表現出對他人的積極反應，他們在進入新團體時是比較穩重的，對情境進行機敏的觀察，並逐漸增加交往，他們很少表現出攻擊性行為。而那些在新團體中不受歡迎的男孩，缺乏適當的社會性行為，他們表現出較多的攻擊性。在進入新團體的早期階段就過於頻繁地接近他人，但常受到拒絕或冷淡。他們缺乏接近他人的技能，表現出交往的笨拙，如用無關談話去打斷其他兒童正在進行的交往，較多地表現與他人的不一致，這種行為反應反而使他受到拒絕。受忽視的孩子通常把進入新團體視為一個機會，雖然他們仍較少活動，但比在原來團體有更多的社會性交往。然而由於缺乏社會交往技能和兒童的一些行為習慣所致，他們在新團體中的地位往往仍與原來班級相似。由此可見，兒童能否順利地進入同伴團體並在團體中占據一定的地位，與兒童的交往技能有重要相關。除此之外，兒童的智力、學業，甚至外貌等往往也會影響兒童被同伴接納。相貌漂亮、身體強健的兒童更易被同伴接納。在小學高年級，成熟性也是影響同伴接納的一個因素，早熟的男孩受到較多的讚揚，自我評價較高，他們比晚熟的兒童更受歡迎和更有社會性。

一些研究 (Dodge, 1983；French & Wass, 1985) 指出，一個兒童能否和其他兒童友好相處，外部因素 (相貌、姓名等) 固然是一個影響因素，但更為主要的是兒童的內在因素，即兒童的社會能力。善於交往、恰當地使用交往策略的兒童往往容易得到同伴的認可，受到同伴的歡迎。相反則易遭到同伴的拒絕。研究發現，受歡迎的兒童知道如何對一個新來者提出問題、提供信息並發出邀請。在與同學接觸時，他們很少有攻擊性，他們提出好的建議，讚同合作遊戲，有禮貌並遵守團體標準，使用親社會策略，如輪換、和解,而不是用打罵來解決問題,活動積極,有幽默感。

受拒絕的兒童通常缺乏社會交往能力,他們的行為 (如站在食堂的桌子上) 不受人歡迎。他們可能是注意分散,活動過度,有攻擊性,不善於解決衝突。例如,問他們將如何對付一個拿走他的玩具的孩子時,他們通常會說"要揍他"。他們可能打斷別人的活動,不能合作遊戲,不能堅持與其他兒童玩;他們可能喋喋不休地惹人心煩,也可能是退縮的,自己獨自玩耍。

不受歡迎兒童的行為可以試圖改變,以使他們得到同伴的尊重和友誼。奧登和阿瑟 (Oden & Asher, 1977) 曾教導三年級和四年級的社會孤立兒童如何與他人玩耍、注意、合作、輪流、分享、交往、支持和鼓勵同伴。在完成六次教導過程之後的幾天,詢問所有三、四年級兒童,他們如何喜歡與一個同伴玩。結果發現,這些被試兒童的受歡迎評價顯著提高,在一年後,其行為的改善仍很明顯。拉迪 (Ladd, 1981) 的另一項訓練計畫中,教導兒童使用積極的和支持的陳述,對同伴提出有益的建議,也評價自己的行為。一些兒童最初沒有認識到自己的行為影響了同伴對自己的喜愛程度,一旦他們認識到自己的行為影響了同伴對自己的喜愛程度,就會在同伴接納性、受歡迎性等方面表現出很大進步。

總之,一方面要鼓勵小學生進行廣泛的同伴交往,指導、培養和鍛鍊他們的交往技能,幫助他們掌握各種交往策略,使小學生在同伴團體和同伴交往中學習社會技能,發展社會性。另一方面,正是由於同伴團體對兒童可能產生巨大影響,教育者需要密切注意兒童的同伴交往對象和範圍,避免兒童與不良兒童交往,指導兒童建立良好的同伴群體,使兒童能從同伴交往中受到積極的影響。

(二) 父母與兒童的關係

雖然小學生的人際交往逐漸豐富起來,與同伴的交往也明顯增多,但與父母仍保持著親密的關係,父母、家庭仍是他們的"避風港",小學生對父母懷有深厚感情。因此,小學生與父母的關係在其發展上仍起著重要作用。

在家庭生活中,父母通過幾種社會化心理機制對兒童施加影響。第一,教導:父母的言傳身教,直接向兒童傳授各種社會經驗和行為準則;第二,強化:父母採用獎懲的方式強化兒童的行為準則,並鞏固這些行為準則的地位;第三,榜樣:父母往往是兒童最早開始模仿的對象。兒童仿效父母,學習父母的行為方式；第四，慰藉：兒童對父母形成的依戀感使他們易於向父母傾訴不安和煩惱，以得到父母的安慰和幫助。除此之外，父母對兒童的態度，家庭教育氣氛等，也對兒童的人格產生著影響。

許多研究結果都表明可以用接受-拒絕和限制-允許兩個維度來說明兒童與父母的行為 (如圖 6-8)。圖 6-8 描述了用這兩個維度以不同方式結合的幾種教育模式。如父母既是接受的，又是限制的，可以稱為是保護的和溺愛的；父母是拒絕的，又是限制的，可以稱為是有要求的和對抗的；父母是容許而又拒絕的，可以被看成是冷淡的；父母是容許並且接受的，可被看成是民主的。圖 6-8 中的星點表示父母在接受-拒絕和限制-容許的兩維中可能所處的位置，如對兒童限制很高，稍許拒絕的父母；被描繪為專制的、獨裁的。一般來說，溫暖的接受型的父母可以較有成效地把自己的價值觀和目標傳遞給兒童，而極端拒絕型的父母態度，更易引起兒童的問題行為。

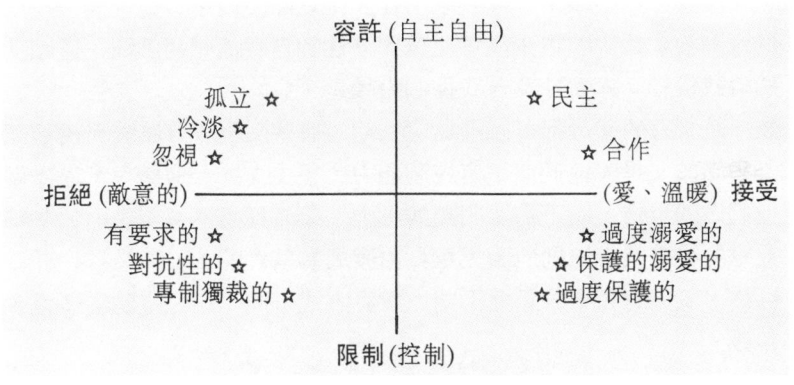

```
                    容許(自主自由)
                         │
    孤立 ☆               │         ☆ 民主
    冷淡 ☆               │
    忽視 ☆               │         ☆ 合作
拒絕(敵意的)─────────────┼─────────────(愛、溫暖)接受
                         │
    有要求的 ☆           │         ☆ 過度溺愛的
    對抗性的 ☆           │         ☆ 保護的溺愛的
    專制獨裁的 ☆         │         ☆ 過度保護的
                         │
                      限制(控制)
```

圖 6-8 教養兒童類型描述圖式
(採自 Baumrind, 1983)

鮑姆琳德 (Baumrind, 1966, 1971, 1983) 採用多種方法從四個方面來評定父母行為：(1) 行為控制，即努力影響兒童指向目標的活動，減少依賴性、侵犯性和頑皮行為，以促進對父母標準的內化；(2) 成熟的要求，即迫使兒童在智力、社會或情緒上以高水平來行動；(3) 父母與兒童交流的清晰性，如用說理的方式，使兒童順從，詢問兒童的意見和感覺；(4) 父母的培育，既是溫暖的 (愛、照料、同情)，又是關心的 (表揚兒童的成就並感到高興)。據此，可將父母分為三組：

(1) **權威型父母**(或威信型父母) (authoritative parent)：在上述四個方面得分較高。他們是溫暖慈祥的，支持兒童的，誠懇的，與兒童交流良好，同時對兒童有一定的控制，要求兒童有成熟的行為，儘管他們尊重兒童的獨立性，但通常堅持自己的觀點，對兒童的命令是清晰的、毫不含糊的，父母的控制、引導性的訓練與積極鼓勵兒童自主和獨立奮鬥相結合。這類父母的孩子在獨立性、成熟、主動性、自我信賴、自我控制、探索性、友誼以及成就指向等方面的評價較高。

(2) **專制型父母** (authoritarian parent)：他們在使用理性控制方面得分較低，主要靠權力和強制性的訓練，給孩子的溫暖、培養、慈祥和同情較少，他們高度控制兒童，隨便使用權勢，不鼓勵兒童對父母的決定和規則有異議。這類父母的孩子有中等程度的自我信賴，但不滿、退縮、懷疑。

(3) **放縱型父母** (laissez-faire parent)：他們不加控制，沒有要求，有溫暖。在家務方面組織不好或效果不佳，比較隨便使用獎懲，無一規則，對成熟的行為要求極少，很少注意兒童獨立性和自我信賴的訓練，這類父母的孩子的自我信賴、探索性及自我控制力較差。

並不是所有的父母都可以歸為這三類，有些父母教育屬於另兩種類型：一種是和諧的父母，他們似乎有控制能力，很少支持，這些兒童僅僅做父母希望他們做的事情，而不需要明顯的壓力；第二種是不遵奉規則的父母，他們對兒童的容許是有原則地讓兒童自由發展為基礎的。

可見，父母對兒童的態度不同，教育方式不同，對兒童的發展也會有不同的影響。

(三) 師生關係

師生關係 (teacher-student relationship) 是指小學生與教師的關係，也是其人際關係中的一種重要關係。與幼兒園的老師相比，小學老師更為嚴格，既引導兒童學習，掌握各種科學知識與社會技能，又監督和評價學生的學業、品行。與中學教師相比，小學教師的關心幫助更加具體而細緻，也更具有權威性。由於小學師生關係的特殊性，小學教師對兒童的影響是重大而深遠的。

人際交往通常都是雙向性的，師生交往也同樣如此。教師的教學水平、人格等影響著學生，而學生的學業成績、活動表現、外貌等等對教師作出的評價也起著作用。同時，學生也利用種種指標來評價教師。

師生關係作為一種雙向互動的人際關係，對其進行研究可以由學生或教師兩個角度著手。就學生而言，兒童對教師的態度是師生關係的一個重要成分；就教師而言，教師的期望是師生交往中頗為重要的因素。所以在分析小學生的師生關係時，從兒童對教師的態度和教師的期望這兩個角度來討論。

1. 小學兒童對教師的態度　幾乎每一個學生在剛跨進小學校門時都對老師充滿了崇拜與敬畏，老師的要求甚至比家長的話更有權威。有關調查(余強基，1985) 發現，84% 的小學生 (低年級小學生為 100%) 認為要聽老師的話。這和皮亞傑認為 6～8 歲兒童的道德認知發展為權威階段相符，對小學生而言，教師的話是無可置疑的。低年級兒童的這種絕對服從心理有助於他們很快學習掌握學校生活的基本要求。然而，隨著年齡增長，兒童的獨立性和評價能力也隨之增長起來。從三年級開始，兒童道德判斷進入可逆的階段，學生不再無條件地服從、信任教師了，"不一定都聽老師的話"的要求隨年級增高而逐步增加。他們對老師的態度開始變化，開始對老師作出評價，對不同的老師也表現出不同的喜好態度。調查還發現，小學生最喜歡的教師往往是講課有趣、喜歡體育運動、嚴格、耐心、公正、知識豐富、能為同學著想的教師。對老師的評價影響著小學生對老師的反應，他們對自己喜歡的老師報以積極反應，極為重視所喜歡老師的評價，而對自己所不喜歡的老師往往予以消極的反應，對其作出的評價也可能作出相反的反應。如同樣是批評，如果來自於自己所喜歡的老師，則會感到內疚、羞愧，而如果這批評來自於自己所不喜歡的老師，就可能引起學生的反感和不滿。由此可見，小學生對教師的態度中的情感成分比較重，教師努力保持與學生的良好關係有助於其教育思想的有效實施。

2. 教師的期望對學生的影響　在古希臘的神話故事中，有這樣一個故事：一個名叫皮格馬利翁 (Pygmalion) 的國王，在雕塑一座少女的雕像時竟鍾情於這位少女，自此以後國王日夜心戀雕像，最後，竟使這座少女雕像變為活生生的人而與他結為伴侶。

心理學家羅森塔爾 (Rosenthal, 1966, 1968) 曾進行過一著名的實驗：對小學一至六年級學生進行智力測驗，從中隨機選取 20% 的學生，告訴這些學生的教師，他們是非常有發展潛力的，將來可能表現出不同尋常的智力水平。八個月後,再次施測智力測驗,結果發現,那些隨機抽取的所謂有發展前途的學生都表現了出乎意料的進步,尤其是一二年級更為明顯。研究者認為這是教師聽信了實驗者的預言,從而對學生產生了期望效果所致。儘管羅森塔爾的研究受到很多批評,但許多研究結果都證實,教師的期望可能至少會影響一年級和二年級學生的學習。小學低年級學生比高年級學生的改善更為明顯,有幾個可能的原因:第一,低年級學生關於學業的自我表象較為膚淺,對教師的不同對待方式更為敏感;第二,低年級學生沒有累積的背景信息,因而教師更相信測驗的結果。

有關研究(俞國良,1994)指出教師期望的廣泛影響,如學習能力很差的學生,教師以積極的態度來教他們的學生,可以比以消極態度進行教學的學生學得更好。一個學生受到教師對其 IQ 分數的過高評價,學生的閱讀能力顯著高於那些被教師評價其 IQ 過低的學生。甚至,學生的身體表現也受教師期望的影響。實驗結果表明,教師的期望對學生的行為顯然發生了影響,這種現象稱為**皮格馬翁效應**(或**畢馬龍效應**)(Pygmalion effect),也稱為**羅森塔爾效應**(Rosenthal effect)。

研究(韓進之,1985;林崇德,1986,1993;紀秩尚等,1987)表明,教師是根據學生的性別、身體特徵、社會經濟地位、家庭成員、興趣愛好等信息形成對某個學生的期望的。

當教師對學生有高期望時,他們就表現出更和藹,更愉快;教師會更經常發出微笑,表現友好的行動,點頭,注視學生,談話更多,提問更多,並提供較多的有挑戰性的材料,提供更多的線索,經常重復問題,給予密切關注,等待學生回答的時間也更長,更經常讚揚學生。在情緒、身體語言、口頭言語教學材料,讚揚與批評等不同水平上,教師都表現出他們的期望。大量觀察研究表明,教師對有高期望的學生和認為能力差的學生的對待方式有所不同,通過上述的種種傳遞方式,教師實際上傳遞這樣一種思想,即期望高能力學生的失敗是由於沒有好好努力,而期望低能力學生的失敗是由於缺乏能力。

教師的期望和他們與學生的關係受許多因素的影響:教師自己的態度、兒童的外表、種族、社會階段、能力和興趣、教師和兒童的人格、學業和家庭等。此外,對學生的控制程度也影響教師的期望。如果學生的表現是可預見的,回答老師的問題,交作業,參加考試,閱讀課外書等等,會給老師留下好印象，並提高老師的期望。

因此，在教育過程中，教師應善於向學生表現自己良好的期望，尤其對待後進學生更應滿腔熱忱，更多地採取積極鼓勵的方式激勵學生努力學習。

本 章 摘 要

1. 學習分廣義的學習與狹義的學習，幼兒的學習主要還是廣義的學習，小學生的學習主要是狹義的學習。
2. 入學必須要有準備，主要包括**學習態度**、**學習習慣**、**學習方法**、**學習能力**、**社會性能力**等五個方面的準備。
3. 初入學的兒童因為主客觀上的種種因素，可能出現心理障礙，但在教師正確引導下，可以在短期內消除。
4. **學習**開始成為小學生的主導活動，這對他們的心理發展產生了最重要的影響。
5. 小學生的**學習動機**還是比較短近的、直接的、具體的和不穩定的。應該加強對小學生學習動機的培養。
6. 小學生的**學習興趣**更多表現在學習過程上，且比較具體；從不分化到逐漸分化；從課內到課外；遊戲成分逐漸減少。
7. 小學生的**學習態度**表現在對教師、班集體、作業、評分四個方面。
8. 提高小學生的**學習能力**，是小學階段學習成功的一個重要因素。
9. 小學生的**學習障礙**，表現在認知、行為、情緒和社會性等方面，科學鑑別與評定是矯正的前提。
10. **具體運算**是初步邏輯思維，它具有組合性、**可逆性**、結合性、同一形、**重復性**等特點，但需要具體事物的支持，缺乏整體性。
11. 整個小學時期內，逐步從具體形象思維為主要形式過渡到以抽象邏輯思維為主要形式，但小學兒童的思維仍然常有很大的具體性，小學四年級是這個過渡的關鍵期。

12. 在感知發展的基礎上，小學生的觀察力獲得較快的發展，不僅表現出精確性、目的性、順序性和判斷力的良好品質，而且也是出現從認識個別對象──→認識因果關係──→認識對象之總體階段性。
13. 小學生已從幼兒的無意記憶占主導地位發展到有意記憶占主導地位，但是小學生還大量地需要無意記憶來積累知識。
14. 小學兒童的理解記憶逐步在學習中起主導作用，但是小學生還大量需要靠**機械記憶**來記憶材料。
15. 小學兒童的抽象記憶能力逐步占居優勢，但具體形象記憶和詞的抽象記憶是相輔相成的，在教學中，兩者都具重要的作用。
16. 小學兒童能採用**復述、組織**等記憶策略，**元記憶**也在小學階段獲得迅速的發展。
17. 小學生道德的基本特點是協調性，主要表現在：逐步形成自覺地運用道德認識來評價和調節道德行為的能力；言行從比較協調逐步分化發展；自覺紀律的形成和發展在這個階段道德發展中占有相當顯著的地位。小學三年級是小學生道德發展的關鍵期。
18. 小學生的自我意識是不斷發展的，但不是直線的、均速的，一年級到三年級處於上升期，年級間有顯著差異。三年級到五年級處於平衡發展階段，其年級之間無顯著差異。
19. 小學時期已重視與同伴建立友誼關係，也是開始建立**同伴團體**的時期，但有明顯的功利性。
20. 小學階段，父母、家庭仍然是他們的安全的"避風港"，小學生對父母懷有深厚的感情，親子關係在這個階段的心理發展中仍起重要的作用。
21. 小學生與教師的關係是其人際關係中的一種重要關係。與幼稚園老師比較，小學教師變得嚴格，更有權威性；與中學教師相比，小學教師更具有具體而細緻的特點，所以，老師對小學生的影響是重大而深遠的。

建議參考資料

1. 王　耘、葉忠根、林崇德 (1993)：小學生心理學。杭州市：浙江教育出版社。
2. 朱智賢 (主編) (1990)：中國兒童青少年心理發展與教育。北京市：中國卓越出版公司。
3. 朱智賢 (1994)：兒童心理學。北京市：人民教育出版社。
4. 利伯特等 (劉範等譯，1983)：發展心理學。北京市：人民教育出版社。
5. 馬　森等 (繆小春等譯，1990)：兒童發展與人格。上海市：上海教育出版社。
6. 劉　範 (主編) (1989)：發展心理學——兒童心理發展。北京市：團結出版社。
7. Collins, W. A. (Ed). (1984). *Development during middle childhood.* Washington, D. C.: National Academy.
8. Dworetzky, T. P., (1987). *Introduction to child development* (3rd ed.). New York: West.
9. Heterington, E. M., & Parke, R. D., (1990). *Child psychology: A contemporary view point.* New York: McGraw-Hill.
10. Lachenmeyer, J.R., & Gibbs, M. S., (1982). *Psychology in childhood.* New York: Gardner.
11. Schiamberg, L. B., (1988). *Child and adolescent development.* New York: Macmillan.

第七章

青少年期的心理發展

本章內容細目

第一節　青春期生理的劇變
一、身體外形劇變　364
　㈠ 身體長高
　㈡ 體重增加
　㈢ 第二性徵的出現
二、生理機能的變化　368
　㈠ 心臟的成長
　㈡ 肺的發育
　㈢ 肌肉力量的變化
　㈣ 腦和神經的發育
三、性器官與性功能的成熟　372
　㈠ 女性生殖器官與機能的成熟
　㈡ 男性生殖器官與機能的成熟
　㈢ 性成熟與心理變化

第二節　形式運算期中學生的認知發展
一、邏輯思維的發展　376
　㈠ 皮亞傑的形式運算思維階段
　㈡ 青少年思維發展的特點
二、思維品質的矛盾表現　382
三、青少年智力發展的性別差異　383
　㈠ 兩性思維差異發展的年齡特徵
　㈡ 男女青少年思維發展的特點

第三節　中學生情緒的特徵
一、情緒情感的兩極性　388
　㈠ 情感兩極性的表現
　㈡ 中學生情感的兩極性
　㈢ 中學生情感兩極性產生的原因
二、心理性斷乳與反抗行為　391
　㈠ 心理性斷乳和反抗期理論
　㈡ 反抗情緒的表現
三、心態的不平衡性　394
　㈠ 心態不平衡性的闡述
　㈡ 從情感不平衡向情感穩定發展

第四節　青少年期的社會性發展
一、自我意識的發展　398
　㈠ 青少年自我評價的發展
　㈡ 青少年自我體驗的發展
　㈢ 青少年自我控制的發展
二、價值觀的確立　403
　㈠ 價值觀的本質
　㈡ 價值觀的測量
　㈢ 青少年價值觀的實際狀況
三、青少年的道德發展　409
　㈠ 中學生倫理道德發展的特徵
　㈡ 中學生道德從動盪邁入成熟

本章摘要

建議參考資料

青少年期（或青年期）(adolescence) 一般指11、12歲至17、18歲，相當於中學階段的中學生。初中階段為青少年期（11、12 歲至 14、15 歲）；高中階段為青年初期（14 、15 歲至 17、18 歲）。這個階段，正處於青春發育時期，所以又稱為**青春發育期**(adolescence puberty)。

青春是美好的，青春期是人的一生中最寶貴而又有特色的時期。中學階段是人生中的黃金時代之一。青少年最突出的表現是朝氣蓬勃，風華正茂，富有理想，熱情奔放，發揮著聰明才智，身心都在迅速成長。青春期的特點主要有：

過渡性(transition)，從幼稚（童年期）向成熟（成人期）過渡，是一個半幼稚、半成熟的時期，是獨立性與依賴性錯綜複雜、充滿矛盾的時期。

閉鎖性(closure)，內心世界逐步複雜，從開放轉向閉鎖，開始不大輕意將內心活動表露出來。

社會性(sociality)，比起小學生的心理特點，中學生的心理帶有較大的社會性。如果說兒童心理發展的特點更多依賴於生理的成熟和家庭、學校環境的影響，那麼青春期的心理發展及其特點在很大程度上則更多地取決於社會和政治環境的影響。

動盪性(unstability)，青少年的思想比較敏感，有時比小學生和成年人更容易產生變革現實的願望。然而青少年也容易走另一個"極端"，品德不良往往容易出現在中學階段，青少年的違法犯罪率比例較高；諸如車禍、溺水、鬥毆等意外傷亡率最高的年齡階段也在這個時期；心理疾病的發病率從青春期開始逐年增高，青春期是精神疾病發病的高峰階段之一。為什麼會出現這些現象呢？

青少年階段是一個過渡時期。青少年希望受到人們的重視，把他們看成"大人"，當成社會的一員，他們思想單純，很少有保守思想，敢想敢說敢作敢為。但在他們的心目中，什麼是正確的幸福觀、友誼觀、英雄觀、自由觀和價值觀，還都是個謎。他們的自尊心和自信心在增強，對於別人的評價十分敏感，好鬥好勝，但思維的片面性卻很大，容易偏激，容易搖擺。他們很熱情，也重感情，但有極大的波動性，激情常常占有相當地位。他們的意志特徵也在發展，在克服困難中毅力還不夠，往往把堅定與執拗，勇敢與蠻幹、冒險混合起來。他們的精力充沛，能力也在發展，但性格未最後定型，尚未找到正確的活動途徑。總之，這個年齡階段的心理面貌很不穩定，且可塑性大，這是心理成熟前動盪不定的時期。因此，處於青少年階段的中學生的教育和培養工作，在整個國民教育中起著關鍵性的作用。

本章之內容擬從青少年的各種心理發展中，選擇討論以下四個問題：

1. 青春期生理有哪些變化，對青少年心理發展產生什麼作用。
2. 中學生的智力發展有哪些特點，國內外心理學家們如何研究青少年的認知。
3. 中學生的情緒情感有什麼特點，心理學家對之有何理論。
4. 青少年社會化有哪些表現，如何理解兒童青少年社會化的成熟。

第一節　青春期生理的劇變

青春發育期這個階段，既不同於兒童，也不同於成人。它的最大特點是生理上蓬勃的成長，急驟的變化。

人體從出生到成熟，其生理發育有快有慢。有兩個階段處於增長速度的**高峰期**（peak period），一個是出生後的第一年，另一個就是青春發育期。在科學上稱"人生的兩次生長高峰"，見圖 7-1。除此之外，生理發育的速度都比較緩慢。

青春發育期生理上的變化是多種多樣的，又十分顯著。在形態方面，身高、體重、胸圍、頭圍、肩寬、骨盆等，都加速增長；在機能方面如神經系統、肌肉力量、肺活量、血壓、脈搏、血紅蛋白、紅細胞等，均有加強；身體素質方面，如速度、耐力、感受性、靈活性等，變化很大；內分泌方面，各種激素相繼增量；生殖器官及性功能也迅速成熟等等。上述生理機能的變化雖然涉及方面很多，但歸結起來，主要有三類，總稱為"三大變化"。一大變化是身體外形改變了；二大變化是內臟的機能健全了；三大變化是性的成熟，這是人體內部發育最晚的部分，它的發育成熟，標誌著人體全部器官接近成熟。

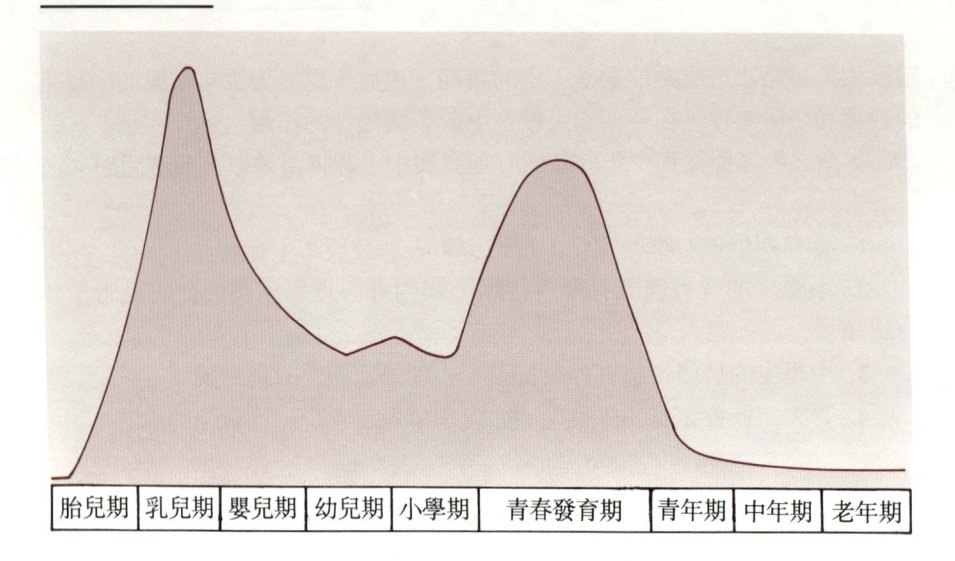

| 胎兒期 | 乳兒期 | 嬰兒期 | 幼兒期 | 小學期 | 青春發育期 | 青年期 | 中年期 | 老年期 |

圖 7-1　人生的兩次生長高峰示意圖
(採自林崇德，1983)

心理的發展，必須有生理作為基礎。青春發育期生理上的顯著變化，為青少年心理的急劇發展創造了重要的條件。

一、身體外形劇變

身體外形劇變是青春發育期最明顯的特點，也是青春期生理發育的外部表現，既包括身高、體重的變化，又包括第二特徵的出現。

(一) 身體長高

身體迅速地長高，是青春發育期身體外形變化最明顯的特徵稱為**青春期生長陡增**(puberty growth spurt)，或簡稱**生長陡增**(growth spurt)。在青春發育期之前，平均每年長高 3～5 厘米，但在青春發育期，每年長高少則 6～8 厘米，多則 10～11 厘米。

男女青少年在身體長高的變化上是不一樣的。童年期男女的身高是差不多的，男孩稍高於女孩。但到青春發育期的前期就發生了明顯變化。女孩從 9 歲開始，進入生長發育的突增階段，11～12 歲時則達到了突增高峰。而男孩這一過程，卻比女孩晚將近兩年，從 11、12 歲起才急起直追，終於在 14 歲前後身高又超過了女孩。身高長到一定的年齡就不再往上長了。女性一般長到 19 歲，至多長到 23 歲；男性一般長到 23、24 歲，有的甚至於長到 26 歲，參見表 7-1。可見，不管男性或女性既有發育的一般趨勢，又有早晚之分。對於發育較晚的青少年，教師和家長也不必擔心他們會成矮子。由長期觀察的資料表明：發育較晚的青少年的身高，往往高於發育較早的青少年，參見圖 7-2。

身體高矮取決於什麼呢？決定於人的骨頭。一個人身上的骨頭共有 206 塊，對身高有作用的主要是**幾塊脊椎骨** (spine) 和**下肢骨** (bone of lower limbs)。從整個人體發育過程來看，身體的高矮往往成為健康的標誌之一。

表 7-1　中國 7～22 歲學生身高、體重、胸圍三項指標均值表 (1987)

年齡	男 身高(厘米)	男 體重(公斤)	男 胸圍(厘米)	女 身高(厘米)	女 體重(公斤)	女 胸圍(厘米)
7	119.51	20.91	57.53	118.47	20.11	55.68
8	123.96	22.74	59.14	123.12	22.02	57.32
9	128.86	25.02	61.02	128.21	24.35	59.25
10	133.51	27.40	62.91	133.79	27.12	61.49
11	138.27	30.05	64.86	139.74	30.67	64.31
12	142.92	33.02	67.03	145.08	34.56	67.46
13	151.02	38.83	71.16	151.74	40.47	71.96
14	157.25	43.86	74.76	153.99	43.75	74.39
15	162.29	48.56	78.18	155.43	46.31	76.16
16	165.76	52.39	81.14	156.44	48.29	77.47
17	167.54	54.78	83.08	156.97	49.43	78.29
18	168.21	56.09	84.22	157.90	50.07	78.84
19	169.22	56.98	85.49	158.19	50.66	79.60
20	169.53	57.29	85.92	158.47	50.45	79.42
21	169.87	57.63	86.25	158.79	50.43	79.34
22	169.83	57.81	86.85	159.18	50.16	79.00

(採自中國中學生體素與健康研究組，1987)

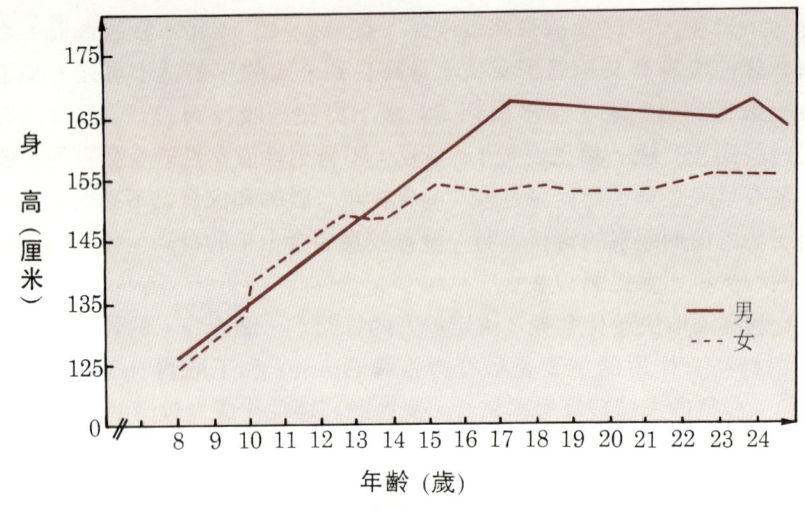

圖 7-2 身高的增長與年齡的關係
(採自葉恭紹，1982)

(二) 體重增加

青春發育期，學生的體重也在迅速地增加參見表 7-1。在這之前，兒童每年體重增加不超過五公斤。到了青春發育期，體重增加十分明顯，每年可增加 5～6 公斤，突出的可增加 8～10 公斤。

男女青少年體重的增加也有差異。10 歲之前，男女生體重相仿。10 歲之後，女的領先發育，體重增加。兩年之後，一般情況下男生趕上女生。

體重的增加，反映了內臟、肌肉和骨骼的發育情況，它也是一個人發育好壞的標誌之一。

(三) 第二性徵的出現

第二性徵(或次性徵)(secondary sex characteristics) 是指性發育的外部表現。一般地說有下面的表現：

1. 男性的第二性徵

(1) 喉結突起，聲音變粗：喉結與變聲的關係極為密切，喉結增大的同時，聲帶增寬，因而發音頻率降低，於是聲調就變得粗而低沈。據科學的調查：男孩一般於 13 歲時進入變聲期，最早者 8 歲，15 歲時幾乎已全部進入變聲期，並已有 50% 的人聲音變粗。19 歲以後所有男性的喉結突起且聲音變粗。變聲期長短不一，短者四、五個月，長者可達一年。

(2) **上唇出現密實茸毛，或唇部有鬚，額兩鬢向後移**：男生常為此感到"自豪"，他們認為這樣才像個"男子漢"。之後，鬍鬚依次擴展到上唇中部及下唇中部，最後擴展到下頦，完成鬍鬚發育的全部過程。

(3) **陰毛、腋毛先後出現**：男孩陰毛大都於 14、15 歲出現，腋毛比陰毛發育晚一年。

2. 女性的第二性徵

(1) **聲音變尖**：青春發育期女孩喉結雖然沒有明顯的外觀變化，但喉結內部卻有顯著變化，即聲帶增長變窄，因而發音頻率高，聲調也隨之變高。

(2) **乳房發育**：女孩進入青春發育期的第一個信息是乳房的變化。由於種族、地區和營養條件的不同，乳房發育的早晚差別較大。根據北京地區的調查，最早的從 8 歲開始發育，約半數在 10 歲開始發育，有少數到 13 歲才開始發育。

(3) **骨盆逐漸長得寬大，臀部變大。**

(4) **陰毛和腋毛先後出現**：陰毛和腋毛的發育遲於乳房。女孩的陰毛大都於 13 歲開始發育，最早見於 10 歲；腋毛大都於 15 歲開始發育，最早見於 11 歲。但偶然也有腋毛發育早於陰毛的。

青春發育期身體外形的變化，對青少年的心理發展作用很大。他們認識到"自己已經長大了"，意識到自己開始不再是"小孩子"，增強了他們自我意識的一些新體驗，產生了**成人感** (feeling of being an adult)，人格的發展速度加劇了。但由於生理發展迅速，心理發展往往跟不上相應的變化，所以青春發育初期，即初中生或少年，行為舉止常常顯得笨拙。

身體外形巨變時期需要消耗大量的營養物質，所以，在這時給他們加強營養是非常必要的，還要引導他們加強體育鍛鍊，以促進他們的發育。要安排適度的勞動，注意飲食起居的衛生。抽菸喝酒對生理發育是極為有害的，應該嚴加禁止。

身體外形的變化，也造成某些中學生心理上一些不正常的變化，需要注意他們的心理衛生，特別是美感的衛生。有的女孩因發胖而發愁；有的男孩為自己的鬍子茂密而顧慮重重；有的女孩因胸部豐滿怕難為情而束胸、穿緊身衣，影響肺部、乳房的發育；有的男孩為顯得俐落而緊腰，愛把腰帶勒得緊緊的，影響內臟（如胃、肝、脾等）的發育等等。為此，要合理的引導，告誡正在發育的孩子，注意生理衛生，讓身體各部分都能得到充分的發育。

二、生理機能的變化

體內的器官和組織各有各的機能。到青春發育期，體內各種生理機能迅速地增強，並逐步趨向成熟。

（一）心臟的成長

有人（郎景和，1979）作過一個統計，假定新生兒的心臟大小為 1，那麼可以列表表示，隨著年齡增加心臟成長的趨勢如表 7-2 所示：

表 7-2　心臟發育的趨勢

新生兒	近一個月	12 歲	35～40 歲
1	3	10 (接近成人)	心臟恆定

(採自郎景和，1979)

從上表可知，出生後一個月時，心臟的大小可增大到新生兒心臟大小的 3 倍；進入青春期，心臟生長迅速，在 12 歲時達到初生時心臟大小的 10 倍，接近成人水平；等到 35～40 歲時，心臟的大小開始恆定下來。

心臟所產生的壓力稱為**血壓** (blood pressure)，醫學上叫它為**動脈血壓** (arterial pressure)。血壓說明整個人循環系統的工作情況。成人正常的血壓高壓為 120 毫米汞柱，低壓為 80 毫米汞柱。而青春發育期的 11、12 歲中學生，一般高壓為 90～110 毫米汞柱，低壓為 60～75 毫米汞柱。

脈搏剛出生時為 140 次／分鐘，11、12 歲為 80 次／分鐘，20 歲左右為 62 次／分鐘。年齡小為什麼心臟會跳得快呢？一是由於腦的興奮性大，二是由於排出血量少，供血不足，要滿足生理機能對血液的需要，心臟就要加快跳動。

心臟的發育從心臟形體、恆定性、血壓、脈搏等指標變化來看，大致在

20 歲以後趨向穩定。儘管男女發育有所差異，一般而言，女孩約比男孩早二年，但注意青春發育期心臟的保健和鍛鍊，將可奠定血液循環系統發育的重要基礎。

(二) 肺的發育

肺的結構，7 歲時就已發育完成。肺重量的生長經過兩次"飛躍"，第一次在出生後第三個月，第二次在 12 歲前後。12 歲時肺的重量 (390～500g) 是出生時的九倍。12 歲前後開始，肺發育得又快又好。肺活量的增長是肺發育的重要指標。

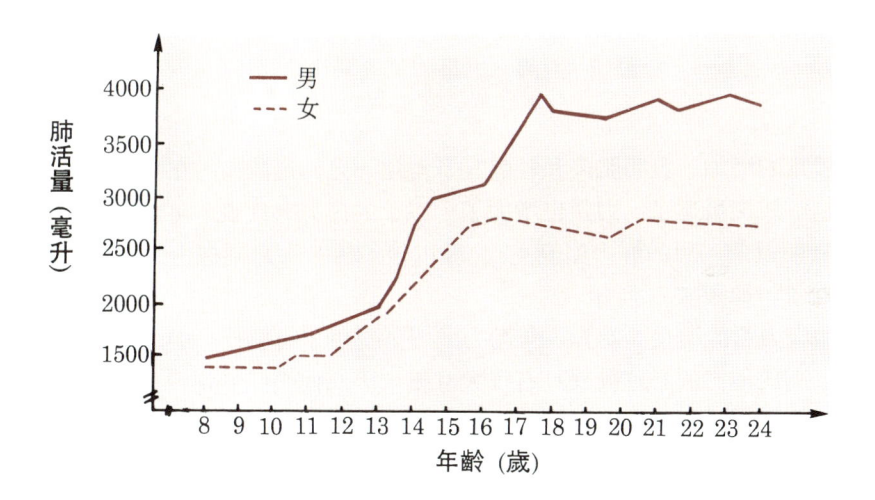

圖 7-3 男女學生肺活量平均數曲線
(採自葉恭紹，1982)

此外，男女中學生的肺活量的差距是很明顯的，由圖 7-3 可見。男生到 17、18 歲，女生到 16、17 歲就可以達到或接近成人的肺活量 (男性約 4217.68±690.89 毫升，女性約 3105.79±452.74 毫升)。

(三) 肌肉力量的變化

肌肉力量是身體素質的一個方面，它是通過人體在運動、活動和勞動中所表現出的機能力量。

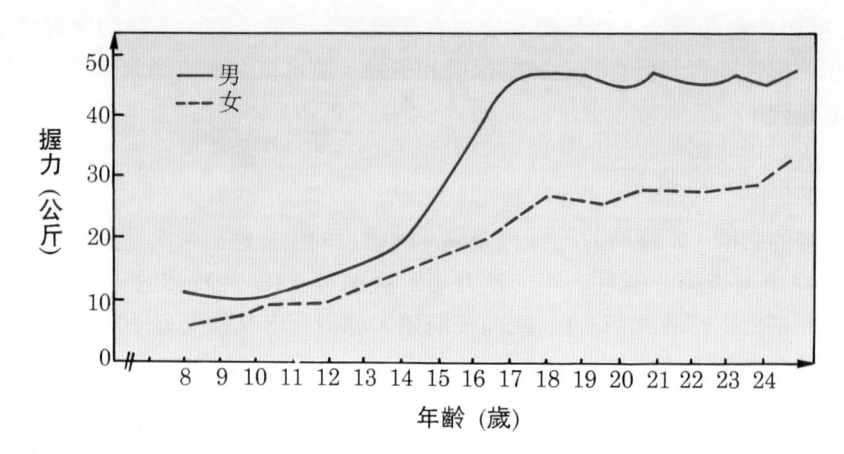

圖 7-4　男、女握力發展對比曲線
(採自葉恭紹，1982)

　　體重的增加，表明肌肉和骨骼起了變化。尤其是肌肉，在青春期發育得特別快。肌肉發達了，力量也增大了，以手的握力為代表，可以看出青少年在 14 歲以前，男的握力略高；14 歲以後，男、女之間握力的差距就越來越明顯了，如圖 7-4 所示。

　　肌肉力量的增長，為青少年體力的增強提供了可能性。中學生意識到這一點，對於他們的心理發展具有很大意義。因為他們體會到"有力量"，會加速他們的"成人感"，促進他們意志行為的發展。但是，青少年的肌肉力量比起成人來要疲勞得快些，還不能適應長期的緊張狀態。這一點在參加體育活動和體力勞動的時候是必須考慮的。另外，運動器官的改造伴隨著運動的不協調，表現為不善於控制自己的身體，例如，運動過多，動作不協調，不靈活，動作生硬等，這可能會使他們產生消極情緒體驗或失去信心。

　　在青春發育期，肌肉力量的發展水平，男孩要較高於女孩，尤其在 13 至 17 歲，這種差別迅速加大。例如，女孩臂肌靜止耐力只是男孩的三分之一，腰腹肌力量為男孩的三分之二，下肢爆發力為男孩的四分之三，速度和速度耐力相當於男孩的五分之四。因而在體育活動時，男女應該分開，鍛鍊的內容和要求的標準也要有所不同。

（四） 腦和神經的發育

心理是腦的機能，也是高級神經活動的機能。腦的發育、神經系統的發育，是心理發展的直接前提和物質基礎。腦和神經系統是怎樣發育的，青春期腦和神經系統的發育又有什麼特點呢？

1. 腦重量的發展 如前所述，人腦平均重量的發展趨勢：新生兒為 390 公克；八、九個月的乳兒為 660 公克；兩三歲的幼兒為 990～1011 公克；六、七歲的兒童為 1280 公克；九歲的小學兒童為 1350 公克；12 歲的少年達到 1400 公克。成人腦重量平均為 1400 公克，可見，到青春發育前期，腦的平均重量已經和成人的差不多了。

2. 腦容積的變化 研究表明，人腦平均容積也有一個發展的過程。新生兒占成人的 63%，周歲兒童占成人的 82%，十歲兒童占成人的 95%，12 歲接近成人的容積。可見，到青春發育前期，腦的平均容積就幾乎達到成人水平。

3. 腦電波的發展 研究發現（劉世熠，1962，1964），4 至 20 歲被試腦的腦電波的總趨勢是 α 波 (alpha wave)（頻率 8～13 周／秒）的頻率逐漸增加。腦的發展主要是通過 α 波與 θ 波 (theta wave)（頻率 4～8 周／秒）之間的對抗而進行的，對抗的結局是 θ 波逐漸讓位給 α 波。4 至 20 歲被試腦的發展有兩個顯著加速的時期，或稱兩個"飛躍"。5～6 歲是第一個顯著加速的時期，它標誌著枕葉 α 波與 θ 波之間最激烈的鬥爭。13～14 歲是第二個顯著加速時期，如表 7-3 所示，它標誌著除額葉以外，幾乎整個大腦皮質的 α 波與 θ 波之間對抗的基本結束。

從腦電波的發展來看，13～14 歲時腦已基本成熟。這個成熟過程的順序是：枕葉→顳葉→頂葉→額葉。兒童的枕葉到 9 歲基本上成熟，顳葉到 11 歲基本上成熟，而頂葉、額葉的成熟則更晚至 13、14 歲。

4. 神經系統的結構和機能的發育 到青春發育初期，神經系統的結構基本上和成人沒有什麼差異了。此時，大腦發育成熟，大腦皮質的溝回組織已經完善、分明。神經元細胞也完善化和複雜化，傳遞信息的神經纖維的髓鞘化已經完成，好像裸體導線外邊包上一層絕緣體，保證信息傳遞暢通，不互相干擾。

表 7-3 8 至 20 歲兒童和少年被試的腦發展成熟年齡表

成　熟　指　標	成熟年齡
枕葉皮質細胞震盪達到 α 波範圍而 θ 波消失	9　歲
枕葉與顳葉皮質細胞震盪均達到 α 波範圍而 θ 波消失	10　歲
枕葉顳葉與頂葉皮質細胞震盪均達到 α 波範圍而 θ 波消失	13　歲
枕葉 α 波頻率接近成人	13　歲
"重脈搏"與"復脈搏"呈現百分值接近成人	13～14 歲

(採自劉世熠，1962)

　　青春期在新的更加複雜的生活條件影響下，大腦機能顯著地發展並逐步趨於成熟。興奮與抑制過程逐步平衡，特別是內抑制機能逐步發育成熟，到 16、17 歲後，使興奮和抑制能夠協調一致。

　　青春期腦和神經系統，從結構到機能上的一系列的發展變化，奠定了中學生的心理發展，特別是邏輯抽象思維發展的物質基礎。青春期腦和神經系統的發育成熟，為高中階級心理成熟提供了生理的機制。

　　儘管如此，腦和神經系統還得到 20～25 歲以後，才發育得與成年人一模一樣，而不是在中學階段──青春發育期。比如，在腦下部有一個小小的腺體，叫做腦下垂體，和長在頸部喉線的甲狀腺 (thyroid gland)，以及長在腎臟上面的一小塊腎上腺 (adrend gland)，在 20～25 歲之前，青春發育期間都分泌出激素，促使全身組織迅速發育，但也加強了腦和神經系統的興奮性，因而使中學生的情緒容易激動，也容易疲勞。可是到 20～25 歲之後，這種激素分泌現象顯著減少。

　　由此可見，腦和神經系統的基本成熟，為青少年心理基本成熟提供了可能性，但青少年畢竟處於從不成熟到成熟的過渡階段，腦和神經系統都有待進一步加強鍛鍊，因此，妥善引導中學生合理安排作息時間，兼顧學習與娛樂，注意勞逸結合，這對他們身心健康成長與成熟是非常必要的。

三、性器官與性功能的成熟

　　生殖器官在青春發育期以前幾乎沒有什麼發展，因此很少引起人們的關注。但隨著青春發育期的到來，由於性激素的作用，沈靜已久的生殖器官開始迅速發育,並完成了性器官與性功能的成熟。對於男女青少年,性器官和性功能的成熟,體現著各自不同的特點,但都給其身心的發展變化帶來一系列具有深遠意義的影響。

(一) 女性生殖器官與機能的成熟

女性生殖器官的發育,從 11、12 歲開始。先是外生殖器的改變,繼而陰道深度增加。

月經初潮(或初經)(menarche) 是指女孩第一次來的**月經**(menstruation),標誌著性發育即將成熟,是女性青春期來臨的信號。在月經初潮的前後,還伴隨著相當大的全身變化。女孩對自己的初潮日子,也記得很清楚,有一定的心理影響。

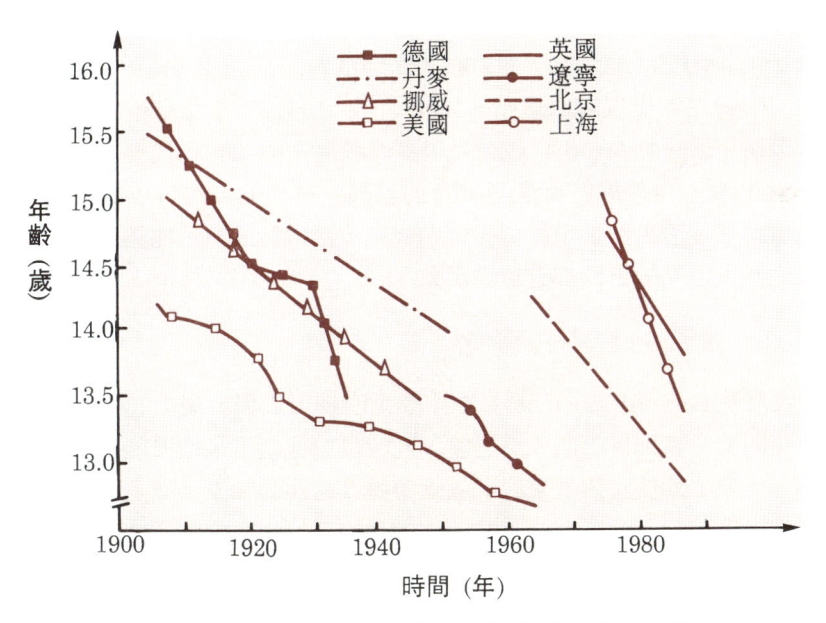

圖 7-5　1900～1985 年期間部分國家女生月經初潮變化
(採自鄧明昱,牛銳等,1989)

月經初潮的出現,多半是身高增長速度開始下降後的半年到一年;體重的增長,晚於身高的增長,但在月經初潮之後,體重增長的速度顯著加快,可以在一兩年內,長胖很多。月經初潮之時,卵巢還未達到成熟時重量的30%,因此,在初潮之後的半年至一年內,月經還不能按照規律每月來潮。

月經初潮開始的年齡,國內外和各地區並不相同,一般在 10～16 歲之間。在發達國家,初潮年齡逐漸往前挪,如圖 7-5 所示。目前,這些國家的女孩月經初潮的平均年齡為 12、13 歲。據統計,有些國家平均每十年提前三個月,也就是每 40 年,初潮可提前一年。我國相對地較晚。北京市女學生初潮的平均年齡,1963 年至 1964 年平均為 14.5 歲 (最早 9 歲,晚的甚至到 20 歲)。80 年代再次調查發現有所提前 (約 13～13.5 歲)。

(二) 男性生殖器官與機能的成熟

男性生殖器官的成熟比女性要晚。10 歲以前,睪丸只是緩慢地成長;到 13 歲,它才開始活躍,長到 15 歲,睪丸的重量接近成人。

男性長到 15、16 歲,隨著生殖器官和第二性徵的發育,出現了遺精。醫學上把非性交活動狀況下的射精叫做**遺精** (seminal emission)。我國健康男性 15 歲左右出現首次遺精。1963 年至 1964 年在北京市調查得知男生首次遺精年齡平均為 16.4 歲,且以夏季較多。但 80 年代調查發現提前到 14～14.5 歲。由於地區及個體發育的差異,早熟的男性可以提前一兩年。首次遺精意味著男性生殖腺開始走向成熟,性機能成熟,能夠產生精子。約百分之八十以上的男性都有遺精現象。

(三) 性成熟與心理變化

性成熟 (sexual maturity) 在中學生心理形成與發展上起很大的作用,青少年開始意識到自己向成熟過渡,同時也給他們帶來性機能的好奇心與新穎感。例如,對於女孩子來說,儘管事先具有性的知識,但是對於月經初潮的突然出現,還是會感到強烈的不安和恐懼,一般來說都會感到害羞。有的甚至於會陷入孤立或產生自卑感。又如,對於男學生來說,在女生面前好表現自己,不願教師或家長在女生面前批評指責自己;情感上願意接近女生,但在行動上又故意疏遠,處於一種矛盾的心理狀態。不管是男性或女性,都已開始意識到兩性的關係,促使他們對於異性"興趣"的發展,使他們產生新的情緒、和情感體驗。例如,開始"愛美",注意自己的外表儀容,也有的出現愛照鏡子、追求打扮的現象。

我們要了解性成熟給中學生心理帶來的變化，要對他們進行必要的性知識的教育，不應該過於強調生理學因素，而應該更多地啟發他們人生觀的修養，自然地引導男女學生之間建立團結友愛的群體關係，組織豐富多彩的文體活動，儘量避免不良刺激的影響。例如電影、歌曲、文藝作品等，把中學生的主要精力引導到學習活動中去，以培養健康的心理和良好的道德品質。

上面介紹了青春發育期的三大變化，即身體外形的變化，生理機能的生長發育以及性的成熟。有人會問，為什麼會有這些變化呢？現代生理學研究認為，促使全身變化的總根源就是激素。在我們身體內部，有一些機構專門製造一些化學物質，雖然量不多，卻起著左右身體機能的作用。這種化學物質就是**激素** (hormone)。產生激素的機構之中，最主要的就是**腦下垂體** (或**腦垂腺、腦下腺、腦垂體、垂體**) (hypophysis)。它倒持在我們腦子底面，約一克重，比豌豆稍大。腦下垂體的作用很大，它產生的激素約有十多種。其中除了關係到發育生長的激素以外，還有作用於腎上腺、泌乳、催產、排尿等激素，作用範圍相當廣。

到青春發育期，丘腦的**多肽** (polypeptide) 釋放激素，催動腦垂體，於是腦垂體分泌與發育有關的幾種激素，特別是號稱"三把鑰匙"的激素。一是打開甲狀腺的大門，增進人體新陳代謝；二是打開長骨生長的門戶 (生長素)，使人體增高變重；三是使性腺的大門開啟。三扇門戶開了，就構成了青春發育期。

青春發育期的飛速變化，形成了人的一生中迅猛發育的"第二高峰"。處於這一時期的青少年形態、生理和心理都在發生急劇變化。特別是性成熟這一"突變"，往往給青少年帶來不少暫時的困擾。但是由於這一時期患病率，死亡率較低，保健和教育工作往往被人們所忽視。這是一個矛盾，這個矛盾給教師、家長和成人社會提出一個新的課題。我們應當顧及這個年齡階段的生理變化和心理變化，切實地有針對性地做好教育工作，以便使青少年順利地渡過這一生理上的特殊時期。

第二節　形式運算期中學生的認知發展

在青少年期，中學生的身心發展日趨成熟，社會接觸面以及社會交往日益豐富、頻繁，學習的內容和要求也更為複雜、深刻，這種種主客觀條件的變化，不僅為青少年的認知發展創造了更有利的條件，同時也對其以知的發展提出了更高的要求。於是，青少年期，中學生體現出獨特的認知發展的特點。我們主要從中學生的思維發展、思維品質的表現以及智力發展中，男女青少年的性別差異等幾方面，來探討青少年中學生的認知發展。

一、邏輯思維的發展

對於青少年思維發展的研究，首推皮亞傑的形式運算的思想。近幾年我們也在從事這方面的研究，藉此機會，對皮亞傑的形式運算思維以及青少年思維發展的特點，做一概述。

（一）皮亞傑的形式運算思維階段

皮亞傑認為，到了 11～15 歲，青少年的思維能力超出了只感知具體事物，表現出能進行抽象的形式推理，這就進入了**形式運算思維階段**(或**形式運思期**) (formal operational stage)。

1. 形式運算即命題運算　形式運算思維是在具體運算思維基礎上發展起來的。這是和成人思維接近的、達到成熟的思維形式，亦即**命題運算思維** (propositional operational thinking)。

所謂形式運算或命題運算思維，就是可以在頭腦中把形式和內容分開，可以離開具體事物，根據假設來進行邏輯推演的思維。關於形式運算圖式，皮亞傑引用現代代數中**四變換群**和**格**的邏輯結構來加以刻畫。四變換群和格的結構，不同於群集結構，這是一個邏輯結構的整體或系統，此時青少年可以根據假設和條件進行複雜而完整的推理活動。

所謂**四變換群** (INRC group)，即可逆性的一種整體結構形式。前面提到過，可逆性包括逆反性 (亦即否定性，用 N 表示) 和相互性 (用 R 表示)，在群集運算階段這兩者還未形成一個系統。到了形式運算階段，則逐步構成了一個四變換群系統。一個命題或一個事物的關係，可以有四個基本變換：正面或肯定 (Identity 用 I 表示)、反面或否定 (Negation 用 N 表示)、相互 (Reciprocity 用 R 表示)、相關 (Correlation 用 C 表示)。每一正面運算，從分類上必有一逆反 (否定) 運算，從關係上必有一相互運算，而相互的逆反則是相關。INRC 的這種組合關係就構成四變換群，它可以窮盡命題的各種關係。例如，"P 蘊涵著 Q"；它的否定是 "P 而不是 Q"；它的相反就是 "Q 蘊涵著 P"；我們還可以得到互反的否定 "Q 而不是 P" 等等。所謂**格** (lattice)，就是在四個變換群的基礎上，通過**集合論** (set theory) 的 "並集" (A 瓶 B) 和 "交集" (A 或 B) 而組合起來的命題組合系統，實際上，它是在解決一類問題時所提煉，概括而成的比較固定的命題運算模式。到了 11～15 歲期間，青少年儘管尚未意識到這些變換組合系統的存在，但他已能運用這些形式運算結構來解決所面臨的邏輯課題，諸如組合、包含、比例、排除、概率、因素分析等等，此時已經達到邏輯思維的高級階段，即成人的邏輯思維水平。

2. 形式運算與具體運算的差異 斯坦福大學的弗拉維爾 (Flavell, 1977) 通過研究，在皮亞傑的基礎上把具體運算思維者和形式運算思維者的差異歸納為七個方面，以此來比較童年中期與青少年-成人認知的差異。

(1) **現實與可能**：具體運算思維者在解決問題時，通常從實際出發，再消極地向可能性方面進展；相反地，形式運算思維通常從可能性開始，然後再著手於實際。對前者來說，抽象可能性領域被看作是不確定、現實的、安全可靠領域的偶然延伸；而對後者來說，現實則是可能性更廣泛的領域中的一個特殊組成部分。對前者而言，可能性從屬於現實，後者則是現實從屬於可能性。

(2) **經驗-歸納與假設-演繹**：形式運算者審查問題的細節，假定這種或那種理論或解釋可能是正確的，再從假設中演繹出從邏輯上講這樣或那樣的經驗現象實際上應該出現或不出現，然後檢驗他的理論，看這些預見的現象是否確實出現。這就是所謂**假設-演繹推理** (hypothetic-deductive reasoning)。而具體運算者的**經驗-歸納推理** (experience-induction reasoning) 與此形成鮮明對照,它是非理論的、玄想的。

(3) **命題內的與命題間的**:具體運算思維者處理命題之時,只是單個地、彼此孤立地考慮與經驗的真實性的關係,所證明的或所否定的只是看到對外部世界的單個命題,故皮亞傑稱之為**命題內的** (intrapropositional) 認知。形式運算思維者則看到命題與現實間的關係,他要推論兩個或多個命題間的邏輯關係,故皮亞傑稱之為**命題間的** (interpropositional) 認知。

(4) **組合與排列**:具體運算思維過程出現組合性特點,但不能進行系統組合分析。形式運算思維者則能把組合素 (變量、命題等) 進行系統化的組合分析,如對 A、B、C、D 的組合,他會系統地且用有效方法把 A 開頭的組合排列出來 (AB、AC、AD),然後再把 B 開頭的,C 與 D 開頭的組合排列出來。

(5) **逆向性與補償作用**:在天秤的一邊加一點重量,天秤就會失去平衡,怎樣使天秤重新平衡呢?有兩種辦法,一是把所加的重量拿走 (逆向性的可逆思維),二是移動天秤加重的盤子使它靠近支點,即使其力臂縮短,這是補償或互反的可逆思維。具體運算思維者只能採用第一種方法,而形式運算思維者則能採用兩種方法來解決問題,說明他了解天秤的動力結構,具有**逆向性** (inversion) 和**補償作用** (compensation) 兩種思維能力。

(6) **信息加工的策略**:在對付範圍較廣而多變的問題 (作業) 時,組織和應付信息方面的計畫性、策略性和有效性,既存在著隨問題的差異而產生的差異,又存在著年齡的差異。這裏有一個重要的趨向,形式運算思維者比起具體運算思維者,在調動其注意、組織作業的材料方面都更靈活、更有適應性,更善於採取很有效的提問策略,在抽象、迂迴、有明確的計畫性方面都更有策略性。

(7) **鞏固與穩定**:思維發展中,存在著一個**鞏固** (consolidation) 與**穩定** (solidification) 的問題。以重量守恆和可傳遞性為例,這種概念最早在童年中期形成的,在進入青春期就變得更加鞏固。這就是說,形式運算思維比起具體運算思維來,在整個知識、技能和思維發展上,更為鞏固和穩定顯示為一個主體的智力品質。

這七個方面的差異,說明了形式運算思維是一種提出假設、講究策略、可逆性強的命題運算思維。進入形式運算思維階段就意味著個體思維發展趨向穩定。

(二) 青少年思維發展的特點

青少年的思維，在小學期思維發展的基礎上，因新的教學條件和社會生活條件的影響而出現新的特點。

中學期青少年思維的基本特點是：整個中學階段，青少年的思維能力迅速地得到發展，他們的抽象邏輯思維處於優勢的地位。但少年期 (主要是初中生) 和青年初期 (主要是高中生) 的思維是不同的。在少年期的思維中，抽象邏輯思維雖然開始占優勢，可是在很大程度上，還屬於經驗型 (experience type)，他們的邏輯思維需要感性經驗的直接支持。而青年初期的抽象邏輯思維，則屬於理論型 (theoretical type)，他們已經能夠用理論作指導來分析綜合各種事實材料，從而不斷擴大自己的知識領域。同時，我們通過研究認為，從少年期開始他們已有可能初步了解辯證思維規律，到青年初期則基本上可以掌握辯證思維。

以下將從三個方面來討論青少年思維發展的特點——**抽象邏輯思維** (abstract logical thinking)。

1. 抽象邏輯思維是一種通過假設的、形式的、反省的思維 這種思維具有五方面的特徵：

(1) **通過假設進行思維**：思維的目的在於解決問題，問題解決要依靠假設 (hypothesis)。從青少年開始是產生撇開具體事物運用概念進行抽象邏輯思維的時期。通過假設進行思維，使思維者按照提出問題、明確問題、提出假設、檢驗假設的途徑，經過一系列的抽象邏輯過程以實現課題的目的。

(2) **思維具有預計性**：思維的假設性必然使主體在複雜活動前，事先有了諸如打算、計謀、計畫、方案和策略等預計因素。古人說："凡事豫則立，不豫則廢"。這個 "豫" 就是思維的**預計性** (prediction)。從青少年開始，在思維活動中就表現出這種 "預計性"。通過思維的預計性，在解決問題之前，已採取了一定的活動方式和手段。

(3) **思維的形式化**：從青少年開始，在教育條件的影響下，思維的成分中，逐步地由具體運算思維占優勢發展到由形式運算思維占優勢，此乃思維的**形式化** (formalization)。

(4) **思維活動中自我意識或監控能力的明顯化**：自我調節思維活動的進

程，是思維順利開展的重要條件。從青少年開始，**反省性**(或內省)(introspection)、**監控性**(monitoring) 的思維特點越來越明顯。一般條件下，青少年意識到自己智力活動的過程並且控制它們，使思路更加清晰，判斷更加正確。當然，青少年階段反省思維的發展，並不排斥這個時期出現的**直覺思維**(intuition thinking)，培養直覺思維仍是這個階段教育和教學的一項重要內容。

(5) **思維能跳出舊框框**：任何思維方式都可以導致新的假設、理解和結論。其中，都可以包含新的因素。從青少年開始，由於發展了通過假設的、形式的、反省的抽象邏輯思維，思維必然能有新意，即跳出舊框框。於是從這個階段起，**創造性思維** (creative thinking)，或思維的獨創性獲得迅速發展，並成為青少年思維的一個重要特點。在思維過程中，青少年追求新穎的、獨特的因素及個人的色彩、系統性和結構性。

2. 抽象邏輯思維處於優勢地位，是經驗型向理論型過渡的地位

少年期思維發展的一個主要特點是：抽象邏輯思維日益占有主導地位，但是思維中的具體形象成分仍然起著重要作用。

少年期的思維和小學兒童的思維不同，小學兒童的思維正處在從具體形象向抽象邏輯思維過渡的階段，而在少年期的思維中，抽象邏輯成分已經在一定程度上占有相對的優勢。當然，有了這個"優勢"，並不就是說，到了少年時期只有抽象思維，而是說，在思維的具體成分和抽象成分不可分的統一關係中，抽象成分日益占有重要地位。而且，由於抽象成分的發展，具體思維也不斷得到充實和改造，少年的具體思維是在和抽象思維密切聯繫中進行的。

青年初期的思維發展具有更高的抽象概括性，並且開始形成辯證思維。具體地說，它表現在兩個方面：

(1) **抽象與具體獲得較高的統一**：青年初期的思維是在少年期的思維基礎上發展起來的，但它又不同於少年期。少年期思維的抽象概括性已經有了很大的發展，但由於需要具體形象的支持，因此，其思維主要屬於經驗型，理論思維還不很發展。到了青年初期，由於經常要掌握事物發展的規律和重要的科學理論，理論型的抽象邏輯思維就開始發展起來。在此思維過程中，它既包括從特殊到一般的歸納過程，也包括從一般到特殊的演繹過程，也就是從具體提升到理論，又用理論指導去獲得知識的過程。這個過程表明青年初期的思維由經驗型向理論型的轉化,抽象與具體獲得了高度的統一,和抽象邏輯思維的高度發展。

(2) **辯證思維獲得明顯的發展**:青年初期理論性思維的發展,必然導致辯證思維的迅速發展。他們在實踐與學習中,逐步認識到一般與特殊、歸納和演繹、理論及實踐的對立統一關係,並逐步發展著那種從全面的、運動變化的、統一的角度認識、分析問題和解決問題的**辯證思維** (dialectic thinking)。

由此可見,青少年思維發展趨勢,是要達到那種從一般的原理、原則出發,或在理論上進行推理,做出判斷、論證的思維。

3. 抽象邏輯思維的發展存在著關鍵期和成熟期　我們自己對中學生運算能力發展的研究 (林崇德等,1983) 中發現,初中二年級是中學階段思維發展的關鍵期。從初二年級開始,他們的抽象邏輯思維即由經驗型水平向理論型水平轉化,到了高中二年級,這種轉化初步完成。這意味著他們的思維趨向成熟。我們的研究對象共 500 名,從初一到高二每個年級各 100 名,分別測定其數學概括能力、空間想像能力、即確定正命題,否命題,逆命題和逆反命題的能力,以及邏輯推理能力。從這四項指標來看,初中二年級是邏輯抽象思維的新的"起步",是中學階段運算思維的質變時期,是這個階段思維發展的關鍵時期。

高中一年級到高中二年級 (約 15～17 歲) 是邏輯抽象思維的發展趨於"初步定型"或成熟的時期。所謂思維成熟,我們認為主要表現在下述三個方面:

(1) 各種思維成分基本上趨於穩定狀態,基本上達到理論型抽象邏輯思維的水平。

(2) 個體差異水平,包括思維類型 (形象型、抽象型和中間型),**趨於基本上的定型**。

(3) 成熟前思維發展變化的可塑性大,成熟後則可塑性小,與其成年期的思維水平基本上保持一致,儘管也有一些進步。

以上三個方面,不僅被我們的研究所證實,而且也被北京市幾所重點中學的調查所證實,他們所調查的結果是:高一學生的智力表現和學習成績變化還是較大的,而高二、高三的學生則比較穩定;幾所大學學生的能力基礎基本上和高中二、三年級的學生保持一致性,這說明其基礎是高中階段成熟期奠定的,例如,高中二、三年級數學成績平常的學生,到大學幾乎也成不了數學系的高材生。當然,文科方面的能力成熟期較晚,也可能會出現大器晚成,但是,成熟期畢竟是存在的。可見,抓住成熟前的各種思維能力與智力的培養是何等重要!

二、思維品質的矛盾表現

思維的發生和發展,服從於一般的、普通的規律,又表現出個性差異。這種差異表現為個體思維活動中的智力特徵,這就是**思維特質** (thinking traits),又叫做思維**智力特質** (intelligence traits of thinking)。思維特質的成分及其表現形式有很多,諸如獨立性、廣闊性、靈活性、深刻性、創造性、批判性、敏捷性等等。在不同的年齡階段,思維特質的各成分及表現形式體現著不同的發展水平,這就構成了思維的年齡特徵。在青少年期其思維特質的最突出特點是矛盾表現。

在中學階段由於獨立思考的要求,使青少年思維特質的發展出現新的特點,最為突出的是**獨立性** (independence) 和**批判性** (criticism) 有了顯著的發展。但他們對問題的看法上還常常是只顧部分,忽視整體;只顧現象,忽視本質,即容易片面化和表面化。這裏,常常會發現和提出兩個問題,一是中學生為什麼有時要"頂撞"成人?二是中學生看問題為何容易帶片面性和表面性?這是思維品質矛盾交錯發展呈現出的問題。

從中學階段開始,青少年思維的獨立性和批判性有了顯著的發展。青少年由於逐步掌握了系統知識,開始能理解自然現象和社會現象中的一些複雜的因果關係,同時由於**自我意識** (self-consciousness) 的自覺性有了進一步的發展,常常不滿足於教師、父母或書面中關於事物現象的解釋,喜歡獨立地尋求或與人爭論各種事物、現象的原因和規律。這樣,獨立思考的能力就達到了一個新的、前所未有的水平。有人說,從少年期開始,孩子進入一個喜歡懷疑、辯論的時期,不再輕信成人,如教師、家長及書本上的"權威"意見,而且經常要獨立地、批判地對待一切。這確實是中學階段的重要特點之一。青少年不但能夠開始批判地對待別人和書本上的意見,而且開始能夠比較自覺地對待自己的思維活動,開始能夠有意識地調節、支配、檢查和論證自己的思維過程,這就使青少年在學習上和生活上有了更大的獨立性與自覺性。教師和父母應該珍視他們這種思維發展上的新的品質。因為獨立思考能力是一件極為可貴的心理品質，絕不能因為他們經常提出不同的或懷疑的意見，就認為他們是故意"反抗"自己，因而斥責他們，甚至壓制他們。當然，這麼說並不是允許他們隨便頂撞長輩或師長，而是教師和父母要正確對待這個年齡階段心理發展的特點。我們要啟發中學生在積極主動思考問題的同時，還要尊重別人，懂得文明禮貌，學會以商量的態度辦事。對那些確實無理頂撞的言行，我們也要適當給予批評。

青少年看問題容易片面化和表面化，這是這個年齡階段的一個特點，是正常的現象。儘管中學生開始能夠逐步地比較自覺地對待自己的思維活動，開始能夠有意識地調節、支配、檢查和論證自己的思維過程，使他們在學習上和生活上有更大的獨立性和自覺性。然而，中學生思維的獨立性與批判性還是不夠成熟的，容易產生片面性和表面性。中學生思維的片面性與表面性的表現是各種各樣的：有時表現為毫無根據的爭論，他們懷疑一切，堅持己見但又是常常論據不足；有時表現為孤立、偏執地看問題，例如，把謙虛理解為拘謹，把勇敢理解為粗暴或冒險；有時明於責人而不善於責己；有時好走極端，往往肯定一切或否定一切。在學習上也有同樣情況，他們往往把已經掌握的規則或原理，不恰當地運用到新的條件中去，以致產生公式主義和死守教條的毛病。中學生在獨立思考能力發展上的這些缺點，是與他們的知識、經驗不足以及辯證思維尚未發展相聯繫的。教師和父母，一方面要大力發展他們的獨立思考的能力，隨時加以引導、啟發；另一方面，還要對他們在獨立思考中出現的缺點給予耐心的、積極的說服教育。對他們的缺點，採取嘲笑的或者斥責的態度是不對的，同樣的，採取放任不管或者認為年齡大一點自然會好起來的想法也是不正確的。

三、青少年智力發展的性別差異

男女青少年在智力，特別是思維能力的發展上究竟有無差異，這是心理學需要研究的一個課題，同時也是教育理論和教育實踐中亟待解決的問題。

目前國際心理學界、教育界對此已有越來越多的研究。我國近幾年心理學和教育學工作者也開始了一些研究。研究的結論，國內外大致相同：男女青少年在智力、思維能力發展上是有差異的，這個差異主要表現在智力、思維能力優異發展的各自特色上。它不僅反映了男女青少年思維發展上各自的年齡特徵，而且也反映了男女青少年的智力因素，特別是思維能力發展特色上的不平衡性。那種認為研究男女青少年思維能力差異或智力差異就必須回答男女青少年哪個更聰明的說法，實際上是把問題看得過於簡單和絕對化的結果。

在 20 世紀 20 年代，桑代克 (Edward Lee Thorndike, 1874～1949) 曾以實驗證明，女性在語言表達、短時記憶方面優於男性；而男性在空間知覺、分析綜合能力以及實驗的觀察、推理和歷史知識的掌握等方面則優於女性。麥科比和傑克林 (Maccoby & Jacklin, 1982) 在閱讀關於這個問題的一千七百多篇主要心理學的論文後，獲得類似的結論：女性的語言表達能力優於男性；男性的空間能力、數學能力則優於女性。我國上海等地的研究也獲得類似的結果。

根據心理學研究，特別是根據我國心理學工作者近幾年來研究，我們將男女兩性思維差異的特點概括為如下兩個方面：

(一) 兩性思維差異發展的年齡特徵

男女兩性思維差異的發展存在著年齡特徵，這是國內外心理學研究 (牛島義友等，1983；傅安球，1988) 所獲得的結論。

1. 兩性思維差異的發展　國外對此研究的方法主要採用智力測驗。但由於智力測驗量表和測驗方法不盡相同，因而結論常不一致。例如，同是在日本，牛島義友 (1983) 的研究表明，男女兩性思維在嬰幼兒期沒有什麼差異，到了學齡初期，男性較好，到了少年期，由於女性思維迅速發展，男女兩性暫時沒有什麼差異，到了青年初期，男性再次領先，但自 18 歲以後 (青年晚期) 男女兩性思維便不再有差異。而阪本一郎 (1979) 的研究則證明，女性智商一般比男性低，進入少年期前女性一般超過男性，在成人期則男性為高。其他國家心理學家的研究也獲得各不相同的結論。但是各國學者在男女兩性思維差異與年齡有關這一點上，其觀點基本上是一致的。

林崇德等研究 (1986) 表明，男女兩性思維差異的發展變化與年齡的遞增是有密切關係的。其發展變化的趨勢是：

(1) 學齡前男女思維差異不明顯，特別是乳嬰兒時期，幾乎沒有什麼差異。幼兒時期雖然已經顯示出差異，其表現是女孩的思維發展略優於男孩，但不顯著。

(2) 從小學到初中一年級，男女兩性思維差異逐步明顯。

(3) 初中二年級以後，青少年出現明顯的具有兩性特色的思維優異發展的差異，具體表現見下面的研究。

2. 兩性思維差異的表現　林崇德、沈德立帶領的青少年心理研究協作組 (1982) 對男女中學生在邏輯推理能力、掌握邏輯法則，及辯證邏輯能力上的差異作了研究。我們按**形式邏輯** (formal logic) 的分類，編製了測定中學生**歸納推理** (inductive inference) 和**演繹推理** (deductive inference) 測試題，測試結果分別見表 7-4，7-5；我們按**邏輯基本法則** (fundamental laws of logic) 的分類，編製了測定中學生**矛盾律** (law of contradiction，即表述為 A 不是非 A，或 A 不能既是 B 又不是 B)、**排中律** (law of excluded middle，即表述為 A 是 B 或不是 B) 和**同一律** (law of identity，即表述為 A) 測試題，測試結果見表 7-6；我們按照**辯證邏輯** (dialectical logic，即研究人類辯證思維的形式、法則和方法的科學，它把概念的辯證變化以及如何通過概念反映現實矛盾的問題作為自己的主要研究對象) 的形式的分類，編製測定中學生辯證的概念，判斷和推理的測試題，測試結果見表 7-7。

從表 7-4 中可以看出，男女中學生在歸納推理的發展水平上並不體現出顯著的性別差異。

表 7-4　男女中學生歸納推理發展水平的比較

成績　性別　項目	男生 (8839 人)	女生 (8259 人)
總 分 數	62654	58381
平均分數	7.088	7.069
標 準 差	2.105	1.662

均數差異考驗：均數差 $D\bar{X}=0.019$，標準差 $SE_{d\bar{x}}=0.0289$，$Z=0.657$，$p>0.05$。

(採自林崇德、沈德立等，1990)

表 7-5　男女中學生演繹推理發展水平的比較

成績項目 \ 性別	男生 (8839 人)	女生 (8259 人)
總 分 數	47600	42097
平均分數	5.39	5.10
標 準 差	2.018	1.976

均數差異考驗：均數差 $D\bar{X}=0.29$，標準差 $SE_{d\bar{x}}=0.031$，$Z=9.35$，$p<0.01$。
(採自林崇德、沈德立等，1990)

從表 7-5 中可以看出，說明男女中學生在演繹推理的發展水平上存在顯著的性別差異，即男生演繹推理的發展水平明顯優於女生。

從表 7-6 中可以看出，男女中學生在邏輯法則同一律的發展水平上不存在著性別差異；而對於邏輯法則中的矛盾律和同一律來說，男女中學生在這兩個邏輯法則的發展水平上存在著顯著的性別差異，而且都是女生的發展水平優於男生。

由表 7-7 中可以看出，說明男女中學生在辯證邏輯的三種形式的發展水平上並沒有性別差異。

綜合表 7-4 至表 7-7 得出，青少年學生思維發展具有如下的三個性別特點：

第一，形式邏輯思維發展水平較之辯證邏輯思維發展水平的性別差異明

表 7-6　男女中學生邏輯法則發展水平的比較

類別 \ 性別	矛盾律 平均數	矛盾律 標準差	排中律 平均數	排中律 標準差	同一律 平均數	同一律 標準差
男生 (6698 人)	13.27	3.27	10.43	2.78	12.24	2.56
女生 (6975 人)	13.42	2.59	10.46	2.68	12.47	2.56

均數差異考驗：矛盾律和同一律 $p<0.01$，排中律 $p>0.05$。
(採自林崇德、沈德立等，1990)

表 7-7　男女中學生辯證邏輯思維三種形式發展水平的比較

性別 \ 成績項別 \ 類別	概念 平均分數	概念 正確率 (%)	判斷 平均分數	判斷 正確率 (%)	推理 平均分數	推理 正確率 (%)
男生 (6766 人)	7.94	56.71	8.18	54.53	6.70	31.90
女生 (6261 人)	7.70	55.00	8.49	56.60	6.82	32.48

均數差異考驗：三種形式均無顯著差異 ($p > 0.05$)。
(採自林崇德、沈德立等，1990)

顯。在形式邏輯思維內部的推理能力上，演繹推理較之歸納推理明顯；在邏輯法則的運用上，同一律和矛盾律較之排中律明顯。而辯證邏輯思維三種形式的發展水平，則是同步的。

第二，性別差異並不顯示思維發展上的男優女劣或女優男劣，而是各有其發展特色。推理能力發展男生優於女生；邏輯法則的運用能力女生則優於男生。

第三，在形式邏輯思維的推理能力上，男生得分的離散性大於女生，表明其思維發展呈兩極型；女生思維發展則較均衡。

（二）　男女青少年思維發展的特點

男女青少年思維的發展在總體上的平衡性和發展特色上的不平衡性是統一的。

男女青少年思維發展總體上的平衡性，是從思維的綜合平衡的意義上說的。但是，男女青少年的思維畢竟是有差異的。這種差異主要表現在男女思維發展的優異發展上。具體的特點有：

1. 表現在思維能力諸因素上。時蓉華的實驗研究 (1982) 表明：事物比較能力，男性 (正確率達 91.3%) 高於女性 (正確率為 79.4%)；電子計算能力，女性高於男性；方塊分析能力，男性高於女性；圖形分析能力，女性高於男性。

2. 表現在思維類型上。國內外的研究有比較一致的看法，就是女性偏於形象思維或思維的藝術型；男性則偏於抽象思維或思維的抽象型。

3. 表現在思維發展的速度上。如上一問題所述，在不同年齡階段，男女兩性思維發展的速度及水平都是有差異的。

第三節　中學生情緒的特徵

從 20 世紀初霍爾 (Granville Stanley Hall, 1844～1924) 的《青少年》一書問世至今，已經過了近 90 個年頭。在此期間，青少年心理學的研究提出了不少理論，如疾風怒濤說、心理斷乳論、反抗期學說、第二次誕生觀點等，大都是從青少年情緒情感變化多端的特徵而提出來的。

一、情緒情感的兩極性

青少年情緒情感最突出的特點是其兩極性的表現，例如，當取得好成績時非常高興，表現為唯我獨尊；一旦失敗，又陷入極端苦惱的情感狀態。又如，他們往往具有為真理獻身的熱情，盼望實現驚人的業績；但也常常由於盲目的狂熱而做蠢事或壞事。所以，霍爾就把青春期說成是**疾風怒濤期** (或**狂飆期**) (storm and stress period)。

(一)　情感兩極性的表現

人的情感是十分複雜的，它具有兩極性。**情感兩極性** (bipolarity of affection) 有多種表現。首先表現為情感的肯定及否定，如滿意和不滿意、愉快和悲傷、愛和憎等。其次表現為積極的、增力的或者消極的、減力的，如愉快的情感驅使人積極的行動，悲傷的情感引起的鬱悶會削弱人的活動能力。第三則表現為緊張及輕鬆的狀態，如考試或比賽前的緊張情感，和活動過去以後出現的緊張解除和輕鬆的體驗。第四表現為激動和平靜，如激憤、狂喜、絕望和意志控制情感處於穩定狀態。第五表現在程度上，這反映在從弱到強的兩極狀態，如從愉快到狂喜，從微慍到暴怒，從擔心到恐懼等；或反映在深刻程度上，如同樣的情感卻有不同的由來，不同的質量和水平。情感的兩極性，反映了情感的內容、強度、穩定性、概括性和深刻性等，反映了情感的發展水平和複雜程度。

(二) 中學生情感的兩極性

中學生很容易動感情，也就是說，他們的情緒和情感比較強烈，帶有明顯的兩極性，表現出如下特徵：

1. 外部情緒的兩極性

(1) **強烈、狂暴性與溫和、細膩性共存**：少年的情緒表現有時是強烈而狂暴的，暴風雨式的。但有時，他們又表現出溫和、細膩的特點。所謂溫和性，是指人們的某些情緒在文飾之後，以一種較為緩和的形式表現出來。所謂細膩性，主要是指情緒體驗上的細緻和精確的特點。

(2) **可變性與固執性共存**：情緒的可變性，是指情緒體驗不夠穩定，常從一種情緒轉為另一種情緒的特點。這種情況常出現在情緒體驗不夠深刻的情況下。對青少年來說，一種情緒較容易被另一種情緒所代替，而且常常以一種積極的情緒取代另一種消極情緒。情緒的固執性，是指情緒體驗上的一種頑固性。青少年由於思維靈活性尚未成熟，在對客觀事物的認識上，還存在著偏執性的特點，且給情緒上帶來固執性。

(3) **內向性和表現性共存**：內向性是指情緒表現形式上的一種隱蔽性。從童年期轉入青春期，青少年逐漸失去了單純和率直，在情緒表露上出現了隱蔽性，將喜怒哀樂各種情緒都盡可能地隱藏於心中，尤其是對於一些消極性情緒，隱藏得更是嚴密。但青少年有時為了**從眾** (conformity) 或其他一些想法，常將某種原本的情緒加上一種表演的色彩，或誇大某種情緒，或消弱某種情緒。這種情緒表露的過程中，自覺或不自覺地帶上了表演的痕跡，這就是情緒的表現性。

2. 內心表現的兩極性　　日本的依田新 (1972) 指出青少年寫日記的心理特徵及日記中表現出的坦白性和秘密性、真實性和虛偽性等矛盾狀態。鈴木康平 (1987) 也指出青少年在日記中表現出自我批判和自我安慰的矛盾兩極性。

3. 意志的兩極性　　在中學階段，青少年的意志始終共存著：積極性和消極性，認真和馬虎，努力和懶惰，守紀和散漫，果斷和豫疑等矛盾的兩極性 (張日升，1993)。

4. 人際關際的兩極性　　主要表現為對雙親的正反兩面的矛盾情感，例如孝順和頂嘴等；朋友關係中的友情和孤獨，親切和冷漠，參與和旁觀等矛盾的兩極性 (張日升，1993)。

5. 容易移情　　移情(或感情移入，同理心) (empathy)，即當一個人感知到對方的某種情緒時，他自己也能體驗到相應的情緒。青少年時期更能在情緒上引起共鳴、感染和同情，從而得以識別並體驗別人的情緒，影響自己的情緒並產生迅速的變化。

(三) 中學生情感兩極性產生的原因

為什麼中學生的情緒和情感的兩極性如此明顯呢？這主要有兩個原因：

其一，他們處於身心各方面迅速發展的時期。在社會各種關係和因素的作用下，他們的心理出現多種矛盾，表現在情緒和情感上，主要是各式各樣的需要日益增長，而他們對這些需要的合理性的認識水平高的主觀狀態與社會客觀現實之間有矛盾。中學生的需要有合理的和不合理的成分，而社會現實也有合理和不合理的因素，它們經常處於矛盾狀態。例如，有時候青少年的需要和觀點是合理的，像他們要求良好的學習環境、正當的職業、正確的領導，和一個更加完善的社會風氣等等，但是現實社會還有缺點或弊病，不能使他們的合理需求得到滿足或實現。如果他們求告無門，又找不到適當的方法，就會產生苦惱、憤懣、諷譏或者灰心絕望等情緒和情感。有時候青少年的需要是合理的，但又是不切實際的，比如他希望人人都升大學，希望國家馬上富強起來等等，但事實上由於種種條件是辦不到的。如果他們得不到成人社會的正確指導，認識不到社會發展的客觀規律性，也同樣地會產生急躁、不滿或消極的思想、情緒和情感。這種不斷增長的個體需要時而得到社會認可或得到滿足，時而受到社會的否定或難以實現，這就成為他們產生複雜的、搖擺不定的強烈情緒和情感的主要來源和根據。

其二，由於青春發育期性腺功能顯現，性激素的分泌會通過反饋增強下丘腦部位的興奮性，使下丘腦神經過程總的趨勢表現出興奮性的亢進，就與大腦皮質原有的調節控制能力發生一時矛盾，使大腦皮質與皮下中樞暫時失去平衡，這種狀態可能是青春發育期的中學生情緒和情感兩極性明顯的生理原因。

二、心理性斷乳與反抗行爲

在青少年期，經常表現出的"反抗"行爲，除了上一節所涉及的思維品質的矛盾表現之外，還有情緒情感上的特徵。這種反抗情緒，應該看作是青少年"過渡期"的一種必然表現形式。

(一) 心理性斷乳和反抗期理論

在發展心理學史上，心理性斷乳和反抗期理論，就是針對上述表現形式提出來的。

1. 何林渥斯的心理性斷乳學說 在青少年心理學書籍裏面，經常出現心理性斷乳一詞。最先使用此語的是何林渥斯 (Hollingworth, 1928)。

何林渥斯將青少年期認識為由兒童期到成人期的過渡時期，對這一過渡時期的實質如果認識錯誤的話，就會引起生理疾病或心理不適應。

青少年期所直接面臨的問題，在未開化種族裏所廣泛舉行的青春期的**公衆儀式** (public ceremonies)，亦稱**成年禮** (puberty rite)，表現得非常清楚：第一，從家庭的羈絆裡解放出來並成為部族獨立的一員；第二，青少年自身的食糧必須通過自身努力去獲得，即面臨著職業的選擇問題；第三，青少年現已達到性成熟並已具備了生殖能力這一事實獲得確實的認定；第四，作為成熟的人必須具備世界觀的形式。何林渥斯將以上的各問題逐次進行詳盡地論述和討論，特別是對第一個問題心理性斷乳作了較具體的說明。

作為青春期的"公衆儀式"最重要的機能之一，一般認為是從家庭的羈絆中解放出來。從 12 歲到 20 歲左右，一般說來，人會有"若能擺脫家庭成為自由而獨立的人就好了"這樣的衝動。何林渥斯將青少年從家庭的獨立過程，稱之為**心理性斷乳** (psychological weaning)。這是一個與嬰兒期因斷奶而改變營養攝取方法的**生理性斷乳** (physiological weaning) 相對照的概念。無論是哪一種斷乳，其共同特點是，**斷乳前所形成的適當且必要的習慣，已與新的需要、衝動、行動不相適應並發生矛盾**。改變這一習慣及原有的心理水平已成為必然，這就使得母子之間形成的習慣必須改變，也就造成了在青少年期的心理適應上所反映出來的心理性斷乳的複雜性。

何林渥斯又出版了《發展心理學概論》(Hollingworth, 1930)，其中一章專門介紹了青少年期心理，包括：公眾儀式，身體變化中所包括的心理適應，個別差異，父母的習慣與需要，社會化的過程，懷疑及知識的渴望，青少年的智力教育及職業，青少年的情緒與情操，情緒的穩定等內容。

2. 彪勒的反抗期理論 彪勒 (Bühler, 1920) 將青年期分為兩個時期第一時期是以否定傾向為主的青年前期，她稱之為**青春早期**(或**青春前期**) (prepuberty phase)；第二時期是以肯定傾向為主的青年後期，她稱之為**青春晚期**(或**青春後期**) (postpuberty phase)。

她認為否定期在青春期前即已發生。伴隨著身體急速成熟，青少年往往產生諸如不愉快、心神不定、不安、鬱悶、感情易於激動和興奮等現象，態度變得粗野，並產生一些反抗、胡鬧、攻擊、破壞行為。因此，這一時期又稱為**反抗期** (period of resistance)。

伴隨著生理機能的成熟，機體內部組織日趨穩定，青年的社會文化成熟也進入新階段，這時候，青年第一次有意識地產生了真實而自然的體驗，感到從未有過的幸福的喜悅。青年開始發現面前所展現出來的新的價值世界，並促使青年的人格向積極的、肯定的方面轉變。同時也產生了與人接觸的需要，明確意識到異性之愛。

但是這裏並不是說前期毫無光明的一面，後期也絕無黑暗之處。而只是強調作為基本特徵，青春早期以否定的態度傾向為主，青春晚期則以肯定的態度傾向為主。

(二) 反抗情緒的表現

青少年的反抗情緒有著各種各樣的表現，我們將其概括如下三個方面。

1. 青少年反抗情緒的表現時機 在什麼情況下，青少年容易出現強烈的反抗情緒呢？據我們觀察記錄表明，青少年一般在下列一些具體情況下產生反抗情緒：

(1) 心理斷乳受到阻礙。青少年極力要求獨立，但成人 (父母或教師) 沒有這種思想準備，仍以過分關切的態度對待他們。

(2) 青少年的自主性被忽視，感受到妨礙。成人不聽他們的主張，將他們一味地置於支配之下。

(3) 青少年的人格展示受到阻礙。通常的情況下，成人只顧青少年的學業成績，而對於他們寓於人格的活動卻加以限制或禁止，這會引起青少年的反感。

(4) 當成人強逼其接受某些觀點時，他們拒絕盲目接受。

2. 反抗情緒與代溝　在社會上，人們常常把青少年的反抗情緒與代溝等同起來。其實，兩者儘管有聯繫，但又有區別。

代溝 (generation gap) 係 20 世紀 60 年代末期由美國人類學家米德 (Margaret Mead, 1901～1978) 提出的概念。它是指兩代人之間存在的某些心理距離或隔閡。因歷史時代，環境影響和生活經歷的不同，兩代人對現實和未來的看法、態度各異，常常引起矛盾與衝突。在個體的發展中，代溝現象明顯的出現在青少年期。兩代人之間發生的人際關係，稱為**代際關係** (relations between generations)。在童年期，兒童是無條件地依戀教師，他們遵守著聽話的道德；到青少年期，"成人感"、"自主性"或"獨立意向"的發展，使他們開始改變與成人的關係，要求成人重視他們的意見，並希望獲得更多獨立自主的權利。如果成人能重視他們的思想和行為，平等對待他們，就可以成為他們的朋友和師長，否則就會遭到抗議，這是他們向成人爭取權利、企圖改變與成人關係的一種表現。因此，代溝儘管不是青少年反抗情緒的主要原因，但也是一個重要因素。

青少年產生反抗情緒，並與成人的衝突很多情況下都是由於交往方式所引起的。青少年時期這種關係的模式繼續發展，可能會變得比較關心和體貼父母。倘若成人能夠採取民主教育的方式，如耐心地解釋自己的要求，在升學、就業、交友等問題上支持和尊重青少年的合理意見，讓他們參加家庭、學校事務的決策等，青少年是能夠同成人建立融洽的相互關係。所以，代際關係是否能和諧、合作，代溝所造成青少年的反抗情緒能否避免，關鍵在於長者的教育機智。

3. 反抗情緒與逆反心理　**逆反心理** (psychological inversion) 本身不是心理學的概念而是個日常用語，主要用來描述青少年由於自身成熟而產生的獨立或自重的要求，以及對上一代的不滿、反抗的矛盾情緒。青少年對某一事物或某一結論同成人持對立的情緒，其主、客觀原因是比較複雜的。

從青少年心理發展的特點來看，有兩個方面是容易造成情緒波動且難以控制的因素，這就是上述腺體發育的生理因素和思維品質矛盾表現的心理因素。青少年產生逆反心理也有客觀的原因，有人調查表明，青少年的逆反心理往往發生在父母或教師等成人遇事"婆婆嘴"，説話過頭，違反了青少年的求知欲、好奇心、交友結伴的特點的時候。因此，只要成人在教育青少年時注意尊重他們，講究方法，並提倡青少年也要自覺孝敬長者、體諒長者、理解他們的苦衷，和加強修養、控制感情，青少年的"逆反心理"是能克服的。

三、心態的不平衡性

青少年在青春期渡過的是一段半幼稚和半成熟、獨立性和依賴性錯綜複雜、充滿著矛盾的時期。他們的內心充滿著煩惱，例如，不知道應該以何種姿態出現於公衆面前，如何處理與父母的關係開始出現的裂痕，如何保持或確立自己在同伴之中應有的地位。於是出現許多**矛盾性心態** (ambivalence)，諸如，生理發育與心理發展的矛盾，反抗性與依賴性的矛盾，閉鎖性與開放性的矛盾，理智與情感的矛盾，勇敢與怯懦的矛盾，高傲與自卑的矛盾，否定童年與眷戀童年的矛盾等等。所以説，青春期是個體心理發展充滿矛盾的階段，處於心態的不平衡性時期。經過**心理整合** (psychological integration) 過程，一旦達到身心和諧，就達到了**心態平衡** (psychological balance) 階段。

（一） 心態不平衡性的闡述

如前所述，霍爾在心理發展問題上提出了**復演論** (recapitulation theory)。他的《青少年心理學》一書，從復演論出發，論述了青少年情緒情感的心態不平衡性的表現及根源。

1. 青少年心態不平衡的實質 霍爾認為，青少年期標誌著一個嶄新的、更完善、更具有人性特徵的任務的產生。這觀點與幼兒時代所表現出來的在人類的進化歷史上的古代漁獵時期的特徵相對照，青少年期所表現出來的某些特質卻是在近期研究中得以發現的。伴隨著身高、體重、性等的急劇發育，身心機能的比重得以改變。同時，青少年期又是情操的年齡，宗教的年齡，嚮往成人的生活並對選擇職業產生興趣的年齡。有個性的性格得以形成且富於可塑性，青少年變得滿腔熱情且更加**人類化** (humanization)、**文明化** (civilization)。然而，青少年期是動搖起伏的不穩定時期，有著對立的衝動。

2. 青少年心態不平衡的表現　霍爾在他的《青少年心理學》一書中列舉了青少年所具有的對立衝動：

第一，熱衷於有幾小時、幾天、幾週或幾個月精神過分旺盛的活動，然後走向反面——很容易疲倦，以致於精疲力盡而無精打采。

第二，生活於快樂與痛苦的兩極擺動之間：從得意洋洋、盡情歡樂到哭泣嘆息、憂鬱厭世。

第三，自我感增加了，於是出現所有形式的自我肯定 (虛榮心、自信、自高自大)，同時又懷疑自己的力量，擔心自己的前途，害怕自尊心受到傷害。

第四，生活不再是自我中心的，出現了自私與利他之間的輪換更替。

第五，良心已可以開始扮演主要的角色，出現迫切追求正義與說謊犯罪等好壞行為的更替。

第六，許多社會性本能也有同樣的情況：羞怯的、忸怩的、好孤獨，沈浸於主觀生活與不甘孤單，想搭伴結夥，崇拜英雄，對新的偉大思想的盲目崇拜，對文藝作品的過分傾向等交替。

第七，與此非常類似的變化是，從強烈的敏感到冷靜，以至冷漠、無情或殘忍。

第八，對知識的好奇和渴求，理智的狂熱有時變得簡直過於熱切。

第九，在知與行之間擺動：手不釋卷、熱心讀書、想有學問與自覺或不自覺地走到戶外、欣賞大自然、創一番事業的衝動。

第十，保守本能與激進本能兩者間的更替。

第十一，感官與智力有明顯的相互作用，似乎各有其開始形成的階段。

第十二，聰明與愚笨的並存。

霍爾認為，青少年正是以經歷了以上各種內部衝突和更替之後，才最終復演成為人類文明的一員。他論述了發展的社會基礎，強調社會因素，特別是教育的作用，並分析了各種不同青少年的心理特徵，認為心理的發展是不均衡的，尤其在情感上的、心態上的不平衡性。

(二) 從情感不平衡向情感穩定發展

青少年的情緒情感，由心態不平衡向心態平衡過渡，從兩極性明顯地向穩定性發展。中學生的情感儘管兩極性明顯，但還是逐漸趨於穩定。主要表現在兩個方面：

1. 對情感的自我調節和控制能力逐漸提高 初中生對自己情感的自我調節和控制能力相對要差些，波動性更為明顯，往往還不善於使自己的情感受時間、地點場合等條件的支配和克制自己的情感表現。高中生的控制能力則隨著知識、智力的發展，意志力和人格部分傾向性的發展而提高，並逐漸地與前途、理想交織一起，顯得比較穩定、持久和善於自我控制與調節。但是，高中生的激情在一定場合仍表現得比較明顯。

要培養青少年的**挫折忍耐力**(或挫折容忍力) (frustration tolerance)，使他們學會調節情感的本領。挫折耐力就是對挫折情境的預料和對挫折的抵抗能力。情緒、情感是能夠意識到並受思想意識的調節的，但人在受挫折的時候容易產生消極的情緒，理智降低，做出不該做的事情。為了避免或減少這種情況，就要引導中學生加強道德意識和樂觀主義修養，同時增強挫折耐力，學會對複雜的事情進行全面分析，對挫折的情境做好預見性思想準備，一旦出現挫折，會冷靜分析挫折的內外困境而採取恰當的行為，並學會在激怒、苦悶的情況下進行情感的自我調節。

2. 逐步帶有文飾的、內隱的、曲折的性質 初中生儘管不像兒童那樣掩蓋不了自己內心的感情而極力使自己的感情不外露，但由於調節、控制能力較差，仍容易外露出一時激動的情況。高中生在這方面就帶有文飾的、內隱的、曲折的性質了。他們能夠根據一定條件支配和控制自己的情感，使外部表情與內心體驗出現不一致性。因此，要逐步了解和掌握青少年情感穩定性的變化，不能僅僅以他們的表情作為判定其思想感情的依據，而應該綜合一段時間的全部表現及其人格的特點，經過深入細緻的分析，作出結論，這樣才比較可靠。

第四節　青少年期的社會性發展

　　青少年期的生理、認知和情感發展變化的特點，也決定著這一時期的社會性發展。青少年社會化的任務主要表現在以下六個方面：

　　1. 追求獨立自主　由於**成人感** (feeling of being an adult) 的產生而謀求獲得獨立 (independence)，即從他們的父母及其他成人那裏獲得獨立。

　　2. 形成自我意識　確定**自我** (ego)，回答"我是誰？"這個問題，形成良好的**自我意識** (self-consciousness)。

　　3. 適應性成熟　所謂適應**性成熟** (sexual maturity)，即適應那些由於性成熟帶來身心的，特別是社會化的一系列變化。

　　4. 認同性別角色　獲得真正的**性別角色** (sexual role)，即根據社會文化對男性、女性的期望而形成相應的動機、態度、價值觀和行為，並發展為性格方面的男女特徵，即所謂**男子氣** (或**男性氣質**) (masculinity) 和**女子氣** (或**女性氣質**) (feminity)，這對幼兒期的**性別認同** (sex identification) 說來是個質的變化。

　　5. 社會化的成熟　學習成人，適應**成人社會** (adult society)，形成社會適應能力。逐步解決價值觀、道德發展的成熟是適應成人社會的社會化的成熟的重要標誌。

　　6. 定型性格的形成　發展心理學家常把性格形成的複雜過程劃分為三個階段：第一階段是學齡前兒童所特有的、性格受情境制約的發展階段；第二階段是小學兒童和初中的少年所特有的、穩定的內外行動形成的階段；第三階段是內心制約行為的階段，在這個階段裏，穩固的態度和行為方式已經定型，因而性格的改變就較困難了。

　　如第一章所述，社會化的有些過程在青少年階段可完成，這就是兒童青少年社會化的成熟。這個成熟的核心，表現在自我意識的穩定、價值觀的形成和道德趨向初步成熟三個方面。

一、自我意識的發展

我們從自我評價、自我體驗和自我控制三個方面來分析青少年自我意識發展的特點。

(一) 青少年自我評價的發展

自我評價 (self-evaluation) 是指主體對自己思想、願望、行為和人格特點的判斷和評價。到了青少年階段，他們逐漸擺脫成人評價的影響，而產生獨立評價的傾向。上中學之前，學生在道德判斷中往往著眼於行為效果，到了中學則轉向注重內部動機的判斷。在良好的教育條件下，他們從初中開始就能做出效果和動機的辯證判斷。另外，青少年評價能力發展的一個突出特點，就是十分重視同齡人對自己的評價和看法。他們開始時將同齡人的評價和成年人的評價同等對待，慢慢地就表現出更重視同齡人的意見而忽視成人的意見。

1. 自我評價的獨立性和依附性 自我評價的獨立性是相對於自我評價的依附性而言。獨立的自我評價，是青少年有"主見"的表現，這在人的成長過程中有著非常重要的意義。韓進之等 (1990) 圍繞以下的一些問題，判斷學生自我評價的獨立性狀況，例如詢問學生：老師、同學對你有什麼看法，你認為他們的意見都正確嗎？你做事拿不定主意嗎？獨立進行自我評價的能力隨學生年級的上升而不斷提高，到初中二年級以後就達到較為穩定的水平。初中生自我評價能力的發展見表 7-8。

2. 自我評價的具體性和抽象性 自我評價的具體性，是指學生從外部表現或注重行為結果來評價自己，而不能從內部動機來剖析自己，還不能

表 7-8　初中生自我評價能力的發展

年級	小五	初一	初二	高二	F 值檢驗
平均數	2.02	2.21	2.31	2.33	742.04 **
標準差	0.41	0.38	0.34	0.34	

**表示 $p<0.01$　　　　　　(採自韓進之等，1990)

上升到理論的高度。具體性評價往往就事論事，具體而瑣碎。而抽象性評價是指對具體評價的概括與深化。兩者相比，具體性評價的水平較低，這即體現出主體的自我意識還不夠成熟。

韓進之等 (1990) 用諸如"你認為怎樣才算是一個好學生"之類的問題詢問學生，結果將學生的答案分為三類：具體、外部的答案；抽象、內部的答案；內容介於兩者之間的評價答案。

在大連地區，實驗者從小學一年級到高二的幾個年級中各抽取了 100 名學生，將其答案進行分析，製成了大連地區學生自我評價的具體性和抽象性發展示意圖，見圖 7-6。

從圖 7-6 可以看出，青少年進入中學以後，抽象性的評價人數大幅度上升，而具體性的評價人數越來越少；到了高二年級，評價注重具體的表面的現象基本上不存在了，這意味著青少年階段是自我意識由具體性向抽象性發展的時期。

3. 自我評價的原則性和批判性　自我評價的原則性，一般是指個體以一定的道德觀念和社會行為準則為依據而做出的自我評價；自我評價的批判性則是指個體自我評價的全面性和深刻性。二者是聯繫在一起的，都是指自我評價的客觀性和準確性是否符合社會準則，及符合程度的問題。另外，

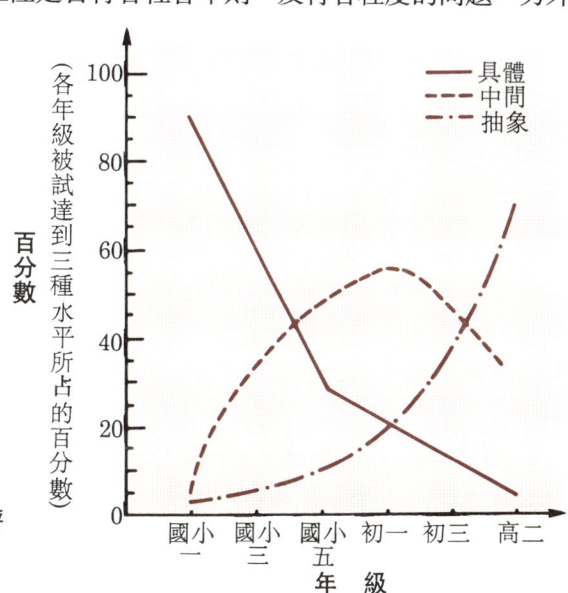

圖 7-6
大連地區中學生自我評價的具體-抽象性發展
(採自韓進之等，1990)

二者都是隨著年齡和環境、教育的影響同步發展起來的。進入中學階段，由於道德觀念和抽象邏輯思維的發展，青少年明顯地表現出從道德原則出發進行自我評價，並顯示出一定的全面性和深刻性。他們能夠將自己的行為和行為動機聯繫起來，從初中開始就能較全面地評價自己的行為，比較深入地分析自己的個性品質並能初步分析這些個性品質優劣的基本原因。到初中三年級以後，青少年的這種自我評價的深刻性和全面性繼續發生質的變化，即其自我評價的批評性又得到進一步的發展。

4. 自我評價的穩定性　　自我評價的穩定性可以反映出中學生在評價中的負責態度和其所採用的標準是否一致。如果認識水平低、標準不明確，或者態度隨便，都會使他們的自我評價出現不穩定的結果。穩定性差也是自我意識發展不夠成熟的表現，它可以用兩次或多次有一定間隔時間的自我評價結果，進行比較而找到結論。

我們從表 7-9 中可以看出，隨著年級的升高，前後兩次測試結果的**相關係數** (correlation coefficient) 也相應增大，中學生自我評價的穩定性越來越好。

表 7-9　全國九個地區自我評價問卷複測相關係數

年　　　級	小一	小三	小五	初一	初三	高二
相關係數 (r)	0.37	0.51	0.61	0.67	0.73	0.78

(採自韓進之等，1990)

(二)　青少年自我體驗的發展

自我意識中情感體驗往往是通過學生的態度反映來進行研究的。青少年在心理上的成人感、閉鎖性、自尊感對其**自我體驗** (self-feeling) 的發展是最具有現實意義。

1. 成人感　　所謂**成人感** (feeling of being an adult) 指青少年感到自己已經長大成人，渴望參與成人角色，要求獨立、得到尊重的體驗和態度。

如前所述，當青少年的"成人感"出現時，便產生一系列獨立自主的表現：他們一反以往什麼都依賴成人、事事都依附教師和家長的心態，不是事無巨細樣樣請教大人了，也不是敞開心扉，什麼都可以公開了。他們有自己的見解和社會交往，樂於將屬於自己的一塊"小天地"安排好，並按一定的要求保持好，還渴望得到家長的承認。他們要求和成人建立一種朋友式的新型關係，迫切要求老師和家長尊重和理解自己，如果家長和老師還把他們當作"小孩"而加以監護、獎懲，無視他們的興趣、愛好，他們可能以相應的方式表示抱怨，甚至產生抗拒的心理。於是，從初中時期起，他們就產生強烈的自立願望，開始疏遠父母而更樂於和同齡人交往，尋找志趣相投、談得來的夥伴。

2. 自尊感 自尊感(或自尊、自尊心)(self-esteem)是社會評價與個人的自尊需要之間相互關係的反映。黃煜烽等人(1993)認為，當一個人的生理需要、安全需要和社會需要得到一定程度的滿足時，人就產生對榮辱的關心，即自尊需要。它包括自我尊重和受社會尊重兩個方面。所謂自我尊重，就是要求獨立、自由、自信，對成就和名譽的嚮往等等；所謂社會尊重，就是指希望被人認可、受人尊重，以及對地位、實力、威信方面的考慮等等。人生活在社會群體中，不僅要自己尊重自己，而且希望別人也尊重自己，希望自己的才能和工作得到社會的承認，在群體中占有一定的位置，享有一定的聲譽，獲得良好的社會評價。這是一種普遍的心理現象，青少年當然也不例外。青少年自尊感的體驗容易走向極端，如前所述，當社會評價與個人的自尊需要相一致、自尊需要得到肯定與滿足時，他們往往會沾沾自喜甚至會得意忘形；如果社會評價不能滿足自尊需要或者產生矛盾時，他們就可能妄自菲薄、情緒一落千丈，甚至出現不負責任的自暴自棄。

3. 從閉鎖性到自卑感 如前所述，青少年期在心理發展上表現出較明顯的閉鎖性，這成了這個階段自我體驗的一個重要表現形式。

隨著閉鎖性的發展，青少年到了高中時期容易出現自卑感。所謂**自卑感**(sense of inferiority)是一種輕視自己、不相信自己，對自己持否定態度的自我體驗。兒童很少有什麼自卑感，自卑感萌芽於少年期，容易產生在青年初期。自卑的人常常有著強烈的**防衛心理**(defence mentality)。鄭和鈞等人(1993)研究指出，防衛心理主要表現在**偽裝**(dissimulation)、**轉嫁**(shifting)、**回避**(shunning)和**自暴自棄**(giving oneself up as hopeless)等幾個方面。一個人若被自卑感所籠罩，其精神活動就會遭到嚴重的束縛，會變得不肯面對現實，喪失獨立向上、自強不息的精神。因此，要使自我意識和人格健康發展，就必須從自卑感中解脫出來。

(三) 青少年自我控制的發展

青少年的自我評價和自我體驗的發展為其**自我控制**(或**自持**)(self-control) 的發展奠定了基礎。

1. 自我控制的基本動因　從行為產生的原理來看，行為控制的基本過程與行為發生的過程大致相同：自我需要產生某種行為的動機，在一定的動機作用下，主體籌劃行為的計畫，並完善計畫和選擇行為方式，使自我調控行為得以實施。因此整個自我調控的動因，可以概括為相輔相成的自我需要和自我教育兩個部分，其中自我教育是實現自我需要的必然過程。從動因上看，自我教育是自我需要的發展和繼續，自我需要又是在自我教育的過程中得到深化、完善，直至實現的過程。

2. 自我控制的年級差異　在教育實踐中，我們發現中學各年級的學生自我控制能力的發展是有差異的。就整體而言，初一學生年齡尚小，自我控制能力較差，隨著年齡的增大，學生生活經驗與社會經驗的不斷豐富，心理上獨立性的不斷增強，自我控制的動力由主要來自外部的力量，轉變為以內部自立控制力量為主。這個過程集中反映在初二學生的身上。所以，相對地說，初二年級不僅比較難管理，而且學習成績的高低分化也比較明顯。初三和高中學生相對來說年齡又大些了，學習的自覺性有所提高，而初二年級的學生往往容易放鬆自己。因此，在中學教育中，必須注意初二年級的特點並做到因勢利導。

3. 初中生與高中生自我控制能力的差別　從整體上看，青少年在初中和高中階段的自我控制能力是有區別的。初中生自我控制能力的發展還是初步的，雖然開始出現以內部動力為主的特點，但其穩定性和持久性卻不夠理想。一方面，他們的思想方法開始轉向內部歸因為主，另一方面，他們又過高地估計了自己的力量與形象。

意識到自己並且開始較穩定而持久地控制自己，是高中生自我意識的一個重要特點。高中生更多地要關心和思考自己的前途、理想的問題，但在**主觀的我** (subjective self) 和**社會的我** (或**社會我**) (social self) 之間，**理想自我** (或**理想我**) (ideal self) 與**現實自我** (或**真實我**) (real self) 之間是存在著矛盾的，這就促進了高中生的自我調節和控制能力的發展，否則，必然會導致一種較深的挫折感，使自我矛盾激化。高中生認識自己和控制自己的途徑有三：一是以他人為鏡調節自己；二是以自己活動的結果為鏡調節自己；三是通過對自己的內部世界的分析、內省認識並調節自己，如古人所云"吾日三省吾身"。只有這樣，才能發展自我控制能力，增強社會適應能力，從而更好地實現青少年階段**社會化** (socialization) 的任務。

二、價值觀的確立

青少年階段是價值觀確立的時期。因為在這個時期，青少年的各個方面都表現出極為迅猛的發展變化，這勢必會影響到青少年價值觀的發展與確立。而且，隨著青少年期發展任務的完成，青少年則開始傾向於以一個成人的姿勢去迎接新生活的挑戰，因此，青少年時期是個人價值觀確立的重要時期。有鑑於價值觀在個體心理和行為中發揮著重要作用，這裡有必要對青少年的價值觀作一詳細的探討。

(一) 價值觀的本質

關於個人價值觀結構的探討，最初出現在杜威 (Dewey, 1939) 的"價值理論"中。杜威指出，價值觀是個人與他人及其周圍世界相互作用的結果 (Bargo, 1980)。杜威的這一觀點基本上得到了後來研究者的認可。所以，**價值觀** (view of value) 指的是個人對周圍世界中人、事、物的看法，是個人據以評價和區分好壞的標準，它可以推動並指引個人做出決定和採取行動。

1. 價值觀的形成　　價值觀萌芽在幼兒期、童年期，主要是接受社會既定的價值。這時，社會化代理人 (比如父母或其他成人) 對於兒童的行為要求，以及兒童對於同性父母的認同，形成了兒童的基本價值觀念和基本行為規範。隨著年齡的增長和身心的日益成熟，尤其是認知能力的發展，青少年開始對周圍世界有了新的認識，開始意識到以往價值的邏輯性矛盾和父母價值觀念的局限性，並進而對既存價值進行批評，以重新建立自己的價值觀。於是，由童年期具體的、重視外在價值的價值觀念開始向青少年期抽象的、重視內在價值的價值觀念過渡。

價值觀作為習得的**人格**(或個性)(personality),青少年價值學習的歷程可分為四個階段,即:先有價值感,而後有價值觀,進而建立價值標準,最後才能作價值判斷(張春興,1993)。價值感是個人主觀的感受,它由個人生理上和心理上的需要產生相應的要求,這些需求一旦得以滿足,即個人有一種心得,因而產生價值感。比如,一個人身處危難時求助於朋友,得到朋友幫助渡過難關,那麼,友情友誼對個人就有價值感。對於個人來說,有價值感的東西會很多,即個人的價值感是多元取向的,這實際上就給青少年造成了衝突、為難的困境,而青少年必須就此作出選擇。正是在不可回避、對多元取向價值的定向中,青少年通過了解、思辯、選擇、比較、組合、調整等學習歷程,最終建立起屬於自己的價值觀。

2. 價值觀的特點 價值觀作為個人對周圍世界中人、事、物的看法,它具有如下主要特點(黃希庭,1991):

(1) **主觀性**(subjectivity):個人據以評價和區分好壞的標準,是根據個人自己內心的尺度來把握的,它取決於主體自身的需要。

(2) **選擇性**(selectivity):指青少年隨著身心的成熟,開始主觀地、有意識地選擇符合自己的評價標準,形成個人特有的價值觀。

(3) **穩定性**(stability):個人的價值觀形成之後具有相當的穩定性,往往不易改變,並在個人的興趣、理想、信念和行為上表現出來。

(4) **社會歷史性**(sociohistoricality):處於不同歷史時代、不同社會生活環境中的人的價值觀是不同的。

3. 價值觀的種類 客觀世界的紛繁複雜以及個人需要的千差萬別,決定了相應的價值觀內容的豐富多彩。研究者根據不同的標準對價值觀進行了不同的分類。

施普蘭格(Spranger, 1928)根據社會文化生活方式,把個人價值觀區分為六種,即理論的、經濟的、審美的、社會的、政治的和宗教的。

莫里斯(Moris, 1956)提出三種精神(酒神精神、普羅米修斯精神、如來精神)作為價值的根本基礎,從而設定了十三種生活道路模式;日本學者見田宗介(1966)把它們定為中庸型、達觀型、慈愛型、享樂型、協同型、努力型、彩色型、安適型、容忍型、克己型、冥想型、行動型和奉獻型。

再一種為很多哲學家、人類文化學家和心理學家所認同的分類,是由**人本主義**(humanistic)心理學家羅克奇(Rokeach, 1972)提出的。羅克奇根據"行為方式或世界的終極狀態",把價值觀分為**工具性** (instrumental) 的和**終極性** (terminal) 的。

此外,雷塞爾 (Rescher, 1969) 還根據自我-他人維度把價值觀區分為自我取向的和他人取向的兩種。

總之,不同的研究者根據各自不同的研究興趣、研究背景及個人的思維視野,從不同的角度對價值觀進行了類別上的區分。由於各觀點各具其理,因此它們在為價值觀的研究提供了不同思路的同時,也說明價值觀的研究是一個十分複雜的課題。

(二) 價值觀的測量

對於價值觀的研究,目前心理學家主要是採用問卷法。由於各研究者關於價值觀分類的標準不同,所以他們所設計使用的問卷也是不同的。

羅克奇 (Rokeach, 1973) 設計的**羅克奇價值調查表** (Rokeach Value Survey Scale) 是運用最廣泛的一種問卷。羅克奇指出,**工具性價值觀** (instrumental-values) 指的是道德感能力,而**終極性價值觀** (terminal-values) 指的是個人價值和社會價值。因此,羅克奇提出的工具性價值包括以下 18 項,即有抱負、胸懷寬廣、有能力、令人愉快、整潔、勇敢、寬恕、助人、誠實、富於想像、獨立、聰明、邏輯性、鍾情、服從、有教養、負責任、自我控制等;而終極性價值觀則包括以下 18 項,即舒適的生活、興奮的生活、有所作為、世界和平、美的世界、平等、家庭安全、自由、幸福、內心平靜、成熟的愛、國家安全、享樂、拯救靈魂、自尊、社會承認、真正的友誼、才智等。被試分別針對這兩種價值觀的 18 項目,通過確定他所認為的相對重要性排序,就可以反映出他所持的價值觀了。

除了羅克奇價值調查表之外,阿爾波特等 (Allport, Vernon, & Lindzey, 1960) 的**價值研究** (Study of Values) 量表,也是被廣泛運用的一種測驗。他們確定了六種基本個性動機作為價值的成分,即理論的、經濟的、審美的、社會的、政治的和宗教的等。這一測驗由 45 個項目構成,要求被試反映自己選擇的偏好程度。它測的是實際的偏好,而非應該的偏好。

事實上在阿爾波特等人的量表之前,肖爾 (Shorr, 1953) 就已開發了**價值活動測驗** (Test of Value Activities),這一測驗包含四個價值觀維度,即理論的、社會的、審美的和經濟政治的。每一維度涉及 20 個問題,所以這份問卷共包括 80 個項目。

值得一提的是，貝利斯和考奇 (Boles & Conch, 1969) 以不同的方法來研究價值觀。他們不是主觀地確定價值項目，相反地，他們通過小組面談和問卷獲得了 252 個項目，形成了他們的**價值素描問卷** (Value Profile Questionnaire)。他們的研究產生四個互不相關的因素，即對權威的接受、需要決定的表現對價值決定的約束、平均主義、個人主義。

此外，莫里斯 (Moris, 1956) 編製的**生活方式問卷** (Life Style Questionnaire)，可用來測量人們對 13 種生活方式的價值觀；薩珀 (Super, 1970) 編製的**職業價值觀量表** (Vocational Values Scale)，可用來測量職業威望和喜愛度。

(三) 青少年價值觀的實際狀況

心理學家、社會學家進行的一些實際調查，為我們展示了青少年價值觀的一些實際面貌。

1. 當代青少年的價值觀 在 1988 至 1990 年間，中國社會科學院社會學研究所青少年研究室負責主持開展了〈10 年來中國青年價值取向演變〉的研究，進行了兩次全國規模的問卷調查，其研究成果的總結為我們提供了當代青少年價值觀的生動畫面。

(1) **在人生價值的方面**：調查結果表明，多數青少年 (63.7%) 關於人生目標的價值取向，傾向於兼顧個人與後代幸福；同時，純自我取向的 (20.1%) 比後代取向的 (15.3%) 多；這與年齡較大的青年成人 (31～35 歲) 相反。青少年顯示出更強的自我肯定、自我擴張的傾向。

(2) **在自我追求方面**：過半數的青少年 (50.2%) 希望成為名人，14.1% 則否認，35.6% 不確定；而青年成人相應的百分比為 34.9%、32.6%、27.9%。青少年無論在對成功、成就、出類拔萃和出人頭地的嚮往上，還是對這種嚮往的大膽表露上，都顯得更具個性、更無所拘泥。

(3) **對於挫折和失敗的歸因方面**：更多的青少年 (65～71%) 是內部歸因，意即認為挫折和失敗是由於"個人能力不夠"、"未盡更大努力"等；少數人 (27～32%) 歸因於"命運不好"、"環境條件差"等外部因素。這顯示了青少年較為積極主動的人生態度。

(4) **在認為自己目前最大的苦惱方面**：青少年最大的苦惱是才能不足(50.2%)、不能實現抱負 (39%)、孤獨不被理解 (31.2%)；而自己最大的幸福是事業成功 (48.3%)、有知心朋友 (39%)、有一個溫暖的家 (37.1%)。青少年的苦惱和幸福是對應的，對於他們來說，同伴的認可、理解和友情是獲得幸福感的非常主要的條件。

(5) **在道德價值觀方面**：關於人最重要的品質，青少年的定位依次為善良、正直、進取、自信、勤勞、勇敢、寬容、謙虛、無私、認真。他們對於構成人類社會基礎文明的道德價值、以及自我肯定取向的價值看得很重，而對於 50、60 年代所崇尚的"無私"、"認真"則看得很輕。

(6) **關於道德評價標準方面**：青少年與年齡較大的青年成人相比，顯得更少走極端，很少有人做出極端性的贊成和斥責，而"說不清"這種中間立場的人卻不少。這也反映出青少年正處於價值定向的困境中。

(7) **關於人我關係的道德原則方面**：青少年對"主觀為自己，客觀為別人"的贊同 (39.3%) 少於反對 (53.7%)，這種價值定向與青年成人相反。對"人不為己，天誅地滅"的贊同 (27.6%) 也是少於反對 (76.6%)，這種取向比青年成人更加突出。

(8) **在擇業方面**：青少年的擇業動機依次為發揮特長 (43.9%)、實現抱負 (41%)、穩定 (39%)、符合興趣 (37.1%)、收入高 (31%)。與青年成人相比，他們關於個人成就的需求較強烈，而對生活保障的需求則稍遜。

(9) **在政治價值觀方面**：青少年依次持社會安全 (49.8%)、經濟實力強 (39%)、生活水平高 (25.8%) 為政治價值標準。此外，青少年在如何形成國家決策的問題上，有更為明顯的激進、自由的情緒特徵；他們憂國憂民的參與意識也比較強，比如，贊成"位卑未敢忘憂國"的占 77.3%；而且青少年的訴訟觀念和法制觀念也較強。

2. 青少年價值觀發展的年齡特徵 黃希庭等 (1989) 使用羅克奇價值調查表對我國的城市青少年學生價值觀進行了調查。結果表明，初中和高中各年級學生價值觀總的來看相當一致；在終極性價值觀中，有所作為、真正友誼、自尊、國家安全被列為最重要的價值觀，而內心平靜、舒適的生活興奮的生活、拯救靈魂被列入最不重要的價值觀；另一方面，在工具性價值觀中，有抱負、有能力、胸懷寬廣被列為很重要的價值觀，而整潔、自我控制、服從則被列為很不重要的價值觀。這一結果與上述中國社科院的調查結果相似,而且其他的研究 (王新玲,1987) 也得出了相似的結論。

然而,儘管青少年的價值觀總體上較一致,但某些價值對不同年齡的青少年來說,卻有不同的重要性。從黃希庭等的調查結果中看到,從初一到高三,隨著年級的升高,成熟的愛、社會承認、有能力、獨立、鍾情等在青少年的眼中變得越來越重要。這反映出進入青春發育期的青少年隨著身心的成熟,獨立意識大大增強,以及他們對社會交往和自己未來生活追求的更多的關注;而且伴隨異性同伴關係的發展,青少年男女之間的交往更趨成熟,開始具有成人男女交往的性質。另一方面,世界和平、國家安全、整潔等對於青少年的重要性卻隨年級升高而下降。

不同年齡的青少年在價值觀上的這種變化,也得到了其他研究 (譚欣,1990) 的支持。總之,雖然青少年作為整體在價值觀上有其特有的相似性和一致性,但是對於不同年齡的青少年來說,某些價值卻有不同的意義。

3. 青少年價值觀的歷史變遷　莫里斯 (Moris, 1956) 曾用自己編製的**生活方式問卷** (Life Style Questionnaire) 針對美國、挪威、印度、日本和中國的青少年進行了調查,結果發現當時中國青少年的價值觀多屬於"協同型"和"奉獻型",即他們強調參加集體活動、與他人和諧相處、並採取積極和實際的行動,同時也強調為他人和社會獻身,及全世界的未來獻身。這種價值觀正好反映了當時中國的社會歷史要求。

在 20 世紀 70 年代,日本心理學家 (田崎仁等,1970, 1974) 兩次對中學生勞動觀的研究也發現歷史變遷性,其結果如圖 7-7 所示,這表明在 1970 年,日本中學生的勞動觀取向更多的表現為義務型 (45.1%),即無償為社會盡義務,只有少數人 (20.9%) 取向於金錢型,即為了收入而勞動;但到了 1974 年,這兩種勞動觀取向的人數情況卻出現了相反的結果,即金錢型的勞動觀 (54.5%) 遠遠多於義務型的勞動觀 (10.9%)。這個變化說明,日本中學生的勞動觀隨著時代的變化也體現出歷史變遷性。而自我實現型,即為了實現個人專長而勞動的勞動觀在兩個年代的日本中學中間並沒有體現出明顯的歷史變遷性,只有 1.3% 的增長變化。

趙瑞祥、楊新益於 80 年代初的有關調查,又為我們展示了 20 世紀 70 年代初大陸青少年的價值觀側影。調查結果表明,大多數中學生的學習動力來自"為四化學好本領"(61.40%),而"為報答父母期望"(14.35%) 和"為了個人出路"(14.00%) 的卻屬少數。另一方面,對未來職業的選

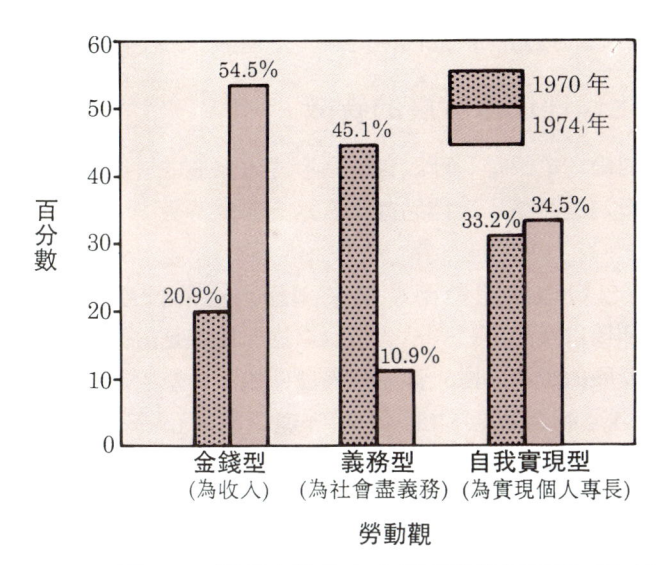

图 7-7　現代中學生未來勞動觀的調查圖（日本）
(採自田崎仁，1978)

擇和願望，青少年對於從事腦力勞動的職業(比如科學家、工程師、教師、醫生)的選擇較高，這也反映了當時強調的四化建設為中心的時代特色。再者，對"人不為己，天誅地滅"的贊同，人數不足 3%。

在 20 世紀 80 年代末 90 年初的青少年的價值觀卻出現了很多新的特點，其中一個根本變化就是他們的價值觀有了很突出的自我取向，而不是像 50 年代或 70 年代末 80 年代初那樣重視社會取向，他們更強調自己作為個體存在的價值。比如，當代青少年中有 27.6% 的人贊同"人不為己，天誅地滅"，而 80 年代初卻不足 3%。當然，他們對外部世界也同時給予了很大的關注，也準備承擔社會及歷史賦予他們的責任。

三、青少年的道德發展

在整個中學階段，青少年的道德迅速發展，他們處於倫理道德形成的時期。在初中學生品德 (morality，即個體的道德) 形成的過程中，倫理道德已開始出現，但在很大程度上卻表現出兩極分化的特點。高中學生的倫理道德則帶有很大程度的成熟性，他們可以比較自覺地運用一定的道德觀念、原則、信念來調節自己的行為，伴之而來的就是價值觀、人生觀的初步形成。

(一) 中學生倫理道德發展的特徵

中學生個體的倫理道德是一種以自律為形式，以遵守道德準則並運用原則、信念來調節行為的品德。這種品德具有六方面的特徵：

1. 能獨立、自覺地按照道德準則來調節自己的行為 "倫理"是指人與人之間的關係以及必須遵守道德行為準則。倫理是道德關係的概括，倫理道德是道德發展的最高階段。從中學階段開始，中學生個體逐漸掌握這種倫理道德，而且還能夠獨立、自信地遵守**道德準則** (moral code)。我們所說的獨立性就是**自律** (self-discipline)，即服從自己的人生觀、價值標準和道德原則；我們所講的自覺性，也就是目的性，即按照自己的道德動機去行動，以便符合某種倫理道德的要求。

2. 道德信念和理想在中學生的道德動機中占據重要地位 中學階段是道德信念和理想形成，並開始運用它們指導自己行動的時期。這一時期的道德信念和理想在中學生個體**道德動機** (moral motivation) 中占有重要地位。中學生的道德行為更有原則性、自覺性，更符合倫理道德的要求。這是人的人格發展的新階段。

3. 中學生道德心理中自我意識的明顯化 前文提過的"吾日三省吾身"，意思是任何人做任何事時，都需要三思而後行。但從中學生**道德發展** (moral development) 的角度來看，是提倡自我道德修養的反省性和監控性。這一特點從青少年開始就越來越明顯，它既是道德行為自我強化的基礎也是提高道德修養的手段。所以，自我調節道德心理的過程，是自覺道德行為的前提。

4. 中學生道德行為習慣逐步鞏固 在中學階段的青少年道德發展中逐漸養成良好的**道德習慣** (moral habit) 是進行道德行為訓練的重要手段。因此，與道德倫理相適應的道德習慣的形成又是道德倫理培養的重要目的。

5. 中學生道德發展和人生觀、價值觀的形成是一致的 中學生人生觀、價值觀的形成與道德品質有著密切聯繫。一個人人生觀、價值觀的形成是其人格、道德發展成熟的重要標誌。當青少年的人生觀萌芽和形成的時候，它不僅受主體道德倫理價值觀的制約，而且又賦予其道德倫理以哲學基礎，因此，兩者是相輔相成的，是一致的。

6. 中學生道德結構的組織形式完善化　中學生一旦進入倫理道德階段，他的道德動機和道德心理特徵在其組織形式或進程中，就形成了一個較為完整的動態結構。其表現為：(1) 中學生的道德行為不僅按照自己的準則規範定向，而且通過逐漸穩定的人格產生道德和不道德的行為方式。(2) 中學生在具體的道德環境中，可以用原有的品德結構定向系統對這個環境做出不同程度的同化，隨著年齡的增加，同化程度也增加；還能做出道德策略，決定出比較完整的道德策略是與中學生獨立性的心理發展相關係的；同時能把道德計畫轉化為外觀的行為特徵，並通過行為所產生的效果達到自己的道德目的。(3) 隨著中學生反饋信息的擴大，他們能夠根據反饋的信息來調節自己的行為，以滿足道德的需要。

(二) 中學生道德從動盪邁入成熟

少年期的道德具備動盪性，到了青少年初期，才逐漸變為成熟。

1. 少年期道德發展的特點是動盪性　從總體上看，少年期的道德雖具備了倫理道德的特徵，但仍舊是不成熟、不穩定的，還有較大的**動盪性**。

少年期中學生道德動盪性特點的具體表現是：道德動機逐漸理想化、信念化，但又有敏感性、易變性；他們道德觀念的原則性和概括性不斷增強，但還帶有一定程度具體經驗的特點；他們的道德情感表現得豐富、強烈，但又好衝動而不拘小節；他們的道德意志雖已形成，但又很脆弱；他們的道德行為有了一定的目的性，渴望獨立自主地行動，但願望與行動又有一定的距離。所以，這個時期，既是人生觀開始形成的時期，又是容易發生兩極分化的時期。品德不良、走歧路、違法犯罪多發生在這個時期。因此，這個階段的中學生品德發展可逆性大，體現出他們那種半幼稚、半成熟、獨立性和依賴性錯綜複雜而又充滿矛盾動盪性的特點。

究其原因，有如下三點：第一、生理發展劇變，特別是外形、機能的變化和性發育成熟，然而，心理發育卻跟不上生理發育，這種狀況往往使初中學生容易產生衝動性；第二、從思維發展方面分析，少年期的思維易產生片面性和表面性。因此，他們好懷疑、反抗、固執己見、走極端；第三、從情感發展上分析，少年期的情感時而振奮、奔放、激動，時而又動怒、慪氣、爭吵、打架；有時甚至會走向洩氣、絕望。總之，他們的自制力還很薄弱，因此，易產生動搖。這就是上述的人生發展中的心理性斷乳期，是站在人生的十字路口上，也是人生觀、價值觀開始形成的階段。我們的初中教師，特別是初中二年級的教師，應從各個方面幫助他們樹立正確的觀點，特別是人生觀、價值觀和道德觀，以便他們作出正確的抉擇。

2. 青年初期是道德趨向成熟的開始　青年初期，這裏主要約指初二後到高中畢業。這個時期結束，即年滿 18 歲時正好取得公民資格，享有公民的權利和履行公民的義務。青年初期品德發展逐步具備上述倫理道德的六個特點，進入了以自律為形式、遵守道德準則、運用信念來調節行為的品德成熟階段。所以，青年初期是走向獨立生活的時期。成熟的指標有二：一是能較自覺地運用一定的道德觀點、原則、信念來調節行為；二是人生觀、價值觀初步形成。這個階段的任務是形成道德行為的觀念體系和規則，並促使其具備進取和開拓精神。

然而，這個時期不是突然到來的。初中年級是中學階段品德發展的關鍵時期，繼而初中升高中，開始向成熟轉化。應該指出，在初二之後，一些少年在許多品德特徵上可能逐步趨向成熟；而在高中初期，卻仍然明顯地保持許多少年期"動盪性"的年齡特徵。

3. 青少年道德發展出現關鍵期和成熟期的時間　我們對在校中學生道德發展的研究中，以上述品德的六個特點作為中學生道德發展的指標，追蹤調查了北京市 50 個班集體 2250 名中學生，看看什麼時候是中學生道德發展最容易變化的階段。結果 (見表 7-10) 發現初中二年級學生所占的百分數在上、下兩個學期 (54% 和 30%) 都明顯地高於相鄰的兩個學期，即初中一年級下學期 (10%) 和初中三年級上學期 (6%)，這說明，初中二年級是中學階段道德最容易變化的階段——即中學生道德發展的關鍵期或轉折期 (林崇德，1980)。

在同一個調查研究中，以"自覺運用道德觀點、原則和信念來調節道德

表 7-10　中學生道德發展關鍵期的確定

年　級	初一（下）	初二（上）	初二（下）	初三（上）
百　分　數	10%	54%	30%	6%

(採自林崇德，1980)

表 7-11　中學生道德發展成熟期的確定

年　　級	初二（下）	初三（上）	初三（下）	高一（上）	高一（下）	高二以後
百分數	4%	6%	38%	36%	10%	8%

(採自林崇德，1990)

行為"，以及"人生觀、價值觀的初步確立"這兩個項目作為道德發展成熟的指標，結果發現（如表 7-11 所示），從初中三年級下學期開始，百分數出現突增的趨勢，並繼而維持相對穩定的水平。因此，我們推測，從初中三年級下學期到高中一年級是青少年道德發展的初步成熟期。

由於道德成熟前後可塑性是不一樣的，我們應該把握成熟前可塑性大，特別是少年期這一道德易兩極分化的有利時機，加強青少年的德育工作。

鑒於上面的論述，可見青少年由自我意識的發展，價值觀的確定，道德的穩定或成熟，集中地表現青少年階段已經掌握和再現社會經驗、社會聯繫和社會必須的自我監控、價值、信念以及社會所贊許的行為方式。完成了兒童青少年的社會化，以新的角色進入社會，成為社會的真正一員，為發展到成年期作了準備。

本章摘要

1. 青少年是人的一生中最寶貴而又有特色的時期。這個時期的身心發展極為迅速，同時又呈現**過渡性**、**閉鎖性**、**社會性**和**動盪性**的特點。
2. 青少年正處於青春發育期，身體外形和生理機能發生劇變，加上性的成熟，總稱為"生理上三大變化"，是人生發育的第二高峰期。
3. 青春期的身高、體重迅速發展，出現**第二性徵**。身體外形的變化，使青少年產生成人感，並帶來許多心理衛生的問題。
4. 青春期，心臟、肺、肌肉力量等生理機能正在成熟；特別是腦和神經的發育達到成人的指標，奠定了中學生的心理發展，特別是邏輯抽象思維發展的物質基礎。
5. 青春期的成熟，給中學生心理帶來多方面的變化，要對他們進行必要的性知識教育，不應該過於強調生理學的因素，而應該更多啟發他們人生的修養。
6. 皮亞傑的**形式運算**思維，可以概括出中學生認知的特點。所謂**形式運算**或**命題運算**思維，就是可以在頭腦中把形式和內容分開，可以**離開具體事物**，根據假設來進行的邏輯推演的思維。
7. 整個中學階段，青少年思維能力迅速地得到發展，他們的抽象邏輯思維處於優勢的地位。但青少年期屬於**經驗型**，青年初期則屬於**理論型**。
8. 初中二年級是中學階段思維發展的關鍵期，高一至高二年級（約 15～17 歲）是邏輯抽象思維發展趨於"初步定型"或成熟的時期。
9. 中學階段的思維品質呈矛盾表現，獨立性和批判性有了顯著的發展，但他們看問題還常常是只顧部分、忽視整體；只顧現象、忽視本質，即容易片面化和表面化。
10. 青少年男女智力、思維能力的差異主要表現在智力、思維能力優異發展的各自特色上，出現總體上的平衡性和發展特色上的不平衡性的統一。
11. 中學生**情感兩極性**明顯，表現在外部情緒、內心活動、意志、人際關係和移情等方面。
12. 何林渥斯將青少年從家庭的獨立過程，稱之為**心理性斷乳**。青少年的心理性斷乳必須改變許多習慣，以適應青少年期的發展。
13. 彪勒將青少年期稱作**反抗期**，產生反抗情緒的條件不少。消除**代溝**，克服青少年的**逆反心理**，有助於青少年避免反抗情緒的發生。
14. 霍爾從多方面論述了青少年的心態不平衡性。青少年的情緒情感，由心態不平衡向心態平衡過渡，從兩極性明顯地向穩定性發展。
15. 青少年社會化任務主要表現在：謀求獨立、確定自我、適應性的成熟、獲得性別角色、適應成人社會、定型性格的形成。
16. 獨立的**自我評價**，是青少年有"主見"的表現；由具體評價向抽象評價發展，且以後者占優勢，是青少年自我評價的形式；隨著年級的升高，穩定性成為青少年自我評價的特徵。
17. 在青少年**自我體驗**的發展中，成人感、自尊感、閉鎖感和自卑感都具有現實意義。

18. 初中生的**自我控制**能力還是初步的；意料到自己並開始較穩定而持久地控制自己，是高中生自我意識的一個重要特點。
19. 青少年的**價值觀**兼顧個人，顯示出更強的自我肯定、自我擴張的傾向。其道德價值，以善良、正直、進取、自信、勤勞、勇敢、寬容、謙虛、無私、認真依次定位；其擇業動機，以發揮特長領先；在政治價值觀方面，青少年以社會安全、經濟實力強、生活水平高為政治價值標準，他們憂國憂民的參與意識比較強。
20. 中學生個體的倫理道德是一種以**自律**為形式、以遵守**道德準則**並運用原則、信念來調節行為的品德。少年期品德發展的特點是動盪性，青年初期是品德趨向成熟的開始，其中初二年級是轉折期。

建議參考資料

1. 朱智賢 (1993)：兒童心理學。北京市：人民教育出版社。
2. 朱智賢 (主編) (1990)：中國兒童青少年心理發展與教育。北京市：中國卓越出版公司。
3. 吳鳳崗 (1991)：青少年心理學。北京市：北京師範大學出版社。
4. 林崇德 (1983)：中學生心理學。北京市：北京出版社。
5. 依田新 (楊宗義，張 春譯，1981) 青年心理學。北京市：知識出版社。
6. 張日昇 (1993)：青年心理學。北京市：北京師範大學出版社。
7. Hall, E., Lamb, M. E., & Perlmutter, M. (1982/1986). *Child psychology today*. New York: Random House.
8. Seifert, K. L., & Hoffnung, R. J. (1987). *Child and adolescent development*. Boston: Library of Congreess Catalog Card Number, 86~81160.
9. Shantz, C. U., & Hartup, W. (1992). *Conflict in child and adolescent development*. New York: Cambridge University Press.
10. Weiner, I. B. (1982). *Child and adolescent psychology*. New York: John Wiley.

第八章

成人前期的心理發展

本章內容細目

第一節　從志於學到而立之年
一、成人前期的特徵及發展任務　419
　　(一)成人前期的基本特徵
　　(二)成人前期的發展任務
二、社會角色的變化　425
　　(一)從非公民到公民
　　(二)從單身到配偶
　　(三)從為人子女到為人父母
　　(四)從學生到職業人員
　　(五)從嚮往職業到事業的初步成功
三、走向頂峰時期　429
　　(一)生理特點
　　(二)智力狀態
　　(三)創造與成就的最佳年齡
　　(四)社會交往的特點

第二節　成人前期認知的發展
一、思維發展的第五階段　434
　　(一)第五階段思維特徵的論述
　　(二)成人前期的思維發展
二、成人前期基本能力的發展　439
　　(一)成人前期的一般能力
　　(二)成人前期的特殊能力
三、智力與事業　442
　　(一)智力類型與事業
　　(二)智力表現範圍與事業
　　(三)非智力因素與事業

第三節　人生觀的成熟

一、成人前期的價值觀　446
　　(一)價值觀的特點
　　(二)價值觀三個成分的變化
二、成人前期的道德觀　450
　　(一)道德觀發展的特點
　　(二)道德觀的表現
三、成人前期的社會觀　453
　　(一)人際觀
　　(二)自我觀
　　(三)審美觀
　　(四)幸福觀
　　(五)宗教觀

第四節　成人前期的社會性
一、成人前期的友誼和愛情　457
　　(一)友　誼
　　(二)愛　情
二、成人前期的志向與理想　462
　　(一)確立志向與理想
　　(二)追求事業上的成功
　　(三)嚮往一定的社會地位
三、成人前期的心理適應　466
　　(一)對婚姻的適應
　　(二)對子女的適應
　　(三)對職業的適應

本章摘要

建議參考資料

成人(adult),顧名思義,是指已經成熟的人,一般指年滿 18 歲後那一部分人的總體。成人的年齡跨度很大,其中既包括青年晚期(即成人前期或成年前期),又包括中年期(也稱成人中期)和老年期(又稱成人晚期)。不同時代、不同國家、不同民族劃分人的年齡標準不盡相同,受到多種因素的制約。

成人前期(或**成年前期**)(early adult),又稱**青年晚期**(post youth),係指處於 18~35 歲這個年齡階段的個體發展期,這是個體從"疾風怒濤"的青年前期而逐步走向一個相對平靜、相對成熟的發展時期,其間的痛苦與歡樂構成一個人一生中最絢麗多彩的樂章。當個體進入成人前期後,就面臨著一系列新的發展任務,包括學習深造、就業、擇偶、建立家庭、撫育子女和創造事業等,這就需要個體具備適應這些新任務的心理品質。個體對於這一系列的發展任務,一般是分階段逐步完成的。當然,處於成人前期各個年齡階段中的個體,並不只是絕對地顧及一種發展任務,而是在接受多種發展任務的同時,較側重於其中的某一方面。不同的個體也往往根據自己的具體情況,對完成各種發展任務的順序,做出具體安排。

在成人前期,毫無疑問地,如此眾多而重大的發展任務,對個體的適應性是一個嚴峻的挑戰。從這個階段開始,個體成為一個承擔所有社會責任、真正意義上的社會人,個體在實現這一連串的發展任務中,也就對自己進行了社會的定位;從個體的思維發展看,個體在這個階段,進入後形式思維,或辯證思維階段,思維超越了那種嚴格的邏輯程式,而且考慮到眾多因素對事物發展的影響;而其情緒情感,正如埃里克森 (Erikson, 1950) 所言,這個時候個體的任務在於獲得親密感,避免孤獨感,體驗著愛情的實現;從社會性發展的角度考察,個體在這個階段最明顯的特徵是其人生觀的確立。

在本章中,我們著重討論以下五個問題:

1. 成人前期的心理發展具有哪些特點。
2. 成人前期的認知發展有何變化,如何理解思維發展的第五個階段。
3. 成人前期創造事業需要具備哪些條件。
4. 成人前期價值觀的特點是什麼。
5. 成人前期的社會性發展有什麼新特點,個體如何適應豐富多彩的社會生活。

第一節　從志於學到而立之年

孔子曰："吾十有五，而志於學，三十而立，四十而不惑，五十而知天命，六十而耳順，七十而從心所欲不逾矩"(論語・為政)。這是孔子的畢生發展觀，闡明了人的心理，特別是成人心理發展趨勢，它體現了人的心理發展的一般規律，並一直影響著我國兩千多年來對個體發展階段的認識。

在18～35歲的成人前期，誠如孔子所指出的，正是處於從"志於學"到"而立"之年。18歲是多數國家授予公民權的年齡，高中畢業大約也在18歲前後。這個年齡是個體分化或分層的時期：有一部分人去上大學深造，另一部分人開始就業。若干年後，大學畢業生除少數人繼續深造之外，絕大多數走向就業。再過若干年，都就業於一定崗位，獲得了某些職業。到三十歲是"而立年"，"而立"含義雖廣，但大致蘊含三層意思：一為獨立成家、經濟自立；二為建立事業、開創事業；三為事業有成，有所作為。簡言之，就是成家立業。

從個體心理發展的視野觀之，這一時期既符合個體發展的一般特徵，即普遍性，又具有此一特定年齡階段的獨特性。其最明顯的特徵表現為以下三個方面：一是這個階段的發展任務較之青年期更為繁重、艱苦和複雜，二是其所承擔的社會角色發生了很大的改變；三是無論在生理上還是心理上，他們都開始走向人生的巔峰。這裏，我們著重從上述三方面詳細分析成人前期個體發展的特徵。

一、成人前期的特徵及發展任務

目前發展心理學界，在論述**成人前期**的特徵時，往往從青年晚期的特徵開始，這是有一定道理的。

青年晚期的年齡規定在國際發展心理學界並不劃一，有的定為18～21歲或22歲；有的定為18～25歲；現在的傾向則延伸到28歲或30歲甚至到35歲。不管如何規定，青年晚期至少是成人前期的主要階段。

(一) 成人前期的基本特徵

成人前期的基本特徵，大致表現為五個方面：

1. 從成長期到穩定期的變化 兒童青少年階段被稱為**成長期**(grow period)，從本書第五章到第七章，我們都可以看到這種趨向。青少年時期生理發展達到高峰期，心理也趨向初步成熟，如上章所述，15～17歲無論是思維（認知、智力），還是品德（社會性），都達到了一定的成熟水平。進入成年前期後，就轉入到**穩定期**(period of maintenance level)。這種穩定性體現在這個階段的絕大多數人的身上，具體表現為：(1) 生理發展趨於穩定；(2) 心理發展，尤其是情感過程趨於成熟，性格已基本定型，若要改變也是非常困難的；(3) 生活方式，在 35 歲之前基本趨於固定化和習慣化；(4) 有一個較為穩定的家庭；(5) 社會職業穩定，且能忠於職守。

2. 智力發展到達全盛時期 人的認知、智力在 18～35 歲進入全盛時期。

大陸的研究（楊治良，1983）表明，18 歲前（高中一、二年級）青年記憶學習材料的數量，比小學一、二年級學生幾乎多四倍，比初中一、二年級學生多一倍多，18 歲則達到了記憶的高峰期。一般而言，假定 18 歲到 35 歲記憶成績為 100 的話，則 35～60 歲記憶平均成績為 95，60～85 歲為 80～85。可見，成人前期正處於記憶力的全盛時期。

沙伊（Schaie, 1977, 1978）等人從 1956 年到 1977 年的 20 年間，對成年人的數字、語詞流暢、語意理解、歸納推理和空間定向等五種基本認知能力進行了追踪研究。他們選擇了從 1889 年到 1938 年間出生的人為被試，根據年齡劃分成七個被試組，其中 162 名被試在 1956、1963、1970、1977 年接受三次測查，250 名被試在 1963、1970、1977 年接受三次測查，獲得很有意義的結論：(1) 18～35 歲被試在五種基本能力測查中得分最高；(2) 50～60 歲被試，五種基本能力呈下降趨勢，但下降幅度較小；(3) 60 歲以後，五種基本能力急劇下降；(4) 被試的個體差異很大，不同能力測查所表現出來的差異也很大，年齡效應變化從未超過 9%。這裏，儘管造成差異的原因很複雜，但成人前期，其智力或基本認知能力正處於全盛時期，這是客觀存在的事實。

3. 戀愛結婚到爲人父母　18～35 歲這個階段是戀愛、結婚、養兒育女的年齡。

我國大陸城市的女性在 20 世紀 40 年代平均初婚年齡為 19.2 歲，50 年代為 20 歲，60 年代為 21.5 歲，70 年代為 23.1 歲，到了 1980 年為 24.8 歲，1985 年又上升到 25.4 歲。另據盧家楣調查 (1985)，大陸當前男女青年初婚年齡分為 26.3 歲和 25.3 歲，青年農民分別為 24.8 歲和 22.8 歲。

戀愛為結婚的定向階段，自然早於上述年齡，但一般也在 18 歲之後。這是因為：(1) 大多數青年此時已經就業，獲得了一定的勞動技能，初步完成了社會化的重要任務；(2) 心理發展成熟，特別是價值觀和人生觀相對穩定；(3) 生理發育成熟，性意識也趨於成熟（約 20 歲左右，其成熟指標為理解兩性關係、產生精神上的性需要、形成自覺控制性衝動的意志力）(盧家楣，1989)。於是自然地開始考慮終身大事。

結婚之後未必人人都要孩子，但生兒育女畢竟是婚後的一件大事。對絕大多數成人前期的成員來說，為人父母是最重要的生活角色。儘管有人在成年中期也繼續生育，但多數女性在 40 歲之前生育，再加上目前多數配偶年齡相仿，所以，成人前期是進入扮演父母角色的重要階段。

4. 創立事業到緊張工作　金玆伯格 (Ginzberg, 1972) 提出一個人的職業選擇要經歷三個階段：

(1) **幻想階段**：10 或 11 歲之前，個體憧憬著各種令人矚目的職業，而不考慮現實的可能性。

(2) **嘗試階段**：為青少年期，產生選擇職業的傾向，但由於年齡不同，這種傾向的側重點也不一樣。11～12 歲，主要從興趣、愛好出發；13～14 歲，開始注意自己相應的能力條件；15～16 歲，從一些職業的價值進行分析；17～18 歲，綜合考慮興趣、能力、價值觀諸方面因素，做出有關職業可能性的選擇。

(3) **現實階段**：始於 18 歲，個體具體選擇職業，並在一定領域內實現自己的願望。

現實階段正是在成年前期開始的。由於成年前期有了一定的職業，且這種職業是和興趣、能力、價值觀聯繫在一起的，於是職業必然是成為個體的一個立足點，以此確信自己的存在，並作為實現自我價值的重要手段；順理成章的，創業也必然成為這個年齡階段的主要目標。

　　創業是追求事業的成功。儘管成功要有一定的機遇，但更重要的是利用自己的智慧和潛力為實現既定目標去不斷奮鬥。因此，而立階段的成年前期肯定要努力地工作。

　　努力工作對個人來說就是一種壓力。如果需求適度，成就輝煌或知足常樂，往往會越來越有所作為；如果需要太高，成就一般，或事業成就與個人期望相差太大，則會感到自己成了一名爬不上頂峰的"登山者"而沮喪。可見，緊張的工作也帶來了緊張的情感體驗，甚至於產生焦慮 (anxiety)，這常出現在 30～35 歲這個年齡階段。

　　5. 困難重重到適應生活　　成年前期將面臨很多從未遇到過的困難。過去有雙親照顧、老師指導、同學協助，而今獨自在結婚成家、養兒育女、事業成就、社會關係、經濟問題面前，一切要自立、自行解決，這必然是一個與過去成長期不一樣的"多問題"時期。因此，良好的生活適應，就成了這個時期的主要發展課題。赫洛克 (Hurlock, 1982) 指出，18～35 歲的一般美國人最大的問題，就是如何適應種種不同的生活領域。這些內容也同樣適合於其他國家，包括中國人。當然，各種適應不可能同時完成，也不可能同時結束與被接受。如圖 8-1 所示，從圖中可以看到在成人前期，個體的生理發展在很早就已經完成，其中性成熟在 18 歲左右告一段落，體格成熟也在 22、23 歲基本結束；而如被雇用、結婚等，則要在 28～30 歲左右才能完成，且這種形式上的完成並不意味著心理上的適應，以結婚為例，一個人在結婚後到兩年之內才能逐步適應這種婚姻生活。

　　如果適應不良，就可能產生心理疾病。霍姆斯等 (Holmes et al., 1974) 運用**生活圖表** (life graph，即依生活事件的重要性排列而作出的圖表) 的觀點調查了五千多人的心理疾病史，列出生活事件表。表內幾十項生活事件，按其對心理影響的程度排列，影響程度最大的為 100，每項都給予一定的分值。若一個人在一年內累積分超過 200 分，就有 50% 的機率發生心理障礙；若其超過 300 分，這種機率幾乎為 100%。這裏將與成年前期有關的生活事件及其分值列如表 8-1。

　　從表 8-1 可以看出，生活事件與成人心理變化的關係是十分密切的，不同生活事件又對成人心理起著不同的影響，因此，對成人期的心理研究應該強調生活事件對成人心理的影響。

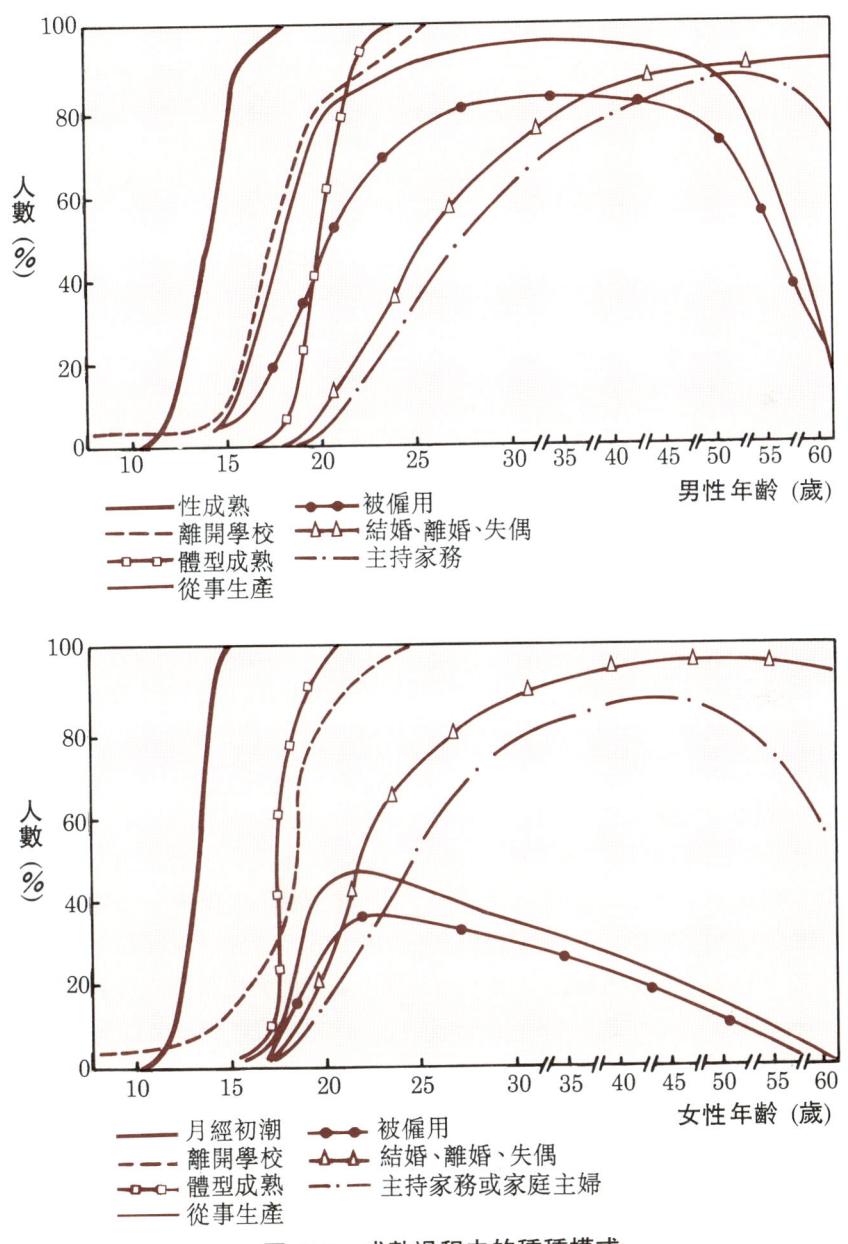

第八章 成人前期的心理發展 **423**

圖 8-1 成熟過程中的種種模式
(採自 Hurlock, 1982)

表 8-1　生活改變與壓力感量表

生活改變事項	壓力感	生活改變事項	壓力感
配偶死亡	100	家庭成員身體狀況變化	44
離婚	73	工作重新安排	39
分別	65	密友死亡	37
判刑	63	工作性質改變	36
家庭成員、主要親戚死亡	63	與親戚糾紛	29
創傷、生病	53	工作責任改變	29
結婚	50	學業開始或結束	26
工作繁忙緊張	47	轉學	20
被解雇	47	遷居	20
婚姻瓦解	45	辭職	13

(採自 Holmes, 1974)

(二)　成人前期的發展任務

成人前期的發展任務與其基本特徵是相輔相成的：一定的發展任務可以表現為一定的發展特徵；而一定的基本特徵又提供了完成發展任務的條件。

1. 發展任務　早在 20 世紀 30 年代，威廉 (Williams, 1931) 就提出成人前期的**發展任務** (developmental task)。他認為，青年男女為了滿足心理上的適應，就必須實現兩個目標：(1) 從精神上脫離家庭而走向獨立；(2) 建立與異性朋友之間的良好關係。之後，許多心理學家從各自的理論觀點出發，列舉了各種各樣的項目，作為成人前期的發展目標或發展任務。

舉例來說，哈維格斯特 (Havighurst, 1952) 曾羅列 10 項成人前期的發展任務：

(1) 學習或實踐與同齡男女之間新的熟練交際方式。
(2) 承擔作為男性或女性的社會任務。
(3) 認識自己身體的構造，有效地使用自己的身體。
(4) 從精神上到行為都獨立於父母或其他成人。
(5) 具有在經濟上自立的自信。

(6) 選擇職業及就業。
(7) 做結婚及家庭生活的準備。
(8) 發展作為社會一員所必須的知識和態度。
(9) 追求並完成負有社會性責任的行為。
(10) 學習或實踐作為行為指南的價值和倫理體系。

2. 社會要求決定著發展任務　成人前期的發展任務多取決於社會要求。年屆 18 歲就取得公民權，他們依據自己國籍所在國家的憲法或法律規定，享有權利並承擔義務。青年晚期的任何一個社會成員，假如不能符合特定社會的要求，不能積極地承擔社會義務，又不能享受應有的社會權利，他就不能很好地執行各種社會行為準則，其社會適應必定是失敗的。因此，成人前期必須逐步適應並自覺按照社會要求來採取行動。於是，社會要求就表現在成人前期的種種發展任務上。這些任務主要表現在如下五個方面：

(1) 就業、創業，既為社會創一番事業，又取得經濟上的自立。
(2) 擇偶、婚配，建立和諧的家庭。
(3) 生兒育女，撫育子女，開始樹立家長教育觀念。
(4) 作為社會群體的一員，逐步取得群體中的地位和社會地位。
(5) 做一個合格公民，承擔起公民的基本義務，享受公民的基本權利。

二、社會角色的變化

角色(或**腳色**)(role) 原指戲劇舞台上的人物。20 世紀 20 年代，由美國社會心理學家米德 (George Herbert Mead, 1863～1931) 首先引入社會心理學理論中，稱為**社會角色** (social role)。社會角色是由人們的社會地位所決定，是社會所期望的行為模式。包括三層含義：(1) 指一套社會行為模式，每種社會行為都是特定社會角色的體現；(2) 指由人們的社會地位和身分所決定的，角色行為真實地反映了個體在群體生活和社會關係中所處的位置；(3) 指符合社會期望的，按照社會所規定的行為規範、責任和義務等採取行動。

個體有的角色是生來就有的。如性別角色，人們在不知不覺中開始承擔這種角色。但多數角色是變化的，隨著年齡的變化，不斷地出現各種社會角色。成人前期，每個人的社會角色都發生了很大的變化，因此，成人前期要通過**角色學習** (role learning) 來了解和掌握新角色的行為規範、權利和義務、態度和情感、必要的知識和技能，以實現角色與位置、身分相匹配，即所謂**角色適稱** (role appropriateness)。這樣，使成人前期的個體在現實生活中扮演的角色，符合社會對該角色應遵守的行為規範的要求。

成人前期社會角色的變化主要表現在以下幾個方面：

(一) 從非公民到公民

如前所述，進入成人前期，享受公民權，而公民角色是與所在國籍所規定的公民義務和權利聯繫在一起的。

1. 公民的基本義務 憲法或法律規定公民必須遵守和履行基本義務。這些基本義務包括：擁護政權、制度、政體和國體；維護國家統一和民族利益；遵守法律、法規、公共秩序和各種紀律；愛護和保衛公共財產；尊重社會公德；保守國家機密；保衛祖國、抵抗侵略、依據法律服兵役等等。這些義務符合公民所在國家絕大多數人的最大利益，體現國家利益和個人利益、權利和義務的統一性。

2. 公民的基本權利 憲法或法律規定公民享有包括政治、經濟、文化和社會的各個方面的基本權利。這些基本權利包括：有選舉權和被選舉權；有言論、出版、集會、結社、遊行、示威、宗教信仰的自由；人身自由、人格尊嚴和住宅不受侵犯；通信自由和通信秘密受法律的保護；對國家機關和公務人員可以提出建議、批評，對其違法失職行為可以申訴、控告或檢舉；有勞動權、受教育權、休息權，當年老、疾病或喪失勞動能力情況下獲取國家和社會幫助的權利；有進行科學研究、文學藝術創作和其他文化活動的自由；婦女在各方面享有同男子平等的權利等等。公民在行使自由和權利的時候，不得損害國家、社會、集體的利益和其他公民的合法自由和權利。

(二) 從單身到配偶

絕大多數單身男女都是在成人前期結成夫妻、互為配偶的。

1. 戀人角色的確立 戀愛雙方一是自己結識，二是經人介紹。結識後一旦確認一方為戀愛對象，"戀人"角色也就確立了。戀愛是一種以婚姻為定向，以培養愛情為根本的男女間的交往 (盧家楣，1989)。追求愛情，是戀人角色的首要任務。

愛情是婚姻的基礎，但不是決定婚姻關係的唯一條件。在現實社會中，男女結合除愛情外，還得考慮政治、經濟、社會地位等條件，只是隨著時代的變遷，對這種條件的側重點也隨之發生變化。王淑蘭、楊永明 (1982) 通過對 1074 名青年擇偶條件的調查表明，中國大陸青年已把品德、才華、相貌、性格等放在主要位置，而把經濟、社會地位、職業等放在次要位置。

戀人角色的確立，儘管有突發式的，即所謂"一見鍾情"，但大多數都有一個發展過程。屬於"談——戀——愛"三步曲式的情理交融的戀愛。霍布金斯 (Hopkins, 1983) 從戀愛雙方的認知角度提出戀愛發展的三個階段第一階段為**過濾階段** (filtering)，男女雙方注意點較多集中在彼此的外貌特徵上；第二階段為**收縮階段** (narrowing)，這時外貌仍是十分重要的，但男女雙方把注意點已轉移到彼此的內在特徵和社會成熟性，以及情感上的交流方面；第三階段為**評價階段** (evaluation)，男女雙方的注意點進入彼此深層的人格特徵上，諸如忠誠、信賴、穩定性等。這是很有見地的，與大陸青年的實際情況也基本吻合，這已為我們的研究 (林崇德等，1990) 所證實。

2. 戀愛成功者角色的特點　　戀愛有成功，也有失敗。在成功的戀愛中，雙方在角色扮演上的表現有如下特點：

(1) **完善的人格**：如前所述，中國大陸青年將品德、才華、相貌、性格放在主要的位置上。這些因素除相貌之外，其餘均屬於人格因素。特別是品德，在品德成分中，首推忠誠因素。英國社會調查 (1987) 表明，戀愛成功的原因，86% 歸於忠誠；戀愛失敗的原因 94% 歸於不忠誠。

(2) **最優契合**：即表現為"合得來"，盧家楣研究 (1989) 指出，"合得來"的戀愛角色，有兩條愛情心理原則，一是**相似性** (similarity)，即男女雙方在某些方面，特別是在興趣、愛好、觀念等傾向性方面和性格方面的相似或相近，這有助於愛情的發生和發展；二是**互補性** (或**相補性**)(complementarity)，即男女雙方在身體特徵、氣質和性格等某些方面的相異或相反實現互補的因素，也有助於愛情的發生和發展。

(3) **端正戀愛態度**：一是尊重戀人，愛護戀人；二是尊重自己，不能自卑；三是要自重，不輕浮、不輕率；四是不要猜疑，及時解除誤會等等。

3. 擔當配偶的角色 結婚後建立了家庭，配偶雙方要履行夫妻義務，即男性在家庭中"扮演"一個好丈夫的角色，女性在家庭中"扮演"一個好妻子的角色。社會期望夫妻角色都能做到：(1) 對配偶的恩愛感情要忠誠專一，堅守節操，講究婚姻道德；(2) 不能朝三暮四，喜新厭舊，不能不顧及對方的痛苦去尋歡作樂；(3) 在事業上要相互支持，志同道合；(4) 經濟上要民主、平等，開支上相互協商、妥善安排；(5) 在生活上相依為命、同甘共苦，包括有和諧的性生活；(6) 不論碰到何種天災人禍、痛苦不幸，都應該忠貞如一，盡夫妻之責；(7) 尊重雙方父母，贍養雙方父母；(8) 生兒育女，承擔起為人父母的職責。

(三) 從為人子女到為人父母

結婚之前，在家庭裏是為人子女；成立新家之後，一旦生兒育女，就為人父母了。成人前期的絕大多數成員，開始逐步擔當起為人父母的角色。

子女的質量問題，是擺在父母面前的第一個問題。如何講究優生優教，如何注意子女保健、衛生和營養，如何從嬰兒呱呱墜地的那一天起，就有意識地對其品德、知識、健康等方面採取良好的教育措施，使他們早日成才，這是做父母，特別是青年父母的一項神聖職責。所以，父母這個角色，既是子女的養育者，又是孩子的第一任教師。今天，社會上越來越多的父母開始學習撫養和教育子女的道理和方法，肩負起養育下一代的重大責任，這是一種十分可喜的現象。扮演好父母的角色，首要的一條是注意以身作則地教育子女，掌握教子之道，懂得上梁不正下梁歪——身教之重要。嚴格與慈祥、肯定與否定、獎勵與懲罰、教育要求一致性等關係，從而成為一個成功地教育子女的父母。

(四) 從學生到職業人員

在 18 歲之前，多數青少年是學生。18 歲後逐步就業，因此，成人前期是由學生轉變為職業人員角色的重要階段。

薩帕 (Super, 1969, 1985) 強調職業選擇發展的動力過程。在這個過程中，個體對職業角色的探索和確立，能給正在發展中的自我概念最大的表現機會。薩帕認為，成人前期在進行職業選擇的過程中，必須處理好五項職業發展任務，其中每一項任務的完成，都包含兩個主要的發展時期——探索階段和確立階段。第一項任務是**結晶化** (crystallization)，約 14～18 歲，即將職業觀念整合到自我概念中形成與自我概念相關的職業觀念。第二項任務是**職業愛好專門化** (vocation preference specification)，約 18～20 歲，學習職業訓練課程，為擇業作適當準備。第三項任務是**職業愛好落實** (implementation of a vocational preference)，約 20～25 歲，進行廣泛的職業訓練，或直接承擔所愛好的職業。第四項任務是**穩定化** (stabilization)，約 25～35 歲，落實了具體的某一特定職業，通過嘗試自己適合工作。第五項任務是**鞏固 (或凝固作用)** (consolidation)，約在 35 歲以後，在本職業上獲得一定程度的成功和某種穩定的地位。

這些發展任務完整反映成人前期職業人員角色的確立、表現和穩定。

(五) 從嚮往職業到事業的初步成功

成人前期在選擇的職業上不斷進步，從**職業** (occupation)、**工作** (job) 發展到**事業** (career)。儘管有些人很看重職業，且選擇一個職業決定其一生的生涯，但仍有不少成年前期的成員，事業心很強，利用穩定的職業、工作開創自己的事業，開始卓有成效地立業、奮鬥。這樣，必然產生一批成功者或初步成功者，即達到有所作為的程度，這是促使這種階段成員的社會地位分化、貧富分化、角色分化的重要原因。

這種**角色分化** (role specialization) 的影響因素很複雜，有客觀因素，也有主觀因素；有機遇，也有內在努力。我們絲毫不貶低外部條件，但內在主觀因素往往顯得更為重要。美國維德利 (Vedrey, 1979, 1986) 寫了一本《成功者心理學》曾先後印刷七次，頗受歡迎，作者強調成就大業者的十種心理品質：現實的自我覺察、自我尊重、自我控制、自我激勵、自我期望、自我意象、自我調節、自我修養、自我規範、自我投射。作者還指出，成功就是不斷地進取；成功就是慷慨地把自己奉獻給別人；成功就是一種毫無保留的愛。

三、走向頂峰時期

成人前期是人生走向鼎盛的階段。這主要表現在四個方面：

(一) 生理特點

在 18~35 歲左右的男女，生理發育已達成熟並呈現穩定狀態。其特點為：(1) 個體面部皮膚滋潤，頭髮烏黑濃密，牙齒潔淨整齊，體魄健壯，骨骼堅強且較柔韌，肌肉豐滿且有彈性，脂肪所占體重比例適中；(2) 個體內部各種機能良好，心臟血液輸出量和肺活動量均達到最大值，血壓正常，有時略有偏高；這時期個體消化機能也很強，因此，食欲較好；(3) 個體自身的抵抗力強，而且能自覺地使用各種方法增進體質，預防疾病，所以這時疾病的發生率相對較低，即使患上某些疾病，也能在較短時間內治癒康復；(4) 體力和精力均處於"鼎盛"期，能承擔較繁重的腦力勞動和體力勞動，能為社會做出較大貢獻；運動員獲得冠軍，固然以運動技能技巧為主，但與其體力發展和生理特點也有直接關係。圖 8-2 所示運動員獲得冠軍年齡多見於 18 至 30 歲，且以 25 歲為高峰，也可以作為說明成年前期體力和精力處於"鼎盛"時期的一個佐證。(5) 男性和女性都有良好的生殖能力。

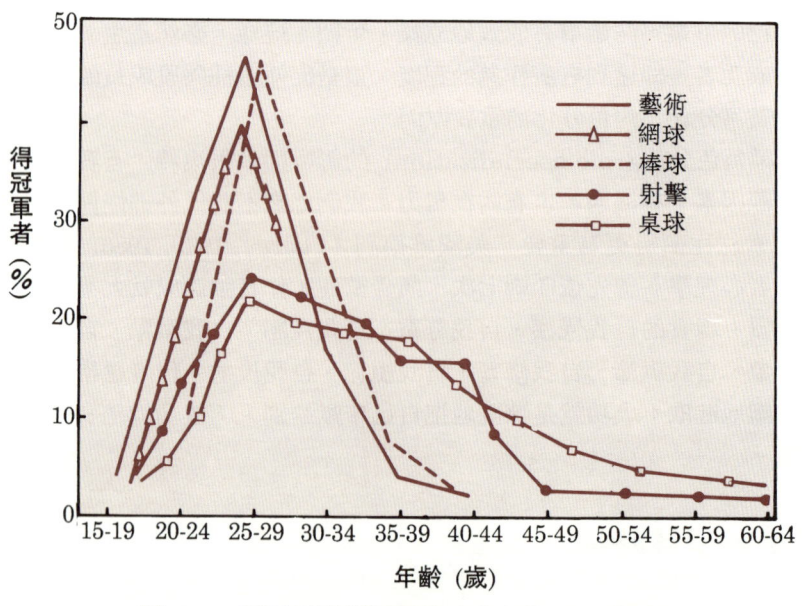

圖 8-2 運動員獲得冠軍者比率與其年齡的關係
(採自 Lehman, 1945)

因此,這個時期是生育的高峰期。

(二) 智力狀態

與生理成熟同步,成年前期的智力也發展到"鼎盛"時期。這裏,我們引用一組橫斷對比數據加以說明,見表 8-2。

表 8-2 不同能力的平均發展水平

能力＼年齡	10～17 歲	18～29 歲	30～49 歲	50～69 歲	70～89 歲
知　　覺	100	95	93	76	46
記　　憶	95	100	92	83	55
比較和判斷	72	100	100	87	69
動作及反應速度	88	100	97	92	71

(採自 Miles, 1980)

當然,表 8-2 只是表明了普通人智力發展的一般趨勢,即人類一般智力在 35 歲左右達到高峰。但是,不可否認占相當比例的人,特別是一些科學家、政治家、思想家等在 50 歲以後智力水平甚至高於他們的年輕時代 (這將在後兩章展開論述)。不管如何,我們可以得到這樣的結論:從成人前期起,人類的智力進入頂峰的時期。

(三) 創造與成就的最佳年齡

發展心理學的研究中**年齡與成就** (age and achievement) 是一個重大課題,並提出創造與成就的最佳年齡問題。當然,人才有早慧現象,但也有"大器晚成"。自然科學與社會科學的創造與成就年齡有很大的區別;人與人之間也有很大的區別。不過,開始成才的年齡一般是在 25～40 歲,也就是說,創造與成就的最佳年齡一般出現在 25～40 歲,這是國內外心理學界比較一致的看法。

萊曼 (Lehman, 1936) 從 20 世紀 30 年代開始,一直從事人類創造力發展的研究。他曾研究了幾千名科學家、藝術家和文學家的年齡與成就,認為 25～40 歲是成才的最佳年齡。馬森 (Mussen, 1991) 等著的《人類心理發展歷程》也持類似的觀點。

張笛梅(1980)統計出從西元 600 年到 1960 年完成 1911 項重大科學創造發明的 1243 位科學家、發明家；王通迅等 (1980) 根據此項統計得出

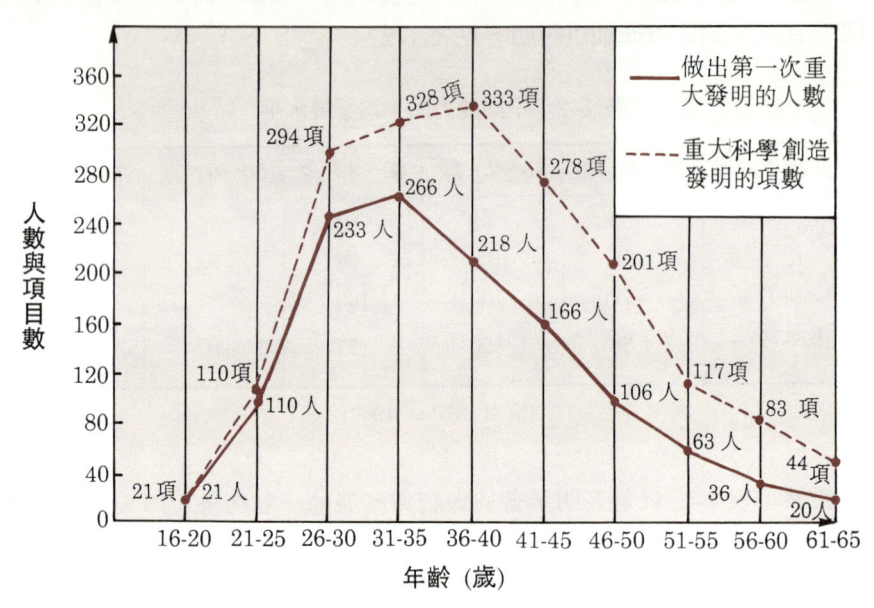

圖 8-3 人才成功曲線圖
(採自王通迅等，1990)

表 8-3 不同學科的成才的平均年齡

學　　科	成才平均年齡 (歲)	學　　科	成才平均年齡 (歲)
化　　學	26 ～36	聲　　樂	30 ～34
數　　學	30 ～34	歌　　劇	35 ～39
物　　理	30 ～34	詩　　歌	25 ～29
實用發明	30 ～39	小　　說	30 ～34
醫　　學	30 ～34	哲　　學	35 ～39
植 物 學	30 ～39	繪　　畫	32 ～36
心 理 學	35 ～39	雕　　刻	35 ～39

(採自葉奕乾等人，1982)

人才成功的曲線如圖 8-3，結果與前述觀點相似。從圖中可以看出，無論是做出第一次重大發明的人數，還是做出重大發明創造的項數，成人前期都是最佳年齡期。

葉奕乾等人 (1982) 根據萊曼的研究，將不同學科成才的平均年齡歸納如表 8-3。從表中可知，儘管不同學科個體成才的平均年齡不盡相同，但大部分學科的成才年齡基本上都集中於成人前期。

儘管創造與成就在年齡研究結果上尚有分歧，但由表 8-3 可以看出，成年前期是創造與成就的最佳年齡。至少是成才的開始，為成年中期達到事業的頂峰創造了條件。

(四) 社會交往的特點

隨著自我同一性的發展，成人前期的個體能按照自己的需要、願望、能力、愛好同其他人發展關係。他們開始不急於表達自己的觀點，而是願意或有興趣傾聽他人的意見。馬森 (Mussen, 1991) 指出，此時的人際交往變得更友好、和善和相互尊敬，甚至可能有進行肯定或批評性探討的更大餘地。於是成人前期的社會交往便表現出和羅杰斯 (Rogers, 1971) 所說的健康**人際關係** (interpersonal relation) 的兩個特點，一是每個人能對有關係的他人發展**無條件積極關注** (unconditional positive regard)；二是能準確地感知他人的思想、情感。這樣交往促使個體積極發展**社會關係** (social relationship)，特別是人際關係，贏得他人的好感與支持，為開創自己事業奠定社會關係的堅實基礎。

第二節 成人前期認知的發展

從"志於學"到"三十而立"，創造與成就的心理基礎離不開認知的發展。近年來，西方心理學家對成人期認知發展進行了深入的探討，形成了一些頗富新意理論，這些理論為我們了解成人前期個體認知發展的特點，提供了明顯啟示，在本節中，我們將結合國外的研究，著重討論如下幾個問題：

一、思維發展的第五階段

誠如前述，皮亞傑以認識論為理論基礎，把個體的思維發展劃分為感知運動、前運算、具體運算、形式運算四個階段。後來的研究者發現，皮亞傑的階段劃分並不完整，形式運算並不是個體認知發展的最高階段。到 20 世紀 80 年代以後，研究者用**後形式運算** (post-formal operation)、**反省判斷** (reflective judgement)、**辯證思維** (dialectical thinking)、**認識論認知** (epistemic cognition) 等不同的概念，來描述個體思維超出皮亞傑形式運算階段以後的認知圖式，統稱為思維發展的第五個階段。我們認為，這種思維發展的第五個階段就是成人前期的認知特點。

（一） 第五階段思維特徵的論述

第五階段思維是什麼意思，又有什麼特徵，在國外有不少心理學家對這種思維特徵作了論述。

1. 里格的辯證運算　在 20 世紀 60 年代有兩個研究發現，在皮亞傑的空間守恆任務中，個體並未表現出守恆的能力，第一章提到的里格 (Reigel, 1973) 據此提出，形式思維並不能用來表述成人的思維，皮亞傑的**形式運算**（或**形式運思**）(formal operation) 只在某些特定條件下，如邏輯、純學術領域中適用。1973 年，他首先提出**辯證運算** (dialectical operation) 的概念，即強調人的思維的具體性與靈活性，對於諸如現實與可能、歸納與演繹、逆向性與補償作用、命題內與命題間的問題，能作全面的、矛盾的處理。他還認為辯證運算可以更好地描述成人的思維。因與皮亞傑的形式運算相對應，辯證運算也有四種形式：即感知動作、前運算、具體運算和形式運算中出現辯證運算的思維特徵。個體可以從形式運算的任一水平，直接發展為與之相應的辯證運算模式，見圖 8-4。

里格認為，皮亞傑理論是一種**異化理論** (theory of alienation)，他以同化與順適這一辯證基點來描述人的認知發展，認為個體的認知向著抽象思維發展，但當個體的思維發展到形式運算階段，這種思維表現為一種形式化

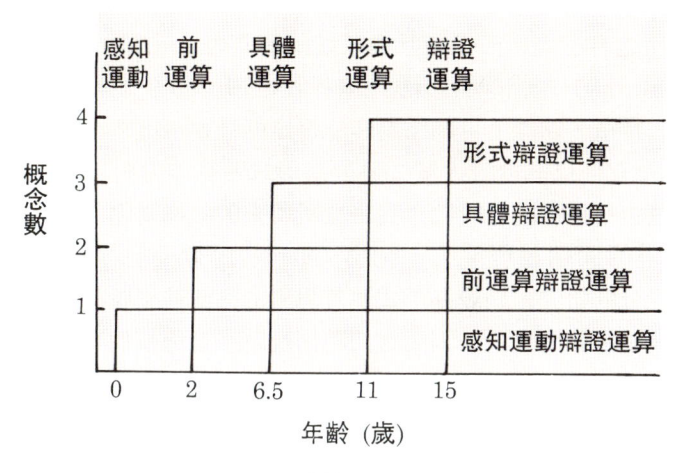

圖 8-4　辯證運算模式
(採自 Riegel, 1973)

了的無矛盾的思維，其發展的基點就不復存在。而在里格看來，矛盾是思維發展的源泉，例如，在感知運動、前運算和具體運算階段，就會遇到諸如上下、前後、左右等相對性的或矛盾性的關係概念，在形式運算階段更需要有動態的、發展的、變化的辯證觀點。所有這些，都要以矛盾作為思考問題的基礎，於是個體思維的發展是不斷地拋棄皮亞傑理論中的結構，越來越接受矛盾，使每個階段都有辯證運算的成分存在，逐步達到思維的成熟階段。圖 8-4 即表示，在不同年齡出現的不同運算階段中，均包含有不同水平的辯證運算成分。

2. 拉博維-維夫的成人思維實用性　在探討後形式運算的認知發展課題中，拉博維-維夫 (Labouvie-Vief, 1980) 非常強調青少年與成人生活環境的差異。她解釋，青少年需要建立穩定的同一性才能渡過人生中這個疾風驟雨的時期，而形式運算與環境變化保持的一致性，正適合這個目標。而成人所負的社會責任，需要成人建立穩定的情境與具體社會情境的穩定關係，即能在具體情境中進行思維。因此，許多研究者認為，成人思維是以專門性、具體實用性、保護社會系統的穩定性為特徵。思維的**專門性** (specialization) 是指學會在特定的情境中，以某一角色出現所必須具有的思維方式。思維的**具體實用性** (concrete pragmatics) 是指學會一種最好的解決辦法來解決可能對角色行為構成威脅的具體問題，人們在某種社會情境中必需採取某種角色行為並使之有意義。而**保護社會系統的穩定性** (protects towards social system stability) 是指學會以維持這種社會情境的方式來進行思維。成人思維的這些特徵，總體上可歸結為建立穩定的社會情境。在這一點上，拉博維-維夫同意皮亞傑關於成人認知發展是形式運算能力對社會順應的觀點，但她認為還包括經驗的有效性、實用性所帶來的結構變化。

3. 阿琳的問題發現能力 阿琳 (Arlin, 1980) 對皮亞傑的形式運算思維進行了充分的研究，她認為形式運算思維的假設演繹模型的條件是呈現給個體的問題是能夠解決的。因而當問題出現時，這種模型具有可操作性。但這些可能性和假設受呈現的問題所限制，它們存在於同系統中，那麼當問題的解決方法來自不同的系統中時，個體如何能夠跳出這種單一的系統，並協調多種、甚至是相互矛盾的觀點、方法呢？於是，阿琳從描述成人與青少年認知能力的差異開始研究成人的認知發展，根據這種差異，她提出成人認知能力的結構。她認為成人的認知能力包括角色扮演和加工過程。其中**角色扮演** (role-playing) 階段是指一個人能夠意識到自我和團體所持觀點的相對性，**加工過程** (processing) 是指在面臨新情境或以前未遇到的問題時進行**圖式重建** (reconstruction of scheme) 和**概念的更新** (renewal of conception)。

此外，阿琳強調人們從界定不明的問題中提出一般的問題，她稱之為**發現問題** (problem finding)，並認為這是成人認知能力的特徵，但它以原來獲得的形式運算為前提。需要指出的是：(1) 廣義上講，概念更新和圖式重建是皮亞傑描述所有思維同化——順應模型中的基本方面；(2) 幾乎所有兒童都能發現問題而提出問題。但成人思維不同於兒童思維，成人發現的問題是屬於**一般形式系統** (general formal system)，高於皮亞傑的形式運算系統內的問題，更新的概念是一般形式系統中的概念。

4. 科布洛維茨的一般系統階段和統一階段 在科布洛維茨 (Koplowitz, 1984) 的研究中，他把皮亞傑形式運算後的認知發展分為兩個階段，即一般系統階段和統一階段。

一般系統階段 (general system stage) 作為形式運算的下一發展階段，它與形式運算相比，具有以下特點：一是形式運算所解決的問題中，其影響因素是相互獨立的，而一般系統階段所能解決的問題，其影響因素是相互聯繫的。例如，一家三口家庭年總收入為 31,000 美元，其中父親為 30,000 美元，女兒為 1,000 美元，母親無收入。試問：如果母親找到一份年薪為 35,000 美元的工作，家庭總收入會怎樣？處於形式運算階段者會認為家庭總收入將增加 35,000 美元，而處於一般系統階段的人則認為，如果母親的高收入激發父親工作更加努力，則家庭總收入的增加將超過 35,000 美元，如果母親的收入降低了父親的信心，則家庭總收入的增加將低於 35,000 美元。二是形式運算中的因果關係是線性的、開放的，而一般系統階段中的因果關係是環形的、封閉的。例如，在家庭生活困難、妻子不停地嘮叨、丈夫酗酒這三個因素中，哪個是因，哪個是果？一般系統階段的人會認為這三種因素是相互影響、相互制約的，而處於形式運算階段的人則會認為某一種因素導致另一種情況的產生。總之，一般系統思維要比形式運算思維更靈活，可以把形式運算思維看成是一般系統思維的一種特例。

儘管一般系統思維比形式運算思維更高級也更靈活，但科布洛維茨受物理學上相對論的啟發，又提出**統一階段** (unitary stage) 作為認知發展的最高階段。具體地說，在統一階段中時間和空間被看作是四維時空連續體，而不是單一時間維度的三維空間。因此，在統一階段，問題的解決不一定發生在問題產生的系統中，如在印度唸咒語所產生的變化在瑞士表現出來等。

5. 佩里的思維階段劃分　佩里 (Perry, 1968) 探討 15 歲以後的青少年，特別是大學生思維的發展。他將這段時期的認知發展劃分為兩重性、多重性、相對性和約定性四個階段。在**兩重性** (dualism) 階段中的青少年總是把世界看成好和壞、正確和錯誤、我們和他們等一分為二的結構，凡事非對即錯，非此即彼，別無其他情況；在**多重性** (pluralism) 階段的青少年把不同的觀點、方法看作是沒有內在結構或外在聯繫的相互獨立的集合體，因而無法做出有價值的判斷；**相對性** (relativism) 階段的青少年認識到在不同觀點、參照結構、價值體系中，不同條件下有不同的性質，並有不同種類的分析、比較和評價；**約定性** (commitment) 階段的青少年已能掌握高度組織化的辯證圖式，並具有充分的辯證思維能力。

6. 辛諾特的相對性後形式運算　辛諾特 (Sinnot, 1984) 提出**相對性後形式運算** (relativistic post-formal operation)，作為認知發展的最高級階段，以與通常的後形式運算相區別。她指出這個概念來源於物理學中"現實是認識主體的創造"的思想，即強調作為認識主體的人的主觀性在理解現實的過程中的重要作用。

在她的相對性思維中,有兩個相關的認識論假設,一是知識的主體性。客體知識不可能與個體的主觀解釋分離。例如,當人們試圖去了解自己的人際關係狀況時,他對人際關係的理解方式將影響著人際關係的性質;二是理解同一現象時,存在著幾種都正確或都有效的方法。隨著主體所選擇的方法不同,所獲得的知識也不一樣。

辛諾特的相對性思維看起來與佩里的相對性階段有相似的地方,但其差異也是明顯的。例如,辛諾特的相對性思維者在面臨某情境時,必須對幾種可能的方法作出選擇,而佩里的相對性則無這種選擇。所以在**相對性後形式運算**思維中要充分解決某一實際問題,並不存在單一的形式分析方法;在解決同一問題時,多種甚至相互矛盾的解決方法也是可能存在的;同時選擇、運用某種方法乃是依靠個體內部的力量。

儘管不同研究者,對後形式運算思維或思維發展的第五個階段的特徵,作了不同的描述,但這些特徵也有一致的地方。克雷馬爾 (Kremer, 1989) 對有關後形式運算的文獻進行了研究,認為這些不同的理論模型具有三個共同的特徵:(1) 對認識相對性的意識;(2) 接受矛盾;(3) 在辯證的整體內整合。

(二) 成人前期的思維發展

智力測驗表明,個體在 20～25 歲之間,思維以比較緩慢的速度發展,以後則漸趨穩定,進入高原期,直到 50 歲左右開始緩慢下降。

成人前期個體的思維優勢主要表現在理解能力、分析問題能力、推理能力及創造思維能力等方面。這個時期的個體,已具有較穩定的**知識結構** (knowledge structure) 和**思維結構** (thinking structure),並積累了許多經驗,掌握了解決某些實際問題的技能,思維品質也趨於穩定。

一般說來,個體從少年期起開始掌握辯證思維;青少年初期辯證思維獲得較快的發展;成人前期的辯證思維達到成熟程度。里格 (Reigel, 1973) 指出這三個時期的個體能解決辯證問題的數量分別為 30%、51% 和 62.5%。

二、成人前期基本能力的發展

成人前期，不管是從事學習（主要是在大學裏攻讀各種學位或接受成人教育），還是就業進行工作，都需要以一定能力作為基礎，於是促使其各方面能力也獲得應有的發展。

(一) 成人前期的一般能力

如前所述，成人前期的一般能力或一般智力達到鼎盛時期。

1. 能力和智力 能力(ability)與智力(intelligence)的關係是密不可分的。首先，能力與智力同屬於個性或人格的範疇，它們都是在成功地解決某種問題（或完成任務）時，所表現出來良好適應性的個性心理特徵。其次，能力與智力有一定區別，一般地說，前者偏於活動，著重於解決會與不會的問題，它是保證順利地進行實際活動的穩固心理特徵的綜合；後者偏於認識，著重於解決知與不知的問題，它是保證有效地認識客觀事物穩固的心理特徵的綜合體。再次，活動與認識總是統一的。認識離不開一定的活動基礎，活動又必須有認識參與。因此，能力與智力是一種互相制約、互為前提的交叉關係。最後，能力中有智力，智力中有能力，智力和能力的總稱為智能。我國古代不少名篇如〈呂氏春秋・審分〉、〈九州春秋〉、〈論衡・實知〉等，均將兩者結合起來統稱為"智能"。但不論能力還是智力，其核心成分是思維，諸如理解、命題、分析、推理、證明等，都是思維的具體表現形式，其基本特徵是概括。

2. 成人前期一般能力的發展 一般能力或一般智力是由思維感知、觀察、記憶、想像、語言和操作技能組成。成人前期個體的一般能力，從兩個方面表現出來，一是認識，一是實際操作。成人前期的認識發展，前面已做較多的分析，這裏不再贅述。成人前期的實際操作能力有兩層含義：

其一指已表現出來的實際能力和已達到的某種熟練程度，可用**成就測驗**(achievement test)來進行測量。

其二指潛在能力，即尚未表現出來的心理能量，但通過學習或訓練後可以發展起來的能力與可能達到的某種熟練程度，可用**性向測驗**(aptitude test) 來進行測量。

不可諱言的，實際能力與潛在能力是不可分割的整體。潛在能力是一個抽象的概念，它僅指出了各種能力展現的可能性，只有在遺傳與成熟的基礎上，通過學習或訓練才可能變成實際操作能力。潛在能力是實際能力形成的基礎和條件，而實際操作能力是心理潛能的展現，二者不可分割。

能力測驗表明：成人前期通過學習和訓練，可獲得相當的知識、學識、技能，並在此基礎上使自己的職業、工作達到一定的成功；成人前期是將潛在能力轉變成實際操作能力的時期；成人前期也是在實際工作中表現出成就差異的階段。

綜上所述，成人前期在一般能力發展上，不僅使所有的一般能力都獲得齊全而成熟的表現，而且都幾乎達到"高峰"，且出現**高原期** (plateau period)，直至 50 歲以後才開始緩慢地下降。成人中期在事業上的成就，正是以成人前期一般能力發展作為智力基礎的。

(二) 成人前期的特殊能力

成人前期表現出許多特殊能力，以便適應這個階段發展的角色變化。

1. 職業能力 成年前期個體就業成為各種職業人員，需要具備從事各種職業活動的特殊能力。例如，教師的教育能力就是一種特殊能力。韓進之等 (1992) 認為，教師應具備的能力包括有：全面掌握和善於運用教材的能力，良好的語言表達能力，善於了解學生人格心理特徵和學習情況的能力，敏感、迅速而準確的判斷能力，組織領導課內、外活動的能力，獨立思考和創造性地解決教育、教學問題的能力，因材施教的能力，教育機智等。

對職業能力的測量工具，是上述的成就測驗和**職業性向測驗** (occupational aptitude test)。前者測定的是個人從事現有職業所表現出來的實際能力，後者測定的是個人的潛在職業能力。現有的職業性向測驗多用於測量個人在音樂、藝術、機械、文學、創造發明等方面的特殊潛在能力。

成人前期為表現其職業角色行為，經過**技能訓練** (skill training) 後而進入職業活動領域，職業能力從中獲得發展。即近 35 歲的時候，從事各種職業的個體，大多數能熟悉掌握特定職業角色所需要的技能，使其勝任本職、提高功效、創立事業。這也是促使成年前期成為創造發明、建功立業年齡階段的原因之一。

2. 處理人際關係的能力 個體在 18～35 歲這個年齡階段，是建立各種複雜**人際關係**的最重要時期，人際關係主要表現在戀愛、婚姻、家庭、與他人的友誼及其在工作、學習、娛樂活動中與人形成的各種聯繫上。文化背景、民族傳統、時代背景及一個人的人格、品德、性別、受教育程度都會影響其對待戀愛、婚姻、家庭和其他人際關係的態度及處理這些關係的方式和方法。成人前期的個體正是在這錯綜複雜的關係中，學會適應和協調彼此的需要，解決各種矛盾，發展其處理人際關係的能力。例如，怎樣區分友誼和戀愛的界限；在戀愛過程中怎樣相互融合而又不失獨立的自我；怎樣從獨身或與父母在一起的生活過渡到小家庭生活；怎樣處理與配偶的關係和與婚外異性朋友的關係；怎樣協調配偶與父母的關係、自己與子女的關係，以及自己與上司、與同事、與職業有關人員的人際關係等。所有這些都表現出個體處理人際關係能力的水平。若能處理好這些關係，成人前期的個體就會體會到人與人的親密感情，而使生命充滿活力；否則，將會感到孤獨並難以適應成人社會。

3. 管理能力 **管理** (management) 有狹義與廣義之分。狹義的管理主要指經濟管理或企業管理；廣義的管理泛指一切單位或組織有目的、有計畫的管理。管理的對象有物與人兩個方面。管理的職能有計畫、組織、指揮、控制和協調等方面。

到了成人前期，每一個體都會面臨一個單位，包括自己的家庭；都要接觸物 (如工廠的機器、工具、設備等) 和人 (如企業中的生產組織，學校裏的學生等)；都有一個計畫、組織、協調等過程，包括在家裏，也有一個經濟管理、生活安排等。如果一旦擔任單位管理人員，就有諸多的領導行為和**管理系統** (management system)。所謂領導職務的高低，在一定意義上，就是管理人數的多少。於是，對每個成人前期的個體來說，在一定程度上都有一個發展**管理能力** (management ability) 的要求。例如，教師的教學管理能力，企業人員對技術系統 (生產過程) 與社會心理系統 (社會過程) 的管理能力等。這種管理能力高低是決定成年前期個體在事業上是否有所作為的重要因素之一。管理能力在成年前期獲得一定發展，到成年中期，甚至於成年晚期，都會獲得進一步發展。管理能力是選拔人才，特別是選拔領導人才不可或缺的條件。

4. 適應能力 適應 (adaptation) 原來是一個生物學的概念，心理學中用這個概念來說明個體對環境變化做出的反應。皮亞傑認為，智慧的本質從生物學角度來說就是一種適應。人的**適應行為** (adaptive behavior) 包括諸多內容，如智慧、情感、動機、社會、運動等。與這種適應行為相對應的能力就是**適應能力** (adaptive ability)。成人前期適應能力是個體在事業上有所建樹且走向興旺發達的必要條件，也是其心理適應的前提。我們將在第四節再對此展開分析。

三、智力與事業

成人前期是走向鼎盛的時期，其突出地表現是在事業上有所作為。要成就一番事業，與智力、能力有直接的聯繫，因為工作成就在很大程度上取決於智力和能力。

馬森 (Mussen, 1991) 在談到成人前期的智能與事業問題時指出，智力與職業選擇有著多種聯繫，有些是直接的，有些則是間接的。有些工作需要超常的智力才能作出成績，因此這類工作需要學校訓練，例如，醫生必須是那些能夠完成醫學學位課程的人。**智商分數** (intelligence quotient，簡稱IQ) 與"經濟上的成功"有約 0.50 的相關。此外，有些職業還注重別的一些能力，例如，藝術家必須有創造性；組裝工作要求有良好的運動技能；繪圖、建築、服裝設計則要求有良好的空間能力等等。

其實，天生其人必有才，天生其才必有用。每一種智能都能從事一定的事業。成年前期的每個個體，是否能"而立"、"有為"，關鍵是在人生的坐標上能根據自己的智能找到其適合的位置。

（一）　智力類型與事業

每個人智力不僅表現出各種不同的才能，而且表現為不同的類型。所謂**才能** (talent)，是指人們認識、理解、創造事物的能力；所謂**類型** (types)則是人們如何組合和使用自己的才能。成年前期事業的成功往往憑藉不同智力的組合類型。

林崇德等 (1992) 曾對學科能力的構成作過如下的示意圖，見圖 8-5。我們認為，個體的學科能力是一個由學科性質、思維類型和神經機能三個維

文　科 ⎫
交叉學科 ⎬ 學科性質
理　科 ⎭

藝術型 ⎫
中間型 ⎬ 思維類型
思想型 ⎭

偏左腦功能型 ⎫
功能均衡型 ⎬ 神經機能
偏右腦功能型 ⎭

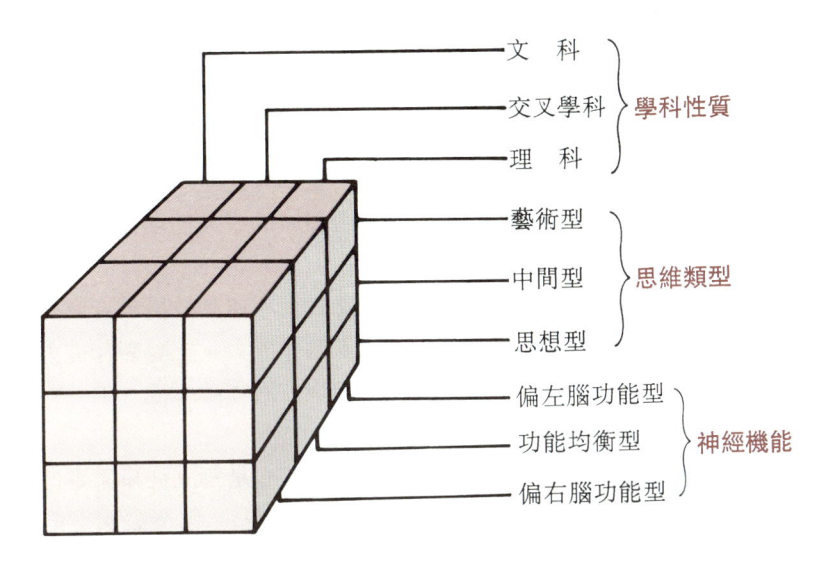

圖 8-5　學科能力結構示意圖
(採自林崇德等，1992)

度所組成的立體結構。其中學科性質包含三個類型，即文科、理科和交叉學科；思維類型包括思想型、藝術型和中間型三類；而神經機能也有三類，即偏左腦功能型，偏右腦功能型和功能均衡型。

　　在上述眾多交互作用因素中，對成人前期的不同個體而言，會造成掌握智力類型的明顯差異。雖然不同的青年教師在教育工作中都能獲得出色的成績，但是這種成績很可能是從不同的能力組合中獲得的。有的教師也許語言能力占優勢，有的則可能是邏輯性推理占優勢。前者可能利用演講教育使學生明白教育內容，後者則認真分析教材，實際將教育內容化成涓涓細流，一點點滲透進學生的心田。同理，同樣具有領導才能的人，有的善於統籌全局和制定策略，有的則善於條理歸類和處理細節。不了解這一點，就不可能真正地對不同智力類型的成人前期個體，進行適性的求職指導。

(二)　智力表現範圍與事業

　　智力的表現範圍很廣，主要表現在：學習領域與非學習領域，表演領域與非表演領域，學術領域與非學術領域，並從中顯示出智力的個別差異來。當然，這些領域是交叉的，往往沒有嚴格的界線。成年前期事業的成功，常常與所從事職業需要的智力範圍有密切的關係。

有些人表現出擅長學習的智力,進而在成人前期獲得學位,爭取在事業上有所長進。可是升學如爬寶塔,底大頂小,不可能人人都爬到寶塔頂。目前大陸每年考入大學的占高中生的五分之一至四分之一,對同齡人來說約三十至四十分之一。可見,智力一般在非學習領域的成人前期個體身上獲得更多的表現。

有些人表現出傑出的表演才能。如運動負荷和運動技術,音樂聽力、噪音、節奏和旋律感,美術的認知能力、繪畫創作能力、工藝製作能力和審美能力等等,因此到了成年前期,就表現出表演方面才華橫溢。另外一些人卻在表演領域顯示不出任何才華。

有些人的智力表現在學術領域。這種智力核心是獨立從事某專門領域的科研能力,此外還包括自由探討、寫作(著書立說)、創造發明等能力。成年前期的年輕學者就是以這種智力為前提的。另外一些人智力表現在非學術領域,例如,組織管理才能、宣傳才能、軍事才能、商業才能等。人們在學術領域和非學術領域中表現出明顯的個別差異。一個優秀的青年科學家,未必是一個好的行政領導,還可能在從事生意買賣時大虧其本;相反的,一個傑出的年輕行政領導或宣傳家,就未必能從事學術工作,也未必能做好經商工作等等。

事業成功絕不限於認識能力、學習能力和分析綜合能力,人才的要求也不按一種模式發展,而更需要成人前期智力的多樣性和多重性。

(三) 非智力因素與事業

非智力因素 (nonintellective factors) 又稱**非認知因素** (noncognitive factors),它是指除了智力與能力之外,與智力活動效益發生交互作用的一切心理因素。它包括與智力活動有關的情感因素、意志因素、興趣、動機、理想、需要的表現形態、氣質因素和性格因素。

對於成人前期個體的事業來說,非智力因素產生三個方面的作用(林崇德,1992):

1. 動力作用 (dynamic)　成人前期的需要,特別是職業興趣,是引起其積極從事活動的內驅力。職業興趣是最活躍的職業動機,它猶如催化劑不斷地促進人們去積極投入職業活動，去對某個問題加以深入思考。職業活動不斷開闢著他們智能發展的道路，其探索不斷深化他們對問題的認識，思考則不斷發展著他們分析問題和解決問題的能力。研究表明 (Alexander, 1935) 興趣因素在學術成就或技術創造中起著舉足輕重作用。例如，在科學成就方面，興趣因素的荷重是 0.74，而一般智能因素的荷重只有 0.36；在英語方面，興趣因素的荷重是 0.48，而一般智能的荷重是 0.43。事實上，任何有成就的人，他們都熱衷自己的事業或專業，甚至達到了廢寢忘食的程度。天才的秘密就在於強烈的興趣和愛好，從而產生無限的熱情，這是勤奮的重要動力，也是事業成功的關鍵。

2. 習慣 (habit) 和定型作用(或定向化) (canalization) 即把某種職業認識或職業行為的組織情況越來越固定化。習慣沒有高低之分，但有好壞之別。在職業活動與智能的發展中，良好的職業活動與智能的固定化，往往取決於主體原有的意志、氣質等非智力因素以及各種技能的重複練習的程度。意志或意志力直接影響職業訓練、職業活動與智能的目的性、自覺性和堅持性，從而影響事業成就的質與量。氣質包括強度、速度和靈活程度等因素，直接制約智能的性質、職業活動的效率和特徵。這些都在職業活動中起定型或習慣的作用。

3. 補償作用 (compensation) 非智力因素能夠彌補智力與能力的某些缺陷或不足，促進事業的成功。性格在這方面的作用是比較突出的，一個人在事業中的責任感、堅持性、主動性、自信心和果斷性等意志特徵，和勤奮、踏實的性格特徵，都可以使個體克服智能上基礎較差的弱點。"勤能補拙"的事例在事業成功者中是屢見不鮮的，這正反映出這些非智力因素在事業中發揮著影響作用。

第三節　人生觀的成熟

　　人生在世每個人都會對人生有一個根本看法，且伴隨著相應的態度。人們經常會考慮自身活著的意義、目的、社會地位和道德標準等等問題，並要對群己關係、人己關係和自我修養等問題持一定的觀念，這一切都是**人生觀** (outlook of life)。

　　人生觀的形成和發展，以人的思維和自我意識發展水平，對社會歷史任務及其意義的認識為心理條件。如前所述，個體的人生觀萌芽於少年期；初步形成於青年初期。人生觀的成熟或穩定是在青年晚期或成人前期。青年初期前，探索人生的道路和思考人生的意義往往不是很自覺、成熟的。進入青年初期後，隨著社會生活範圍的擴大，生活經驗的豐富，心理水平的提高，開始較為主動和經常地從社會意義與價值來衡量所從事活動和接觸的事件，但由於這個時期的人生觀是從感性體驗中得來的，因而還不穩定。到了青年晚期或成人前期，由於所從事的社會任務已基本定向和專業化，從而加深了對該任務的社會意義與作用的認識，使他們不致於因外界環境條件的變化而改變社會生活意義的看法，因而使青少年初期初步形成的人生觀趨於穩定。

　　人生觀的成熟或穩定，主要表現在**價值觀**、**道德觀**和**社會觀**三個方面。

一、成人前期的價值觀

　　從青少年到成人前期，價值觀逐步趨於穩定，並且形成了穩定的價值系統。我們從以下兩個方面來分析成人前期的價值觀。

（一）價值觀的特點

　　成人前期的價值觀，表現出如下三個方面的特點。

　　1. 價值觀趨於穩定　　影響成人前期價值觀趨於穩定的因素是錯綜複雜

的，既有外部環境的因素，又有個體內在的生理和心理因素。進入成人前期隨著社會要求的提高和成人前期生活方式的改變，以往的興趣需要作重新估價。赫洛克指出：

> 從現實的觀點看來，就舊有的興趣而言，重新再評價的主要項目有：時間是否充裕？金錢與同伴是否合適？體力與精力是否充沛？愈能使一個人感到滿足的興趣，就愈不可能被放棄，或是被忽視。(Hurlock, 1982)

這就構成了相應的綜合觀念系統的**價值觀** (view of value)。成人前期的價值觀就是社會意識形態在個體身上的折射。加上成人前期生理及其功能發育的成熟，由此產生一種強烈的指向個人內部的"自我"意識和評價，開始思考個人生活追求和自己在社會生活中的地位、作用。成人前期的智力水平也能使其有意識獨立判斷、思考人生價值，並結合現實情況作出自己認為合理的選擇。由此可見，促進成人前期價值觀發展的社會興趣，其變化原因，既來自年齡因素，更緣起於社會文明與環境的改變。

赫洛克說："一個人到二十五歲時，興趣已經定型，甚至在二十歲時，他的興趣就可以是終生不改了"(Hurlock, 1981)。由社會興趣作為根本因素之一的個體價值觀，也應該在成人前期定型，並趨於穩定狀態。

2. 對人生的看法是比較樂觀的　杜登漢的研究指出，"當一個人從暴風雨似的青春期轉入寧靜的成熟期時，對人生的看法就比較樂觀了"(Tuddenham, 1982)。圖 8-6 表示成人樂觀態度的增進。從圖中可知，由於青年期處於"疾風驟雨"之中，個體常常容易受到外界的干擾與左右，因而一遇挫折就往往悲觀失望。而在成人前期，隨著知識經驗的豐富、社會閱歷的增加，個體對自己、對社會的認識更加客觀、深入，這時他們很少為外物所動，而是堅定地向著自己的目標奮進，在人生態度上他們表現更為達觀、成熟，很少有悲觀絕望的感受。

3. 關注面的擴大　馬森 (Mussen, 1991) 指出，在成人前期，價值觀的人文化與關注面在不斷擴展，這與對他人幸福和人類事務興趣的日益增強是密切相關的。對他人更感興趣、更加關心，是其成熟的最明顯標誌之一。幾乎每一位人格理論家都在努力探討成年前期這種關注、興趣的發展。艾德維 (Adervy, 1976) 論述了成人前期各成員的**社會興趣** (social interest) 問

448 發展心理學

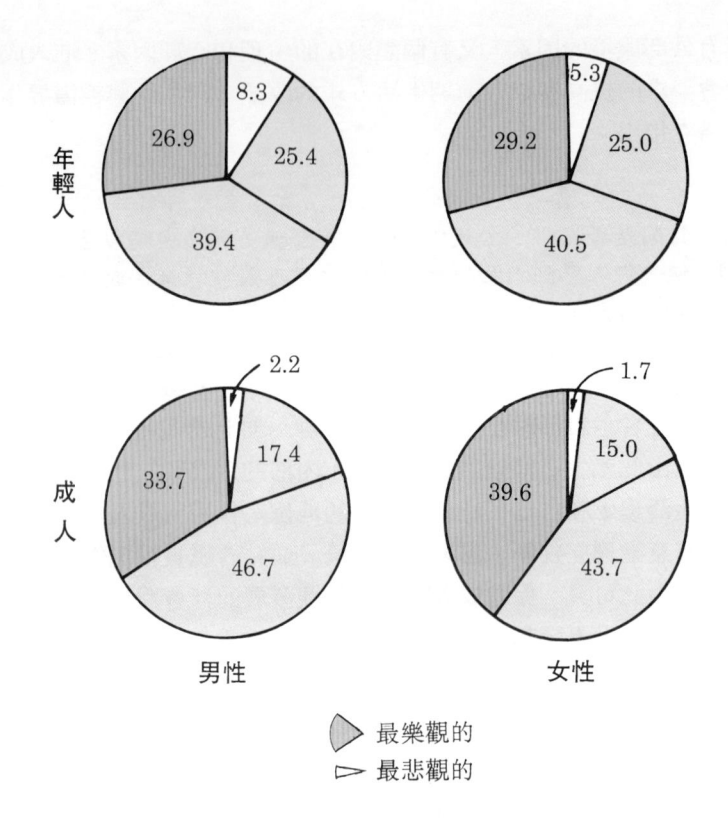

```
                年輕人
    26.9    8.3              29.2    5.3
         25.4                     25.0
       39.4                     40.5

                成人
    33.7   2.2              39.6   1.7
         17.4                    15.0
       46.7                     43.7
       男性                      女性
```

▷ 最樂觀的
▷ 最悲觀的

圖 8-6　成人樂觀態度的增進
(採自 Tuddenham, 1982)

題,而安格雅爾 (Angar, 1981) 使用**趨同性** (homonomy) 一詞,來闡述其與小組中其他成員增強和諧以及聯合行動的趨向;馬斯洛 (Maslow, 1968) 提出了歸屬和愛的需要,而羅杰斯 (Rogers, 1959) 則強調感情移入和無條件的積極關注。成人前期對他人關注的增強,明顯地表現在職業興趣測驗得分的差異上。此外,成人前期對人權、社會福利和宗教信仰自由等興趣也在顯著地增長,且趨於穩定狀態。

(二) 價值觀三個成分的變化

綜合有關研究資料 (馬森 Mussen,1991;黃希庭,992;林崇德,1989;盧家楣,1989),可以將個體的價值觀劃分為**人生目標價值** (value of life goal)、**人生手段價值** (value of life means) 和**人生評價價值** (value of life assessment) 三個方面。

1. 對人生目標的看法 對人生目標的看法是價值觀的核心成分。它決定著成人前期價值觀的性質和方向，因而成為價值觀研究的重點。

陳科文 (1985) 對北京高校 528 名大學生進行了人生觀目標調查，結果發現追求社會價值占大多數 (73.2%)，表明大學生的人生目標以社會取向為主導，但個人取向也占有一定比例。毛漢斌等 (1985) 對 639 名青年工人進行的調查發現："富國強民"和"成就事業"成為大多數青年工人的奮鬥目標，同時不少青年工人已把遠大目標與個人事業、生活美滿等具體目標結合起來。黃希庭等人 (1989) 的研究卻發現，一方面可看到目前大陸青年價值目標上的積極性和進取性，另一方面也發現某些青年存在不求上進、胸無大志等消極現象，而且隨著年齡的增長，個人價值取向有逐步增強的趨勢。

在西方，目前成人前期大多數的成員注重職業社會價值，並確信經過自己的努力會帶來成功和財富。在他們中間，出現了不熱衷於物質利益，不願意把自己束縛在限制自我表現和自我發展的某一崗位上（孟昭蘭，1994）。

綜合國內外已有的研究成果，我們發現當代成人前期的人生目標價值主要呈現如下特點：(1) 多數人在觀念上認同社會的人生價值取向；(2) 相當比例的人力試圖在社會和個人取向之間維持一種現實的平衡；(3) 少數人崇尚個人奮鬥的人生目標；(4) 隨著年齡增長，個人價值取向有增加的傾向。

2. 對人生手段的看法 人生手段是實現人生目標的保證。對人生手段的價值觀直接關係到個人所選擇的人生道路。彭凱平、陳仲庚 (1989) 調查 690 名大學生，發現價值傾向由強至弱的順序是政治、審美、理論、經濟、社會和宗教，且存在著性別差異。主要是男性更重理論傾向、女性更重審美傾向。曾建國 (1991) 用生活方式問卷對 1354 名各族青年進行了人生價值手段的調查，各族青年選擇排在前面的是"多彩生活"、"開朗達觀""傳統美德"、"友好協作"、"奉獻自我"、"奮鬥拼搏"。陳科文 (1985) 的調查指出，大學生選擇的人生手段首先是強調個人奮鬥、自強不息而較少考慮他人的幫助和集體的智慧。中國社會科學院青少年研究室的調查 (1988) 表明：面臨挫折的青年中有 15% 寧願採取消極態度，堅決抗爭的也是 15%，大多數青年寧願通過轉移目標或接受現實而採取折衷態度。

綜合以上調查研究，成人前期在人生手段價值觀上主要有如下特徵:(1) 多數人努力進取、自強不息；(2) 成人前期手段價值觀出現自我取向和多元化趨勢，比較重視個人素質的意義；(3) 在重大的挫折面前，多數個體在進取和承認現實之間調和折衷，也有少數人消極退縮。

3. 對人生價值的評價 對人生價值的評價也是價值觀的重要方面，它反映了價值觀的動力特徵。這個問題雖然研究難度較大，但也有很多探討總的來看，成人前期各成員對人生價值的評價主要有如下特徵：(1) 大多數成人前期的個體，在觀念上贊同社會和集體取向的人生價值評價標準；(2) 近半數的個體力求在"貢獻"和"名利"標準之間求得平衡，而對現實人生價值的具體評價則側重於人生重大問題，如事業、自我發展、婚姻家庭友誼等；(3) 成人前期在人生價值評價標準的選擇上，表現出比較大的獨立性和穩定性；(4) 少數個體推崇個人取向的人生價值標準，並且隨著年齡增長，成人前期贊同個人取向的比例有所增加。

二、成人前期的道德觀

道德觀 (moral idea) 的研究，無論是在哲學、倫理學，還是在心理學中，都是極重要的領域。道德觀可以看作是個人根據自己的道德需要，對個人行為和社會現象的道德方面所持的基本信念和態度的總和。李伯黍指出：

> 當一個人願意接受某一事物。他必然對這一事物作出估量，賦予它一定的價值。同樣地，當一個人願意接受某一社會道德規範時，說明它已賦予這一道德規範以一定的價值，從而使外部的道德規範內化為個體的道德價值觀念。(李伯黍，1990)

從心理學的角度來看，道德觀是一個多層式、多維度、多側面的複雜心理組合體。它既包含個人對道德目標、道德認知、道德手段、道德效果的看法，也包含在更深層次上的一些道德心理成分，如道德動機、道德信念等，還涉及到個人道德價值的取向。

道德觀作為一種綜合的心理系統，對成人前期道德的發展起著多方面的作用。它指導道德認知和道德行為定向，使個體有選擇地去確定認知的對象和行動的環境；它是個體衡量道德行為、判斷道德行為價值的基礎，個人據此對自己或他人的道德行為作出判斷；此外，它還承擔著發動、維持、調節道德行為的作用。個體行為是以基本道德觀為出發點的，道德行為的進程和目的都以道德觀為參照標準。

（一） 道德觀發展的特點

如前章所述，青年初期的品德已趨於初步成熟。因此，在此基礎上發展起來的成人前期基本成熟的品德，必然促使其道德觀趨於穩定。由於成人前期的智力發展到"鼎盛"水平，所以道德判斷也達到最高水平。與青少年相比，成人前期考慮問題更全面一些，能更多地從他人角度看問題，加上生活條件的變化，新角色的形成，都影響著他們道德推理的正確性。在第一章，我們提到埃若蒙對 5～72 歲被試道德認知發展的研究。研究者曾提出了三種水平七個階段。其中最後兩個階段是：

1. 自律 (autonomy)　道德觀念來自於始終如一的倫理人生觀，這種人生觀把個體視為自主的**代言人** (agent)。

2. 普遍神聖論 (universal holism)　道德觀念必須同普遍的道德原則（正義和尊重個人）吻合。

亞門 (Amon, 1984) 研究表明，成人前期的被試，不僅基本上進入了最後兩個階段，而且測試的成績也進入最高水平階段。因此，成人前期道德觀發展應該是穩定的，其社會認知能力開始進入高水平的時期。

但是，成人前期的道德觀仍存在不完善性。正如孟昭蘭所指出的：

> ……在我國社會（指大陸——引者注），正值社會經濟結構發生巨大而迅速的變革時期，社會法規未健全之際，青年（指晚期——引者注）懷著激動而不安的心情，隨變革的激流滾滾而下，受社會上權－錢交易泛化、財富不正常聚斂、職業道德敗壞等不正之風的嚴重沖擊，搶劫、凶殺屢見，吸毒、宿娼等社會冗渣泛起。幾十年來建立的社會價值標準在青年一代意識中蕩然無存，而新的道德意識尚未完善建立。全社會已注意到保存民族精粹之必要，以便在社會財富的積累逐漸豐富的某一時期，人類普遍的道德價值觀再度甦醒。
> （孟昭蘭，1994）

這段話的含義，既指出了道德觀的發展取決於社會的變遷，又闡明青年晚期道德觀尚有不成熟的成分。

(二) 道德觀的表現

成人前期道德觀有多方面的表現，我們將其概括為下面兩類。

1. 道德目標、道德動機、道德手段的表現 黃希庭等人 (1990) 對沿海和內地 260 名大學生的調查表明，在道德目標方面，大學生心目中排在前十位的是：誠實、正直、自信、愛國、自尊、自強、民主、上進心、寬容和堅強。最無價值的道德目標則是：虛偽、陰險、狡詐、毒辣、橫蠻、輕浮、怯懦、勢利、放蕩、無恥。中國傳統社會提倡的道德價值觀現在已不受重視，例如相當多的青年把"顧全大局"、"集體精神"、"簡樸"、"孝順"看得無足輕重。"順從"這一傳統美德已被歸入"最無價值"一類。

大學生心目中最有價值的道德動機是：人格高尚、內心平靜、證明自己的存在、世界和平，而社會要求、帶來榮譽感、異性喜歡等項目則被排在相對不重要的位置上。

在道德手段評價方面，最有價值的排列順序是：勇於負責、言行一致、聰明穎慧、自我克制、寬以待人、潔身自好、樂於助人、見義勇為、大公無私。在"最無價值"的道德手段中，其排列順序依次則為：吹牛拍馬、陰謀詭計、不擇手段、以勢壓人、自我炫耀、謙恭順從、默默無聞。與傳統的"溫、良、恭、儉、讓"的道德觀相比，已經發生了很大的轉變。

在黃希庭等人 (1992) 的另一項研究中，大學生對人格特徵形容詞的好惡，也反映了其道德觀的傾向。最受歡迎的人格特徵形容詞依次是：愛國、博學、純潔、理智、真摯、自重、體貼、成功、有為、高尚等等。從中不難看出傳統道德觀念和理想主義色彩的影響。

陳欣銀 (1987) 的研究發現，大學生對八種道德價值觀念所排出的重要性順序為：真誠、平等、利他、尊老、集體、責任、報答、律己。與中、小學兒童相比，成人前期集體觀念降低了，真誠、平等、利他性等觀念則被看得很重。

2. 道德觀的價值取向表現 成人前期各成員隨著社會經驗的積累和態度的定型，個體開始形成比較穩定的價值取向。張荊 (1990) 的問卷調查表明：愛國品質在我國成人前期的道德價值觀中占有重要的位置。對"個人的事小，國家的事大"和"位卑未敢忘憂國"持贊成態度的青年在 60%以上，普遍表現出對國家效忠與對國家大事的關心。集體主義在成人前期的道德觀中仍然具有較高的價值，"大河無水小河乾"得到絕大多數青年的認同。而利他主義在青年的道德價值觀已不占優勢，個人本位主義有所表現。研究者認為，從進取性道德價值觀取向看，當代青年似乎陷入一種兩難的選擇境地之中，在態度上渴望競爭，在行為上又裹足不前；有較強的進取心，敢於求新、求變。從協調性價值取向看，當代青年也存在著困惑。家庭生活孝順父母雖仍被看重，但順從卻不如以前重要，更重視與長輩的平等關係，特別是當涉及到自己的大事時，要求平等、獨立。

三、成人前期的社會觀

成人前期認知能力、社會生活技能等方面的漸趨成熟，使個體開始對個人生活與社會生活中的一些基本問題，形成了自己比較穩定的看法。譬如，人際觀、自我觀、審美觀、宗教觀和幸福觀諸方面的**社會觀** (social outlook) 都有這種發展趨勢。

（一） 人際觀

人際觀 (interrelation outlook) 指在人際交往過程中，交往主體對交往客體及其屬性與滿足交往主體需要的程度、重要性作出評價的觀念系統，它包括對人際交往的動機、目標、手段等的基本態度和看法。

成人前期的生活環境和職業影響著人際觀的形成。黃希庭等 (1981) 的調查表明，大學生選擇知心朋友的標準依次是："志同道合，互相幫助"、"志趣相投、性格相近"、"真誠相待、互相尊重"。人際交往中大多數人看重"合作"、"友好"的價值取向。對朋友的"品德"(主要是正直、誠實、助人、勇敢等品質) 最為重視，其次是"才能"(主要指事業心、有知識、有能力、有主見)。黃希庭等 (1988) 的調查結果表明，成人前期大學生的人際觀主要特點是追求共同理想、興趣相投、交流思想和排難解憂。他們最看重的是志趣相投、性格相近、真誠可靠、樂於助人等因素。青年職工擇友方面的人際價值標準最重視愛好相同，其次是有才幹，仍然是強調"志趣"和"能力"(毛漢斌等，1985)。在代際人際關係方面，當代青年在處理與父母的關係時主張"說服"和"順從"並重。意即在對待父母時既看重"平等"，尊重父母，順從父母，又要求獨立 (張荆，1990)。

(二) 自我觀

自我觀 (self-outlook) 是指個人對自己以及自己與他人和社會關係的觀念系統。

1. 成人前期自我觀的一般特點 成人前期的自我觀主要有如下特點：(1) 自我觀的內容極大地豐富和分化。這一時期的自我觀開始具備複雜的多維度、多層次的心理結構。(2) 獨立意識明顯發展。成人前期對自己的獨立地位有了更明確的認識，已經自主和自立。(3) 關注自己的個性發展。成人前期已經認識到自身整體形象在社會生活中的重要性，開始關心和調整自己個性中的優點和缺點，所以對他人關於自己的評價和看法非常敏感。(4) 自我評價的成熟。成人前期開始表現出真正獨立的自我評價能力，個體不僅能評價自己的內心品質，而且能評價個人內部心理活動和行為效果的一致程度還常常對自己的整個心理和行為面貌進行分析、比較、評價。(5) 強烈的自尊心和道德意識。成人前期的自尊心由於獨立人格的形成而更趨強烈，進入社會生活所必需的道德意識也有了極大的發展。

2. 成人前期自我觀的表現 成人前期自我觀特點的研究，主要集中在自我認識、自我體驗、自我控制幾個方面。

自我認識(或**自我知覺**) (self-knowing or self-perception) 突出地表現為**自我評價** (朱智賢，1962，1979)。成人前期的自我評價有如下特點：(1) 評價的廣泛性。這時期的個體已能對自身做出較全面的評價，評價內容涉及生理自我、社會自我和心理自我三方面，具體內容相當全面。(2) 評價的獨特性。成人前期個體的自我意識在其內容的豐富、細膩、表達風格以及對自己個性理解分析深刻程度等方面具有很大的差異，表現明顯的獨特性。(3) 評價的獨立性。成人前期進一步擺脫對長輩和權威的依賴，也開始克服同伴團體的強烈影響，表現出真正的個體獨立性。(4) 評價的概括性與穩定性。成人前期的自我評價開始具備整合、同攝、穩定、一致的特點。個體能脫離具體情境，單純從理性上進行自我評價，能夠辯證地看待自己，並在不同場合所作的自我評價有相當高的穩定性和一致性。(5) 評價的適當性與矛盾性。成人前期大部分個體的自我評價與他人評價之間並無大的差異，說明這一時期的自我評價有較大的適當性。但絕大多數人又都存在著自我評價的矛盾性，主要表現為理想我與現實我、主體我與社會我之間存在矛盾。正是這種矛盾性與適當性的並存，成為其自我激勵、自我教育的原動力。

成人前期的**自我體驗**（或**自我情感體驗**）(self-feeling) 也具有一些獨特的特點：(1) 是自我體驗的多樣化。成人前期出現了一些以前很少體驗到的情感，如自憐、自慚等。對內外刺激都有更深刻的內心體驗和反應。這一時期的基本情調傾向於熱情、憧憬、自信、舒暢、緊張、急躁等；(2) 是自我體驗的敏感性。隨著自尊心和自信心的增加，這時期的個體對他人的言行和態度極為敏感。涉及"我"及相關的名譽、地位、理想、人際關係等問題，尤其容易引起比較激烈的情緒體驗；(3) 是自我體驗的深刻性。成人前期的自我評價逐漸從自我的外層進入到自我的內層，這時的自我體驗也日益深刻化，與外部生理有關的體驗更多地轉向於與道德品質、社會價值、內心思索等方面的深層體驗。

成人前期的**自我控制** (self-control) 也逐漸趨向成熟。這時的自我控制由開始時的被動向主動發展。個體常能為一定的目的自覺地實施自我控制，並且伴隨著出現一種強烈的自我完善的願望。個體意識到的自我力量，參照社會規則，自我控制開始向自我教育的方向發展。

(三) 審美觀

審美觀 (aesthetic) 是指人們對客觀事物審美價值的把握。包括人們從審美角度做出的判斷、評價和態度，是人們分辨美醜時所持的基本觀念。審美觀的形成，受到心理因素、社會因素、審美實踐等因素的制約。成人前期的審美觀是在個體審美態度和審美能力發展的基礎上形成的。

研究審美觀難度較大。大陸心理學家（劉兆吉，1988，1991；黃希庭，1988，1994；盧家楣，1989 等）在成人前期的審美趣味、審美判斷類型、審美標準等審美價值觀的重要問題上作了一些有益的探索。其特點可歸納如下：

1. 審美趣味多樣化，但發展很不平衡 成人前期的審美趣味是豐富多樣的，生活中各種事物和活動都可以成為審美的對象。但是，由於存在著多種不同的審美形態，如優美、壯美、喜劇美、悲劇美、醜美等，從而造成了成人前期審美觀發展的不平衡現象。如喜劇美似乎就比悲劇美在審美上能得到更好的發展。

2. 審美評判自主、獨立，但帶有盲目性　成人前期力求主動、獨立地從自己對事物的審美認識中去作出審美價值的判斷和選擇。這是自我意識在審美價值觀中的突出表現。但由於個體經驗缺乏，這一時期的審美觀存在一定的盲目性，如對"流行"的偏愛就是一種典型的表現。

3. 追求新奇，但鑑別力不強　探奇尋勝的審美傾向是與成人前期的思維敏捷、強烈好奇相聯繫的。但他們在對審美對象的深刻性和豐富性的分析和把握上還需鍛鍊、提高。

4. 反傳統意識較強，亦大量接受傳統、民族的審美特點　由於社會生活的變遷和個體成長經歷的迥異，使得成人前期個體在審美觀上與上一代相比發生了很大的變化，一些傳統的審美觀受到排斥或被忽視。但研究也發現"和諧、悅樂、恬靜、舒適、告誡、優雅"等審美情趣具有相當一致的繼承性。

(四)　幸福觀

幸福和幸福觀是哲學、倫理學和心理學研究中一個很複雜的問題。一般說來，**幸福觀** (outlook about happiness) 是人們關於幸福目標、幸福動機、幸福手段、幸福標準、幸福效果所持基本態度的觀念系統。

中國社會科學院社會學研究所 (1988) 的一項調查表明，成人前期對幸福的理解，第一是事業成功，第二是健康和金錢。事業成功所帶來的幸福感與因才能不足或無法發揮而引起的苦惱是一致的，這表明成就不僅是成人前期渴望實現的價值，而且是他們最高的人生價值追求。其他一些研究也得到了與此類似的結果。一言以蔽之，可以說在成人前期的大多數成員普遍認為"事業成功"、"受到理解和尊重"、"有溫暖的家和知心朋友"是人生的最大幸福。

(五)　宗教觀

宗教觀 (outlook about religion) 是個人對宗教信仰、宗教價值、宗教活動等基本宗教問題的態度和看法。從心理學角度看，個人宗教觀的形成受到內外多重因素的影響,其中主要有灌輸與宗教教育、遵從和自居作用、歸因和認知失調等。成人前期的個體在宗教方面開始具有比較成型的看法。

個體對某宗教持信仰或不信仰,要經歷一個轉變、接受、選擇的過程。成人前期對某種宗教價值的選擇、皈依主要有如下類型:(1) 危機型。由於個人衝突的急劇解決而突然樹立信念。(2) 漸進型。在長期與宗教接觸的過程中受到其影響而自覺自願地選擇。(3) 重新整合型。從精神崩潰解體狀態到重新進入某種宗教價值的信仰體系之內。(4) 程式型。某些團體中個體達到一定的"責任年齡"之後,都要經歷某種宗教儀式,接受形式上的皈依。

張日昇 (1989) 對中日大學生宗教觀的研究體現了成人前期的宗教觀,其要點如下:(1) 無論是中國大學生還是日本大學生,均有五分之一至五分之四表示關心宗教信仰;但隸屬於某一宗教團體,從事宗教活動,或反對宗教的人數都非常少,這比西方要少得多。(2) 兩國大學生的宗教觀,絕大多數持"宗教是人類軟弱無能的表現",也不相信世界上有神、佛的存在和保佑,因而對宗教傾向於持否定的態度,相較之下,非大學生對宗教持不否定態度遠比大學生多得多。(3) 宗教態度和宗教觀之間有極其密切的相關。這說明在成人前期,有什麼樣的宗教觀就會出現什麼樣的宗教態度。

第四節　成人前期的社會性

成人前期的社會性,由於其社會角色的變化而形成了新的特點。主要表現在友誼與愛情等社會情感方面、心理適應方面和志向與理想、個性意識傾向性等方面。

一、成人前期的友誼和愛情

成人前期的情感不僅表現在發展趨勢逐漸穩定,而且也表現在社會性情感占主導地位。這個階段社會情感的重要表現形式是友誼和愛情。

（一）友　誼

友誼 (friendship) 是人們在交往活動中產生的一種特殊情感，它與交往活動中所產生的一般好感是有本質區別的。國內外最近研究發現 (海斯，1980；李伯黍，1986；盧家楣，1989)，友誼是一種來自**雙向**(或**交互**)(reciprocal) 關係的情感，即雙方共同凝結的情感，任何單方面的良好，不能稱為友誼。友誼以親密為核心成分，親密性也就成為衡量友誼程度的一個重要指標。羅杰斯 (Rogers, 1985) 對這種親密性作了三點概括：(1) 能夠向朋友表露自己的思想感情和內心秘密；(2) 對朋友充分信任，確信其"自我表白"將為朋友所尊重，不會被輕易外洩或用以反對自己；(3) 限於被特殊評價的友誼關係中，即限於少數的密友或知己之間。

1. 友誼發展的階段　從青少年期到青年晚期或成人前期，友誼發展有一個過程。當然，友誼發展是終生的，一個人畢生都需要友誼。國內外的研究 (Douvan & Adelson, 1966；盧家楣，1989)，將青年期友誼發展分為三個階段：

第一階段是少年期：這個時期突出的心理特點是渴望有很多朋友，到處能受人歡迎。但由於進入青春發育期，身心發展不同步，心理成熟水平落後於生理發育水平，此時對友誼的理解並不深刻，友誼關係的維持主要靠共同活動，而不全是情感上的共鳴，因而友誼的穩定性較差。

第二階段是青年初期：個體一方面力圖擺脫社會關係的束縛和依賴，獨立地走向社會，另一方面又面臨社會出現的種種矛盾和困難，渴望得到知心朋友的幫助和支持，獲得某種安全感。因此，他們把友誼視作相互間的忠誠和信賴，這就使友誼關係深化，穩定性提高。由於對友誼迫切需要，擔心得不到友誼或失去友誼的焦慮情緒也在這階段達到較高程度。

以上兩個階段正是青少年期，如上章所述，這是交友數量最多的階段。

第三個階段是 17、18 歲以後 (實際上是進入成人前期了)：個體心理發展逐漸成熟，個性 (人格) 特點日益穩定、明顯，對友誼的理解深刻，把友誼關係建立在相互間的親密和情感的共鳴基礎上，友誼在這個階段中內化，使其穩定性進一步提高。

2. 成人前期友誼的特點　情緒依戀的需要是友誼產生的基礎。友誼的本質是一種願意與他人建立和維持良好關係的情感需要，是成人前期最主要的情感依戀方式與人際關係。友誼的需要是成人前期社會化的標誌之一。友誼的行為特徵是同情、熱情、喜愛與親密。

(1) **擇友的條件**：郭占基等 (1988) 對 2000 名初中生、高中生和大學生的調查發現，這三個年齡階段擇友條件遵循著這樣的順序：性格相投──品德──知識──能力──愛好──政治、"夠意思"──面貌──獲益──同等地位，其中前四個條件占被調查人數的 71%。隨著年齡的增大，注重品德、能力的擇友標準有逐漸遞增的趨勢。

杜芙和阿戴爾森 (Douvan & Adelson, 1966)、盧家楣 (1989) 皆明確地指出，十七、八歲以後，對朋友的選擇更注重個性品質、志向等因素。

實際上，成人前期在擇友方面，與其他年齡段一樣，也是以情趣相投為基礎的。只是這個時期的情趣更多地放在工作上、社交上、志向上及價值觀念等方面。這些方面的類同和共鳴，是成人前期擇友的基礎。

(2) **交友的數量**：成人前期的交友數量不如青少年期，因為成人前期已婚的男女，他們相依為伴，注重家庭生活，加上生兒育女家務較重，自然在交友數量上就會減少；即使未婚成年人，由於擇友條件的嚴格把關，與青少年期相比，所交朋友數量也自然減少，但親密性卻在提高。

(3) **知己的程度**：成人前期，一般人都有一些老朋友、摯友或知己。但知己的程度卻是不一樣的。赫洛克 (Hurlock, 1982) 指出，成年男女擁有的知己數量，要看其是否能夠把自己的興趣、問題與希望向別人傾訴而定。很多人不願意和別人討論自己的問題，既為給別人留個好印象，又怕對方把他的"秘密"告訴旁人。圖 8-7 將說明隨著年齡增大，表達內在感受改變的情形，以及在 35 歲以後自我表白越來越少的情形。無論是與父母親的關係，還是與異性 (配偶)、同性朋友的交往，35 歲是一個關鍵期，且在平均發覺的分數上都呈下降趨勢，這說明此時他們很少願意進行自我表白，而對自己的興趣、需要、理想等已有了充分的認識，對自己的能力、才藝、價值也有了充分的信心。

(4) **朋友的類型**：赫洛克 (Hurlock, 1982) 研究指出，已婚成人前期男女的朋友一般可分為兩類，一類是興趣相投的同性朋友；另一類是**家庭朋友** (family friends)，即配偶雙方都一起認識的朋友。低社會經濟階層的已婚成人之"家庭朋友"，通常要少於高社會經濟階層的已婚成人。

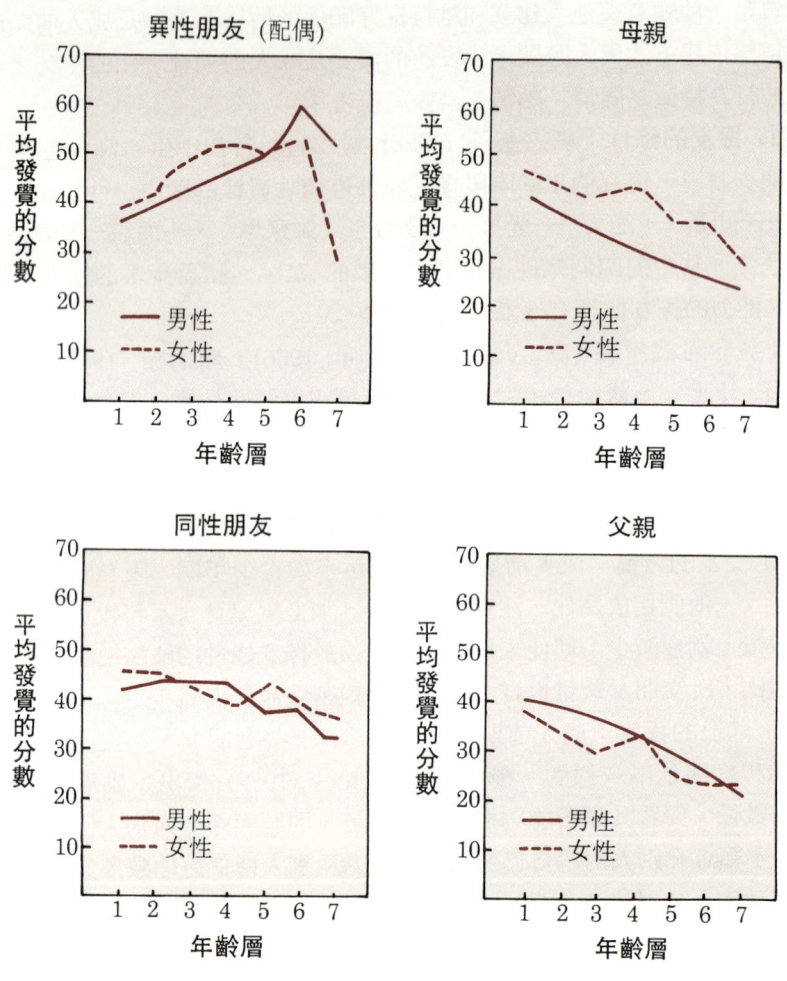

年齡層：1. 17～18 歲，2. 19～20 歲，3. 21～21 歲，4. 23～24 歲，
5. 25～29 歲，6. 30～39 歲，7. 40～55 歲

圖 8-7　因年齡的增加，不願向別人談私事的情形
(採自 Hurlock, 1982)

(二) 愛　情

　　愛情 (love) 是指男女間一方對另一方所產生的愛慕戀念的感情，如蘇軾所言："結髮為夫婦，恩愛兩不疑"(詩四首)。

盧家楣 (1989) 研究指出，愛情有三種層次和三個主要特徵，這三種層次為：以性愛為主，以情愛為主；性愛與情愛的和諧統一。層次越高的愛情越牢固，越具有生命力。這三個特點為：排他與守一的統一；衝動與韌性的統一；自私與無私的統一。

一般地說，個體在童年期應該沒有愛情，到青少年期才初發情竇，但畢竟是社會不提倡的"早戀"。人類愛情的鼎盛期在成人前期。

1. 愛情發展的過程 成人前期的愛情從無到有、從弱到強、從不成熟到成熟，儘管存在著個體差異和年齡差異，但發展速度是較快的，在這個發展過程中，只有不斷地解決理想與現實的矛盾、性愛與情愛的矛盾、愛情與事業的矛盾，才能使愛情之花桃李芬芳永不凋謝。

2. 愛情與婚姻 愛情不等於婚配，但畢竟天下有情人大多數都成了夫妻（眷屬）。婚姻不僅是愛情的產物，而且還使愛情進一步昇華與發展。

婚姻會給成人前期的個體帶來許多需要適應的新問題，對這些問題適應的過程，正是愛情形成、發展和完善的過程。

(1) 對配偶生活方式的適應。夫妻雙方在以前的獨身生活中已形成了自己獨特的生活方式，當雙方結合在一起後，彼此都需要重新調整自己的行為模式以適應對方，促進愛情的健康發展。

(2) 結婚後家務勞動量顯著增加。完成家務，要占用雙方許多學習工作和娛樂時間，因此，有的國家或地區的妻子，為了愛情和家庭放棄了工作，但更多夫妻為了愛情和家庭，要適應這個現實的新情形。

(3) 結婚後，要面臨生育問題。從妻子懷孕到小生命降臨，夫妻間要再次經受愛情的考驗。

(4) 組成家庭後，經濟問題立即擺到重要的議事日程上。一個家庭若沒有最基本的經濟保障，有時也很難和諧、愉快，因此婚後一方面需要調整自己過去的一些消費習慣，另一方面更要以辛勤的勞動獲取報酬，以保證家庭有更充裕的經濟來源。

(5) 個體結婚後，就與對方的父母及其他成員構成姻親關係，儘管年輕夫妻不一定與姻親居住在一起，但也需要對他們的許多方面進行適應，以保證家庭和諧、愛情幸福。

3. 在愛情上有性別差異 男女在愛情上存在著一定的性別差異。盧

家楣 (1989)、赫洛克 (Hurlock, 1982) 都在這方面進行了研究。

(1) 男女對愛情的側重不同：女方更重視被男方所愛，而男方則更偏重他所愛的人。換句話說，女方追求的是愛情，男方則重視所愛的女人本身。

(2) 男女愛情憧憬和指向不同：女方較富於現實，如想像組織家庭、幻想丈夫的模式和子女的撫養等具體問題；而男方的愛情憧憬往往指向於兩人之間的愛情生活，更富有浪漫色彩。

(3) 男女對愛情對象選擇定向上的不同：在選擇對象上，女方更注重才能，男方則更注重外貌和人品；女方更注意對方的事業心，而男方則更注意對方的溫柔賢慧。

(4) 男女性慾強弱隨年齡的不同：①影響男性性慾的性衝動，在 20 歲左右達到最高峰，到 30 歲左右開始減低；女性性慾最強的時期是將近 30 歲的時候，即一般女子結婚數年之後。如果女子與較年長的男子結婚，男女性慾最強的時期有所差別，就成為較重要的問題。②女性的性慾週期性的變化，一般在排卵期與月經前夕形成兩個高峰時期；男性的性慾儘管在時間上也有些變化，但遠不如女性那麼明顯，為了愛情，男女雙方都要處理好性愛與情愛的關係，使性生活成為不僅不阻礙愛情生活，而是有助於愛情生活的一個和諧部分。

二、成人前期的志向與理想

成人前期的"三十而立"，主要是指確立大志、**事業** (career) 有成。這大志、事業心突出地表現在**志向** (will) 與**理想** (idea) 上。所謂志向與理想都是與奮鬥目標和意志相聯繫的需要之不同表現形態，是事業成功的心理基礎。不過志向偏**意向** (intention)，理想則具有**想像** (imagination) 的成分。確立大志、樹立遠大的奮鬥目標，是成人前期發展的一個重要特徵。這種奮鬥目標是個體積極追求的對象，作為志向與理想的奮鬥目標，應符合事物發展的客觀規律，個體對它既有生動的想像內容，明確的意圖謀慮，又有喜愛贊揚等積極的情感體驗，並表現出力求加以實現的意志行動。

成人前期的志向與理想大致要從下面三個方面表現出來。

（一） 確立志向與理想

成人前期隨著自我意識的發展，知識水平的提高，分析問題能力的增強及人生觀的穩定，使他們的志向與理想漸趨確立。

1. 成人前期志向與理想發展的社會性　蕭前瑛等人 (1985) 對 4032 名大學生進行了調查，並且把被試的志向與理想分成四種類型：第一種，具有大公無私的意圖或目標，即以集體、社會、國家或人類的利益為目標；第二種，具有公私兼顧的打算或設計，對個人發展與公眾利益均有考慮；第三種，志向與理想模糊不清，缺乏明確的目標；第四種，具有以私為主的欲念或想法。

研究結果表明，屬於第二類個體隨年齡增長而增加，這說明了大學生志向與理想的務實性，重視務實，希望為社會工作、貢獻。

研究者根據對結果的分析，把志向與理想從內容上分為三種：社會志向與理想，個人志向與理想，職業志向與理想。

(1) **社會志向與理想**：主要是指對群己關係的志向與理想，如對國家、民族、政黨、團體和社會等關係的關注。研究者指出，大學生關心國家大事的程度可分為四個水平：一是關心國家命運和前途者占 85.1%；二是認為自己是無名小卒，不起作用者占 3%；三是認為國家大事管不了，只管自己者占 7.7%；四是很少過問國家大事者占 1.3%。

(2) **個人志向與理想**：主要指如何理解人生的意義、人生目標和個人追求。研究者指出，大學生對人生的嚮往可分四個層次：一是認為活著為了讓別人生活更美好者占 16.8%；二是認為活著既為別人，也為自己生活得更好者占 68.3%；三是認為這無法說清楚或未曾思考者占 5.7%；四是認為活著為自己生活更美好者占 3.2%。

(3) **職業志向與理想**：表現在對工作意義的認識以及事業心上。

由此可見，成人前期的志向與理想，既有較明顯的社會性，又具一定的現實性。

2. 成人前期志向與理想發展的穩定性　**自我實現需要** (或自我實現需求) (self-actualization need) 是在高層次社會性成就需要中的一種，它反映了個體要求自我設計、自我完善,以充分發揮自己潛能,實現自我價值的強烈願望,反映了個體志向與理想的完善和穩定的程度。

游季浦等人 (1985) 對 200 名大學生的調查中提到"成功與自我實現需要"的人占總數的 93.51%。黃希庭等人 (1987) 對 478 名大學生的調查中發現,"渴望自己有所創造、有所建樹,並向社會顯示自己的存在的需要"是大學生三種主要需要之一 (另兩種是求知需要和友情需要)。

一般說來,成人前期的個體,多數能夠根據自己的志向、理想、興趣、愛好和特長,選擇自己的學習方向、工作職業、生活方式和成才道路,力求在某些方面完善自己、發掘自己、實現自我價值。由此可見,這個階段的志向與理想漸趨穩定。

(二) 追求事業上的成功

追求事業上的成功,是成人前期胸懷大志的表現。然而,任何人在事業上奮鬥都會有一番艱辛的歷程,這已成為眾所皆知的事實。馬森指出:

> 過去,一個人的頭一個職業往往決定其一生的生涯。而現在的青年人比以往任何時候都看重事業而非某一特點的工作。他們知道退休前自己可能從事幾種不同的工作,他們的目標是為一系列的職業標出某種方向和有組織的性質。他們將考慮"這個工作會導致什麼結局",以及"我在這一崗位上所獲得的有價值的經驗",此外,他們還考慮某個特定工作本身所帶來的個人滿足感及收入等。
> (Mussen, 1991)

1. 事業的選擇　選擇事業是事業成功的開始,所以選擇事業不是一件輕易的事情。正如馬森等 (Mussen et al., 1991) 所指出的,選擇事業至少在選定第一個重要工作時,在很多方面類似於選擇配偶。

選擇事業要考慮到事業的社會地位等一系列社會因素,同時也取決於個體的職業興趣以及個體的智力與能力等因素。

2. 職業的價值觀　成人前期在事業上是否成功,往往與職業的價值觀聯繫在一起。不同的個體之間,價值觀有明顯的差別。

(1) **大學生的職業價值觀**:國內外的研究指出,大學生"熱中事業"者的比例逐年提高。如圖 8-8 所示;而關心"賺錢"並以此作為衡量工作重

第八章 成人前期的心理發展 **465**

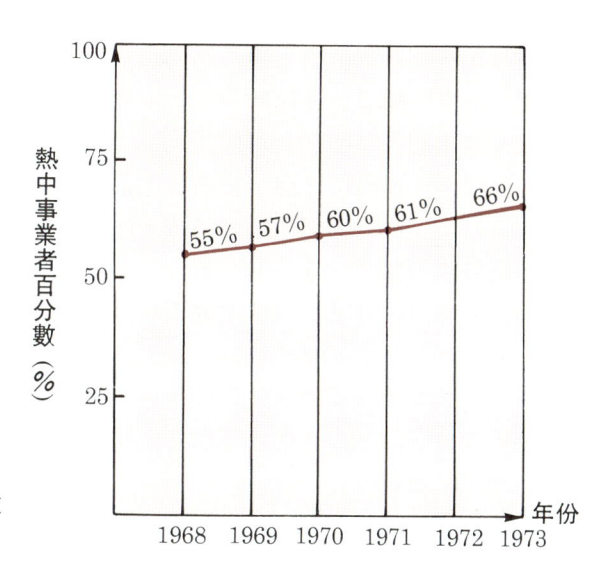

圖 8-8
大學青年熱中事業的人數
(採自黃希庭，1987)

要標準的比例也在增高，從 1970 年的近三分之一增加到 1973 年的幾乎三分之二 (Yankelovich, 1974；Mussen, 1991；黃希庭，1987)。

(2) **非大學生的職業價值觀**：馬森 (Mussen, 1991) 研究表明，非大學生對自己在工作中同時獲得經濟保障和自我實現的前景，不像大學生那樣抱樂觀態度，而是持懷疑態度。從大陸社會可以觀察到，非大學生對自己工作能獲得一定的收入不抱懷疑態度，他們的收入甚至遠遠高於大學畢業生，但對自我實現的態度卻差異很大。

3. 男女職業選擇的差異 由於種種原因，不管大陸還是海外，不管是否上大學，不同性別在選擇職業上是有區別的。加上婦女有生兒育女期，所以，女性在事業上要達到同齡男性的成就，需要花費更大的努力。

(三) 嚮往一定的社會地位

嚮往一定的社會地位，是成人前期胸懷大志的一個重要方面。然而，成人前期中有些人能滿足於現有的社會地位，但是多數人則不然 (Hurlock, 1982)。

因為社會地位是一個複雜的概念，既包括經濟地位，更重要的是指政治地位、文化地位、社會階層、社會聲譽、輿論看法等等。相對而言，經濟地位容易上升，像赫洛克 (Hurlock, 1982) 指出那樣，美國的成年男女，到三十歲以後，一般都已達到他最高的經濟地位，但社會地位並不如此。在中國大陸，許多腰纏萬貫的個體戶，並不想讓子女步其後塵，而希望子女進入較高的社會階層就是明顯的一例。

如何提高社會地位，用金錢購買也未嘗不可。比如在短時間內暴富起來的商人做好事、向有關部門捐贈巨款，能夠提高其社會地位。在美國，這叫做"以金錢購得象徵性地位的符號"。在當今世界上，提高社會地位的重要方法是接受高等教育。因為事業的成功與發展是提高社會地位的最有效的墊腳石。儘管如此，卻不是絕對的。提高社會地位還有其他的方法，例如，和地位高的人結婚，接受遺產，受到高地位人士的歡迎並與之來往，轉移到較高階層的教會，搬到富有的社區居住，接受並學習高階層人們的習慣、態度與表示地位的符號等。

隨著社會地位的改變，也會給成人前期的個體帶來各種心理適應問題，例如，地位提高後與原有生活方式、文化素養、姿態習慣等的矛盾；地位變化與人際關係的矛盾；地位上升與地位下降的矛盾等等。社會地位的變遷在成人前期是經常遇到的事情，過分的緊張與壓力對心理健康十分不利。

三、成人前期的心理適應

聯合國世界衛生組織(World Health Organization，簡稱 WHO) 在 1955 年把"健康"定義為："不但是沒有身體缺陷的疾病，還要有完整的生理、心理狀態和社會適應能力"。心理學中的**適應**(adaptation)，意味著對社會環境變化做出的反應。成人於現實生活中，在思想或行動上作自我調整，藉以保持自身與環境間的和諧關係，此一歷程即是**心理適應**(或**心理調適**) (mental accommodation)。

成人前期的心理適應範圍很廣，主要表現在三個方面，即對婚姻、對職業和對子女的適應。

(一) 對婚姻的適應

如前所述，"而立"之年首要任務便是"成家"，締結"婚姻"。婚姻由男女雙方締結而成，在締結的過程之中或之後，有一個是否成功適應的表現。如果是成功的適應，則是一種美滿的或比較美滿的婚姻，如果是失敗的適應，最後的結局往往是離婚。

1. 婚姻適應成功的表現　婚姻適應是成人前期最重要、最嚴峻的人生課題。婚姻中的人際關係，比其他人際關係更難適應。為了使婚姻適應成功，務須做好六件事，即婚姻適應成功從六個方面表現出來：

(1) **相親相愛，忠貞如一**：夫妻雙方對夫妻之間的恩愛感情，要忠誠專一，並要形成互敬、互愛、互信、互勉、互助、互讓、互諒、互慰的平等和睦的關係。

(2) **性生活和諧**：性的適應是一項最難適應的任務，所以夫妻雙方要了解一些有關性生活的生理常識和衛生知識；性生活要有節制不可過於頻繁；夫妻雙方要相互配合，男方要體貼女方；性生活要講衛生，不要在經期、妊娠初期和分娩前過性生活。

(3) **處理好家庭人際關係**：不管是**核心家庭** (nuclear family) 還是大家庭，都要處理好與配偶家人及外人的關係，家庭各成員之間要相互尊重、關心和愛護。

(4) **家庭經濟生活民主化**：要有良好的預算、支出，不欠債，不借貸，適當儲蓄，所有這些，都來自夫妻協商、經濟生活民主化的結果。此外，對財物的渴望和提高社會經濟地位的欲望，要立足實際，不能好高騖遠或者巧取豪奪而貪得無厭。

(5) **共同做好家務勞動**：在中國，不論是大陸還是台灣，男主外 (經濟來源的主要提供者)、女主內 (操持家務，生兒育女) 的傳統夫妻角色日趨改變，因此，夫妻雙方分擔家務，互相理解和支持，是相當必要的。這樣就不會出現**懶丈夫症候群**(lazy-husband syndrome)，由於丈夫不管家務，而導致夫妻間感情的緊張和摩擦。

(6) **扮演好父母角色**：出現了對子女的適應。

這六條是婚姻適應成功的基準，與之相反的就是婚姻不適應。婚姻不適應的結果是夫妻感情的破裂，嚴重的會導致離婚。這在成人前期還是比較普遍的問題。

2. 離　婚　離婚是一個社會問題。在美國，離婚率占 40% 以上。1986 年，我國大陸離婚人數達 70 多萬對，離婚率占 0.6%。從 1987 年起幾乎每年呈上升的趨勢。

(1) 離婚的原因：離婚的原因是多方面，絕不是單純的某一因素所致。赫洛克 (Hurlock, 1982) 認為離婚或分居有八個原因：早婚，而其婚姻適應所必須具備的心理發展尚不夠成熟；新式的求偶方式，使雙方不能有睿智的選擇；男女雙方的文化背景不同，給婚姻適應帶來強大的壓力；電影、大眾傳播等使人們太注重羅曼蒂克的享受；夫婦單方面或雙方面均想要發展各自的興趣與人格；不能適應為人父母的角色；想提高社會地位的壓力太大；過分不重視"家"是一個群體 (或團體) (group)。

可見，離婚的原因十分複雜。例如，職業婦女與家庭主婦就不一樣；同樣是職業婦女，而知識女性又有其特殊性；男女在離婚申訴上是有差異的；不同階層、不同社會地位的人群對離婚理由的表述又是不一樣的。此外，離婚與夫妻年齡，以及結婚年齡也有密切的關係。在大陸的離婚者中，30～40歲年齡的人數最多，約占總數的一半。大陸離婚者的主要原因還在於婚姻不適應，直接原因往往有三方面：①夫妻中有一方對愛情不忠誠，造成"第三者"介入；②與家人不和睦，特別是婆媳關係緊張，使夫妻難以相處；③經濟地位不平等造成的種種矛盾等。

(2) 離婚後家庭成員的適應：有人認為，離婚比死亡具有更強的創傷作用，這是有道理的。離婚，對夫妻、家人和孩子，都會帶來創傷。所以要適應離婚帶來的新情況。

對丈夫、妻子來說，要適應離婚本身以及感情上的變化；適應夫妻相互間的攻擊；適應社會上的態度；適應經濟上的變化；適應新居住環境；適應再婚。

離婚對孩子帶來的不良影響最大。研究表明 (Guidubaldi, 1986；林崇德等，1988) 離婚導致子女的壓抑和不安。離婚和完好家庭的子女在情緒-社會性，智力-學業，親子關係-同伴關係等一系列指標上存在著較顯著的差異。父母離婚對男孩的影響比女孩更大，特別是在較大年齡水平上；父母離婚的不良影響首先被男孩所體驗到，甚至在單親家庭生活平均 6.39 年後，離婚家庭的男孩仍在一系列指標上表現出比完好家庭男孩的適應性較差，離婚所造成的子女適應危機不是一種暫時現象。隨著歲月的流逝並隨著生活，特別是父母與子女日後生活關係的變化和社會的關懷愛護，才逐漸開始適應現實的環境。

(二) 對子女的適應

成人前期多數要為人父母。一對兩情相悅的青年夫婦，婚後第二年或若干年"突然"降臨了一個新生命，成為三人家庭，接著可能成為多口之家。這對青年父母而言，有一個適應過程。

馬森等 (Mussen, et al., 1991) 提出了"第一個孩子的危機"觀點，研究表明 83% 中產階層夫婦中，願意將第一個孩子的來臨稱為"廣泛的"或"嚴重的"危機。因為為人父母後，在社交活動、家務負擔、經濟開支、住房條件和夫妻交流以及感情等方面都會受到不同程度的影響。例如，第一個孩子有可能危及夫妻親密婚姻關係的發展。62% 首次做父親的人都感到自己被"冷落"了。又如以家庭勞動時間來說，會出現圖 8-9 所示的繁重負擔。在沒有小孩時，一個人做家務的時間每週為 30 個小時，但有了小孩後，特別在孩子還很幼小時，一個人每週做家務的時間就大大地增加了，這種時間上的增加，意味著家務負擔的繁重。

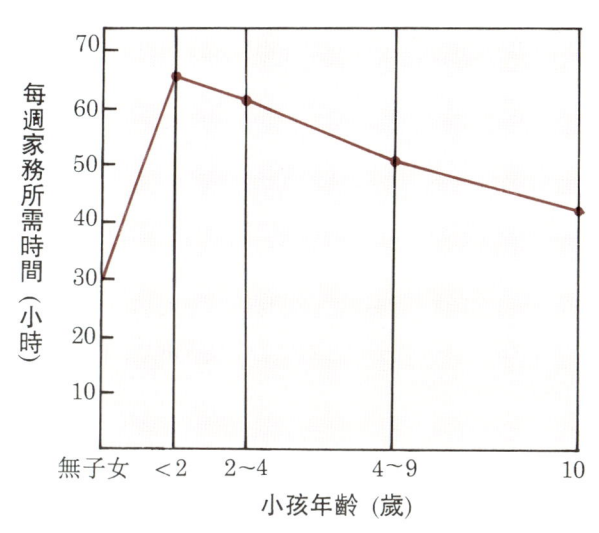

圖 8-9 小孩年齡大小與家務的輕重
(採自 Musse, et al., 1991)

然而，孩子是重要的，多數父母從自己孩子身上得到了最大的愉悅和滿足。有一項研究以 40 對婚姻美滿的夫婦與 40 對婚姻不如意的夫婦作了比較，當問到什麼是婚姻的最大滿足時，最常見的答案是"孩子"，且兩組在這一點上竟無差異。對婚姻不滿的夫婦中，有 63% 的人認為孩子是自己婚姻中僅有的滿足。中國大陸近年來出現破鏡重圓的復婚現象，也從另一個側面支持了上述研究結論。北京曾是離婚率較高的城市，現在這座城市的復婚率為 10%。復婚的原因多種多樣，其中因為孩子的占 50% 以上。可見，孩子是維繫婚姻關係的紐帶 (Mussen, et al., 1991)。

顯而易見地，這裏存在著一個矛盾。一方面，有了孩子似乎會出現"危機"；另一方面，孩子又是婚姻的重要內容。因此，如何對待孩子，不同的青年夫婦會出現不同的適應風格：第一種是晚育；第二種是根本不要小孩；第三種是重新明確父母的職責，夫婦一起承擔起家務負擔；第四種是留有一定時間，用於夫婦之間的接觸，這是一段**雙親時間** (parents' time)，屆時將孩子"忽視"片刻；第五種是接受如何充任父母的優育和優教措施。在上述幾種不同的適應風格中，我們認為實行優育、優教是對子女適應，當好父母的重要決策。

優育 (good caring) 主要包括孩子出生後身心健康發展所需要的條件。如衛生保健、疾病預防和護理、合理的營養、必備的用具及良好的生活環境等等。**優教** (good education) 則要求按照孩子的生理、心理特徵，用正確的指導思想和科學的方法進行教育，使他們實現正常的、全面的發展，從而逐步地健康成長 (盧樂山、林崇德，1992)。

(三) 對職業的適應

個體一般都是在成人前期就業的。就業後，對職業有一個適應的過程。這些適應包括：對工作本身的興趣，投入工作時間的長短，與同事和上司的關係，對工作環境的態度等等。

1. 影響職業適應的因素　影響職業適應的因素很多，主要取決以下幾個方面：

(1) **性別**：男性與女性相比，既表現出有較好的適應性，但又表現出較大的不穩定性或流動性。

(2) **年齡**：年齡越大人們改變職業的可能越小，如圖 8-10 所示。不同年齡的個體對職業適應的內容有所區別。成人前期主要是追求工作和成績，

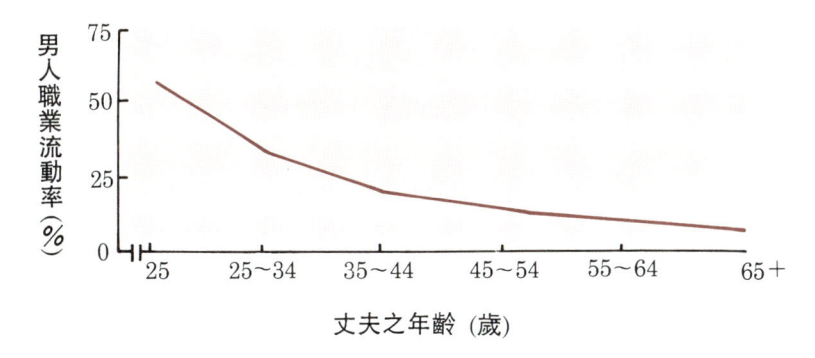

図 8-10　男人職業流動性的變化趨勢
(採自程學超，1991)

中年以後主要追求的是薪水和職位。

(3) 看工作是否能實現主體所希望的角色：如果答案是肯定的，則會感到滿足，於是全身心投入職業生活，當然適應性也好；否則就不感興趣，適應性也就差了。譬如，有的人不願意從事某一職業，但聯考時卻偏偏被錄取到從事這一職業的大學學習，其結果是畢業後很長時期激發不起其興趣，對職業難以適應，而要求變更工作。

(4) 職業訓練 (受教育程度) 和職業能力：某一個體職業訓練有素，功底好，能力強，則勝任該項工作，適應性水平高；否則，就難以勝任工作，適應性當然也就差了。然而，職業能力是一種特殊能力，對某一工作，甲可能適應，乙可能不太適應，丙則可能很不適應；而換成另一工作，甲可能不適應，丙可能很適應。全才而能適應一切職業者畢竟是極少數。

2. 職業適應的評價　赫洛克 (Hurlock, 1982) 指出，有兩個標準可以評定年輕人對職業適應的成敗與否；第一是工作的成功與成就；第二是個人與家人對這個工作及社會經濟地位所感到的滿意程度。

(1) **工作成就**："三十而立"，意味著年輕人"攀登高峰"、"有所成就"的追求心理，於是將全副精力放在工作上，促使一個人到三十歲時事業有成。但影響職業適應因素是多方面的。中年以前，職業上的職務、地位等分化是十分明顯的。只有到中年後期，企求成功的願望不如成人前期那麼強烈，代之而來的是安全感，到那時才會出現職業穩定性比發展性更重要的情形。對職業適應最差的是失業者。

(2) 滿意程度：影響對職業滿意程度的既有內在因素，又有外在因素。前者指工作給予主體自我實現的機會，允許其潛力的發揮的餘地，能獲得贊許、責任與發展的程度及知足的願望程度等等。後者指上司的為人、公正性和期望，工作的環境、性質和條件，薪水與福利等等。個體對職業滿意的程度，取決於內在因素和外在因素的**交互作用** (interaction) 和諸因素的整體效應。

本 章 摘 要

1. 從 18～35 歲的**成人前期**，正處於從"志於學"到"而立"之年。"而立"含義雖廣，但大致蘊含三層意思：一為獨立成家，經濟自立；二為建立事業，開創事業；三是事業有成，有所作為。
2. 成人前期，即**青年晚期**的發展任務，主要表現在擇業和就業，擇偶和成家，生兒育女，獲得社會地位，做一個好公民等方面。
3. 成人前期的基本特徵是，從成長期到**穩定期**的變化；此時智力發展到達"鼎盛"時期；從戀愛結婚到為人父母；從創立事業到緊張工作；從困難重重到適應生活。
4. 成人前期的**社會角色**的變遷：從非公民到公民；從單身到配偶；從為人子女到為人父母；從學生到職業人員；從嚮往職業者到事業的初步成功者。
5. 成人前期是人生走向鼎盛的階段，表現在生理特點、智力狀態、創造與成就最佳年齡的開始和社會交往的特點等四個方面。
6. 自 20 世紀 80 年代以後，研究者用**後形式運算**、**反省判斷**、**辯證思維**及認識論認知等不同的概念，來描述個體思維超出皮亞傑形式運算階段以後的認知圖式，統稱為思維發展的第五階段。這種思維發展的第五階段就是成人前期的認知特點。
7. 成人前期在一般能力發展上，不僅使所有的一般能力都獲得齊全而成熟的表現，而且都幾乎達到"高峰"，且出現高原期，直到 50 歲以後才開始緩慢地下降。

8. 成人前期表現出許多特殊能力，如職業能力、處理人際關係的能力、管理能力和適應能力等，以便適合這個階段發展中的角色變化。

9. 智能與職業選擇有多種聯繫，有些是直接的，有些則是間接的。每一種智能都能從事一定的事業，成人前期的每個個體，是否能"而立"、"有為"，關鍵問題是在人生的坐標，根據自己的智能特點找到其適合的位置。

10. 成人前期事業成功與否，與**非智力因素**有著密切的關係。非智力因素對事業來說，起著動力作用、定型作用和補償作用。

11. 成人前期價值觀不僅逐步穩定而且表現出對人生的看法是比較樂觀的；關注面在逐漸擴大；**人生目標價值**、**人生手段價值**和**人生評價**有其年齡特色。

12. 成人前期道德觀，不僅進入**自律**和**普遍神聖論**階段，且發展是穩定的，其社會認知能力和道德目標均開始進入高水平時期。

13. 成人前期認知能力、社會生活技能等方面的逐漸成熟，使個體開始對個人生活與社會生活中的一些基本問題，形成了自己比較穩定的**社會觀**。例如，**人際觀**、**自我觀**、**審美觀**、**宗教觀**和**幸福觀**諸方面的**社會觀**都有這種發展趨勢。

14. 進入成人前期，對**友誼**的理解深刻了，把友誼關係建立在相互間親密和情感共鳴的基礎上，友誼在這個階段中內化，使其穩定性進一步提高。

15. 成人前期的**愛情**從無到有、從弱到強、從不成熟到成熟，儘管存在著個體差異和年齡差異，但發展速度是較快的。在這個過程中，只有不斷地解決理想與現實的矛盾，才能使愛情開花結果。

16. "三十而立"中的立大志和事業心，主要表現在成人前期的志向與理想上。這個時期確立了社會性強、穩定志向和理想，開始追求著事業上的成功，並嚮往著一定的社會地位。

17. 成人前期婚姻的心理適應，主要是處理好夫妻之間的感情專一關係、和諧性生活、經濟生活民主化、與自己的或對方的家人和睦相處、共同承擔家務和教養子女的任務。

18. 成人前期對子女的心理適應，主要是做好優生、優育和優教工作。對子女，既不能規矩太多，又不能管理太鬆，應按照科學育兒的方法，處理好親子關係。
19. 成人前期對職業的心理適應，主要是培養和發展對工作的興趣，處理好與同事、上司的人際關係；本人與家人對職業感到滿意；工作的成功與成就應看作是對職業良好適應的指標。

建議參考資料

1. 林崇德 (1992)：學習與發展。北京市：北京教育出版社。
2. 馬　森、凱根等 (孟昭蘭等譯，1991)：人類心理發展歷程。瀋陽市：遼寧人民出版社。
3. 黃希庭、徐鳳殊 (1988)：大學生心理學。上海市：上海人民出版社。
4. 黃希庭 (主編，1994)：當代中國青年價值觀與教育。成都市：四川教育出版社。
5. 赫洛克 (胡海國編譯，1982)：成人心理學。台北市：桂冠圖書公司。
6. 龔浩然、黃秀蘭、俞國良 (1993)：青年社會心理學。杭州市：浙江人民出版社。
7. Gormly, A. V., & Brodzinsky, D. M. (1993). *Life-span human development* (5th ed.). New York: Harcourt Brace Jovanovich.
8. Jensen, L. C., & Merrill, K. (1986). *Parenting*. CBS College Publishing.
9. Mallmann, C.A., & Nudler, O. (Eds.) (1986). *Human development in social context: A collective exploration*. London: Hodder & Stoughton.
10. Rebok, G. W. (1987). *Life-span cognitive development*. New York: Holt.

第九章

成人中期的心理發展

本章內容細目

第一節　從不惑到知天命
一、人生旅途的中點站　477
　　㈠ 中年期的特點
　　㈡ 成人中期的發展任務
二、創造的年華　481
三、繁重負擔與艱苦奮鬥的中年人　483
　　㈠ 渴望金秋季節收穫的願望
　　㈡ 沈重與緊張的壓力
　　㈢ 面臨重重的困難

第二節　成人中期的認知發展
一、智力發展的最後階段　489
　　㈠ 智力發展模式
　　㈡ 智力活動發展的性質
二、社會認知與倫理認知　495
　　㈠ 中年人社會認知與倫理認知的加工方式
　　㈡ 影響中年人認知活動的主要因素

第三節　成人中期的家庭生活與職業

一、成人中期的家庭生活　500
　　㈠ 成人中期的婚姻
　　㈡ 成人中期的代際關係
二、成人中期的職業　506
　　㈠ 成人中期的職業發展
　　㈡ 成人中期的職業適應

第四節　成人中期的社會性發展
一、成人中期的人格穩定性　509
　　㈠ 人格結構的穩定性
　　㈡ 成人中期的人格發展特點
二、成人中期的人際關係　514
　　㈠ 中年人人際關係的影響因素
　　㈡ 中年人人際關係的特點
三、成人中期的心理適應　516
　　㈠ 中年危機
　　㈡ 中年人心理適應的範圍與內容

本章摘要

建議參考資料

成人中期(或成年中期)(middle adulthood)，又稱中年期(middle age)，一般指 35～55、60 歲這段時期。成人中期的年齡範圍是相對的，不是一成不變的。這是因為隨著生活和醫療條件的改善，人類的平均壽命不斷延長，因而劃分成人前期、成人中期和成人晚期的年齡界限也隨之發生改變。此外，在具體研究過程中，研究對象之間由於生活的自然條件、地理環境、生活方式、生活水平、個人修養等方面的差異，即使年齡相同，其健康狀況和衰老程度也可能相差很大。所以，成人中期究竟始於 30 歲還是 35 歲，終止到 55 歲還是 60 歲，這不是原則問題，對於不同個體來説，這種劃分更是因人而異的。

我們在這裏不過分嚴格規定年齡界限，而是將成人中期作為人生歷程中的一個階段。這個階段由青年而來，向老年奔去，其間在身心發展上呈現出許多特點。中年人是事業的中堅和骨幹，他們執著地追求和艱難地拼搏著。"路漫漫其修遠兮，吾將上下而求索"這是億萬中年人的共同心聲。另一方面，由於成人中期時間相隔很大，約 20 餘年，所以研究者往往將 35～50 歲作為**中年前期** (early middle age)，在這個時期，個體處在生命的全盛時期，體力好、精力旺盛、工作能力強、效率高，知識經驗和智力水平都處於高峰期；50～60 歲作為**中年後期** (post middle age)，在這個時期，個體的體力和心理發展狀態雖呈下降趨勢，但這不是急劇下降，同時又因隨年齡增長，個體的經驗越來越豐富，知識面更寬廣、深厚，故工作能力和效率依然較高。雖然如此，中年前期與後期還有著許多共同點。在這裏，為了論述方便，我們不一一列舉，而是結合成人中期的身心特徵，從發展的角度一起加以探討。

本章主要討論四個問題：

1. 成人中期的一般特徵是什麼。

2. 成人中期認知發展的特點，如何理解個體思維發展的最後階段。

3. 成人中期生活方式的特徵是什麼，他們在其家庭和職業方面又有什麼特點。

4. 怎樣看待成人中期社會性發展的穩定狀態，怎樣對待中年危機，又怎樣增強心理與社會適應性。

第一節　從不惑到知天命

　　子曰："四十而不惑、五十而知天命"(論語·為政)。所謂"不惑"，意指遇事能明辨不疑；所謂"知天命"，意指能認識未知的、難以抗拒的、無法預測的力量。孔子用"不惑"與"知天命"的形象說法，深刻地勾勒出成人中期的整個面貌。同時，社會生活實踐也告訴我們，絕大多數中年人無論對事實判斷、價值判斷，還是解決各種問題、掌握客觀規律，一般都已臻日趨完善的境界。

　　人到中年，個體表現出諸多不同於其他年齡段的特點，其中最重要的特點在於，成年中期的個體其生理功能開始逐步衰退，且在整個社會中承擔著"中流砥柱"的作用。因此，這個階段的個體表現出很強的事業心和很高的創造性，成為整個社會前進和發展的主力軍。但同時他們又痛感肩上擔子的沈重和壓力，處於家庭和事業的夾縫中，因而常處於緊張、焦慮和動盪不安的狀態中。這裡，我們以三方面對此加以具體分析。

一、人生旅途的中點站

　　程學超 (1991) 在其主編的《中年心理學》中指出，人到中年，大致走完人生旅途中的一半。確實，不管人的壽命如何延長，中年期作為其漫長人生旅途的"中點"，這是確定無疑的也是眾多發展心理學家的共識。

（一）　中年期的特點

　　處在人生旅途"中點站"的中年人，其心理發展有著特殊的表現，這種心理特點也反映了中年期的整個特點。

　　1. 生理功能的衰退　成人中期的各種生理功能較前一階段都有不同程度的改變。特別是中年後期，這種老化的傾向尤其明顯。從外表看，毛髮逐漸稀少、變白；皮膚日益顯得粗糙，出現褶皺；體重有增加趨勢，尤其是腰部脂肪明顯增加；身高也有所降低。機體組織中鈣質增加，感受功能衰退，尤其是視聽能力變化明顯。視力衰退，容易產生病變，45 歲後老花；聽覺方面按聲音頻率高低順序，聽覺逐漸減弱。進入成人中期後，新陳代謝的速度開始減慢，腦重量減輕，血液對黏液腺、肝、腎上腺、胰腺、性腺的供應減少，內分泌腺功能改變或降低，性欲和性衝動減退。女性 50 歲左右經歷更年期，男性的更年期則要晚幾年。許多人對更年期的變化不能適應，女性尤其明顯。當然，這種生理變化都是相對的。生活條件、工作狀況、身體素質、心理特點等都對生理變化產生一定影響，從而造成個別差異。

2. 智力有明顯的上升或下降 成人中期的智力變化很複雜。那些直接與神經系統狀態相聯繫，而較少依賴於後天經驗的智力因素有下降趨勢，如機械記憶能力、快速反應和注意分配或高度集中能力等。那些較多依賴於教育和實踐經驗的智力因素，如詞彙、推理能力、解決問題的策略等，中年人的成績要優於年輕人。從整體發展趨勢看，在職業、家庭中負以重任的中年人，其智力並沒有明顯改變。但對於某一個體來說，智力可能有明顯的上升或下降，個體間有很大差異。例如，學習的機會和高成就的動機，就能使中年人的智力有所提高。

智力活動的最高形式是創造力。成人中期是創造的黃金年華。關於這一點，我們將在下面專門展開論述。

3. 緊張的情緒狀態 成人中期不僅有諸如上述的生理變化，而且也面臨著社會角色的變化。中年人在社會生活的各個方面都扮演著骨幹的角色，他們在承擔繁重的社會工作同時，又有沈重的家務勞動。所有這些變化給中年人帶來沈重的壓力，於是容易產生緊張與焦慮。一般地說，中年人對於生理和社會的變化，須經過較長的時間才能適應，隨著適應性的提高，緊張與焦慮的狀態才會逐步消失。其他的情緒特徵在 55 歲以前，也在不斷變化著，例如，男子較年輕時表現出更多的柔情和情緒性；女子則比年輕時增加了攻擊性，減少了情緒性。一般到 55 歲左右時，個體的角色、興趣、活動與自己的身心狀態均取得良好的協調和平衡。

4. 興趣愛好的重點在轉移 成人中期的興趣範圍不如青年期那麼廣泛，但興趣的重點有所轉移。一般表現在：(1) 事業心的增強，對社會公務越來越感興趣；(2) 社會參與心增強，對政治時事比較關心。以上兩方面的興趣既決定了中年人的社會地位，又反映了中年人承擔著社會中堅的角色；

(3) 休閒需求增強，休閒方式從劇烈運動型轉變到安靜型。中年人喜歡的休閒活動主要有：閱讀、聽廣播、看電視、釣魚、散步、下棋、拜訪親友和適當旅遊等等。隨後，中年人興趣的變化趨於穩定。

5. 面臨中年危機的人格 成人中期的人格處於矛盾變化的狀態。人到中年，一方面人格趨於穩定，且更趨於內向，他們關心自己的內心世界，經常反省，男女性格也逐漸趨中。另一方面，幾十年的生活會使每個中年人對人、對己、對事的態度均發生改變，隨之而來的可能是整個人格的不同程度的變化。這是因為人到中年後，敏銳地感到自己的體力、精力、魅力逐漸不如從前，個體主觀願望與客觀條件、與事業成就的矛盾也逐步加劇，加上子女逐漸長大，有的不再將父母當作權威，有的進入社會不再依靠父母，這些都會給中年人帶來某種失落感，於是產生了**中年危機** (crisis in midage)，即表現出對諸多新問題、新情況不能適應而出現了一種心理不平衡的現象。多數人能夠順利度過這場"危機"，他們重新衡量自己的價值，並在健康、生活、工作、成就諸方面確立了新的起點。

(二) 成人中期的發展任務

面臨"老之將至"的中年人，其發展任務是什麼？這是發展心理學研究領域比較關心的課題，不同發展心理學家，從不同角度對此做了闡述。

1. 埃里克森的觀點 埃里克森 (Erikson, 1950, 1963) 認為，成人中期發展的主要任務是獲得創生感，避免**停滯** (stagnation)，體驗**關懷** (care) 的實現。**創生** (generativity) 是一個含義很廣泛的概念，它包括履行父母職責，如生兒育女；也包括被稱之為"生產力"、"創造性"的內容，如積極參與競爭，為社會做出貢獻。因此馬森 (Mussen, 1991) 認為，埃里克森的"創生"概念，類似於馬斯洛 (Maslow, 1970) 的自我實現概念。而所謂**自我實現** (self-actualization)，是一種盡力成為最完善的人的動機或願望。當個體進入中年期以後，他們的事業成果逐步積累，家庭成員增多，他們往往奮力兼差，不惜代價地工作。然而，對於長期持續拼搏的中年人來說，往往因為工作超負荷、負擔過重，其中的一些人，一旦感到自己不能一如既往地參與競爭與進行創造時，就逐漸進入停滯狀態。根據埃里克森的觀點，在中年期，每個人此時或彼時都會有些"停滯"。因此，解決創生與停滯的矛盾，使個體獲得創生、避免停滯，這是成人中期的主要任務。如果能圓滿地完成這一任務，就有助於中年人表現出與創生相關的優良品質，即**關心品質** (virtue of care)。具有這一品質的人表現為能關心自己所從事的工作，承擔家庭義務和教育子女、贍養老人的責任，而且他們做這一切，完全是自覺自願的。

2. 萊文森的觀點 萊文森 (Levinson, 1983) 認為，成人發展是由一系列交替出現的穩定期和轉折期構成的。前者指成人前期、中期、晚期的穩定階段，後者指每兩個時期銜接的階段。穩定期與轉折期的區別就在於生活結構是否發生了變化。所謂**生活結構** (structure of life)，就是個人的社會角色的綜合體。萊文森強調轉折期的重要性，當從成人前期向中期轉折時，原來青少年時期所關心的"我是誰？""我將來走向何處？"等問題又變得非常重要，個體開始按照原來確定的目標來評價自己取得的成就，並根據當前取得的成就和期望調整自己的目標。一言以蔽之，成人中期的發展任務是鞏固自己的興趣、目標及各種承諾，即處理好現實與可能之間的矛盾，獲得智慧、有見識、同情心、視野開闊等品質。

3. 哈威格斯特的觀點 哈威格斯特 (Havighurst, 1974) 認為，成人中期的發展任務其主要來源於個人內在的變化、社會的壓力以及個體的價值觀、性別、態度傾向等方面。成人中期是個體一生中一個特殊時期，它不僅是個體對社會影響最大的時期，而且也是社會向個體提出最多、最高要求的時期。在家裏，中年人必須精心培養、教育孩子，使孩子成為有責任心的人和幸福的人，同時必須維持與配偶的和諧關係。在工作中，面對工作壓力，必須全心全意達到和保持職業活動的滿意水平；與此同時，他們還必須接受和履行社會賦予他們的責任與義務。此外，中年人還必須尋找消遣閒暇時間的新方式，這種方式往往能反映出身體、興趣、價值觀、經濟地位、家庭結構等方面的變化。哈威格斯特把中年期的發展任務具體地歸納為如下七點：(1) 履行成年人的公民責任與社會責任；(2) 建立與維持生活的經濟標準；(3) 開展成年中期的業餘活動；(4) 幫助未成年的孩子成為有責任心的、幸福的成年人；(5) 同配偶保持和諧的關係；(6) 承受並適應中年人生理上的變化；(7) 與老年父母相適應。

我們認為，成人中期的發展任務，要根據其正處於人生歷程"中點站"

的各種特點而制定，應該包括下面六個方面的內容：(1) 接受生理的變化，在保健上進行自我調節；(2) 根據智能的特點，在工作上做好自我更新；(3) 面對巨大的壓力，在情緒上加以自我控制；(4) 鑑於興趣的轉遷，在活動上學會自我休閒；(5) 正視"中年危機"，在人格上實現自我完善；(6) 適應家庭狀況，在婚姻上促進自我監督。

二、創造的年華

在第八章，我們已經提到，成人前期是創造與成就最佳年齡的開始，為成人中期達到頂峰創造了條件。

創造 (creativity) 是一種行為表現，此一行為表現之結果富有新奇與價值，故創造性人物有能力在其一生中，創造出他人望塵莫及的成果來。在成人前期獲得一定成就以後，中年人則進一步投入創造，使其成就達到登峰造極的地步，這樣成人中期順理成章就成為**創造的年華** (creative age)。在這之後，由於體力和精力的緣故，某方面的創造動機和創造成果在逐漸減退。當然，也有大器晚成者，如我國古代著名的醫學家、藥物學家李時珍 61 歲時，才完成鴻篇巨著《本草綱目》；也有終生進行創造而銳氣不減的，例如弗洛依德的早期著作《釋夢》普遍被看作是他的最重要的著作，但他繼續擴展、說明、修訂、發展了他的精神分析理論，直到 83 歲逝世時為止。但是，這類例子畢竟只是少數，多數人的創造年代在成人中期。

馬森等 (Mussen et al., 1991) 指出，創造者的全部成果非常均衡地分布於整個一生之中。他列舉了一項研究，738 名被試的年齡都在 79 歲或 79 歲以上。結果發現：歷史學家、哲學家、植物學家、發明家等四類人在 60 多歲成就最多；科學家則在 40、50、60 多歲時成就卓著；藝術家要在更早些的年歲上，在 30、40、50 多歲時就成果迭出。圖 9-1 中的三幅圖展示了這些研究結果。

圖中顯示的某些職業的作品百分數是由最多產的十年中的作品百分數來表示的。詩人、建築師、化學家通常在 40 歲時創造成果最多；發明家、歷史學家則是在 60 歲。此處總結的資料只是解說性的，因為被試的知名度不同，成就的計算單位也不同 (如一首詩與羅馬歷史是無法等量齊觀的)。

斯金姆伯格 (Schiamberg, 1985) 也引證過類似的研究，被試是 100

482 發展心理學

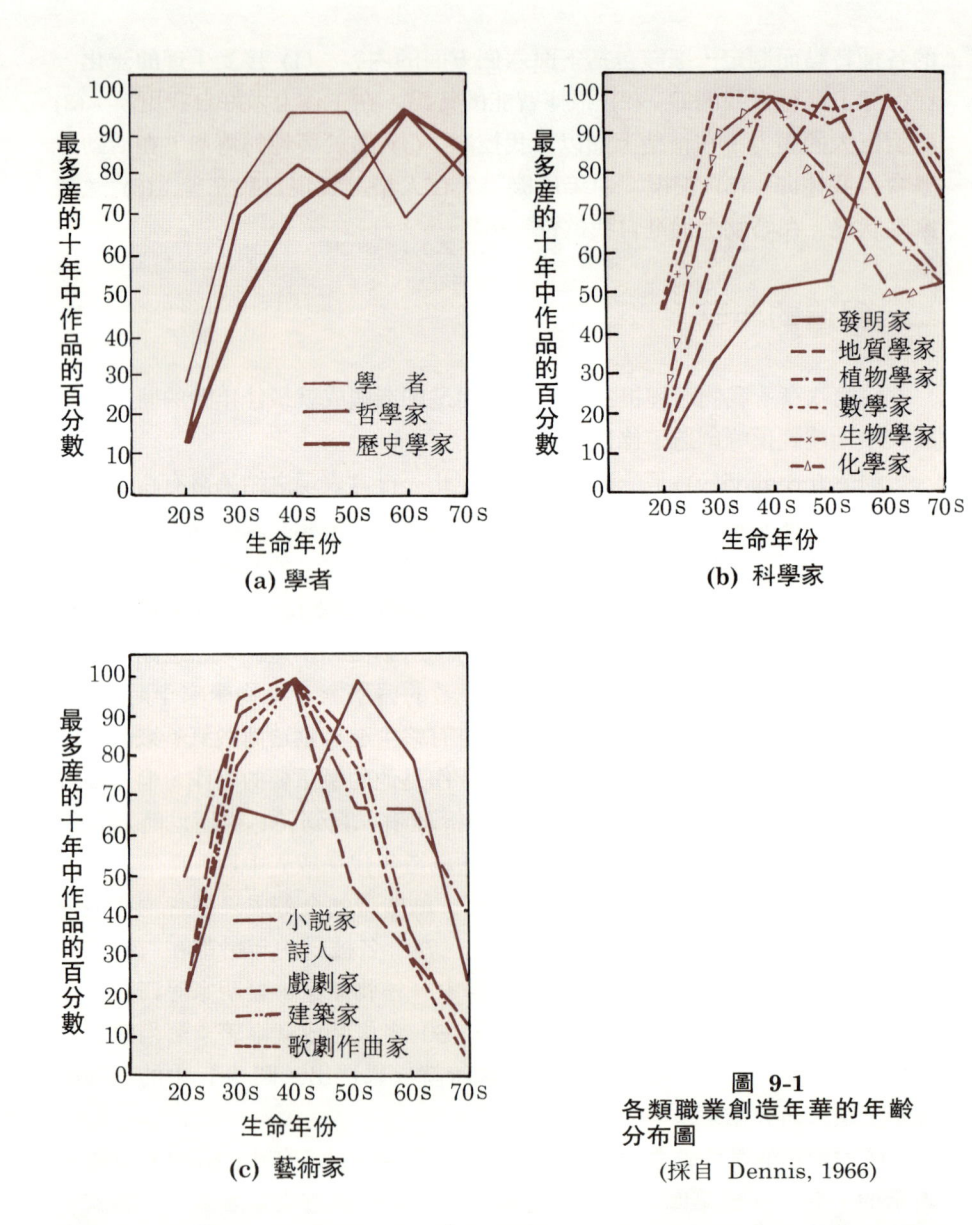

圖 9-1
各類職業創造年華的年齡分布圖
(採自 Dennis, 1966)

(a) 學者
(b) 科學家
(c) 藝術家

名 70~79 歲和 56 名 80~89 歲的科學家，調查他們發表科學論文數量的情況，結果表明，學者們撰寫的科學論文，30 歲以下較少，30~59 歲期間最多，即達到高峰，且近乎高原狀態，60~69 歲減少了 20%。圖 9-2

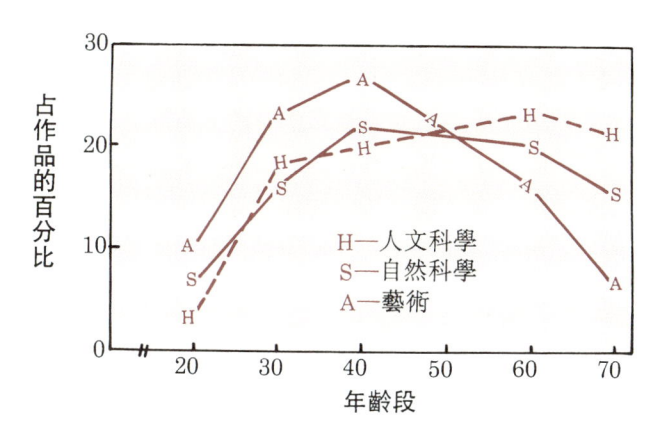

[圖 9-2 科學家的創造力與年齡關係
（採自 Schiamberg, 1985）]

展示了這個結果。

王極盛等人（1986）調查指出，無論是中國科學院院士，還是一般科技工作者，中年時代的創造成果高於青年時代，但這一差異沒有達到顯著性水平。程學超（1991）亦舉其一項研究結果，中國科學院北京地區部分研究單位在第一次科技大會（1979）上獲獎者，年齡在 36～50 歲的占獲獎總數的 88％。

由此可見，從"不惑"到"知天命"的成人中期是創造的黃金時期，是成就最多的年齡階段。

三、繁重負擔與艱苦奮鬥的中年人

在人的一生中，哪個階段負擔最重？答案毫無疑問的是中年人。在社會上，處於"不惑"之年到"知天命"的中年人倍受青睞，成為中堅，充當各行各業的骨幹；在家庭裏，上敬老，下扶小，承上啟下，充當一家之主，終日裏外應酬。於是有"操不完的心"、"做不完的事"，負荷沈重，賽如識途的老馬，不知張馳地拉套奮進。

（一）渴望金秋季節收穫的願望

願望（wish）是人們希望達到某種目的的想法，是個體有意識的並指向清晰目標的一種需要(或需求)(need)。當人的有效願望成為活動的**動機**(motivation)時,就成為個體行為的一種強有力的推動力量。

人到中年,其願望是千姿百態、豐富多彩的。有關心國家大事的,如政治安定、民富國強的願望;有凌雲壯志的,如雄心勃勃、事業有成的願望;有生活現實的,如增加工資、提高待遇的願望等等,不一而足。但對大多數中年人來說,渴求"金秋季節收穫"的願望是普遍的主要願望。

1. 期待金秋收穫是一種高層次的願望　相對青少年期和成人前期來說,成人中期從總體看,其生理、安全、歸屬和愛等較低層次的需要已基本滿足。按照馬斯洛的**需要層次理論**(或**需求層次論**)(hierarchy of needs theory),低層次的需要獲得滿足後,高層次的需要就會出現。於是追求地位、擁有金錢、受到尊重和自我實現的願望十分強烈。在這種強烈的成就動機驅使下,中年人不斷進取,努力使自己的才能和學識更趨於完善,做出更多的成就。

庫勒(Kuhler, 1952)揭示的不同年齡段生活目標上的變化圖,圖 9-3 也說明這一點。從圖中可以看出,西方的已婚女子,在成人前期的主要任務是照顧孩子,做一個好的家庭主婦;但到 50 歲左右,子女離家自立後,則希望參加更多的社會工作,擁有一個職業,並取得成就或升遷,這也屬於期待實現"金秋收穫"願望的結果。已婚男子在成人中期,把生活的主要目標放在工作和事業上。為了使"金秋"有"收穫",40 歲左右是已婚男子希望改行或變換工作的高峰期,以後改行的願望就日漸降低了,保持原來職業的願望日漸加強;但在 45 歲左右則把主要目標放在事業取得成功上,以後這一目標逐漸降低。按照自己的願望去爭取收穫,必然使成人中期要花費很大的代價,做出很多令人嘆為觀止的艱苦努力。

2. 望子成才是金秋收穫替代性的滿足　無論是自己做出成就的中年人,還是自己平庸過了大半生的中年人,一般地說,他們對子女的期望都比較高。前者是希望自己有良好的繼承者;後者是希望通過子女的成長,作為對自己事業無成的一個補償。所有這些,都是成人中期各種"願望"需要滿足的一種方式。

中年男女往往通過與自己孩子的**認同**(identification),從而在自己的生活變得遲滯時,繼續獲得發展感。在日常生活中也可以看到,中年夫婦常

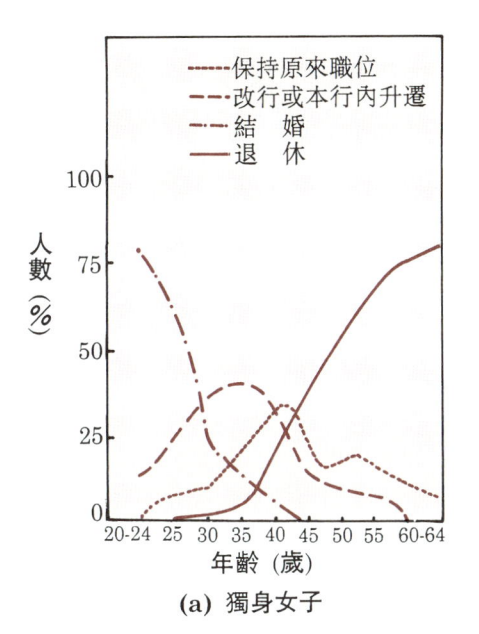

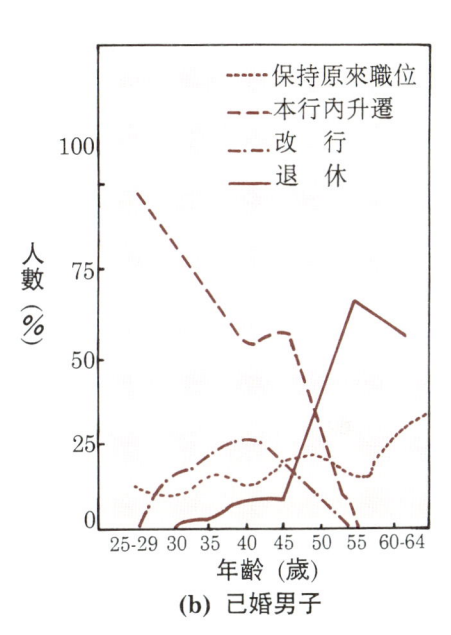

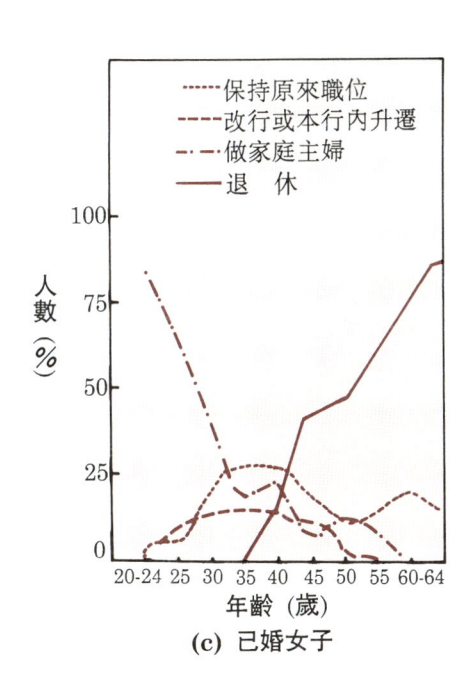

第九章 成人中期的心理發展 **485**

圖 9-3
不同年齡階段的人們在生活目標上的變化

(採自 Kuhler, 1952)

(a) 獨身女子

(b) 已婚男子

(c) 已婚女子

以子女的成就為驕傲，他們從才華橫溢、能力超群的子女那裏獲得了極大的滿足。子女的成功似乎比自己的、配偶的成功更重要、更令人滿意。

而教育子女成才，獲得願望（需要）的替代性滿足，也必然花費成人中期很大的代價，做出很多艱苦的努力。

（二） 沈重與緊張的壓力

人到中年，應該是一個金秋收穫的季節，自然會有許多喜悅和令人振奮的事情，但同時也會遇到許多麻煩和棘手的問題，產生許多緊張的壓力，體驗到煩惱和焦慮等情緒與情感。

如前所述，中年人的緊張，既來自生理上的變化，又來自社會的因素。職業、工作給中年人提出了更高的要求。如果青年人關心的是如何在工作中站穩腳跟，那麼，中年人更關心的則是職業的發展、聲望和成功。此外，家庭負擔，特別是子女的教養也給中年人提出了新的要求。隨著子女年齡的增加，父母更加操心費力，然而，他們的權威地位反而日益降低。於是，工作的沈重負擔，家庭的繁重負擔，加上自己的體力、精力正逐漸減弱，必然的使中年人心理壓力也隨之加重。調查表明，中年人煩惱者占 67%；焦慮者占 40%。這從一個側面反映了成年人中期的明顯心理壓力（程學超，1991）。

1. 中年人的緊迫感 緊迫感（或緊張）(tension) 是緊張壓力所造成的成人中期情感的一個突出表現。成人中期任務繁重，壓力很大，造成情緒上的緊張，使他們體會到時間緊迫。這樣，中年人變得比以前更加珍惜時間。這有兩個原因，一是他們工作、生活緊張，深深感到時間不夠支配；二是他們清晰地意識到，人到中年，此時不搏更待何時？於是，他們主動找事做，增加壓力。然而時間卻是一個常數。因而使他們常常為時間太緊，而有很多想做的事情做不了感到焦慮、煩躁不安，從而加劇了緊張，產生了強烈的緊迫感。

2. 中年人的焦慮 中年人的焦慮 (anxiety) 表現範圍廣泛，內容複雜且形式多樣。有來自家庭，特別是來自子女的焦慮；有來自職業、工作的焦慮；也有來自對自己的現狀評價產生的焦慮；或來自健康的焦慮等等。

赫洛克 (Hurlock, 1982) 指出，焦慮情緒在成人中期各個年齡階段的

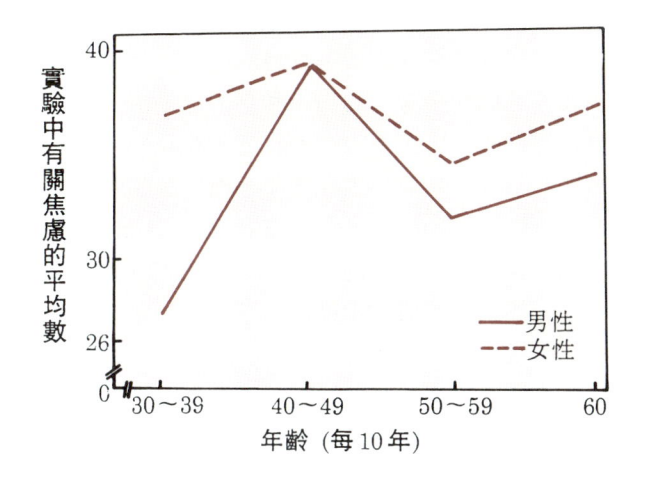

图 9-4 中年期的焦虑
(採自 Hurlock, 1982)

表現是有差異的。圖 9-4 表明，成人中期焦慮開始呈漸增趨勢。直到接近 50 歲才開始緩慢下降；女性的焦慮比男性更為強烈些。

程學超 (1991) 引證研究說明，焦慮可能引起自殺。30～40 歲年齡階段的個體自殺率明顯增高，40～60 歲是自殺高峰期，60 歲以後即開始下降。儘管自殺者在同齡人中畢竟是極少數，但自殺的發展趨勢，從另一個側面說明了成人中期的社會適應、情感適應和承受壓力的情況。

3. 中年人的煩惱 煩惱 (trouble) 每個年齡階段都有，但中年人煩惱的內容和體驗，都超過其他年齡階段。中年人煩惱的原因，正是來自其中年人自身所處的環境、地位、所肩負的責任、人際關係的複雜性以及由此而產生的衝突。程學超、富康 (1991) 調查了"引起中年人煩惱"的因素，依次排列為：身體不好、社會分配不公、想做的事做不了。此外，還有子女成長不稱心、工作不理想、個人價值被否定、人際間的內耗 (猜忌與摩擦)、真誠不被人理解等等，均是引起中年人煩惱的因素。

(三) 面臨重重的困難

成人中期在事業上肩負著"挑大樑"的社會重任；在生活上"挑重擔"，不論是廣度還是深度，其負擔是最重的。這種負擔是多方面的，主要表現為三個方面,一是事業上的壓力,中年人年富力強,比老一輩有精力,比年青人有經驗。這些優越的條件使他們成為社會的中堅,是事業的領導和骨幹力量,但正因為如此,他們在事業上的擔子和壓力也是最大的;二是生活上的重擔,養家糊口是每個中年人義不容辭的責任,在我們國家,中年人尤其不易,他們的薪水普遍不高,家庭中上老下小,需要照顧的人又特別多,而且家務勞動繁重;三是人際關係的紛擾,在潘允康 (1988) 的調查中,35%的中年人認為自己受人際關係不合的困擾。為了完成承上啟下的歷史使命,完成時代賦與一代人的重任,成人中期這一"金秋收穫"季節,成為人生最繁忙的艱苦奮鬥的階段。

　　成人中期的沈重負擔和艱苦奮鬥,鍛鍊了中年人的意志,造就了多數中年人按照既定目標,而排除困難和干擾的意志品質。富康 (1991) 用**卡特爾16 種人格因素測驗** (Cattell's 16 Personality Factors Questionnaire,簡稱 16PF),對 50 名中年教師 (年齡為 35～48 歲) 和 50 名青年學生 (年齡為 19～25 歲) 進行了測試,發現中年教師比青年學生更加負責任、敢做敢為、有自控力。信心、決心、恆心是中年人克服困難的意志保證,這種意志保證充分表現在他們通過卓有成效的努力,戰勝重重困難和各種艱難險阻順利到達彼岸的奮鬥過程中。

第二節　成人中期的認知發展

　　人到中年,其認知發展更加錯綜複雜,因而增加了對此研究的難度。早期研究者傾向於認為成人中期的認知發展隨著年齡增長而逐漸下降。近年來的研究者通過更精細的實驗設計系統研究發現,成人中期的認知發展相對穩定,甚至在某些方面有所提高。這說明了由於隨著成人中期心理研究資料的積累,中年人的認知發展特點正日益明朗化。在本節,我們結合國外的材料並從以下三個方面具體討論成人中期個體認知發展的特徵。

一、智力發展的最後階段

從**智力發展** (intelligence development) 的視野來看，成人中期智力發展處於"最後"階段，從 55 歲或 66 歲起，智力開始轉入**衰退時期** (period of decline)。

（一）智力發展模式

所謂**智力發展模式** (development pattern of intelligence)，主要是指智力發展水平隨年齡而變化的軌跡。任何一種智力發展模式必須回答：智力發展是單向的還是多向的；是單維的還是多維的。關於兒童青少年的智力發展，不管是哪一種智力理論，還是使用哪一種智力測量工具，所得的結論都是比較一致的，那就是隨年齡而增高，智力水平呈單調上升趨勢；或者是高一級階段的智力取代低一級階段的智力，如皮亞傑提出的四階段理論；或者是智力測量分數隨年齡增長而增加。然而成年期的智力是如何變化的呢？眾多的成人智力發展研究表明：中年人的智力發展模式是晶體智力繼續上升，流體智力緩慢下降；智力技巧保持相對穩定，實用智力不斷增長。

1. 晶體智力與流體智力 於 20 世紀早期的一些理論家和研究者都確信，隨著年齡增長，中老年生理功能退化，其智力水平也不可避免地出現下降的趨勢。然而，這種單調下降的智力理論隨著研究的深入而不斷受到質疑。智力是由不同成分構成，各種成分的發展變化軌跡又是互不相同的，為了精確描述各種智力成分發展的特點，卡特爾 (Cattell, 1965) 與霍恩 (Horn, 1976) 二氏依據智力發展與生理、文化教育的關係，把智力區分為兩大類，即晶體智力和流體智力。

所謂**晶體智力**（或**固定智力**）(crystallized intelligence)，意謂通過掌握社會文化經驗而獲得的智力。如詞彙、言語理解、常識等以記憶貯存為基礎的能力；**流體智力**（或**流動智力**）(fluid intelligence)，則是以神經生理為基礎，隨神經系統的成熟而提高，相對地不受教育與文化的影響。如知覺速度、機械記憶、識別圖形關係等。卡特爾與霍恩以及後來學者的研究，收集了大量的數據來揭示這兩種智力各自的發展軌跡。他們發現，青少年期以

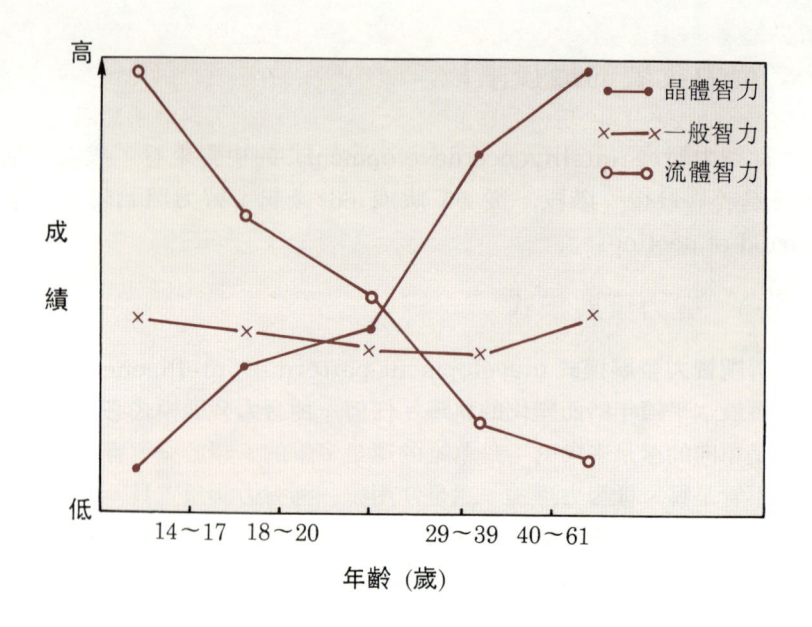

图 9-5 流體智力、晶體智力和一般智力的年齡變化
(採自 Horn, 1970)

前，兩種智力都隨年齡增長而不斷提高，青少年期以後，特別在成年階段，流體智力緩慢下降，而晶體智力則保持相對的穩定。圖 9-5 就是該模式的具體圖示。

　　學者們的進一步研究表明，流體智力隨年齡增長而下降與以下幾種能力的下降密切相關：組織信息的能力、忽略無關信息的能力、集中注意與注意分配的能力，以及在工作生活中保持信息的能力。上述幾種能力的下降，與神經生理的變化又是密不可分的。與之相比，晶體智力變化的基礎在於個體的知識經驗日益豐富，而在這裏，年齡是一個重要的因素。

　　卡特爾把智力劃分為**晶體智力**與**流體智力**，並以詳實的實驗研究和別出心裁的理論概括，分別考察了兩種智力的發展軌跡，他的這些研究工作是非常有意義的。首先，它具有較高的生態學意義，可以解釋生活與工作中觀察到的一些現象，如年青人加工處理新穎信息的能力較強，而中年人在分析、解決問題方面能力較強；其次，有助於我們進一步深刻而全面地認識成年人的智力特點；第三，為豐富智力發展理論開闢了新的研究思路。但儘管這種觀點較為普遍地為多數人所接受，它仍然有不足之處：其一，割裂了兩種智力間的聯繫；其二，在實際智力測驗中很難設計出純粹的晶體智力測驗，或流體智力測驗。這也是智力研究工作者今後應致力於解決的問題。

2. 智力技巧與實用智力　在強調智力發展的多維性與多向性的前提下，以巴爾特斯 (Baltes, 1985) 為首的**新機能主義** (new-functionalism) 者進一步發展了卡特爾和霍恩提出的晶體智力與流體智力的理論，並把這個理論與認知心理學聯繫起來加以考察，進一步認為智力發展可區分為兩種過程。第一種過程叫作**基礎過程** (basic process)，它與思維的基本形式密切相關，其主要功能在於負責信息加工和問題解決的組織，所以又稱為**智力技能** (intellectual skill)。兒童青少年智力發展是以第一種過程為主，尤其是通過正規學校教育，使兒童與青少年不斷獲得各種各樣的解決複雜任務的技能。第二種過程是智力技能和情境、知識相聯繫的應用，所以又稱**實用智力** (practical intelligence)。它主導成年期智力的發展。如果個體具有繼續練習的機會，具備使有關知識系統地、有選擇地達到最優化的條件，那麼屬於實用智力範疇的專長、才智都可以在後半生保持增長，以致重新獲得並超過成年前期的智力發展。

巴爾特斯提出的這種雙重過程模型，不但把兩種智力 (或發展過程) 有機地聯繫起來加以考察，而且對於制定適合於評定不同年齡階段個體的智力測量工具，也提供了理論基礎。因此，對豐富智力發展理論具有重要意義。但是，由於歷史文化因素的影響，制定適合於評定不同年齡階段個體的智力測量工具，並不是一件唾手可得的事情，尚需要研究者進一步艱苦努力和系統全面的研究。

3. 外顯智力與內隱智力　根據智力適應理論，各個年齡階段有各自的智力活動任務，對應於不同的智力活動任務，智力的構成成分也不相同。目前，隨著對智力結構研究的不斷深入，心理學家對智力的構成成分，提出外顯智力與內隱智力的概念。

(1) **外顯智力**：對智力結構成分的研究，心理學家進行了大量的探索，歸納起來，主要是兩種思路：一是心理測量理論。研究者根據自己對智力結構的認識，選取編製測量智力結構成分的材料，通過外在的測量材料來考察智力結構中各成分的關係及發展。二是信息加工理論 (或訊息處理論)，即把智力活動過程視為信息加工過程。不論是心理測量理論，還是信息加工理

表 9-1　內隱理論中的智力內涵

30 歲	50 歲	70 歲
Ⅰ. 解決問題的新穎性 　A. 對獲取知識了解新事物很感興趣 　B. 表現出好奇心 　C. 敢於對公衆媒介的內容提出質疑 　D. 能夠用各種各樣的新概念進行學習和推理 　E. 能夠以創新和獨特的方式分析新問題	Ⅰ. 解決問題的新穎性 　A. 能夠以創新和獨特的方式分析新問題 　B. 能夠知覺與貯存新信息 　C. 能夠以各種各樣的新概念進行學習和推理 　D. 敢於對大衆媒介的內容提出質疑 　E. 表現出好奇心	Ⅰ. 流體智力與晶體智力的混合物 　A. 詞彙豐富 　B. 閱讀內容廣泛 　C. 能夠理解反饋（信息）並作出相應反應 　D. 能從無關信息中篩選出有關的信息 　E. 能從給出的信息中得出結論
Ⅱ. 晶體智力 　A. 是自己領域內的行家能手 　B. 能勝任工作 　C. 能從給出的信息中得出結論 　D. 講話富於智慧	Ⅱ. 日常生活能力 　A. 能根據生活情境調整自己 　B. 對人與事富於覺察力 　C. 能夠適應有挫折的生活情境 　D. 能很好地適應環境 　E. 知道自己專門知識領域以外的事物	Ⅱ. 日常生活能力 　A. 思想與行動中都充滿智慧 　B. 對人與事富於覺察 　C. 三思而後行 　D. 能夠適應有挫折的生活情景 　E. 知道自己周圍正在發生的事情
Ⅲ. 日常生活能力 　A. 良好的大衆意識 　B. 能根據生活情境調整自己 　C. 能夠適應有挫折的生活情境 　D. 對自己的家庭及家庭生活很感興趣 　E. 能很好地適應環境	Ⅲ. 社會能力 　A. 舉止得體 　B. 高尚的價值觀念 　C. 對自己的家庭及家庭生活很感興趣 　D. 很好的大衆意識 　E. 是自己領域內的行家能手	Ⅲ. 認知投入 　A. 表現出好奇心 　B. 勝任工作 　C. 正確評價青年人與老年人 　D. 對自己的家庭及家庭生活感興趣

(採自 Sternberg, 1985)

論，它們都是基於研究者的智力觀，通過外在的刺激材料進行測量評定的，所以，它們又統稱為**外顯智力** (explicit intellect) 理論。人們習慣上把研究者所持的智力理論稱為外顯智力。從發展心理學的角度看，外顯智力理論對智力發展的研究多側重於智力的量變，考察某種智力成分水平的變化，未能夠從生活實際和社會的角度，去分析各年齡階段智力活動性質的變化。因此，與外顯智力理論相對應，以斯騰伯格 (Sternberg, 1985) 為首的幾位美國心理學家提出了智力的內隱理論。

(2) **內隱智力**：智力的**內隱理論** (implicit theory) 是指人們 (包括心理學家和普通人) 在日常生活和工作背景下所形成的，且以某種形式保留於個體頭腦中的關於人類智力結構及其發展的看法，簡稱**內隱智力** (implicit intellect)。1985 年斯騰伯格等人對成人智力的內隱理論進行了系列研究。首先要求 152 名 17～83 歲的被試列出 30、50、70 歲中聰明者與愚笨者的行為特徵，然後把被試所列的行為特徵整理列表，要求 22 名 24～84 歲的被試對上述行為特徵在確定 30、50、70 歲中聰明者與愚笨者的重要性進行評定。最後請 69 名 26～85 歲的被試對上述特徵在區分 30、50、70 歲中聰明者與普通人的作用進行評定。具體情況見表 9-1。

表 9-1 的內容表明，中年人智力活動所表現出的主要方面，不同於其他年齡階段的個體，不僅有與學術有關的能力，而且還有與生活、社會有關的能力；同時，在智力活動的深度和廣度上都達到了最高的程度。對中年人而言，參加研究的被試更強調他們的日常問題能決能力的重要性，強調中年人根據知識經驗和社會閱歷，主動適應人際環境和社會環境的重要性，而對 30 歲的人則不然。顯然，這與中年人智力活動的主要任務是相一致的。

(二) 智力活動發展的性質

智力發展模式比較強調智力水平的變化，換言之，它關心的是各種智力成分 (如邏輯思維能力、記憶、言語能力等) 如何隨年齡而變化，考察的是智力水平與年齡這二個變量之間的函數關係。然而，智力發展不僅有量變，也有質變，關於中年人智力活動的性質，這是發展心理學家近年來非常關注的問題。在大量的實驗研究和理論分析中，較為一致的觀點是，中年人的智力活動性質不同於其他階段個體的智力活動。

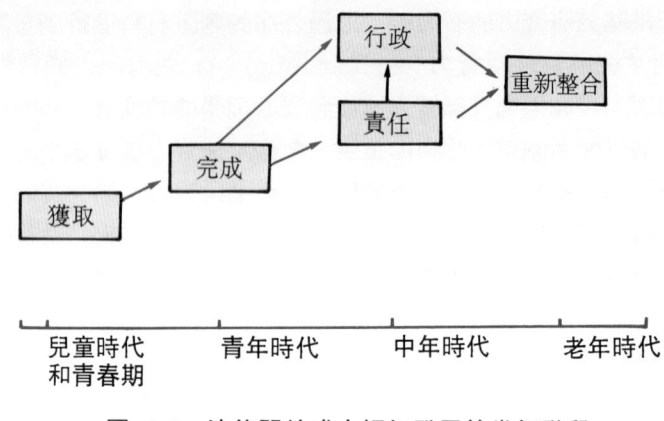

```
                    行政 ──→ 重新整合
                   ↗  ↑    ↗
              完成    責任
             ↗    ↗
         獲取

  └──────────┴─────────┴─────────┴─────────┘
    兒童時代    青年時代    中年時代    老年時代
    和青春期
```

圖 9-6　沙依關於成人認知發展的幾個階段
(採自 Schaie, 1978)

1. 畢生智力發展階段　皮亞傑認為智力的本質是**適應**(adaptation)。越來越多的心理學家認識到，進入成年期後，智力變化仍具有適應意義。這就是說，中年人的智力活動特點是與其對環境的適應分不開的。環境對個體有什麼要求，個體相應的智力功能就得到發展。

美國心理學家沙依 (Schaie, 1978) 根據**智力適應理論**(theory of intelligence adaptation)，即個體的智力從本質上說是一種適應，把人的一生智力發展劃分為不同階段，如圖 9-6 所示。

沙依認為，兒童青少年時期，智力發展的根本特徵是獲取信息和解決問題的技能。皮亞傑及其他一些心理學家提出的認知發展理論，已對這一發展過程作出了很好的解釋。然而，這種智力理論的發展觀點只適合於兒童和青少年時期，對成年期智力的性質與特徵應從新的角度來認識。沙依認為，在中年初期，即青年晚期，青年人開始從事各種職業，建立家庭。此時的主要任務就是為實現自己的理想和奮鬥目標而努力工作。這個年齡階段涉及到抽象的認知技能，而且還會涉及到標準化智力測驗沒有測量到的能力。同時在這一過程中，青年人的自我意識得到進一步發展，能夠對自己的活動進行監控，評判當前的活動與設定的目標之間的距離。

青年人在上述各種能力發展的基礎上，個人的獨立性達到了較高程度，緊接著轉入下一發展階段——責任階段。從年齡上看，這一階段正是成人中期。中年人是社會的中堅，與其他年齡階段的人相比，他們的社會責任最為重大。他們不只要承擔家庭方面的責任，如撫育、教育子女，而且更主要的是承擔事業方面的責任。因為大部分中年人都是各行各業的專家或骨幹，他們的工作質量在一定程度上影響到整個社會各項事業的發展。此外，還有一部分中年人從事行政領導工作。由承擔一般社會責任到承擔行政領導責任，取決於多種因素如個人的才能、成就，甚至於機會。

在 60 歲或 65 歲以後，就進入老年時代，這一時期，人們獲取知識的需要減弱了，未來對老年人來說是短暫的、無關緊要的。由於退休，老年人需要承擔的社會責任逐漸減少。因此，老年期智力活動的主要任務轉向自己的內心世界，重新整合自己一生的經驗，如一些老年人寫自傳或回憶錄等。

總之，不同發展時期，智力活動的任務有所不同。簡而言之，兒童時代智力發展的主要問題是"我應該知道些什麼？"青年和中年時期智力活動的性質是"我應該怎麼運用我所知道的東西？"老年期智力活動的性質是"我為什麼要知道？"

2. 對成人中期智力發展的序列研究　　沙依和拉鮑維 (Schaie & Loabouvie, 1956) 運用**序列研究法** (sequential research method) 對不同年齡階段的被試進行研究，後又於 1963、1970、1977 年對這些被試繼續進行追踪研究，每次都增加新的並與原有被試年齡的被試相同。這樣他們獲得了四個橫斷研究結果，還有歷時 21 年的縱向資料，研究結果見圖 9-7 至圖 9-9。

從圖 9-7 中可以看出，出生年齡不同的群體，由於社會的不斷發展，其智力得分也在不斷的提高，但亦有表現特例者，如在詞的流暢性上，1938 年以前出生的群體成績不斷下降，1938 年以後出生的群體又有所上升。從縱向研究的資料來看 (見圖 9-8，圖 9-9)，智力的五個不同的方面，在 60 歲以前幾乎沒有什麼下降，無論男女都是如此。如果把 1963 年與 1970 年兩次測驗結果用一種序列比較法進行比較，就會發現在 53 歲之前個體的智力是不斷增長的，53～67 歲期間，個體的智力基本保持不變。總之，從前面的研究中，我們不僅可以看出成人中期智力保持著上升或穩定的**趨勢**，而且也清楚地表明了社會歷史發展對中年人智力發展的影響。

二、社會認知與倫理認知

智力活動的任務和智力的主導成分是中年人智力活動性質的外部特徵，

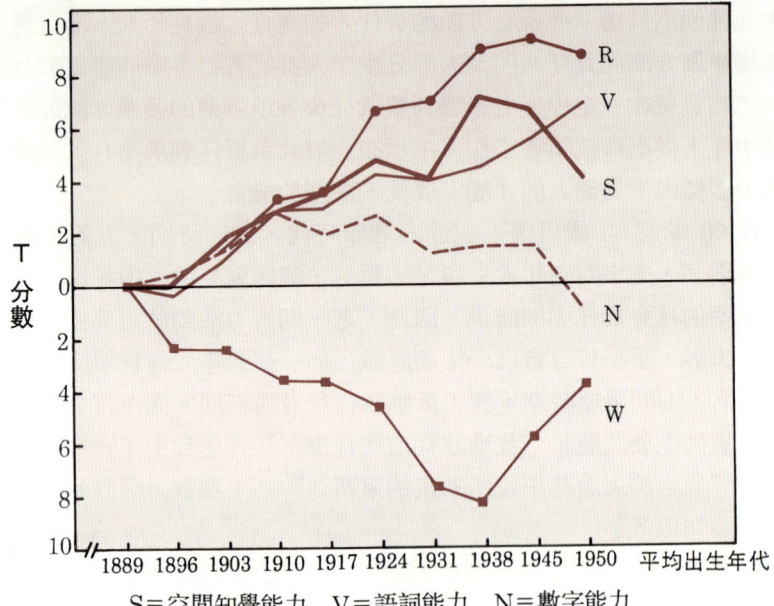

S＝空間知覺能力　V＝語詞能力　N＝數字能力
R＝推理能力　　W＝語詞流暢性

圖 9-7　五種能力的代際變化

(採自 Schaie, 1986)

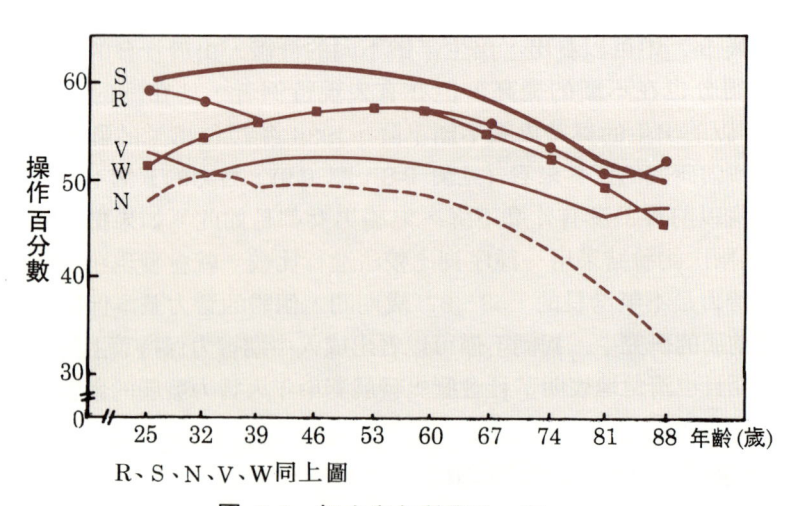

R、S、N、V、W同上圖

圖 9-8　智力與年齡變化 (男)

(採自 Schaie, 1986)

图 9-9　智力与年龄变化（女）
(采自 Schaie, 1986)

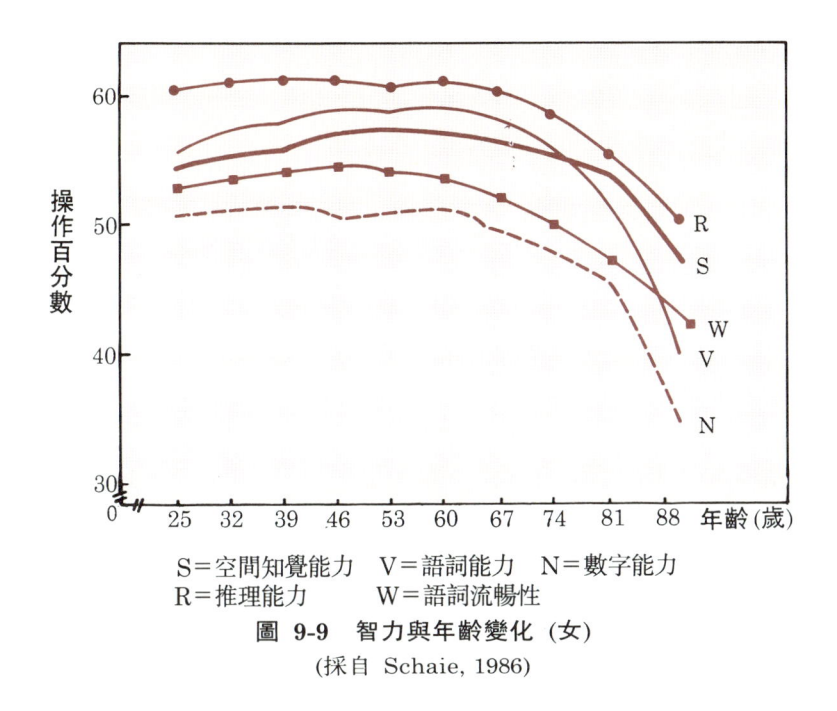

S＝空间知觉能力　　V＝语词能力　　N＝数字能力
R＝推理能力　　　　W＝语词流畅性

与之相对应的则是中年人智力活动的内在特征，即**智力操作方式** (pattern of intellectual operation)，或**认知加工方式** (或认知处理方式) (pattern of cognitive processing)。认知加工方式涉及到智力活动的内在过程，具体说就是个体加工什么样的信息和如何加工信息组织知识经验。中年人认知加工的主要内容是社会信息，根据诸如自己和别人的行为、社会交往、社会规则和集体组织间的关系等社会信息，而开展认知加工活动。因此，**社会认知** (social cognition) 与**伦理认知** (ethics cognition) 是成人中期智力发展的重要特点。

（一）　中年人社会认知与伦理认知的加工方式

由于中年人的认知任务是以如何运用知识技能为主，因此抽象的学术认知固然重要，但社会认知与伦理认知更加重要。

1. 由抽象到具体　中年人认知加工方式不再以抽象的逻辑思维为主，而是由抽象上升到具体。换而言之，就是在解决问题时，不仅考虑问题的逻輯結構，而且還考慮問題的背景。例如，美國心理學家拉鮑維-維夫 (Loabouvie-Vief, 1987) 曾做過一個著名的研究，她給 9～49 歲的被試呈現一系列故事，下面就是其中的一個故事：

> 約翰是一個有名的酒鬼，尤其是他去參加晚會時經常喝得大醉，他的妻子瑪麗警告他，如果他再喝醉，她就帶孩子離開他。一天晚上，約翰又外出參加晚會並喝醉了。(Loabuvie-Vief, 1987)

問：瑪麗會離開約翰嗎？你對你的回答有多大把握？

結果表明，青少年在解決問題時，解決問題的辦法是由問題中的形式條件決定的，即被試不仔細考慮問題的內容，也不變換思考解決問題的角度，只是嚴格按照三段論推理，且對自己的答案十分肯定。而成年人，尤其是中年人，在解決問題時不僅要考慮問題的邏輯結構，即三段論推理的過程，還要考慮到問題的背景、特徵，如故事中主人翁的動機、情感等主觀因素，從而對三段論推理的大前提成立的條件與範圍予以考慮，所以對這類道德推理或認知問題做符合社會情理的解決，也成了解決問題過程的必要組成成分。換句話說，中年人在做出重要決定時，往往不單純地根據邏輯的理由。中年人由於社會認知能力而獲益，這種能力就是對社會經驗和各種知識進行思考後產生的**洞察力** (或領悟) (insight)。這是在成功地解決許多個人和社會**兩難問題** (dilemma) 後獲得的。解決那些各有哲理而又互相對立的觀點，對發展中年人的社會認知能力有特殊的重要性。

2. 歷史-倫理-道德的認知成分 中年人的社會認知，相對的一個成分是"歷史-倫理-道德"問題，於是他們在認知中，根據自己人生經驗中的道德準則、價值觀和目標，穩定地認知倫理關係，並付諸於道德行為中去。不同環境條件下道德行為的社會一致性，在相當程度上取決於成人中期的倫理認知，於是可信賴的、穩定的道德行為在成人中期表現得最為明顯。

（二） 影響中年人認知活動的主要因素

眾所周知，影響智力活動的因素是多種多樣的。對中年人而言，影響智力活動的主要因素是社會因素，這正反映了成人中期社會認知與倫理認知的特點。儘管影響中年人認知活動的也有身體健康水平，成人中期作為人生的生理發展的一個轉折期，也是身體健康易出問題的時期，因此，生理轉折的變化對中年人認知活動的影響也是十分重要的，但起根本作用的還是社會因素。即是社會歷史因素。中年人與兒童青少年相比，由於他們年齡大，自然經歷的社會歷史事件就多，因此，社會歷史問題對中年人來說，是主要的影響因素。另一是職業因素，中年人各自都從事特定的職業活動，這是兒童青少年沒有的，鑑於此，職業因素對智力活動的影響亦不可忽視。

1. 社會歷史因素　中年人的年齡較大，其實際經歷的社會歷史事件較多，社會歷史因素在他們身上產生的烙印也相對深刻些。因此，社會歷史因素就成為影響他們認知活動的特定因素。這種因素對認知活動產生的影響效應就是現在許多發展心理學家所說的**群夥效應**（或同輩效應）(cohort effects)。群夥是指同一時代的人。如 1950 年出生的人，他們的基本背景相同或非常近似，如營養、受教育水平、大眾媒介的影響、科學技術對人們生活方式、生活風格的改變等都很近似。不同群夥之間，其背景狀況及經歷不相同，在認知上也表現出差異。例如，美國心理學家沙依 (Schaie, 1990) 通過橫斷研究與追蹤研究相結合的研究方法，研究青年至老年七種基本心理能力（如言語理解、空間定向、數字、推理等）的變化，結果發現不同群夥在同一年齡上智力差異明顯。例如，1910 年出生者 20 歲時達到的智力水平，低於 1925 年出生者 20 歲時達到的智力水平。被試的基本心理能力與被試出生年份密切相關，出生越晚，基本心理能力水平越高。沙依認為，這是由於社會歷史發展影響的結果。社會越進步人們的醫療保健條件越好，受教育的機會和水平越多越高，大眾媒介與科學技術對人的影響越大，基本心理學水平就越高。因此，人類認知的發展水平總是越來越高的。

2. 職業因素　在生活中我們經常會遇到這樣的現象，同一個東西對從事不同職業的人會有不同的認識結論。如"O"，化學家把它看成"氧"，會計把它看成"零"，英語教師把它看成一個英文字母。這說明職業對人的認識活動會產生一定的影響。究竟職業對人的認知產生什麼樣的影響？埃弗利歐和沃爾德曼 (Avolio & Waldman, 1987) 進行過這樣一項研究，從煤礦工人中隨機選取 131 人作為被試，其中男性 107 人，女性 24 人，其受教育的水平接近但工種不同，其中 69 人來自生產部代表非技術工人，62 人來自機械部代表技術工人。對他們進行同種能力測驗，內容包括空間視覺、數字推理、言語推理、符號推理、機械推理等測量。結果表示，非技術工人組年齡與測量分數有較高的負相關，相關係數變化範圍是 -0.37～-0.57；而技術工人的年齡與測量分數之間幾乎沒有關係。這說明技術工人與非技術工人之間在認知上是有一定差異的，非技術工人的認知水平隨著年齡增長而下降，而技術工人的認知水平則保持相對穩定。由此可以推論，技術工人的工作對其認知有一種積極的維持作用。為什麼不同職業活動對人的認知影響效果會不一樣呢？斯庫勒（Schooler, 1982）認為，職業對個體認知的影響，不在於職業的種類，主要在於職業活動的性質。如果所進行的活動需要發揮個人的主動性，需要運用個人的思想，需要個人進行獨立判斷等等，那麼這種事業活動有利於認知功能的發揮，對認知產生積極的影響；反之，那些簡單的、機械的、重復性的職業活動，則對認知產生積極影響的可能性就小得多。

第三節　成人中期的家庭生活與職業

中年人是家庭的支柱、社會的中堅。因此，與人生歷程中的其他階段相比，成人中期時的家庭生活與職業活動尤為重要，這是他們生活的主旋律。

一、成人中期的家庭生活

中年人的大部分發展任務都是在家庭生活（極少數是單身生活）內得到實現的，家庭是中年人積極開展職業活動的根據地和後勤基地。

（一）　成人中期的婚姻

人到中年，絕大多數的個體已經成家，但這個階段的婚姻狀況會表現出各種不同的情形。

1. 中年人的婚姻狀況　在美國一抽樣中約有96%的成年人在54歲前結

婚，但是其中一半以離婚而告終。具體地分析，第一次結婚的人中約有37%離婚；第二次結婚的人，離婚率高達 59%。

我國大陸地區中年人的婚姻狀況可以用表 9-2 來說明。

從表 9-2 可以得出以下幾個結論：(1) 中年人完整婚姻占絕大多數，不完整婚姻占少數；(2) 隨年齡增長，未婚率、有配偶率降低，喪偶率、離婚率上升；(3) 未婚率、喪偶率，男性均高於女性 (其中 55～59 歲組男女喪偶率的差異是個特例，女性高於男性)。

表 9-2　35～59 歲中年人婚姻狀況統計表

年齡組及性別	婚姻狀況	未婚	有配偶	喪偶	離婚	總計
35～39 歲	男	5.75	92.3	0.9	1.05	100
	女	0.31	98.4	0.84	0.45	100
40～44	男	5.17	91.92	1.67	1.24	100
	女	0.24	97.19	2.14	0.43	100
45～49	男	5.07	90.63	2.92	1.38	100
	女	0.18	94.71	4.71	0.4	100
50～54	男	4.48	89.06	4.93	1.53	100
	女	0.18	89.92	9.54	0.36	100
55～59	男	3.55	86.67	8.15	1.63	100
	女	0.18	82.33	17.13	0.36	100

(採自大陸國家統計局，1987)

2. 婚姻關係的變化　在不同時期，婚姻生活具有不同的特點。社會學家把婚後夫妻關係變化，劃分為如下幾個時期：

(1) **熱烈期**：這是新婚燕爾的甜蜜和親暱階段。夫妻間的感情濃烈，充滿激情，表現為夫妻間強烈的依戀感和頻繁的性親近。

(2) **矛盾期**：夫妻倆各自從原來的家庭中分化出來，開始獨立的家庭生活，在生活節奏、經濟開支、感情調適、人際交往上出現了較多的矛盾。矛盾期的時間長短是夫妻關係好壞程度的"溫度計"。若矛盾期短，矛盾不突出，說明這對夫妻能和諧相處。反之，這種夫妻的感情容易出現裂痕。

(3) **移情期**：這一時期以新生命的降生為標誌。夫妻雙方這時都會不自覺地將對配偶的愛大部分轉移到孩子身上，在強調親子間縱式聯繫的中國大陸家庭尤其如此。再加上工作壓力增大，家務勞動增多，閒暇時間減少，於是生活失去了原來的浪漫，而變得實在和嚴酷了。移情期一般出現在成人前期與中期的前半階段。

(4) 深沈期：此時孩子年齡已大或已獨立為成年人，關心照料孩子的負擔減輕了。此時，孩子已具有相當大的獨立性，無論物質上還是精神上，對父母的依賴性大大降低。因此，中老年夫婦又重把注意力轉移到對方身上，夫妻間強烈的依賴感和性親近，比起熱烈期要顯得深沈、含蓄，情感體驗更為深刻。

3. 中年人的性生活　性功能的下降是成人中期的生理特點。中年人性功能下降，必然也表現在性生活頻率的下降上。

據金賽等人 (Kinsey, Ponery & Martin, 1948, 1953) 的調查，不同年齡夫婦每週性生活的平均次數如表 9-3。

表 9-3　不同年齡夫婦週性生活平均次數（Ⅰ）

年齡（歲）	16～25	26～35	36～45	46～55	56～60
週性交數	2.45	1.95	1.40	0.85	0.50

(採自 Kinsey, Ponery & Martin, 1948, 1953)

而亨特 (Hunt, 1974) 的調查指出，不同年齡的夫婦每週性生活的平均次數如表 9-4。可見 20 世紀 70 年代與 40、50 年代相比，中年夫婦的性活動頻率有所上升。產生這種結果的重要原因之一是西方 20 世紀 60 年代以後，人們對性問題持比較開放的態度所致。

表 9-4　不同年齡夫婦週性生活平均次數（Ⅱ）

年齡（歲）	18～24	25～34	35～44	45～54	55 歲以上
週性交數	3.25	2.55	2.00	1.00	1.00

(採自 Hunt, 1974)

鄧明昱等 (1989) 對中國大陸 130 名 40～49 歲和 62 名 50～59 歲的中年人每月性交次數進行了統計調查，結果分別如圖 9-10、9-11 所示。

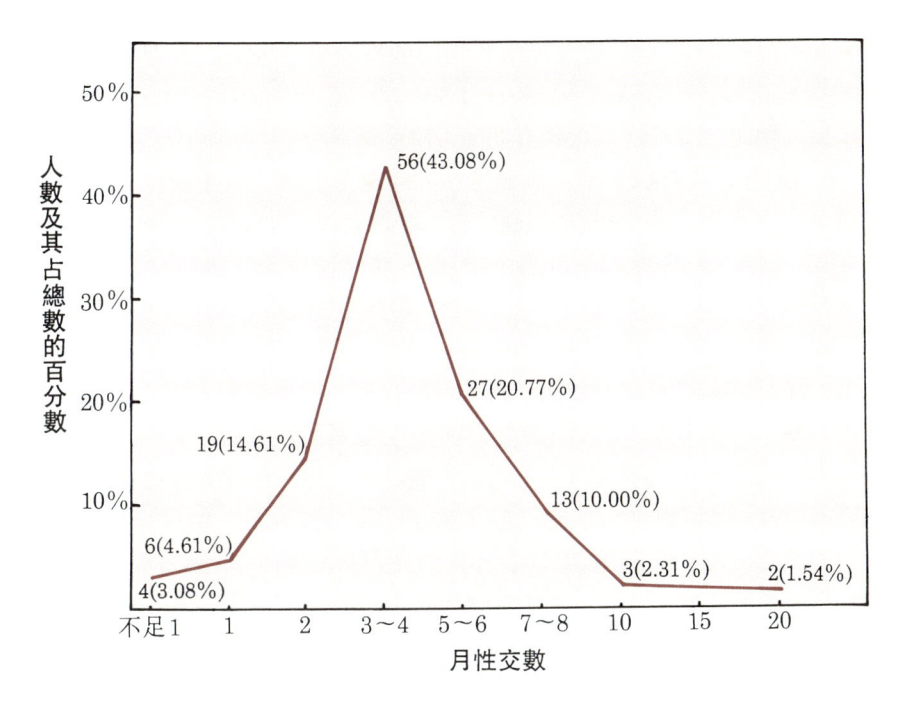

第九章　成人中期的心理發展　**503**

圖 9-10　130 名 40～49 歲中年人月性交數
（採自鄧明昱等，1989）

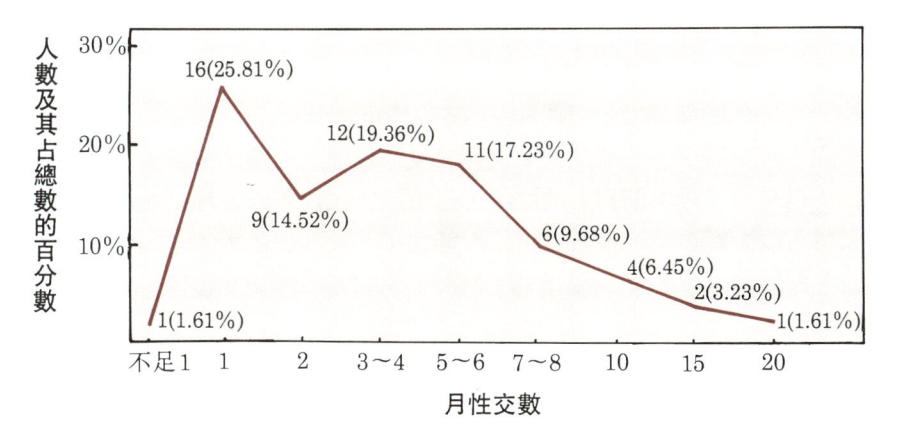

圖 9-11　62 名 50～59 歲中年人月性交數
（採自鄧明昱等，1989）

這項調查結果表明，中國大陸中年男性的性交頻率大致以每月 3～6 次居多（占 55.2%），但個別差異較大；50～59 歲的中年男人與 40～49 歲的中年男人相比，每月性交次數有明顯下降的趨勢。

4. 離婚 關於離婚率，無論是在大陸還是台灣，近十餘年來都是呈上升趨勢。在大陸，從 1980～1990 年，離婚案件分別是 27、34、37、41、54、63、74、79 萬對；在台灣，1971 年離婚率僅為 0.36%，到 1987 年已猛升到 11.7%。即使在西方，這也是屬於比率較高的。

如前所述，在中國大陸，30～40 歲是離婚率最高的年齡段。40～50 歲以上，從離婚率總體看，雖然略有下降的表現，但也是離婚率比較高的年齡段。尤其是中年男性，隨著年齡段的上升，離婚所占的比重，也有上升的趨勢。由此可見，成人中期乃人生婚戀多變之年，導致中年人婚姻離異的主要原因有：(1) 感情轉移，懷有二心，給予"第三者插足"的機會；(2) 感情不和，積怨太深，導致婚姻破裂；(3) 性生活不協調，長期分居，促使一方或雙方處於壓抑狀態；(4) 認知錯覺，無中猜疑，造成夫婦互不信任、感情不睦；(5) 再婚嫁娶，遷就夫妻，往往子女介入而被迫離婚等等。這些離婚的原因與成人前期離婚的緣由是有一定區別的。不管何種原因離婚，對於當事者來講，都是一種嚴重的消極生活事件。尤其對中年夫婦而言，造成彼此的心理創傷乃至帶來長期難以平復的創傷。儘管此時子女普遍已進入青少年或成年期，但也會對之造成嚴重消極的影響。

(二) 成人中期的代際關係

中年人的代際關係(或代間關係) (relations between generations) 有兩層含義，一是與孩子的關係，二是與父母的關係。不論是與孩子由上到下的關係，還是與父母由下到上的關係，這種關係或代際影響都是雙向的，即不僅父母可以影響孩子，孩子也可以影響父母，只不過影響的方式與程度不同而已。歸結為一點，代際關係是父母與子女的互動和交互影響。

1. 與孩子的關係 中年期是一個發展時間比較長的階段，在這段時間內，孩子由兒童成長為成年人。隨著孩子年齡的增長，親子間的關係也發生了相應的變化。

未成年之前，絕大多數孩子都是與父母生活在一起的。因此，親子之間无论是交往的次数,还是相处的时间,都是比较多的,相互影响也是比较明显的。如哈格斯托迪 (Hagestad, 1984) 研究了 150 个由老、中、少三代组成的家庭,结果发现,关于饮食、健康锻炼、政治态度、儿童教育等问题的看法,三代人之间是相互影响的。

尽管孩子在未成年之前,在物质上和精神上都是依赖于其父母,但是,他们的独立性是不断发展的,尤其是青少年期,追求独立与自主的倾向尤为明显,对父母不再言听计从。此阶段如果父母未认识到孩子的发展变化,仍以原来的方式对待他们,把他们仍当做"小孩子"看待,那么就很容易在父母和孩子之间产生冲突或隔阂。在孩子即将离家自立时,他们已有相当大的独立性和自主能力,他们有自己的思想,自己的生活目标,他们将按自己的意愿选择职业,建立家庭。此时,做父母的一方面要给孩子一定的自主权,不宜过多干涉,更不能包办代替,否则易引起亲子矛盾;另一方面,父母还要用自己的知识经验与生活阅历,给孩子以指导和帮助。总之,在孩子离家自立之前,无论父母的教育观念和方式怎样,他们的情感指向主要是孩子。在孩子离家自立时,中年人对婚姻的满意度最低。

当孩子离家后,由于空间上的限制,再加上孩子已经成为成年人,他们在各个方面都已基本成熟,思想观念、人格特质等都趋于稳定,父母对他们的影响相对减少、减弱,亲子关系也不同于以前了。一方面父母和孩子都是成年人,在许多方面都是平等的、相同的,比如都有工作、都是自立的、都有家庭等;另一方面,此时情感投入也不同以前了。在孩子成年前,父母情感投入与指向在孩子身上占有很大比例;在孩子成年离家后,中年父母的注意力开始转向配偶或第三代身上。而进入成年期的孩子,他们的注意力主要指向自己的家庭与事业。尽管如此,研究表明 (Troll, Miller & Atchley, 1979) 在一般情况下,此阶段的亲子关系仍是很密切的,青年子女往往在经济上还需要父母的接济,需要父母帮助他们照看孩子,而父母也可以从中体验到一种满足。

2. 与父母的关系　在孩子离家独立生活以后,中年人抚养下一代的使命基本结束了。然而,家庭负担并没有因此而减轻。因为此时自己的父母已年届古稀,赡养老人的问题又摆在面前。尤其是大陆广大农村地区,这种情形更普遍,老年人没有社会保障,晚年生活主要由子女负责。照顾老年人,尤其是身体状况欠佳的老年人,不仅经济上要承担责任,而且心理上也要承擔一定的壓力。因為對老年人而言，僅有物質生活的保障是不夠的，情感交流與溝通也是非常必要的。

二、成人中期的職業

人到中年，職業已趨穩定，因此成人中期的職業就是他的事業。平時說中年人成為社會的中流砥柱，主要是指他們在職業中擔當的角色和在事業中做出的成就。

（一） 成人中期的職業發展

申繼亮 (1994) 的研究指出，中年人的職業發展有多層含義，既有心理的，也有生理的；既有社會的，也有個人的。這是一個錯綜複雜的過程。

1. 職業發展的心理特點 從心理發展上講，中年人的職業發展過程就是埃里克森所講的獲得創生感、避免停滯感的過程。在工作中，創生不僅表現為中年人比以往生產出更多的物質產品和精神產品，而且還表現在中年人樂於充當"導師"角色，將自己擁有的知識經驗傳授給其他人，尤其是年輕人。如果他們沒有體驗關懷的實現，那麼將會產生停滯感。

從職業活動上考察，中年期是個人事業趨於成熟並達到巔峰的時期，他們可能是生產能手、有相當學術造詣的學者、經驗豐富的管理者等等。事業上的成功往往意味著角色的改變，從專業活動的具體實踐者轉變為管理者、指導者。同時，中年期也是個人依賴事業發展情況，進行自我評價的時期。他們往往用目前事業上取得的成就去對照、檢查先前設立的奮鬥目標。如果已基本實現或將要實現目標，那麼就很有可能感受到自我滿足，表現出積極的自我意象。相反的，如果認識到沒有實現或不可能實現先前確立的奮鬥目標，那麼就需要重新評價原來的目標，通常也重新評價自我。如果在此基礎上，不能根據自己的具體情況調整事業目標和志向，那麼就會產生消極的情緒體驗，如挫折感、停滯感和自我匱乏感。

2. 職業發展的社會性特點 從社會發展方面看，中年人面臨接受再教育的問題。當今社會是高速發展的社會，科學技術日新月異，工作的條件與要求也隨之不斷改變，如電子計算機的廣泛使用，對生產、科研、管理、教學等都產生了重要影響。中年人要適應社會變化，跟上時代前進的步伐，事業上才能不斷進步，取得新的成就。這就得要求中年人接受再教育，學習新知識、新技術，否則就會被時代所淘汰。由於中年人的知識結構、技術經驗與時代發展對各種職業活動提出的新要求之間存在著差異，所以中年人面臨的職業挑戰是嚴峻的。尤其是失業以後，重新就業的困難度就更大。有人把中年人重新就業的障礙歸納為如下五個方面：(1) 雇主的消極態度；(2) 中年人的薪水高於年輕人；(3) 年紀稍大的人不願意重新安置自己；(4) 雇主的觀念，認為雇聘年紀大的人是不明智的投資，因雇員年齡大但其職業生涯短；(5) 與年輕人相比，年齡大的人相對來講受教育程度低，掌握的現代技術少，這就會使中年人的重新就業"雪上加霜"。

3. 職業發展的衛生特點　　從醫療衛生方面看，中年人要注意防止職業病。一般來講，中年人的職業習慣已基本形成，對自己的職業比較熟悉，能夠掌握自己所承擔職業的規律與特點，並且有希望在工作上做出成就。但是長期的職業習慣所接觸的物理、化學以及社會因素，都有可能導致某些疾病的發生。例如，中年知識分子由於負擔的社會責任重大，工作量大，長期從事緊張的腦力勞動，身體活動少，平時缺乏時間鍛鍊身體，因此較易罹患神經衰弱。此外，知識分子與工人、農民相比，有較強的事業心、榮譽感、競爭性，在人際關係上內心活動更為突出。他們長期心理負擔過重，使大腦皮層過度緊張，由此作用於**植物神經系統** (vegetative nervous system) 又稱**自主神經系統** (autonomic nervous system)，即作用於支配和細節內臟機能的神經裝置，會導致內臟機能紊亂。所以消化性潰瘍、慢性胃炎是中年知識份子常見的疾病。此外，如果各種複雜的心理壓力作用於心血管系統，還會成為高血壓、冠心病的誘發因素。臨床資料表明，外科醫生、麻醉師、會計師、飛行員、火車司機等，由於大腦經常處於緊張狀態，所以發生消化性潰瘍、高血壓、胃功能紊亂者，較從事其他職業的人明顯增多。中年的工人、農民，由於長時間的體力勞動，由心理因素引起的疾病相對較少，但工人、農民的疾病也與其職業有明顯的關係。據統計，中年工人、農民患有軟組織勞損和風濕痺痛者占 40% 左右。另外，由於各自生活、工作環境的衛生條件不同，工人、農民較知識分子更容易患感染性疾病，如腸道傳染病和結核病等。為了提高健康水平，防止職業疾病，中年人在工作之餘，應積極培養業餘愛好，以調劑工作壓力所帶來的不良影響。

(二) 成人中期的職業適應

人到了中年，擇業基本完成，絕大部分的個體，尤其是男性個體，都有了自己的職業，但是，對職業是否適應，卻有著不同的表現，且有不同的影響因素。

1. 成人中期職業適應的表現

(1) **中年人對職業的適應，首先取決於成人前期對職業的選擇**：年輕時期職業選擇的滿意程度，決定其日後對工作的投入量和獲得成就的大小。

(2) **中年人對職業的適應，取決於事業心**：並不是所有做出成就的中年人都是在年輕時就選擇了理想的職業，有的可能當初對職業的滿意程度並不高，有的可能是改行而從事新的職業。他們之所以做出了成就，主要是來自事業心和進取心。王極盛 (1986) 在科學管理人才成長因素的心理學研究中列出了影響科技人員成長的十個因素。在這十個因素當中，有四個分別是事業心、獻身精神、立志、頑強的意志，其中事業心居第二位。而且進一步研究發現，事業心與立志、意志的頑強性、獻身精神等因素之間呈高相關。可見，事業心對中年人的職業適應產生了舉足輕重的作用。

(3) **工作中職務的升遷與工作類別變化，影響其對職業的適應**：中年人在職業中的角色扮演，往往來自職業中職務的升遷和工作類別的變化。這一系列的變化，也直接影響到中年人及其家庭的經濟來源和收入的多少。

(4) **職業適應與人際關係聯繫在一起**：即中年人與同事、上司、下屬之間的關係狀況，它直接影響著中年人對職業的適應，這將在下一個問題中再作進一步的論述。

2. 成人中期職業適應的影響因素

中年人在職業、工作和專業中能否有所成就，是否有良好的適應能力，既取決於主體的心理因素，也取決於客觀的社會因素。

(1) **心理因素**：主要是興趣、事業心、勤奮和能力。人到中年，不論是"名人"，還是"凡人"，多數中年人對職業都有基本相似的經歷和體驗，最突出者便是工作壓力大（占 41%）。而興趣、事業心、勤奮和能力等水平的不同往往會使人對同樣的工作壓力產生不同的感受，付出不同努力，從而對其職業的情況大相徑庭。事實上智（能）力與非智力因素對職業適應也是十分重要的。

(2) **客觀社會因素**：中國人歷來講究"天時、地利、人和"，也就是"機遇"，這也是影響職業適應的重要條件。機遇好的人，往往對職業的滿意度也高。一般地說，"天時"、"地利"等條件一般難以改變，而人和，即人際關係，在一定程度上還是可以通過自身的努力去改善。建立良好的人際關係對職業適應與事業成功是十分必要的。

第四節　成人中期的社會性發展

成人中期展示出一個較完善的社會性。人格完全趨於穩定狀態，自我意識具有更高的監控作用，性別角色已經整合，人際關係不斷得到協調。與此同時，中年人身心疾病在加劇，社會現實已向他們亮出"黃牌警告"。此時此刻，心理適應和調節應成為中年人保健的不可缺少的重要內容。

一、成人中期的人格穩定性

成人中期乃是人格穩定之年。當然，人格穩定並不等於人格不發展，在第一節中我們提到中年人的發展任務時，論及成人中期面臨著一系列人格發展的任務，中年人正是在這些發展任務的基礎上，才有人格的自我完善。

（一）　人格結構的穩定性

成人中期人格的穩定性主要表現為其人格結構的基本穩定性。雖然個體在成年中期面臨一系列的發展任務，但這些任務的完成只是有助於人格的完善，並不從根本上改變其結構本身。這已經為許多研究所證明。特別地，研究者多是從人格特質的角度得到人格結構穩定性的結論的。

1. 人格特質　在眾多的人格理論中，特質理論是較有代表性的一種，主要代表人物有奧爾波特(Gordon Allport, 1897～1967)和卡特爾(Raymond Bernard Cattell, 1905～)。他們認為,**人格特質**(personality trait) 是個體反映環境刺激的一種內在傾向,它是由遺傳和環境兩方面的因素形成的,對個體行為有動機作用。我們用於描述自己或其他人時使用的一些形容詞,就是這樣一些特質,如內傾、獨立性、攻擊性等。

卡特爾提出了著名的卡氏 16 種人格因素測驗。這 16 種人格特質是樂群性、聰慧性、穩定性、恃強性、興奮性、有恆性、敢為性、敏捷性、懷疑性、幻想性、世故性、憂慮性、實驗性、獨立性、自律性、緊張性。

奧爾波特和卡特爾關於人格特質的分類,在他們之後的人格研究領域產生了廣泛的影響。許多人格心理學家根據他們的思想,對人格特質進行了大量的研究,比較有影響的是科斯塔和麥克瑞 (Costa & McCrae, 1984, 1985, 1986, 1988) 的工作。他們根據橫斷研究和追踪研究兩方面的研究結果,建立一種新的人格特質模型。該模型包括三個獨立的維度,即神經過敏症、外傾、開放性。每個維度又包括六個方面,具體內容如下:(1) **神經過敏症** (nervousness) 維度。包括焦慮、敵意、自我意識、抑鬱、衝動性和脆弱性;(2) **外傾** (extroversion) 維度。包括熱情、愛交際、武斷、活動性、尋求興奮、積極情緒;(3) **開放性** (openness) 維度。包括幻想、美學、行動、觀念、價值觀、情感。

2. 中年人人格結構的穩定性 人格結構 (personality structure) 的穩定性,包括兩層基本含義:一是人格結構的構成成分不變;二是各成分的平均水平不變。把成年中期人格結構的特點與其他發展階段相比,成人中期人格結構保持相對穩定。例如卡特爾 16 種人格因素測驗,不僅適用於成年人,而且也適用於大學生和中學生。這說明 16 種人格特質對不同年齡階段的人來講都是存在的,不因年齡改變而有增減變化。再比如,上述提到的科斯塔和麥克瑞的研究,他們依據自己建立的人格特質模型,對 20～78 歲 114 名男性被試進行了長達 12 年的追踪研究,這樣被試的年齡跨度就為 20～78 歲,結果發現,大部分特質在 12 年之內保持相對穩定,相關係數處於 0.68～0.85 範圍內,也就是說個體的分數變化是較少的,人格特質是相對穩定的。

(二) 成人中期的人格發展特點

大陸有些心理學家從各自的研究中,揭示了中年人的人格特點。例如,程學超、毛偉賓 (1991) 全面地從自我概念、性別角色、時間觀念、生活評價、權威感受、內傾性格等六個方面歸納了中年人的人格特點；申繼亮 (1994) 則突出重點地從人格特質、發展任務和自我意識三個大的方面概括了中年人的人格特點。以下我們將自我調節功能、性別角色、對自己內心世界的關注、對生活的評價四個方面加以對比分析。

1. 自我調節功能趨向整合水平 自我不僅可以作為客體被人們所認識，而且也可以作為主體發揮調節功能。從主體調節過程研究自我發展的代表人物是拉文格。拉文格 (Loevinger, 1980) 認為，自我是人格的核心，了解了自我發展也就等於認識了人格的發展。所謂**自我** (ego) 就是一"組織者"，是個體的價值觀、道德、目標、思想過程的整合器，自我是一個努力去控制、整合、並弄懂經驗的過程，它並不是自我的某種功能，而是自我本身。由自我負責進行的整合活動是非常複雜的，是受個人經驗影響的。自我的發展是個人與環境交互作用的結果，自我的改變也意味著人們的思想、價值、道德、目標等組織方式的改變。按照拉文格的觀點，自我發展既不單純是序列的，也不單純是類型的，而是二者的綜合，即發展類型說：自我的發展既是一個過程又是一個結構。

儘管拉文格認為自我發展水平與年齡變化可以是不一致的，但近年關於自我發展的橫斷研究和追踪研究都表明，自我發展與年齡有密切關係。成年期自我發展的主要經歷如下幾個階段：

(1) **從眾水平** (level of conformity)：從眾就是按規則行事。只有少數成年人處於這個水平。在這一水平上，個體的行為完全服從於社會規則，如果違反了社會規則，就會產生內疚感。

(2) **公正水平** (level of fairmindedness)：也叫**良心水平** (level of conscience)，處於這一水平的個體，他們遵守 (或服從) 規則並不為了逃避懲罰，也不是因為群體支持和採納這些規則，而是真正為了他自己才選擇、評價規則的。也就是說，社會的、外在的規則，已經內化為個體自己的規則，個體有了自己確立的理想和自己設立的目標，形成了自我評價標準。因此，此時自我反省思維也發展起來。

(3) **自主水平** (level of autonomous)：自我評價標準與社會規則，個人的需要和他人的需要，雙方並不總是一致的、和諧的，有時也是矛盾的、有衝突的。在上一水平，個體不能容忍這些矛盾與衝突的存在，通過兩極化的思想方法來解決矛盾。而這一水平的突出特點就是能承認、接受這些矛盾與衝突，對這些矛盾與衝突表現出高度的容忍性。因此，對於異己之見不再感到不安，而是能欣然接受，能認識到其他人也有自我完善的需要。在思想方法方面，不再用兩極化或二元論的觀點看世界，而是能把**現實** (reality) 視為複雜的、多側面的，認為可以從多種方式，多種角度看問題。

(4) **整合水平** (level of integration)：這是自我發展的最高水平，只有極少數人能達到這一水平。在此階段，個體不僅能正視內部矛盾與衝突，而且還會積極去調和、解決這些衝突，他們還會放棄那些不可能實現的目標。成人中期的自我調節功能趨向這個水平。

2. 性別角色進入整合階段 任何人身上都存在著兩個互相獨立、互無聯繫的**行爲叢**(或行爲群) (behavior clustering)。其中一個為**男性化行爲叢** (masculinizing behavior clustering)，主要是關於勝任感方面的，如計畫、組織及取得成就的能力；另一個為**女性化行爲叢** (feminizing behavior clustering)，主要是關於情感方面的，如關心他人、善良和依賴性。每個人都具有這兩組行為叢的某種特質，只是不同的人中每組行為叢所占的比例是不一樣的。有些人的男性特質和女性特質都比較高，這種個體為**男女同化** (或**雙性性格**) (androgyny)，被稱作"完美人格"；而另一些人的男女特質都比較低，被稱為**未分化**(或未分類) (undifferentiated) 的人格。這樣就產生男性化、女性化、二者具備、二者都不具備的四種性別角色。

萊文森 (Levinson, 1983) 提出，在人的一生中性別角色發展經歷了三個階段：(1) 在人生的頭幾年，性別角色處於一個完全的、未分化的階段；(2) 一個高度分化的、適合性階段：在此階段中，性別角色是嚴格地、極端地區分開來的；(3) 整合階段：在這個階段中，先前處於兩極狀態的性別角色開始逐漸整合為一體。這個階段直到成人中期才完全整合起來。

在成人中期的生活中，男性和女性彼此互相接近，變得更為相像。男女兩性在生活中是沿著不同的道路，占有男性化行為叢 (特質) 和女性化行為叢 (特質)，達到性別角色的整合。而整合性別角色，即形成完美人格的能力，這與人的整個心理健康密切相關。在 50 歲時，心理健康的男性和女性都具有整合的性別角色。

3. 對自己的內心世界日益關注 在成人中期，反思和內省成為其心理生活頗具特色的形式。正如榮格所指出,當跨入中年、進入後半生後,個體的心理發展傾向於重新逆轉,更多地表現出內傾性的特點。他們不再有青年期暴風驟雨般的激情,他們變得老練持重,遇到挫折時能反省自問,而且還能根據先前的目標來評價自己已取得的成就,以現有的成就和期望的成就來調整自己的奮鬥目標。總之,後半生的發展是轉向內部的。榮格的觀點也得到了一些研究的印證。例如著名的"堪薩斯城研究"。這是一項有關成人人格發展的系列研究,始於 20 世紀 50 年代,研究對象為生活在堪薩斯城的 40～80 歲成年人。研究方法包括**投射測驗** (projective test)、**問卷調查** (questionnaire survey) 和訪談 (interview)。該項研究的結果之一是發現與年齡相關的變化,主要發生在內在心理生活過程之中,表現為對外部世界積極趨向的態度日益減退。例如,40 歲的人認為通過自己的身體行動可以影響環境,而 60 歲的人則更容易認為環境左右著他們,身體的作用只能是服從和順應,即個體處於一種**防禦** (defense) 狀態。這種防禦狀態也叫**消極適應** (passive adaptation)。由消極適應引起的中年人的反思、內省,不同於老年期的追憶,它是以當前生活事件為主要內容,但它也可能成為老年期追憶的前奏。堪薩斯城研究的這一結論,在不同文化地區如墨西哥、以色列等地也得到了驗證,說明這種人格變化是一種發展性變化,具有一定的普遍性。

4. 對生活的評價具有現實性 人到中年,對社會、對他人、對自己的評價都是十分現實的,尤其是對個人成就的評價,懂得如何對個體生活的夢想、目標與現實的實際之間的差異進行評價。

對社會的評價,表現出既關心又實事求是;既有分析又比較中肯;既符合社會潮流又有其獨特的性質。

對他人的評價,大都是從自己現時的經濟、社會地位出發。中年人一般有了教育與人際關係的基礎,對種種社會關係也已有了健全的價值觀念與判斷能力,對周圍環境的他人也看得較透徹了,因此,評價他人既有其客觀性的一面,又帶有自身經濟、社會地位的影響等主體性的一面。

對自己的評價,如勞恩桑 (Lowenthal, 1975) 的調查所指出的,中年男子的自我評價更為謹慎、坦率;而中年女子的自我評價更為果斷、實事求是。儘管不少中年男女還有雄心和抱負,但也有不少中年人更重視"量力而行,盡力而為,順其自然"。正如毛偉賓 (1991) 研究所指出的,到四十幾歲，中年人就逐漸開始承認這樣一個事實，即個人的成就難免受制於實際能力；同時也開始相信"謀事在人，成事在天！"因為中年人確信自己已盡了最大的努力了，並懂得如果勉強地再以年輕時的觀念來行事，就得遭受更多的打擊和憂慮。

二、成人中期的人際關係

成人中期是人生中扮演角色最多的時期。這種**社會角色** (social role) 的多重性，不僅決定中年人人際關係的特點，而且也促使中年人領會到處理好人際關係的重大意義。所謂**人際關係** (interpersonal relation)，是指人與人交感互動時存在於人與人之間的關係。中年人只有不斷協調人際關係，才能使自己有效地工作、生活，並保持身心健康。

(一) 中年人人際關係的影響因素

1. 交往範圍廣泛　多方面的交往、多重社會角色決定中年人人際關係的複雜性。我們從生活中看到，中年人交往範圍很廣，在社會上，有群己與人己的關係，有競爭與合作的關係；在工作中，有同事與上下級的關係；在家庭裏，有如上述的雙重身分的"親子"關係，婆媳 (翁婿) 關係等等。這就決定了中年人人際關係的複雜性。

2. 人際關係的緊張　人事關係的緊張給中年人人際關係帶來紛擾或內耗。人到中年，成為社會的中堅與骨幹，但每個人都有成就欲，而獲得成功難免要有競爭，競爭有正當的方式，也有不正當的手段，謠言、嫉妒、偏見就是不正當的競爭手段，這種不正當手段是造成中年人人際關係紛擾或內耗的主要表現。潘允康 (1985；1988) 曾在天津進行了社會心理調查，當問及中年人"人事關係緊張與否"時，答案為"與上級關係不和"的，1985 年為 3.99％，1988 年為 9.3％；"與同事關係緊張的"，1985 年為 2.3％，1988 年為 6.9％；"曾被人誤會、錯怪過的"，1985 年為 5.0％，1988 年為 18.9％。這裏不僅可以看出中年人人際關係的內耗表現，而且還表現出近年來社會上因競爭機制的大力提倡而加劇了人際關係紛擾的增長趨勢 (參見圖 9-12)。

3. 人際關係結構的穩定　由於中年人在十幾年或幾十年長期生活中

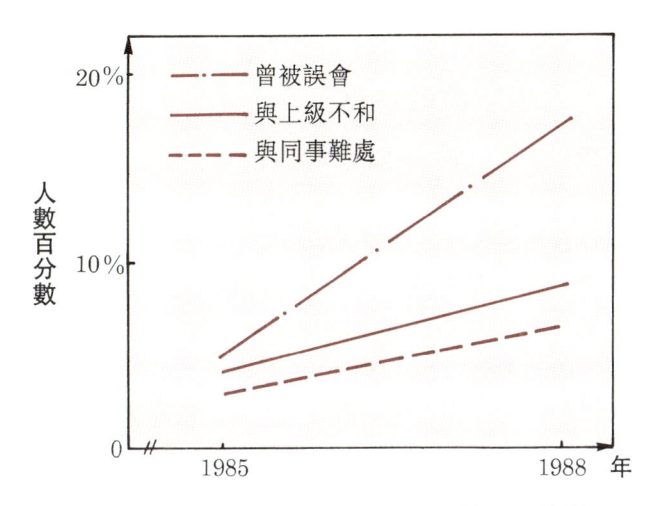

图 9-12 近年來人際關係紛擾的增長趨勢
(採自潘允康，1985，1988)

與人相處，造成了親、疏人際關係的穩定性。長期以來的人際交往，中年人具備了利雷（Leary）所分類的人際關係之八種模式：(1) 由管理、指揮、指導、勸告、教育等行為導致尊敬和服從等反應；(2) 由幫助、支持、同情等行為導致信任和接受的反應；(3) 由同意、合作、友好等行為導致協助和溫和的反應；(4) 由尊敬、信任、讚揚、求助等行為，導致勸導和幫助等反應；(5) 由害羞、禮貌、敏感、服從等行為導致驕傲、控制等反應；(6) 由反抗、疲倦、懷疑等行為，導致刑罰或拒絕的反應；(7) 由攻擊、刑罰、不友好等行為，導致敵對和反抗等反應；(8) 由激烈、拒絕、誇大、炫耀等行為，導致不信任或自卑等反應。

總之，中年人的尊敬、信任、幫助、拒絕、敵對等一切人際關係，日臻趨於穩定。

4. 人際關係深刻性的要求 中年人在長期與人相處中，由於各種成敗的經驗與教訓，考驗了自己所處的各種人際關係，使人際關係比較深刻。人際關係包括認識（相互了解）、動作（交往動作）和情感（肯定與否定的）等三種成分，其中情感是核心成分。中年人在長期與人交往過程中，了解了人，明確了人的行為，在信念、價值觀和人格特徵上形成了可接受性，無論人際關係給予自己經驗，還是留下教訓，在感情上都是深刻的，這些就促使成人中期在人際關係上比以往階段要謹慎得多。

(二) 中年人人際關係的特點

鑑於上述的影響因素，成人中期的人際關係必然表現出：

1. 扮演多重社會角色，在人際關係的範圍上較廣泛。
2. 在生活中要交結三教九流，因而在人際關係的層次上顯得較複雜。
3. 時間長、經歷各種類型的人際關係，在人際關係的結構上較穩定。
4. 經歷各種成敗的考驗，在人際關係的情感上比較深刻。
5. 存在著紛擾和內耗，在人際關係的交往上比較謹慎。

三、成人中期的心理適應

成人中期是人生旅程中最繁忙、最緊張、負荷最重的時期，也是播種後"收穫"的季節，但同時又是須十分珍重、愛惜身體的階段。

(一) 中年危機

中年危機 (crisis in midage)，主要指人格方面的危機，同時也包括整個身心變化的轉折，以及在實現這個轉折過程中所出現的各種"故障"。中年人為完成特定的歷史使命，在長時期快節奏、超負荷的不斷"運轉"中，容易在身心健康上出現問題，這是中年人開始走下坡路的信號，也是社會生活現實向中年人亮出的無情的"黃牌警告"。

1. 更年期傳出衰退的信號 馬森 (Mussen, 1991) 在其所著的《人類心理發展過程》一書的《更年期》一章中，以約四分之一的篇幅專門闡述了"中年期對身體的關切"，包括中年人絕經 (或停經)、心臟病和性行為三個問題。由此可見中年人生理變化對這個階段的重要意義。實際上，這一切集中表現在更年期的變化上。

人到中年期，既是心理成熟期，又是經歷巨大變化的轉折期，醫學上稱之為**更年期** (climacterium)。男性和女性都有更年期。

(1) **女性更年期**：**女性更年期** (female climacterium) 指婦女絕經前後

的一段時期。即指性腺功能開始衰退直至完全消失的時期，其持續時間的長短因人而異，一般為 8～12 年。多數女性更年期發生在 45～55 歲之間，平均年齡為 47 歲左右。但也有少數女性要到 55 歲左右才開始進入更年期。一般說來，第一次月經來潮較早的人，更年期來得比較晚；月經來得遲的人，更年期來得比較早；沒有生育過孩子的人絕經比較早，而生育多的人絕經比較晚。現代研究表明，婦女絕經的早晚，還與種族、家庭、氣候、營養等因素有一定的關係。目前隨著人們生活水平的不斷提高，體質的增強，絕經年齡已出現了向後推延的趨勢。

在更年期，女性的第二性徵將逐步退化，生殖器官慢慢萎縮，其他與雌性激素代謝相關的組織也隨之退化。在卵巢分泌激素減少的同時，大腦丘腦下部、腦垂體和卵巢之間的平衡關係也發生了改變，因而產生了丘腦下部和垂體功能亢進現象，表現為自主神經系統功能紊亂等一系列症狀。如面部潮紅、出汗、頭痛、眩暈、肢體麻木、情緒不穩定、小腹疼痛、心慌、失眠、易怒，甚至多疑等。學者們統稱這種症狀為**婦女更年期綜合症** (female climacterium syndrome)。

雖然女性更年期綜合症是由生理內分泌的改變引起的，但它不是唯一的影響因素。中年女性所處的家庭、社會地位及複雜的心理社會因素，也參與了整個病理過程，對更年期綜合症所出現的時間和反應的程度都有重要的影響。臨床觀察發現，處於更年期的婦女，由於親子關係緊張、夫妻不和、工作不順心等因素的影響，易表現出嚴重的精神症狀。

一言以蔽之，更年期綜合症的症狀多種多樣。這些症狀主要是婦女自己的主觀感受、自我描述、具有移動性，沒有恆定的、確切的部位，同時多受氣候、環境、精神等因素的影響，表現為時隱時現，時輕時重。根據文獻報告，更年期綜合症在絕經前出現占 53.7%，絕經時出現的約為 18.7%，絕經後出現的約占 27.6%。

更年期無疑是每一位女性生命過程中必然經歷的一個階段，它的出現屬於自然生理現象，任何人都無法抗拒。同樣的，這個時期在部分婦女身上表現出來的**綜合症**(或**徵候群**) (syndrome)，是婦女生理現象改變以後的一種自然反應，並不是什麼大病，經過半年到兩年左右的時間，身體內部就會建立起新的平衡，恢復正常的生理狀況。因此，更年期的婦女應以科學態度，正確認識和對待這種生理的變化，消除顧慮，減少思想負擔，排除緊張、消極、焦慮、恐懼情緒，避免或儘量減少不必要的刺激，保持精神愉快、心情舒暢，這樣就會使不舒適的感覺減輕或消失，從而順利地度過生命歷程中的這一轉折期。

(2) **男性更年期**：**男性更年期** (male climacterium) 雖然沒有女性那樣以絕經為明顯標誌，但是在 50 歲左右，男性的睪丸逐漸萎縮，性功能也出現由盛到衰的變化過程，主要表現為以性功能減退為其鮮明特徵的一系列症狀。在醫學上這個時期稱為**男性更年期綜合症** (male climacterium syndrome)。

男性更年期主要有以下幾個方面的變化：

①精神情緒的變化：隨著機體內分泌的變化，出現煩燥、易怒或精神壓抑等現象。有時僅僅因為某一件小事而自責、自卑，甚至喪失信心。在社會生活及人際交往中容易產生失去信心、多疑、不合群及自我孤獨感等現象。

②植物性神經循環機能障礙：主要表現為心悸、恐懼不安、呼吸不暢、興奮過度、眩暈、耳鳴、食欲不振、便秘等症狀。

③疲勞：因睡眠減少，機體感到疲乏無力，對生活中面臨的各種事情缺乏興趣，往往感到精力、體力不濟，視力迅速下降，自感心有餘而力不足。

④性機能降低：表現為性欲、陰莖勃起、性交、射精、性欲高潮一系列功能減退症狀。

上述症狀的出現主要是由於睪丸萎縮、退化而引起了丘腦、垂體、腎上腺等全身內分泌變化的結果。從生理上講，上述症狀出現的年齡、程度及持續的時間長短與睪丸的變化是相一致的。但是，另一方面，各人所表現出來的症狀卻有很大的差別。有的人在 40 歲時就明顯地表現出性功能下降，逐步出現更年期症狀；有的人則在 60 歲時才開始出現上述變化。研究表明，大陸大多數男性在 50 歲左右就表現出明顯的性欲減退和性功能減弱的現象。

男性更年期與女性更年期一樣，是生命過程中必然經歷的一個階段，是一種自然生理現象。為順利度過這一轉折期，不僅要正確認識和對待更年期出現的生理變化，還要注意安排好個人的工作與生活，做到飲食、起居、工作有序，體力或大腦負擔適度，同時也不過於安逸。工作時間則集中精力，業餘時間多從事一些感興趣的有益活動，從而保持精神愉快、心情舒暢、情緒穩定的生活狀態。

2. 心理負荷超載打破身心平衡　**身心關係論爭** (body-mind problem)是理解心理實質的一重大問題。無論是**身心等同說** (theory of body-mind identity)，**身心平衡論** (body-mind parallelism)，還是**身心交感論** (body-mind interactionism)，都強調生理發展與心理發展的一次性和協調性。

然而，人到中年強烈的事業心與成就欲，驅使中年人堅持不懈、鍥而不捨地進行頑強拼搏，於是繁重的工作加上沈重的家庭負擔超出了這個時期生理的承受力，身心之間便形成巨大的反差。因此這種**心理負荷** (mental workload) 不僅打破了身心平衡，而且也帶給中年人極度的**心理疲勞** (mental fatigue)。所謂中年人心理疲勞是指中年人的心理活動過激或不足，使神經系統緊張程度過高或長時間從事單調、厭煩的工作而引起疲勞。這種疲勞表現為：體力不支，注意力不易集中，容易出現錯覺，思維遲緩，語言功能差，情緒低落，並同時伴有工作效率低，錯誤率上升等現象。心理疲勞的持續發展，將導致頭痛、眩暈、心血管和呼吸系統功能紊亂、食欲減低、消化不良及失眠等，嚴重的將導致中年夭折，精英早逝。所有這一切，不能不提醒中年人：生活現實是無情的，它已向大家亮出了"黃牌警告"。

（二）　中年人心理適應的範圍與內容

生活現實向中年人亮出了"黃牌警告"，中年人處於自珍自重之年。因此，中年人的一切**心理適應**都要從這個特點入手，這是中年人適應的關鍵。

1. 中年人心理適應的範圍　中年人的心理適應，主要是對職業、家庭、人際關係，及自己身心變化的適應。對此，我們在前面都已作了闡述，這裏就不展開了。

2. 中年人心理適應的內容

(1) **正視現實**：正視自身身心發展的基礎、現狀和可能性，對生活中的各種問題、困難和矛盾，既要積極進取，奮發圖強，盡我所能；又要從實際出發、實事求是，量力而行。

(2) **知足常樂**：客觀地評價自己在學習、工作和事業上的成績，力求知己知彼，百戰不殆。中年人的聰明才智已發揮在前半生的學習、工作和事業上，對前半生在事業上取得的成績，要作客觀的評價，既要繼續努力，又要知足常樂，不應該為達不到的某種成就、職務、名望而耿耿於懷，造成心理負擔。

(3) **善與人處**：中年人所面臨的人際關係很複雜，因此，與人相處要豁達、尊重和信任。當然既要做到"寧可天下人負我，我決不負天下人"，又要有"害人之心不可有，防人之心不可無"的意識。這樣，中年人可以在善與人處、樂與人處的良好人際環境中愉快地生活。

(4) **情緒穩定**：遇事冷靜，不斷調整自己的情緒。中年人處於各種巨大的緊張之中，加上更年期的緣故，容易"上火"。因此，要善於不斷控制和協調自己的情緒，加強冷靜應變能力的鍛鍊，這是中年人提高應變能力，不被突如其來的天災人禍所擊垮的重要保證。

(5) **警惕心理致病**：心理可以防病、治病，也可以致病。中年人心理上的緊張感、挫折感與壓抑感，不良的人際關係，心理衝突與心理危機，以及性格不良等等，都是致病的因素。心血管疾病、消化道潰瘍和癌症等，無不與心理因素有關。因此，加強自我修養，調整不良情緒，保持愉快心境，遇事樂觀，自尊自制，健全性格，這是消除與警惕心理致病因素的關鍵。

總之，中年人如果有良好的心理適應，既能雄心勃勃、拼搏奮進、大展鴻圖、"金秋"豐收，又能實事求是、輕鬆瀟灑、家庭幸福、樂觀向上，必將健康而穩定地度過"中年危機"，順利地進入回味終生的老年期。

本 章 摘 要

1. 處於人生旅途中點站的中年人，其心理發展有著特殊的表現：生理功能的衰退；智力有明顯的上升或下降；緊張的情緒狀態；興趣愛好的重點在**轉遷**；面臨**中年危機**的人格。
2. 成人中期的發展任務是：在保健上進行自我調節；在工作上做好自我更新；在情緒上加以自我控制；在活動上學會自我休閒；在人格上實現自

我完善；在婚姻上促進自我監督。
3. 從"不惑"到"知天命"的成人中期是創造的黃金時期，是成就最多的年齡階段。
4. 在人的一生中，中年人的負擔最重，壓力最大，困難最多。在社會上，中年人倍受青睞，成為中堅，充當各行各業的骨幹；在家裏，上敬老、下扶小，充當一家之主，終日裏外應酬，負荷沈重，賽如識途的老馬，不知張馳地拉套奮進。
5. 成年階段，包括成人中期，**流體智力**緩慢下降，而**晶體智力**則保持相對的穩定；智力技能和情境、知識相聯繫的應用，使實用智力成為主導性的智力活動。
6. 成人中期智力發展的序列研究表明，中年人智力保持著上升或穩定的趨勢，而且受社會歷史發展因素的影響。
7. 中年人的社會認知，相對的一個成分是"歷史－倫理－道德"問題，於是他們在認知中，根據自己人生經驗中的道德準則、價值觀和目標，穩定地認知倫理關係，並付諸於道德行為中去。
8. 中年人**內隱智力**表現在不僅有與學術有關的能力，而且還有與生活、社會有關的能力；同時，在智力活動的深度和廣度上都達到了高峰。
9. 中年人不僅婚姻完整者占絕大多數，且在情感上，從對子女的愛的移情期到子女成人後又把注意力轉移到配偶身上的深沈期。
10. 成人中期的代際關係包括兩層含義，一是與孩子的關係，二是與父母的關係，不論是與孩子的"由上到下"的關係還是與父母的"由下到上"的關係，這種關係或代際關係都是雙向的，而中年人承上啟下，心理承受壓力頗大。
11. 成人中期的職業發展有多層次的含義，既有心理特點又有生理特點、衛生特點，既有社會特點又有個人特點，這是一個錯綜複雜的過程。
12. 成人中期人格結構的穩定性包括兩層基本含義：一是人格結構的構成成分不變；二是各成分的平均水平不變。
13. 成人中期人格發展的特點是：自我調節功能趨向整合水平；性別角色進入整合水平；對自己的內心世界日益關注；對生活的評價具有現實性。
14. 中年人**人際關係**的特點是：在人際關係的範圍上比較廣泛；在人際關係的層次上顯得比較複雜；人際關係的結構上比較穩定；在人際關係的情

感上比較深刻；在人際關係的交往上比較謹慎。
15. 中年人為完成特定的歷史使命，在長時期快節奏、超負荷不斷的"運轉"中，容易在身心健康上出現問題，這是中年人開始走下坡路的信號，也是生活現實向中年人亮出的"黃牌警告"。
16. 中年人的心理適應，主要是對職業、家庭、人際關係，以及自己身心變化的適應，其適應的內容包括正視現實、知足常樂、善與人處、警惕心理致病等。

建議參考資料

1. 朱智賢（主編）(1989)：心理學大詞典。北京市：北京師範大學出版社。
2. 利伯特等（劉範等譯，1983）：發展心理學。北京市：人民教育出版社。
3. 馬森等（孟昭蘭等譯 1991）：人類心理發展歷程。瀋陽市：遼寧人民出版社。
4. 程學超（主編）(1991)：中年心理學。濟南市：山東教育出版社。
5. 羅羽東（主編）(1985)：中年保健。北京市：知識出版社。
6. Albrecht, S. L., Chadwick, B. A., & Jacobson, C. K. (1987). *Social psychology*. New York: Prentice-Hall.
7. Baltes, P. B. (ed.) (1978). *Life-span development and behavior*. New York: Academic Press.
8. Freiberg, K. L.(1987). *Human development: A life-span approach* (3rd ed.). Boston: Jones & Bartlett.
9. Gormly, A., V. & Brodzinsky, D. M. (1993). *Life-span human development*. (5th ed.). New York: Harcourt Brace Jovanovich.

第十章

成人晚期的心理發展

本章內容細目

第一節　成人晚期的心理適應
一、老齡與老化的新解釋　525
　(一) 老　齡
　(二) 老　化
二、退休與心理適應　530
　(一) 退休的心理反應
　(二) 退休的心理適應
三、家庭變化與心理適應　532
　(一) 老年夫妻關係與心理適應
　(二) 與第二代及第三代之關係
四、社會支持與心理適應　535
　(一) 經濟接濟
　(二) 精神寄託
　(三) 生活照料
　(四) 社會風氣

第二節　老年人的認知
一、增齡與老年人的智力　538
　(一) 老年期的智力變化
　(二) 成人晚期智力變化的影響因素
二、成人晚期記憶的變化　543
　(一) 成人晚期記憶的特點
　(二) 影響成人晚期記憶減退的因素
三、成人晚期的思維特徵　547
　(一) 語言-理論思維
　(二) 思維內容偏重對社會的認知
　(三) 思維仍有創造性
　(四) 思維衰退

第三節　老年人的社會性
一、成人晚期人格的變化　552
　(一) 老年人的人格特徵
　(二) 老年人的人格類型

　(三) 對畢生的回顧
二、成人晚期的自我意識　555
　(一) 內容和範圍
　(二) 老年人自我意識的認知
　(三) 老年人的社會性自我
三、成人晚期的人際關係　560
　(一) 影響老年人人際關係的因素
　(二) 代際關係

第四節　成人晚期的心理衛生
一、心理病理學與老年人生活　563
　(一) 心理病理學
　(二) 老年人生活的心理問題
二、老年人的心理衛生　566
　(一) 老年人心理衛生的概念
　(二) 老年人心理衛生的具體內容
　(三) 長壽者心理
　(四) 長壽者的心理特點

第五節　生命的最後階段
一、死亡概念的發展　572
　(一) 老年人的生死觀
　(二) 對死亡的態度
二、瀕臨死亡的心理反應　577
　(一) 瀕死的心理體驗
　(二) 趨向死亡的階段
三、居　喪　581
　(一) 居喪的概念
　(二) 居喪心理體驗的差異

本章摘要

建議參考資料

成人晚期(或成年晚期)(old adult)，也稱老年期 (aging period)，一般指 60 歲至死亡這段時期。俗話說得好，"朝陽固然可愛，夕陽也當珍惜"。成人晚期的身心發展處於一個令人珍惜的矛盾變化之中，一方面由於成人晚期是人生的衰退期 (period of decline)，不論是生理組織的功能，還是認知能力都走向衰退；另一方面，成人晚期經驗豐富，技能熟練，因此老年人的智力並非全面衰退，有的處於創造階段，且其智力變化的個別差異也很大，不能一概而論。以人格發展為例，成人晚期人格上表現出以自我中心、猜疑心、保守性、情緒性、內傾性和順從性等老年人特有的特點，所以容易產生老年人的病理心理問題。然而，他們的人格穩定，生活方式也較穩定，待人處事老練穩固，成為其他年齡階段人們的長者。這就是"夕陽能燒紅晚霞一片，綴亮滿天繁星"的道理。一般而言，成人晚期普遍地要面臨退休與死亡兩大難題，構成了特殊的心理適應和瀕臨死亡的心理反應。據此，世界衛生組織發出"讓老年人煥發青春"的號召，可謂寓意深刻。就絕大多數人來說，都會有走向成人晚期的一天。所以，如何使當今的老年人和未來的老年人得到最佳的身心健康，繼續發揮其才智與專長，幸福、愉快地歡度晚年，這已成為**老年心理學** (geriatric psychology) 的主要研究課題。

毋庸置疑，心理學對老年人心理特徵的研究還很少，這種狀況在大陸表現得尤為明顯。然而，隨著經濟的發展，人們生活質量的提高，老齡問題越來越成為一個重大的社會問題。研究老年人的心理特徵，為老年人的身心保障服務，為國家的老齡決策提供理論依據，這已經成為社會對心理學家提出的一個艱巨的任務，為此，在本章中我們擬主要從如下五個問題入手，探討成人晚期個體的心理發展特徵：

1. 面臨退休現實，成人晚期的認知有哪些表現。
2. 成人晚期的認知有何特點，如何評價老年人的智力。
3. 老年人的人格是如何變化的，怎樣分析這個時期的社會性變化。
4. 什麼叫長壽心理，如何有效地開展老年人的心理衛生保健工作。
5. 面臨死亡威脅，成人晚期最後階段的心理狀態怎樣。

第一節　成人晚期的心理適應

金秋時節，面臨身心衰退的過程，退休後的社會角色和職能的變化，家庭結構關係的變化，以及經濟拮据或財產繼承等新問題，成人晚期必須對此做出明確的回答，因此產生對這些問題適應的需要，於是便出現了老年人的**心理適應**。

一、老齡與老化的新解釋

老齡與老化是老年心理的兩個概念。**老齡** (old age) 指進入老年期的年齡。隨著社會的發展，增齡現象越來越普遍，老年化社會和老齡的社會問題越來越明顯。**老化** (ageing) 則是指從人的生長發育、成熟到衰退過程最後一階段所表現出來的一系列形態學，以及身心功能方面衰退性的變化，其中**衰老** (senility) 是老化過程的最後階段或結果。

(一) 老　齡

在某一社會人口的平均構成中，高齡者的比例相對提高了，通常叫做人口**老齡化** (aging of population)。

1. 人口老齡化的界定　根據聯合國教科文組織 (United Nations Educational, Scientific and Cultural Organization, 簡稱 UNESCO) 的規定，在某一國家或地區人口的年齡構成中，60 歲以上者占 10% 或 65 歲以上者占 7%，則稱為人口老齡化的國家或地區。

目前，隨著社會經濟、科學技術的發展和衛生醫療、生活條件的改善，越來越多的國家或地區跨入到人口老齡化的社會。顯然地，老齡化的趨勢，與一個國家或地區的經濟發達程度呈正比。

在美國 1975 年有 4330 萬人壽命超過 60 歲 (占全國人口 19.7%)，2200 萬人壽命超過 65 歲 (占全國人口的 10%)。預計到 2030 年，將有

27.1% 的人壽命會超過 60 歲，22% 的人壽命會超過 65 歲。

在日本，第二次世界大戰結束時，壽命超過 65 歲的人口近 5% (4.59%)；1970 年達 7.06%，從而進入人口老齡化社會；1980 年達 8.75%；1990 年近 11%。預計到 2015 年將有 17.7% 的人口超過 65 歲。

在中國大陸，60 歲以上的人口逐年增長，到 1980 年達 7.6%。這個比例雖然不算大，但是絕對數不小，占世界同齡人口 3.5 億中的 22%，占亞洲同齡人口 1.5 億中的 50%。大陸自 20 世紀 90 年代進入老齡化人口的結構，這比歐美發達國家晚了半個到一個世紀，比日本晚 25 年。但我國從老齡化開始到達高度老齡化，只經歷了 40 多年時間，比歐美 (大約經歷 80 多年)、日本 (經歷 50～60 年) 速度快得多。

目前，對人口老齡化的界定已有新的發展趨勢，現在不少國家的人口專家要求成人晚期改從 65 歲開始算起。對這個問題，目前尚無定論。

2. 老齡化與近代社會生活　老齡化發生在近代社會。近代工業社會裏，老年人都能在做工、養家的年齡之後仍然健在。而在古代農業社會裏，老年人極少。不管在任何社會裏，老年人有經驗、知識淵博，往往擔任家長的角色，握有產權、族權。由於經濟先進國家在百餘年的廣泛變遷中，確定了今天老年人的地位，這就有效地解決了在經濟上不再勞動的老年人維持收入的問題。老齡化的社會生活問題表現在以下各方面：

(1) **人口基礎**：西方國家老年人的數目一直在顯著增加，其增長比率比總人口數增長比率要快得多。這種比例的改變主要是由於死亡率下降，使兒童青少年人數增加相對變慢。此外，在老齡化社會裏，婦女的比例也在增長 (婦女比男人壽命稍長)。

(2) **經濟地位**：老年人的社會經濟地位與這個社會的經濟發展狀況有密切聯繫。在一定範圍內相比較而言，老年人一般處於不利地位，大都由於參加勞動少而收入降低。因而社會必須對退休金、養老金或社會保證金做出老齡規定。事實上，絕大部分老年人雖然已到 60 多歲，卻認為自己寶刀不老，仍可為社會做事。

(3) **教育條件**：老年人比青年人接受正規教育的機會要少，接受新知識與新方法的機會也少。而對許多老年人來講，接受新知識、再教育不僅對其晚年生活是一種充實，而且還提供給他們一種發揮餘熱的途徑。

(4) **居住環境**：人口分布、社區規劃、房屋設計和買賣等方面的歷史性變遷，都會影響老年人的自然和社會生活環境。

(5) **在家庭中的地位**：隨著家庭結構的變化，家庭更多地轉化為**核心家庭** (nuclear family)，即由父母及其子女所組成的家庭。許多老年夫妻單獨居住，不與子女共同生活，於是對家庭其他成員的影響逐漸減弱。但在東方國家，多數老年父母還是與子女一起生活。

老齡化的社會生活表現，給老年人的心理，特別是人格變化帶來了許多社會影響。老年人只有根據這些變化，作好應變的準備，才能有良好的心理適應，做到有備無患，兵來將擋。

3. 老齡化使老年人的角色發生改變 老齡化社會生活，使老年人的社會角色發生了一系列的改變：

從為生活奔波的謀職者變成了退休者，即使是有知識的長者，也得退居"二線"。這樣使老年人進入了閒暇階段。

從經濟比較富裕者變成收入微薄者，或為經濟困難者。在西方，即使大多數多收入老人，按照經濟學家所規定的貧富標準，還是不能進入較富裕者的行列。

從關懷子女者變成接受子女贍養者。年齡越大，老年人對子女生活依靠的程度也就越大。在中國大陸就有"養兒防老，多子多福"之說。

從配偶共同生活逐漸變成鰥夫或寡婦 (其中寡婦更多一些)。

可見，老年人的角色變化對其心理影響是相當大的，只有根據角色的變更，不斷調整自己的行為，才能有良好的心理適應。

(二) 老 化

人的生理和心理隨著時間推移而發生的退化性變化稱為**老化** (ageing)。

1. 關於衰退的事實 狹義的老化是指一種衰退期的狀態，而成人晚期則正處於這種狀態。從生理上看，各系統的功能都趨向衰退。

(1) **在神經系統方面**：腦細胞減少，到 90 歲左右腦細胞數目只有中、青年的 70% 左右，細胞的功能也在減弱。

(2) **在循環系統方面**：心肌細胞逐漸減少，心肌收縮力下降，因而心搏量減少；血管阻力也因血管內腔變狹窄而逐漸變大，心臟病、高血壓等疾病的發病率增多。

(3) 在呼吸系統方面：肺的肺泡部分相對地減少，由 20 多歲時占肺的 60～70% 降至 50% 以下；肺組織的彈性因彈力纖維功能下降而降低，氣管絨毛上皮出現萎縮、變性；呼吸肌的肌力下降，因而肺活量減少；咳嗽和咯痰的能力下降。

(4) 在消化系統方面：口腔黏膜、唾液腺發生萎縮，唾液分泌減少；胃壁伸縮性減弱；肝臟有萎縮趨勢，肝細胞減少、雙核細胞增加，肝功能可維持正常；膽囊、膽管等彈性纖維顯著增生，膽道壁增厚；腸道肌層萎縮，黏膜分泌功能下降，蠕動減少。

(5) 在泌尿系統方面：腎臟重量減輕、老化，因而控制能力下降；前列腺肥大現象增多。

(6) 在內分泌方面：甲狀腺重量減輕，甲狀腺功能減弱，腎上腺重量也減輕，男性激素的合成能力明顯下降；甲狀旁腺分泌功能下降；性腺萎縮，分泌功能下降。

(7) 在骨骼系統方面：骨組織處於萎縮和肥厚交錯狀態，骨容積逐漸減少；骨的含鈣量減少，脆性增加，容易骨折。

(8) 在皮膚、肌肉系統方面：皮膚的組織萎縮，深部脂肪減少，彈性下降；皮脂腺萎縮，汗液分泌減少，皮膚乾燥、無光澤、皺紋多；肌肉萎縮，彈性減弱，肌肉的肌力減小。

從心理上看，各種感覺 (視覺、聽覺、味覺、嗅覺、觸覺) 能力下降。例如，視力下降，耳聾，品味能力差，嗅覺不靈，皮膚觸覺遲鈍等。記憶力下降，不論是識記，還是再認、重現能力均不如中、青年。思維遲滯，想像力也不如青少年和中年豐富。

就整個智力活動狀況看，呈衰退趨勢。一般認為智力在 16 歲以前是快速發展，其後減緩；20 歲左右達到智力發展頂峰，其後智力保持一段高原期；到 35～40 歲開始緩慢衰退；60 歲後衰退加速；80 歲後急劇衰退。

2. 人類老化是生理現象，亦是社會現象　人類的老化問題不僅作為自然狀態存在著，而且更重要地受社會的影響。它往往是生物學、社會學、心理學、醫學和環境保護科學等多種領域的現象複雜地交織在一起，互相影響著。因此，老化問題既是一種生物與社會交叉的現象，又是多種學科共同研究的對象。

於是，一方面老化現象作為一個生物學事實，有著共同的規律，它具有

普遍性 (universality)，即老化現象在生物中是普遍發生；老化現象如同誕生、成長和死亡，也是個體內在固有的，具有內在性 (intrinsicality)；老化現象是一種不可逆、不再復原的過程，具有進行性 (progressiveness)；且老化現象明顯地體現在生理功能下降上，具有有害性 (deleteriousness)。另一方面，老化現象又取決於擔負社會任務方面的個體，具有很大的個性差異性。雖然成人晚期的社會任務較成人前期、中期要少，應是退休而不是工作，但仍然在工作崗位上的男女，雖然身體的操作方面差些，工作效率並不低，創造能力並不減退，如許多學術的、科學的和美術的老專家，這些都是不可忽視的、對社會有貢獻的潛在力量。由此可見，在一定意義上說，老化現象是相對的而不是絕對的，這尤指生物方面，而不是社會方面。若不然，對老年人可能是一種"懲罰"，而對社會則是人力資源的浪費。

3. 關於老化的理論

對老化的研究過程中，形成了一些觀點，其中有影響的理論主要是下列的三種：

(1) **減少參與理論** (disengagement theory)：這是庫明和亨利 (Cumming & Henry, 1961) 提出來的老化理論，意指老年人期冀愉快生活著的一種理論性的建議。該理論認為，若要使老年期享有愉快的生活，最基本的原則是減少職業性與社交性的活動，尤其在情感性人際關係上更應避免涉入。如此留下屬於自己的時間與精力，安享自由、恬靜的晚年。減少參與理論有兩個方面，一是來自**社會的減少參與** (social disengagement)，即為了保持社會的功能，就要準備建立退休的減少參與的制度；二是來自**個人的減少參與** (individual disengagement)，即縮小生活領域，減少自發性的參與，而轉向自我中心的生活。

(2) **持續活動理論** (activity theory)：這種理論並沒有明確的提倡者，但哈威斯特 (Havighurst, 1953, 1974) 很贊賞這種老化理論。這種理論也是對老年人期冀愉快生活的一種建議。該理論認為，若想老年期享有愉快的生活，最基本的原則是使老年人保持與社會接觸，繼續以往中年期的一切活動；即使到了退休，仍須以退而不休的做法，在活動中獲得充實感，從而避免因退休而來的失落與寂寞。

以上兩種理論都引起了心理學家的興趣，並對此加以進一步研究，只是結果至今還未獲得定論。例如，有人提出下列兩個命題：① 老年人社會活動和**生活滿足感** (life-satisfaction) 之間呈正相關；② 老年人重要社會角色的喪失和滿足感呈負相關。可是他們對退休老年人的調查結果，這兩個命題都沒被證實。可見，上述兩種理論各有價值，其實用性如何，要視當事人的家庭背景、經濟情況和健康狀況而定。

(3) **連續性理論** (continuity theory)：這種理論是由紐加頓和羅伯特 (Neugarten & Robert, 1964) 等人提出，雖然沒有像上兩種理論那樣被廣泛引用，但也有其價值。它從發展心理學的觀點看老化問題，認為習慣與愛好很重要。進入老年，應繼續保持著良好的習慣和愛好；即使習慣與愛好發生變化，也應看作是對現實的一種適應。連續性理論主張在適應上可有不同的方向，又承認每個老年人都存在著各自的差異性。

二、退休與心理適應

退休 (retirement)，這是一個歷史並不太長的現代概念，意指職工退出工作崗位的養老制度。每個國家要根據本國有關職工退休處理的規定，對不同職業、職務的職工達到一定年齡和工齡後安排退休。職工退休後，按照全國各地規定的標準，由職工所在的企業 (事業) 或民政部門按月或按年發給退休金，直到本人去世為止。因此，退休是每個老年人要面臨的一種現實。

(一) 退休的心理反應

老年人對退休的態度具有很大的差異。美國馬森等 (Mussen et, al., 1991) 的研究表明，多數人 (61%) 聲稱退休是強行規定的一種制度，應自行退出工作崗位，少數人 (37%) 堅持說自己並非自願。在某些社會地位低下的群體中，強迫退休者的比例甚至更高一些，例如，男子為 41%，低收入者為 46%，黑人為 50%。

老年人對退休的情緒，有一小部分人感到高興，特別是那些健康狀態不好者，可以利用退休，脫離艱苦的勞動，調整自己的生活節奏。但多數退休者卻存在著失落感和自卑感，特別是一些知識階層的人和行政人員，這些人在西方多半屬於中上或高層社會集團，更會感到自己成為無用的、被社會拋棄的人。

老年人因退休產生失落感和自卑感的原因來自四個方面：

首先，工作是個人自我觀念的核心。成人晚期在退休前對事業有著深厚的感情，而退休是對老年人自己有存在價值和有用的看法的一種挑戰；一旦退休，感情上無著落。難怪有些老年人風趣地比喻自己與工作"失戀"了。

其次，失去工作等於失去社會的敬重和社會賦予他們的權力和責任。退休前，職工把自己看作是社會的主人、事業的主人，參與意識強，一旦離開了工作崗位，老年人就不能全身心投入工作了。因此，有些老年人說：我們不是貪戀名與利，而是對社會、對工作的責任心，現在要和自己的事業"標句號"，實在缺少很好的精神準備。

再次，在成人中期，儘管上有老下有小，健康上曾獲"黃牌"警告，但在工作上還是花費了全部時間和精力，以致被稱為"工作狂"；而進入成人晚期，身體還很好，子女已獨立，本可以再拼一場，但退休年齡到了，不能拼了，所以從心底裏不願意。

最後，退休造成經濟上的收入是退休前的一半，使 400～500 萬老人生活於"貧困"狀態中 (Mussen et al., 1991)。於是房子越住越小，小汽車越坐越差，肯定導致失落感。

(二) 退休的心理適應

老年人對退休的現實有一個適應的過程，這個適應程度主要取決於其主體，因此，自我調節是十分必要的。

1. 個人對退休的適應取決於其態度和人格　那些把將要到來的退休視為一種傷痛或曾對社會做出有益貢獻的人，多半會發現退休是難熬和不愉快的；而把退休視作一個成功生活歷程的一部分、一段循序漸進的生涯的最後階段的態度，則有助於促成對退休的積極適應。

那些被判明不能適應退休的人，其性格往往易怒和被激憤情緒所支配。良好適應退休生活的事例發生在具有健全或成熟人格的人的身上；也發生在被認為"通常消極被動"不願承擔責任的人身上；還發生在應變性強或防禦機制強免於陷入焦慮的人身上。

2. 個人對退休的適應取決於自我調節　老年人對退休要有良好的適應，必須做好自我調節。

其一，自己為自己做"廣告"，為社會做點事，不僅發揮老年人的"餘熱",而且也證明自身確實存在著社會工作的潛力。

其二,自己為自己做"設計","老有所學",諸如進"老年人大學"一類的學習場所,這不僅發展了老年人的興趣,老有所為,發揮專長,為社會繼續做好事,而且繼續在群體之中,滿足了退休後的交往、友誼、歸屬等方面的需要,克服冷落感和孤獨感。

其三,自己為自己做好"安排",正確認識閒暇,利用自己獲得的"自由",創造性地**自我發展** (self-development),既尋找退休後的生活樂趣,又增加團體活動,為社會做點力所能及的事情。

所有這一切,都將會成為成人晚期對退休心理適應的一些重要方面。

三、家庭變化與心理適應

成人晚期的家庭變化主要表現在兩個方面,一是老夫妻關係的變化;二是老人與第二代、第三代關係的變化,隨之產生一系列心理適應問題。

(一) 老年夫妻關係與心理適應

在老年期,夫妻關係是他們具有健康的心理適應力,能順利走完人生最後階段的基石:一個人步入老年期後,心理上的無用感與無助感日漸強烈,這時良好的夫妻關係是他們心理上的最大慰藉。下面我們從以下三個方面來展開論述。

1. 老年期的依戀 **成人依戀**(或**成人依附**) (attachment in adult) 一般出現在 50 歲以後的成人中期與晚期,特別是**老年期依戀**(或**老年期依附**) (attachment in old age)。此時,老年夫妻雙方在情感和精神上互相依賴、互相慰藉,就是"老來伴"的含義。天津市退休老人與伴侶感情的問卷調查 (1988) 發現感情深厚的占 61%;感情一般的占 16.5%,感情不好的僅占 2.4%。還有占 20% 的被試未交問卷。可見老夫妻依戀的事實是存在的。重要原因有:(1) 子女獨立,有的已自立門戶建立其核心家庭,這會使老年夫妻倍感冷清;(2) 退休後,社會活動減少,交際範圍縮小,常感孤單和寂寞;(3) 健康狀況的下降使得他們生活能力受影響;(4) 自信程度降低,老年人常常失去自身的價值感,覺得到了這個年齡自己是無用的人了;(5) 死神的威脅，產生一種心理緊張和恐懼感。由於上述這些方面的變化，老年夫妻在情感上比以往任何時候都更加靠近。這是良好心理適應的表現形式。他們在孤獨和緊張中，相互依靠，相互慰藉，在生活上，相互扶持，以求平安地度過晚年。

2. 老年人的性欲　　老年人性激素分泌量顯著減少乃至枯竭。但由於大腦中既往性活動的表象及其新的組合想像，以及性活動的體驗，作為內部刺激，老年人仍有性欲或繼續性活動的可能。

美國杜克大學 (1971) 調查了男性 261 名、女性 241 名老人，發現 66～71 歲的年齡組中，對性關心的男性老人占 90%，女性老人占 50%；強烈關心的，男性老人占 10%，女性老人占 2%。丹麥哥本哈根大學性科學研究會 (1976) 對 6200 名男性老人的調查顯示，對性表示關心的占 51%；性活動的實現率，71～75 歲組保持在 56%，85 歲組為 20%。日本東京都的研究者 (1979) 對全國三個地區的 500 名老人俱樂部的成員進行了有無性欲的調查，回答有性欲的男子占 92%，女子占 52%；老年人性活動多數為月平均 1 次，而 31.1% 月平均 2 次。日本東北大學泌尿器科調查顯示，性生活的頻率度 60 歲時每月平均 3.7 次，70 歲時每月平均 1.9 次。

3. 寡婦、鰥夫以及老年人再婚

(1) **寡婦與鰥夫**：在美國，所有 65 歲以上的婦女，一半以上是寡居。丈夫年齡一般要比妻子大，而婦女又活得比男人長，所以，寡婦多的不相稱的比例就不足為奇了。當然，鰥夫也有一定比例，只是比寡婦少，還不到寡婦的一半。

我國大陸統計，60～79 歲的老人中喪偶者，男性占 25.3%，女性占 55.1%；80 歲以上喪偶者，男性占 59.5%，女性占 92.5%。寡婦與鰥夫在我國老年人中高比例地存在，而且寡婦比鰥夫要多得多。

失去配偶的角色變化，對當事者老年人心理的影響之大是難以預料的。一個人在配偶喪亡後的一年或一年多的時間裏，還充滿著高度緊張感。照顧好喪偶老年人，使他們產生良好的心理適應，是社會、特別是老年人家人的一項艱難的工作。老年人自我心理調節，當然也是十分重要的，否則，一位老人先"走"，另一位老人可能會跟著與世長辭，尤其是感情特別深厚的老年夫妻更是如此。這在生活中也是經常出現的。

(2) **再婚**："找一個老伴，重建家庭"是解決家庭生命周期**空巢** (empty

nest) 階段給老年人帶來的多種困苦，以便建立良好心理適應的最佳途徑。

潘穆 (1983) 調查指出，當前我國城市老人再婚有"三多三少"及"四性"的特點。

"三多三少"是：在老年獨身者中，主觀上有再婚需求的多，客觀上能再婚成功的少；男性老人有再婚要求的多，而女性老人有再婚想法的少；社會和家庭，特別是子女對老年人再婚反對、阻礙的多，而同情、支持的少。

"四性"是：目的互助性；對象的實惠性；年齡的差距性；婚禮的簡單性。

再婚老人心理協調的"敏感點"何在？程學超、王洪美 (1986) 指出，一是對先前配偶的感情，再婚雙方要互相體諒；二是對社會上流行的某種習慣的輿論觀點，再婚雙方要科學分析；三是對前後老伴的對比，再婚雙方要建立情感、用情感影響去支配認知。

(二) 與第二代及第三代之關係

在老年人的各種複雜的人際關係中，大量的或者突出的是兩代人之間的所謂**代際關係**。這其中最重要的又當數與子女之間的親子關係和與第三代孫輩之間的祖孫關係。

1. 親子關係 老人與第二代的關係變化，不僅表現在子女的自立上，而且還表現在經濟上。老年人中一部分收入多的，多年有積蓄，甚至有自己的房子；但大部分退休後收入低，沒有資產，於是如前邊提到的，從關懷子女者轉變為接受子女贍養者。後一類老人，在中國大陸，靠女兒贍養的占 3～5%，靠兒子贍養的占 90%。80% 的農村老人的"老有所養"是一個突出的社會問題。年齡越大，老年人對子女生活依靠的程度也就越大。且老年人中長期有病者問題更多。如何適應這種變化，不僅需要**親子關係** (parent-child relation) 的密切，特別是子女的孝順，而且還要靠社會支持。

2. 充當祖父母 當了祖父母，是否像傳統所說的，和藹可親、對孫兒女感興趣，這是值得研究的一個問題。在一項關於祖父母的內容廣泛的研究中（馬林等，1991），大約三分之二的人認為充當這個角色是令人滿意的。也有少數人表示不愉快，重要原因有兩個，一是與第二代在教育第三代的方法上有矛盾；二是年齡較輕的不願充當這個角色，認為"祖父母"是一種與

"老年"相聯的概念，自己並沒有"老"。

充當祖父母的表現也有各種的類型，諸如正規祖父母的"嬌慣"型，退休後的"找樂趣"型，對孫子女保持一定距離的"疏遠"型，代替第二代照看第三代的"現代父母"型。不同類型，有著不同的投入，會產生不同的效果。

不管如何，充當祖父母，定期與第三代接觸、交流、溝通，是促使老年人心理健康的一種有效途徑。這樣，不僅使第三代有人照顧，而且也使老年人"老有所養"。即使在諸如"老人俱樂部"、"老人院"生活的老人，每天晚上接回家中，與第二代、第三代相處，享受"天倫之樂"也是促進老人長壽的一種措施。

四、社會支持與心理適應

老年人一旦退休，多數人不是在情感上有失落感，就是產生經濟問題，上面提到我國大陸 80% 的農村老人"老有所養"成為一個突出的社會問題，就是一個事實。所有這一切都說明老年人得以歡度晚年，還必須要靠**社會支持** (social support)。

社會支持應包括對老年人經濟上的支持、精神上的支持、生活上的支持等等，這些都是成人晚期心理適應的保證。

(一) 經濟接濟

多數的老年人需要社會提供退休金、養老金和社會保證金等社會福利，"老有所養"這是成人晚期生存條件的基本經濟保障。

退休金 (pension) 是連續而定期地對年老、喪失工作能力或由於工作已滿規定期限而退休的人員的貨幣支付。個人退休金計畫始於 19 世紀的歐洲，影響享受退休金資格及數額的因素很多，有就業年限、年齡、工資，有時也包括過去所做的貢獻。

養老金 (old-age pension) 是對缺乏勞動力而又無贍養者的鰥寡、孤獨者支付救濟金或撫恤金，以保障老年人應享的權利，解除他們生老病死等後顧之憂。

社會保證金 (social security fund) 包括用於社會救濟、社會福利和勞動保險等方面的支出。**社會救濟** (social relief) 指國家對城鄉困難户的生活救濟，救濟對象主要是指無依無靠無經濟來源的鰥、寡、孤獨者、喪失勞動力和收入不足以維持基本生活（或在貧困線以下）的人們。**社會福利** (social welfare) 是指國家為安置殘疾人員、精神病人和孤寡老人而興辦的各種事業、企業和各種社會福利基金，及各種教育、文化、體育措施。**勞動保險** (labour security) 是勞動者因為各種原因不能繼續從事勞動或暫時中斷勞動，從國家和社會獲得物質幫助的一種社會保障制度。勞動保險的某些長期待遇，就包括退休、養老基金等。

老年人只有在生存條件有基本經濟保障的情況下，才有安全感，才能適應退休後經濟狀況的變化。

(二) 精神寄託

多數老年人為退休感到煩惱，這不僅因為他們的個人身分在很大程度上原本是由其職業決定的，而且他們為不能達成自己的生活目標而感到精神空虛，因而不願或不能接受其奮鬥目標的終結。

針對這種心理狀態，社會要給予老年人精神上的支持，採取各種措施，把老年人組織起來，例如創辦老年人大學，成立老年人的各種對問題兒童青少年的幫教團體，開展各種有益老年人身心健康的文娛、棋類比賽，甚至組織老年人學習氣功、舞蹈等等，使老年人有精神寄託，甚至於發揮餘熱，繼續為社會做貢獻。

老年人只有在精神上有所寄託的情況下，才有充實感和鬥志，才能適應退休後無所事事的現狀。

(三) 生活照料

有些老年人屬於鰥寡孤獨；有的雖有子女，卻單獨生活；即使是與兒女一起，但子女處於重負荷的中年期，工作繁忙，白天家裏無人，只留年邁老人留守空房。於是有相當一部分的老年人在生活上需要照顧。

社會要給予這部分老年人生活上的支持，疏通各種贍養和養老渠道，建立專為老年人服務的老年人俱樂部、養老院、孤寡老人敬老院、老人樂團、老人商店等組織和團體，使全體老年人都能安度晚年。

老年人，特別是鰥寡孤獨老人，只有在生活上有照料的前提下，才能安安穩穩地生活下去，才能適應孤獨狀態的出現。

(四) 社會風氣

老年人既有自卑感，又有不服老的自尊心，他們的消極情緒也在逐步增多，常常會無端地恐懼、憂慮、失望，對一點小事竟大發雷霆、爭吵不休，因此需要社會的諒解、體貼和關心。社會上應加強輿論宣傳，倡導"尊老、愛幼"，尤其在中國大陸，尊老攜幼早已是中華民族的優良傳統；要樹立敬老、愛老、養老的社會風氣。

在我國人口老齡化最高的地區是上海，上海的 60 及 60 歲以上的人口比重為 11.51%。上海是個工商業大城市，環境污染也不比別的地方輕，甚至飲用水源黃浦江也被污染。但上海人長壽，除了醫療條件和生活條件比較優越之外，與關心老年人的社會風氣不無關係。在上海，70 歲老年人有老人卡，憑此卡可獲得諸多的照顧和尊重。

像這樣生活在上海地區的老年人，在敬老和愛老的社會風氣下，自然地在情緒體驗上獲得欣慰和喜悅，必然地在心理上適應自身老化的各種變化。

第二節　老年人的認知

子曰："六十而耳順，七十而從心所欲，不踰矩"(論語·為政)。這裏既指老年人的認知，特別是社會認知的特點，又指老年人的社會性特點。

隨著成人晚期的身心變化，老年人的認知也會出現新特點。然而，成人晚期的認知，絕不能簡單地從成熟期遞減來認識，而應該從一個完整的認知結構出發，全面地分析老年人的認知特點。"耳順"之年，"耳聞其言而知其微旨(意)"；到了七十歲，由於經驗豐富，可"從心所欲"而不會違背規矩，可見老年人的認知有著成熟性和穩定性的一面。因此，對老年人認知的評價，必須要具全面性。

一、增齡與老年人的智力

如前所述，**增齡**(aging) 不僅指年齡的增加，而且也指成熟期以後隨年齡增加而老化。

增齡是否帶來老年人智力衰退的**趨勢**，這是發展心理學界極為關心的課題。

(一) 老年期的智力變化

心理學研究獲得，老年人的智力變化有兩個不一致的事實，一是呈衰退的趨勢，二是呈穩定的趨勢。

1. 老年人的智力呈衰退的趨勢　瓊斯和康拉特 (Jones & Conrad, 1933) 二人對自 10 歲至 60 歲的 1191 人進行了美國陸軍 A (語言性) 測驗，發現人的智力在 21 歲時為頂峰，其後便開始下降，到了 55 歲下降到 14 歲時的智齡。

米勒斯夫婦 (Miles & Miles, 1932) 對自 7 歲至 92 歲的 832 人進行智力測驗，結果表明，18 歲為智力頂峰，其後便開始緩慢下降，50 歲時相當於 15 歲時的智力，80 歲以上便急劇下降。

韋克斯勒 (Wechsler, 1944, 1955) 也運用自己製定的**韋氏成人智力量表 (或魏氏成人智力量表)** (Wechsler Adult Intelligence Scale，簡稱 WAIS) 對成人進行了兩次智力測驗，結果表明，男子 25～32 歲，女子 20～24 歲為智力發展的頂峰，隨後便開始呈下降的趨勢。

卡普蘭 (Kaplan, 1947) 將上述三項研究結果加以整理，獲得了成人智力的年齡變化曲線，如圖 10-1 所示。

從圖 10-1 可以看到，人的智力儘管發展高峰點在研究中尚未統一，但畢竟有一個發生發展和衰退的過程。人到成人晚期，智力呈衰退的趨勢，各種感覺能力在下降，記憶力也在下降，思維靈活性變差了，想像力也不如青少年與成人前、中期豐富，這是研究者在 50 年前就獲得的事實。

2. 老年人的智力呈穩定的趨勢　20 世紀 60 年代以後的智力變化的研究認為老年人的智力並非全面衰退。

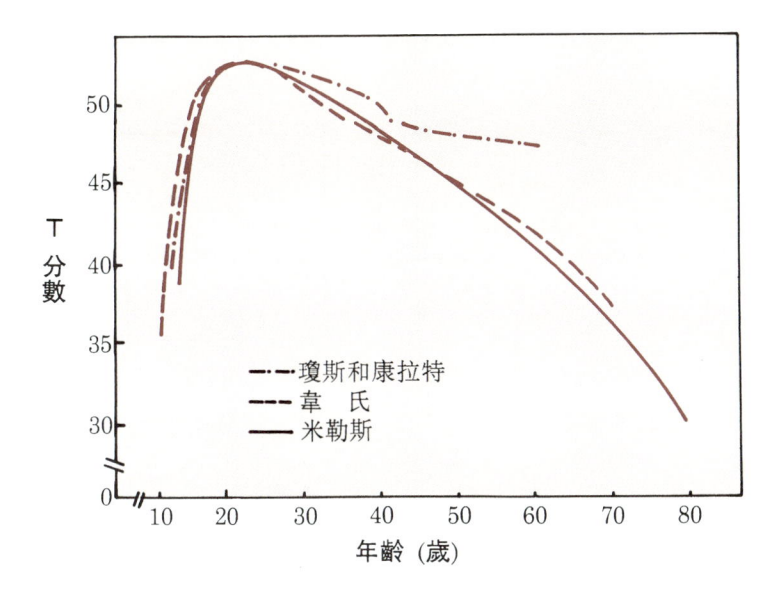

图 10-1　成人智力的發展曲線
(採自 Kaplan, 1947)

格林 (Green, 1969) 研究了 24～64 歲不同年齡智商分數的變化，結果表明，人的智力可能持續增長到 60 歲，其後仍然保持穩定。

巴爾特斯和沙依 (Baltes & Schaie, 1974) 的研究支持了格林的結論，證明人的智力在 60 歲以前一直是很穩定的，之後的衰退幅度也不大。

克隆巴赫，沙依和斯特羅瑟 (Cronbach, Schaie & Strother, 1963, 1970) 在 20 世紀 60～70 年代還對老年人進行縱向的追蹤研究，獲得圖 10-2 之結果。

從圖 10-2 中可見，用**縱向法**(或**縱貫法**) (longitudinal method) 資料，言語因素 (V) 和計數因素 (N) 在 60 歲以前曲線是繼續上升的，空間因素 (S) 在 60 歲時大致呈高原狀態，推理因素 (R) 在 40 歲前是上升的，其後是緩慢下降。這與**橫斷法** (cross-sectional method) 的資料是有顯著不同的。

由此可見，從整體來看，老年人智力衰退是個事實，但並不是所有智力因素都受增齡的影響而衰退，換句話說，老年人的智力因素並非全部衰退。其一，老年人的智力是一個完整的結構，有的因素在衰退，有的因素保持穩

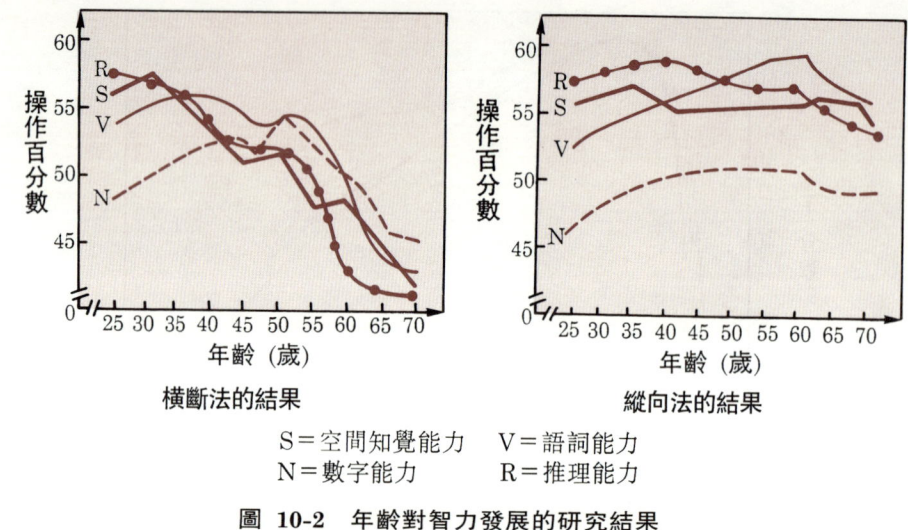

圖 10-2　年齡對智力發展的研究結果
(採自Cronbach, 1970；Schaie & Strother, 1963)。

S＝空間知覺能力　　V＝語詞能力
N＝數字能力　　　　R＝推理能力

定，有的因素如依賴於知識、文化、經驗的智力因素（例如知識的廣度、詞彙、判斷力等）還可能發展。其二，不同老年人的智力變化很不一樣，有人衰退得快，甚至出現**老年性痴呆症**(senile dementia)；也有人衰退得慢，到 70、80 歲後才明顯衰退；還有人仍然"從心所欲"地從事某方面的創造性的事業；至於有些人六十"耳順"聖通，七十則"由聖入神"，儘管是極少數，但畢竟也是存在的。可見具體問題要做具體分析，不可一概而論。

(二)　成人晚期智力變化的影響因素

老年人智力衰退雖是個普遍的事實，但又因人而異，因此需要分析對老年人智力影響的因素。

1. 遺傳　10 年追踪的雙生老年人的智力研究 (Cronbach, Schaie & Strother, 1963, 1970) 表明，以智力測定成績的相關來看，同卵雙生老人比異卵雙生老人的智力相關程度更高。雙生老人痴呆症的臨床研究證明，遺傳因素會產生一定的作用。

2. 機體　老年人長期有疾病，不僅影響生理機能，而且也影響智力。70%～80% 的老年人痴呆者是由腦動脈硬化致使循環障礙而引起的。腦和神經系統機能的衰弱,身體健康狀況下降,活動能力和感覺機能下降,社會活動範圍和交往範圍縮小等,可能造成智力衰退。日本長谷川和夫等人(1977)的材料也證明了這一點,見圖 10-3。該圖表示不同智力水平的人各種活動狀態在全部時間中的相對比例。從圖中可以看到,智力得分低者,其身體健康狀況明顯較差;相反的,身體健康狀況良好者,其智力得分明顯較高。

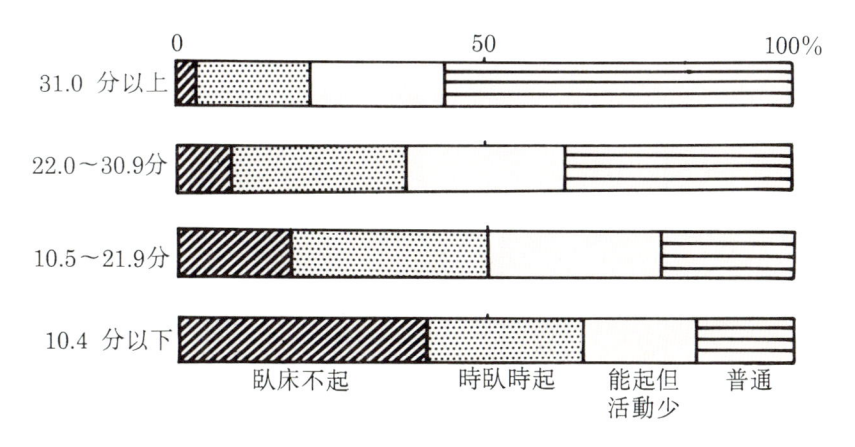

```
                   0              50              100%
31.0 分以上      ┃▓┃░░░░┃         ┃════════┃
22.0～30.9分   ┃▓▓▓┃░░░░░┃       ┃══════┃
10.5～21.9分   ┃▓▓▓▓▓┃░░░░░░┃    ┃════┃
10.4 分以下    ┃▓▓▓▓▓▓▓▓┃░░░░┃ ┃ ┃═┃
                臥床不起    時臥時起   能起但  普通
                                      活動少
```

圖 10-3　智力得分和一般活動狀態的關係
(採自長谷川和夫等,1977)

當然,腦和神經系統的老化具有很大的個體差異。不少 80 多歲臥床不起的老人,腦和神經系統的老化並不明顯,智力還是相當敏捷;可是也有 60 歲出頭運動量相當大的人,卻早早患上老年痴呆症。這證明腦細胞的內在結構和神經纖維的變化具有很大的個體差異性。

3. 知識　學歷、知識、經驗等社會因素與老年人智力有很大的關係。孔夫子的"耳順"、"從心所欲"的智力發展觀,驗證的就是由於學習而獲得知識經驗,促進老年人的智力繼續發展。研究也表明,經常從事一定腦力勞動的老年人,智力衰退緩慢。日本長嶼等人(1970)研究證明,從總體上來看,學歷高一些,受教育時間長一些的人,隨著增齡其智力減退較少;學歷對女性老人比對男性老人的智力有更大的影響。

4. 職業　日本心理學家井上勝也(1977)對 100 歲高齡者的研究獲得結論:曾從事管理職業的人比沒有從事這樣職業的老年人,有意義地呈現出高的智力得分。

程學超、王洪美 (1986) 的研究也指出，有職業的老人其智力水平一般比無職業的老人維持得較好；從事過專職和管理職業的老人能維持比較高的智力；現在沒有職業和任務的老人以及過去一直從事體力勞動為主的老人，其智力下降程度較大。

5. 性別　日本井上勝也 (1977) 在對老年人的智力研究中，獲得男女性別差異的結果，見圖 10-4。

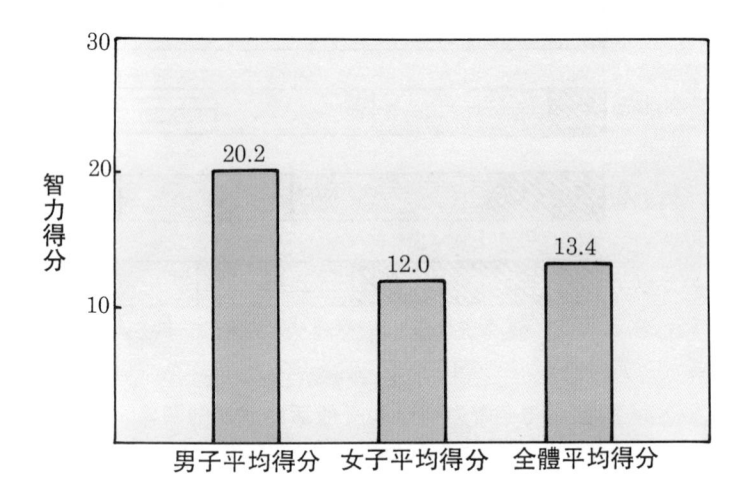

圖 10-4　100 歲老人在智力得分的性別差異
(採自井上勝也，1977)

他的研究共採用被試 188 人，其中男性被試 34 人，女性被試 154 人。該研究的智力指標中 30 分為最高，男子平均得分明顯高於女子的平均得分。

井上勝也指出，在以往年齡段從未有過智力的性別差異，為何在老年期表現出明顯的差異呢？其理由是不清楚的。作為一種推測，也可能反映了社會文化的地位差異、社會作用的差異、學歷的差異等，但是，老年痴呆症也是女子出現率高，這不能不考慮可能是生物學上的差異。

總之，以上的五種差異是綜合地發生，交互作用的，構成成人晚期智力衰退及其個體差異的整體效應。

二、成人晚期記憶的變化

不論是國內還是國際心理學界，對成人晚期認知變化的研究，相當程度上是在研究老年人的記憶變化，獲得"老年人記憶力下降"的結論，儘管這種下降的速度並不大。

（一）成人晚期記憶的特點

假定 18～35 歲的人，其記憶的平均成績為 100%（最高），35～60 歲的記憶平均成績為 95%，60～85 歲的約為 80～85%。在成年人中期和晚期，40 歲以後和 70 歲以後是兩個記憶明顯衰退的階段 (Arenbery, 1983)。

1. 成人晚期理解記憶尚佳，機械記憶則進一步衰退　成人晚期對自己所理解的材料記憶與成人前期、中期相比，沒有多大差別，而對無意義聯繫材料的記憶成績，從成人前期到中期、再到晚期逐步地衰退。許淑蓮等人 (1982) 對 50～90 歲成人短時記憶研究指出，老年人數字記憶有如下特點：各年齡組（自 50 歲起，每隔 10 歲為一年齡組）成績均隨年齡增長而下降；各年齡組間分別比較，60 歲組與 70 歲組或 80 歲組的差異是顯著的，可見 70 歲後順背數字廣度才有明顯減退；倒背數字，各組間比較，均有顯著差異 ($p<0.01$)。

記憶人的姓名困難是老年人常見的煩惱，本研究進行的人像特點聯繫回憶，結果證實了這一點。其研究結果表明，老年人記憶"姓氏"最難，"愛好"次之，職業再次之。80 歲組機械記憶姓名的平均成績僅達 20 歲組的 30%，這說明機械記憶是老年人的一個困難課題。

2. 成人晚期短時記憶的減退　許淑蓮等人 (1982, 1985) 對 102 個 50～90 歲中老年人的短時記憶進行研究並與 20～25 歲組作比較，獲得結果如表 10-1 所示。

從表 10-1 可見：(1) 由總體上考察，記憶都有隨年齡增長而逐步衰退的顯著趨勢。其中在圖片自由回憶總分和邏輯故事記憶的分節分數方面，減退的趨勢更為明顯，在順背數字和邏輯故事記憶的中心意義分數隨年齡增長而緩慢下降。(2) 老年人的記憶減退有其特點：記憶邏輯故事時，對中心意

表 10-1 50～90 歲老人記憶檢查各項分數比較

年齡組	圖片自由回憶 例數	圖片自由回憶 均數	數字廣度 例數	數字廣度 順背均數	數字廣度 倒背均數	邏輯記憶 例數	邏輯記憶 分節記憶均數	邏輯記憶 中心意義均數	總分 例數	總分 均數
20-25	22	18.14±0.54	22	7.5 ±0.27	5.36±0.36	22	12.65±0.70	4.39±0.16	22	47.31±1.57
50-59	24	15.88±0.62	24	7.65±0.21	3.81±0.26	24	9.18±0.47	3.84±1.91	24	39.74±1.14
60-69	20	13.05±1.01	20	7.3 ±0.3	3.43±0.45	19	6.33±0.77	3.42±0.26	19	32.67±2.36
70-79	42	11.92±0.55	45	6.29±0.15	2.56±0.17	44	5.26±0.39	3.0 ±0.16	41	28.89±1.21
80-90	17	10.69±1.03	16	6.13±0.3	2.69±0.21	16	5.69±0.88	3.12±0.31	16	28.35±2.41

註：均數欄內數字±標準誤　(採自許淑蓮等，1982；1985)

義的記憶雖有隨年齡增長而明顯減退的現象，但其減退的速度較分節記憶緩慢，這和老年人的意義識記較機械記憶減退為晚相聯繫；順背數字的成績雖也有明顯的減退，但減退的速度較慢，70 歲以後才有很明顯的減退，這可能由於它所包含的初級記憶成分較多，而老年人的初級記憶較晚才受到損害的緣故。

可見老年人短時記憶減退表現在初級記憶比次級記憶減退得慢；而需要集中注意和組織的記憶材料對老年人更困難；老年人對那些不計時間或材料容易的記憶，並不比年輕人差。

3. 成人晚期的記憶保持能力在下降　楊治良等人 (1981) 曾對八個年齡組 (幼兒組，六歲；初小組，八歲；高小組，10 歲；初中組，14～15 歲；大學組，21 歲左右；中年組，40 歲左右；壯年組，50 歲左右；老年組，55 歲以上) 運用具體圖形、抽象圖形和詞三種材料，進行信號檢測論的再認實驗 (recognition experiment with signal detection method)，獲得如圖 10-5 所示的趨勢。

從圖 10-5 可以看出：(1) 與其他年齡組相比，老年人的再認能力在下降；(2) 老年組和其他年齡組一樣，都不容易再認那些既無直觀支柱又不理解的抽象圖形；相反的，卻比較容易再認那些易於定名的具體圖形和熟悉的詞。也就是說，如上提到的，老年人的理解記憶效果比機械記憶的效果好。

4. 成人晚期對遠事的保持比對近事的保持好　老年人的記憶保持能力在下降，但並非全部衰退。一般地說，老年人對較為遠期的經驗或事物保

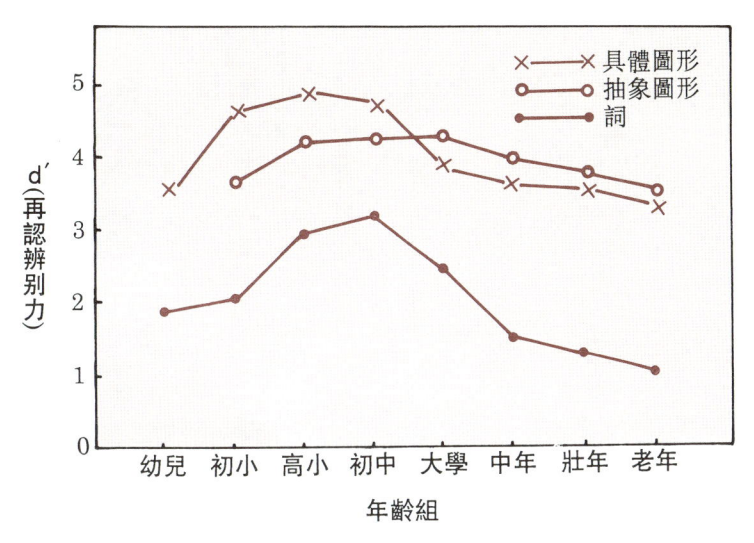

圖 10-5　年齡與再認能力的關係
(採自楊治良等，1981)

持得較好，如對往事的回憶比較清晰而富有情感，甚至對往事的某些細節都能記憶猶新，加以回憶；而對新近所說的材料或對最近發生的事情卻保持得很差。

(二) 影響成人晚期記憶減退的因素

綜上所述，許多研究證實成人晚期個體的記憶力明顯地減退。那麼，這種記憶力減退的原因何在呢？我們主要從以下三點來分析：

1. 生理因素　成人晚期記憶減退主要與其生理衰退有關。成人晚期在生理上，各系統的功能都走向衰退。記憶首先與神經系統有關。老年人腦細胞不僅數量減少且功能也在減弱；腦重減輕；側腦室擴大；大腦皮質變小；神經束內脂肪沈積，這些變化都是促使老年人記憶力下降的原因。此外，記憶與心血管系統狀態有關。在腦動脈硬化、腦供血不足的情況下，老年人自然難以保持良好的記憶。

2. 文化教育因素　不同文化水平的老年被試，其記憶減退的表現是不一樣的，許淑蓮等的上述 (1982, 1985) 實驗也證明了這一點，見圖 10-6。

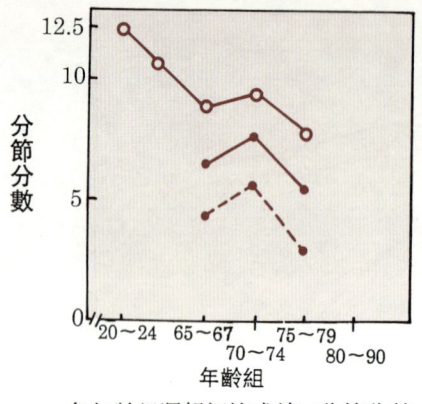

a. 各年齡組邏輯記憶成績 (分節分數) 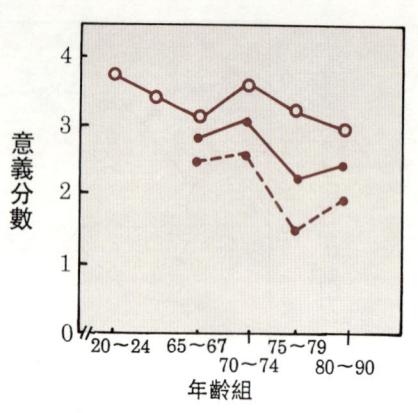　　b. 各年齡組邏輯記憶成績 (意義分數)

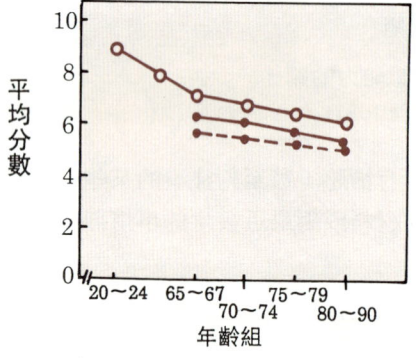

c. 各年齡組圖象自由回憶成績

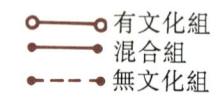

○────○ 有文化組
●────● 混合組
●----● 無文化組

圖 10-6 記憶減退速度實驗在不同文化水平的老年被試之結果
(採自許淑蓮等人，1982，1985)

三種記憶的成績，隨著增齡都在減退，但有文化組成績在各種實驗中都最好，無文化組在各種實驗中最差。由此可見，記憶減退還取決於文化教育因素，並且常常因人而異。

3. 心理因素　老年人退休後會產生心理的自悲感與失落感，往往有慨嘆"我老了，記憶壞了……"這種消極的**自我暗示** (self-suggestion)，會加速其記憶的減退。程學超等人 (1986) 的研究指出，有些老年人意志消沈、缺乏職業和智力上的激勵因素，這比"增齡"更能使人的記憶力衰退。這又進一步說明記憶減退因人而異。

三、成人晚期的思維特徵

從總體上說，成人晚期的思維呈衰退趨勢。但又具有較大的不平衡性。那些依賴於機體狀態的思維因素衰退較快，如思維的速度、靈活程度等。而與知識、文化、經驗相聯的思維因素衰退較遲，如語言理論思維、社會認知等，甚至於老年期仍有創造思維。就這樣，呈現出成人晚期的思維特徵。

（一） 語言-理論思維

成人晚期的思維是**語言-理論思維** (language-theory thought)。在智力衰退的過程中，老年人的語言性思維、空間關係的掌握、推理能力等理論思維水平下降的幅度較小。

沙依 (Schaie, 1977, 1978) 對老年人思維變化的研究很有意義。他從 20 世紀 50 年代中期開始，共調查了 3000 多人，其中有些人每七年複查一次，連續測查 21 年，最後發現：人在 80 歲以前，在語言的流暢性和對空間關係等思維因素的掌握方面，其能力不會有什麼大的下降。

克隆巴赫等 (Cronbach, et al., 1970) 採用縱向研究法，對同一組被試的智力進行了追蹤研究 (1919～1961)，年齡為 19～61 歲，結果表明：61

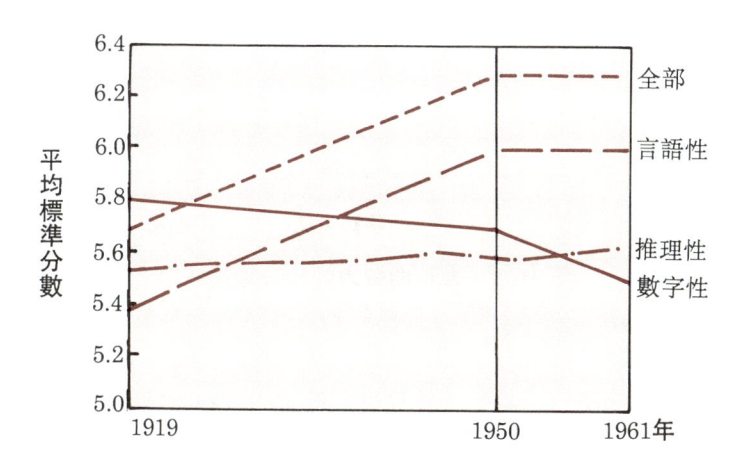

圖 10-7 智力測驗追蹤研究的結果變化
(採自 Cronbach et al., 1970)

歲之前的語言、推理等思維作業的水平保持不變，到 61 歲以後才有所下降，但下降幅度也不大。見圖 10-7。

日本小野寺等人 (1973) 用**韋氏成人智力量表測驗** 334 名 60 歲以上的老人，儘管是一般性的智力測驗，但也可看出思維發展的某些特徵。參見圖 10-8。

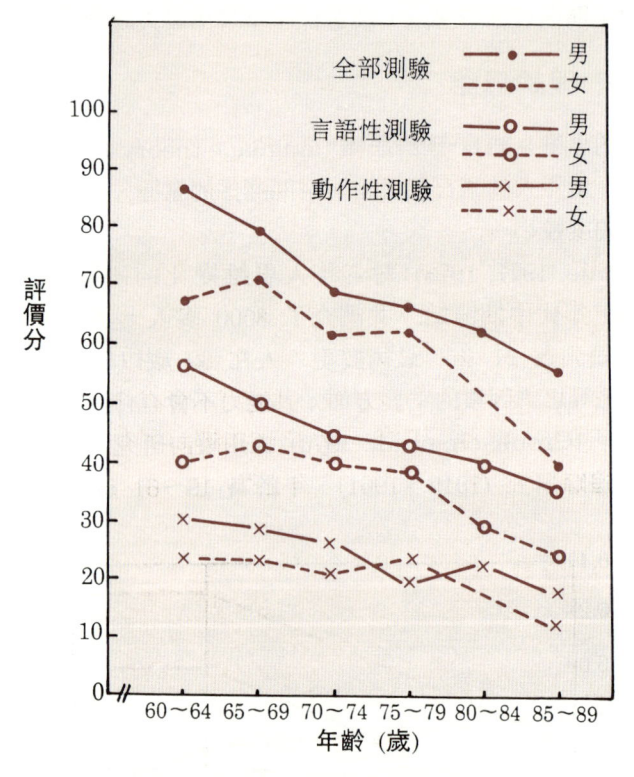

圖 10-8 老年期智力的年齡變化曲線
(採自小野寺等，1973)

從圖 10-8 明顯可以看到，儘管男女被試的測驗成績在 60 歲以後開始緩慢地下降，但是言語性測驗和動作性測驗成績的下降程度是不一樣的。其中言語性測驗成績下降緩慢，而動作性測驗成績下降得較快些。

簡而言之，成人晚期是理論型的思維。這種思維以文化教育、知識、經驗為基礎，通過抽象假設、邏輯推理、反省監控來完成。其特點是發生遲，衰退也慢。

(二) 思維內容偏重對社會的認知

從思維上説，孔子説的"六十而耳順"，説的是聽別人言語，便可分辨真假，判明是非；"七十而從心所欲，不踰矩"，説的是所想所做，十分自若，決不越出"法"或"禮義"的規矩。所有這一切，主要都在説老年人的認知。

人到老年，主要面臨的是社會生活，於是老年人對社會制度要加以綜合的認識，從而構成老年人行為的基礎。社會提供給老年人多種信息：一是隨著退休後角色的改變，社會對他的看法也隨之發生改變，如何適應、如何應對、如何分辨是非真假等，這構成了老年人思維的重要內容；二是對一生的回顧，個人的成功與失敗、經驗與教訓，老年人要加以思考與"整理"，把它作為教育第二代、第三代的材料；三是對保持晚節，為社會發揮餘熱，以及"生死"問題的思考（這將在第五節展開論述）；四是憑老年人自身的成見，對現時社會刺激作出種種分析，而這種種分析，在倫理上，不會越出成人晚期個體的"禮儀"規矩，即按照信念、價值觀和人生觀來進行認知。

(三) 思維仍有創造性

成人晚期的思維仍然具有創造性，老年人仍然具有創造力。因為人的創造雖然有高峰年齡，但創造的年齡間距寬廣。如前所述，丹尼斯 (Dennis, 1956) 對 100 名 30～79 歲及 56 名 80～89 歲科學家科學論文的產量進行了研究，將每人每年的科研論文加以計算，發現 30～39 歲最多，平均每人每年有兩篇論文，60～69 歲僅減少 20%，80 歲以後才急驟地減少，56 位被試，每年總共只有 13 篇論文。萊曼 (Lachman, 1942) 的研究指出，哲學家的作品，其年齡全距寬達 32.5 歲到 72.5 歲；65 歲以後的作家，仍可以創造出優秀作品。這裏分析的是科學家、哲學家和作家的創造性工作，至於"大器晚成"的例子更是不勝枚舉。可見，人到老年，其思維仍然有創造性。當然，以上例子舉的都是知識界和學術界。一般的人其思維也仍然有創造性。不過，知識界、學術界、藝術界和政界更為明顯。日本岩井 (1984) 把從事藝術創作活動的老年人與不從事藝術創作活動的老年人分兩組調查，前者從事繪畫和造型藝術的創作，平均年齡為 83 歲；後者是養老院身心健康的老年人，平均年齡為 75 歲。調查內容為記憶、判斷、行為、創造力、情緒等。結果發現，從事藝術創作活動的老年人不僅自覺創造力在發展，自認為"創造力更強了"的人有 46.7%，創作內容越來越成熟的占 66.7%，"創造力與創作內容降低"者一個也沒有，而且對知、情、意自覺有衰退感覺的人較少，對身心憂慮的人也少。這只能說明老年人思維的創造性一是取決於教育條件，即與文化、知識、經驗有著密切的聯繫；二是取決於事業心、責任感，以及穩定而廣泛的興趣。同時這也有力地證明老年人從事創造性思維活動有利於身心健康。

(四) 思維衰退

儘管在成人晚期，個體的思維依然具有創造性，但不可否認，在這一階段，個體的思維從總體上說，表現出衰退的趨勢，這種思維衰退 (thinking decay) 突出地表現在以下三點上：

1. 老年人思維的自我中心化　按照皮亞傑的觀點，兒童青少年自我中心的表現欲隨年齡增長下降。**自我中心主義**（egocentrism）主要指從自己的觀點和立場去認知事物，而不能從客觀的、他人的觀點和立場去認知事物，兒童在六、七歲以前是**自我中心年齡** (egocentric age)。近年來發現，皮亞傑的思維發展階段論以反方向在老年時重現的日益增長的推測，那就是老年人隨年齡增長而越來越自我中心化。在兒童身上，自我中心思維可能隨著其社會性的發展而逐漸下降；而老年人思維的自我中心化，就是老年時逐步脫離社會所造成的結果。

老年人思維的自我中心化特點，主要表現在老年人堅持己見，帶有很大的主觀性，而不能從他人和客觀的觀點去全面地分析問題。但老年人和年輕人同樣能解決問題、與人交往，這一點與兒童的自我中心思維不一樣，因為自我中心兒童，只要不會從他人的角度去看問題，就會在解決問題時發生困難。

2. 老年人在解決問題時深思熟慮，但又缺乏信心　為了證明這個觀點，馬森 (Mussen, 1991) 設計了一項對幾名未受過高等教育的 65～75 歲的中產階級婦女進行"面積守恆"作業的實驗研究：即兩個等面積的紙板代表草地，有一隻牛在上面吃草，另有牛舍十四間。在一個紙板上是放在一起的，而另一紙板上是散放的，由此測定被試對草地面積的判斷，分析其可逆性。研究結果表明，這些婦女具備了守恆問題的基本能力，但由於過分的深思熟慮和缺乏信心，所以在皮亞傑的邏輯思維作業中表現拙劣，思維敏捷性變慢，反應時間變長。

3. 老年人思維的靈活性變差，想像力減弱　老年人因體力衰退，活動範圍相應變小，交往對象減少，所以他們在思考問題時顯得遲滯、靈活性差，想像力遠遠不如青少年和中年人。

老年人思維衰退的原因不僅有身體、生理和行為衰退的因素，而且有認知方面各因素變化的因素。具體地說，老年人感知覺的變化很大，各種感覺器官的功能變得很不敏銳，受老化影響嚴重的是視覺和聽覺；與此同時是如前所述的記憶力減退。這些認知因素的變化，使思維的基礎和材料部分受到了損傷，這是造成思維衰退的直接原因。正是感知、記憶、思維的衰退，促使增齡中老年人的智力、認知的整體減退。至於思維、認知、智力變化的個別差異問題，那是問題的另一個方面了，在此不再贅述。

第三節　老年人的社會性

孔子所說的"六十而耳順，七十而從心所欲，不踰矩"，點出了老年期的社會性，特別是道德修養的特點。"耳聞其言則知其微旨，而不逆也"，即"言入於耳，揚其善、隱其惡"。換言之，對各種言論，包括對別人的和對自己的好話、壞話都聽得進去。自志學到從心，善始善終，貴不踰法。老年人的社會性成熟穩定，能按照自己的心願去做任何事情，得心應手，絕不會違背法度和禮儀，簡直達到了"天人合一"的境地。當然，這僅僅是老年人社會性發展的一面。另外，老年人畢竟個體差異十分顯著，必然會出現在社會性發展上存在問題和缺陷的一面，這就要求我們進行客觀分析和評價。

一、成人晚期人格的變化

西方心理學界比較重視埃里克森的人格發展觀，認為成人晚期的人格特點主要是完善感對失望感。老年人主要為獲得完善感和避免失望與厭惡感，體驗著智慧的實現。這時人生進入了最後階段，如果對自己的一生獲得了最充分的評價，則產生一種**完善感** (feeling of perfection)，這種完善感包括一種長期鍛鍊出來的智慧和人生哲學，伸延到自己的生命周期以外，產生與新一代的生命周期融合為一體的感覺。一個人達不到這一感覺，就不免恐懼死亡，覺得人生短促，對人生感到厭倦和失望。

老年人逐步走向人格的完善，走向成熟，進入最高智慧境地，這正是孔子的"耳順"到"從心所欲，不踰矩"的思想。

(一) 老年人的人格特徵

成人晚期的人格特徵，主要來自一生的連續發展。儘管其心理的老化為其人格發展帶來一些改變的因素，但老年人的人格應該看作是從童年期到中年期人格發展的繼續。

1. 穩定、成熟、可塑性小是成人晚期人格的主要特點　托馬斯 (Thomas, 1968, 1973) 採用縱向法研究指出，老年人的活動性、反應能力、控制能力和情緒等，在七年內基本上保持不變，少數有改變的則與其出現重大不幸事件 (如被盜、失去配偶等) 有關。

紐加頓 (Neugarten, 1982) 等人通過對 40～80 歲的大量被試進行研究後指出，老年人的性格結構和社會適應方面是持續不變的。

由此可見，成人晚期的人格是其畢生人格發展的連續、成熟和終結，基本人格特質、類型是難以改變的，於是表現出穩定性和頑固性傾向。

2. 自尊心強、衰老感及希望做出貢獻傳於後世　這是成人晚期人格**傾向性** (personality inclination) 的明顯特點。

老年人鑑於自身的經驗和智慧，他們希望第二代、第三代對其尊敬並接受其忠告和幫助。所以，被尊敬的需要，成為老年人需要的重點。

隨著身心衰退的變化，老年人會產生衰老感，常常被孤獨和冷寂的感覺所困擾，於是人格趨於**內向性** (interiorty)。

老年人希望做出貢獻傳於後世，留給後世有精神的，也有物質的東西。其類別取決於種族特點和受教育的程度。一般地說，西方人喜歡留給後人精神作品，東方人則喜歡留給後人物資財富；知識界老人喜歡給後人留下精神作品，非知識界老年人則喜歡給後人多留物資財富。

3. 成人晚期人格的消極因素主要是自我中心，猜疑多慮，刻板性強，不容易聽取反面意見等　這不僅被日本金子 (1956)、長島 (1977) 等人的大量調查研究所證實，而且荒井、桐原 (1981) 的"重量判斷測驗"也發現老人在判斷中，容易受事先掂螺拴重量刺激的影響，造成老年人格的刻板性，難以準確地判斷秤砣的重量。

(二) 老年人的人格類型

成人晚期人格變化具有很大的差異性，大致分為四種類型。

1. 成熟型 (mature type)　這類老年人經受多種考驗與鍛鍊，所以能以積極的態度對待現實，特別是在退休的時候，也能心安理得，毫無怨言；積極參與工作和社會活動，發揮其餘熱；滿足自己一生已有的事業，不提過高的奢望；積極處理人際關係，特別是家庭的人際關係，表現出恰當的自我尊重。

2. 安樂（椅）型 (rocking chair man)　這類老年人人格的特點是逍遙自在。他們在人生中屬於"與世無爭"或無拘無束者，所以能承認和接受現在的自我，即對於退休的現狀以及置於這種現狀下的自身都能接受；儘量享受著閒暇生活的樂趣，滿足於這種隱退的生活，自得其樂；滿足現狀，對退休後參加工作不感興趣，不存奢望；對別人在物質上或精神上的幫助心安理得。

3. 防禦型 (armored type)　這類老年人人格的特點是自我防衛強。他們是屬於爭強好勝者，為了不受老化的威脅，設置了牢固的**自我防禦** (或**自我防衛**) (ego-defense) 體系。他們不能正視老化，迴避衰老，企圖借助不停地工作或社會活動，來排除因身心機能衰退所帶來的不安；由於忙碌，也無暇顧及未來與老死；對閒暇缺乏正確的理解，而對工作、對事業有著過分的要求；對年青人有看不慣、不滿甚至嫉妒心，有著較深的"代溝"。

4. 易怒型（angry man） 這類老年人人格的特點是攻擊性較強，自我封閉，對事物失去興趣。他們在人生的歷程中可能失敗較多。其攻擊性有兩種明顯的表現，或是對別人，或是對自己。這類老年人千方百計迴避衰老的現實，惱恨自己沒有達到人生目標。他們將挫折、失敗、惱怒發洩到別人身上，表現出敵意與攻擊性行為，或充滿偏見；也可能把自己的不幸歸疚於自身，自己責備自己，因而總是悲觀失望。

總之，成人晚期人格有差異，這既取決於主體畢生的性格、人格傾向、價值觀和人生觀，又取決於一生的經歷和特點，還受個人的境遇（如退休與子女分離、喪偶、面臨死亡等）和整個社會環境的制約。

（三） 對畢生的回顧

進入成人晚期後，絕大部分老年人處於退休後的休養狀態，昔日的忙碌和操勞已不復存在了。這時個體普遍地調整心態，頤養天年。這其中必然包括對自己已經走過的人生的回顧與總結，而且，這種人生歷程與回顧對老年人來說，也是極為必要的。

1. 對畢生回顧的表現形式 進入成人晚期必然要面臨死亡的挑戰，這會激起老年人在人生告終前對畢生的回顧。這在老年人人格中稱為生命的回顧過程。這個過程可能是細緻和精心加以組織的，其具體表現有：(1) 一般的回憶，例如與老夥伴、老朋友談論往事，喜歡翻閱相册和集貼簿，故地重遊，沈思往事和懷舊等等；(2) 向第二代、第三代講述自己的過去，談經驗、說教訓，對第二代、第三代寄以希望；(3) 撰寫回憶錄或自傳，可以以第一人稱寫，也可以用第三人稱請別人寫。

對畢生的回顧，可能與想給後人留下一些遺物有關，也可能與安排傳人（接班人）有關。對於一般人來說，往往是做些回憶，向第二代、第三代講述過去，並給他們留下一些遺產；對於知識分子，尤其是名人來說，喜歡用豐碩的論著（學術思想）留給後人，回憶錄和自傳是其經歷和集其人生智慧之大成；對於有權力的人來說，就是選擇自己的傳人或接班人，這裏既包括政權機構的傳人或接班人，又包括學術界的梯隊建設，因為梯隊建設是老一代學術權威的學術生命之延續。當然選擇傳人或接班人有一個"任人唯賢"

或"任人唯親"的問題，其中影響因素之一取決於這當權的老年人的人格。所有的這一切，在一定意義上說，對畢生的回顧，是一個生命周期用明智的方式對另一個生命周期施加的影響。

2. 對畢生回顧的意義 對畢生的回顧，可以穩定或鞏固延續一生的人格，使良好的人格類型成為老年人發揮餘熱、歡度晚年的主體內在基礎。

對畢生的回顧，有助於老年人的心理適應，老年人通過對畢生的回顧，看到自己的價值，更好地安排晚年，適應現實。

對畢生的回顧，是對老年人心理治療的一種方式。醫生可以根據老年人對畢生回顧的過程及其類型的綜合分析，了解由人格變化而導致的病因；還可根據老年人翻閱相冊、舊信函，以及與家人的談話內容進行系統分析，了解來自畢生經歷與現時環境的致病因素，加以心理治療，無疑地這有助於老年人的健康。

二、成人晚期的自我意識

從客觀上說，成人晚期是個體老化的階段、衰退的時期。但對於老年人來說，他們如何認識和體驗自己的這些變化，並開始控制自己因身心變化帶來的情緒反常，這就是研究成人晚期自我意識的內容。

（一） 內容和範圍

同樣，與老年人有關的自我觀念，在不同年齡階段對這類觀念表現出不同的想法，即有以年青人為中心而考慮的觀念，也有從年輕時期向老年變化情況下而涉及的觀念，又有以老年人為中心而思考的觀念。成人晚期的自我意識，當然是以老年人為中心而思考的自我意識。

考察老年人的自我意識，涉及三個依據：因人而宜、因地而宜、因時而宜，即老年人的自我個體條件的依據、環境條件的依據和時間條件的依據。這三個側面構成了老年人的生物性自我、社會性自我和時間性自我。

從以老年人為中心而思考的**生物性自我** (biological self)、**社會性自我** (social self) 和**時間性自我** (timely self) 來看，老年人**自我意識**包括：(1) 老年（老人）觀和生死觀；(2) 老年人的生活態度和社會態度；(3) 對年輕時期的追憶或現世觀；(4) 餘世觀和來世觀。

由此可見，老年人的自我意識是一個相當複雜的課題，除這裏論述其中一些問題之外，其餘將在第四節和第五節裏展開闡述。

(二) 老年人自我意識的認知

老年人是從什麼時候開始有"老年"的自我意識，老年人自我意識的發展有無轉折點？這是老年心理學關心的重要課題。

1. 老年意識出現的年齡 日本守屋、大竹 (1975) 向老年與青年分別作了"看作是老年人"的自我認定和他人認定的問卷調查，調查中，向養老院內 101 名 64～98 歲發現正常 (不是痴呆者，感情協調狀態良好者) 提問 "你是從什麼時候開始感到自己老了？從哪一點感覺到的？" 又以東京都內女子短時大學 366 名 18～21 歲女青年為被試，提出 "你認為從多大歲數開始是老年人？其理由是什麼？" 的問題。前者作為自我認定，後者作為他人認定。獲得如圖 10-9 的結果。

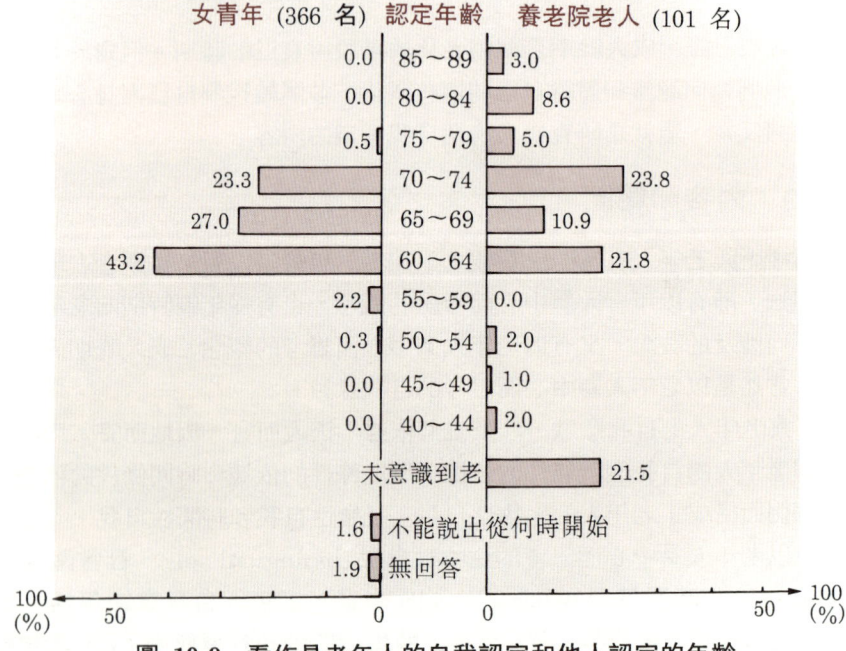

女青年 (366 名)	認定年齡	養老院老人 (101 名)
0.0	85～89	3.0
0.0	80～84	8.6
0.5	75～79	5.0
23.3	70～74	23.8
27.0	65～69	10.9
43.2	60～64	21.8
2.2	55～59	0.0
0.3	50～54	2.0
0.0	45～49	1.0
0.0	40～44	2.0
	未意識到老	21.5
1.6	不能說出從何時開始	
1.9	無回答	

圖 10-9　看作是老年人的自我認定和他人認定的年齡
(採自 守屋、大竹，1975)

從圖 10-9 看到，自我認定"老年人"和他人認定"老年人"的年齡是有區別的，自我認定老年人的年齡比他人認定老年人的年齡晚。在 65～69 歲老年被試中還有半數以上的人沒有"老年人"的自我意識，但在 70～74 歲的人當中，約有 70% 的人自覺地感到已經老了。然而也有少數的老年人不承認自己是"老年人"，甚至在 90～94 歲的六名老年人中，竟有二人"從未考慮到年齡問題"，"一直沒想到老了"。可見，關於老年人意識的出現年齡，在成人晚期存在著明顯的年齡差異。這些結論與霍爾 (Hall, 1922)、錢德勒 (Chandler, 1950)、圖克曼與洛奇 (Tuckman & Lorge, 1953) 等人的研究結論一致。

2. 老年人意識出現的根據　日本守屋、大竹 (1975) 將上述的養老院老人對"從哪一點感覺到的？"與女青年對"其理由是什麼？"作為認定老年人意識出現的根據，歸納為外因與內因兩種，結果用 10-10 來表示。

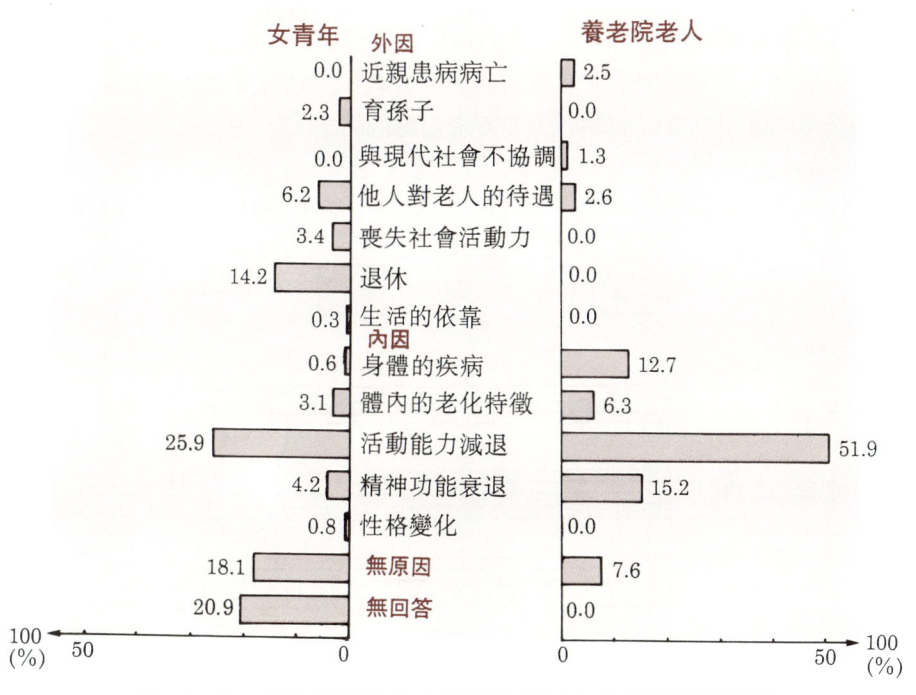

	女青年		養老院老人
		外因	
	0.0	近親患病病亡	2.5
	2.3	育孫子	0.0
	0.0	與現代社會不協調	1.3
	6.2	他人對老人的待遇	2.6
	3.4	喪失社會活動力	0.0
	14.2	退休	0.0
	0.3	生活的依靠	0.0
		內因	
	0.6	身體的疾病	12.7
	3.1	體內的老化特徵	6.3
	25.9	活動能力減退	51.9
	4.2	精神功能衰退	15.2
	0.8	性格變化	0.0
	18.1	無原因	7.6
	20.9	無回答	0.0

圖 10-10　自我承認和他人承認是老年人的意識出現根據
(採自守屋、大竹，1975)

從圖 10-10 仍可以看出自我認定"老年人"和他人認定"老年人"的根據也有很大差異。老年人自我認定進入老年期的理由，大多數是以體力衰退為中心的活動性的降低，占 51.9%；其次是忘事之類的精神、心理功能的降低，占 15.2%；身體疾病占 12.7%。如果把內在因素和外在因素分開來看，外在因素只不過是 6.4%，而 86.1% 是內在因素。在內在因素中，身心因素又占 82.4%，可以說是占了絕大多數。自我認定進入"老年期"和他人認定進入"老年期"的一致根據，集中表現在"活動性的降低"，此外並未發現兩者一致的原因。

（三） 老年人的社會性自我

由於社會環境的影響，產生自我意識中的社會性，日本守屋 (1976)、長谷川和夫 (1977) 等曾對老年人的自我與社會條件的關係做了系列研究。在上述 101 名養老院的老人當中，對"老年人"有自我意識（即有老人意識）者和無自我意識（即無老年人意識）者分別為 79 名對 22 名，研究者分別對有老人意識與無老人意識者開展關於老年人自我意識的幸福觀、未來觀和生活態度三個方面的調查，並獲得相應的結果。

1. 老年人自我意識的幸福觀　對自己生活是否感到幸福，這是老年

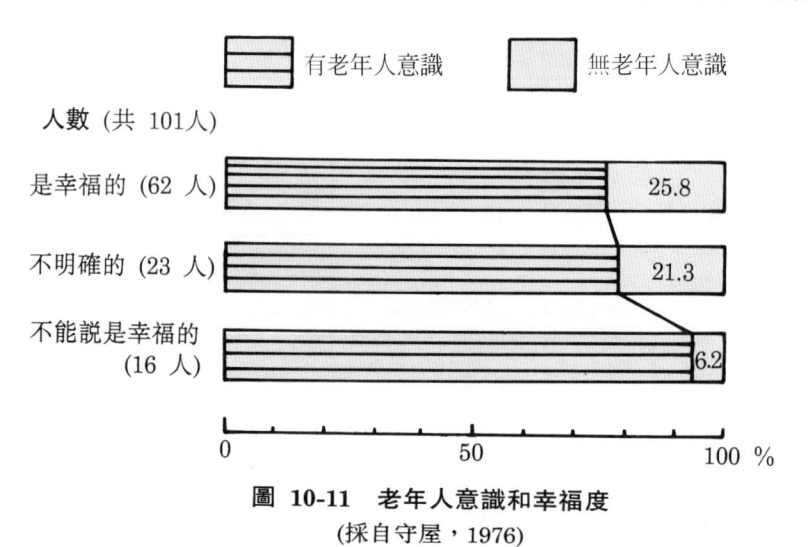

圖 10-11　老年人意識和幸福度
（採自守屋，1976）

人自我意識的一個重要方面，這種感受直接影響他們的社會適應程度。隨著年齡的老邁，大多數老年人閒居在家，他們內心的失落感與無助感變得越來越強烈，如果他們對自己的生活又體驗不出幸福感，這對老年人而言，將造成其生命歷程中的重大打擊。守屋 (1976)、長谷川和夫 (1977) 以"現在你幸福嗎？"開展調查，並對此進行分析，結果見圖 10-11。從圖 10-11 可見，有老年人意識並體會到幸福的還是占大多數。

2. 老年人自我意識的未來觀　成人晚期邁向人生的最後階段，老年人對自己的未來是如何看待的，這確實是一個有意思的研究論題。守屋等人 (1976) 以"今後你想做什麼？""今後你想怎樣生活？"等問題開展了調查，其結果表明，從老年人對未來的態度上，可以把他們分為三類，屬於現狀維持型的，一般表現為要在儘可能的範圍內保持自己現有的愛好；屬於過去追憶型的，一般是沈浸於對過去歲月的留戀；屬於願望否定型的，則表示沒有自己想做的事。具體比例見圖 10-12。

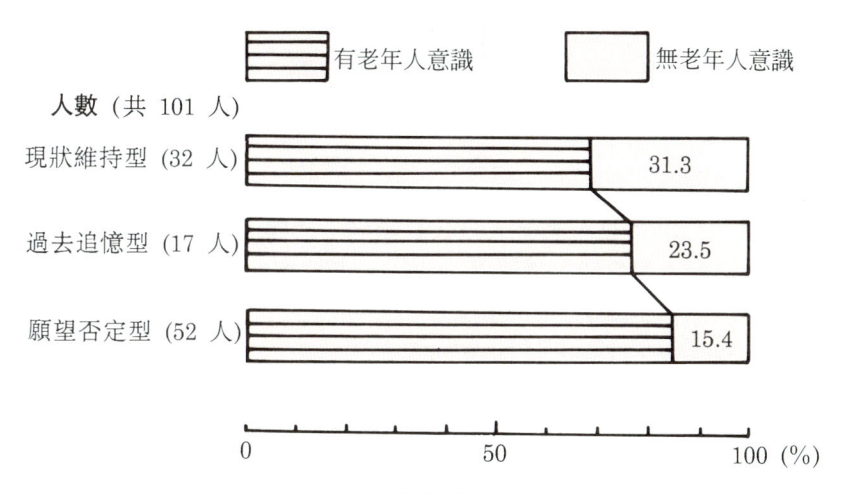

圖 10-12　老年人意識和未來願望
(採自守屋，1976)

從圖 10-12 可見，有老年人自我意識者的未來觀，維持現狀者約占 1/3，沈浸在過去的回憶者占極少數，多數人感到"沒有自己願做的事"，或認為"什麼事情也做不成"。

3. 老年人自我意識的生活態度　老年人的生活態度是其自我意識的

重要內容之一。隨著年齡的增長，"我已經老了"這印象越來越深入老年人的腦海，成為其自我意識中一個重要組成部分。這時老年人就逐步表現出對自己生活的淡漠、對未來也不抱希望，只是對生存還有一種強烈的留戀。而且這種對日常生活的消極態度又進一步加深了老年人所特有的衰老意識，守屋等人 (1976) 以"最近你有衰弱的感覺嗎"為題開展了調查，其研究結果恰恰證明了這一點，見圖 10-13。

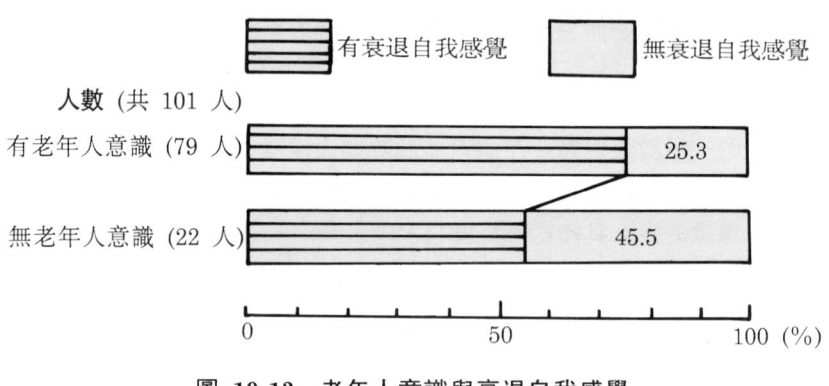

圖 10-13 老年人意識與衰退自我感覺
(採自守屋，1976)

從圖 10-13 可見，老年人自我意識的生活態度，有老年人意識者，其中近 75% 的人對生活有衰退感，即 (1) 對現實生活的積極性喪失；(2) 對現實生活的幸福感降低；(3) 對未來的志向性減少。而無老年人意識者，其衰退自我感覺者之百分比則明顯降低。

鑑於上述分析，成人晚期"不服老"或無老年人意識有其積極性；而有了老年人自我意識，將會伴隨一定的消極觀念，因此全社會應關心老年人，由此可知尊老、愛老顯得是何等重要。

三、成人晚期的人際關係

退休決定了成人晚期的角色改變，這種角色的變化，使老年人的人際關係也發生較大的變化。如何協調老年人的人際關係，這直接影響到老年人能否順利地適應成人晚期的生活及其身心健康、心理氣氛和行為表現。

（一） 影響老年人人際關係的因素

在老年人人際關係的變化中，主要的影響因素有：

1. 交往範圍縮小，老年人人際關係減少　一般說來，人到老年，隨著身心功能的衰退，活動能力就會降低，加上退休後接觸人的範圍變小，交往領域也自然地逐步縮小。這樣，從成人中期到成人晚期，必然地從廣泛性的人際關係中逐漸縮小其交往的範圍。

2. 各種人際關係隨著時間的推移，在感情上更加深刻　比起以往的時期，老年人的人際關係經受的時間更長，而且受信念、價值觀和人格等內在因素的影響也更強烈，於是感情體驗就更加深刻。

3. 經受長期考驗，各類人際關係的結構更加穩定　由於老年人在數十年長期與人交往中，或親或疏，或近或遠，一般都比較穩定。特別是對知己朋友，有數十年的考驗，交情變得更加堅定。一般對各種人際關係的穩定性是不易改變。

4. 退休後的角色變化，人際關係的內容亦隨之變化　原先的下屬可能變成上司，原先的聯絡者可能變成"人走茶涼"；與社會上的交往也在減少，與家庭內成員的交往卻在增加；與原工作機構裏的成員交往在減少，與社會上一起閒暇活動者如棋友、魚友、一起做操、練功等老年夥伴的交往在增加。

以上只不過反映一般人退休後人際關係的變化及其特點。實際上，人與人在人際關係上存在著很大的差異性。

（二） 代際關係

在本章第一節已論述了老年人與第二代、第三代人際關係與心理適應的問題，在一定意義上也闡述了**代際關係**。這裏不再贅述。但有兩個問題必須在此展開，一是代際距離；二是成人晚期特有的家庭關係——婆媳關係。

1. 代際距離　希爾、艾爾德斯和卡爾遜 (Hill, Aldous & Carlson, 1965) 通過對家庭內三代人在消費和生活方式等方面的研究，發現在某些類型的家庭中，有一些特點在幾代的人際關係中存在著連續性，另一些特點則不存在這種連續性。因此，他們認為，代際之間的心理衝突主要表現在一些次級的價值觀念上。各代之間在主要的或核心的價值觀念上具有一致或相似的看法。

形成這種代際關係心理距離的原因是很複雜的。一般說來，兩代人或三代人發展變化的社會文化背景不同，社會化經歷不同，心理年齡不同，社會角色也不同，因此，造成老年人與第二代、第三代之間的心理距離是在所難免的。

程學超、王洪美 (1986) 在綜合歸納各種有關材料和觀點的基礎上，指出我國老一代與年輕一代之間的**代際距離**(或代溝) (generation gap) 主要表現在下面幾個方面：

(1) **在思想上**：老一代人比較務實、內傾；年輕一代則較開放、外傾。

(2) **在道德觀念上**：老一代人強調道德準則；年輕一代則強調個人不受約束。

(3) **在家庭關係上**：老一代人強調第二代、第三代服從長輩；年輕一代則強調家庭民主。

(4) **在行為反應上**：老一代人比較保守，反應比較遲鈍；下一代則比較敏感、靈活。

(5) **在性情上**：老一代人比較沈著、老練；年輕一代則較活潑、開朗。

(6) **在生活上**：老一代人比較實際、儉樸，不太注重享受；年輕一代則較多幻想，講究實惠、享受。

(7) **在家庭責任上**：老一代人願為家庭做出犧牲，傾向大家庭；年輕一代則重視個人自由，喜歡小家庭生活。

(8) **在用錢上**：老一代人比較節儉；年輕一代則不那麼算計、勤儉。

(9) **在服裝上**：老一代人主張樸素大方；年輕一代人則追求新奇，講究時髦。

上述代際關係的種種差異，只是大致地反映了中國大陸老一代人與年輕一代人之間差異的一般傾向，我們決不能由此判定每一個老年人同第二代、第三代都存在著這些差異，也不能由此認為同一代人諸方面的特性完全相同而沒有差異。

2. 婆媳關係 人到老年，子女多達適婚年齡，於是成家、養兒育女，又進入新一輪的生命循環。子女成家，不管是否與老年人一起生活，都會產生新的特殊關係：婆（公）媳關係、翁（姑）婿關係。而家庭內最微妙、最難處理的要算婆媳關係。俗話說"婆媳親，全家和"，婆媳關係的融洽與否直接影響著整個家庭中其他的人際關係。

婆媳關係在家庭中有其特殊性，它既非婚姻關係，又非血緣關係，卻是以親子關係與夫妻關係為中介所組成的特殊人際關係。婆媳相處，有時會遇到人際衝突和相互接納不良，在兒子中介失衡時就容易產生人際關係失調，造成婆媳不和。因此，有效的處理好婆媳關係，不僅有利建立和睦的家庭，而且也有利於老年人的心理適應。

第四節　成人晚期的心理衛生

步入成人晚期，隨著身體各種機能的衰退，老年人在心理上也開始出現一些明顯的變化，這些變化可能直接導致一些心理障礙。因此，老年人要增進身心健康，除了講究生理衛生，還須講究心理衛生。

一、心理病理學與老年人生活

在老年期，由於身體機能的衰退，和心理適應性方面出現的問題，許多老人都會不同程度地產生一些心理障礙，甚至出現心理病理性反應，這嚴重影響個體的晚年生活，也給老年人的家庭和社會帶來許多不便。因此，我們有必要從心理病理學的角度關注老年人在生活中出現的種種心理問題。

（一）　心理病理學

了解心理病理學，能使我們更好地認識老年人的病理變化和健康。以下按兩個方面加以說明：

1. 心理病理學的概念　心理病理學 (psychopathology) 是專門研究心理疾病原因與機制的一門學科,換句話說,它是一門研究心理障礙的基本性質及其產生原因、結構、變化、機制和過程的科學。它是精神病學等學科的基礎之一,但顧名思義,它重病理研究,其與以治療為主的**精神病學**(或**精神醫學**) (psychiatry) 稍有不同,後者是側重診斷、治療以至預防心理疾病的一門醫學。

從心理病理學的歷史考察,最先提出心理病理學這一名稱,並將其發展成為系統學科的是埃賓 (Ebing, 1875)。其間,德國的賈斯珀斯 (Jaspers, 1962) 功不可沒,他主要探討了心理障礙發生發展的影響因素及其生理、心理機制,被譽為這一研究領域的傑出代表。

在心理病理學的理論觀點上,由於研究者來自不同的學術訓練環境,及各自的專業、文化背景和研究興趣有所不同,因而其研究觀點各異。例如精神分析學家關注早期嬰幼兒經驗與以後心理異常的關係,強調早期生活經驗對成人心理發展的影響作用,認為成人的精神病變絕大部分源於兒童時期;而學習理論家則以可觀察到的外顯行為出發,從遵循人類行為形式的原則來探討心理病理現象,認為異常行為與正常行為的機制相同,不需要強調器質或神經生理性的特點。這些探討,應該說各有千秋,目前對此的研究正在進一步深入。

2. 心理病理和成人的生命歷程　為了更好地了解老年期心理病理的各種表現,我們有必要從**生命全程** (life-span) 觀點來談這個問題。

首先,如何區分心理衛生和心理病理是探討心理病理問題的關鍵。一般說來,人們很難對正常和異常行為下一個準確定義,因為人們對行為的期望及行為的標準是隨時間、情緒和年齡變化的。因此,心理衛生的標準要視具體情況而定。比勒恩和雷鈉 (Birren & Renner, 1980) 曾就心理衛生的實質總結了幾種觀點:(1) 對自我的積極態度,(2) 對現實的標準知覺,(3) 對環境的把握,(4) 自主性,(5) 個性的平衡,(6) 成長和自我實現。但這個定義,未必都適用於老年人。例如,一些被認為是異常的行為 (如抑鬱、攻擊性、孤僻、被動等) 在某種情況下,對很多老年人實際上是適應性的行為。但是,由於生理、經濟、社會和健康等原因,一些老人沒有機會把握他們的環境,抑鬱或敵意可能是對這種限制的適當的、合理的反應,且這種反應實際上可能有助於他們有效地應付所處的環境。

其次，生命歷程的觀點與傳統醫學模式不同，這種觀點認為，心理病理產生於個體間因素、個體內部各因素、生物的和身體的因素以及生命周期因素的複雜的交互作用。只有將人際關係、個別因素、生物的和自身的因素以及生命周期因素綜合考察之後，我們才能確認存在的心理障礙並對其進行治療。例如，由於老年人可能更多地遇到朋友亡故的事情，對他們來說，悲痛和憂傷是正常的，但對其他年齡階段的人們並非如此。

(二) 老年人生活的心理問題

成年晚期，個體可能出現多種心理問題。歸納起來，主要有兩類，一類是心理疾病，另一類是老年人的社會適應問題。

1. 老年人最常見的心理疾病 步入老年，有許多心理疾病困擾著老年人，其中，抑鬱和癡呆是老年人最嚴重和常見的兩種疾病。當然，老年人的心理疾病因人而異，具有很大的個體差異性。

(1) **抑鬱** (depression)：大多數老人承認他們曾有抑鬱性症狀 (Gallagher & Thompson, 1983)。對此的解釋既有生物、生理的因素，也有心理與社會的因素。其表現為，感到消沈、沮喪。弗賴伊 (Fry, 1986) 認為，老年人可能不會給他們的"沮喪"感受貼上抑鬱的標籤，而是稱為"悲觀"或"無助"，從而出現冷漠、自我排斥、面無表情等；對他們而言，退縮、不與任何人說話、死守著床、不愛惜自己的身體等現象是很常見的。萊曼 (Lehman, 1981) 認為，抑鬱常與一些身體症狀 (失眠、食欲的變化、疼痛擴散、呼吸困難、頭痛、疲乏、感覺喪失等) 相伴隨。但對此評估要非常謹慎，因為有些身體症狀可能是與抑鬱無關，也可能是反映一些潛在的疾病。只有當上述症狀持續兩週以上，排除導致這種症狀的其他原因，同時專家確認了這些症狀對日常生活的嚴重影響時，才能確認為抑鬱。所以，對抑鬱的診斷不能只靠測驗得分，而須經過全方位的評估之後才能作出準確的診斷。對抑鬱的治療要視具體情況而定，對重度抑鬱，可能需服藥；對嚴重的長期患者還要用**電休克療法** (或**電痙攣治療法**) (electroconvulsive therapy，簡稱 ECT)，而對於輕度抑鬱，則可運用各種形式的心理療法。

(2) **癡呆症** (dementia)：與老化相聯繫的各種疾病中沒有一種比癡呆症更可怕了，它使人幾乎喪失理智，甚至連自己的親人也不能辨認。在美國，

44萬老人（65歲以上）中有15%患有某種類型的癡呆（Davies, 1988）。在目前已被確認的12種癡呆症（Crook, 1987）中，最常見且最為人知的是**早老性痴呆症**（或阿爾茲海默氏症）（Alzheimer's disease）（Alzheime, 1907）。引起這種病的主因是大腦潛在的神經病變與神經化學變化，其表現症狀是：認知功能逐漸退化；記憶力、學習能力、注意力和判斷力下降；時空定向出現問題；溝通困難；個人衛生自理能力下降；社會性行為不適當；人格發生改變（Crystal, 1988, Davies, 1988）。開始時這些症狀一般表現的並不明顯，很像是抑鬱、緊張等心理疾病；漸漸地，症狀越來越惡化，病人變得不能自制，越來越依賴他人的照料；最後，病人發展到連穿衣、吃飯都不能自理。對此的診斷包括了解過去的病史、獲得認知發生缺陷的材料、全面了解身體狀況和神經系統的檢查、通過實驗室實驗排除其他疾病、精神病學的評價，以及進行神經心理測驗等方面。然而，對此的確診往往只有依靠驗屍。由於早老性癡呆症無法治癒，因而早期干預往往是尋找一些能減輕認知障礙的辦法，如改善記憶的藥物（Dwan & Fisher, 1986；Crook, 1987；Thal, 1988）。此外，也可用創設支持環境的辦法來解決認知問題，例如在櫥柜上貼標籤等；還可通過一些行為技術來治療抑鬱、易怒等情緒問題，採取環境干預的辦法，如控制聲、光和臥室的溫度來改善睡眠等。

2. 老年人的主要社會心理問題 如前所述，人口的老齡化現象勢必帶來許多老年人的生活問題，如城市孤寡老人、老年人自殺、虐待老年人、老年越軌和犯罪、老年人婚姻等，這些老年人的生活問題與其心理問題密切相關。具體地說，老年人的社會心理問題主要是四種問題：(1) 老年人的心理活動和人格特徵；(2) 對退休的心理適應；(3) 衰老、疾病引起的社會心理反應；(4) 在家庭中的"角色扮演"。這些問題大都在前文已經涉及，故不再贅述。

二、老年人的心理衛生

心理問題可能是成人晚期許多個體普遍存在的問題。但這並不可怕，只要能幫助老年人掌握解決心理問題的技術，就有可能防止和減少老年人的心理問題，使他們能更愉悅地安渡晚年。

(一) 老年人心理衛生的概念

要討論老年人的心理衛生問題，首先須從概念上釐清心理性的含義，明確老年人心理衛生的原則。

1. 老年人心理衛生 心理衛生(或心理健康)(mental health) 一般指人們以積極的、有效的心理活動，平衡的、正常的心理狀態，對當前和發展著的社會和自然環境做出良好的適應。老年人講究心理衛生，是一劑延年益壽的良方。

具體來說，老年人的心理衛生，應該根據老齡階段的生理特徵、心理特徵和心理發展規律，通過各種有益的社會活動和訓練，憑藉家庭和社會的良好影響來維護老年人已經確立的人格、健康的心理和社會適應能力，使老年人在學習、生活和各項社會活動中保持身心健康，為了實現這一點，須做到"預防為主"。

2. 老年人心理衛生的原則 老年人心理衛生要注意保持自我意識、維護人際關係、繼續社會適應和參加勞動鍛鍊四項原則。

(1) **保持自我意識**：就老年人心理衛生來說，自我意識的核心是自知和自愛。自知即認識自己，通過自我觀察、自我體驗、自我判斷和自我評價，對自己的能力、情感、人格以及心理特徵有一個正確的認識，在此基礎上，展開自己的活動。有些老年人，由於對自身缺乏正確的認識，或不自量力，或妄自菲薄，從而滋生心理疾病。自愛比自知更難些，其內涵包括自尊、自信、自制和自強，以個體接納自己、喜歡自己、愛惜自己、保護自己的形式表現出來，這是求得自身充分發展的前提條件。

(2) **維護人際關係**：老年人應積極維護和正常對待人際關係，在人際互助過程中，提高自身的心理健康水平。鑑於老年人的心理特點，注意以下三方面尤為重要：一是真誠地鼓勵和讚美他人，二是善意地建議或批評他人，三是從尊重人的基本立場出發，不把自己的觀點強加給他人。

(3) **繼續社會適應**：社會生活環境是不斷更新變化的，這就要求老年人活到老，學到老，繼續與現實環境保持良好的接觸。積極投身社會生活，對生活中的各種問題，不退縮、不幻想、不逃避，面對現實，以切實的方法予以處理，這實際上也是一個繼續社會化的過程。

(4) **參加勞動鍛鍊**：老年人參加一些力所能及的勞動鍛鍊，不僅具有經濟和道德意義，而且具有心理意義。沒有適當勞動鍛鍊的老年人，是難以維持心身健康的。勞動鍛鍊能夠有力地延緩身體機能和心理能力的衰老，同時可以與現實世界保持直接的對話，擺脫過分關注自己的自我中心主義傾向以及一些不必要的憂慮，在這個過程中可以認識自己存在的價值，並從中享受到人生的樂趣。

摩根 (Morgan, 1980) 對紐約州老年人的研究表明，那些與親友和舊友仍保持著聯繫，習慣於爭取有益工作機會的老年人比與之相反的老年人晚年生活更為幸福、美滿。

(二) 老年人心理衛生的具體內容

要擺脫心理的困擾，幸福地安渡晚年，人們可以列出許多針對老年人的忠告。但考慮到老年人的身心特點，我們認為，要保護心身的健康，作為老年人應特別注意以下幾點：

1. 爭取老年新生 老年人的心理衛生沒有靈丹妙藥，但是努力認識和實踐老年新生 (youth of old age) 觀，對於增進老年人的心理衛生是有益的。赫爾 (Hall, 1965) 提出了這個觀點，他認為老年人為使以後的歲月過得滿意，就必須有一個嶄新的心理階段的開始，把自己從"青年情結"中釋放出來，以協調的統一人格在現實生活中計畫未來。至於某些隨年齡出現的生理、心理機能的衰退，而愈來愈感到和周圍世界隔絕，如耳聾、眼花、白髮、駝背等的老年人，應儘可能利用人造工具的幫助，以補償日益增長的感覺缺陷，為實現老年新生鋪平道路。

2. 更新思想觀念 思想決定行動，老年人的思想觀念和心理衛生關係密切。老年人一旦有了積極向上、樂觀進取的精神，他的心情將是愉快舒暢的，胸懷將是豁達寬廣的，對生活充滿了信心和力量，這是心理健康的思想保證。然而，不可能每個老人都能做到積極進取這一點，更多的人則是現實地生活著。鑑於此，面對現實的人生，接受有益的觀念是必要的。首先，正確對待死亡，把它看成是人生的一個過渡，生命過程的一個部分；第二，慷慨贈予，照亮自身。老年人在把自己的光明慷慨地賦予世界之後，太陽收起光線，以照亮自身；第三，重視晚年生活的意義。晚年一定有著自己的意義必須從中挖掘生活的意義，拓展人生的價值才能找到生命的歸宿。上述這些觀念，對維持老人保持正常的心理狀態是有益的，同時也有利於他們面對現實的人生。

3. 培養學習興趣 老年的生活內容、形式發生了很大變化，**空巢家庭**越來越多，要填補空虛的好辦法就是學習。這種學習是通過前面提到的"老年人大學"的方式實現。在老年人大學裏，他們在思維方式、知識結構等方面相似，也就有了共同語言。但也必須指出，老年人的學習受不同的興趣制約，有的依靠自學，有的依靠討論，從而表現出不相同的學習活動。仇立平(1988) 曾對大陸老年人學習興趣愛好進行調查，結果如下：電影、電視 (28.79%)，看報、聽廣播 (19.08%)，戲曲 (17.52%)，看書 (7.59%)，花鳥魚草、棋類撲克、閒談聊天、書法繪畫 (14.84%)，其他 (12.52%)。這說明老年人的學習興趣是多種多樣的，照顧和滿足老年人的興趣，使他們找到新的精神寄託是保持良好的心理狀態，適應變化的新環境的有力保證。

4. 參加身體鍛鍊 老年的身體狀況是個敏感的問題，同樣的病發生在其他年齡段可能不以為然，而在老年人則可能帶來很大的心理負擔。因此，老年人對自己的身體健康狀況尤為關心。老年人勤於鍛鍊，原因頗多，但其中主要的還是對健康的重視，這無疑豐富了老人的生活，增強了體質，對他們的心理健康，也發生了一個積極的促進作用。

（三） 長壽者心理

長壽可以說是人類不老的夢想之一，早在古代，我們的祖先就為求長壽而費盡周折。但人們在談及長壽上，往往都只說如何保養身體，而忽視心理因素的作用，這顯然是片面的。隨著研究的深入，現在人們慢慢地意識到，要想長壽，就必須重視個體的心理因素的影響。

1. 人的壽命與長壽 古時認為"人生七十古來稀"，今天已是"九十多來兮，八十不稀奇，七十算弟弟"。可見人類的生存年限在不斷提高。然而，人類最高壽限或者說正常壽命究竟有多長，這是自古以來人們十分關心的問題。

一般來說，人的自然壽命可根據生物學的普遍規律及動物實驗結果加以推測，其方法有三種：(1) 性成熟期測算法；(2) 生長期測算法；(3) 細胞分裂次數和分裂周期預算法。據此推算人的壽命大概在 100～175 歲左右。

歷史上有許多長壽者，如英國老人馬斯‧佩普活了 152 歲；另一位壽星弗姆‧卡恩壽高 207 歲；匈牙利維諾‧羅汶夫婦共同生活 147 年，羅汶活了 172 歲，老伴活到 164 歲。據我國大陸第三次人口普查統計，百歲老人共有 3851 人，年齡最大者已達 130 歲。可見，隨著社會和科學的發展，生活水平的提高，人類的壽命在不同地區均有提高。這說明我們正處在一個"百歲誠可期"的令人振奮的時代，而人類的壽命進一步提高，無疑對文明社會的進步發展具有重要意義。

2. 影響壽命的主要因素 人類的自然壽命可達百歲以上，但由於有機體內因素的消極影響，使許多人中途夭折。影響壽命的主要因素有環境因素和心理因素兩類。

(1) **環境因素**：人類的生活環境包括自然環境和社會環境。自然環境中的氣候、水質、輻射、藥物、噪音、空氣、細菌、營養等多種自然條件，物理和化學因素，都可在各個水平上影響衰老和壽命。例如，自然因素在組織和器官水平上的影響，在細胞分子水平上的影響等等。另一方面，人生活在一定的社會條件下，要受到來自社會的各種因素的作用。例如，社會生產力發展的水平、作息制度、生活方式、生活習慣、醫療水平等因素，都會對人類的衰老和壽命產生影響。

(2) **心理因素**：人作為社會關係的產物，其內部的心理活動往往在一定程度上影響個體的衰老進程。身心兩者的關係是辯證的，互為因果的。心理因素對人類壽命的影響表現在情緒因素、智力因素和社會心理因素三方面。首先，情緒因素。老年人易生消極情緒，好動肝火、焦慮、抑鬱、孤獨、煩惱、發怒等，這些消極情緒常會激起心臟血管方面的疾病，從而加速衰老，縮短壽命；第二，智力因素。一般說來，智力水平高的人對自然和社會環境適應能力強，能根據外在條件的變化而及時調節自己的行為，使之處於健康的身心狀態，這有利於延年益壽。反之，則會導致早夭；第三，社會心理因素。穩定的社會秩序、社會環境，良好的人際關係，群體凝聚力，都會促進老年人的心理健康。這方面，特別是家庭人際關係尤為重要，家庭成員志趣相投和相互吸引與否，對健康與壽限關係密切。

(四) 長壽者的心理特點

現代心理學研究表明，古今中外的長壽者，他們均有自己獨特的心理特點。歸納起來，這些心理特點表現在以下幾個方面：

1. 積極活動　長壽老人大多數老當益壯，熱愛生活、熱愛勞動，對生活滿腔熱忱，對人生持有積極信念，做到生命不息，活動不止。這樣能促進身心向健康方面發展。

2. 情緒樂觀　長壽老人情緒愉快且安定，適應能力強。他們的情緒快樂，心情舒暢，絕不為生活中的小事而緊鎖雙眉，而是樂觀地面對，把環境中的不良刺激，視為生活的磨鍊，情緒波動較少，人體的生理功能始終處於協調狀態。對退休老人所做的調查表明，發現情緒穩定與身體健康、心理健康水平顯著相關。要想做到情緒樂觀穩定，具體措施有四條：(1) 善於控制自己的情緒，(2) 有幽默感，(3) 知足常樂，(4) 加強修養。

3. 性格開朗　性格開朗是大多數長壽老人的一個心理特點。具有良好性格的老人在生活、工作中遇事想得開，不鑽牛角尖，不患得患失，心胸豁達，通情達理。

4. 人際關係良好　良好的人際關係，會使交往雙方心情愉快，心理距離更近，社會適應能力更強；反之，則會導致心情壓抑，產生無助感，從而影響健康，引起疾病。調查研究表明，家庭和諧、心情愉快的老人，患病率為 1.4%；因家庭不和、子女不孝等因素，老人患病率高達 40%。因此，正確處理人際關係，建立良好的人際網絡，是老年人安度晚年的心理基礎。

此外，修身養性、清心寡欲、飲食有節、起居有常，以及良好的生活習慣與和睦的家庭關係等都有利於增進身心健康、延年益壽。

第五節　生命的最後階段

老年人要面臨一個徘徊在死亡邊緣的現實。對此，許多老年人總是不敢正視。然而，對生命規律採取不關心或否定態度，不能說是年齡增長達到成熟的人應有的態度。老年人不僅要正視死亡，而且更應該把死亡與生命融合起來，從從容容，走完自己生命的最後歷程，從而發現人生的全部意義。在本節中我們將從發展心理學的角度，探討在成年晚期個體對待死亡的態度，分析瀕臨死亡時個體的心理反應，討論個體面臨居喪時的心理調適問題。

一、死亡概念的發展

死亡 (death) 這個概念對人們並不陌生，個體從童年開始就逐步理解了這個概念的含義。然而沒有哪一個階段的人比成人晚期的人能更深刻地感受到死亡而存在。在這一時期，個體越來越意識到死亡的臨近，並由此產生了許多心理的波動。對死亡這個現實的接受和適應也成為成人晚期個體心理生活的重要內容之一。

（一）　老年人的生死觀

成人晚期個體如何看待"死亡"，這直接影響到個體對其晚年生活的設計和生活態度。因此，我們有必要確知老年人的**死亡觀** (death outlook)，明白這種死亡觀形成和發展的歷程。這對我們幫助老年人調節其心理生活，提高生活質量是大有裨益的。

1. 對死亡的意識　人們對於客觀世界、內部生理過程或主觀體驗的意識，總是在前意識上不同程度地表現出來。同樣，老年人對死亡的意識，也可以通過和**死亡概念** (concept of death) 而間接地反映出來。研究表明，老年人的這種死亡意識往往發生在**前意識** (preconscious) 水平上。

利伯曼 (Lieberman, 1965) 對 22 名離死亡一年或不到一年的**瀕死**

(dying) 老人進行了追蹤研究，結果表明，死亡的實際時距、絕望和對前景的預期下降，這三者之間存在著一定的聯繫；但沒有一個老人能夠知道或聲稱知道自己確實能活多久。這個結論得到其他研究者的支持 (Elmore, et al., 1976)。

關於老年人死亡意識的大規模研究是由杜克大學的傑弗斯等 (Jeffers et al., 1966) 主持的。他們共調查了 140 名 60～94 歲不在養老院老人的死亡念頭，發現這些老人中 49% 說，每天至少有一次想到死，25% 說每星期至少一次，而 5% 否認他們曾經想到死，1% 未明確表態。這表明老年人已經意識到或部分意識到自己接近死亡的邊緣，這與年青人、中年人形成了鮮明的對比。因為這樣的念頭在 60 歲以上的人們中比在青年中較為普遍 (Riley, 1968)。我們認為，產生這種現象的可能解釋是，年輕人覺得自己年齡較小、生命力旺盛且健康狀況良好，因而就覺得離死較遠；而老年人則可能已意識到自己身體狀況衰退的速度以及生命力的萎縮，因而對死較為敏感。

施奈德曼 (Schneidman, 1971) 曾對人們的死亡意識進行調查。當他向被調查者詢問："你們隔多久開始考慮自身的死亡"這個問題時，約有一半的被調查者回答："偶然地考慮"，有不到四分之一的被調查者回答："經常考慮"或"非常頻繁地考慮"，而另一相同數目的被調查者說他們很少考慮他們自身的死亡問題。當詢問被調查者對自身死亡的感覺如何時，大約有一半的人回答，死可以消除他們在生活中的複雜人際關係，從而像活著一樣感到泰然處之。

登普西 (Dempsey, 1975) 對上述結果提出反詰，他認為，隨著人們年齡的增加，老人們更清楚地意識到死亡，且很少有人害怕死亡。支持這個觀點的理由有三條。第一，年齡較大的人們已經生活了一個適度的平均生命，並且他們很少想到可資利用的未來，他們只著眼於現實，對未來的命運缺少幻想。第二，隨著他的朋友和周圍人年齡的增長和嚴重疾病的出現，增加了死亡出現的頻率，這樣使他們對死亡已習以為常，看作是個體生命中的必然歸宿。在他們眼裡，死亡是不可避免的客觀規律。第三，這些人對待死亡的被動態度和他們對死後生活的一些信仰，這兩者構成了一個強有力的情景，使他們隨著年齡的增長，對死亡越發產生一種泰然的態度，由這種態度而形成的堅強信仰，為他們處理因年齡增長和死亡引起的焦慮提供了一種最重要的防禦劑。據此，登普西 (Dempsey, 1975) 得到的結論是：老年人不會害怕死亡，他們在面臨死的挑戰時表現出來的態度是比較冷靜、沈著的。顯然地，這個結論與施奈德曼的調查結果完全相反。

總的說來，現有的研究表明，老年人對死亡的意識可能發生在前意識水平上，他們出現死亡念頭的頻率較高，在身體患病的情況下問題更加嚴重。顯然地，從發展的角度看，現實地承認死亡是生命的必然結局，這很可能是情緒成熟、心理健康的標誌。

2. 老年人生死觀的形成 與老年人死亡意識相對應的另一問題是老年人的**生死觀** (outlook of life-death)。老年人的生死觀不僅與人格、人生觀和價值觀緊密聯繫，而且與其畢生的生活經歷，所處的社會文化、政治、經濟條件和家庭關係也有著不可分割的聯繫。

日本霜山德爾 (1977) 搜集了許多日本老人對死亡的看法，並對這些調查資料進行分析研究，結果表明：影響日本老人生死觀的是宗教，尤其是佛教的影響；老年人對死亡的看法受其價值觀、性格所制約，是個人畢生經歷的產物。

莫尼克 (Munnichs, 1972) 就荷蘭的老年人對死亡的看法進行了詳細研究，結果表明，對生命有限性的積極認識或能適應生活的變化無常、清醒地面對人生的人，在其晚年才能找到新的生命意義，在現實生活中，他們處於一種永不滿足的狀態中。

我國學者對老年人的生死觀也進行了若干研究，例如，〈關於老年人生死觀的調查和初步分析〉(程學超等，1991)，〈上海城市老年人生死觀的調查研究〉(曾建國，1992) 等。這些研究均認為我國大陸老年人生死觀是中華民族文化圈的產物，特別是受儒家生死觀念的影響更為明顯。同時，不同時代或同一時代不同的生活條件下，老年人的生死觀也有所不同，這說明時代背景也是影響大陸老年人生死觀的一個因素。其他的如個人的生活閱歷、知識經驗、受教育程度、人格特點、家庭成員關係、生活狀況、經濟條件、社會地位等因素也影響著老年人的生死觀。總之，老年人的生死觀是主客觀相互作用的"積澱物"。

老年人的生死觀的一個重要方面，是希望**暴死** (sudden unexpected death)，就是在形式上希望自己是能一下子死去的"死"的願望。井上勝也 (1979) 對老人希望"暴死"的動機進行了研究，結果表明，老人們回答說

"不希望臥床不起,給別人添麻煩"的占 93%。此外,也有"受不了癌症等疾病的痛苦"(18%)、"年輕人把我看成累贅了"(7%)、"已不想活下去了"(6%) 及其他 (17%) (總計超出 100,因為其中有回答二個以上理由的人)。從這個研究中,我們可以看到,對老年人來說,精神上的痛苦勝過疾病的痛苦,身體上的痛苦勝過死亡的痛苦。

為什麼老人會產生"暴死"的念頭?我們認為,這一方面是老人對護理自己的人 (親屬) 的體諒,以及老人的**罪惡感** (guilty feeling),另一方面也是對自己身心健康的喪失,經濟自立的喪失,與家庭、社會聯繫的喪失,以及生存意義的喪失,即對嚴重違反個人尊嚴的反抗。這些複雜的情緒、情感構成了希望暴死的強烈動機。因此,老人們希望暴死並非出自本意,形式上儘管他們乞求死,而實質上卻是希望以死而得到更為充實的"生"。這在本質上與希望長壽是同義的。

(二) 對死亡的態度

從某種意義上說,成年晚期的個體的死亡觀是其內在的心理現實,這種觀念最直接地表現為個體在其日常生活中對待死亡的態度。從更廣泛的意義上講,這種死亡態度受到許多外在因素的影響,這其中最重要的外在因素有兩個,一是社會因素,一是宗教因素。

1. 社會對待死亡的態度 在人類發展的早期,個體的生命是短暫且艱難的,死亡被認為是與生命類似的事,因為那時人們相信人死了之後還有靈魂。有的學者認為,在原始社會裏,人們並不是把死亡作為自然發展的客觀規律來接受,而純粹通過他們當時的信仰和儀式在行為上表現出"順從"和"馴化",從而能夠對死亡採取比較開明的態度。然而,今天的情況就不一樣了,老年人死亡率降低的事實使更多的人能夠進入老年期,從而出現年齡結構老化的現象,這種現象使人們往往容易把死亡和老年人聯繫在一起,實際上這是很不確切的。雖然,老年人並不怕死,但他們最厭惡的問題就是否認死亡事件的本身。

施奈德曼 (Schneidman, 1971) 認為,人們初看到的死亡現象往往來自於人們的長輩、其他的親戚、朋友、熟人和家庭中的親密成員的死亡。艾森施塔特 (Eisenstadt, 1978) 指出,在父母逝世之前,他們的子女多已是成年人了,這時期的生活經歷對他們來說並不顯得特別重要。當他們的長輩疾病加重死亡後,長輩的屍體馬上離開病房而運到醫院的太平間或者地下室。當其他人問及發生了什麼事時,醫生或死者的家屬往往會委婉地說,他"滿期了"(壽終正寢了)或者"離開了"(逝世了)。現在,在人們生活的許多領域裏,社會的發展和進步正在設法改變人們對死亡的態度,避免人們在死亡面前的恐懼與驚慌,而是能用鎮定自若、冷靜沈著的態度正確地對待死亡。

一般來說,老年人經歷過的社會滄桑,使他們面對死亡的自然規律時,能保持清醒的頭腦,部分的原因是他們對生活的許多方面採取比較開放的態度,對於生活有著自己獨特的見解,不受社會環境所左右。在這些人的思想中,存在著較多的對死亡的社會認識,他們把死亡作為社會生活的一部分內容,死亡本身意味著人類向大自然的回歸,把死亡當作自然界發展進步不可違背的規律。有了這些與社會發展與進步相協調的認識,對死亡就能採取較為正確的看法。顯然地,這些對死亡的認識有利於人類自身的發展。

2. 宗教對待死亡的態度 對於死亡這個問題,世界上幾乎所有的宗教都有自己的一套信念和方式,來幫助其追隨者正確地面對死亡。但由目前的研究材料看,這些宗教的宣傳者並不是有意識地培養他們的追隨者對待死亡的態度,且宗教本身也不能深刻地影響人們對待死亡的態度。學者的研究結果一致表明 (Schneidman et al., 1971),影響人們對死亡態度的因素是多方面的。其中一個最重要的因素就是人們在宗教中的情感投入,一個人情感投入越多,宗教所指的死亡態度對他影響也越大;反之,如果個體在宗教中情感投入較少或者完全是一個旁觀者的態度,那麼,宗教所指的死亡態度對他影響不大。

凱里 (Kelley, 1975) 指出,信奉宗教的人們,強調在他們的生活風格裏所包含的宗教信仰,把它視為生命中最重要的東西,並且他們確認這是宗教使他們的抱負得以實現、社會適應能力得以提高的最好方式。施奈德曼 (Schneidman, 1971) 的一個研究表明,越來越多的宗教團體,越來越多的人們希望儘快進入死後的極樂世界,從而過著無憂無慮的生活。一般而言,人們對死後生活的宗教信念,影響人們對待死亡的態度,這種宗教信仰的結果,必然產生一種對死亡的樂觀態度。他們對死後的生活充滿信心,因此,對死亡也很少有顧忌和恐懼,在他們眼裏,死亡是對現實的一種最好解脫。用登普西 (Dempsy, 1975) 在一份研究報告中指出,這些人把現實生活和死後生活放到兩個天平上，砝碼更多是偏向於死後的生活。這些根深蒂固的信念，促使他們對死亡採取一種歡迎的態度。幾乎在同一時期，有個學者在另一個研究中發現，無論是堅定的無神論者還是堅定的有神論者，無論是狂熱的宗教信徒，還是狂熱的宗教反對者，他們比那些名義上信奉宗教的教徒對死亡更無所畏懼，他們能泰然自若地邁向死亡。顯然地，這個研究是把登普西的研究進一步深入了，而且從對死亡的分析上看，也顯得更有說服力些。

二、瀕臨死亡的心理反應

雖然，在整個成人晚期，個體已經逐步接受了死亡的存在，但當死亡真的就站在個體面前時，個體的心理反應遠不是那樣簡單和平淡，而常常表現出非常複雜的心理活動。我們將從以下兩個方面來討論瀕臨死亡時個體的心理反應。

（一） 瀕死的心理體驗

早在古代，有人就曾記載了個體死亡時的心理感受。隨著科學心理學的發展，瀕死時的心理體驗問題也引起了發展心理學家們的重視。這一方面是"終生發展"思想的反映；另一方面也是人們認識自身存在的需要。

1. 死前的心理活動 多年來，人們一直認為當人的心臟脈搏停止跳動或呼吸停止時，這個人就被確認為已經死亡了。現在，**死亡** (death) 這一概念包括大腦的徹底死亡，也包括心臟和脈搏的停止活動。下面這幾項標準可以作為我們決定死亡的原則：在一小時內，個體不再有任何動作或呼吸；並且至少在 24 小時內，個體沒有任何反射活動，也沒有腦電波活動的跡象；在 24 小時內，這些狀況沒有任何變化。

在臨床醫學上，急救技術的進一步發展和應用，使我們有可能觀察到人臨死前的心理活動和心理狀態。通過推遲垂死病人的死亡時間，我們可以詢問並記錄人們臨死前的種種心理體驗。臨床醫生和臨床心理學家在遵循倫理原則的前提下進行了這種研究。伍迪 (Woody, 1977) 通過觀察許多垂死病人的病例，發現人們臨死前仍有一系列與平時類似的心理活動，如想像、記憶、思維、聯想等等，不過這種心理活動顯得更特殊些。具體地說，個體在瀕臨死亡時，首先體驗到一種分離感，即他的精神從肉體中分離出來，並且感到他被推進一個黑暗的隧道。然後，這些垂死的人發現自己出現了另一種形式的"精神實體"，可以非常輕易地從一個地方向另一個地方進行運動，這種現象將持續一段時間。在這種狀態之後，他們體驗到和長期沒有見面的朋友、情人重聚，這個時候，一個最令人不能相信的事是出現了一盞明亮的燈光，並感到溫暖，這時他們非常注意所在環境中的燈光，這是一種比較快的回光返照現象或者說是他們沈浸在錯誤的判斷方式中。最後，他們報告說已經離開黑暗的隧道，並且體驗到思想迅速進入他們的軀體。此後，一瞬間就甦醒了。對於大多數死而復生的人來說，瀕臨死亡的體驗在個體的態度上帶來了深遠的變化，他們不但變得對死亡不再害怕，而且變得更加關心他們以前經歷過的關於學習、愛情和生活的價值問題。

2. 死前的心理狀態 薩鮑姆 (Sabon, 1981) 對這個問題也進行了系統研究，他對那些醫學上已經判斷為瀕臨死亡，而後來病情又好轉的病人進行隨機取樣，然後對他們進行觀察、詢問和調查，發現其中 40% 的人對自己死亡的遭遇有著很清晰的印象。而且薩鮑姆沒有發現那些在死亡體驗報告中有相同體驗的人在宗教信仰上有相似性。無神論者和宗教教徒報告的內容具有相當的一致性，這說明宗教可以改變人們對死亡的態度，特別是對活著的某些人尤其如此，但不能改變人們臨死之前的某些客觀心理現象。

人們對瀕死時的體驗這個問題，已經提出了很多觀點，有的人認為瀕臨死亡時的體驗是可理解的；有的人認為那是達到高峰時的體驗，有的人認為是對死亡生活的一瞥。一些研究者堅信這些體驗並不純粹是個體的幻覺，而是與個體瀕死之前的身體狀況和強烈的情緒激動有著密切關係。薩鮑姆 (Sabon, 1981) 認為，對於人們死後的生活，任何人的研究工作都不足以證明是這樣而不是那樣一種模式，因為每個人離開現實世界的真正死亡只有一次，所以不可能體驗死亡之後的生活實踐再回來告訴活著的人們。人們對死後的生活的描述都是按照他們的主體願望想像出來的。

(二) 趨向死亡的階段

1. 羅斯的研究 人們除了對瀕臨死亡時的體驗進行若干研究外，更對臨死時的體驗發生了濃厚的興趣。在這個領域最有代表性的研究者是羅斯 (Elisabeth Kubler Ross)。從 1964 年開始，她和她的同事在芝加哥大學的醫院裏臨床觀察研究了 500 多個快要死亡的病人案例，從中得到一些描述性的材料，並試圖尋找一條研究臨床體驗的分析途徑。1975 年，她發現了一個重要的現象；當沒有告知病人任何病情時，這些病人仍能感覺到這樣一個事實，那就是他們接近死亡的時間越來越短。羅斯認為個體在臨死時一般均要通過以下幾個階段，雖然有時候這些階段也可能互相交叉或者重疊，但是為了敘述方便，我們人為地把它區分開來。

第一階段：否認死亡時期。在這個時期，這些垂危的病人否認死亡事件將會發生，他們認為："死亡不可能發生在自己身上"。病人對即將發生的死亡的否認，有助於保護自己免受死亡帶來的深刻情感的煎熬，給人們提供了時間去處理所面臨的糟糕事實。接著，個體傾向於向其他人表現出他願意談論死亡的微小信號。這說明他已經開始從徹底否認死亡發生的死胡同裡走出來了。但是這個階段中，死者的親友或醫生只願意在探望的時間裏和垂危者談論死亡。談論幾分鐘後就嘎然而止，不願做長談或深談。其目的僅是希望他有一個正確的思想準備，留出更多的時間讓他去考慮如何適應即將來臨的死亡。

第二階段：憤怒情緒。在這個階段裏，人們開始承認死亡，結果帶來了情緒上的極不穩定，他們感到憤怒和怨恨。他們常常自言自語："為什麼死亡偏偏降臨到我頭上呢？"當看到其他人對他們的健康狀態幸災樂禍的情景時，更激起了他們妒忌的情感，妒火難填，怒髮衝冠。他們常常帶著這種情感去對待周圍的人們，這時往往會發一陣無名之火，但一頓脾氣後傷害了親人時，又感到很後悔。這種情緒反覆無常，實際上是妒忌他人的生命和健康的表現。對於活著的人們來說，這時非常重要的工作就是幫助這些垂死的人們把這些情感表達出來，不要讓他們把怨恨、妒忌帶到另一個世界中去。

第三階段：討價還價。此階段的主要特徵是試圖對死亡時間討價還價。處於這個階段的個體常說："我知道我將要死了，但是……""但是"後面的潛台詞是非常清楚的。總之，垂危的人都想要再多活幾天，多做一點事，再多看一眼世界，他們對生活表現得從未有過的留戀。然後他們就會天真地想像："如果我和醫生或家屬認真合作，那麼，也許上帝能讓我再活一段時間，那時我女兒大學畢業，我兒子結婚，我也就無所牽掛了"。實際上，這種牽掛不過是逃避死亡的藉口而已。

第四階段：沮喪情緒。這是對過去的喪失和目前面臨的巨大喪失的哀傷情緒。他們為自己即將到來的死亡而悲哀，並希望別人分擔自己的哀痛。在理智上，他們對自然規律所帶來的死亡威脅不再感到恐懼，開始面對現實，但又覺得自己在不斷地被拋棄，內心感到忿忿不平，陷入抑鬱而不能自拔，處於一種矛盾衝突的交織中。在這個時候，死者非常重要的一件事是向他人發洩悲痛的情緒和表達哀的絕望。這時死者的朋友和親人往往會做一件錯事，那就是否認死者的這些情感，而鼓勵他"振作起來"，這無疑上是火上澆油，使他處於一個更加憤怒焦慮的狀態之中。

　　最後一個階段：接受死亡。雖然並不是所有垂死的人們都經歷過這個過程，因為在某個時刻，大多數垂死的人都已經在接待探訪者和其他人的過程中消耗了大量的時間和精力，他們還來不及仔細考慮時，死神就降臨了。這時，他們就有意或無意地接受了它。雖然他們更有可能是死在醫院裏，但是他們大都不想孤單單地死去，這就是為什麼大多數人喜歡死在家裏的原因。事實上，臨死的很多痛苦來自於內心的苦惱和矛盾，特別是害怕和長期生活在一起的朋友、親人的分離，於是感到抑鬱、憤怒甚至於絕望。

　　應該說，羅斯對垂死者死亡過程的研究有開創性的意義，為以後人們對臨終體驗的研究打下了基礎。並且她第一個提出了大多數人的死亡並不是按部就班的觀點，提出了抑鬱、苦惱、痛苦將貫穿於死亡過程始終的觀點，這些都是與實際情況相符合的，而且對於人們加深對人本身的認識具有一定的啟發。但是，應該看到她的死亡過程模式也有很多不足。卡斯頓鮑姆(Kastenbaum, 1981) 對羅斯的理論提出了批評，認為這個理論不能解釋由於疾病引起的自然死亡，並忽視了垂死者的性別差異、年齡差異、個性差異、認知風格差異和文化環境差異，認為這些差異引起的臨終體驗是不同的，他進一步指出個體差異在臨終的體驗方面比任何階段更加突出。

　　2. 正確地面對死亡　人們面對死亡時，其中一個最普遍的反應是以錯誤的方式去生活，自暴自棄。當有的人遭受器質性疾病的折磨時，他們往往只求助於醫生的診斷，而放棄了利用自己身體的防禦機制，在心理上進行調節、利用生物反饋對疾病產生積極的影響，個體的主觀能動性在其眼中是無足輕重的。還有，當這些人意識到自己的生命快要結束時，他們面對死亡的挑戰，只是審慎地平均使用時間，結果使時間效率不高，並且往往是事倍功半。面對死亡時的另一個普遍反應就是通過否認死亡來緩和、減少緊張，然而結果往往是適得其反。這些人越是否認，死亡的時間也就來得越快。

蕭納塔曼 (Shueidman, 1973) 通過研究後認為，老年人的絕大部分痛苦來自於嚴重疾病的折磨，老年人不希望用類似於以前的生活方式來結束他的風燭殘年。例如有的老人在醫院裏拒絕治療，拔下針管攪亂藥劑，然後攀過床的橫檔，打開窗户，從樓上縱身跳下。在旁人看來，這種死亡方式顯然是不足取的。因此，面對死神的挑戰，學會正確死亡是非常重要的。

三、居　喪

處於成人晚期的個體，很少有夫妻雙方在同一時期去世的，總是有一方先走一步。因此，可以說有約半數的老年人要經歷居喪這一事件的發生，並體驗由於喪偶而帶來的傷痛。

（一）居喪的概念

居喪是一個倍受痛苦煎熬的時期，也是一個對失去配偶這個痛苦事實逐漸適應的過程。

1. 什麼是居喪　當我們在生活中失去非常親密的人時，就會明確意識到生活中缺少了什麼，或者說失去了構成生活某一部分的東西。這時我們的情感就會倍受煎熬，內心感到異常痛苦。由這種事情引起的悲傷、哀痛，我們稱之為**居喪** (funeral arrangement)。

社會學家常常要求人們按照社會既定的風俗習慣、道德準則、行為規範來更多地認識和解決居喪問題。在社會學家提出的社會模式中，寡婦必須穿上黑色的喪服，以表示對丈夫的忠貞；鰥夫必須穿上黑色的長袍，以表示對妻子的追悼，這些都是居喪行為的具體體現。隨著社會的發展，守靈和弔唁正在被一些有意義的紀念活動所代替，人們希望居喪者從悲痛中振作精神，在居喪後盡可能地在學習、生活、工作中重新喚起對生命的熱烈追求。化悲痛為力量，這是現代人對待居喪的基本態度。

居喪引起的悲傷體驗，常常有各種不同的強度水平，這取決於死者和生者兩者關係的親密程度。對大多數人來說，居喪引起的悲傷體驗一般取決於當時的情景,而這種情景又通過葬禮和場面來體現。例如,死者若是祖母、祖父、叔叔、嬸嬸的葬禮場,就不及直系成員的死亡場面所引起的悲傷程度大。當我們在一瞬間獲悉某人突然逝世時,我們很快就會把這事給忘了。而那些失去父母親、兄弟姐妹的人,他們的痛苦體驗則會更加深刻、持久些。

2. 居喪與臨終體驗 人們的居喪過程與臨終時的體驗有很多相似處。例如,當我們面對某人的死亡時,最初的反應常常是否認他的死亡。然而事實上這種事件已經發生了。這反映了人們總是不願意接受沒有任何心理準備的東西,於是就採取否認的方式來緩和衝突引起的心理紊亂,以達到一種心理平衡。憤怒是我們從居喪者身上看到的另一種情感表現。當人們明確意識到死亡事件確實發生,而且這個事件又與自己關係極其密切的時候,有的人常會對其他人發洩他的情緒,例如無故向家庭成員挑剔、爭執甚至吵架、責備、批評或詛咒醫生、護士等等。有時候還會表現為對這個死亡事件的發生心裏存在著內疚。例如與死者生前曾經爭吵過,或死者曾經施恩於自己,這時我們就會拼命自責,有一種負疚感。這種負疚感深深隱藏於潛意識之中,只有在適當的時候,它才會表現出來。

研究人員認為,那種令人悲痛的體驗能夠通過多種方式掩飾起來,其中包括一系列的生理症狀。根據克萊頓 (Clayton, 1971) 的一個調查報告,悲痛的體驗或情緒往往不易察覺而被人們以各種方式掩蓋起來。克萊頓在報告中指出,那些失去丈夫的寡婦,在第一個月裏普遍現象是哭泣失眠,情緒抑鬱,食慾減退,體重減輕。他進一步指出,大約有一半以上的喪偶者在最初的一段時間裏沈浸在對往事的美好回憶中,食不甘味,夜不安寢,往往需要服用鎮靜劑才能使自己安靜下來。帕克斯 (Parkers, 1972) 認為,居喪者的緊張焦慮與現實世界格格不入,這大多是生理性的,如果家庭成員死亡,這種生理症狀的出現會提高一倍。人們通過生理上的發洩來達到心理平衡,得到心理補償,這是居喪者得以在以後開展工作的重要基礎,是振作起來生活下去的精神支柱。

(二) 居喪心理體驗的差異

對於親人的逝去,不同的人的身心體驗是不盡相同的,這種居喪心理體驗的特殊性,主要表現在以下兩個方面:

1. 居喪心理體驗的年齡差異 在居喪心理體驗方面存在著年齡的差異。帕蒂森 (Pattison, 1987) 指出，兒童不能理解死亡的真正意義，因而他們傾向於依靠本能的和即時的反應。例如通過幻想來否認死亡，或利用自身的防禦機制對不能接受的現實進行合理化解釋，如投射作用、文飾作用、無意識行為表現等等。那些居喪的中年人和老年人在死亡面前則顯得比較老練、沈著，他們能充分依靠成熟的防禦機制（如利他主義和昇華作用）來對待突然來臨的或意料之中的災難。老年人在居喪過程中能更靈活地處理疾病和疾病的症狀，他們對死亡的認識比中年人更深刻，因此，在對待死亡時更加冷靜。人們居喪時的各種各樣反應，是和他們心理發展水平相適應的，不同年齡階段的人對親人死亡會做出不同的反應，並通過防禦機制來實施這種反應。在反應過程中不斷獲得新知識、新經驗，適應突如其來的、意料之中的各種事件，它們既包括學習、工作的方面的困難挫折，也包括生活、家庭方面的不幸和悲傷，親人的死亡僅是這類事件中的一種。對死亡的適應是每個人都要經歷的，正確的適應方法對自身成長是有利的。

2. 居喪心理體驗的性別差異 格莉克 (Crick, 1974) 對不同性別的居喪者進行了一系列研究，他發現女性在面對親友或家庭成員的死亡時，有一種被拋棄感，而男性更多的是被割裂感。對同樣事件的不同反應，說明男女適應方式存在著一定的區別，女性有較強的依賴心理，而男性則有較強的權力欲望，這種狀況同樣存在於夫妻關係中。妻子傾向於把丈夫看作是保護者和養家糊口的人，而丈夫則把妻子看作是自己工作的支持者和旁觀者，是自己的工作能力得到最大限度發揮的源泉。一般而言，妻子在失去丈夫後，往往通過工作來減少她的悲傷；而丈夫失去妻子後，工作往往會變得毫無秩序，原來在工作中具有的積極性、主動性、創造性此時會遺失殆盡，他們的悲傷情感經常溢於言表。

海爾森等 (Helsing et al., 1981) 的研究證明，配偶去世後不再婚的男人壽命更短。但是，婦女的死亡率幾乎不受丈夫去世的影響。好像配偶對於老年婦女來說變得無足輕重了。那些喪失了配偶的婦女與同樣年紀的再婚婦女相比較，死亡率只存在著微小的差別。而對於鰥夫來說，死亡率就比再婚的男子要高得多。打個比方說，一個鰥夫能活 55 歲，與他情況相同的再婚男人能活 65 歲。這種現象是普遍存在的。其中一種解釋認為，對生活質量的變化，男人比女人更敏感，男人對生活質量的要求更高些，但男人自身的弱點又決定了他們根本不能達到這種要求。男人的浪費、偏食、濫吃、狂飲等比女人要嚴重得多,在生活上男人沒有女人的管理將會搞得一團糟糕,而生活上的無規律、無節制、無管制狀況,會深深地危及健康,從而縮短壽命。另一種解釋認為,男人更需要妻子的體貼、關心和理解,丈夫在情感上更依賴於妻子。因為男人在工作中承受了比婦女更大的壓力和緊張,有更多的責任和義務,碰到更多的困難和挫折,所以需要妻子更多的撫慰和溫順。還有一種解釋則認為,鰥夫更多地沈浸在對往事的回憶中,沈浸在對配偶死亡的悲哀中,這種被壓抑的悲傷時時折磨著他的心靈,像一個幽靈環繞在他生活的環境中。而那些再婚的男子,新的生活激起了他新的追求,他由於亡妻而引起壓抑的悲痛被再婚妻子的體貼所代替,他在生活中看到的是一線光明、一些生機,這種心理狀況當然是有利於身心健康的。

3. 讓居喪者走出困境 傑克遜(Jackson, 1973)認為有幾種方式可以使居喪體驗產生較好的效果:把事情談透徹,把事情想清楚,把事情做完整!雖然在居喪頭幾個星期裏,其他人要與居喪者談論他們所摯愛的人的死亡事實是非常困難的,但是過一段時間,當我們把這件事談透徹之後就能對居喪者有所幫助,因為他畢竟經受了相當長的一段時間的痛苦煎熬。在居喪過程中,記住已經發生的那些主要的事情,並把我們的注意力集中在這些事上面,不斷思索、理清頭緒,就有利於我們對居喪及對寂寞的感受。作為他人的朋友,應該去傾聽居喪者的痛苦、悲傷,盡可能地和居喪者談論他的感受和思想,幫助他儘快地從悲傷的氣氛中走出來。

另外,鼓勵居喪者表達和發洩他們的悲傷情感也是非常必要的。當居喪者在生活中對其親近的朋友,尤其是那些與他私交甚厚的朋友吐露內心的憂傷時,他的悲傷能夠得到某種程度的減輕。當人們用關切的神情、溫柔的目光、體貼的動作、得體的語言對待居喪者時,就能使他感受到溫暖,感到彼此之間心理距離的接近,從而向人們傾吐出他心頭的巨大悲傷。這個時候有的人會號啕大哭,有的人會歇斯底里地喊叫,有的人會默默垂淚,有的人則會報以感激。所有這些,對於他們減少內心的悲痛,使心境回復平靜都是非常有效的。

本 章 摘 要

1. 面臨身心衰退的過程，面臨退休後的社會角色和職能的變化，面臨家庭結構關係的變化，以及經濟拮据或財產繼承等新問題，**成人晚期**必然要對這些問題進行適應，並出現老年人的心理適應。
2. 在某一社會人口的年齡構成中，高齡者的比例相對高了，就出現**人口老齡化**。老齡社會生活表現，老年人的角色改變，要求老年人必須有一個良好的心理適應。
3. **老化**是一種人的生理和心理隨著時間推移而發生的進化性變化。人類老化是一種生物現象，又是一種社會現象。**老年減少參與理論**與**老年持續活動理論**以及**連續性理論**是老化的三種理論。
4. 儘管有一部分老年人對退休後表示高興，可以脫離勞動，但還有為數不少的退休者，因不同的原因卻存在著失落感和自卑感。對退休的適應，既取決於退休者的態度和人格，又取決於**自我調節**。
5. **老年期依戀**，這是老年夫妻對家庭變化的一種良好心理適應的表現；老年人再婚是寡婦與鰥夫建立良好心理適應的一種途徑；充當祖父母，定期與第三代交往，是促進老年人心理健康乃至長壽的一種有效措施。
6. 對老年人的**社會支持**應包括經濟、精神、生活等方面的支持和尊老愛老的社會風氣，這些都是成人晚期心理適應的社會保證。
7. 由於不同因素的影響，老年人的智力因素有的呈衰退的趨勢，也有的呈穩定的表現。
8. 老年人理解記憶尚好，機械記憶在進一步衰退；短時記憶在減退；記憶保持能力在下降；對遠事的保持比近事的保持好。
9. 成人晚期的思維是**語言-理論思維**；思維內容偏於對社會的認識；思維仍然有創造性。
10. 成人晚期思維衰退的表現為：老年人思維的自我中心，深思熟慮但又缺乏信心。故思維敏捷性較差、靈活性較差、想像力減弱。
11. 老年人人格的主要特點是穩定、成熟、可塑性小；自尊心強、衰老感及希望作出貢獻傳於後世是其人格傾向性的明顯表現；老年人人格的消極因素主要是自我中心、猜疑多慮、刻板性強，不易聽取反面意見等；老年人人格類型有**成熟型**、**安樂型**、**防禦型**和**易怒型**等。

12. 自我認定和他人認定"老年人"是有差別的；出現"老年人"的自我意識較晚，65～69 歲還有半數老年人沒有"老年人"的自我概念，然而在 70～74 歲人當中，約有 70% 的人自覺地感到自己已經老了。
13. 老年人**人際關係**隨交往減少而使範圍減小；隨時間的推移在感情上更加深刻；由於經受長期考驗使結構更加穩定；且因角色改變故在內容上也隨之變化。
14. 步入老年，有許多心理疾病困擾著老年人。其中，**抑鬱**和**痴呆**是老年人最嚴重和常見的兩種心理疾病。當然，老年人心理疾病因人而異，具有很大的個體差異性。
15. 老年人**心理衛生**的原則，其內容包括保持自我意識、維持人際關係、繼續社會適應、做一些力所能及的勞動鍛鍊等要旨。
16. 老年人**心理衛生**的具體內容，有爭取老年新生、更新思想觀念、培養學習興趣、參加身體鍛鍊等措施。
17. 長壽者的心理特點：積極活動、情緒樂觀、性格開朗和人際關係良好。
18. 老年人的**生死觀**不僅與其人格、人生觀、價值觀和宗教觀緊密聯繫，而且與其畢生的生活經歷，所處的社會文化、政治、經濟條件和家庭關係也有著不可分割的聯繫。
19. 走向死亡要經過**否認死亡**、**憤怒情緒**、**討價還價**、**沮喪情緒**和**接受死亡**等一系列的階段，但由於性別、年齡、個性、認知風格、文化環境和死亡原因等存在著差異，所以個體瀕臨死亡時的體驗很不相同。
20. **居喪**心理體驗存在著年齡差異、性別差異、與死者關係的差異。人們應該去傾聽居喪者的痛苦、悲傷，儘可能地和居喪者談論其感受和思想，幫助他們儘快地從悲傷的氣氛中走出來。

建議參考資料

1. 長谷川和夫、霜山德爾（主編）(車文博等譯，1985)：老年心理學。哈爾濱市：黑龍江人民出版社。
2. 許淑蓮等 (1987)：老年心理學。北京市：科學出版社。
3. 程學超、王洪美 (1986)：老年心理學。濟南市：山東教育出版社。
4. 羅　斯 (俞國良、楊福康譯，1990)：死亡心理奧秘。北京市：中國國際廣播出版社。
5. Gormly, A. V., & Brodzinsky, D. M. (1993). *Life-span human development* (5th ed.). New York: Harcourt Brace Jovanovich.
6. Schaie, K. W., & Willis, S. Z. (1986). *Adult development and aging*. Glenille: Foresman.
7. Valsiner, J. (1989). *Human development and culture: The social nature of personality and its study*. Lexington, Mass: Zaxingtion Books.
8. Zanden, V., & Wilprid, J. (1985). *Human development* (3rd ed.). New York: Knopf.

參 考 文 獻

丁祖蔭 (1984)：兒童心理學。濟南市：山東教育出版社。

丁碧英、毛仙珠 (1979)：對 2～6 歲兒童言語發展的調查研究。中國心理學會 1979 年學術論文資料，未發表。

大工原秀子 (1979)：老年期的性。東京市：金子書屋。

中國學生體質與健康研究組 (1993)：中國學生體質與健康監測報告。北京市：北京科學技術出版社。

井上勝也 (1977)：100 歲老人的精神狀態與日常生活職業智力機能。老人福利開發中心 (編)：長壽者的總和研究報告書，69～84 頁。

井上勝也 (1979)：老人生死觀的研究。新福尚武教授退職紀念集，407～414 頁。

井上勝也等 (江麗臨等譯，1986)：老年心理學。上海市：上海翻譯出版公司。

比　納、西　蒙 (1905)：兒童智力對抗發展。見張述祖 (總審校，1983)：西方心理學家文選。北京市：人民教育出版社。

毛澤東 (1937)：矛盾論。見毛澤東選集 (1960)，第一卷。北京市：人民教育出版社。

牛島義友 (1983)：教育心理學新辭典。東京市：金子書屋。

王　耘 (1992)：嬰幼兒心理發展研究新進展。昆明市：雲南少兒出版社。

王重鳴 (1990)：心理學研究方法。北京市：人民教育出版社。

王耘、葉忠根、林崇德 (1993)：小學生心理學。杭州市：浙江教育出版社。

王淑蘭、楊永明 (1986)：青年心理學概論。西安市：陝西師範大學出版社。

古迪納 (符仁方等譯，1980)：發展心理學。貴陽市：貴州出版社。

司馬賀 (荊其誠、張厚粲譯，1986)：人類的認知——思維的信息加工理論。北京市：科學出版社。

布拉澤爾頓 (張佩琪等譯，1989)：嬰兒與母親。北京市：北京科學技術出版社。

弗洛伊德 (高覺敷譯，1930)：精神分析引論。上海市：商務印書館。

田崎仁等 (1978)：致各位中學生。東京市：培風館。

申繼亮等 (1993)：當代兒童青少年心理學的進展。杭州市：浙江教育出版社。

皮亞傑 (王憲鈿等譯，1981)：發生認識論原理。北京市：商務印書局。

皮亞傑 (吳福元譯，1980)：兒童心理學。北京市：商務印書局。

皮亞傑 (高如峰等譯，1990)：兒童早期智力的起源。北京市：教育科學出版社。

皮亞傑 (連　生譯，1984)：結構主義。北京市：商務印書館。

守屋國光 (1975)：老年期的自我概念。老年心理學。岩崎學術出版社。

朱曼殊等 (1986)：兒童語言發展研究。上海市：華東師範大學出版社。

朱智賢 (1994)：兒童心理學。北京市：人民教育出版社。

朱智賢 (主編) (1989)：心理學大辭典。北京市：北京師範大學出版社。

朱智賢 (主編) (1990)：中國兒童青少年心理發展與教育。北京市：中國卓越出版公司 (簡體字版)。台北市：五南圖書出版公司 (繁體字本) (1996)。

朱智賢、林崇德 (1986)：思維發展心理學。北京市：北京師範大學出版社。

朱智賢、林崇德 (1989)：兒童心理學史。北京市：北京師範大學出版社。

朱智賢、林崇德、董奇、申繼亮 (1991)：發展心理學研究方法。北京市：北京師範大學出版社。

何林渥斯 (趙　演譯，1935)：發展心理學概論。上海市：商務印書館。

余強基 (1985)：中小學生對教師的態度的調查分析。發展心理、教育心理論文集。北京市：北京師範大學出版社。

利伯特 (劉　範等譯，1983)：發展心理學。北京市：人民教育出版社。

吳天敏、許振援 (1980)：初生到三歲兒童言語發展記錄的初步分析。見中國心理學會第二屆年會：發展心理、教育心理論文選，56～78 頁。北京市：人民教育出版社。

吳筱珍 (1988)：關於幼兒獨生子女與非獨生子女對公私財物損壞的適應判斷的比較研究。家庭教育 1988 年研討會資料，未發表。

吳鳳崗 (1991)：青少年心理學。北京市：北京師範大學出版社。

吳鴻業、朱霽青 (1979)：2～6 歲兒童言語發展的調查研究。中國心理學會 1979 年學術論文資料，未發表。

李　丹 (主編) (1987)：兒童發展心理學。上海市：華東師範大學出版社。

李　丹、李伯黍 (1989)：兒童利他行為發展的實驗研究。心理科學通訊，5 期。

李　虹 (1984)：少年兒童對漫畫認知發展的研究。中國心理學會 1984 年學術年會論文資料。

李　虹 (1994)：胎教音樂對胎兒影響的實驗研究。心理學報，1 期，51～58 頁。

李惠桐 (1984)：三歲前兒童感知感知覺發展順序。見朱智賢 (1990)：中國兒童青少年心理發展特點與教育，5 頁。北京市：卓越出版公司。

李惠桐、李世棣 (1978)：三歲前集體動作發展的調查。見中國心理學會第二屆年會 (1980)：發展心理、教育心理論文選，370～399 頁。北京市：人民教育出版社。

車文博 (主編) (1986)：心理學原理。哈爾濱市：黑龍江人民教育出版社。

車文博 (主編) (1989)：弗洛伊德主義原著選輯 (上、下冊)。瀋陽市：遼寧人民出版社。

辰見敏夫 (李玉紅譯，1989)：小學生心理與教育。台北市：台北小暢書房。

依田新 (張增直、楊宗義等譯，1981)：青年心理學。北京市：知識出版社。

佩里 (1968)：青年思維的特點。見朱智賢 (1984)：當前兒童心理學的進展，9 頁。北京市：北京師範大學出版社。

周宗奎 (1992)：學前兒童社會性發展。昆明市：雲南少兒出版社。

孟昭蘭 (1989)：人類情緒。上海市：上海人民出版社。

帕普利等 (華東師範大學外國教育研究所譯，1981)：兒童世界 (上、下冊)。北京市：人民教育出版社。

林崇德 (1983)：中學生心理學。北京市：北京出版社。

林崇德 (1988)：品德發展心理學。北京市：北京師範大學出版社。

林崇德等 (1990)：中國兒童青少年思維發展與教育。見朱智賢 (主編)：中國兒童青少年心理發展與教育，230～305 頁。北京市：卓越出版公司。

林崇德 (1992)：學習與發展。北京市：北京教育出版社。

林崇德、李 虹 (1990)：探索心靈的秘密——90 年代的心理學。見王梓坤 (主編)：90 年代前沿科學新視野，123～142 頁。北京市：北京出版社。

林傳鼎 (1947～1948)：新生兒情緒研究。見張人駿、朱永新 (1984)：心理學人物辭典， 179～182 頁。天津市：天津人民出版社。

林傳鼎等 (1986)：心理學詞典。南昌市：江西科學技術出版社。

波 林 (高覺敷譯，1980)：實驗心理學。北京市：商務印書館。

波加琴科 (1956)：關於學校日對第一和第二信號系統條件聯繫及其相互關係的影響。見第一和第二信號系統協同活動的實驗研究。北京市：科學出版社。

邵 郊 (1987)：生理心理學。北京市：人民教育出版社。

長谷川和夫、霜山德爾 (主編) (車文博等譯，1985)：老年心理學。哈爾濱市：黑龍江人民出版社。

俞國良 (1994)：學習不良兒童社會性發展及其與家庭資源關係的研究。北京市：北京師範大學發展心理研究所博士論文。

姜德珍、沈　政等 (1990)：延緩衰老的奧秘——老年心理學漫談。北京市：中國經濟出版社。

姚　磊、劉　軍 (1993)：醫學實用數據手冊。北京市：中國廣播電視出版社。

施陶德 (于鑒夫等譯，1989)：心理危機及成人心理學。北京市：華夏出版社。

柏　曼 (1911)：腺與人格的關係。見何林渥斯 (趙　演譯，1935)：發展心理學概論。上海市：商務印書館。

科　恩 (陳賢義等譯，1985)：中學高年級學生心理學。北京市：知識出版社。

范存紅、王憲鈿 (1963)：4～7 歲兒童連貫性語言的初步調查研究。中國心理學會 1963 年學術年會資料，未發表。

格萊因 (計文瑩等譯，1983)：兒童心理發展的理論。長沙市：湖南教育出版社。

荊其誠 (主編) (1991)：簡明心理學百科全書。長沙市：湖南教育出版社。

馬森、凱根等 (孟昭蘭譯，1991)：人類心理發展歷程。瀋陽市：遼寧人民出版社。

馬森等 (繆小春等譯，1990)：兒童發展與個性。上海市：上海教育出版社。

高月梅、張　泓 (1993)：幼兒心理學。杭州市：浙江教育出版社。

高玉祥 (1989)：個性心理學。北京市：北京師範大學出版社。

高覺敷 (主編) (1982)：西方近代心理學史。北京市：人民教育出版社。

張日升 (1993)：青年心理學。北京市：北京師範大學出版社。

張令振 (1992)：美國兒童電視行為研究。心理發展與教育，2 期，41～44 頁。

張令振譯 (1984)：青年早期電視觀看模式的發展：一項縱向研究。外國電視研究譯文 (1991，中央電視台總編室譯)。北京市：北京廣播學院出版社。

張伯源、任保崇 (主編，1989)：殘疾人的心理診斷與訓練。北京市：光明日報出版社。

張春興 (1989)：張氏心理學辭典。台北市：東華書局 (繁體字版)。上海市：辭書出版社 (1992) (簡體字版)。

張春興 (1991)：現代心理學。台北市：東華書局 (繁體字版)。上海市：上海人民出版社 (1994) (簡體字版)。

張春興 (1994)：教育心理學。台北市：東華書局 (繁體字版)。杭州市：浙江教育出版社 (1998) (簡體字版)。

張述祖、沈德立 (1987)：基礎心理學。北京市：教育科學出版社。

許政援、沈家鮮、呂　靜、曹子方 (1984)：兒童發展心理學。長春市：吉林人民出版社。

許淑蓮等 (1987)：老年心理學。北京市：科學出版社。

陳志君 (1978)：3～6 歲兒童口頭語言發展水平初步調查之二。中國心理學會 1963 年學術年會資料，未發表。

陳英和等 (1990)：兒童青少年心理與教育。北京市：中央廣播電視大學出版社。

陳幗眉 (1990)：學前心理學。北京市：人民教育出版社。

陳幗眉、沈德立 (1981)：幼兒心理學。石家莊市：河北人民出版社。

陳鶴琴 (1923)：兒童心理學研究。上海市：商務印書館。

陸　哥 (符仁方等譯，1994)：90 年代華生發展生活心理學。貴陽市：貴州教育出版社。

麥克米倫 (何立嬰譯，1989)：學生學習的社會心理學。北京市：人民教育出版社。

傅安球 (1988)：男女智力差異與教育。北京市：北京出版社。

傅安球、史莉芳 (1993)：離異家庭子女心理學。杭州市：浙江教育出版社。

彭祖智 (1984)：3～6 歲兒童言語發展的初步分析。中國心理學會 1984 年學術年會資料，未發表。

彭聃齡 (主編) (1991)：語言心理學。北京市：北京師範大學出版社。

斯米爾諾夫 (李　沂等譯，1984)：蘇聯心理科學的發展與現狀。北京市：人民教育出版社。

普萊爾 (唐　越等譯，1960)：幼兒的感覺與意志。北京市：科學出版社。

程學超 (主編) (1991)：中年心理學。濟南市：山東教育出版社。

程學超、王洪美 (1986)：老年心理學。濟南市：山東教育出版社。

華　生 (陳德榮譯，1935)：華生氏行為主義。上海市：商務印書館。

黃希庭 (1991)：心理學導論。北京市：人民教育出版社。

黃希庭 (主編) (1989)：心理學實驗指導。北京市：人民教育出版社。

黃希庭 (主編) (1994)：當代中國青年價值觀與教育。成都市：四川教育出版社。

黃希庭、徐鳳姝 (1988)：大學生心理學。上海市：上海人民出版社。

黃煜峰、雷　靂 (1993)：初中生心理學。杭州市：浙江教育出版社。

楊治良等 (1981)：再認能力最佳年齡的研究。心理學報，13 卷，1 期，42～50 頁。

楊國樞 (1984)：小學與初中學生自我概念的發展及其相關因素。見楊國樞、張春興 (主編，1984)：中國兒童的行為發展。台北市：台北環宇出版社。

楊國樞 (1988)：心理學研究的中國化：層次與方向。見張人駿：台灣心理學，55～85 頁。北京市：知識出版社。

葉恭紹（主編）(1982)：少年衛生學。北京市：人民衛生出版社。

董　奇 (1992)：心理與教育研究方法。廣州市：廣東教育出版社。

董　奇 (1993)：兒童創造力發展心理。杭州市：浙江教育出版社。

鈴木康平等 (1987)：現代青年心理學。東京市：有斐閣。

廖德愛 (1982)：關於新生兒聽覺發生期的探討。中國心理學會發展與教育心理學專業委員會 1982 年年會論文，未發表。

蒙納德 (1976)：兒童心理學的變革。見方曉義 (1988)：皮亞傑理論的發展：新皮亞傑學派一書簡介。心理發展與教育，2 期，28～32 頁。

赫洛克（胡海國編譯，1984)：成人心理學。台北市：桂冠圖書公司。

赫洛克（胡海國編譯，1986)：兒童心理學。台北市：桂冠圖書公司。

赫洛克（胡海國編譯，1990)：發展心理學。台北市：桂冠圖書公司。

劉　焱 (1988)：兒童遊戲的當代理論與研究。成都市：四川教育出版社。

劉　範（主編）(1989)：發展心理學——兒童心理發展。北京市：團結出版社。

劉　範（主編）(1990)：心理學展的近期研究。北京市：北京師範學院出版社。

劉世熠等 (1962)：我國兒童的腦的發展的年齡特徵問題。見中國心理學會：教育心理論文集。北京市：人民教育出版社。

鄭日昌 (1987)：心理測量。長沙市：湖南教育出版社。

鄭和鈞等 (1993)：高中生心理學。杭州市：浙江教育出版社。

鄭信雄 (1990)：突破孩童的學習障礙。台北市：遠流出版公司。

燕國材 (1996)：中國心理學史。台北市：東華書局（繁體字版）。杭州市：浙江教育出版社 (1998)（簡體字版）。

盧家楣 (1989)：現代青年心理探索。上海市：同濟大學出版社。

穆欣娜（陳幗眉等譯，1990)：兒童心理學。北京市：人民教育出版社。

霍　爾（李浩吾譯，1929)：青年期的心理與教育。上海市：世界書局。

鮑里索夫（劉洪芝譯，1985)：少年身心發育之路。北京市：世界知識出版社。

韓進之 (1990)：殘廢人口心理診斷與訓練。北京市：光明日報出版社。

韓進之、魏華忠、楊麗珠 (1990)：中國兒童青少年自我意識發展與教育。見朱智賢（主編）：中國兒童青少年心理發展與教育，433～465 頁。北京市：卓越出版公司。

龐麗娟 (1991)：現場提名法：科學性與可行性的研究。南京心理測量國際學術研討會論文集。

龐麗娟 (1992)：幼兒教育新觀念、新趨勢。昆明市：雲南少兒出版社。

龐麗娟、李　輝 (1993)：嬰兒心理學。杭州市：浙江教育出版社。

羅　斯 (俞國良、楊福康譯，1990)：死亡心理奧秘。北京市：中國國際廣播出版社。

羅羽東 (主編) (1985)：中年保健。北京市：知識出版社。

龔浩然、黃秀蘭、俞國良 (1993)：青年社會心理學。杭州市：浙江人民出版社。

Abeles, R. P. (Ed.) (1987). *Life-span perspectives and social psychology*. Hillsdales, NJ: Lawrence Erlbaum Associates.

Ainsworth, M. (1979). Infant-mother attachment. In Richards, M. (1980, Ed.), *The child's integration into the social world*. Cambridge University Press.

Ainsworth, M., & Bell, S. M. (1970). Attachment, exploration and separation: Illustrated by the behavior of one-year-old in a strange situation. *Child Development*, 41, 49~67.

Albrecht, S. L., Chadwick, B. A., & Jacobson, C. K. (1987). *Social psychology*. New York: Prentice-Hall.

Allport, G. W., Vernon, P. E., & Lindzey, G. (1960). *Study of values* (3rd ed.): *Manual*. Chicago: Riverside Publishing Company.

Anderson, D. R., & Collins, D. A. (1988). The impact on children's education: television influence on cognitive development. *Working Paper, No. 2*.

Arenburg, D. (1974). A longitudinal study of problem solving in adults. *Journal of Gerontology*, 29, 650~658.

Armon, C. (1984). Ideals of the good life and moral judgement: Ethical reasoning across the life-span. In L. C. Michael (Eds), *Beyond formal operations—late adolescent and adult cognition development*. New York: Praeger Publishers.

Ashmen, D. H., & Persented, M. (1979). *Infant memory in everday life*. Paper presented at the meeting of the American Psychological Association. New York City.

Aslin, R. N., & Smith, L. B. (1988). Perceptual development. *Annual Review of Psychology*, 39, 435~473.

Baldwin, J. M. (1994). *The development of the child and of the race*. New York: Macmillan.

Baltes, P. B. (Ed.) (1978). *Life-span development and behavior*. New York: Academic Press.

Bandura, A. (1971). An analysis of modeling process. In A. Bandura

(Ed.), *Psychological modeling.* New York: Lieber Atherton.

Bandura, A. (1977). *Social learning theory.* Englewood Cliffs, NJ: Prentice-Hall.

Bandura, A. (1986). *Social foundations of thought and action: A social cognitive theory.* Englewood Cliffs, NJ: Prentice-Hall.

Barrett, M. et al. (1990). Early language development. In A. Slater, & G. Bremner (Eds, 1990), *Infant development.* Lawrence: Erlbaum.

Bates, J. E. et al. (1979). Language and communiaction in infancy. In J. D. Osofsky (Ed, 1987), *Handbook of infant development.* New York: John Wiley & Sons.

Batesson, G. (1956). *The message "This Is Play" in group processes: Transactions of the second conference.* New York: Josiah Macy, Jr. Foundation.

Baumrind, D. (1967). Child care practices anteceding three patterns of preschool behavior. *Genetic Psychology Monograph,* 75, 43~88.

Baumrind, D. (1971). Current patterns of parental authority. *Developmental Psychology Monographs,* 4 (1,2).

Bee, H. (1985). *The developing child.* New York: Harper & Row.

Belsky, J. et al. (1984). Stability and change in mother-infant and father-infant interaction in a family setting: one-to-three-to-nine months. *Child Development,* 55, 706~717.

Berman, P., & Pedersen, F. (Eds.) (1986). *Men's transition to parenthood: Longitudinal studies of early family experience.* Hillsdales, NJ: Lawrence Erlbaum Associates.

Birren, J. E., & Renner, J. (1980). Concepts and issues of mental health and ageing. In J. E. Birren & R. B. Slone (Eds.), *Handbook of mental health and ageing.* Englewood Cliffs, NJ: Prentice-Hall.

Black, J., Puckitt, M., & Bell, M. (1992). *The young child: Development from prebirth through age eight.* New York: Macmillan.

Bloom, L. (1970). *Language development: Form and function in emerging grammars.* Cambridge, Mass: The MIT Press.

Bornstein, M. H., & Lamb, M. E. (1992). *Development in infancy.* New York: McGraw-Hill.

Bower, T. G. R. (1979). *Human development.* San Francisco: Freeman.

Bowlby, J. (1969). *Attachment and loss.* Vol. 1: *Attachment.* London: Hogarth Press.

Bowlby, J. (1973). *Attachment and loss*. Vol. 2: *Separation: Anxiety and anger*. London: Hogarth Press.

Bowlby, J. (1980). *Attachment and loss*. Vol. 3: *Loss, sadness, and depression*. New York: Basic Books.

Brazelton, T. B. (1983). *Infants and mothers: Difference in development*. New York: Delacorte.

Brown, A. L. et al. (1983). Learning, remembering and understanding. In P. H. Mussen (Ed.), *Handbook of child psychology* (Vol. 3). New York: John Wiley & Sons.

Callahan, E. J., & Mccluskey, K. A. (1983). *Life-span developmental psychology: Nonnormative life events*. New York: Academic Press.

Campos, J. J. et al. (1990). *Development in infancy*. New York: Random House.

Campos, J. J., & Kermoian, R. (1988). *Locomotor experience: A facilitater of spatial cognition development*. New York: John Wiley & Sons.

Chandall, V. J. (1985). *Child development*. New York: West Publishing Company.

Clarke, S., & Pedersen, F. A. (Eds.) (1980). *The father-infant relationship*. New York: Praeger.

Clayton, V. (1971). Age and wisdom across the life-span: Theoretical perspectives. In P. B. Balts, & O. G. Brim (Eds.), *Life-span development and behavior*. New York: Academic Press.

Coie, J. D. (1984). Effects of academic tutoring on social status of low-achieving, socially rejected children. *Child Development*, 55, 1465~1478.

Collins, W. A. (Ed.) (1984). *Development during middle childhood*. Washington, D. C. : National Academy Press.

Cook, T. D., & Cambell, D. T. (1968). Quasi-experiment. In D. T. Cambell, & J. C. Stanley (Eds.) (1968), *Experimental and quasi-experimental designs for research*. Chicago: Rand-McNally.

Cook, T. D., & Cambell, D. T. (1979). *Quasi-experimentation: Design and analysis issues for field settings*. Chicago: Rand-McNally.

Conner, J., & Serbin, L. A. (1977). Behavior based masculine-and-feminine activity-preference scales for preschoolers: Correlates with other classroom behaviors and cognitive tests. *Child Development*, 48, 1411~1416.

Cronbach, L. J. (1970). *Essentials of psychology testing* (3rd ed.). New York: Harper & Row.

Crystal, H. (1988). Clinicopathologic studies in dementia: Nondemented subjects with pathologically confirmed Alzheimer's disease. *Neurology*, Vol. 38 (11), 1682~1687.

Cumming, E. & Henry, W. (1961). *Growing old: The process of disengagement*. New York: Basic Books.

Cummings, E. J., Greene, A. L., & Karraker, K. H. (Eds.) (1991). *Life-span developmental psychology: Perspectives on stress and coping*. Hillsdales, NJ: Lawrence Erlbaum Associates.

Damon, W. (1977). *The social world of the child*. San Francisco: Jossey-Bass.

Damon, W., & Hart, D. (1982). The development of self-understanding from infancy through adolescence. *Child Development,* 53, 841~864.

Datan, N., Greene, A. L., & Reese, H. W. (Eds.) (1986). *Life-span developmental psychology: Intergenerational relations*. Hillsdales, NJ: Lawrence Erlbaum Associates.

Davies, P. (1988). Neurochemical studies: An update on Alzheimer's disease. *Journal of Clinical Psychiatry*, Vol. 49 (5), 23~28.

DeCasper, A. J., Sigapoos, & Fifer, W. P. (1986). Human bonding: Infants prefer their Mother's voices. In E. Hall, et al. (1986, Eds.). *Child Psychology Today*, 86, 121, 377. New York: Random House.

Dishion, T. J. (1987). *Developmental psychology*. New York: Simon.

Dodge, K. A. et al. (1983). Social competence and children's sociometric status: The role of peer group entry strategies. *Merrill-Palmer Qarterly*, 29, 309~336.

Draper, T., Ganong, M. C., & Goodell, V. (1980). *See how they grow concepts in child development & parenting*. New York: Butterick.

Dworetzky, T. P. (1987). *Lntroduction to child development* (3rd ed.). New York: West.

Edward, J. K., & James, M. (1986). Social acceptance of learning disabled adolescents. *Learning Disability Quarterly*. University of South California Press.

Egeland, B., & Farber, E. A. (1984). Mother-infant attachment: Factors related to its development and changes over time. *Child Development,* 55, 753~771.

Eisenstadt, J. M. (1978). Parental loss and genius. *American Psychologist*, Vol. 33 (3), 211~223.

Elisabeth, K. R. (1970). *On death and ageing: In questions and answers on death and ageing*. New York: Macmillan.

Elkind, D. (1979). *The child and society: Essays in applied child development*. New York: Oxford University Press.

Ellis, E. S. et al. (1987). A component analysis of effective learning strategies for LD students. *Learning Disabilities Focus*, Vol. 2 (2), 94~107.

Emde, R., & Harmon, R. (1983). *Continuities and discontinuties in development*. New York: Plenum Press.

Erikson, E. H. (1963). *Childhood and society* (2nd ed.). New York: Norton.

Erlenmeyer-Kimling, L., & Miller, N. E. (Eds.) (1986). *Life-span research on the prediction of psychopathology*. Hillsdales, NJ: Lawrence Erlbaum Associates.

Fantz, R. L. (1963). Pattern vision in newborn infants. *Science*, 140, 296~297.

Field, T. M. (1981). Interaction of high risk. In D. Sawin, et al. (Eds.). *Exceptional infants*. New York: Brunner.

Flavell, J. H. (1975). A developmental study of logical search behavior. *Child Development*, Vol. 47 (4), 941~948.

Flavell, J. H. (1976). Retrieval of recently learned information development of strategies and control skills. *Child Development*, Vol. 47 (4), 941~948.

Flavell, J. H. (1977). *Cognitive development*. Englewood Cliffs, NJ: Prentice-Hall.

Flavell, J. H., & Wellman, H. M. (1977). Metamemory. In R. V. Kail & J. W. Hagen (Eds): *Memory in cognitive development*. Hillsdale, NJ: Erlbaum.

Focut, H. C., et al. (1988). *Friendship and social relations in children*. New York: John Wiley & Sons.

Freedman, D. G. (1974). *Human infancy: An evolutionary perspective*. Hillsdale, NJ: Erlbaum.

Freiberg, K. L. (1987). *Human development: A life-span approach* (3rd ed.). Boston: Jones & Bartlett.

Friedman, S. L. et al. (1975). Newborn habituation to visual stimuli. In E. Hall (1986), *Child psychology today*, p.127. New York: Random House.

Frodi, A. M., & Lamb, M. E. (1978). Sex differences in responsiveness to infants: A developmental study of psychological and behavioral responses. *Child Development*, Vol. 49 (4), 1182~1188.

Fry, P. S. (1986). Assessment of pressimism and despair in the elderly: A geriatric scale of hopelessness. *Clinical Gerontologist*, Vol. 5 (1-2), 193~201.

Gallagher, D. E., & Thompson, L. W. (1983). Effectiveness of psychotherapy for both endogenous and nonendogenous depression in old adult outpatients. *Journal of Gerontology*, Vol. 38 (6), 707~712.

Gardner, B. T., & Gardner, R. A. (1969). Two-way communication with an infant chimpanzea. In A. M. Schrier & F. Stollintz (Eds., 1972), *Behavior of nonhuman primates* (Vol. 4). New York: Academic Press.

Gibson, E. J., & Walk, R. D. (1960). The visual cliff. *Scientific American*, 202, 64~71.

Gilgen, A. R. (1980). *American psychology since World War II*. Westport C. T., Greenwood Press.

Goldparb, W. (1947). Special disorders of childhood. In J. R. Lachenmeyer & M. S. Gibbs (Eds.)(1982), *Psychopathology in childhood*. New York: Gardner Press.

Gormly, A. V., & Brodzinsky, D. M. (1993). *Life-span human development* (5th ed.). New York: Harcourt Brace Jovanovich.

Green, R. F. (1969). Age-intelligence relationship between ages sixteen and sixty-four: A rising trend. *Developmental Psychology*, 1, 618~627.

Griffiths, R. (1985). *The abilities of babies*. New York: McGraw-Hill.

Grusec, J. E., & Lytton, H. (1988). *Social development*. New York: Springer-Verlag.

Haith, M. M., & Campos, J. J. (Eds.) (1983). *Infancy and developmental psychology*. New York: John Wiley.

Hall, E. (1986). Sensorimotor behavior to language in the second year. *Child Psychology Today*, p. 278. New York: Random House.

Hall, E., Lamb, M. E., & Perlmutter, M. (1996). *Child psychology today*. New York: Random House.

Hall, G. S. (1922). *Senescence: The last half of life*. New York: Appleton & Co.

Harris, J. R., & Liebert, R. M. (1991). *The child: A contemporary view of development*. Englewood Cliffs, NJ: Prentice-Hall.

Harter, S. (1985). *Manual for the self-perception profile for children*. Denver, CO: University of Denver.

Hartup, W. W. (1983). Peer relations. In P. H. Mussen (Ed.), *Handbook of child psychology*, Vol. 4 (4th. Ed.). New York: John Wiley.

Hauert, C. A. (1990). *Developmental-motor and neuropsychological perspectives*. New York: Elsevier Science.

Havighurst, R. J. (1953). *Human development and education*. New York: Longman.

Haywood, K. (1986). *Life-span motor development*. Champaign: Human Kinetics Publisher.

Hebb, D. O. (1949). *The organization of behaviour*. New York: Wiley-Interscience.

Helliday, McIntosh, A., & Strens, P. (1975). *The linguisitic sciences and language teaching*. Bloomington: Indiana University Press.

Hetherington, E. M., & Parke, R. D. (1990). *Child psychology: A contemporary view point*. New York: McGraw-Hill.

Hetherington, J. K., & James, M. (1972). Effects of father absence on personality development in adolescent daughters. *Developmental Psychology*, 7, 313~326.

Hill, R. F., Aldoms, J., & Carlson, R. (1965). *Family development in three generations*. Cambridge: Schenkman.

Hoffman, L., Pairs, S., & Hall, E. (1993). *Developmental psychology today*. New York: McGraw-Hill.

Horowitz, F. D., & Coloombo, J. (1990). *Infancy research: A summative evaluation and a look to the future*. Detroit: Wayne State University Press.

Izard, C. E. (1982). *Measuring emotions in infants and children*. New York: Cambridge University Press.

Jacklin, C. N., & Maccoby, E. E. (1974). *The psychology of sex differences*. Stanford, CA: Stanford University Press.

Jacklin, C., N. & Maccoby, E. E. (1977). Social behavior at thirty-three months in same-sex and mixed-sex dyads. *Child Development*, 49,

557~569.

Jeffers, M. W., & Foner, A. (1968). *Ageing and society.* New York: Russell Sage Foundation.

Jensen, A. R. (1980). *Bias in mental testing.* New York: Free Press.

Jensen, L. C., & Merrill, K. (1996). *Parenting.* CBS College Publishing.

Kaplan, O. J. & Jones, H. E. (1947). Psychological aspects of mental disorders in later life. In O. J. Kaplan (Ed.), *Mental disorders in later life.* Stanford, CA: Stanford University Press.

Kelvin, L. S., & Robert, J. H. (1987). *Child and adolescent development.* Boston: Dallas Genevia.

Knowles, R. T. (1986). *Human development and human possibility: Erikson in the light of Heidegger.* Lanham, MD: University Press of America.

Kobasigawa, A. (1974). Utilization of retrieval cues by children in recall. *Child Development*, Vol. 45 (1), 127~134.

Koch, C. S. (1983). *Children development through adolescent.* New York: Murray.

Kohlberg, L. A. (1966). A cognitive-developmental analysis of children's sex-role concepts and attitudes. In E. E. Maccoby (Ed.), *The development of sex differences.* Stanford, CA: Stanford University Press.

Kohlberg, L. A. (1969). Stage and sequence: The cognitive-developmental approach to socialization. In D. A. Goslin (Ed.), *Handbook of socialization theory and research.* Chicago: Rand-McNally.

Korner, W. (1974). *Cognitive balance and clique formation: A critique and modification of balance theory.* Uriamburg, Germany Zeitschrift-fur-sozial Psychologic.

Kotelchush, M. et al. (1976). The infant's relationship to the father. In M. E. Lamb (Ed.), *The role of father in child development.* New York: Wiley.

Kreutzer, M. A., Leonard, C., & Flavell, J. H. (1975). An interview study of children's knowlege about memory. *Monographs of the Society for Research in Child Development*, 40(I, Serial No. 159).

Kuhn, T. S. (1962). *The structure of scientific revolutions.* Chicago: University of Chicago Press.

Lachenmeyer, J. R., & Gibbs, M. S. (1982). *Psychology in childhood.* New York: Gardner.

Ladd, G. W. (1981). Effectiveness of a social learning method for enhancing children's social interaction and peer acceptance. *Child Development*, 52, 171~178.

Lamb, M. E. (Ed.) (1982). *Nontraditional families*. Hillsdale, New York: Erlbaum.

Lamb, M. E., & Campos, J. J. (1982). *Development in infancy*. New York: Random House.

Leahey, T. H. (1992)：*A history of psychology*. Englewood Cliffs, NJ: Prentice-Hall.

Lefrancois, G. R. (1991). *The life span*. Wadworth Publishing Company.

Lipsitt, L. P., & Kaye, H. (1964). Conditioned sucking in the human newborn. *Psychonomic Science*, 1, 29~33.

Loervinger, J., & Ruth, W. (1970, 1978). *Measuring ego development*. San Francisco: Jossey-Bass Inc. .

Maccoby, E. E. (1980). *Social development: Psychological growth and the parent-child relationship*. San Diego: Harcourt Brace Jovanovich.

Maccoby, E. E., & Martin, J. A. (1983). Socialization in the context of the family: Parent-child interaction. In P. H. Mussen (Ed.), *Handbook of child psychology* (4th. Ed.), Vol. 4. New York: Wiley.

MacFarlane, A. (1977). *The psychology of childbirth*. Cambridge, MA: Harvard University Press.

Mallmann, C. A., & Nudler, O. (Eds.) (1986). *Human development in social-context: A collective exploration*. London: Hodder & Stoughton.

Matas, L., Arend, R. A., & Sroufe, L. A. (1978). Continuity of adaptation in second year: The relationship between quality of attachment and later competence. *Child Development*, 49, 547~556.

McCluskey, K. A. (Ed.) (1984). *Life-span developmental psychology: Historical and generational effects*. Orland: Academic Press.

McKinney, J. et al. (1989): Dimensions of private self-conciousness and attributional style. *Personality and Individual Differences*, Vol. 3, 367~369.

McKinney, J. D. (1989). Longitudinal research on the behavioral characteristics of children with learning disabilities. *Journal of Learning Disabilities*, Vol. 22 (3), 141~150, 165.

McNeill, D. (1970). *The acquisition of language*. New York: Harper & Row.

Meltzoff, A. N., & Moore, M. K. (1983). The origins of invitation in infancy: Paradigm, phenomena and theories. In L. P. Lipsitt, (Ed.), *Advances in infancy research*, Vol. 2, 265～301. Norwood, N J: Ablex.

Miller, G. A. (1956). The magical number seven, plus or minus two: Some limits on our capacity for processing information. *Psychology Review*, 63, 81～97.

Montemayor, R., & Eisen, M. (1977). The development of self-conceptions from childhood to adolescence. *Developmental Psychology*, 13, 314～319.

Morris, C. (1956). *Varieties of human value.* Chicago: University of Chicago Press.

Muir, D., & Fied, J. (1979). Newborn infants orient to sounds. *Child Development*, 50, 431～436.

Mussen, P. H. (Ed., 1983). *Handbook of child psychology* (4th ed.). New York: John Wiley & Sons.

Oden, S., & Asher, S. R. (1977). Coaching children in social skills for friendship making. *Child Development*, 48, 495～506.

Ornstein, P. A., Ornstein, P. A., Medlin, R. G., Stone, B. P., & Naus, M. J. (1985). Retrieving for rehearsal: An analysis of active rehearsal in children's memory. *Developmental Psychology*, 21, 633～641.

Osofsky, J. D. (Ed.) (1987). *Handbook of infant development.* New York: John Wiley & Sons.

Papalia, D. E., & Wendrosolds, S. (1987). *A child's world.* New York: McGraw-Hill.

Parke, K. D., & Tinsley, B. R. (1987). Family interaction in infancy. In Osofky (Ed.), *Handbook of infant development* (2nd ed.). New York: John Wiley & Sons.

Parkers, C. M. (1972). *Bereavement: Studies of grief in adult life.* New York: International Universities Press.

Parten, M. (1932). Social play among preschool children. *Journal of Abnormal and Social Psychology,* 27, 243～269.

Piaget, J. (1950). *The psychology of intelligence.* London: Routledge & Kegan.

Premack, D., & Premack, A. J. (1983). *The mind of an ape.* New York: Norton.

Rebok, G. W. (1987). *Life-span cognitive development.* New York: Holt, Rinehart, and Winston.

Rescher, N. (1969). *Introduction to value theory.* New York: Prentice-Hall.

Riegel, K. F. (1973). The final period of cognitive development. *Human Development*, 16, 346~370.

Rogers, D. (1982). *Life-span human development.* Monterey, CA: Brooks/Cole.

Rokeach, M. (1972). *The nature of human values.* New York: Free Press.

Rosenthal, R., & Jacobsen, L. (1966). Teacher expectantions: Determinants of pupil's IQ gains. *Psychological Report*, 19, 115~118.

Rosenthal, R., & Jacobsen, L. (1968). Teacher expectations for the disadvantaged. *Scientific American*, 218 (4), 19~28.

Rubin, K. H. et al. (1983). The relationship of child's play to social growth and development. In H. C. Foot, et al. (Eds.), *Friendships and social relations in children.* London: Wiley.

Santrock, J. W. (1986). *Life-span development* (2nd ed.). Dubuque, Iowa: Brown.

Schaie, K. W. (1978). Toward a stage theory of adult cognition development. *Journal of Ageing and Human Development*, 8, 129~138.

Schaie, K. W., & Herzog. (1983). Fourteen-year cohort-sequential analysis of adult intellectual development. *Developmental Psychology*, 19, 531~534.

Schaie, K. W., & Willis, S. Z. (1986). *Adult development and aging.* Scott: Foresman.

Schiamberg, L. B. (1988). *Child and adolescent development.* New York: Macmillan.

Seifert, K. L., & Hoffnung, R. J. (1991). *Child and adolescent development.* Boston: Library of Zaxingtion Books.

Selman, R. L. (1983). A naturalistic study of children's social understanding. *Developmental Psychology*, 19, 82~102.

Serbin, L. A., & Tonick, I. J. et al. (1977). Shaping cooperative cross-sex play. *Child Development*, 48, 924~929.

Shantz, C. U., & Hartup, W. (1992). *Conflict in child and adolescent development.* New York: Cambridge University Press.

Siegler, R. S. (1986). *Children's thinking.* New York: Prentice-Hall.

Simonson, M. R. et al. (1994). *Educational computing foundations* (2nd ed.). Macmillan College Publishing Company.

Skinner, B. F. (1938). *The behavior of organisms*. New York: Appleton-Century Corofts.

Skinner, B. F. (1971). *Beyond freedom and dignity*. New York: Knopf.

Skinner, B. F. (1974). *About behavior*. New York: Vintage Books.

Slaby, R. G., & Frey, K. S. (1975). The development of gender constancy and selective attention to same-sex models. *Child Development*, 46 (4), 849~856.

Smetana, J. G. (1985). Preschool children's conception of transgressions. *Developmental Psychology*, 21, 18~29.

Smiley, S. S., & Brown, A. L. (1979). Conceptual preference for thematic or taxonomic relations: A nonmonotonic age trend from preschool to old Age. *Journal of Experimental Child Psychology*, Vol. 28 (2), 249~257.

Specht, R. (1982). *Human development: A social work perspective*. Englewood Cliffs, NJ: Prentice-Hall.

Sternberg, L., & Belsky, J. (1991). *Infancy, childhood, adolescence*. New York: McGraw-Hill.

Strom, R. D. (1987). *Human development and learning*. New York: Human Sciences Press.

Sugarman, L. (1986). *Life-span development: concepts, theories and interventions*. New York: Methuen.

Thomas, A., & Chess, S. (1977). *Temperament and development*. New York: Bruner/Mazel.

Thorndike, E. L. (1913). *Educational psychology of sex difference*. Stanford, CA: Stanford University Press.

Tonry, M. H. (1991). *Human development and criminal behavior: New ways of advancing knowledge*. New York: Springer-Verlag.

Troll, L. E. (1985). *Early and middle adulthood: The best is yet to be-maybe* (2nd ed.). Monterey, CA. : Brooks/Cole Pub. Co.

Valsiner, J. (1989). *Human development and culture: The social nature of personality and its study*. Lexington, Mass: Lexingtion Books.

Vygotsky, L. S. (1956). *Thinking and language*. Moskva: Education.

Vygotsky, L. S. (1978). *Mind in society: The development of higher psychological processes*. Cambridge, Mass: Harvard University Press.

Walk, R. D. (1981). *Perceptual development*. Pacific Grove, CA: Brooks/Cole.

Wechsler, D. (1944). *The measurement of adult intelligence* (3rd ed.) Baltimore, Md: Williams & Wilkins.

Weiner, I. B. (1982). *child and adolescent psychology*. New York: John Wiley.

Weizman, R., & Cohen, E. et al. (1977). Memory by 2 to 4-year-old. In E. Cohen, et al. (1977), *Memory for location of multiple stimuli by 2 to 4-year-old*. Unpublished Manuscript, University of Massachusetts.

Wiederholt, J. E. (Ed.) (1982). *Life-span instruction for the learning disabled*. Rockville, Md. : Aspen System Corp. .

Wittrock, M. (1980). Audition of newborn infants. In H. Bee (1980). *The developing child*. New York: Harper & Row.

Wolman, B. B. (Ed.) (1983). *Handbook of developmental psychology*. New York: Prentice-Hall.

Yussen, S. R., & Levy, V. M. (1977). Developmental changes in knowledge about different retrieval problems. *Development Psychology*, Vol. 13 (2), 114~120.

Zahr-Waxle, C., Radke-Yarrow, M., & King, R. A. (1979). Child rearing and children's prosocial imitations toward victims of distress. *Child Development*, 50, 319~330.

Zanden, V., & Wilprid, J. (1985). *Human development* (3rd ed.). New York: Knopf.

索　引

說明：1. 每一名詞後所列之數字為該名詞在本書內出現之頁碼。
2. 由字母起頭的中文名詞排在漢英名詞對照之最後。
3. 同一英文名詞而海峽兩岸譯文不同者，除在正文內附加括號有所註明外，索引中均予同時編列。

一、漢英對照

一　畫

一般形式系統　general formal system　436
一般系統階段　general system stage　436
一試學習　one-trial learning　90

二　畫

二元論水平　dualism level　107
二級過程思維　secondary process thinking　69
人口老齡化　aging of population　525
人本主義　humanistic　404
人生手段價值　value of life means　449
人生目標價值　value of life goal　448
人生評價價值　value of life assessment　449
人生觀　outlook of life　446
人格　personality　4,81,404
人格特質　personality trait　510
人格結構　personality structure　510
人格傾向性　personality inclination　552
人際關係　interpersonal relation　514
人際觀　interrelation outlook　453
人類化　humanization　395
人類畢生發展　life-span human development　24
人類發展　human development　24
力比多　libido　68

三　畫

下丘腦　hypothalamus　134
下肢骨　bone of lower limbs　365
下視丘　hypothalamus　134
口唇期　oral stage　71
口腔合併　oral incorporation　75
口腔期　oral stage　71
大小原則　mass-specific direction　166
大肌肉發展　gross motor development　165
大腦皮質　cerebral cortex　8,163,228
大腦單側化現象　brain lateralization　230
大運動的發展　gross motor development　165
女子氣　femininity　397
女性化　feminization　277
女性化行為叢　feminizing behavior clustering　512
女性更年期　female climacterium　516

女性氣質　femininity　397
工作　job　429
工作性遊戲　working play　243
工具性　instrumental　405
工具性自我主義　instrumental egoism　23
工具性價值觀　instrumental-values　405
工具理論　theory of tool　99
干預研究　intervention research　236
才能　talent　442

四　畫

不可逆性　irreversibility　105,232
不隨意性　involuntary　233
不變群　invariant group　188
中年危機　crisis in midage　479,516
中年前期　early middle age　476
中年後期　post middle age　476
中年期　middle age　476
丹弗發音甄別測驗　Denver Articulation Screening Test　308
丹佛發展篩選測驗　Denver Developmental Screening Test　165
互反性　reciprocity　106
互補性　complementarity　427
元分析　meta-analysis　52
元交際　meta-communication　239
元交際理論　meta-communication theory　239
元記憶　metamemory　327
元語言意識　meta-linguistic awareness　241
元認知知識　knowledge of metacognition　327
元認知體驗　metacognitive experience　329
內化　internalization　99,105
內向性　interiorty　553
內在性　intrinsicality　529
內抑制　internal inhibition　229
內省　introspection　380
內省法　introspection　18
內部效度　inner validity　36
內隱的　implicit　197
內隱理論　implicit theory　493
內隱智力　implicit intellect　493
內隱概括觀念階段　implicit generalization stage　197
公正水平　level of fairmindedness　511
公衆儀式　public ceremonies　391
分享遊戲　associative play　244
分離焦慮　dissociation anxiety　201
友愛親密對孤癖疏離　intimacy vs. isolation　78
友誼　friendship　344,458
及時強化　immediate reinforcement　86,90,149
反抗期　period of resistance　392
反社會行為　antisocial behavior　212
反省判斷　reflective judgement　434
反省性　introspection　380
反射　reflex　80
反應性　reactivity　217
反應性行為　respondent behavior　85
反應型教學　reactive teaching　97
反應時間　reaction time　147
反饋　feedback　188
巴氏反射　Babinski reflex　122
巴賓斯基反射　Babinski reflex　122,144
幻想遊戲　fantastic play　245
心理年齡　mental age　31
心理性斷乳　psychological weaning　391

心理的發展　mental development 96
心理社會發展論　psychosocial developmental theory　74
心理社會論　psychosocial theory 74
心理負荷　mental workload　519
心理病理學　psychopathology　564
心理疲勞　mental fatigue　519
心理能力　mental capacity　146
心理健康　mental health　567
心理測驗　psychological test　44
心理語言學　psycholinguistics　48
心理衛生　mental health　567
心理調適　mental accomodation 466
心理適應　mental accommodation 466,519,525
心理學　psychology　3
心理整合　psychological integration　394
心態平衡　psychological balance 394
心靈　mind　3
心靈哲學　philosophy of mind　3
手掌傳導反射　palmar conductance reflex　145
文化-歷史理論　culture-history theory　95
文化-歷史學派　Culture-History School　94
文明化　civilization　395
方向功能　directing function　298
方位知覺　position perception　319
日內瓦學派　Geneva school　13
月經　menstruation　373
月經初潮　menarche　373
比較心理學　comparative psychology　6
水平分化期　horizontal differentiation period　350

五　畫

主動加工理論　active process theory　51
主導活動　dominant activity　224, 288,290
主觀主義-相對論　subjective-relativism　23
主觀自我時期　subjective period 336
主觀性　subjectivity　404
主觀的我　subjective self　402
代言人　agent　451
代間關係　relations between generations　504
代溝　generation gap　393,562
代際距離　generation gap　562
代際關係　relations between generations　393,504,561
加工過程　processing　436
功能性樂趣　functional pleasure 238
立即強化　immediate reinforcement　86,90
世界衛生組織　World Health Organization　466
卡特爾16種人格因素測驗　Cattell's 16 Personality Factors Questionnaire, (16PF)　488
可能發展區　zone of proximal development　98
可逆性　reversibility　105,106,188, 311
可塑性　plasticity　164
古典弗洛伊德主義　classical Freudianism　67
古典制約反射　classical conditioning reflex　149
古典制約作用　classical conditioning　80
古典測驗理論　classical test theory

44
句法　syntax　184
四變換群　INRC group　376,377
外部效度　external validity　36
外傾　extroversion　510
外顯智力　explicit intellect　493
外顯類化階段　explicit generalization stage　197
平行遊戲　parallel play　244
平衡　equilibration　101,102,103,189
幼兒　preschool children　224
幼兒階段　preschool period　225
幼兒園　kindergarten　225
幼兒學校　preschool school　225
弗洛伊德主義　Freudianism　67
弗洛伊德學說　classical Freudianism　67
本我　id　67,68
本能的反射　instinctive reflex　146
本頓視覺認知測驗　Benton Visual Cognitive Test　308
未分化　undifferentiated　512
未分類　undifferentiated　512
正強化　positive reinforcement　215
正強化作用　positive reinforcement　86
民族心理學　folk psychology　10
生死觀　outlook of life-death　574
生命　life　120
生命全程　life-span　5,564
生命全程發展心理學　life-span developmental psychology　24
生命全程觀　life-span perspective　50
生物性自我　biological self　555
生長　growth　2
生長陡增　growth spurt　364
生活方式問卷　Life Style Questionnaire　406,408

生活結構　structure of life　480
生活圖表　life graph　422
生活滿足感　life-satisfaction　530
生理年齡　physiological age　30
生理性斷乳　physiological weaning　391
生態學運動　ecological movement　35
甲狀腺　thyroid gland　372
白板說　theory of tabula rase　17
白質　white matter　162
皮亞傑學派　Piagetian school　13
皮格馬翁效應　Pygmalion effect　356
皮博迪圖畫詞彙測驗　Peabody Picture Vocabulary Test　308
目標調整的參與期　partnership behavior　205
矛盾依戀　resistant attached　205
矛盾性心態　ambivalence　394
矛盾律　law of contradiction　385

六　畫

交叉伸展反射　cross extention reflex　145
交互　reciprocal　458
交互作用　interaction　472
交往遊戲　intercourse play　241
交往障礙　intercourse disabilities　295
伊里諾斯心理語言能力測驗　Illinois Test of Psycholinguistic Abilities　308
伊底　id　67,68
伊諦普斯情結　Oedipus complex　72
任務訓練　task training　309
全面觀察　overall observation　41
再生階段　reproduction phase　90
再現　reproduction　195
同一性　identity　311

同一律　law of identity　385
同化　assimilation　101,103,185,189
同伴交往　peer communication　282
同伴接納　peer acceptance　351
同伴群體　peer group　301,344,347
同情心　sympathy　213
同理心　empathy　390
同輩效應　cohort effects　499
同儕團體　peer group　301,344,347
合子　zygote　120
合作　cooperation　102
合作遊戲　cooperative play　244
因變量　dependent variable　30
回憶　recall　195
回避　shunning　401
多肽　polypeptide　375
多重性　pluralism　437
多重性水平　multiplicity level　107
多維線性聯繫　multi-linear relation　60
多變量設計　multivariate analysis design　55
多變項分析設計　multivariate analysis design　55
守恆　conservation　188
守恆性　conservation　105
安全依戀　securely attached　205
安樂(椅)型　rocking chair man　553
年齡特徵　age characteristics　5
年齡與成就　age and achievement　431
成人　adult　418
成人中期　middle adulthood　476
成人依附　attachment in adult　532
成人依戀　attachment in adult　532
成人社會　adult society　397
成人前期　early adult　418

成人晚期　old adult　524
成人期　adulthood　11
成人感　feeling of being an adult　367,397,400
成年中期　middle adulthood　476
成年前期　early adult　418
成年晚期　old adult　524
成年期　adulthood　11
成年禮　puberty rite　391
成長期　grow period　420
成就測驗　achievement test　439
成熟　maturation　2
成熟的模式　pattern of maturation　167
成熟型　mature type　553
托兒所　infant school　225
收縮階段　narrowing　427
早老性痴呆症　Alzheimer's disease　566
有害性　deleteriousness　529
有意記憶　intentional memory　321
次性徵　secondary sex characteristics　366
次級歷程思維　secondary process thinking　69
死亡　death　572,577
死亡概念　concept of death　572
死亡觀　death outlook　572
灰質　gray matter　162
老化　ageing　525,527
老年心理學　geriatric psychology　524
老年性痴呆症　senile dementia　540
老年期　aging period　524
老年期依附　attachment in old age　532
老年期依戀　attachment in old age　532
老年新生　youth of old age　568

老齡　old age　525
自主水平　level of autonomous 511
自主行動對羞怯懷疑　autonomy vs. shame and doubt　75
自主性　voluntary　200
自主神經　autonomic nerve　133
自主神經系統　autonomic nervous system　507
自我　ego　67,69,238,397,511
自我中心主義　egocentrism　550
自我中心年齡　egocentric age　550
自我中心性　egocentricity　232
自我中心期　egocentric period 336
自我防衛　ego-defense　553
自我防禦　ego-defense　553
自我知覺　self-perception　454
自我效能　self-efficacy　93
自我強化　self-reinforcement　91, 92
自我情感體驗　self-feeling　455
自我控制　self-control　271,402,455
自我接受　self-acceptance　339
自我接納　self-acceptance　339
自我理想　ego-ideal　69
自我統合　self-identity　77
自我統合對角色混亂　identity vs. role confusion　77
自我報酬　self-reward　92
自我描述　self-description　338
自我發展　self-development　532
自我評價　self-evaluation　91,269, 341,398,454
自我意識　self-consciousness　267, 336,382,397,555
自我暗示　self-suggestion　546
自我概念　self-concept　338
自我實現　self-actualization　479
自我實現需求　self-actualization need　463

自我實現需要　self-actualization need　463
自我認識　self-knowing　454
自我獎勵　self-reward　92
自我諧和　ego integrity　339
自我體驗　self-experience　270
自我體驗　self-feeling　400,455
自我觀　self-outlook　454
自我觀念　self-concept　338
自卑感　sense of inferiority　401
自律　autonomy　23,451
自律　self-discipline　410
自持　self-control　402
自動自發對退縮愧疚　initiative vs. guilt　76
自尊　self-esteem　401
自尊心　self-esteem　401
自尊感　self-esteem　401
自然實驗　natural experiment　46
自發反應型教學　spontaneous-reactive teaching　97
自發性慾　autoerotic　71
自發型教學　spontaneous teaching 97
自發遊戲　spontaneous play　246
自發團體　spontaneous group　349
自暴自棄　giving oneself up as hopeless　401
自調性　self-regulation　103
自覺紀律　self-awareness principle 335
自變量　independent variable　30
自變項　independent variable　30
血壓　blood pressure　368
行走反射　walking reflex　145
行為　behavior　4,166
行為主義　behaviorism　19,79
行為問題檢查表-修訂版　Revised Behavior Checklist　308
行為塑造　shaping　89
行為群　behavior clustering　512

索　引 **615**

行為矯正　behavior modification
　89, 309
行為叢　behavior clustering　512
行動　behavior　166

七　畫

利他主義行為　altruism behavior
　212, 213
利他性　altruistic　271
利社會行為　prosocial behavior
　212
即時模仿　immediate imitation
　235
吸吮反射　sucking reflex　145
完形心理學　Gestalt psychology
　19
完美無缺對悲觀沮喪　integrity vs.
　despair　78
完善感　feeling of perfection　552
完整性　completeness　256
序列研究法　sequential research
　method　495
形式化　formalization　379
形式運思　formal operation　434
形式運思期　formal operational
　stage　106, 376
形式運算　formal operation　106,
　434
形式運算思維階段　formal oper-
　ational stage　106, 376
形式邏輯　formal logic　385
形狀知覺　form perception　318
形象表象　iconic image　195
形象記憶　imaginal memory　264,
　323
志向　will　462
快樂原則　pleasure principle　68,
　237
技能訓練　skill training　440
批判性　criticism　382
投射測驗　projective test　513

抓握反射　grasping reflex　145
抑制性制約反射　inhibitory condi-
　tional reflect　292
抑制性條件反射　inhibitory condi-
　tional reflect　292
抑制過程　inhibitory process　229,
　291
抑鬱　depression　565
攻擊性　aggression　91
更年期　climacterium　516
決定論　determinism　12
狂飆期　storm and stress period
　388
男女同化　androgyny　512
男子氣　masculinity　397
男性化　masculinization　277
男性化行為叢　masculinizing be-
　havior clustering　512
男性更年期　male climacterium
　518
男性更年期綜合症　male climacte-
　rium syndrome　518
男性氣質　masculinity　397
系列交叉研究　serial-cross-section-
　al research　38
系統論　system theory　52
肛門期　anal stage　71
良心　conscience　69
良心水平　level of conscience　511
角色　role　425
角色分化　role specialization　429
角色扮演　role-playing　436
角色適稱　role appropriateness
　426
角色學習　role learning　426
言語　speech　175
言語的準備時期　prespeech period
　175
言語前期　prespeech period　175
貝雷嬰兒發展量表　Bayley Scales
　of Infant Development　165

身心平衡論　body-mind parallelism　519
身心交感論　body-mind interactionism　519
身心等同説　theory of body-mind identity　519
身心關係論爭　body-mind problem　519
防衛心理　defense mentality　401
防禦　defense　513
防禦型　armored type　553

八　畫

並行遊戲　parallel play　244
事業　career　429,462
依附　attachment　159,201,203
依戀　attachment　159,201,203
依變項　dependent variable　30
兒茶酚胺　catecholamine　133
兒童心理學　child psychology　20
兒童多動症　children hyperkinetic syndrome　304
兒童行為檢查表　Child Behavior Checklist　308
兒童青少年診斷會談　Diagnostic Interview for Children and Adolescents　308
兒童期　school childhood　288
兒童診斷量表　Diagnostic Interview Scale for Children　308
兩性期　genital stage　73
兩重性　dualism　437
兩難問題　dilemma　333,498
具像表象　concrete figure image　195
具體形象性　concrete imagery　105,232
具體思維　concrete thinking　232
具體運思期　concrete operational stage　105,310
具體運算　concrete operation　105

具體運算思維階段　concrete operational stage　105,310,311
具體實用性　concrete pragmatics　435
刻板性　stereotype　232
制約反射　conditioned reflex　80,149
協同運動　cooperation　102
協同論　synergetics　52
協調　coordination　238
受精卵　zygote　120
味覺　taste sensation　148
命題內的　intrapropositional　378
命題間的　interpropositional　378
命題運算思維　propositional operational thinking　106,376
孤立期　isolate period　350
孤獨兒童　lonely child　236
宗教觀　outlook about religion　456
定向化　canalization　445
定性分析　qualitificational analysis　56
定型作用　canalization　445
定期觀察　regular observation　40
定量分析　quantificational analysis　56
固定智力　crystallized intelligence　489
居喪　funeral arrangement　581
幸福觀　outlook about happiness　456
延緩期　delayed period　78
延緩模仿　delay imitation　195,235
延遲模仿　delay imitation　196,235
忽視型　indifferently uninvolved　281
性向測驗　aptitude test　439
性成熟　sexual maturity　374,397
性別同一性　gender identity　278
性別角色　sex role　276,397

索引 **617**

性別角色刻板化　stereotype of sex role　277
性別固定　gender stability　278
性別恆定性　gender constancy　278
性別恆常性　gender constancy　278
性別差異　sex difference　276
性別認同　sex identification　397
性別認定　gender identity　278
性別穩定性　gender stability　278
性角色刻板印象　stereotype of sex role　277
性狀　properties　139
性徵前時期　pregenital　72
性徵期　genital stage　73
性器期　phallic stage　72
拓撲原理　topological principle　57
抽象記憶　abstract memory　323
抽象-概括機能　abstract generalization function　96
抽象邏輯思維　abstract-logical thinking　258,379
放縱型　permissive　281
放縱型父母　laissez-faire parent　354
易怒型　angry man　554
明顯概括階段　explicit generalization stage　197
枕葉　occipital lobe　228
注意缺失　attention-deficit disorder　306
注意缺失紊亂　attention-deficit disorder　306
注意階段　attentional phase　90
注意過程　attentional phase　90
物質生產的工具　tool for material production　95
物體恆存性　object permanence　187

直接興趣　direct interest　299
直覺思維　intuition thinking　380
直觀行動性思維時期　intuitive action thinking period　199
直觀-行動概括　intuitive-behavioral generalization　197
直觀-言語概括　intuitive-linguistic generalization　198
直觀-表象籠統概括　intuitive-imaginary generalization　197
知識結構　knowledge structure　438
知覺　preception　143,189,264
知覺恆常性　perceptual constancy　192
知覺常性　perceptual constancy　192,199
知覺常性產生時期　emergence of perceptual constancy period　199
知覺集中傾向　perceptual centration　105
社交技能　social skill　236
社會化　socialization　11,146,276,280,403
社會化過程　socialization process　11
社會支持　social support　535
社會交往活動　social interaction activity　209
社會我　social self　402
社會角色　social role　425,514
社會性　sociality　200,362
社會性交往　social interaction　201
社會性自我　social self　555
社會性發展　social development　30
社會性微笑　social smiling　201
社會性遊戲　social play　201
社會性語言　social language　175
社會性潛能　social latent compet-

ence 151
社會的我 social self 402
社會的減少參與 social disengagement 529
社會保證金 social security fund 535
社會救濟 social relief 536
社會福利 social welfare 536
社會認知 social cognition 497
社會學習理論 social learning theory 13,79,89
社會歷史性 sociohistoricality 404
社會興趣 social interest 447
社會關係 social relationship 433
社會觀 social outlook 446,453
空巢 empty nest 533,569
空間知覺 space perception 191,264,318
初級循環反應 primary circular reaction 186
初級過程思維 primary process thinking 68
初經 menarche 373
表象 image 188,195,257
表象性思維 representative thinking 232
表象記憶 image memory 195
表演遊戲 dramatic play 242
表徵 representation 195,238
近遠原則 proximodistal direction 166
長時記憶 long-term memory 194
長期記憶 long-term memory 194
長期觀察 long observation 40
阿爾茲海默氏症 Alzheimer's disease 566
青少年期 adolescence 362
青年晚期 post youth 418
青年期 adolescence 362
青春早期 prepuberty phase 392
青春前期 prepuberty phase 392

青春後期 postpuberty phase 392
青春晚期 postpuberty phase 392
青春期 genital stage 73
青春期 puberty 10
青春期生長陡增 puberty growth spurt 364
青春發育期 adolescence puberty 362
非制約反射 unconditioned reflex 80,144
非智力因素 nonintellective factors 444
非等組比較組設計 non-equal compare-group design 54
非認知因素 noncognitive factors 444
非線性聯繫 nonlinear relation 60

九　畫

信任對不信任 trust vs. mistrust 75
信息加工 information processing 3
信息加工論 information processing theory 107
信息論 information theory 52
侵犯性行為 aggressive behavior 281
保持階段 retention phase 90
保持過程 retention phase 90
保護社會系統的穩定性 protects towards social system stability 436
前符號階段 pre-symbol stage 197
前生殖的階段 pregenital 72
前生殖器期 phallic stage 72
前言語符號行為階段 pre-linguistic behavior stage 197
前習俗水平 preconventional level 22
前意識 preconscious 572

前運思期　preoperational stage　105,231
前運算思維階段　preoperational stage　105,231
品行障礙　conduct disorder　304
哈里斯大腦優勢測驗　Harris Test of Cerebral Dominance　308
垂直分化期　vertical differentiation period　350
垂體　hypophysis　375
威信型父母　authoritative parent　342,354
客體永久性　object permanence　196
客體永恆性　object permanence　196
客體遊戲　object play　244
客體圖式的永久性　object permanence　187
客觀化時期　objective period　336
建構主義　constructivism　104
後形式運算　post-formal operation　22,434
後設分析　meta-analysis　52
後習俗水平　post-conventional level　23
後設交際　meta-communication　239
後設交際理論　meta-communication theory　239
後設記憶　metamemory　327
後設語言意識　meta-linguistic awareness　241
後設認知知識　knowledge of meta-cognition　327
後設認知體驗　metacognitive experience　329
思考　thinking　146
思維　thinking　185
思維特質　thinking traits　382
思維衰退　thinking decay　550

思維智力特質　intelligence traits of thinking　382
思維結構　thinking structure　438
持續活動理論　activity theory　529
指向功能　directing function　298
指定依戀期　prescriptive attachment period　211
染色體　chromosome　138
流動智力　fluid intelligence　489
流體智力　fluid intelligence　489,490
洞察力　insight　498
活動方式　activity style　236
活動性　activity　217
活動過度　hyperkinesis　306
洛特量表 A 和 B　Michael Rutter's Scale A and B　308
相互性　reciprocity　106
相似性　similarity　427
相依性　mutuality　75
相補性　complementarity　427
相對具體性　relative concrete　232
相對性　relativism　437
相對性後形式運算　relativistic post-formal operation　437,438
相對論水平　relativism level　107
相關係數　correlation coefficient　400
科學兒童心理學　scientific child psychology　17,18
突觸　synapse　7
突變論　mutation theory　52
約定性　commitment level　437
約定性水平　commitment level　107
胚泡　blastocyst　121
胚胎　embryo　122
胚胎期　embryo period　122
胚種期　germinal period　121
胚盤　blastodisc　121
胎內發展　prenatal development

121
胎兒期　fetus period　120,121,122
胎教　prenatal training　126
致敏作用　sensitization　129
計算機輔助教學　computer-assisted instruction　51,56
計算機輔助學習　computer-asistance learning　56
負強化　negative reinforcement　215
負強化作用　negative reinforcement　86
重復性　repeatation　311
重點觀察　key observation　41
陌生人情境程序　stranger situation procedure　205
陌生人焦慮　stranger anxiety　201
面部表情　facial expression　201
韋氏成人智力量表　Wechsler Adult Intelligence Scale　538,548
韋氏兒童智力量表　Wechsler Intelligence Scale for Children　308
音樂遊戲　musical play　247
食物反射　food reflex　144

十　畫

個人的減少參與　individual disengagement　529
個別性語言　individual language　175
個性　personality　4,81,404
個體生命全程發展　life-span human development　24
個體性　individuality　23
個體發展心理學　psychology of individual development　6
修復性　repairablity　164
倫理認知　ethics cognition　497
原始歷程思維　primary process thinking　68
唐氏綜合症　Down's syndrome 127
娛樂論　recreation and relaxation theory　237
家庭朋友　family friends　459
家庭教育風格　style of family education　342
師生關係　teacher-student relationship　354
恐懼　fear　201
挫折忍耐力　frustration tolerance　396
挫折容忍力　frustration tolerance　396
旁觀遊戲　onlooker play　245
時間性自我　timely self　555
時間知覺　time perception　264,319
核心家庭　nuclear family　467,527
格　lattice　376,377
格式塔心理學　Gestalt psychology　19
氣質　temperament　217
消弱　extinction　87,230
消退　extinction　87,230
消極強化作用　negative reinforcement　86
消極態度　negative attitude　295
消極適應　passive adaptation　513
特定依戀期　active proximity seeking　205
特殊能力發育遲緩　special ability developmental lag　304
特殊教育　special education　309
班達視覺動作完形測驗　Bender Visual Motor Gestalt Test　308
疾風怒濤期　storm and stress period　388
真實自我　real self　265
真實我　real self　402
神經元　neuron　7,161
神經系統　nervous system　7,229
神經過敏症　nervousness　510

神經膠質　neuroglia　163
神經纖維　nerve fiber　163,228
紋狀體　corpus striatum　8
耗散結構理論　dissipative-structure theory　52
能力　ability　439
能力-任務訓練　ability-task training　310
能力訓練　ability training　310
脊椎骨　spine　365
脊髓　spinal cord　8
衰老　senility　525
衰退時期　period of decline　489
衰退期　period of decline　524
記憶　memory　150,264,321
記憶表象　memory image　195
記憶策略　strategies of memory　323
記憶意象　memory image　195
記憶監控　memory monitor　330
訊息處理　information processing　3
訊息處理論　information processing theory　107
訊息論　information theory　52
逆反心理　psychological inversion　393
逆反性　inversion　106
逆向性　inversion　378
退休　retirement　530
退休金　pension　535
追踪研究　tracking research　37
高危嬰兒　high risk of infant　158
高原期　plateau period　440
高峰期　peak period　363

十一 畫

偽裝　dissimulation　401
停滯　stagnation　479
假定遊戲　make-believe play　245
假設　hypothesis　379
假設-演繹推理　hypothetic-deductive reasoning　377
動力作用　dynamic　444
動作　act　166
動物心理學　animal psychology　6
動脈血壓　arterial pressure　368
動態的特性　dynamic properties　87
動機　motivation　484
動機階段　motivational phase　90
動機過程　motivational phase　90
動盪性　unstability　362,411
動覺　kinesthesia　149
問卷調查　questionnaire survey　513
唯樂原則　pleasure principle　68,237
基因　gene　138
基模　schema　103,186
基礎過程　basic process　491
婦女更年期綜合症　female climacterium syndrome　517
寄居生活　parasitic life　142
專制型父母　authoritarian parent　354
專門性　specialization　435
專斷型　authoritarian　281
常染色體　autosome　139
常模　norm　172
強化作用　reinforcement　86,87
強直性頸部反射　tonic neck reflex　145
從他性　altruistic　271
從眾　conformity　389
從眾水平　level of conformity　511
情景　sentiment and scene　233
情感兩極性　bipolarity of affection　388
情感的相互關係　affective mutuality　23
情境　situation　233

情境性　situationality　233,272
情緒　emotion　200
情緒的分化　differentiation of emotion　151
情緒體驗　emotional experience　200
控制　contorl　330
控制論　control theory　52
推論力理論　generalization theory　44
排中律　law of excluded middle　385
教育實驗　educational experiment　47
教師和家長問卷　Parent and Teacher Questionnaires　308
教學　teaching　97
教學遊戲　teaching play　246
敏感化　sensitization　129
條件反射　conditioned reflex　80, 149,230
條件反射建立時期　condition reflex setting period　199
條件反射學說　conditional reflection theory　6,79
欲力　libido　68
理性作用　intellectualization　73
理智化　intellectualization　73
理想　idea　462
理想自我　ideal self　265,402
理想我　ideal self　402
理解記憶　comprehensive memory　321
理論型　theoretical type　379
現有發展水平　existed developmental level　98
現實　reality　512
現實自我　real self　402
現實原則　reality principle　68
畢生發展心理學　life-span developmental psychology　24,224

畢馬龍效應　Pygmalion effect　356
異化理論　theory of alienation　434
移情　empathy　390
移情　transference　213
第一信號系統　first information system　80
第二性徵　secondary sex characteristics　366
第二信號系統　second information system　80
第二級循環反應　secondary circular reaction　186
第二級圖式協調　coordination of secondary schema　187
第三級循環反應　tertiary circular reaction　187
統一階段　unitary stage　437
統合危機　identity crisis　77
組合性　combination　311
組織　organization　325
累積型遊戲　accumulative play　245
終極性　terminal　405
終極性價值觀　terminal-values　405
符號表象　symbolic image　195
符號表徵　symbolic representation　195
符號機能　symbolic function　242
習俗水平　conventional level　23
習得行為　learned behavior　185, 236
習慣　habit　186,445
習慣化法　method of habituation　150
脫氧核糖核酸　deoxyribonucleic acid　138
荷爾蒙　hormone　129
被動反應理論　passive reaction theory　51

覓食反射　rooting reflex　145
規則遊戲　game-with-rules　243
訪談　interview　513
訪談法　interview method　41
連續性理論　continuity theory　530
連續漸進法　successive approximation method　89
造型遊戲　moldmaking play　243
部分強化　partial reinforcement　86
部分團體形成期　partial group founded period　350
閉鎖性　closure　362
陰性強化　negative reinforcement　215
頂葉　parietal lobe　228

十二畫

最近發展區　zone of proximal development　98
創生　generativity　479
創造　creativity　481
創造性思維　creative thinking　380
創造性遊戲　creative play　245
創造的年華　creative age　481
勞動保險　labour security　536
單一線性聯繫　linear relation　60
單側化　lateralization　164
單組實驗設計　single group design　46
單變量設計　univariate analysis design　55
單變項分析設計　univariate analysis design　55
喚醒功能　arousing function　298
復述　rehearsal　324
復演論　recapitulation theory　11, 237, 394
循環反應　circular reaction　186
掌握論　theory of mastery　238
普遍性　universality　529
普遍神聖論　universal holism　23, 451
晶體智力　crystallized intelligence　489, 490
智力　intelligence　185, 439
智力年齡　intelligence age　31
智力技能　intellectual skill　491
智力發展　intelligence development　489
智力發展模式　development pattern of intelligence　489
智力遊戲　intelligence play　247
智力適應理論　theory of intelligence adaptation　494
智力操作方式　pattern of intellectual operation　497
智商分數　intelligence quotient　442
智慧　intelligence　185
替代強化　vicarious reinforcement　90
斯肯納箱　Skinner's box　81, 85
植物神經　autonomic nerve　133
植物神經系統　vegetative nervous system　507
游泳反射　swimming reflex　145
減少參與理論　disengagement theory　529
焦慮　anxiety　201, 294, 422, 486
無差別的社會反應時期　indiscriminate responsiveness to humans　204
無條件反射　unconditioned reflex　80, 144
無條件積極關注　unconditional positive regard　433
無意記憶　unintentional memory　321
無意識　unconsciousness　67
無嘗試學習　no trial learning　90

發生知識論　genetic epistemology　189
發生認識論　genetic epistemology　99,189
發育遲緩　developmental lag　304
發洩論　catharsis theory　237
發展　development　2
發展心理生物學　developmental psychobiology　49
發展心理語言學　developmental psycholinguistics　48
發展心理學　developmental psychology　5,20
發展任務　developmental task　424
發展潛能　development latent competence　143
發現問題　problem finding　436
短時記憶　short-term memory　194
短期記憶　short-term memory　194
程序教學　programmed instruction　89
等組實驗設計　equivalent-group design　46
結合性　composition　311
結晶化　crystallization　429
結構遊戲　constructive play　243
腎上腺　adrend gland　372
虛構遊戲　fictive play　245
視崖　visual cliff　191
視覺　vision　146
視覺懸崖　visual cliff　191
評價階段　evaluation　427
詞法　morphology　184
詞語調節型直觀行動性思維時期　word regulation of intuitive action thinking period　199
診斷法　clinical method　42
診斷-習得模式　diagnostic prescriptive model　309
象徵性遊戲　symbolic play　238,242

超我　superego　67,69,265
距離知覺　distance perception　319
軸突　axonic synapse　161
軸體突觸　axonic synapse　161
進行性　progressiveness　529
量表　scale　44
開放性　openness　510
間接興趣　indirect interest　299
間歇強化　partial reinforcement　86
間隔時間序列設計　interrupted time-series design　54
陽性強化　positive reinforcement　215
集合論　set theory　377
集體合併期　collective combine period　350
集體的意識　collective consciousness　348
項目反應理論　item response theory　44
順序性　sequence　256
順應　accommodation　101,103,189

十三　畫

勤奮進取對自貶自卑　industry vs. inferiority　77
嗅覺　olfactory sensation　148
意向　intention　462
意義記憶　comprehensive memory　321
意識　consciousness　9,67,200
感知能力　capacity of sensory and perception　146
感知運動　sensori-motor　185
感知-運動思維　sensori-motor thinking　189
感知運動階段　sensorimotor stage　105,158,185
感知運動遊戲　sensori-motor play　242

索引 **625**

感知覺　sensory perception　318
感情移入　empathy　390
感覺　sensation　143,189,263
感覺動作期　sensorimotor stage　105,158,185
想像　imagination　462
想像表象　imaginative image　195
想像遊戲　imaginative play　241
愛國主義情感　patriotic feeling　274
愛情　love　460
新弗洛伊德主義　neo-Freudianism　67
新生兒　neonate　141
新生兒期　neonatal period　120,141
新皮亞傑主義　neo-Piagetism　106
新皮亞傑學派　neo-Piagetian school　99
新行為主義　neo-behaviorism　79
新機能主義　new-functionalism　491
楷模　model　90
概化理論　generalization theory　44
概念的更新　renewal of conception　436
溝回　sulcus　161
準實驗設計　quasi-experiment design　36,54
煩惱　trouble　487
畸形學　teratology　138
畸胎　monster　138
節奏-結構　rhythm-structure　188
經典性條件反射　classical conditioning reflex　149
經典性條件作用　classical conditioning　80
經典測驗理論　classical test theory　44
經驗型　experience type　379
經驗-歸納推理　experience-induction reasoning　377
罪惡感　guilty feeling　575
義務感　sense of obligation　275
群集運算　groupment operation　106
群夥效應　cohort effects　499
群體　group　297,468
腳色　role　425
腦下垂體　hypophysis　372,375
腦下腺　hypophysis　375
腦波圖　electroencephalogram　162
腦泡　brain bladder　8
腦垂腺　hypophysis　375
腦垂體　hypophysis　375
腦溝　sulcus　161
腦電圖　electroencephalogram　162
補償作用　compensation　378,445
補償說　compensation theory　237
解決問題的水平　level of problem-solving　98
路徑分析　path analysis　57
躲避依戀　avoidant attached　206
運動復現過程　motor reproduction phase　90
運動遊戲　motor play　241
運算　operation　102,188
遊戲　play　224
遊戲年齡　play age　76
遊戲的種類　types of play　240
遊戲期　play age　76
遊戲類型　types of play　240
道氏徵候群　Down's syndrome　127
道德行為　moral behavior　276
道德判斷　moral judgement　273
道德動機　moral motivation　410
道德習慣　moral habit　410
道德發展　moral development

331,410
道德評價　moral evaluation　274
道德情感　moral feeling　274
道德感　sense of morality　275
道德準則　moral code　410
道德認識　moral cognition　272, 331
道德觀　moral idea　446,450
過渡性　transition　362
過濾階段　filtering　427
電休克療法　electroconvulsive therapy　565
電痙攣治療法　electroconvulsive therapy　565
電腦輔助教學　computer-assisted instruction　51,89
電腦輔助學習　computer-asistance learning　56
預成論　determinism　12
預計性　prediction　379
頓悟學說　insight theory　7

十四　畫

嘗試錯誤學習　trial and error learning　6
團體　group　297,468
圖式　schema　103,186,189
圖式重建　reconstruction of scheme　436
實用智力　practical intelligence　491
實足年齡　chronological age　30
實際年齡　actual age　30
實驗室實驗　laboratory experiment　45
態度　attitude　300
榜樣　model　90
演繹推理　deductive inference　385
監控性　monitoring　380
監視　monitor　330

種系心理發展　species mental development　5
管理　management　441
管理系統　management system　441
管理能力　management ability　441
精力充沛對頹廢遲滯　generative vs. stagnation　78
精力過剩論　energy theory　237
精神分析　psychoanalysis　19,67
精神分析學派　psychoanalysis theory　13
精神生產的工具　tool for mental production　95
精神病學　psychiatry　564
精神醫學　psychiatry　564
精細動作-適應性的發展　fine motor-adaptation development　165
綜合症　syndrome　517
緊迫感　tension　486
緊張　tension　486
網狀結構　reticular formation　163
維也納測驗　Vienna Test　165
語言　language　175
語言-理論思維　language-theory thought　547
語言遊戲　language play　240
語言障礙　language disorder　305
語音　speech sound　176
語音定向反射　phonetic orienting reflex　176
語辭遊戲　speech play　241
認同　identification　484
認知　cognition　4,185
認知加工方式　pattern of cognitive processing　497
認知處理方式　pattern of cognitive processing　497
認識　knowing　4
認識論認知　epistemic cognition

434
需求　need　484
需求層次論　hierarchy of needs theory　484
需要　need　484
需要層次理論　hierarchy of needs theory　484
領悟　insight　498

十五畫

價值活動測驗　Test of Value Activities　405
價值研究　Study of Values　405
價值素描問卷　Value Profile Questionnaire　406
價值觀　view of value　403,446,447
增齡　aging　538
審美觀　aesthetic　455
徵候群　syndrome　517
摩羅反射　Moro reflex　144
暴死　sudden unexpected death　574
模仿　imitation　195,234
模仿行為　imitative behavior　151
模仿性　imitationality　233,234
模仿表情　echomimia　151
模糊數學　fuzzy mathematics　57
潛伏期　latent stage　72
潛在等級分析理論　latent class analysis theory　44
潛意識　unconsciousness　67
練習性遊戲　practice play　242
編序教學　programmed instruction　89
線性結構模式　linear structural model　57
談話法　interview method　41
調節　regulation　188,330
調適　accommodation　101
輪組設計　rotation design　54
輪組實驗設計　alternating-group design　46
適應　adaptation　100,144,442,466,494
適應行為　adaptive behavior　442
適應能力　adaptive ability　442
鞏固　consolidation　378,429
養老金　old-age pension　535

十六畫

凝血素　Rhesus factor　129
凝固作用　consolidation　429
學前兒童　preschool children　224
學前期　preschool period　224
學校群體　school group　297
學校團體　school group　297
學習　learning　146,289,296
學習　study　289
學習的最佳時期　learning optimal period　98
學習能力　learning ability　302
學習動機　learning motivation　298
學習策略　learning strategies　289
學習態度　learning attitude　300
學習障礙　learning disabilities　303
學習興趣　learning interest　299
學齡兒童期　school childhood　288
學齡前期　preschool period　224
操作　operation　102
操作性行為　operant behavior　85
操作條件反射　operant conditioning reflex　149
操作制約反射　operant conditioning reflex　149
操作經驗　operation experience　236
整合　integration　238
整合水平　level of integration　512
整體性　wholeness　103
橫斷法　cross-sectional method

539
橫斷研究　cross-sectional research　37
樹突　dendrite　161
機能快樂論　functional pleasure theory　237
機能性快樂　functional pleasure　238
機械性遊戲　mechanical play　242
機械性記憶　mechanical memory　264
機械記憶　rote memory　321
歷法年齡　law age　30
激素　hormone　129,279,372,375
激動性　irritability　217
激發功能　arousing function　298
激進的自我主義　radical egoism　22
獨立　independence　397
獨立生活　independent life　142
獨立性　independence　382
獨立變量　independent variable　30
獨自遊戲　solitary play　244
積極強化作用　positive reinforcement　86
興趣　interest　298
興奮過程　excitatory process　229,291
親子關係　parentchild relation　534
親社會行為　prosocial behavior　92,212
選擇性　selectivity　404
選擇性的社會性反應時期　focusing on familiar people　204
遺傳　heredity　138
遺傳密碼　genetic code　138
遺傳單位　gene　138
遺傳學　gentics　139
遺精　seminal emission　374

隨意性　voluntary　200,233
隨意動作　voluntary act　159
隨意機能　voluntary function　96
頭尾原則　cephalocaudal direction　166

十七　畫

優育　good caring　470
優教　good education　470
優勢　dominance　164,230
優勢手　dominant hand　230
嬰兒　infant　158
嬰兒期　infancy　158,224
幫派時期　gang period　347
幫團時期　gang period　347
環境決定論　environmental determinism　82
瞳孔反射　pupillary reflex　144
縱向法　longitudinal method　539,552
縱向研究　longitudinal research　37,539
縱貫研究　longitudinal research　37
縱貫法　longitudinal method　539
聯合國教科文組織　United Nations Educational, Scientific and Cultural Organization　525
聯合遊戲　associative play　244
臨床法　clinical method　42
趨同性　homonomy　448

十八　畫

歸納推理　inductive inference　385
職業　occupation　429
職業性向測驗　occupational aptitude test　440
職業愛好專門化　vocation preference specification　429
職業愛好落實　implementation of a vocational preference　429

索引 **629**

職業價值觀量表 Vocational Values Scale 406
軀體側彎反射 incurvation reflex 145
轉換性 transformation 103
轉嫁 shifting 401
雙向 reciprocal 458
雙性性格 androgyny 512
雙親時間 parents' time 470
額葉 forntal lobe 228,291
鬆弛論 recreation and relaxation theory 237
魏氏成人智力量表 Wechsler Adult Intelligence Scale 538
魏氏兒童智力量表 Wechsler Intelligence Scale for Children 161,308

十九畫

懶丈夫症侯群 lazy-husband syndrome 467
瀕死 dying 572
癡呆症 dementia 565
穩定 solidification 378
穩定化 stabilization 429
穩定性 stability 233,404
穩定期 period of maintenance level 420
羅克奇價值調查表 Rokeach Value Survey Scale 405
羅森塔爾效應 Rosenthal effect 356
邊利 lateralization 164
願望 wish 483
關心品質 virtue of care 480
關鍵年齡 critical age 314,315,336

關懷 care 479
類型 types 442
類概念 class conception 9
類屬概念 class conception 9

二十畫至二十七畫

競爭遊戲 competition play 247
覺醒-尋求理論 arousal-seeking theory 239
辯證思維 dialectic thinking 381, 434
辯證運算 dialectical operation 22,434
辯證邏輯 dialectical logic 385
權威型 authoritative 280
權威型父母 authoritative parent 342,354
聽覺 audition 147
戀母情結 Oedipus complex 72,84
變異 variation 138
邏輯性 logicality 256
邏輯基本法則 fundamental laws of logic 385
髓鞘化 myelinization 162,228
體育遊戲 sport play 247
靈魂 soul 3
觀察力 observational ability 264
觀察法 observational method 40
觀察學習 observational learning 90
顳葉 temporal lobe 228

由字母起頭名詞

α 波 alpha wave 228,371
θ 波 theta wave 228,371

二、英漢對照

A

ability　能力　439
ability training　能力訓練　310
ability-task training　能力-任務訓練　310
abstract generalization function　抽象-概括機能　96
abstract memory　抽象記憶　323
abstract-logical thinking　抽象邏輯思維　258,379
accommodation　順應，調適　101,103,189
accumulative play　累積型遊戲　245
achievement test　成就測驗　439
act　動作　166
active process theory　主動加工理論　51
active proximity seeking　特定依戀期　205
activity　活動性　217
activity style　活動方式　236
activity theory　持續活動理論　529
actual age　實際年齡　30
adaptation　適應　100,144,442,466,494
adaptive ability　適應能力　442
adaptive behavior　適應行為　442
ADD＝attention-deficit disorder
adolescence　青少年期，青年期　362
adolescence puberty　青春發育期　362
adrend gland　腎上腺　372
adult　成人　418
adult society　成人社會　397
adulthood　成人期，成年期　11
aesthetic　審美觀　455
affective mutuality　情感的相互關係　23
age and achievement　年齡與成就　431
age characteristics　年齡特徵　5
ageing　老化　525,527
agent　代言人　451
aggression　攻擊性　91
aggressive behavior　侵犯性行為　281
aging　增齡　538
aging of population　人口老齡化　525
aging period　老年期　524
alpha wave　α波　228,371
alternating-group design　輪組實驗設計　46
altruism behavior　利他主義行為　212,213
altruistic　利他性，從他性　271
Alzheimer's disease　阿爾茲海默氏症，早老性痴呆症　566
ambivalence　矛盾性心態　394
anal stage　肛門期　71
androgyny　男女同化，雙性性格　512
angry man　易怒型　554
animal psychology　動物心理學　6
antisocial behavior　反社會行為　212
anxiety　焦慮　201,294,422,486
aptitude test　性向測驗　439
armored type　防禦型　553
arousal-seeking theory　覺醒-尋求理論　239
arousing function　喚醒功能，激發功能　298
arterial pressure　動脈血壓　368
assimilation　同化　101,103,185,189

associative play 分享遊戲,聯合遊戲 244
attachment 依附,依戀 159,201,203
attachment in adult 成人依附,成人依戀 532
attachment in old age 老年期依附,老年期依戀 532
attention-deficit disorder 注意缺失,注意缺失紊亂 306
attentional phase 注意階段,注意過程 90
attitude 態度 300
audition 聽覺 147
authoritarian 專斷型 281
authoritarian parent 專制型父母 354
authoritative 權威型 280
authoritative parent 威信型父母,權威型父母 342,354
autoerotic 自發性欲 71
autonomic nerve 自主神經,植物神經 133
autonomic nervous system 自主神經系統 507
autonomy 自律 20,451
autonomy vs. shame and doubt 自主行動對羞怯懷疑 75
autosome 常染色體 139
avoidant attached 躲避依戀 206
axonic synapse 軸突,軸體突觸 161

B

Babinski reflex 巴賓斯基反射,巴氏反射 122,144
basic process 基礎過程 491
Bayley Scales of Infant Development 貝雷嬰兒發展量表 165
behavior 行為,行動 4,166
behavior clustering 行為群,行為叢512
behaviorism 行為主義 19,79
Bender Visual Motor Gestalt Test 班達視覺動作完形測驗 308
Benton Visual Cognitive Test 本頓視覺認知測驗 308
biological self 生物性自我 555
bipolarity of affection 情感兩極性 388
blastocyst 胚泡 121
blastodisc 胚盤 121
blood pressure 血壓 368
body-mind interactionism 身心交感論 519
body-mind parallelism 身心平衡論 519
body-mind problem 身心關係論爭 519
bone of lower limbs 下肢骨 365
brain bladder 腦泡 8
brain lateralization 大腦單側化現象 230

C

CA＝chronological age
CAI＝computer-assisted instruction
CAL＝computer-assistance learning
canalization 定向化,定型作用 445
capacity of sensory and perception 感知能力 146
care 關懷 479
career 事業 429,462
catecholamine 兒茶酚胺 133
catharsis theory 發洩論 237
Cattell's 16 Personality Factors Questionnaire, (16PF) 卡特爾16種人格因素測驗 488
cephalocaudal direction 頭尾原則

166
cerebral cortex　大腦皮質　8,163,228
Child Behavior Checklist　兒童行為檢查表　308
child psychology　兒童心理學　20
children hyperkinetic syndrome　兒童多動症　304
chromosome　染色體　138
chronological age　實足年齡　30
circular reaction　循環反應　186
civilization　文明化　395
class conception　類屬概念,類概念　9
classical conditioning　古典制約作用,經典性條件作用　80
classical conditioning reflex　古典制約反射,經典性條件反射　149
classical Freudianism　古典弗洛伊德主義,弗洛伊德學說　67
classical test theory　經典測驗理論,古典測驗理論　44
climacterium　更年期　516
clinical method　診斷法,臨床法　42
closure　閉鎖性　362
cognition　認知　4,185
cohort effects　同輩效應,群夥效應　499
collective combine period　集體合併期　350
collective consciousness　集體的意識　348
combination　組合性　311
commitment　約定性　437
commitment level　約定性水平　107
comparative psychology　比較心理學　6
compensation　補償作用　378,445
compensation theory　補償說　237
competition play　競爭遊戲　247
complementarity　互補性,相補性　427
completeness　完整性　256
composition　結合性　311
comprehensive memory　理解記憶,意義記憶　321
computer-asistance learning　計算機輔助學習,電腦輔助學習　56
computer-assisted instruction　計算機輔助教學,電腦輔助教學　51,56,89
concept of death　死亡概念　572
concrete figure image　具像表象　195
concrete imagery　具體形象性　105,232
concrete operation　具體運算　105
concrete operational stage　具體運思期,具體運算思維階段　105,310,311
concrete pragmatics　具體實用性　435
concrete thinking　具體思維　232
condition reflex setting period　條件反射建立時期　199
conditional reflection theory　條件反射學說　6,79
conditioned reflex　條件反射,制約反射　80,149,230
conduct disorder　品行障礙　304
conformity　從眾　389
conscience　良心　69
consciousness　意識　9,67,200
conservation　守恆性,守恆　105,188
consolidation　鞏固,凝固作用　378,429
constructive play　結構遊戲　243
constructivism　建構主義　104

索引 **633**

continuity theory　連續性理論　530
contorl　控制　330
control theory　控制論　52
conventional level　習俗水平　23
cooperation　合作,協同運動　102
cooperative play　合作遊戲　244
coordination　協調　238
coordination of secondary schema　第二級圖式協調　187
corpus striatum　紋狀體　8
correlation coefficient　相關係數　400
creative age　創造的年華　481
creative play　創造性遊戲　245
creative thinking　創造性思維　380
creativity　創造　481
crisis in midage　中年危機　479,516
critical age　關鍵年齡　314,315,336
criticism　批判性　382
cross extention reflex　交叉伸展反射　145
cross-sectional method　橫斷法　539
cross-sectional research　橫斷研究　37
crystallization　結晶化　429
crystallized intelligence　固定智力,晶體智力　489,490
CTT＝classical test theory
Culture-History School　文化-歷史學派　94
culture-history theory　文化-歷史理論　95

D

DDST＝Denver Developmental Screening Test
death　死亡　572,577
death outlook　死亡觀　572
deductive inference　演繹推理　385
defense　防禦　513
defense mentality　防衛心理　401
delay imitation　延緩模仿,延遲模仿　195,196,235
delayed period　延緩期　78
deleteriousness　有害性　529
dementia　癡呆症　565
dendrite　樹突　161
Denver Articulation Screening Test　丹弗發音甄別測驗　308
Denver Developmental Screening Test　丹佛發展篩選測驗　165
deoxyribonucleic acid　脫氧核糖核酸　138
dependent variable　因變量,依變項　30
depression　抑鬱　565
determinism　決定論,預成論　12
development　發展　2
development latent competence　發展潛能　143
development pattern of intelligence　智力發展模式　489
developmental lag　發育遲緩　304
developmental psychobiology　發展心理生物學　49
developmental psycholinguistics　發展心理語言學　48
developmental psychology　發展心理學　5,20
developmental task　發展任務　424
Diagnostic Interview for Children and Adolescents　兒童青少年診斷會談　308
Diagnostic Interview Scale for Children　兒童診斷量表　308
diagnostic prescriptive model　診

斷-習得模式 309
dialectic thinking 辯證思維 381, 434
dialectical logic 辯證邏輯 385
dialectical operation 辯證運算 22,434
differentiation of emotion 情緒的分化 151
dilemma 兩難問題 333,498
direct interest 直接興趣 299
directing function 方向功能,指向功能 298
disengagement theory 減少參與理論 529
DIS＝Diagnostic Interview Scale for Children
dissimulation 偽裝 401
dissipative-structure theory 耗散結構理論 52
dissociation anxiety 分離焦慮 201
distance perception 距離知覺 319
DNA＝deoxyribonucleic acid
dominance 優勢 164,230
dominant activity 主導活動 224,288,290
dominant hand 優勢手 230
Down's syndrome 道氏徵候群,唐氏綜合症 127
dramatic play 表演遊戲 242
dualism 兩重性 437
dualism level 二元論水平 107
dying 瀕死 572
dynamic 動力作用 444
dynamic properties 動態的特性 87

E

early adult 成人前期,成年前期 418

early middle age 中年前期 476
echomimia 模仿表情 151
ecological movement 生態學運動 35
ECT＝electroconvulsive theory
educational experiment 教育實驗 47
EEG＝electroencephalogram
ego 自我 67,69,238,397,511
ego integrity 自我諧和 339
ego-defense 自我防衛,自我防禦 553
ego-ideal 自我理想 69
egocentric age 自我中心年齡 550
egocentric period 自我中心期 336
egocentricity 自我中心性 232
egocentrism 自我中心主義 550
electroconvulsive therapy 電休克療法,電痙攣治療法 565
electroencephalogram 腦波圖,腦電圖 162
embryo 胚胎 122
embryo period 胚胎期 122
emergence of perceptual constancy period 知覺常性產生時期 199
emotion 情緒 200
emotional experience 情緒體驗 200
empathy 同理心,移情,感情移入 390
empty nest 空巢 533,569
energy theory 精力過剩論 237
environmental determinism 環境決定論 82
epistemic cognition 認識論認知 434
equilibration 平衡 101,102,103, 189

equivalent-group design　等組實驗設計　46
ethics cognition　倫理認知　497
evaluation　評價階段　427
excitatory process　興奮過程　229,291
existed developmental level　現有發展水平　98
experience type　經驗型　379
experience-induction reasoning　經驗-歸納推理　377
explicit generalization stage　外顯類化階段,明顯概括階段　197
explicit intellect　外顯智力　493
external validity　外部效度　36
extinction　消弱,消退　87,230
extroversion　外傾　510

F

facial expression　面部表情　201
family friends　家庭朋友　459
fantastic play　幻想遊戲　245
fear　恐懼　201
feedback　反饋　188
feeling of being an adult　成人感　367,397,400
feeling of perfection　完善感　552
female climacterium syndrome　婦女更年期綜合症　517
femininity　女子氣,女性氣質　397
feminization　女性化　277
feminizing behavior clustering　女性化行為叢　512
fetus period　胎兒期　120,121,122
fictive play　虛構遊戲　245
filtering　過濾階段　427
fine motor-adaptation development　精細動作-適應性的發展　165
first information system　第一信號系統　80
fluid intelligence　流體智力,流動智力　489,490
focusing on familiar people　選擇性的社會性反應時期　204
folk psychology　民族心理學　10
food reflex　食物反射　144
form perception　形狀知覺　318
formal logic　形式邏輯　385
formal operation　形式運算,形式運思　106,434
formal operational stage　形式運思期,形式運算思維階段　106,376
formalization　形式化　379
forntal lobe　額葉　228,291
Freudianism　弗洛伊德主義　67
friendship　友誼　344,458
frustration tolerance　挫折忍耐力,挫折容忍力　396
functional pleasure　功能性樂趣,機能性快樂　238
functional pleasure theory　機能快樂論　237
fundamental laws of logic　邏輯基本法則　385
funeral arrangement　居喪　581
fuzzy mathematics　模糊數學　57

G

game-with-rules　規則遊戲　243
gang period　幫派時期,幫團時期　347
gender constancy　性別恆定性,性別恆常性　278
gender identity　性別同一性,性別認定　278
gender stability　性別固定,性別穩定性　278
gene　基因,遺傳單位　138
general formal system　一般形式系統　436
general system stage　一般系統階段　436

generalization theory 推論力理論，概化理論 44
generation gap 代溝，代際距離 393,562
generative vs. stagnation 精力充沛對頹廢遲滯 78
generativity 創生 479
genetic code 遺傳密碼 138
genetic epistemology 發生認識論，發生知識論 99,189
Geneva school 日內瓦學派 13
genital stage 兩性期，性徵期，青春期 73
gentics 遺傳學 139
geriatric psychology 老年心理學 524
germinal period 胚種期 121
Gestalt psychology 完形心理學，格式塔心理學 19
giving oneself up as hopeless 自暴自棄 401
good caring 優育 470
good education 優教 470
grasping reflex 抓握反射 145
gray matter 灰質 162
gross motor development 大肌肉發展，大運動的發展 165
group 群體，團體 297,468
groupment operation 群集運算 106
grow period 成長期 420
growth 生長 2
growth spurt 生長陡增 364
guilty feeling 罪惡感 575

H

habit 習慣 186,445
Harris Test of Cerebral Dominance 哈里斯大腦優勢測驗 308
heredity 遺傳 138
hierarchy of needs theory 需求層次論，需要層次理論 484
high risk of infant 高危嬰兒 158
homonomy 趨同性 448
horizontal differentiation period 水平分化期 350
hormone 激素，荷爾蒙 129,279,372,375
human development 人類發展 24
humanistic 人本主義 404
humanization 人類化 395
hyperkinesis 活動過度 306
hypophysis 腦下腺，腦垂腺，腦垂體，腦下垂體，垂體 372,375
hypothalamus 下丘腦，下視丘 134
hypothesis 假設 379
hypothetic-deductive reasoning 假設-演繹推理 377

I

IA＝intelligence age
ICA＝Diagnostic Interview for Children and Adolscents
iconic image 形象表象 195
id 本我，伊底 67,68
idea 理想 462
ideal self 理想自我，理想我 265,402
identification 認同 484
identity 同一性 311
identity crisis 統合危機 77
identity vs. role confusion 自我統合對角色混亂 77
Illinois Test of Psycholinguistic Abilities 伊里諾斯心理語言能力測驗 308
image 表象 188,195,257
image memory 表象記憶 195
imaginal memory 形象記憶 264,323

imagination 想像 462
imaginative image 想像表象 195
imaginative play 想像遊戲 241
imitation 模仿 195,234
imitationality 模仿性 233,234
imitative behavior 模仿行為 151
immediate imitation 即時模仿 235
immediate reinforcement 及時強化,立即強化 86,90,149
implementation of a vocational preference 職業愛好落實 429
implicit 內隱的 197
implicit generalization stage 內隱概括觀念階段 197
implicit intellect 內隱智力 493
implicit theory 內隱理論 493
incurvation reflex 軀體側彎反射 145
independence 獨立性,獨立 382, 397
independent life 獨立生活 142
independent variable 自變量,自變項,獨立變量 30
indifferently uninvolved 忽視型 281
indirect interest 間接興趣 299
indiscriminate responsiveness to humans 無差別的社會反應時期 204
individual disengagement 個人的減少參與 529
individual language 個別性語言 175
individuality 個體性 23
inductive inference 歸納推理 385
industry vs. inferiority 勤奮進取對自貶自卑 77
infancy 嬰兒期 158,224

infant 嬰兒 158
infant school 托兒所 225
information processing 信息加工,訊息處理 3
information processing theory 信息加工論,訊息處理論 107
information theory 信息論,訊息論 52
inhibitory conditional reflect 抑制性制約反射,抑制性條件反射 292
inhibitory process 抑制過程 229, 291
initiative vs. guilt 自動自發對退縮愧疚 76
inner validity 內部效度 36
INRC group 四變換群 376,377
insight 領悟 498
insight theory 頓悟學說 7
instinctive reflex 本能的反射 146
instrumental 工具性 405
instrumental egoism 工具性自我主義 23
instrumental-values 工具性價值觀 405
integration 整合 238
integrity vs. despair 完美無缺對悲觀沮喪 78
intellectual skill 智力技能 491
intellectualization 理性作用,理智化 73
intelligence 智力,智慧 185
intelligence age 智力年齡 31
intelligence development 智力發展 489
intelligence play 智力遊戲 247
intelligence quotient 智商分數 442
intelligence traits of thinking 思維智力特質 382
intention 意向 462

intentional memory　有意記憶　321
interaction　交互作用　472
intercourse disabilities　交往障礙　295
intercourse play　交往遊戲　241
interest　興趣　298
interiorty　內向性　553
internal inhibition　內抑制　229
internalization　內化　99,105
interpersonal relation　人際關係　514
interpropositional　命題間的　378
interrelation outlook　人際觀　453
interrupted time-series design　間隔時間序列設計　54
intervention research　干預研究　236
interview　訪談　513
interview method　訪談法,談話法　41
intimacy vs. isolation　友愛親密對孤癖疏離　78
intrapropositional　命題內的　378
intrinsicality　內在性　529
introspection　內省法,反省性,內省　18,380
intuition thinking　直覺思維　380
intuitive action thinking period　直觀行動性思維時期　199
intuitive-behavioral generalization　直觀-行動概括　197
intuitive-imaginery generalization　直觀-表象籠統概括　197
intuitive-linguistic generalization　直觀-言語概括　198
invariant group　不變群　188
inversion　逆反性,逆向性　106,378
involuntary　不隨意性　233
irreversibility　不可逆性　105,232

irritability　激動性　217
IRT＝item respone theory
isolate period　孤立期　350
item response theory　項目反應理論　44

J

job　工作　429

K

key observation　重點觀察　41
kindergarten　幼兒園　225
kinesthesia　動覺　149
knowing　認識　4
knowledge of metacognition　元認知知識,後設認知知識　327
knowledge structure　知識結構　438

L

laboratory experiment　實驗室實驗　45
labour security　勞動保險　536
laissez-faire parent　放縱型父母　354
language　語言　175
language disorder　語言障礙　305
language play　語言遊戲　240
language-theory thought　語言理論思維　547
latent class analysis theory　潛在等級分析理論　44
latent stage　潛伏期　72
lateralization　單側化,邊利　164
lattice　格　376,377
law age　歷法年齡　30
law of contradiction　矛盾律　385
law of excluded middle　排中律　385
law of identity　同一律　385
lazy-husband syndrome　懶丈夫症

侯群　467
learned behavior　習得行為　185, 236
learning　學習　146,289,296
learning ability　學習能力　302
learning attitude　學習態度　300
learning disabilities　學習障礙　303
learning interest　學習興趣　299
learning motivation　學習動機　298
learning optimal period　學習的最佳時期　98
learning strategies　學習策略　289
level of autonomous　自主水平　511
level of conformity　從眾水平　511
level of conscience　良心水平　511
level of fairmindedness　公正水平　511
level of integration　整合水平　512
level of problem-solving　解決問題的水平　98
libido　力比多,欲力　68
life　生命　120
life graph　生活圖表　422
Life Style Questionnaire　生活方式問卷　406,408
life-satisfaction　生活滿足感　530
life-span　生命全程　5,564
life-span developmental psychology　生命全程發展心理學,畢生發展心理學　24,224
life-span human development　人類畢生發展,個體生命全程發展　24
life-span perspective　生命全程觀　50

linear relation　單一線性聯繫　60
linear structural model　線性結構模式　57
logicality　邏輯性　256
lonely child　孤獨兒童　236
long observation　長期觀察　40
long-term memory　長時記憶,長期記憶　194
longitudinal method　縱向法,縱貫法　539,552
longitudinal research　縱向研究,縱貫研究　37,539
love　愛情　460

M

make-believe play　假定遊戲　245
male climacterium　男性更年期　518
male climacterium syndrome　男性更年期綜合症　518
management　管理　441
management ability　管理能力　441
management system　管理系統　441
masculinity　男子氣,男性氣質　397
masculinization　男性化　277
masculinizing behavior clustering　男性化行為叢　512
mass-specific direction　大小原則　166
maturation　成熟　2
mature type　成熟型　553
mechanical memory　機械性記憶　264
mechanical play　機械性遊戲　242
memory　記憶　150,264,321
memory image　記憶表象,記憶意象　195
memory monitor　記憶監控　330
menarche　月經初潮,初經　373

menstruation 月經 373
mental accommodation 心理適應，心理調適 466,519,525
mental age 心理年齡 31
mental capacity 心理能力 146
mental development 心理的發展 96
mental fatigue 心理疲勞 519
mental health 心理健康，心理衛生 567
mental workload 心理負荷 519
meta-analysis 元分析，後設分析 52
meta-communication 後設交際，元交際 239
meta-communication theory 元交際理論，後設交際理論 239
meta-linguistic awareness 元語言意識，後設語言意識 241
metacognitive experience 元認知體驗，後設認知體驗 329
metamemory 元記憶，後設記憶 327
method of habituation 習慣化法 50
Michael Rutter's Scale A and B 洛特量表 A 和 B 308
middle adulthood 成人中期，成年中期 476
middle age 中年期 476
mind 心靈 3
model 楷模，榜樣 90
moldmaking play 造型遊戲 243
monitor 監視 330
monitoring 監控性 380
monster 畸胎 138
moral behavior 道德行為 276
moral code 道德準則 410
moral cognition 道德認識 272,331
moral development 道德發展 331,410
moral evaluation 道德評價 274

moral feeling 道德情感 274
moral habit 道德習慣 410
moral idea 道德觀 446,450
moral judgement 道德判斷 273
moral motivation 道德動機 410
Moro reflex 摩羅反射 144
morphology 詞法 184
motivation 動機 484
motivational phase 動機階段，動機過程 90
motor play 運動遊戲 241
multi-linear relation 多維線性聯繫 60
multiplicity level 多重性水平 107
multivariate analysis design 多變量設計，多變項分析設計 55
musical play 音樂遊戲 247
mutation theory 突變論 52
mutuality 相依性 75
myelinization 髓鞘化 162,228

N

narrowing 收縮階段 427
natural experiment 自然實驗 46
need 需求 484
negative attitude 消極態度 295
negative reinforcement 負強化作用，消極強化作用，陰性強化，負強化 86,215
neo-behaviorism 新行為主義 79
neo-Freudianism 新弗洛伊德主義 67
neo-Piagetian school 新皮亞傑學派 99
neo-Piagetism 新皮亞傑主義 106
neonatal period 新生兒期 120,141
neonate 新生兒 141
nerve fiber 神經纖維 163,228
nervous system 神經系統 7,229
nervousness 神經過敏症 510
neuroglia 神經膠質 163

索引 **641**

neuron 神經元 7,161
new-functionalism 新機能主義 491
no trial learning 無嘗試學習 90
noncognitive factors 非認知因素 444
non-equal compare-group design 非等組比較組設計 54
nonintellective factors 非智力因素 444
nonlinear relation 非線性聯繫 60
norm 常模 172
nuclear family 核心家庭 467,527

O

object permanence 物體恆存性, 客體永久性, 客體永恆性, 客體圖式的永久性 187,196
object play 客體遊戲 244
objective period 客觀化時期 336
observational ability 觀察力 264
observational learning 觀察學習 90
observational method 觀察法 40
occipital lobe 枕葉 228
occupation 職業 429
occupational aptitude test 職業性向測驗 440
Oedipus complex 伊諦普斯情結, 戀母情結 72,84
old adult 成人晚期, 成年晚期 524
old age 老齡 525
old-age pension 養老金 535
olfactory sensation 嗅覺 148
one-trial learning 一試學習 90
onlooker play 旁觀遊戲 245
openness 開放性 510
operant behavior 操作性行為 85
operant conditioning reflex 操作制約反射, 操作條件反射 149
operation 運算, 操作 102

operation experience 操作經驗 236
oral incorporation 口腔合併 75
oral stage 口唇期, 口腔期 71
organization 組織 325
outlook about happiness 幸福觀 456
outlook about religion 宗教觀 456
outlook of life 人生觀 446
outlook of life-death 生死觀 574
overall observation 全面觀察 41

P

palmar conductance reflex 手掌傳導反射 145
parallel play 平行遊戲, 並行遊戲 244
parasitic life 寄居生活 142
Parent and Teacher Questionnaires 教師和家長問卷 308
parentchild relation 親子關係 534
parents' time 雙親時間 470
parietal lobe 頂葉 228
partial group founded period 部分團體形成期 350
partial reinforcement 部分強化, 間歇強化 86
partnership behavior 目標調整的參與期 205
passive adaptation 消極適應 513
passive reaction theory 被動反應理論 51
path analysis 路徑分析 57
patriotic feeling 愛國主義情感 274
pattern of cognitive processing 認知加工方式, 認知處理方式 497
pattern of intellectual operation 智力操作方式 497

pattern of maturation　成熟的模式 167
Peabody Picture Vocabulary Test　皮博迪圖畫詞彙測驗 308
peak period　高峰期 363
peer acceptance　同伴接納 351
peer communication　同伴交往 282
peer group　同伴群體,同儕團體 301,344,347
pension　退休金 535
perceptual centration　知覺集中傾向 105
perceptual constancy　知覺常性 192,199
period of decline　衰退時期,衰退期 489,524
period of maintenance level　穩定期 420
period of resistance　反抗期 392
permissive　放縱型 281
personality　人格,個性 4,81,404
personality inclination　人格傾向性 552
personality structure　人格結構 510
personality trait　人格特質 510
phallic stage　性器期,前生殖器期 72
philosophy of mind　心靈哲學 3
phonetic orienting reflex　語音定向反射 176
physiological age　生理年齡 30
physiological weaning　生理性斷乳 391
PI＝programmed instruction
Piagetian school　皮亞傑學派 13
plasticity　可塑性 164
plateau period　高原期 440
play　遊戲 224
play age　遊戲年齡,遊戲期 76

pleasure principle　快樂原則,唯樂原則 68,237
pluralism　多重性 437
polypeptide　多肽 375
position perception　方位知覺 319
positive reinforcement　正強化作用,正強化,陽性強化,積極強化作用 86,215
post middle age　中年後期 476
post youth　青年晚期 418
post-conventional level　後習俗水平 23
post-formal operation　後形式運算 22,434
postpuberty phase　青春後期,青春晚期 392
practical intelligence　實用智力 491
practice play　練習性遊戲 242
pre-linguistic behavior stage　前言語符號行為階段 197
pre-symbol stage　前符號階段 197
preception　知覺 143,189,264
preconscious　前意識 572
preconventional level　前習俗水平 22
prediction　預計性 379
pregenital　性徵前時期,前生殖的階段 72
prenatal development　胎內發展 121
prenatal training　胎教 126
preoperational stage　前運思期,前運算思維階段 105,231
prepuberty phase　青春早期,青春前期 392
preschool children　幼兒,學前兒童 224
preschool period　學前期,幼兒階段,學齡前期 224,225
preschool school　幼兒學校 225

索　引　**643**

prescriptive attachment period　指定依戀期 211
prespeech period　言語的準備時期, 言語前期 175
primary circular reaction　初級循環反應 186
primary process thinking　初級過程思維, 原始歷程思維 68
problem finding　發現問題 436
processing　加工過程 436
programmed instruction　程序教學, 編序教學 89
progressiveness　進行性 529
projective test　投射測驗 513
properties　性狀 139
propositional operational thinking　命題運算思維 106,376
prosocial behavior　親社會行為, 利社會行為 92,212
protects towards social system stability　保護社會系統的穩定性 436
proximodistal direction　近遠原則 166
psychiatry　精神病學, 精神醫學 564
psychoanalysis　精神分析 19,67
psychoanalysis theory　精神分析學派 13
psycholinguistics　心理語言學 48
psychological balance　心態平衡 394
psychological integration　心理整合 394
psychological inversion　逆反心理 393
psychological test　心理測驗 44
psychological weaning　心理性斷乳 391
psychology　心理學 3
psychology of individual development　個體發展心理學 6
psychopathology　心理病理學 564

psychosocial developemental theory　心理社會發展論 74
psychosocial theory　心理社會論 74
puberty　青春期 10
puberty growth spurt　青春期生長陡增 364
puberty rite　成年禮 391
public ceremonies　公眾儀式 391
pupillary reflex　瞳孔反射 144
Pygmalion effect　皮格馬翁效應, 畢馬龍效應 356

Q

qualitifcational analysis　定性分析 56
quasi-experiment design　準實驗設計 36,54
quantificational analysis　定量分析 56
questionnaire survey　問卷調查 513

R

radical egoism　激進的自我主義 22
reaction time　反應時間 147
reactive teaching　反應型教學 97
reactivity　反應性 217
real self　真實自我, 真實我, 現實自我 265,402
reality　現實 512
reality principle　現實原則 68
recall　回憶 195
recapitulation theory　復演論 11,237,394
reciprocal　交互, 雙向 458
reciprocity　互反性, 相互性 106
reconstruction of scheme　圖式重建 436
recreation and relaxation theory　娛樂論, 鬆弛論 237

reflective judgement 反省判斷 434
reflex 反射 80
regular observation 定期觀察 40
regulation 調節 188,330
rehearsal 復述 324
reinforcement 強化作用 86,87
relations between generations 代際關係,代間關係 393,504,561
relative concrete 相對具體性 232
relativism 相對性 437
relativism level 相對論水平 107
relativistic post-formal operation 相對性後形式運算 437,438
renewal of conception 概念的更新 436
repairablity 修復性 164
repeatation 重復性 311
representation 表徵 195,238
representative thinking 表象性思維 232
reproduction 再現 195
reproduction phase 再生階段,復現過程 90
resistant attached 矛盾依戀 205
respondent behavior 反應性行為 85
retention phase 保持階段,保持過程 90
reticular formation 網狀結構 163
retirement 退休 530
reversibility 可逆性 105,106,188,311
Revised Behavior Checklist 行為問題檢查表-修訂版 308
RH factor = Rhesus factor
Rhesus factor 凝血素 129
rhythm-structure 節奏-結構 188
rocking chair man 安樂(椅)型 553
Rokeach Value Survey Scale 羅克奇價值調查表 405
role 角色,腳色 425
role appropriateness 角色適稱 426
role learning 角色學習 426
role specialization 角色分化 429
role-playing 角色扮演 436
rooting reflex 覓食反射 145
Rosenthal effect 羅森塔爾效應 356
rotation design 輪組設計 54
rote memory 機械記憶 321
RT = reaction time

S

scale 量表 44
schema 圖式,基模 103,186,189
school childhood 兒童期,學齡兒童期 288
school group 學校群體,學校團體 297
scientific child psychology 科學兒童心理學 17,18
second information system 第二信號系統 80
secondary circular reaction 第二級循環反應 186
secondary process thinking 二級過程思維,次級歷程思維 69
secondary sex characteristics 次性徵,第二性徵 366
securely attached 安全依戀 205
selectivity 選擇性 404
self-acceptance 自我接受,自我接納 339
self-actualization 自我實現 479
self-actualization need 自我實現需求,自我實現需要 463
self-awareness principle 自覺紀律 335
self-concept 自我概念,自我觀念 338
self-consciousness 自我意識 267,

336,382,397,555
self-control 自我控制,自持 271,402,455
self-description 自我描述 338
self-development 自我發展 532
self-discipline 自律 410
self-efficacy 自我效能 93
self-esteem 自尊,自尊心,自尊感 401
self-evaluation 自我評價 91,269,341,398,454
self-experience 自我體驗 270
self-feeling 自我情感體驗,自我體驗 455
self-identity 自我統合 77
self-knowing 自我認識 454
self-outlook 自我觀 454
self-perception 自我知覺 454
self-regulation 自調性 103
self-reinforcement 自我強化 91,92
self-reward 自我報酬,自我獎勵 92
self-suggestion 自我暗示 546
seminal emission 遺精 374
senile dementia 老年性痴呆症 540
senility 衰老 525
sensation 感覺 143,189,263
sense of inferiority 自卑感 401
sense of morality 道德感 275
sense of obligation 義務感 275
sensitization 致敏作用,敏感化 129
sensori-motor 感知運動 185
sensori-motor play 感知運動遊戲 242
sensori-motor thinking 感知-運動思維 189
sensorimotor stage 感知運動階段,感覺動作期 105,158,185
sensory perception 感知覺 318
sentiment and scene 情景 233
sequence 順序性 256

sequential research method 序列研究法 495
serial-cross-sectional research 系列交叉研究 38
set theory 集合論 377
sex difference 性別差異 276
sex identification 性別認同 397
sex role 性別角色 276,397
sexual maturity 性成熟 374,397
shaping 行為塑造 89
shifting 轉嫁 401
short-term memory 短時記憶,短期記憶 194
shunning 回避 401
similarity 相似性 427
single group design 單組實驗設計 46
situation 情境 233
situationality 情境性 233,272
skill training 技能訓練 440
Skinner's box 斯肯納箱 81,85
social cognition 社會認知 497
social development 社會性發展 30
social disengagement 社會的減少參與 529
social interaction 社會性交往 201
social interaction activity 社會交往活動 209
social interest 社會興趣 447
social language 社會性語言 175
social latent competence 社會性潛能 151
social learning theory 社會學習理論 13,79,89
social outlook 社會觀 446,453
social play 社會性遊戲 201
social relationship 社會關係 433
social relief 社會救濟 536
social role 社會角色 425,514

social security fund　社會保證金 535
social self　社會我,社會的我,社會性自我, 402,555
social skill　社交技能 236
social smiling　社會性微笑 201
social support　社會支持 535
social welfare　社會福利 536
sociality　社會性 200,362
socialization　社會化 11,146,276,280,403
socialization process　社會化過程 11
sociohistoricality　社會歷史性 404
solidification　穩定 378
solitary play　獨自遊戲 244
soul　靈魂 3
space perception　空間知覺 191,264,318
special ability developmental lag　特殊能力發育遲緩 304
special education　特殊教育 309
specialization　專門性 435
species mental development　種系心理發展 5
speech　言語 175
speech play　語辭遊戲 241
speech sound　語音 176
spinal cord　脊髓 8
spine　脊椎骨 365
spontaneous group　自發團體 349
spontaneous play　自發遊戲 246
spontaneous teaching　自發型教學 97
spontaneous-reactive teaching　自發反應型教學 97
sport play　體育遊戲 247
stability　穩定性 233,404
stabilization　穩定化 429
stagnation　停滯 479

stereotype　刻板性 232
stereotype of sex role　性別角色刻板化,性角色刻板印象 277
storm and stress period　狂飆期,疾風怒濤期 388
stranger anxiety　陌生人焦慮 201
stranger situation procedure　陌生人情境程序 205
strategies of memory　記憶策略 323
structure of life　生活結構 480
study　學習 289
Study of Values　價值研究 405
style of family education　家庭教育風格 342
subjective period　主觀自我時期 336
subjective self　主觀的我 402
subjective-relativism　主觀主義-相對論 23
subjectivity　主觀性 404
successive approximation method　連續漸進法 89
sucking reflex　吸吮反射 145
sudden unexpected death　暴死 574
sulcus　溝回,腦溝 161
superego　超我 67,69,265
swimming reflex　游泳反射 145
symbolic function　符號機能 242
symbolic image　符號表象 195
symbolic play　象徵性遊戲 238,242
symbolic representation　符號表徵 195
sympathy　同情心 213
synapse　突觸 7
syndrome　綜合症,徵候群 517
synergetics　協同論 52
syntax　句法 184
system theory　系統論 52

T

talent　才能　442
task training　任務訓練　309
taste sensation　味覺　148
teacher-student relationship　師生關係　354
teaching　教學　97
teaching play　教學遊戲　246
temperament　氣質　217
temporal lobe　顳葉　228
tension　緊迫感，緊張　486
teratology　畸形學　138
terminal　終極性　405
terminal-values　終極性價值觀　405
tertiary circular reaction　第三級循環反應　187
Test of Value Activities　價值活動測驗　405
theoretical type　理論型　379
theory of alienation　異化理論　434
theory of body-mind identity　身心等同說　519
theory of intelligence adaptation　智力適應理論　494
theory of mastery　掌握論　238
theory of tabula rase　白板說　17
theory of tool　工具理論　99
theta wave　θ 波　228,371
thinking　思考，思維　185
thinking decay　思維衰退　550
thinking structure　思維結構　438
thinking traits　思維特質　382
thyroid gland　甲狀腺　372
time perception　時間知覺　264,319
timely self　時間性自我　555
tonic neck reflex　強直性頸部反射　145
tool for material production　物質生產的工具　95

tool for mental production　精神生產的工具　95
topological principle　拓撲原理　57
tracking research　追踪研究　37
transference　移情　213
transformation　轉換性　103
transition　過渡性　362
trial and error learning　嘗試錯誤學習　6
trouble　煩惱　487
trust vs. mistrust　信任對不信任　75
types　類型　442
types of play　遊戲的種類，遊戲類型　240

U

unconditional positive regard　無條件積極關注　433
unconditioned reflex　非制約反射，無條件反射　80,144
unconsciousness　無意識，潛意識　67
undifferentiated　未分化，未分類　512
UNESCO＝United Nations Educational, Scientific and Cultural Organization
unintentional memory　無意記憶　321
unitary stage　統一階段　437
United Nations Educational, Scientific and Cultural Organization　聯合國教科文組織　525
univariate analysis design　單變量設計，單變項分析設計　55
universal holism　普遍神聖論　23,451
universality　普遍性　529
unstability　動盪性　362,411

V

value of life assessment　人生評價價值　449
value of life goal　人生目標價值　448
value of life means　人生手段價值　449
Value Profile Questionnaire　價值素描問卷　406
variation　變異　138
vegetative nervous system　植物神經系統　507
vertical differentiation period　垂直分化期　350
vicarious reinforcement　替代強化　91
Vienna Test　維也納測驗　165
view of value　價值觀　403,446,447
virtue of care　關心品質　480
vision　視覺　146
visual cliff　視崖,視覺懸崖　191
vocation preference specification　職業愛好專門化　429
Vocational Values Scale　職業價值觀量表　406
voluntary　隨意性,自主性　200,233
voluntary act　隨意動作　159
voluntary function　隨意機能　96

W

WAIS＝Wechsler Adult Intelligence Scale
walking reflex　行走反射　145
Wechsler Adult Intelligence Scale　韋氏成人智力量表,魏氏成人智力量表　538,548
Wechsler Intelligence Scale for Children　魏氏兒童智力量表,韋氏兒童智力量表　161,308
white matter　白質　162
WHO＝World Health organization
wholeness　整體性　103
will　志向　462
WISC＝Wechsler Intelligence Scale for Children
wish　願望　483
word regulation of intuitive action thinking period　詞語調節型直觀行動性思維　199
working play　工作性遊戲　243
World Health Organization　世界衛生組織　466

Y

youth of old age　老年新生　568

Z

zone of proximal development　可能發展區,最近發展區　98
zygote　合子,受精卵　120

發展心理學 / 林崇德著. -- 第一版. --
臺北市：臺灣東華書局，1998
　　　　面；　　公分. --(世紀心理學叢書之8)
參考書目：面
含索引
ISBN　957－636－926－6 (精裝)

1. 發展心理學

173.6　　　　　　　　　　　　　　　　　　87002936

張春興 主編
世紀心理學叢書 8

發展心理學

著　　者　林　崇　德
發　行　人　卓　劉　慶　弟
責任編輯　徐　萬　善　徐　憶　劉威德　張毓恬
法律顧問　蕭　雄　淋　律　師
出　　版　臺灣東華書局股份有限公司
　　　　　臺北市重慶南路一段一四七號三樓
　　　　　發行部：北市博愛路一○五號三樓
　　　　　電話　(02) 23819470・23810780
　　　　　傳真　(02) 23116615
　　　　　郵撥　00064813
　　　　　產品部：北市重慶南路一段一四七號三樓
　　　　　電話　(02) 23890906・23890915
　　　　　傳真　(02) 23890869
　　　　　網址　http://www.tunghua.com.tw
　　　　　電子信箱　service@tunghua.com.tw
排　　版　玉山電腦排版事業有限公司
印　　刷　隆興彩色印刷有限公司
出版日期　1998年5月第一版第一次印刷
　　　　　2009年1月第一版第二次印刷
行政院新聞局　局版臺業字第0725號

定價　新臺幣 700 元整（運費在外）